Kilger/Offermann-Burckart/Schafhausen/Schuster
Das neue Syndikusrecht

Das neue Syndikusrecht

von

Hartmut Kilger

Rechtsanwalt und Fachanwalt für Sozialrecht in Tübingen

Dr. Susanne Offermann-Burckart

Rechtsanwältin in Grevenbroich

Martin Schafhausen

Rechtsanwalt, Fachanwalt für Sozialrecht und
Fachanwalt für Arbeitsrecht in Frankfurt am Main

Dr. Doris-Maria Schuster

Rechtsanwältin und
Fachanwältin für Arbeitsrecht in Frankfurt am Main

2016

C.H.BECK

Zitierweise:
Kilger/Offermann-Burckart/Schafhausen/Schuster,
Das neue Syndikusrecht, § … Rn. …

www.beck.de

ISBN 978 3 406 69398 4

© 2016 Verlag C. H. Beck oHG
Wilhelmstr. 9, 80801 München
Druck und Bindung: Nomos Verlagsgesellschaft mbH & Co. KG
In den Lissen 12, 76547 Sinzheim

Satz und Umschlaggestaltung:
Druckerei C. H. Beck, Nördlingen

Gedruckt auf säurefreiem, alterungsbeständigem Papier
(hergestellt aus chlorfrei gebleichtem Zellstoff)

Vorwort

Am 14. Dezember 2015 hat der Deutsche Bundestag das Gesetz zur Neuordnung des Rechts der Syndikusanwälte verabschiedet, am 18. Dezember 2015 ist es vom Bundesrat gebilligt worden, am 30. Dezember 2015 wurde es im Bundesgesetzblatt veröffentlicht. Damit sind zum 1. Januar 2016 grundlegende Änderungen im anwaltlichen Berufs-, Rentenversicherungs- und Arbeitsrecht in Kraft treten. Die betroffenen Personen- und Berufsgruppen sehen sich – teils unter erheblichem Zeitdruck – vor große Herausforderungen gestellt, bei deren Bewältigung ihnen dieses Werk helfen möchte.

Der Gesetzgeber hat äußerst schnell gehandelt. Er erwartet von den Betroffenen, dass sie nun ebenso schnell handeln, um einen seit Jahrzehnten bestehenden unklaren Zustand eilig zu beenden. Er hat insbesondere für die potentielle Rückwirkung der Befreiung von der gesetzlichen Rentenversicherungspflicht eine ganz kurze Frist gesetzt. Daher sind auch die Verfasser der vorliegenden Schrift gezwungen gewesen, ihre Texte binnen kürzester Zeit zu erstellen, um ihren Lesern möglichst schnell sichere Orientierung und zuverlässige „Soforthilfe" bieten zu können. Aber auch für die Zukunft, also für die in den kommenden Jahren anstehenden Rechts- und Praxisfragen der Syndikus-Zulassung, vermag dieses Werk sicherlich Unterstützung zu leisten.

Die Autoren sind selbst nicht Syndizi, sondern selbständig tätige, unabhängige Rechtsanwälte. Es ist ihnen bewusst, dass die Existenz von Syndikusanwälten in der Anwaltschaft selbst nicht unumstritten ist; sie ist sogar zu einem beherrschenden rechtspolitischen Thema geworden. Nachfolgend werden die rechtlichen Kategorien hierzu vorgestellt, und zwar auf den Rechtsgebieten Berufsrecht, Arbeitsrecht, Sozialrecht und Recht der berufsständischen Versorgung. Eine Darstellung des Privatversicherungsrechts hat sich erübrigt, nach dem der Gesetzgeber die Notwendigkeit einer Berufshaftpflichtversicherung für Syndikusrechtsanwälte in letzter Minute gestrichen hat.

Das Werk bietet Formulierungsvorschläge, Fallbeispiele und konkrete Handlungsempfehlungen und fasst in einem Anhang die Gesetzesmaterialien sowie die einschlägigen Formblätter kompakt und übersichtlich zusammen. Die Vordrucke der Rechtsanwaltskammer München, die einem Abdruck freundlicherweise zugestimmt hat, sind rein exemplarisch zu verstehen; sie werden nicht bundeseinheitlich verwendet.

Tübingen, Grevenbroich und Frankfurt am Main,
im Februar 2016   die Verfasser

Inhaltsübersicht

Inhaltsübersicht

Inhaltsverzeichnis

Inhaltsverzeichnis

Inhaltsverzeichnis

Inhaltsverzeichnis

Abkürzungs- und Literaturverzeichnis

aA .... andere Ansicht
aaO .... am angegebenen Ort
Abs. .... Absatz
ABV .... Arbeitsgemeinschaft berufsständischer Versorgungseinrichtungen
aE .... am Ende
aF .... alte Fassung
AG .... Amtsgericht
AGG .... Allgemeines Gleichbehandlungsgesetz
AGH .... Anwaltsgerichtshof
AHB .... Allgemeine Haftpflichtversicherungsbedingungen
Alt. .... Alternative
amtl. Begr. .... Amtliche Begründung
Anh. .... Anhang
Anl. .... Anlage
Anm. .... Anmerkung
AnwBl. .... Anwaltsblatt, herausgegeben vom Deutschen Anwaltverein
AnwG .... Anwaltsgericht
AnwGH .... Anwaltsgerichtshof
Art. .... Artikel
Aufl. .... Auflage
Az. .... Aktenzeichen

BAnz. .... Bundesanzeiger
BB .... Betriebs-Berater
BeckOK .... Beck'scher Online-Kommentar
Beil. .... Beilage
BerlAnwBl. .... Berliner Anwaltsblatt
BerufsO .... Berufsordnung der Rechtsanwälte
BGBl. .... Bundesgesetzblatt
BGH .... Bundesgerichtshof
Bl. .... Blatt
BMJV .... Bundesministerium der Justiz und für Verbraucherschutz
BNotK .... Bundesnotarkammer
BORA .... Berufsordnung der Rechtsanwälte
BRAK .... Bundesrechtsanwaltskammer
BRAK-Mitt. .... BRAK-Mitteilungen, herausgegeben von der Bundesrechtsanwaltskammer
BRAO .... Bundesrechtsanwaltsordnung
BR-Drs. .... Bundesrats-Drucksache (Nummer/Jahr)
BSG .... Bundessozialgericht
BSGE .... Entscheidungen des Bundessozialgerichts, amtliche Sammlung
BT-Drs. .... Bundestags-Drucksache (Legislaturperiode/Nummer)
BVerfG .... Bundesverfassungsgericht
BVerfGE .... Entscheidungen des Bundesverfassungsgerichts, amtl. Sammlung
BVerwG .... Bundesverwaltungsgericht
BVerwGE .... Entscheidungen des Bundesverwaltungsgerichts, amtl. Sammlung
bzgl. .... bezüglich
bzw. .... beziehungsweise

CCBE .... Conseil des Barreaux De La Communaute Europeenne

DAV .... Deutscher Anwaltverein
DAV-Ratgeber .... Ratgeber für junge Rechtsanwältinnen und Rechtsanwälte, herausgegeben vom Deutschen Anwaltverein
DB .... Der Betrieb

Abkürzungs- und Literaturverzeichnis

ders. .... Derselbe
dies. .... dieselbe(n)
DJT .... Deutscher Juristentag
DNotZ .... Deutsche Notar-Zeitschrift
DR .... Deutsches Recht
DRV .... Deutsche Rentenversicherung Bund

ebd. .... ebenda
EGBGB .... Einführungsgesetz zum Bürgerlichen Gesetzbuch
EGE .... Sammlung „Ehrengerichtliche Entscheidungen", herausgegeben vom
                              Präsidium der BRAK (Band I bis XIV)
EGH .... Ehrengerichtshof für Rechtsanwälte
ehem. .... ehemalig/e/er/es
EigPrüfG .... Gesetz über die Eignungsprüfung für die Zulassung zur Rechtsanwaltschaft
EigPrüfVO .... Verordnung über die Eignungsprüfung für die Zulassung zur Rechtsanwalt-
                              schaft
Einf. .... Einführung
Einl. .... Einleitung
EStG .... Einkommensteuergesetz
EuGH .... Europäischer Gerichtshof
evtl. .... eventuell

f., ff. .... folgende Seite bzw. Seiten
FAO .... Fachanwaltsordnung
FD-SozVR .... Fachdienst Sozialversicherungsrecht
Feuerich/Weyland ...... Kommentar zur Bundesrechtsanwaltsordnung, 9. Aufl. 2016
Fn. .... Fußnote

Gaier/Wolf/Göcken .... Anwaltliches Berufsrecht, Kommentar, 2. Aufl. 2014
gem. .... gemäß
Gerold/Schmidt .... *Gerold/Schmidt,* Rechtsanwaltsvergütungsgesetz, 22. Aufl. 2015
GG .... Grundgesetz für die Bundesrepublik Deutschland
ggf. .... gegebenenfalls
GmbH .... Gesellschaft mit beschränkter Haftung
GVBl. .... Gesetz- und Verordnungsblatt
GVG .... Gerichtsverfassungsgesetz

Hartung /Scharmer .... BORA/FAO Berufs- und Fachanwaltsordnung: BORA/FAO,
                              5. Aufl. 2012
Hartung/Scharmer
   Bürogemeinschaft . Bürogemeinschaft für Rechtsanwälte, 2010
Hartung/Schons/
Enders .... Kommentar zum Rechtsanwaltsvergütungsgesetz, 2. Aufl. 2013
HeilberG .... Heilberufsgesetz
Henssler/Deckenbrock RDG, Kommentar, 4. Aufl. 2014
Henssler/Prütting .... Kommentar zur Bundesrechtsanwaltsordnung, 4. Aufl. 2014
Henssler/Streck .... Handbuch Sozietätsrecht, 2. Aufl. 2011
HK-AKM .... Heidelberger Kommentar Arztrecht Krankenhausrecht Medizinrecht,
                              Loseblattausgabe
hM .... herrschende Meinung
Hrsg. .... Herausgeber
Hs. .... Halbsatz

idF. .... in der Fassung
iHv .... in Höhe von
InsO .... Insolvenzordnung
iSd .... im Sinne des
iVm .... in Verbindung mit

Jessnitzer/Blumberg	Kommentar zur BRAO, 9. Aufl. 2000
JMBl.	Justizministerialblatt
JR	Juristische Rundschau
JurBüro	Das Juristische Büro
JuS	Juristische Schulung
Justiz	Die Justiz, Amtsblatt des Justizministeriums Baden-Württemberg
JW	Juristische Wochenschrift
JZ	Juristenzeitung
KassKomm	Kasseler Kommentar Sozialversicherungsrecht, Loseblattausgabe
Kilian/Offermann- *Burckart/vom Stein*	Praxishandbuch Anwaltsrecht, 2. Aufl. 2010
KKW	*Knickrehm/Kreikebohm/Waltermann,* Kommentar zum Sozialrecht, 4. Aufl. 2015
Kleine-Cosack RDG	RDG, Kommentar, 2. Aufl. 2008
Kleine-Cosack	BRAO, Kommentar, 7. Aufl. 2015
Koch/Kilian	Anwaltliches Berufsrecht, 2007
Komm.	Kommentar
Koslowski	Steuerberatungsgesetz: StBerG, Kommentar, 7. Aufl. 2015
Krenzler	Rechtsdienstleistungsgesetz, Kommentar, 2009
v. Lewinski	Grundriss des anwaltlichen Berufsrechts, 3. Aufl. 2012
LG	Landgericht
MAH ArbR	Münchener Anwaltshandbuch Arbeitsrecht, Hrsg. *Moll*, 3. Aufl. 2012
MAH SozialR	Münchener Anwaltshandbuch Sozialrecht, Hrsg. *Plagemann*, 4. Aufl. 2013
MDR	Monatsschrift für Deutsches Recht
Mitt.	Mitteilung(en)
nF	neue Fassung
NJ	Neue Justiz
NJW	Neue Juristische Wochenschrift
NJW-RR	NJW-Rechtsprechungsreport
Nr.	Nummer
NVwZ	Neue Zeitschrift für Verwaltungsrecht
Offermann-Burckart ...	Fachanwalt werden und bleiben, 3. Aufl. 2012
Offermann-Burckart ...	Anwaltsrecht in der Praxis, 2010
og	oben genannte(r, s)
OLG	Oberlandesgericht
OLGRspr.	Die Rechtsprechung der Oberlandesgerichte auf dem Gebiet des Zivilrechts
OLGZ	Entscheidung des OLG in Zivilsachen
OVG	Oberverwaltungsgericht
Palandt	Kommentar zum BGB, 75. Aufl. 2016
PAO	Patentanwaltsordnung
PartG	Partnerschaftsgesellschaft
PartGG	Partnerschaftsgesellschaftsgesetz
RA	Rechtsanwalt
RAK	Rechtsanwaltskammer
RDG	Rechtsdienstleistungsgesetz
Rn.	Randnummer
RegE	Regierungsentwurf
Riedel/Sußbauer	Kommentar zur Rechtsanwaltsvergütungsgesetz, 10. Aufl. 2015
Römermann/Hartung	Anwaltliches Berufsrecht, 2. Aufl. 2008
RRAO	Reichs-Rechtsanwaltsordnung

Abkürzungs- und Literaturverzeichnis

Rspr.	Rechtsprechung
rv Literatur	Rechtshandbuch der Deutschen Rentenversicherung
S.	Seiten(n), Satz
SG	Sozialgericht
SGB	Sozialgesetzbuch
SGG	Sozialgerichtsgesetz
SK	Systematischer Kommentar zum StGB, Loseblatt
Slg.	Sammlung
str.	streitig, strittig
StrEG	Gesetz über die Entschädigung für Strafverfolgungsmaßnahmen
StV	Strafverteidiger
ua	unter anderem, und andere
uÄ	und Ähnliches
Ulmer/Brandner/	
Hensen	AGB-Recht, 11. Aufl. 2011
unstr.	unstreitig
unveröff.	unveröffentlicht
Urt.	Urteil
uU	unter Umständen
v.	vom, von
VG	Verwaltungsgericht
VGH	Verwaltungsgerichtshof, Verfassungsgerichtshof
VGHG	Gesetz über den Verfassungsgerichtshof
VO	Verordnung
Vollkommer/Greger/	
Heinemann	Anwaltshaftungsrecht, 4. Aufl. 2014
Vorb.	Vorbemerkung
WM	Wertpapier-Mitteilungen
Wolf/Lindacher/Pfeifer	Kommentar zum AGB-Gesetz, 6. Aufl. 2013
WPK-Mitt.	Mitteilungen der Wirtschaftsprüferkammer
WPO	Wirtschaftsprüferordnung
WPrax	Wirtschaftsrecht und Praxis
WRP	Wettbewerb in Recht und Praxis
ZIP	Zeitschrift für Wirtschaftsrecht
zit.	zitiert
ZRP	Zeitschrift für Rechtspolitik
zT	zum Teil
zust.	zustimmend
zutr.	zutreffend
zzt.	zurzeit

§ 1 Einleitung

I. Anlass, Verlauf und Grundzüge der Reform

Der Gesetzgeber ist tätig geworden. Er hat versucht, den gordischen Knoten zu **1** durchschlagen, nachdem die Rechtsprechung für eine tabula rasa gesorgt hatte. Er hat **schnell gehandelt.** Er erwartet von den Betroffenen, dass sie nun auch schnell handeln, um einen seit Jahrzehnten bestehenden unklaren Zustand zu beenden. Er hat eine ganz kurze Frist gesetzt. Deswegen sind auch die Verfasser der vorliegenden Schrift gezwungen gewesen, ihre Texte in kürzester Zeit zu erstellen.[1] Denn am 31. März/1. April 2016 wird eine für die jetzt schon tätigen Syndikusanwälte entscheidende Frist abgelaufen sein. Die Autoren sind selbst nicht Syndizi, sondern selbständig tätige Anwälte. Es ist ihnen bewusst, dass die Existenz von Syndikusanwälten in der Anwaltschaft selbst nicht unumstritten ist; sie ist sogar zu einem beherrschenden rechtspolitischen Thema geworden. Nachfolgend werden die rechtlichen Kategorien hierzu vorgestellt und zwar auf den Rechtsgebieten Berufsrecht, Arbeitsrecht, Sozialrecht und Recht der berufsständischen Versorgung. Eine versicherungsrechtliche Darstellung hat sich erübrigt, nach dem der Gesetzgeber die Versicherungspflicht in letzter Minute gestrichen hat. Das Thema ist im Übrigen stark sozialpolitisch und berufspolitisch befrachtet. Der Vorsitzende des 5. Senats beim BSG hat in der mündlichen Verhandlung am 3. April 2014 ausdrücklich hervorgehoben, es sei die Aufgabe seines Gerichts, die abhängig Beschäftigten zu schützen. Auch die vorliegende Darstellung kann den politischen Bezug deswegen nicht ausblenden.

Durch **Verkündung im Bundesgesetzblatt** vom 30. Dezember 2015 ist das Gesetz zur **2** Neuordnung des Rechts der Syndikusanwälte zum Jahresbeginn 2016 in Kraft getreten.[2] Es enthält für diesen besonderen Teil der Anwaltschaft eine umfassende Neuordnung der Bundesrechtsanwaltsordnung und der Patentanwaltsordnung; zugleich ist für den Übergangsbestand eine partielle Neuregelung im SGB VI erfolgt. Es beruht auf einer Vereinbarung der Großen Koalition vom Frühjahr 2015, die aufgrund von drei Entscheidungen des Bundessozialgerichts, was die Gesetzesbegründung ausdrücklich ausweist, notwendig geworden war. Zu Grunde lagen zwei wortgleiche Gesetzesentwürfe vom 16. Juni 2015,[3] welche in der ersten Lesung noch vor der Sommerpause beraten worden waren. Die dritte Lesung, die im Bundestag für den 23. September 2015 vorgesehen war, hatte sich bis zuletzt verzögert, da über den Rechtsausschuss Ergänzungen eingebracht und am 2. Dezember 2015 dort beschlossen wurden,[4] so dass der abschließende Gesetzestext im Bundestag am 17. Dezember 2015 und im Bundesrat am 18. Dezember 2015 unter Dach und Fach gebracht werden konnte.

Die Rechtsmaterie betrifft den in einem Unternehmen angestellten Anwalt. Sie ist **3** deswegen **in erster Linie berufsrechtlicher Natur.** Die Begründung eines Beschäftigungsverhältnisses hat grundsätzlich zwei zusätzliche Bezugspunkte: das Sozialrecht

---

[1] Siehe kurz vor Veröffentlichung schon *Kleine-Kosack* AnwBl. Online 2016, 50 ff, *Schafhausen* AnwBl. Online 2016, 65 und *Schuster* AnwBl. Online 2016, 70. Sowie kurz danach *Offermann-Burckart* NJW 2016, 113
[2] BGBl. I 2015, 2517.
[3] Stellvertretend: BT-Drs. 18/5201
[4] BT-Drs. 18/6915

durch die Versicherungspflicht jedes Beschäftigten einerseits, das Arbeitsrecht durch den Bezug zum Arbeit gebenden Unternehmen andererseits. Deswegen sind die sozialrechtlichen und arbeitsrechtlichen Folgen darzustellen. Außerdem hat im Hinblick auf die Altersvorsorge das Beschäftigungsverhältnis ein doppeltes Gesicht: einerseits löst es Versicherungspflicht nach SGB VI aus, andererseits bedingt die Pflichtmitgliedschaft in einer Kammer auch die Pflichtmitgliedschaft in einer berufsständischen Versorgungseinrichtung, so dass wegen des bestehenden Konkurrenzverhältnisses die Darstellung auch diejenigen Konsequenzen der gesetzliche Neuordnung erfassen muss, die sich im Recht der berufsständischen Versorgung ergeben können.

4   Die wesentlichen Neuerungen lassen sich **in einer Übersicht** zusammenfassen:
   - Klarstellung, dass ein Beschäftigungsverhältnis zu Unternehmen, Verbänden etc. Anwaltstätigkeit sein kann [§ 46 Abs. 2 BRAO n. F.]
   - Zuweisung der Beurteilungskompetenz dahin, ob die Tätigkeit wirklich Anwaltstätigkeit ist, an die Rechtsanwaltskammern [§ 46a Abs. 1 BRAO n. F.]
   - Bindungswirkung der Entscheidung der Rechtsanwaltskammer gegenüber der Deutschen Rentenversicherung [§ 46a Abs. 2 BRAO n. F.]
   - Zuweisung der Rechtsmaterie im Streitfall an den Anwaltsgerichtshof [§§ 46a Abs. 2, 112a Abs. 1 BRAO]
   - Spezielle Regeln für den vorhandenen Übergangsbestand [§§ 231 Abs. 4a–d; 286f SGB VI].
   - Parallele Regelungen für die Patentanwaltschaft (die in der vorliegenden Schrift nicht erörtert werden).
   - Eine Evaluierung der Gesetzesumsetzung innerhalb kurzer Frist.

5   § 46 BRAO hat bis zum 31.12.2015, durchaus wortkarg und daher in konträren Richtungen auslegbar, gelautet:

   (1) Der Rechtsanwalt darf für einen Auftraggeber, dem er aufgrund eines ständigen Dienst- oder ähnlichen Beschäftigungsverhältnisses seine Arbeitszeit und -kraft zur Verfügung stellen muss, vor Gerichten oder Schiedsgerichten nicht in seiner Eigenschaft als Rechtsanwalt tätig werden.

   (2) Der Rechtsanwalt darf nicht tätig werden:
   1. wenn er in derselben Angelegenheit als sonstiger Berater, der in einem ständigen Dienst- oder ähnlichen Beschäftigungsverhältnis Rechtsrat erteilt, bereits rechtsbesorgend tätig geworden ist;
   2. als sonstiger Berater, der in einem ständigen Dienst- oder ähnlichen Beschäftigungsverhältnis Rechtsrat erteilt, wenn er mit derselben Angelegenheit bereits als Rechtsanwalt befasst war.

6   **Nicht geändert wurde § 6 SGB VI,** welcher vorsieht, dass eine Befreiung von der gesetzlichen Rentenversicherungspflicht nur für die Beschäftigung erfolgen kann, „**wegen** der" der Antragsteller Pflichtmitglied seiner Rechtsanwaltskammer und seines Versorgungswerks für Rechtsanwälte ist. Eine strenge Wortauslegung dieser Bestimmung hatte zu den Urteilen des Bundessozialgerichts vom 3. April 2014 geführt,[5] die ihrerseits Auslöser des zustande gekommenen Gesetzes gewesen sind. Da sie sedes materiae ist, soll der wesentliche Text hier wiedergegeben werden:

   (1) Von der Versicherungspflicht werden befreit
   1. Beschäftigte und selbständig Tätige für die Beschäftigung oder selbständige Tätigkeit, wegen der sie aufgrund einer durch Gesetz angeordneten oder auf Gesetz beruhenden Verpflichtung Mitglied einer öffentlich-rechtlichen Versicherungseinrichtung oder Versorgungseinrichtung ihrer Berufsgruppe (berufsständische Versorgungseinrichtung) und zugleich kraft gesetzlicher Verpflichtung Mitglied einer berufsständischen Kammer sind, wenn

---

[5] Az. B 5 RE 13/14 R; B 5 RE 9/14 R; B 5 RE 3/14 R, siehe dazu *Prütting* AnwBl 2014, 788–790 und *Offermann-Burckart* NJW 2014, 2683

a) am jeweiligen Ort der Beschäftigung oder selbständigen Tätigkeit für ihre Berufsgruppe bereits vor dem 1. Januar 1995 eine gesetzliche Verpflichtung zur Mitgliedschaft in der berufsständischen Kammer bestanden hat,

b) für sie nach näherer Maßgabe der Satzung einkommensbezogene Beiträge unter Berücksichtigung der Beitragsbemessungsgrenze zur berufsständischen Versorgungseinrichtung zu zahlen sind und

c) aufgrund dieser Beiträge Leistungen für den Fall verminderter Erwerbsfähigkeit und des Alters sowie für Hinterbliebene erbracht und angepasst werden, wobei auch die finanzielle Lage der berufsständischen Versorgungseinrichtung zu berücksichtigen ist,

2. ....

Der Gesetzgeber hat sich eine Lösung wie folgt vorgestellt: 7

Es ist grundsätzlich möglich, dass der Anwalt in einem Unternehmen tätig ist, welches sich nicht in der Hand von Anwälten befindet. Es gibt also angestellte Anwälte außerhalb der Anwaltskanzleien, ohne dass diese auf eine selbständige Tätigkeit als Feierabendanwalt verwiesen sind. Der Syndikusrechtsanwalt wird im Gesetz festgeschrieben.

Allerdings setzt dies voraus, dass die **Rechtsanwaltskammer** diese Tätigkeit als an- 8 waltlich bestätigt hat. Es bedarf hierzu also eines gesonderten Antrages. Ist er erfolgreich, wird die **Zulassung als Syndikusrechtsanwalt** bzw. **Syndikusrechtsanwältin** ausgesprochen. Eine Tätigkeit, die ein Anwalt ohne diese Zulassung in einem nichtanwaltlichen Unternehmen ausübt, ist also künftig keine anwaltliche Tätigkeit. Damit ist, wie der Gesetzgeber ausdrücklich betont, die Doppelberufstheorie, die der Bundesgerichtshof vertrat, aufgegeben. Sie überlebt entgegen dieser Beteuerung aber in der doppelten Zulassung. Denn künftig kann gewählt werden, ob man nur als Rechtsanwalt oder nur als Syndikusrechtsanwalt oder zugleich als Rechtsanwalt **und** als Syndikusrechtsanwalt zugelassen und tätig sein will. Letztlich ist das ein Zugeständnis an die, die schon immer der Ansicht waren, die Tätigkeit bei einem nicht anwaltlichen Unternehmen könne keine Anwaltstätigkeit sein.

Die bisher wortkarge Vorschrift des §§ 46 ff. BRAO wird zunächst durch eine deutli- 9 che Festlegung des eben besprochenen Grundsatzes in Abs. 2 ergänzt. Allerdings ist der Gesetzgeber nun gefordert gewesen, zu beschreiben, **wann denn eine anwaltliche Tätigkeit vorliegen** werde. Er formuliert hier zunächst seinen Grundsatz: Der Rechtsanwalt ist fachlich unabhängig und übt seine Tätigkeit eigenverantwortlich aus. Damit schreibt er fest, was schon vorher galt, als die vier Kriterien noch zur Anwendung kamen. Es war ein grundsätzliches Missverständnis, dass die Unabhängigkeit des Rechtsanwalts durch das Dienstverhältnis beim Arbeitgeber ausgeschlossen sei. Dieses konnte nicht erklären, warum es dann überhaupt angestellte Anwälte, wenn auch nur in Anwaltskanzleien, geben sollte. Tatsächlich ist zwischen fachlicher Unabhängigkeit und den Restriktionen des Arbeitsrechts zu unterscheiden, wenn nur dieses nicht in die Unabhängigkeit eingreift. Dieser Umstand ist dem Gesetzgeber besonders wichtig gewesen, weswegen er in § 46 Abs. 4 BRAO nicht nur die fachlich unabhängige Tätigkeit noch einmal ausdrücklich betont, sondern auch bestimmt, dass **die fachliche Unabhängigkeit** der Berufsausübung vertraglich und tatsächlich zu gewährleisten ist. Das ist ein hoher Anspruch der ganz neu ist. Denn es wird sich zeigen, wie viel Unternehmen bereit sein werden, ihren angestellten Anwälten fällige fachliche Unabhängigkeit nicht nur auf dem Papier zuzugestehen, sondern auch in der Wirklichkeit zu praktizieren. Es ist zu begrüßen, dass der Gesetzgeber hier besonders streng ist. Denn die Unabhängigkeit des Anwalts ist eines der drei Grundkennzeichen des Anwaltsberufs, neben der Verschwiegenheit und der Beachtung des Verbots der Beratung und Vertretung widerstreitender Interessen. Mit dieser Vorgabe schreibt der Gesetzgeber den Charakter des

Syndikusrechtsanwalts fest. Es wird nicht mehr, wie es die Unklarheit der Vergangenheit zuließ, unentdeckte Missbräuche geben können. Man wird auch erwarten müssen, dass die Zahl derer, die sich Syndikus nennen, zurückgehen wird.

10 Das Postulat der fachlichen Unabhängigkeit sagt aber noch nichts darüber aus, welche **Merkmale die Berufstätigkeit des Anwalts** materiell prägen. Hier nimmt der Gesetzgeber letztlich die vier Kriterien der Vergangenheit wieder auf, wenn auch teilweise mit einer anderen Formulierung. Er hat vier Gruppen gebildet, die wie folgt aussehen:

11 (1) An der Spitze steht die **Prüfung von Rechtsfragen,** wobei erkennbar ist, dass anwaltliche Erfahrung in den Gesetzestext eingeflossen ist. Es wird nämlich vom Gesetzgeber betont, dass zur Prüfung von Rechtsfragen insbesondere die Aufklärung des Sachverhalts geführt. Es ist eine Binsenweisheit, dass juristische Tätigkeit oft und zuerst mit der **Erarbeitung des richtigen Sachverhalts** beginnt. Es gibt erfahrene Berufskollegen, die das überhaupt als die wichtigste Anstrengung im juristischen Tätigkeitsbereich bezeichnen. Dass ein Erarbeiten und Bewerten von Lösungsmöglichkeiten erst auf dieser Grundlage möglich ist, erwähnte Gesetzestext ebenfalls ausdrücklich.

12 (2) An zweiter Stelle steht die **Erteilung von Rechtsrat.** Letztlich wird umgesetzt, was in der zuvor als Arbeit vorangegangen ist.

13 (3) Es wird drittens die Ausrichtung der Tätigkeit auf die **Gestaltung von Rechtsverhältnissen** betont. Dabei wird das selbständige Führen von Verhandlungen hervorgehoben und die Tätigkeit, die auf die Verwirklichung von Rechten gerichtet ist.

14 (4) Und schließlich gehört zu den Merkmalen der auszuübenden Tätigkeiten auch die Befugnis, **nach außen verantwortlich aufzutreten.**

15 Mit diesen Formulierungen rekurriert der Gesetzgeber, wie ausgeführt, letztlich auf die „vier Kriterien". Man könnte zwar meinen, dass das Merkmal „rechtsvermittelnd" fehle. Aber das wäre nicht zutreffend. Mit diesem Merkmal war schon immer gemeint, was jetzt beschrieben ist: dass nämlich das theoretisch Verarbeitete auch praktisch an den Mann gebracht wird, an den Mandanten, an den Gegner, an das Gericht, an die Behörde. Es ging nicht darum, dass der Anwalt Unterrichtetes vermitteln sollte, sondern eben um handelnden, agierenden und kämpfenden Einsatz. Das ist Rechtsvermittlung, wie sie auch im jetzigen Katalog beschrieben ist. Man wird dem Gesetzgeber neidlos zugestehen müssen, dass die detailliertere Wortwahl ein Fortschritt ist. Der Kriterienkatalog dieses Abs. 3 des § 46 BRAO wird man als eine grundlegende Ergänzung der Generalklauseln ansehen können, die die ersten drei Paragrafen der Bundesrechtsanwaltsordnung ausmachen. Der Katalog dient der Schärfung des Berufsbildes. Es ist genau das, was bisher gefehlt hatte.

16 Da der Gesetzgeber ein **eigenes Zulassungsverfahren** kreiert hat, muss er es nun im Einzelnen regeln. Das geschieht in den Bestimmungen der §§ 46 Buchst. a bis 46 Buchst. c BRAO. Zu den Einzelheiten wird auf den nachfolgenden Text verwiesen. Wesentlich und absolut neu ist Abs. 2 des § 46a BRAO. Er legt den Grundsatz nieder, dass materiell künftig die Kammer entscheidet, nicht mehr die Deutsche Rentenversicherung. Sie ist ausdrücklich an die Entscheidung der Kammer gebunden, kann aber deswegen natürlich am Verfahren teilnehmen. Sie muss beteiligt werden und hat auch die Rechtsmittel, die den anderen am Zulassungsverfahren Beteiligten zu stehen. Da für die Zulassung der Anwaltsgerichtshof zuständig ist, kann es nun dort zu den Rechtsstreitigkeiten kommen, die bisher bei den Sozialgerichten geführt wurden. Auf die Verfahren bei den Anwaltsgerichtshöfen und in der Instanz beim Bundesgerichtshof darf man gespannt sein; sie sind in dieser Form und schon erst recht mit diesen Verfahrensbeteiligten absolut Neuland.

Neben einigen Regelungen, die den europäischen Bezug, die Strafprozessordnung, 17 das Rechtsanwaltsvergütungsgesetz und die Patentanwaltsordnung betreffen, sind noch die Änderungen wichtig, die im Sozialgesetzbuch vorgenommen worden sind. Hierbei ist festzustellen

- An der grundsätzlichen Befreiungsvorschrift des § 6 SGB VI ändert sich nichts. Das 18 ist schon deswegen verständlich, weil diese Vorschrift ja für alle verkammerten freien Berufe und nicht nur für die Rechtsanwälte gilt. Eine größere Aktion wäre also nötig, wenn auch wünschenswert gewesen. Die Kräfte haben aber **nur für eine kleine Lösung** ausgereicht.
  Der Gesetzgeber lässt sozialrechtlich auch äußerste Vorsicht walten. Er stellt nämlich 19 ausdrücklich klar, dass mit dem Syndikusrechtsanwalt **nicht ein neuer Berufsstand** geschaffen wird. Eigentlich war das selbstverständlich – Syndizi gab es schon immer. Da aber in der Literatur entgegenstehende Behauptungen aufgestellt worden waren, hat der Gesetzgeber das klargestellt. Die nachfolgend beschriebene Friedensgrenze erforderte das. Denn § 6 Abs. 1 S. 3 SGB VI hält seit 1995 fest, dass der Kreis der Pflichtmitglieder nicht durch Schaffung neuer Kammern und Versorgungswerke erweitert werden soll.
- Die weiteren Änderungen betreffen ausschließlich den **Übergangsbestand**. Er hat ja 20 über einen längeren Zeitraum mit dem Verlust des Befreiungsrechts leben müssen. Also muss zur Wiederherstellung eines gesicherten Versicherungsverlaufs ein Verfahren gefunden werden, welches geordneter Verhältnisse wiederherstellen soll. Diese seien kurz wie folgt skizziert:
  - Wer nach dem neuen Verfahren zum Syndikusrechtsanwalt bestellt wird, erwirbt 21 damit auch ein Befreiungsrecht für die nähere Vergangenheit zurück zum Beginn des bestehenden Beschäftigungsverhältnisses, wenn dieses schon vor dem Jahreswechsel begonnen hatte. Die **Rückwirkung,** zunächst auf den 1. April 2014 (dem Monat, in welchem die Entscheidungen des BSG ergingen) beschränkt, wird sogar auf davorliegende Beschäftigungen erstreckt, über das erwähnte Datum hinaus bei besonderen Voraussetzungen. Das alles ist allerdings antragsabhängig – und der Antrag muss bis zum Ablauf des 1.4.2016 gestellt sein. **Der 1. April ist ein Freitag und sollte im Kalender rot angestrichen werden.**
  - Absatz 4c von § 46a BRAO bedenkt die, die – den Urteilen des BSG vom 3.4.2014 22 gehorchend – auf ihre Zulassung als Anwalt nach diesem Datum verzichtet haben und ihrerseits die neue Chance ebenfalls nun neu ergreifen wollen. Auch für sie ist der Ablauf des 1.4.2016 als entscheidendes Datum vorgesehen. Allerdings ist schon hier eine Sperre für die eingebaut, die inzwischen das 45. Lebensjahr vollendet hatten.
  - Absatz 4d von § 46a BRAO enthält schließlich nachfolgend näher beschriebene 23 „Anreizklausel", die freundliche Aufforderung des Bundes an die Rechtsanwaltsversorgungswerke der Länder nämlich, bis zum 31.12.2018 – als in drei vollen Kalenderjahren – auch Anwälte und/oder Syndikusanwälte zuzulassen, die die 45-Jahresgrenze überschritten haben. Auch hier geht nichts ohne Antrag: er muss dann innerhalb 36 Monaten nach Inkrafttreten der Aufhebung der Altersgrenze gestellt werden – erst recht eine Aufforderung, die Entwicklung genauestens zu beobachten.
- Schließlich hat sich der Gesetzgeber etwas ganz Besonderes einfallen lassen. § 286f 24 SGB VI sieht nun vor, dass für bestimmte Fälle eine im Fall der Rückabwicklung **direkte Zahlung des zurückzuerstattenden Betrags** an das Versorgungswerk erfolgen soll. Das weicht, wie der Gesetzestext selbst erwähnt, von allen bisherigen Verfahrenswegen des SGB IV ab. Auch hier wird Neuland betreten. Eine derartige Erstattungspflicht zwischen DRV und Versorgungswerken gab es bisher nicht.

25 • Das neue Gesetz schließt mit der Evaluierungsanforderung. Sie ist bis zum 31.12.2018 durchzuführen. Diese Gesetzbestimmung tritt am 1.1.2020 außer Kraft. Danach wird nicht mehr evaluiert. Man darf gespannt sein, was in dem verbleibenden Jahr 2019 geschehen wird. Man wird damit rechnen können, dass zu dieser Zeit noch viele Rechtsstreitigkeiten anhängig sein werden, die sowohl zur Behandlung des jetzigen Übergangsbestandes aber auch der Zukunft derjenigen, die Neuanträge gestellt haben, anhängig sein werden. Ob das die Evaluierung fördern wird, steht dahin.

Es lohnt sich, wie bei neuen Gesetzen ohnehin, die **Begründung zu den Entwürfen** zu lesen.[6] Die dort ausführlich wiedergegebene Motivation des Gesetzgebers ist beim Verständnis dessen, was er in den Gesetzestext geschrieben hat, förderlich.

II. Das Thema der Altersversorgung und der Sozialpolitik

26   Auslöser für die ungewöhnliche Aktivität des Gesetzgebers war ein Zusammenstoß zwischen **berufsrechtlichen** Anschauungen einerseits und **sozialrechtlichen** Regelungen andererseits. Diese bezogen sich jedoch nur auf einen ganz speziellen Punkt: Nämlich den, in welchem Altersversorgungssystem der Syndikusanwalt seine Anwartschaften aufbaut. Die Klärung dieser speziellen Frage zog aber die Grundsatzfrage nach sich, was der Syndikusanwalt rechtlich denn nun sei. Damit sind zwei Linien zusammengeführt worden (ähnlich wie früher schon beim Syndikussteuerberater), welche zunächst nichts miteinander zu tun haben. Zum Verständnis dieser Koinzidenz ist es erforderlich, die Entwicklung auf beiden Linien nachfolgend darzustellen.

27   Dass es den **Syndikusanwalt in der Wirklichkeit** gibt, ist seit weit über 100 Jahren unstrittig.[7] *Hans-Jürgen Hellwig* hat zutage gefördert, dass die rechtliche Zurückdrängung des Syndikusanwalts ihren Auslöser in nationalsozialistischen Vorstellungen und Repressionen gegenüber jüdischen Rechtsanwälten nahm.[8] Sie hat, wenn auch unerkannt und versteckt, Eingang in die Erstfassung der Bundesrechtsanwaltsordnung 1959 gefunden. Die nach der sogenannten Bastille-Entscheidungen des Bundesverfassungsgerichts vom 14. Juli 1987[9] notwendig gewordene Neuordnung der Bundesrechtsanwaltsordnung hatte zu einem neuen Anlauf dahin geführt, die Tätigkeit des Syndikusanwalts auf eine rechtlich sichere Basis zu stellen. Ein Vorschlag des Deutschen Anwaltvereins hierzu ist aber in letzter Minute im Rechtsausschuss 1995 gescheitert.[10] Für die Sozialgerichtsbarkeit hat das später eine nicht unerhebliche Rolle gespielt: Der 18. Senat des Landessozialgerichts Nordrhein-Westfalen hat diese Entwicklung in zwei Urteilen ausführlich nachgezeichnet.[11] Damit blieb es beim bisherigen Rechtszustand, den der Bundesgerichtshof in langjähriger Rechtsprechung mit der so genannten **Doppelberufstheorie** fixiert hatte:[12] Nach ihr konnte sich der Syndikusanwalt (der gesetzlich nicht definiert war) als Rechtsanwalt fühlen, aber nur insoweit, als er als selbst-

---

[6] BT-Drs. 18/5201 vom 16.6.2015; → Anhang.

[7] *Ostler* Die Deutschen Rechtsanwälte 1871–1971, 1981, S. 56, *ders.* Der deutsche Rechtsanwalt, das Werden des Standes, 1963, S. 31; *Busse,* Deutsche Anwälte. Geschichte der deutschen Anwaltschaft 1945 – 2009, 2010, S. 284, *Hamacher* in: Deutscher Anwaltverein (Hrsg.), Anwälte und ihre Geschichte, 2011 Kapitel 41, Deutscher Anwaltverein AnwBl. 1926, Beilage S 58 ff (zit. nach *Busse* aaO)

[8] AnwBl 2015, 2 ff.

[9] 1 BvR 537/81 u. a.

[10] BT-Drs. 12/7656, S. 49

[11] L 18 R 170/12; L 18 R 1038/11

[12] Zur Rechtsprechung des BGH siehe *Offermann-Burckart* nachfolgend im berufsrechtlichen Teil → § 2.

ständiger Rechtsanwalt in eigener Kanzlei neben seiner Tätigkeit im Unternehmen beruflich im Einsatz war. Was er im Unternehmen tat, galt damit nicht als Anwaltstätigkeit. Deswegen wurden von den in Betracht kommenden Antragstellern bei den Rechtsanwaltskammern Bescheinigungen der Unternehmen vorgelegt, aus welchen sich ergab, dass der Antragsteller berechtigt sein sollte, neben der Tätigkeit im Unternehmen auch eine Anwaltstätigkeit auszuüben; womit implizit zum Ausdruck gebracht wurde, dass die Tätigkeit im Unternehmen eben keine Anwaltstätigkeit war. Diese Rechtsprechung des Bundesgerichtshofs ist verschiedentlich heftig kritisiert worden.[13] Dem Grundsatz nach war sie aber festgefügt. Es hat dabei nicht gestört, dass die gelebte Wirklichkeit anders aussah: selbstverständlich hatte der verantwortliche Syndikus im Unternehmen eine Visitenkarte, auf welcher er als Rechtsanwalt ausgewiesen war – und niemand zweifelte daran, dass man es auch im geschäftlichen Verkehr mit dem Unternehmen in seiner Person mit einem Rechtsanwalt zu tun hatte. Dass das nur für den Feierabend und gelegentliche Arbeit neben der eigentlichen Tätigkeit gelten sollte, hat niemanden interessiert.

Ganz anders ist die **sozialrechtliche Entwicklung** verlaufen, und zwar ganz ungestört **28** von den bereits dargestellten berufsrechtlichen Implikationen. Sie bezog sich in Deutschland allein auf die Altersversorgung, und die davon abgeleitete Invalidität und Hinterbliebenenversorgung. (Das ist nicht selbstverständlich: In anderen Ländern, z. B. Spanien, ist auch die Krankenversicherung betroffen). Die Bemühung um eine angemessene Altersversorgung für den Anwalt hat eine Tradition, die mindestens so lange zurückreicht wie die Tradition der gesetzlichen Rentenversicherung. Letztere geht ja im Kern auf die kaiserliche Botschaft von 1881 zurück.[14] Bereits der erste Anwaltstag nach Gründung des Deutschen Anwaltvereins hatte sich jedoch schon 1871 mit der Frage der Vorsorge für Alter, Invaliditätsinvalidität und Hinterbliebene befasst.[15] Diese Frage blieb immer virulent, nicht nur in der Anwaltschaft, sondern in allen freien Berufen. Deswegen sind die ersten berufsständischen Versorgungseinrichtungen in Bayern 1923 gegründet worden (Ärzte und Apotheker).[16] Eine entscheidende Wendung, nachdem Notzeiten, Zeiten des Nationalsozialismus und Nachkriegszeiten einigermaßen überwunden waren, trat durch die **Rentenreform 1957** ein. Diese mit großem Elan in Angriff genommene Rentenreform wurde von erheblichen Aktivitäten, auch der Anwaltschaft, begleitet. Es bestand der dringende Wunsch, teilnehmen zu können, weil man sich von dem Aufbruch und der neuen Ideen für die Zukunft viel versprach. Die Haltung des Staates war aber eindeutig. Er verwies die Freien Berufe auf Ihre Eigeninitiative. Die Rentenreform sollte ausschließlich, von geringen Ausnahmen abgesehen, den abhängig Beschäftigten gelten; die freien Berufe wurden vom gemeinsamen Tisch der Rentenvorsorge für die Zukunft abgewiesen.[17] Das war die **Geburtsstunde der Befreiungsvorschrift,** die letztlich Auslöser des jetzt zustande gekommenen Gesetzes ist. § 7 Abs. 2 des damals gültigen Angestelltenversicherungsgesetzes (AVG) bestimmte, dass

---

[13] z. B. *Hamacher* AnwBl. 2011, 519; *Kleine-Cosack* AnwBl. 2011, 467; *Prütting* KammerForum 2012, 4

[14] Zur Entstehung, dem vollständigen Wortlaut und zur Aufnahme in der Öffentlichkeit vgl. Quellensammlung zur Geschichte der deutschen Sozialpolitik 1867 bis 1914. II. Abteilung. Von der Kaiserlichen Sozialbotschaft bis zu den Februarerlassen Wilhelms II. (1881–1890), 1. Band: Grundfragen der Sozialpolitik, bearbeitet von *Wolfgang Ayaß, Florian Tennstedt* und *Heidi Winter*, 2003, Nr. 1–20 und Nr. 22.

[15] Siehe hierzu und generell zu Geschichte der Rechtsanwaltsversorgungswerke: *Kilger* AnwBl. 1998, 424–431 und AnwBl. 1998, 560–566

[16] *Bialas/Jung* DÄBl. 1997, 2636 ff

[17] Vgl. *Reusch* rv 1987, 168 f

angestellte Angehörige der freien Berufe das Recht haben sollten, von der gesetzlichen Rentenversicherung befreit zu werden, wenn diese gemeinsam mit ihren selbständigen Berufskollegen in einer eigenen berufsständischen Versorgungseinrichtung versichert waren. Das betraf damals zwar nur die Heilberufe, diese allerdings in großer Zahl. Versorgungswerke der rechtsberatenden Berufe gab es damals (mit Ausnahme der Besonderheit des Saarlandes, wo unter französischen Einfluss eine noch nicht als Versorgungswerk im heutigen Sinn funktionierende Einrichtung errichtet worden war) noch nicht. Diese Befreiungsvorschrift ist in der Folgezeit ihrem Sinn entsprechend problemlos praktiziert worden; sie hatte sich als Schnittstelle zwischen den Versorgungseinrichtungen der Freien Berufe einerseits und der allgemeinen Rentenversicherung andererseits etabliert und bewährt.

29   In der Folgezeit kam es im Ergebnis flächendeckend[18] über Deutschland zur Gründung weiterer berufsständischer Versorgungseinrichtungen. Die **Rechtsanwaltsversorgungswerke** sind im Wesentlichen in den achtziger Jahren zustande gekommen; nach der Wiedervereinigung auch in den neunziger Jahren. Auch alle anderen Berufsstände der verkammerten freien Berufe sind ähnlich verfahren. Das hat zur Folge gehabt, dass andere Berufsstände auf die Idee gekommen sind, Kammern zu gründen, um dann auch Versorgungswerke einrichten zu können. Damit entstand bei der damaligen Bundesversicherungsanstalt für Angestellte (BfA) die Sorge, es würden ihr mehr und mehr Beitragszahler entzogen. So waren die Ingenieure in den frühen 1990er Jahren auf die Idee gekommen, eigene Kammern und Versorgungswerke zu gründen. Man ging damals davon aus, dass Ihre Zahl insgesamt die Summe aller bisher in Versorgungswerken Versicherten überstieg. Dem schob die Sozialpolitik eine Grenze vor, die seitdem **Friedensgrenze** genannt wird: Die Befreiungsberechtigten sollten auf die Bereiche beschränkt bleiben, in denen vor einem vom Gesetzgeber benannten Stichtag Kammern (die eine Pflichtmitgliedschaft ihrer Mitglieder vorsehen) schon vorhanden waren. Versorgungswerksneugründungen konnten so nicht verhindert werden, aber ihren Angehörigen wurde kein Befreiungsrecht mehr zugestanden. So gibt es heute beispielsweise Versorgungswerke für Ingenieure, in denen auch angestellte Ingenieure Mitglieder sein können, welche jedoch nicht von der gesetzlichen Rentenversicherung befreit werden. § 6 SGB VI sieht seitdem vor, dass nur diejenigen befreit werden können, die in ihrer Beschäftigung „wegen der" bestehenden Kammerpflicht in einem Versorgungswerk versicherungspflichtig sind. Es sollten aber nicht die befreit werden können, welche eine Beschäftigung aufnehmen, derentwegen erst eine Kammer neu gegründet wurde.

30   Diese Friedensgrenze bestand – bezogen nicht nur auf die Anwaltschaft – unangefochten ab Inkrafttreten der neuen Fassung des § 6 SGB VI jedenfalls bis zum 3. April 2014. Denn alle Beteiligten, einschließlich der gesetzlichen Rentenversicherung, sind nach ihr verfahren. Anwälte in Unternehmen wurden zu Tausenden anstandslos befreit. Zwar hat es naturgemäß auch Ablehnungen gegeben, derentwegen auch Rechtsstreitigkeiten geführt werden mussten; aber Sie bezogen sich jeweils auf die Frage, ob im Einzelfall wirklich Anwaltstätigkeit ausgeübt worden ist oder nicht. Das konnte, da es auch Missbrauchsfälle gab, im Einzelnen durchaus zweifelhaft sein. Bis zum genannten Datum ist aber kein Anwalt mit der Begründung abgelehnt worden, er könne nicht befreit werden, weil seine Tätigkeit im Unternehmen grundsätzlich keine Anwaltstätigkeit sein könne. Insofern ist bemerkenswert, dass nicht nur die Unternehmen, die Versorgungswerke und die Kammern, sondern auch die Deutsche Rentenversicherung in diesem Punkt davon ausgingen, die Doppelberufstheorie gelte nicht. Denn sonst hätte eine Befreiung gar nicht durchgeführt werden können.

---

[18] Vgl. HK-AKM/*Hartmann/Horn* 5388 Rn. 2 f.

Die Deutsche Rentenversicherung war sogar, dazu übergegangen, näher zu definie- **31** ren, wie die Anwaltstätigkeit in einem Unternehmen aussehen müsse, wenn sie befrei- ungsberechtigend sein solle. Das hat zur Entwicklung der so genannten vier Kriterien geführt.[19] Die Deutsche Rentenversicherung prüfte dabei, ob die (anwaltliche) Tätigkeit **rechtsvermittelnd, rechtsgestaltend, rechtsberatend und rechtsentscheidend** ausgestaltet war. Sie forderte die Erfüllung dieser vier Kriterien kumulativ. Sie hat sie in ihren An- tragsformularen nicht nur ausdrücklich als Voraussetzung erwähnt, sondern sogar im Einzelnen erläutert. Dies entsprach einer korrekten Anwendung der Friedensgrenze, was im Übrigen eine durchaus hohe Hürde darstellte. Dass Auslegungsschwierigkeiten und Beurteilungsprobleme im Einzelfall entstanden, spricht nicht gegen ihren Einsatz. In mehreren Hundert Sozialgerichtsentscheidungen sind diese Kriterien deswegen im Einzelnen geprüft und ausgeurteilt worden.[20] Insgesamt ist die Praxis der vier Kriterien von allen Beteiligten als zufriedenstellend angesehen worden.[21]

Eine **Verschärfung der Situation** und eine Aktualisierung vorhandener Probleme war **32** dann dadurch eingetreten, dass der zwölfte Senat des Bundessozialgerichts am 31. Ok- tober 2012[22] die bisherige Praxis der Deutschen Rentenversicherung insoweit beendete, als diese davon ausgegangen war, dass eine ausgesprochene Befreiung auch für Folge- Beschäftigungen weitergelten würde, wenn sie denn nur berufsspezifisch waren. Das Bundessozialgericht hat demgegenüber festgestellt, jede einmal ausgesprochene Befrei- ung verliere ihre Wirkung mit Ende des konkreten Beschäftigungsverhältnisses. Dies hat dazu geführt, dass die Notwendigkeit einer Flut von Befreiungsanträgen nicht nur für den Übergangsbestand, sondern für alle neuen Beschäftigungsverhältnisse über die Beteiligten hereinbrach. Die Deutsche Rentenversicherung hat diesen für sie völlig überraschenden Schritt durch eine **Pressemitteilung vom 10. Januar 2014** im Hinblick auf den Übergangsbestand insoweit bereinigt, als die (dann fälschliche) Beitragszahlung an das Versorgungswerk in der Vergangenheit nicht weiter angerührt werden sollte, wenn nur in der Zukunft eine berufsspezifische Beschäftigung festgestellt wurde.[23] Die Entscheidungen des Bundessozialgerichts haben aber naturgemäß dazu geführt, dass nun zahlreiche Einzelfälle streitig wurden und zu Gerichtsverfahren geführt hatten.

Im Bereich der Anwaltschaft ist der Weg über **zahlreiche Verfahren** durch die Instan- **33** zen gegangen. Vorbereitet von wissenschaftlichen Aufsätzen von Angestellten der Deut- schen Rentenversicherung, die von einem „neuen" Berufsstand der Syndizi sprachen,[24] war das Landessozialgericht Nordrhein-Westfalen zeitlich federführend, wo insbesonde- re vom Berichterstatter des 18. Senats, welcher seine Beobachtung auch in Form von Aufsätzen veröffentlicht hat,[25] die oben beschriebene Zwiespältigkeit zwischen der Dop- pelberufstheorie einerseits der Wirklichkeit der Praxis andererseits thematisiert hat. Aber erst das Bundessozialgericht hat am 3. April 2014 endgültig Klarheit dahin geschaffen, dass überhaupt kein Anwalt mehr im Unternehmen zur Befreiung berechtigt sein solle.

Die Entscheidung des Bundessozialgerichts hat **enormen öffentlichen Widerhall** ge- **34** funden, dies schon in der mündlichen Verhandlung. Der Saal war mit Zuhörern aus der

---

[19] Dazu im Einzelnen: *Prossliner* AnwBl. 2009, 133 ff (es gab eine Flut von Veröffentlichungen zu diesem Thema).

[20] Eine Übersicht gab *Horn* NJW 2012, 966 ff.

[21] Vgl. *Plitt/Stütze* NJW 2011, 2556 ff.

[22] Az.: B 12 R 3/11 R; B 12 R 5/10 R; B 12 R 8/10 R.

[23] Http://www.deutsche-rentenversicherung.de/Allgemein/de/Inhalt/5_Services/05_fachinformationen/ 01_aktuelles_aus_der_rechtsprechung/bsg_aenderungen_im_befreiungsrecht_der_rv.html.

[24] *Kesan/Witt* NZS 2013, 612; zu den Gegenargumenten *Horn* NZS 2014, 245, 250.

[25] *Kahlert* SGb 2013, 683 ff.; er wirft dem Gesetzgeber inzwischen vor, eine „unsolidarische Sonder- regelung" getroffen zu haben (Soziale Sicherheit 2016, S. 4).

Fachpresse voll besetzt. Das Gericht hat nach ausführlicher Erörterung ein Ergebnis verkündet, mit dem, auch aufgrund der mündlichen Erörterung, niemand rechnen konnte: Es entspreche nicht dem Bild des Rechtsanwalts, in einem Unternehmen anwaltlich tätig zu sein. In der mündlichen Verhandlung sind auch Ausführungen gemacht worden, die in dieser Form im späteren Urteil nicht erscheinen. Es ist hier allerdings nicht der Ort, eine weitere Urteilsschelte zu betreiben; das ist in der Öffentlichkeit bereits ausführlich geschehen. Festzustellen ist aber, dass dem Gericht auch ein Verdienst zukommt, nämlich eine Diskussion effektiv wieder in Gang gesetzt zu haben, die seit wenigstens 20 Jahren überfällig war. Nicht nur der Verfasser hatte 1999 davor gewarnt,[26] die Konsequenzen zu bedenken, wenn man das Berufsbild des Syndikusanwalts nicht berufsrechtlich klarstellen werde; dann werde dies die Sozialgerichtsbarkeit tun. Das Bundessozialgericht hat dies am 3. April 2014 erledigt.

35   Die Resonanz hat nicht nur zu dem Gesetz zur Neuordnung des Rechts der Syndikusanwälte, sondern auch zu erheblichen **Bewegungen innerhalb der Anwaltschaft** geführt. Syndikusanwälte sind aktiv geworden und haben in Kammerversammlungen Teile von Kammervorständen abgewählt. Die Wirtschaft hat beklagt, sie müsse sich Sorgen um die Rekrutierung von qualifizierten Fachkräften und deren Einsatz machen, weil viele ihrer Berufsentscheidung auch davon abhängig machen würden, ob sie nun in den Versorgungswerken oder bei der Deutschen Rentenversicherung versichert sein wollten. Die Aktivität des Gesetzgebers, welches zu dem neuen Gesetz geführt hat, ist deswegen verständlich.

36   In zwei von den drei vom Bundessozialgericht entschiedenen Verfahren ist **Verfassungsbeschwerde** erhoben.[27] Die Beschwerdeführer berufen sich auf eine Verletzung des Art. 12 GG. Das Bundesverfassungsgericht hat schon sehr frühzeitig über 70 Adressaten in Bund und Ländern Stellungnahmen zu einem umfangreichen Fragenkatalog aufgefordert. Die Verfahren sind weiter anhängig und bei Abfassung des Manuskripts nicht entschieden. Sie stehen auf der Homepage des Bundesverfassungsgerichts als im laufenden Jahr zu erledigende Aufgaben.[28]

III. Das Thema des Berufsrechts und der Berufspolitik

37   Die Hauptsache war aber die „**Neuordnung**" des **Berufsrechts** des Syndikusanwalts.[29] Das sollte nicht aus dem Blick geraten – es geht schließlich um den Anwaltsberuf als Ganzes. Die Entwicklung zeigt allerdings schon, dass der Blick auf die Freien Berufe nicht ohne das Sozialrecht möglich ist. Das Sozialrecht ist Teil der Rechtsordnung und kann nicht, wie das traditionell leider zu beobachten war, völlig ausgeblendet werden. Berufsrecht und Berufspolitik bedarf auch der notwendigen Rücksicht auf das Sozialrecht und die Sozialpolitik. Und der einzelne Anwalt wird bei der Beurteilung seines Falles viel mehr als früher die sozialrechtlichen Bezüge im Auge halten müssen.

38   Vordergründig waren die sozialrechtlichen Anstöße Ursache für das neue Gesetz. Da es aber grundlegende berufsrechtliche Anliegen in Angriff nehmen musste, geht die Wirkung des Gesetzes über den sozialrechtlichen Belang weit hinaus. Fest steht aber,

---

[26] *Kilger* AnwBl. 1999, 571–574.
[27] VerfG – 1 BvR 2534/14; 1 BvR 2584/14 (beide anhängig).
[28] http://www.bundesverfassungsgericht.de/DE/Verfahren/Jahresvorausschau/vs_2015/vorausschau_2015_node.html: „Verfassungsbeschwerden zu der Frage, ob es mit Art. 12 Abs. 1 GG vereinbar ist, Syndikusanwälten die Möglichkeit einer Befreiung von der Rentenversicherungspflicht gemäß § 6 Abs. 1 Satz 1 Nr. 1 des Sechsten Sozialgesetzbuches (SGB VI) zu versagen."
[29] Wegen der Literaturnachweise wird auf das Kapitel von *Offermann-Burckart* verwiesen.

dass nur nachgeholt wurde, was lange Zeit schon hätte geschehen können und nach diesseitiger Ansicht auch müssen. Mit der Einführung des Syndikusrechtsanwalts n. F. ist **nicht etwa eine neue Berufsgruppe** geschaffen worden (wie der Gesetzgeber im Hinblick auf den sozialrechtlichen Belang auch ausdrücklich feststellt): die Einheit des Anwaltsberufs schließt es nicht aus, dass es je nach Funktion zu unterschiedlichen Ausgestaltungen innerhalb des Anwaltsberufs kommt. Das ist bei den Fachanwälten und erst recht bei den Rechtsanwälten beim Bundesgerichtshof schon seit längerem nie problematisiert worden: Auch sie sind Rechtsanwälte, so wie es die Syndikusrechtsanwälte bisher und künftig ebenfalls sind.

Die Nichtbefassung mit einem den ganzen Beruf betreffenden Problem war die eine **39** Art der Berufspolitik – so in den letzten 20 Jahren. Die nun anstehende umfangreiche Befassung mit dem Status des Syndikus wird – nicht zuletzt wegen der Konkurrenz des Sozialrechts und wegen der in der Novelle selbst vorgesehenen Evaluation – erheblichen **berufspolitischen Einflüssen** ausgesetzt sein. Ein Blick auf **verschiedene Aspekte** ist deswegen geboten.

Bereits die Frage, ob es angestellte Rechtsanwälte überhaupt geben kann und soll, ist **40** nie ganz unstrittig gewesen. Zwar ist sie in der Berufspolitik nie ernsthaft problematisiert worden. Die Notwendigkeit, junge Berufsangehörige in den Beruf hineinwachsen zu lassen, liegt auch auf der Hand. Aber der **Status von in Kanzleien angestellten Rechtsanwälten** ist nie wirklich in den Blick genommen worden, was nach der Abschaffung des Anwalts-Assessors auch auf der Hand lag. Deswegen ist der angestellte Anwalt in der Rechtsanwaltskanzlei letztlich immer nur als die Ausprägung einer Durchgangsform hin zur selbstständigen Berufsausübung gesehen worden. Ob das allerdings den Anschauungen vieler heutiger Berufsanfänger und Berufsanfängerinnen noch entspricht und ob der Markt nicht auch andere Auffassungen angesichts seiner modernen Entwicklungen erfordert, wird untersucht werden müssen.

Erst recht **umstritten** war und ist die Behauptung, der in einem Unternehmen ange- **41** stellte Anwalt sei wirklicher Anwalt. Viele selbstständige Anwälte, die nicht in einen engen beruflichen Kontakt mit Syndikusanwälten gekommen sind, werden dies spontan verneinen. Denn das rührt an die Grundlagen seines Selbstverständnisses: Er ist im Rahmen der beruflichen Rechtsvorschriften völlig frei, agiert nach seinem Belieben, muss nur auf sich und gegebenenfalls seine selbständigen Sozien Rücksicht nehmen, kann Mandate annehmen und ablehnen, sein Geschäftsfeld und Gesichtsfeld einengen oder erweitern, alles wie er will: diese Stichworte machen ja gerade den Inbegriff seines Berufes aus! Nie möchte er sich in eine stringente Organisation einordnen müssen. Nur so kann er seine Mandanten wirklich unbeeinträchtigt von Einflüssen Dritter beraten und vertreten. Dieser Status, welcher gegenüber anderen Gruppen des freien Berufs, besonders gegenüber z.B. den Kassenärzten, eine nachgerade unbeschränkte Freiheit bedeutet, sollte nicht geringgeachtet werden. Die Errungenschaften der **freien Advokatur** sind gerade auch unter diesem Aspekt gesehen worden. Es ist deswegen durchaus verständlich, wenn große Teile der Anwaltschaft die Zuerkennung des Status Rechtsanwalt gegenüber den Syndikusanwälten mit Skepsis gegenüberstehen.

Demgegenüber haben andere Teile der Anwaltschaft, auch und gerade unter den **42** selbstständig Tätigen, erkannt, dass eine effektive Beratung und Vertretung von Unternehmen oft nur unter **Einschaltung von Syndikusanwälten** sachgerecht möglich ist. Diese kennen das Unternehmen von innen viel besser, als es ein Externer jemals wird kennenlernen können. Sie wissen, auf welche nicht nur klimatischen Verhältnisse wird Rücksicht genommen werden müssen; sie kennen die betriebsinternen Abläufe in allen Vorzügen und Nachteilen bis hin zu den bestehenden Empfindlichkeiten bei Belegschaft oder Geschäftsführung. All dies sind Gesichtspunkte, welche in eine rechtliche

Bearbeitung durchaus einfließen können, sei es, dass auf sie Bedacht genommen werden muss, sei es, dass ihre Zurückdrängung im Vordergrund steht. Dem steht aber gegenüber, dass der externe Anwalt naturgemäß forensisch erfahrener ist und auch ein weiteres Blickfeld einbringen kann. Im Idealfall hat er sogar konkurrierende Marktsegmente oder ganz andere Betrachtungsfelder kennengelernt und kann diese in die Erarbeitung des richtigen Rates der sachgerechten Vertretung für das Unternehmen einbringen. Insoweit kann sich eine **Symbiose** entwickeln, welche den getrennten Einsatz nur von internen Anwälten einerseits oder nur externen Beratern andererseits weit übertreffen kann. Insofern wissen auch diese selbständigen Anwälte, welchen Wert die Zwischenschaltung der Syndikusanwälte im Unternehmen einem sachgerechten Wirtschaften haben kann, auch gerade in Zeiten, in denen die **Compliance** oben ansteht.

43   Dieser Dualismus in den Anschauungen innerhalb der Anwaltschaft, die sich auch in den Anschauungen der beteiligten Kreise anderer Berufe widerspiegelt, hat zu einem **merkwürdigen Zwielicht** in der Berufsausübung vieler Syndikusanwälte geführt. Zwar haben sie Visitenkarten drucken lassen, auf denen ihre Berufsbezeichnung „Rechtsanwalt" erscheint. Keiner der Empfänger dieser Visitenkarten hat realisiert, dass sie eigentlich nach der herrschenden Rechtsauffassung nur für die allenfalls marginal ausgeübte Feierabendtätigkeit Geltung haben konnte. Der Status des Rechtsanwalts hat auch im Unternehmen durchaus seine Wirkung gezeigt. Haben sich viele Syndizi andererseits wirklich als Anwälte gefühlt? Sind Sie Mitglieder von Anwaltvereinen? Sind Sie jemals zu Kammerversammlungen gegangen? Sind sie überhaupt in der Anwaltschaft mit dem ihnen zukommenden Gewicht aufgetreten? All das war nicht immer zu beobachten. Sie waren bei den Kammern sicherlich die am leichtesten zu verwaltenden Mitglieder, indem man nämlich außer der regelmäßigen Zahlung des Kammerbeitrags nie etwas von ihnen gehört hat

44   Demgemäß haben sich **beide Kreise nie wirklich gestört**. Die Doppelberufstheorie des Bundesgerichtshofes hat dieser soziologischen Betrachtung glänzend Rechnung getragen. Einerseits konnte der Anspruch aufrechterhalten werden, dass anwaltliche Tätigkeit im Unternehmen nicht wirklich denkbar sei. Andererseits konnten sich Syndikusanwälte im Vollgefühl dessen fühlen, Rechtsanwälte zu sein. Auf die feine Unterscheidung der Doppelberufstheorie hat in der praktischen Wirklichkeit nicht wirklich jemand geachtet.

45   Im Sozialgerichtsprozess ist, wie 1999 schon prophezeit, der Gegensatz scharf zu Tage getreten. Das hat sogar dazu geführt, dass Syndikusanwälten von Richtern in der mündlichen Verhandlung entgegengehalten werden konnte, sie seien eigentlich „Betrüger": Gegenüber der Kammer hätten sie versichert, dass sie den Anwaltsberuf neben ihrer Unternehmenstätigkeit auszuüben berechtigt seien. Im Sozialgerichtsprozess machten sie geltend, gerade diese Unternehmenstätigkeit sei Anwaltstätigkeit. Ihr Vorgehen war anders gedacht, aber der Gegensatz war offenkundig.

IV. Zukunfts-Konsequenzen

46   Es muss mehr Bewusstsein dafür entwickelt werden, dass Syndikusanwälte integraler **Bestandteil der Anwaltschaft** Deutschlands sind, und zwar nicht erst seit dem vorliegenden Gesetz, sondern seit mehr als einem Jahrhundert. Anwaltschaft wie Wirtschaft haben von der Existenz dieses Phänomens profitiert. Andere Rechtsordnungen beneiden uns darum. Als Beispiel sei nur Frankreich erwähnt, wo intern dieselben Differenzen bestehen, es aber bisher nicht gelungen ist, Anwälte als eigene Institution in die Un-

ternehmen einzuführen. Es sollte auch dem Eindruck entgegengewirkt werden, dass hier eine neue Berufsgruppe entstanden sei. Das Gesetz selbst stellte ausdrücklich fest, dass mit der Definition des Syndikus keine neue Berufsgruppe geschaffen worden sein soll. Diese Feststellung ist nicht nur wegen der sozialrechtlichen Implikationen erfolgt; sie entspricht der tatsächlichen Entwicklung. Dabei ist die Definition einer besonderen Gruppe innerhalb der Anwaltschaft kein ungewöhnlicher Vorgang. Die Bundesrechtsanwaltsordnung enthält auch Vorschriften über die Fachanwälte und über die Rechtsanwälte beim Bundesgerichtshof. Auch sie stellen besondere Ausprägungen des Anwaltsberufs dar, ohne dass dessen Einheit dadurch infrage gestellt worden wäre. Das ist auch nicht durch die Neudefinition des Syndikus geschehen.

Andererseits sollte aber das **Berufsbild der Anwaltschaft** nicht etwa nur am Syndikus   47 orientiert werden. Der klassische Anwaltsberuf ist noch immer der Beruf in vollständiger Selbständigkeit. Der Rückhalt der Syndikusanwälte in den Unternehmen erfordert gerade die Existenz eines Prototyps des selbstständigen Anwalts. Denn sonst könnte der Syndikus im Unternehmen nicht das notwendige Rückgrat wahren – es besteht in seiner fachlichen Unabhängigkeit. Insoweit stützt im übertragenen Sinne die Anwaltschaft insgesamt den Syndikus in den Unternehmen; seine Existenz ist aber vom Überleben des selbstständigen Anwalts abhängig.

Deswegen wäre es auch nicht richtig, würde die Berufspolitik sich allein nach den   48 Belangen der Syndikusanwälte orientieren. Dass sie inzwischen in Kammern mancherorts bestimmender Faktor geworden sind, füllt einerseits ein Defizit der Vergangenheit auf. Aber es darf andererseits nicht überhandnehmen. Die Interessen der Syndikusanwälte müssen in die Anwaltschaft eingebracht werden. Aber sie kann nicht an ihnen allein ausgerichtet und bestimmt werden. Deswegen sollten die Vertretungen der Syndikusanwälte auch nicht nach dem Muster verfahren, dass sie immer nur dann aktiv werden, wenn ihre eigenen Interessen berührt sind. Rosinen kann es für keinen Teil bestand innerhalb der Anwaltschaft geben. Ob es weise war, die Notwendigkeit einer Vermögensschadenshaftpflichtversicherung für Syndikusanwälte nicht vorzusehen, sei hier nicht erörtert. Es sollte aber grundsätzlich davon ausgegangen werden, dass alle Rechtsanwältinnen und Rechtsanwälte gleiche Rechte und Pflichten haben, wie es das die Einheit des Anwaltsberufs gebietet.

V. Evaluation ist bereits unterwegs

Die Darstellung der rechtspolitischen Implikationen der Vergangenheit und die dar-   49 aus gezogenen und noch zu ziehenden Folgerungen sollten bei der vom Gesetz vorgesehenen Evaluation mit aller Sorgfalt berücksichtigt werden das bedeutet auch, dass ein jahrelang erfolgreich geübtes Tabu nicht über Nacht in ein konfliktfreies Feld führt Renten kann. Es wird auf die Übergangszeit mit erheblichen Reibungsverlusten zu rechnen sein. Sie sollten bei der endgültigen Evaluation mit dem notwendigen Augenmaß betrachtet werden.

Es sollte beachtet werden, dass der Vollzug des Gesetzes innerhalb einer bestimmten   50 Frist evaluiert werden soll. Der Gesetzestext bestimmt:

Artikel 8 Evaluierung
  Die Bundesregierung untersucht bis zum 31. Dezember 2018 unter Einbeziehung der Bundesrechtsanwaltskammer, der Patentanwaltskammer und des Trägers der Rentenversicherung die Auswirkungen des Artikels 1 Nummer 3 und des Artikels 6 auf die Zulassungspraxis der Rechtsanwaltskammern und der Patentanwaltskammer sowie auf die Befreiungspraxis in der gesetzlichen Rentenversicherung und be-

richtet nach Abschluss der Untersuchung dem Deutschen Bundestag über die Ergebnisse der Untersuchung.[30]

51   Zu untersuchen sind demnach **Zulassungspraxis und Befreiungspraxis.** Zuerst wird es die Aufgabe der Rechtsanwaltskammern sein, zu einer einheitlichen Zulassungspraxis von Syndikusanwälten zu finden. Die doppelte Zulassung stellt dabei einen methodisch interessanten Ansatz dar, kann aber im schlechtesten Falle auch zu einer zusätzlichen Hürde für die Betroffenen werden. Abgesehen von der Problematik der unterschiedlichen Kanzleisitze könnte die unterschiedliche Benennung im Auftreten am Rechtsberatungsmarkt zu Irritationen führen. Es wird Syndikus-Rechtsanwälte geben, die über keine Zulassung als Kanzleirechtsanwalt verfügen. Das Zusammenwirken der beiden Spielarten des einheitlichen Anwaltsberufs kann durchaus gelingen; aber genauso zu Entwicklungen führen, die ein Auseinanderstreben fördern. Das sollte unbedingt verhindert werden. Wer seine Befreiung bei der Deutschen Rentenversicherung betreibt und Syndikusrechtsanwalt sein will, sollte deshalb seinen Beruf als solchen sehr ernst nehmen und dies nach außen entsprechend erkennbar dokumentieren.

Bei einer Evaluation der Befreiungspraxis wird man berücksichtigen müssen:

52   • Viele Unzulänglichkeiten, über die berichtet werden wird, sind **nicht Folge der vorliegenden Neuregelung,** sondern Ergebnis einer seit über fünf Jahren andauernden ungeordneten Entwicklung, die die Rechtsprechung hervorgerufen hat. Dem Bundessozialgericht kommt der Verdienst zu, mit seinen Entscheidungen eine Diskussion forciert zu haben, die in der Anwaltschaft lange als Tabu galt. Aber es hat den Grundsatz respice finem nicht hinreichend beachtet. Für die daraus resultierenden Konsequenzen kann das neue Gesetz nicht verantwortlich gemacht werden.

53   • Hauptaufgabe der Anwaltschaft bei der Bewährung der anstehenden Aufgaben wird es sein, dass sie den Syndikusrechtsanwalt nunmehr **vollumfänglich akzeptiert.** Das gilt für die anwaltlichen Berufsverbände gleichermaßen wie insbesondere für die Syndikusrechtsanwälte selbst. Wenn sich diese nicht als Rechtsanwälte fühlen und auch nicht als solche gerieren, werden ihre Tage gezählt sein. Es gibt nur zwei Möglichkeiten: Entweder man gehört einem Berufsstand an, der, schwer genug, sein Beratungsmonopol gegenüber den vielen anderen Interessenten verteidigt, die gerne auch Rechtsdienstleistung betreiben würden. Dann gehören dazu auch die Beachtung der Pflichten von Kammermitgliedern und der immerwährende Blick auf die Berufsregeln, insbesondere die fachliche Unabhängigkeit und die Verschwiegenheit und auf das Berufsethos, welches jeden Anwalt auszeichnen muss. Oder man betrachtet sich unreflektiert als privilegiert, ohne dass das durch eigene Leistung gerechtfertigt würde, man betreibt einen Job wie jeden anderen auch und kümmert sich nicht um Berufsrecht und Berufspflichten. Würde bei der Mehrheit der Syndikus Rechtsanwälte das festzustellen sein, und darauf werden viele wachsamen Augen ruhen, könnten ihre Tage im Rahmen der Evaluation gezählt sein.

54   • Rechtsstreitigkeiten, die aus den Schwierigkeiten des jetzigen Übergangsbestandes, aber auch aus der Neuanwendung des Reformgesetzes resultieren, werden angesichts der Erfahrung mit der Dauer gerichtlicher Verfahren in der Evaluationsperiode noch gar **nicht abgeschlossen** sein. Es fragt sich deswegen, ob für sie überhaupt hinreichend Zeit zur Verfügung stehen wird.

55   1. **Zwei Jahrzehnte lang** ist die Rechtsanwendung einschließlich der Deutschen Rentenversicherung davon ausgegangen, dass eine einmal ausgesprochene Befreiung für jede andere berufsspezifische Tätigkeit weiter gelte. Ganz zu Beginn hatte die Deut-

---

[30] BGBl. I S. 2524

sche Rentenversicherung sogar grüne Ausweise ausgegeben, die zur Ersparung eines neuen Antragsverfahrens dem jeweils neuen Arbeitgeber vorgelegt werden konnten. Am 31.10.2012 musste die Deutsche Rentenversicherung zu ihrer Überraschung erfahren, dass das Bundessozialgericht diese Verfahrensweise für falsch hielt – der Verfasser hat dies vor Ort miterlebt. Die Beteiligten mussten auf ein bürokratisches Monster umsteigen, welches vorsieht, dass bei jedem neuen Beschäftigungsverhältnis ein neuer Befreiungsantrag gestellt werden muss – wobei bis heute nicht abschließend klar ist, was genau den Inhalt eines Beschäftigungsverhältnisses im Sinne von § 7 SGB IV ausmacht.

2. **Jahrzehnte lang,** seit Gründung der Rechtsanwaltsversorgungen, sind alle Beteiligten einschließlich der BfA und der Deutschen Rentenversicherung davon ausgegangen, dass ein Rechtsanwalt in einem Unternehmen anwaltlich tätig sein könne. Die Doppelberufstheorie des Bundesgerichtshofs hatte das Sozialrecht nicht erreicht: Die Deutsche Rentenversicherung selbst hatte einen fein ausgefeilten Katalog von Kriterien erarbeitet und mit den Antragsformularen verbreitet, die dahin gingen, dass jedenfalls dann anwaltliche Tätigkeit im Unternehmen ausgeübt wurde, wenn nur die vier Kriterien kumulativ erfüllt waren.[31] Zu ihrer Überraschung – der Verfasser hat auch dies vor Ort miterlebt – musste die Deutsche Rentenversicherung in der mündlichen Verhandlung vom 3.4.2014 erfahren, dass diese Rechtsauffassung nach Meinung des Bundessozialgerichts falsch war. Sie hatte also Rechtsanwältinnen und Rechtsanwälte zu Tausenden rechtswidrig befreit, wovon allerdings niemand von der Rechtswidrigkeit wusste und worauf diese sich auch ihr ganzes Berufsleben verlassen hatten. Sie standen nach einem langen Versicherungsverlauf im Versorgungswerk nun plötzlich vor der Situation, eine neue Versicherung bei der Deutschen Rentenversicherung beginnen zu müssen; Versorgungsruinen waren die Folge. Der – dem Grunde nach sehr vernünftige – Reparaturversuch der DRV vom 12.12.2014 konnte nur Fehlentwicklungen korrigieren.[32]   **56**

3. Der Bundesgesetzgeber hat, was er ebenfalls ausdrücklich betont, den **Zustand wiederhergestellt,** welcher vor dem 3.4.2014 bestand. Nun hatten aber viele Arbeitgeber schon vor dem 1.1.2015, dem Stichtag der Amnestieregelung der Deutschen Rentenversicherung, oder sogar schon vor dem 3.4.2014 die Beiträge nicht mehr an das Versorgungswerk oder den Beschäftigten, sondern direkt an diese abgeführt, weil sie sichergehen wollten bzw. nicht wussten, ob sie im Nachforderungsfall bei ihren bisherigen Beschäftigten würden Regress nehmen können. Also musste das Gesetz auch eine Rückabwicklung vorsehen. Sie wird Probleme bereiten. Denn zum einen befinden sich Syndikusanwälte mit der Deutschen Rentenversicherung schon seit bis zu einem Jahrzehnt im Streit darüber, ob sie nun befreit werden können oder nicht – und solange hingen die Beiträge in der Luft. Bei den Landessozialgerichten lagern insoweit noch nicht entschiedene Verfahren. Wie derart lange Rückabwicklungszeiträume zu bewältigen sind, muss noch im Einzelnen geprüft werden. Denkbar sind Fälle, die von der vorgesehenen gesetzlichen Regelung gar nicht erfasst sind und deswegen im Rechtswege ausgetragen werden müssen.   **57**

Perspektivisch bleibt für die berufsständische Versorgung eine große Lösung unter Einbeziehung einer Überarbeitung der maßgeblichen Befreiungsvorschriften politisches   **58**

---

[31] Der Katalog war schon 1999 (allerdings nicht mit der Anforderung der Kumulation) vorgeschlagen worden: siehe *Kilger* Anm. 24. Der Vorschlag entsprach der damaligen Rechtsauffassung des Rechtsausschusses der ABV – Arbeitsgemeinschaft Berufsständischer Versorgungseinrichtungen e.V. Köln, dem Dachverband der Versorgungswerke.
[32] Im Internet durch die Deutsche Rentenversicherung veröffentlicht, → Fn. 21.

Ziel, sei es in einer zeitgemäßen Fassung des § 6 SGB VI oder, was im Ergebnis noch richtiger und konsequenter wäre, in einer Angleichung an die Regelung, die auch die staatliche Beamtenversorgung hat – was vorsehen würde, dass Rechtsanwälte gemäß § 5 SGB VI automatisch versicherungsfrei werden, verbunden mit der (ohnehin bestehenden) Verpflichtung der Versorgungswerke, dafür Sorge zu tragen, dass die Beiträge gezahlt werden, wie sie ohne Eintritt der Versicherungsfreiheit an die Deutsche Rentenversicherung zu zahlen gewesen wären.

§ 2 Berufsrecht

Bei der Neuordnung des Rechts der Syndikusanwälte gehörte es zu den Zielen des **1** Gesetzgebers, „ausgehend von dem berufsrechtlichen Ansatz der Urteile des Bundesso-zialgerichts" vom 3.4.2014[1] eine Lösung zu finden, „die eine statusrechtliche Anerken-nung der Tätigkeit als Syndikusanwalt in einem Unternehmen als Rechtsanwalt vor-sieht, dabei aber bestimmte Einschränkungen vornimmt". Hierbei sollte im Hinblick auf das Befreiungsrecht von der Rentenversicherungspflicht „weitestgehend der bishe-rige Status quo aufrechterhalten bleiben".[2] Die Schaffung „eines eigenständigen Berufs des Syndikusrechtsanwalts" war ausdrücklich nicht beabsichtigt.[3]

I. Rechtsanwälte im Anstellungsverhältnis

Der Gesetzgeber blieb allerdings nicht bei der Neugestaltung der Rechtsstellung von **2** Unternehmens- und Verbandsanwälten stehen, sondern schuf in § 46 BRAO insgesamt eine „berufsrechtliche Regelung für die Tätigkeit angestellter Rechtsanwälte", an der es bislang fehlte.

1. Der angestellte „niedergelassene Rechtsanwalt"

Der „Normalfall" findet sich in § 46 Abs. 1 BRAO, wonach Rechtsanwälte ihren Be- **3** ruf als Angestellte solcher Arbeitgeber ausüben dürfen, „die als Rechtsanwälte, Patent-anwälte oder rechts- oder patentanwaltliche Berufsausübungsgesellschaften tätig sind". Dies ergab sich bislang nur – eher indirekt – aus § 59a Abs. 1 S. 1 BRAO, der ganz grundsätzlich den Zusammenschluss von Rechtsanwälten mit Berufskollegen und eini-gen wenigen sonstigen Berufsträgern „zur gemeinschaftlichen Berufsausübung" regelt.

2. Der Syndikusrechtsanwalt

§ 46 Abs. 2–5 BRAO enthält sodann die Legaldefinition des Syndikusrechtsanwalts. **4** Der Gesetzgeber wählt einen tätigkeitsbezogenen Ansatz, wobei materielle und formel-le Anforderungen ineinandergreifen. Syndikusrechtsanwalt kann nur sein, wer im Rahmen eines Arbeitsverhältnisses mit einem anderen Arbeitgeber als den in § 46 Abs. 1 BRAO genannten Personen und Gesellschaften „anwaltlich tätig" und zugleich nach § 46a BRAO zur Rechtsanwaltschaft zugelassen ist.

Und nur wer diese Voraussetzungen erfüllt, genügt auch den Vorgaben, die § 6 **5** Abs. 1 S. 1 Nr. 1 SGB VI für eine Befreiung Beschäftigter und selbstständig Tätiger von der Versicherungspflicht in der gesetzlichen Rentenversicherung aufstellt (Ausübung einer Beschäftigung oder selbstständigen Tätigkeit, *wegen der* sie … Mitglied einer be-rufsständischen Kammer sind").

---

[1] BSGE 115, 267 = NJW 2014, 2743; BSG Urt. v. 3.4.2014 – B 5 RE 3/14 R, BeckRS 2014, 69071; BSG Urt. v. 3.4.2014 – B 5 RE 9/14 R, BeckRS 2014, 71682, alle besprochen von *Offermann-Burckart* NJW 2014, 2683.
[2] BT-Drs. 18/5201, 1 f.; BT-Drs. 18/6915, 1.
[3] BT-Drs. 18/5201, 31.

II. Voraussetzungen für die Zulassung als Syndikusrechtsanwalt

6   Die Zulassung als Syndikusrechtsanwalt erhält auf Antrag derjenige, der die für jeden Rechtsanwalt geltenden Anforderungen und darüber hinaus besondere Voraussetzungen erfüllt. Die Ausgestaltung einer gesonderten Zulassungsregelung für Syndikusrechtsanwälte soll kein Indiz für einen eigenständigen Beruf des Syndikusrechtsanwalts begründen, sondern lediglich dem Umstand Rechnung tragen, dass die Tätigkeit eines Rechtsanwalts sich auf die Tätigkeit als Syndikusrechtsanwalt beschränken kann und „mit der Zulassung ein klarer Anknüpfungspunkt für die berufsrechtlichen Pflichten einer anwaltlichen Tätigkeit als Syndikusrechtsanwalt geschaffen wird".[4]

1. Allgemeine Zulassungsvoraussetzungen gem. § 4 BRAO

7   Zur Rechtsanwaltschaft wird nur zugelassen, wer die Befähigung zum Richteramt nach § 5 Abs. 1 des Deutschen Richtergesetzes erlangt (also zwei juristische Examina absolviert) hat[5] (oder die Eingliederungsvoraussetzungen nach dem EuRAG erfüllt oder die Eignungsprüfung nach dem EuRAG bestanden hat).

2. Fehlen eines der Versagungsgründe des § 7 BRAO

8   In der Person des Bewerbers darf keiner der in § 7 BRAO abschließend aufgeführten Gründe für eine Versagung der Zulassung vorliegen. Der Bewerber darf also etwa nicht infolge strafgerichtlicher Verurteilung die Fähigkeit zur Bekleidung öffentlicher Ämter verloren haben (§ 7 Nr. 2 BRAO) oder aus gesundheitlichen Gründen länger als nur vorübergehend unfähig sein, den Beruf eines Rechtsanwalts ordnungsgemäß auszuüben (§ 7 Nr. 7 BRAO).

a) Unvereinbare Tätigkeit (§ 7 Nr. 8 BRAO)

9   Zu den Versagungsgründen gehört gem. § 7 Nr. 8 BRAO auch die Ausübung einer Tätigkeit, „die mit dem Beruf des Rechtsanwalts, insbesondere seiner Stellung als unabhängiges Organ der Rechtspflege nicht vereinbar ist oder das Vertrauen in seine Unabhängigkeit gefährden kann".

10   Es ist denkbar, dass ein zB halbtags beschäftigter Syndikusrechtsanwalt noch einer weiteren Tätigkeit im Anstellungsverhältnis zu einem nicht-anwaltlichen Arbeitgeber nachgeht, die nicht die Anforderungen des § 46 Abs. 2–5 BRAO erfüllt (also einen „klassischen" Zweitberuf darstellt).

11   Dann gilt – den Erwägungen in der Zweitberufs-Entscheidung des Bundesverfassungsgerichts vom 4.11.1992[6] folgend – zunächst, dass er in der Lage sein muss, „in irgendwie nennenswertem Umfang" seiner Tätigkeit als Syndikusrechtsanwalt nachzugehen. Er muss eine sog. Freistellungserklärung seines zweiten Arbeitgebers vorweisen können, in der ihm unwiderruflich(!) sinngemäß bestätigt wird, dass er berechtigt ist, sich während der Dienststunden zur Wahrnehmung etwaiger anderer Termine und Besprechungen jederzeit von seinem Dienstplatz zu entfernen, ohne im Einzelfall eine Er-

---

[4] BT-Drs. 18/5201, 31.

[5] Selbstverständlich erhalten eine Zulassung auch die Absolventen der früher gem. der sog. „Experimentierklausel" in § 5b DRiG aF an einigen Universitäten (Konstanz, Augsburg, Bayreuth, Bremen, Hamburg, Frankfurt, Hannover, Bielefeld, Trier) angebotenen einstufigen Juristenausbildung.

[6] BVerfGE 87, 287 = NJW 1993, 317 = AnwBl 1993, 120 = BRAK-Mitt 1993, 50; vgl. hierzu näher Henssler/Prütting/*Henssler* BRAO § 7 Rn. 96 ff.

laubnis hierfür einholen zu müssen, selbst wenn seine Termine als Syndikusrechtsanwalt mit dienstlichen Terminen kollidieren sollten.[7] Die Syndikusrechtsanwalts-Tätigkeit geht also vor.

Außerdem ist nach der Zweitberufs-Entscheidung die Vereinbarkeit von (insbesondere kaufmännisch-erwerbswirtschaftlichen) Tätigkeiten mit dem Anwaltsberuf ausgeschlossen, wenn Interessenkollisionen naheliegen, weil etwa ein kaufmännischer Beruf die Möglichkeit bietet, Informationen zu nutzen, die aus der rechtsberatenden Tätigkeit stammen. Solchen Gefahren zu wehren, sei im Interesse der Rechtspflege und des Ansehens der Rechtsanwaltschaft geboten und auch erkennbares Ziel entsprechender Berufswahlbeschränkungen. Zu den „klassischerweise" unverträglichen Berufen gehören der des Versicherungsmaklers,[8] Vermögensberaters einer Bank,[9] Immobilienmaklers oder Unternehmensberaters.[10]   **12**

Allerdings dürften beim Syndikusrechtsanwalt kaum die gleichen strengen Maßstäbe anzulegen sein wie beim „niedergelassenen Rechtsanwalt". Denn da der Syndikusrechtsanwalt nur einen einzigen Mandanten, seinen Arbeitgeber, hat, wird er auch bei Ausübung zB einer Versicherungsmakler-Tätigkeit im Zweitberuf kaum Gelegenheit haben, das Vertrauen „des rechtsuchenden Publikums" in seine Kompetenz und Unabhängigkeit zu gefährden. Selbst wenn der erste Arbeitgeber, bei dem der Betreffende als Syndikusrechtsanwalt beschäftigt ist, sich für die Produkte des zweiten Arbeitgebers, der ein Versicherungsmakler-Büro betreibt, interessierte, sind Gefährdungen eher fernliegend. Und Gefährdungen eines größeren unbestimmbaren Kreises von Personen sind praktisch ausgeschlossen. Man darf allerdings gespannt sein, welche Fallkonstellationen die Praxis hier noch bereithält.   **13**

Von der soeben behandelten Situation ist die umgekehrte Konstellation zu unterscheiden, dass der Syndikusrechtsanwalt zugleich auch eine Zulassung als „niedergelassener Rechtsanwalt" anstrebt. Dann ist aus Sicht der „niedergelassenen" Tätigkeit zu prüfen, ob diese mit der Tätigkeit als Syndikusrechtsanwalt zu vereinbaren ist, wozu es ua einer Freistellungserklärung des Arbeitgebers bedarf (→ Rn. 231 ff.).   **14**

Die noch wieder andere Frage, ob die grundsätzliche Unverträglichkeit des Anwaltsberufs mit bestimmten Tätigkeiten auch eine Rolle für den Syndikusrechtsanwalt in eigener Person spielt, also zB ein Arbeitsverhältnis als Syndikusrechtsanwalt nicht mit einem Versicherungsmakler-Büro begründet werden darf, ist wohl zu verneinen. Denn da der Syndikusrechtsanwalt, sofern er nicht auch noch über eine Zulassung als „normaler" Anwalt verfügt, nur für seinen Arbeitgeber tätig wird, besteht nicht die Gefahr einer Vermischung von Interessen und vor allem nicht die Gefahr, dass ein Kunde des Versicherungsmakler-Büros der falschen Vorstellung unterliegt, „sein" Verhandlungspartner begegne ihm mit der Objektivität eines ihn beratenden Anwalts. Der Syndikusrechtsanwalt wird bereits durch die ihm in § 46a IV Nr. 2 BRAO auferlegte Berufsbezeichnung für jedermann erkennbar als Berater und Vertreter eines nicht-anwaltlichen Arbeitgebers, hier eben des Maklerbüros, ausgewiesen.   **15**

b) Vermögensverfall (§ 7 Nr. 9 BRAO)

Nach § 7 Nr. 9 BRAO ist die Zulassung zu versagen, wenn sich der Bewerber im Vermögensverfall befindet. Die Norm knüpft – anders als die ansonsten spiegelbildli-   **16**

---

[7] Vgl. hierzu die Muster von „Freistellungserklärungen" auf den Homepages der regionalen Rechtsanwaltskammern.

[8] BGH BRAK-Mitt 1994, 44; 1995, 123.

[9] BGH NJW-RR 2011, 856.

[10] Vgl. insgesamt die Übersicht bei Henssler/Prütting/*Henssler* § 7 Rn. 105 m. w. Nachw.

che Widerrufsgrund des § 14 II Nr. 8 BRAO – an eine abstrakte Gefährdung der Rechtspflege an und fragt nicht danach, ob eine Gefährdung der Interessen der Rechtsuchenden aufgrund besonderer Umstände des Einzelfalls ausgeschlossen ist.[11] Ziel der Vorschrift ist es, den rechtsuchenden Bürger umfassend vor den Gefahren zu schützen, die in einer schlechten wirtschaftlichen Lage des Rechtsanwalts begründet sind.[12]

17   Dass diese Überlegungen auch beim Syndikusrechtsanwalt greifen, ist fraglich. Der Syndikusrechtsanwalt darf nur für seinen Arbeitgeber tätig werden, hat ansonsten also keinerlei Mandantenkontakt. Jedenfalls dann, wenn der Arbeitgeber über die finanzielle Situation seines Mitarbeiters und zB dessen Eintragung im Schuldnerverzeichnis (§ 26 II InsO, § 882b ZPO) informiert ist, dürfte eine Gefährdung seiner Person und damit auch der Rechtspflege ausgeschlossen sein. Es ist dann Sache des Arbeitgebers, zu entscheiden, ob er dem Mitarbeiter Vertrauen entgegenbringt oder etwa geeignete Maßnahmen ergreift, um ihn vom Umgang mit Geldern fernzuhalten.

18   So, wie es bisher schon Usus ist, dass in finanzielle Not geratene Rechtsanwälte nach dem Verlust der Zulassung ein Anstellungsverhältnis in einem Unternehmen suchen, müsste es künftig in solchen Fällen auch möglich sein, bei ansonsten vorliegenden Voraussetzungen die Zulassung als Syndikusrechtsanwalt zu erhalten. Eine Versagung wäre aufgrund der besonderen Stellung des Syndikus schwerlich mit Art. 12 GG vereinbar.[13] Der Gesetzgeber hat dieses Problem nicht angesprochen und offenbar übersehen.

3. Anforderungen des § 46 Abs. 2–5 BRAO

19   Der Bewerber muss weiter die besonderen Voraussetzungen eines Syndikusrechtsanwalts erfüllen.

a) Bestehen eines Arbeitsverhältnisses zu einem nicht-anwaltlichen Arbeitgeber

20   Der Syndikusrechtsanwalt unterscheidet sich vom „normalen" angestellten Anwalt dadurch, dass sein Arbeitsverhältnis nicht mit einem Arbeitgeber iSv § 46 Abs. 1 BRAO (also nicht mit einem Arbeitgeber, der als Rechtsanwalt, Patentanwalt oder rechts- oder patentanwaltliche Berufsausübungsgesellschaft tätig ist), sondern mit einem nicht-anwaltlichen Arbeitgeber besteht. Nicht-anwaltliche Arbeitgeber sind neben Unternehmen der freien Wirtschaft und Verbänden auch Angehörige eines sozietätsfähigen Berufs nach § 59a Abs. 1 S. 1 u Abs. 2 Nr. 2 BRAO (Steuerberater, Steuerbevollmächtigte, Wirtschaftsprüfer, vereidigte Buchprüfer).[14]

21   Im Hinblick auf Letzteres ist zu unterscheiden: Wer Angestellter einer „gemischten" Berufsausübungsgesellschaft ist, der als Gesellschafter mindestens ein Rechtsanwalt angehört und die mithin (auch) zur Erbringung anwaltlicher Dienstleistungen befugt ist, ist „normaler" angestellter Anwalt iSv § 46 Abs. 1 BRAO. Wer dagegen Angestellter einer Berufsausübungsgesellschaft ist, deren Gesellschafter nur Steuerberater, Steuerbevollmächtigte, Wirtschaftsprüfer und/oder vereidigte Buchprüfer sind, und die deshalb anwaltliche Dienstleistungen nicht erbringen darf, ist bzw. wird bei Erfüllung aller übrigen Voraussetzungen Syndikusrechtsanwalt, nicht aber „normaler" angestellter Rechtsanwalt.

---

[11] Vgl. hierzu nur Henssler/Prütting/*Henssler* BRAO § 7 Rn. 111.
[12] BT-Drs. 11/3253, 19.
[13] So auch *Kleine-Cosack* AnwBl 2016, 50, 53.
[14] Vgl. hierzu ausführlich *Offermann-Burckart* AnwBl 2015, 633, 634.

b) Ausübung einer anwaltlichen Tätigkeit (§ 46 Abs. 2–4 BRAO)

Das neue Recht erkennt an, dass auch der Unternehmens- oder Verbandsjurist anwalt- **22** liche Tätigkeit ausüben *kann*. Bei der Umschreibung dessen, was „anwaltliche Tätigkeit eines Syndikus" ist, greift der Gesetzgeber die alte Vier-Kriterien-Theorie auf, die „nun gesetzlich normiert" werde, wobei „eine inhaltliche Änderung ausdrücklich nicht beabsichtigt (sei)".[15] Der sperrig formulierte § 46 Abs. 3 BRAO verlangt dabei so etwas wie einen Dreisprung. Anwaltliche Tätigkeit liegt vor, wenn das Arbeitsverhältnis durch verschiedene näher bezeichnete und fachlich unabhängig und eigenverantwortlich auszuübende Tätigkeiten sowie verschiedene näher bezeichnete Merkmale geprägt ist.

aa) Fachliche Unabhängigkeit und Eigenverantwortlichkeit

Eine Art Obersatz bildet die Forderung nach Eigenverantwortlichkeit und vor allem **23** fachlicher Unabhängigkeit des Syndikusrechtsanwalts.

Eine fachlich unabhängige Tätigkeit übt – wie § 46 Abs. 4 S. 1 BRAO klarstellt – (je- **24** denfalls) *nicht* aus, wer sich an Weisungen zu halten hat, die eine eigenständige Analyse der Rechtslage und eine einzelfallorientierte Rechtsberatung ausschließen. Fachlich unabhängige Tätigkeit liege, so der Gesetzgeber, nicht vor, wenn Vorgaben zur Art und Weise der Bearbeitung und Bewertung bestimmter Rechtsfragen bestünden, wie dies etwa bei einem „richtliniengebundenen Schadenssachbearbeiter einer Versicherung" der Fall sei. Dabei blieben allgemeine Compliance-Regelungen, die keine unmittelbaren fachlichen Bezüge aufwiesen, sondern nur den Verhaltenskodex im Unternehmen festschrieben, unberührt. Auch werde die fachliche Unabhängigkeit nicht dadurch ausgeschlossen, dass eine fachliche Abstimmung, zB im Rahmen von Teamarbeit, mit einem anderen Rechtsanwalt vereinbart sei. Dagegen schlössen „Vorgaben durch (nicht-anwaltliche) Vorgesetzte eine fachliche Unabhängigkeit aus", wobei allerdings die Tätigkeit als Syndikusrechtsanwalt keinen Ausschluss jeglichen Weisungsrechts des Arbeitgebers erfordere.[16]

Der Gesetzgeber greift zum Stichwort „fachliche Unabhängigkeit" ein Argument auf, **25** das von den Befürwortern einer Gleichstellung von Unternehmens- und Verbandsanwälten mit „niedergelassenen Rechtsanwälten" schon in der früheren Diskussion stets angeführt wurde, nämlich das der Vergleichbarkeit des Abhängigkeitsverhältnisses zum Arbeitgeber mit der Abhängigkeit zu einem sonstigen Mandanten.[17] In Fällen, in denen der Arbeitgeber dem Rechtsrat des Syndikusrechtsanwalts nicht folgen wolle, stelle sich die Situation ähnlich dar wie im Verhältnis eines „niedergelassenen Rechtsanwalts" zu seinem Mandanten. Zur Wahrung seiner Unabhängigkeit sei es (nur) erforderlich, dass dem Syndikusrechtsanwalt keine arbeitsrechtlichen Konsequenzen drohten, sofern er der Meinung sei, die Entscheidung seines Arbeitgebers nicht vertreten zu können. In einem solchen Fall könne er beispielsweise anregen, einen anderen Kollegen mit der Vertretung des Arbeitgebers nach außen zu beauftragen. Dies stehe der Möglichkeit des „niedergelassenen Rechtsanwalts" gleich, seinem Mandanten in solchen Fällen eines unüberbrückbaren Dissenses einen Anwaltswechsel nahezulegen.[18]

Der in § 46 Abs. 3 BRAO weiter enthaltene Begriff der Eigenverantwortlichkeit **26** wurde in der Begründung zum Regierungsentwurf noch stark mit dem Thema „Haftung" verknüpft. Er mache deutlich, so hieß es, dass der Syndikusrechtsanwalt grund-

---

[15] So die ausdrückliche Betonung durch die Fraktion der CDU/CSU im Rahmen der Beratungen des Ausschusses für Recht und Verbraucherschutz, BT-Drs. 18/6915, 13 f.
[16] BT-Drs. 18/5201, 29.
[17] Vgl. etwa *Offermann-Burckart* AnwBl. 2012, 778, 781 f.
[18] BT-Drs. 18/6915, 22 f.

sätzlich von seinem Arbeitgeber für fehlerhafte Beratung und Vertretung haftungsrechtlich in Anspruch genommen werden könne. Dabei sah der Regierungsentwurf (in § 46a Abs. 4 BRAO-E) als Ausfluss der Eigenverantwortlichkeit noch die Pflicht des Syndikusrechtsanwalts vor, eine eigene, den Anforderungen des § 51 BRAO genügende Berufshaftpflichtversicherung zu unterhalten.[19]

27   Diese Forderung wurde aufgrund der Empfehlung des Ausschusses für Recht und Verbraucherschutz des Deutschen Bundestags wieder fallengelassen, weil davon auszugehen sei, dass die Grundsätze der Arbeitnehmerhaftung für Syndikusrechtsanwälte unter denselben Voraussetzungen zur Anwendung gelangten wie für andere Arbeitnehmer in vergleichbarer Position.[20] Am Begriff „eigenverantwortlich" wurde allerdings festgehalten. Die Eigenverantwortlichkeit ist dabei als Annex zur fachlichen Unabhängigkeit zu verstehen und bedeutet, dass auch der Syndikusrechtsanwalt seinem Arbeitgeber – unbeschadet irgendwelcher Vorgaben – zum sichersten Weg raten muss.

28   Die Rechtsanwaltskammern halten auf ihren Homepages – ursprünglich einmal einheitlich gestaltete, inzwischen aber zT schon stark voneinander abweichende – Formblätter (→ Rn. 69 f. und Anhang) für die „Tätigkeitsbeschreibung als Syndikusrechtsanwältin/Syndikusrechtsanwalt" vor, in denen es zum Stichwort „fachliche Unabhängigkeit" und zur Eigenverantwortlichkeit etwa heißt:

> „Die fachliche Unabhängigkeit der Berufsausübung iSd § 46 III BRAO ist vertraglich und tatsächlich gewährleistet. XY unterliegt keinen allgemeinen oder konkreten Weisungen in fachlichen Angelegenheiten, die eine eigenständige Analyse der Rechtslage und eine einzelfallorientierte Rechtsberatung beeinträchtigen. XY gegenüber bestehen keine Vorgaben zur Art und Weise der Bearbeitung und Bewertung bestimmter Rechtsfragen, XY arbeitet fachlich eigenverantwortlich. XY ist im Rahmen der von ihm/ihr zu erbringenden Rechtsberatung und -vertretung den Pflichten des anwaltlichen Berufsrechts unterworfen."

☞ **Praxistipp:**
29   Es wäre zweckmäßig, hier ergänzend eine Formulierung aus der Gesetzesbegründung[21] aufzugreifen und im Arbeitsvertrag sinngemäß festzuschreiben, dass dem Syndikusrechtsanwalt keine arbeitsrechtlichen Konsequenzen drohen, wenn er in einem konkreten Einzelfall der Meinung ist, die Entscheidung seines Arbeitgebers nicht vertreten zu können.
   Aus „Gründen äußerster Vorsicht" sollte in den Vertrag außerdem aufgenommen werden, dass die Pflichten des anwaltlichen Berufsrechts im Kollisionsfall den Pflichten des Syndikusrechtsanwalts aus dem Arbeitsvertrag vorgehen, der Syndikusrechtsanwalt insbesondere berechtigt ist, die Bearbeitung eines Einzelfalls abzulehnen, wenn dem das Verbot der Vertretung widerstreitender Interessen oder eine andere berufsrechtliche Norm entgegensteht.

bb) Die Tätigkeiten und Tätigkeitsmerkmale im Einzelnen

30   Sodann muss das Arbeitsverhältnis vier Kategorien von „Tätigkeiten und Merkmalen" – neutral formuliert – aufweisen (zur Frage des „Geprägt-Seins" sogleich), die § 46 Abs. 3 BRAO wie folgt auflistet:
- die Prüfung von Rechtsfragen, einschließlich der Aufklärung des Sachverhalts, sowie das Erarbeiten und Bewerten von Lösungsmöglichkeiten
- die Erteilung von Rechtsrat
- die Ausrichtung der Tätigkeit auf die Gestaltung von Rechtsverhältnissen, insbesondere durch das selbstständige Führen von Verhandlungen, oder auf die Verwirklichung von Rechten
und
- (nach neuer Formulierung) die Befugnis, nach außen verantwortlich aufzutreten.

---

[19] BT-Drs. 18/5201, 35.
[20] BT-Drs. 18/6915, 23.
[21] BT-Drs. 18/6915, 22.

Auch wenn der Gesetzgeber mit Blick auf § 3 BRAO grundsätzlich auf die überge- **31** ordneten Tätigkeiten der Rechtsberatung und Rechtsvertretung abstellt,[22] soll sich nach seinem erklärten Willen[23] hinter dem Regelungskonzept des § 46 Abs. 2–4 BRAO doch auch wieder die alte Vier-Kriterien-Theorie verbergen. Rechtsberatung und Rechtsvermittlung seien in § 46 Abs. 2 und § 46 Abs. 3 Nr. 1 und 2 BRAO eingeflossen. Das Kriterium der Rechtsgestaltung sei in § 46 Abs. 3 Nr. 3 und 4 BRAO enthalten, und dasjenige der Rechtsentscheidung werde in § 46 Abs. 4 BRAO abgebildet.

Wer sich schon früher mit der Entscheidungspraxis der Deutschen Rentenversiche- **32** rung Bund in Syndikusfällen befasst (und mitunter „herumgeschlagen") hat, sieht die – ganz offensichtlich dem Kompromiss geschuldete – Übernahme der Vier-Kriterien-Theorie mit gewissem Unbehagen. Dies umso mehr als die berühmten Kriterien ja nicht aus ehrlicher Überzeugung ausgewiesener Kenner des Anwaltsberufs geboren wurden, sondern einfach nur der kleinste gemeinsame Nenner waren, auf den sich vor Jahren die Arbeitsgemeinschaft berufsständischer Versorgungseinrichtungen e. V. (ABV) und die Rentenversicherung nach zähem Ringen hatten verständigen können.

Insbesondere die auch jetzt wieder geforderte Kumulation der Kriterien bereitete in **33** der Vergangenheit häufig Schwierigkeiten, weil die Rentenversicherung eine Befreiung von der Rentenversicherungspflicht gerne einmal am Fehlen eines einzelnen Merkmals, besonders häufig an dem der Rechtsentscheidung und sodann an dem der Rechtsgestaltung, scheitern ließ. Was – jenseits des Wunsches, den Status quo zu wahren und den „Widerstand" der Rentenversicherung zu brechen – das unbedingt Schützenswerte an den Kriterien sein soll, erläutert der Gesetzgeber ebenso wenig wie die Frage, warum die anwaltliche Tätigkeit eines Syndikusrechtsanwalts weitaus strenger und facettenreicher definiert wird als die eines „niedergelassenen Rechtsanwalts", der im Rahmen seiner Berufsausübung tun und eben auch lassen darf, was er will. Man konnte schon immer den Eindruck gewinnen, mit den Kriterien werde der nahezu unerreichbare Idealtypus eines Rechtsanwalts gezeichnet. Immerhin lesen sich die heute gewählten Formulierungen „geschmeidiger" und auslegungsfähiger als der bisherige Katalog, sodass – ausgehend vom reinen Gesetzeswortlaut – Zweifel bestehen, ob tatsächlich exakt das Gleiche wie früher gemeint sein kann. Insbesondere das Kriterium der Rechtsentscheidung, das definiert wurde als

„das außenwirksame Auftreten als rechtskundiger Entscheidungsträger, verbunden mit einer von Arbeitgeberseite umschriebenen eigenen Entscheidungskompetenz", wobei neben einer von allen Weisungen unabhängigen Alleinentscheidungsbefugnis auch eine wesentliche Teilhabe an Abstimmungs- und Entscheidungsprozessen im Unternehmen ausreichend sein sollte,

scheint spätestens seit der vom Rechtsausschuss noch vorgenommenen Änderung in § 46 Abs. 3 Nr. 4 BRAO deutlich entschärft. Es genügt jetzt die Befugnis, nach außen verantwortlich aufzutreten, was weder die Erteilung einer Prokura oder Handlungsvollmacht iSd §§ 48 ff. HGB[24] noch das Vorliegen einer „Alleinentscheidungsbefugnis" oder auch nur „wesentlichen Teilhabe an Abstimmungs- und Entscheidungsprozessen im Unternehmen" voraussetzt.

In der von einem Bewerber auszufüllenden „Tätigkeitsbeschreibung", die Bestandteil **34** der Antragsformulare der Rechtsanwaltskammern ist (→ Rn. 69 f. und Anhang), wer-

---

[22] BT-Drs. 18/5201, 28; vgl. schon *Offermann-Burckart* AnwBl. 2015, 633, 635 f.
[23] BT-Drs. 18/5201, 26.
[24] BT-Drs. 18/6915, 22. Laut DRB („Syndikusrechtsanwälte – Informationen zum Befreiungsrecht", www.deutsche-rentenversicherung.de) reichen Handlungsvollmacht und Prokura „aber im Regelfall aus".

den zunächst eine allgemeine Darstellung der ausgeübten Tätigkeit (zT auch der „Organisation") mit eigenen Worten verlangt und sodann die einzelnen in § 46 Abs. 3 BRAO benannten Tätigkeiten bzw. Tätigkeitsmerkmale aufgelistet, mit der Aufforderung, ihre Ausfüllung nochmals konkret zu beschreiben.

35   Formulierungsbeispiele könnten – in Anlehnung an den früheren Kriterienkatalog und selbstverständlich ohne Gewähr(!) – wie folgt lauten:

(1) Prüfung von Rechtsfragen

„XY analysiert die im Rahmen des Arbeitsverhältnisses mit dem Unternehmen U an sie/ihn herangetragenen betriebsrelevanten konkreten Rechtsfragen. Sie/er trifft hierbei alle zur Aufklärung des jeweils zugrundeliegenden Sachverhalts erforderlichen Veranlassungen. Sofern die konkrete Aufgabenstellung dies erfordert, erarbeitet sie/er die Lösung der rechtlichen Problematik. Existieren mehrere Lösungsmöglichkeiten, nimmt sie/er unter Berücksichtigung von Umsetzbarkeit, Aufwand und Risiko sowie des spezifischen betrieblichen Hintergrundes eine Bewertung vor."

(2) Erteilung von Rechtsrat

„XY berät die Geschäftsleitung in allen rechtlichen Fragen. Der Rechtsrat wird im konkreten Einzelfall je nach Bedarf mündlich oder schriftlich (etwa durch die Erarbeitung gutachterlicher Stellungnahmen und/oder verbindlicher Handlungsempfehlungen) erteilt. Dies beinhaltet auch die mündliche oder schriftliche Aufarbeitung und Darstellung abstrakter Regelungskomplexe sowie die Bekanntgabe und Erläuterung von Entscheidungen im Einzelfall."

(3) Gestaltung von Rechtsverhältnissen

„XY erstellt für das Unternehmen U auf der Basis einer jeweils umfassenden rechtlichen Analyse Vertragstexte, Allgemeine Geschäftsbedingungen, Betriebsvereinbarungen, Arbeitsanweisungen etc. Ihr/ihm obliegt es auch, vorhandene Verträge, das unternehmensinterne Regelwerk und sonstige Schriftstücke von rechtlicher Relevanz regelmäßig oder erforderlichenfalls darauf zu überprüfen, ob diese(s) noch mit der aktuellen Sach- und Rechtslage in Einklang stehen. XY wird zu Verhandlungen mit Geschäfts- und Vertragspartnern des Unternehmens sowie mit Behördenvertretern, sonstigen Kontaktpersonen des Unternehmens und/oder Parteien, die in einem Konflikt zum Unternehmen stehen, hinzugezogen."

(4) Verantwortliches Auftreten nach außen

„XY vertritt die Interessen des Unternehmens U auch nach außen. Dazu gehört das Führen von Korrespondenz, Gesprächen und Verhandlungen mit Behörden, Gerichten sowie Geschäfts- und Vertragspartnern und sonstigen Kontaktpersonen des Unternehmens und/oder Parteien, die in einem Konflikt zum Unternehmen stehen."

cc) Die genannten Tätigkeiten und Tätigkeitsmerkmale als prägende Elemente

36   Fachliche Unabhängigkeit und Eigenverantwortlichkeit sowie die Erfüllung der vorgenannten Kriterien reichen für sich genommen noch nicht aus. Erforderlich ist gem. § 46 Abs. 3 BRAO überdies, dass das Arbeitsverhältnis entsprechend „geprägt" ist.

37   Schwierig wird also künftig die Einordnung solcher Beschäftigungsverhältnisse sein, die nicht ausschließlich dem juristischen und damit anwaltlichen Bereich zuzuordnen sind. Die Erfahrung lehrt, dass gerade besonders hochrangig eingruppierte Unternehmensjuristen oftmals für eine ganze Palette von Bereichen (Rechtsfragen, Personal, Marketing, Einkauf etc.) zuständig sind.

38   Der Gesetzgeber äußert sich zum Erfordernis der Prägung recht vage. Er verweist zunächst auf eine „zunehmende Verrechtlichung der Lebensverhältnisse im Sinne einer rechtlichen Durchdringung nahezu aller Lebensbereiche". Diese Verrechtlichung betreffe vor allem wirtschaftliche, aber auch medizinische, psychologische oder technische Tä-

tigkeiten, mit der Folge, dass kaum eine berufliche Betätigung ohne rechtliches Handeln und entsprechende Rechtskenntnisse möglich sei oder ohne rechtliche Wirkung bleibe. Folgerichtig heißt es in diesem Zusammenhang weiter, die Übertragung anwaltsfremder Aufgaben stehe der Annahme einer anwaltlichen Tätigkeit nicht entgegen, wenn die anwaltsfremden Aufgaben in einem engen inneren Zusammenhang mit der rechtlichen Beistandspflicht stünden und auch rechtliche Fragen aufwerfen könnten. Zur Abgrenzung der anwaltlichen Tätigkeit von sonstigen Tätigkeiten bei einem nicht-anwaltlichen Arbeitgeber sei auf „den Kern und den Schwerpunkt der Tätigkeit" abzustellen. Die anwaltliche Tätigkeit müsse im Rahmen des Anstellungsverhältnisses die „qualitativ und quantitativ ganz eindeutig prägende Leistung" des angestellten Rechtsanwalts sein.[25]

Und an anderer Stelle heißt es: Durch die Verwendung des Begriffs „prägen" in § 46 **39** Abs. 3 BRAO solle dem Umstand Rechnung getragen werden, dass der „ganz eindeutige Schwerpunkt" der im Rahmen des Anstellungsverhältnisses ausgeübten Tätigkeiten und der bestehenden vertraglichen Leistungspflichten im anwaltlichen Bereich liegen müsse. Umgekehrt werde eine anwaltliche Tätigkeit nicht bereits dadurch ausgeschlossen, dass im Rahmen des Anstellungsverhältnisses in geringem Umfang andere Aufgaben wahrgenommen würden.[26]

Die noch im Referentenentwurf[27] enthaltene präzise Formulierung, dass eine Tätig- **40** keit, „die lediglich zu 50 Prozent anwaltlich ist", diese Voraussetzung nicht erfülle, fehlt im Regierungsentwurf. Aus der 50-Prozent-Regelung hätte man schließen können, dass 51 Prozent anwaltlicher Tätigkeit schon ausreichen, wohingegen die jetzt übrig gebliebene Formulierung, dass „in geringem Umfang" andere Aufgaben wahrgenommen werden dürfen, eher an eine deutlich „syndikus-unfreundlichere" Gewichtung denken lässt. *Schuster*[28] zieht allerdings den genau gegenteiligen Schluss. Angesichts der Aufgabe der ursprünglich vorgesehenen Schwelle von mindestens 50 Prozent sei davon auszugehen, dass ein (geringwertiges) Unterschreiten dieser Grenze unschädlich sei.

Die Rechtsanwaltskammern sind noch unentschlossen, wo die Grenze zu ziehen ist. **41** In einem zunächst einheitlich verwendeten, inzwischen aber so schon nicht mehr auf allen Homepages veröffentlichten Merkblatt[29] heißt es:

„Für die Beurteilung der ‚Prägung' wird es regelmäßig auf die tatsächlich aufgewendete Arbeitszeit ankommen (und nicht etwa auf Wertgrenzen o.Ä.). Ob der Kammervorstand in Anlehnung an die gefestigte arbeitsgerichtliche Rechtsprechung zur Eingruppierung im Tarifrecht davon ausgehen wird, dass eine ‚Prägung' der gesamten Tätigkeit durch anwaltliche Aufgaben regelmäßig schon dann vorliegt, wenn mindestens 50 Prozent der regelmäßigen durchschnittlichen Arbeitszeit auf anwaltliche Tätigkeiten entfallen, oder in Anlehnung an die Gesetzesbegründung einen höheren zeitlichen Beitrag fordert, ist noch offen. Wenn die anwaltliche Tätigkeit weniger als 50 Prozent Ihrer Arbeitszeit ausmacht, wird eine ‚Prägung' aber regelmäßig zu verneinen sein. Das gilt auch für die Fälle, in denen sich der Anteil der anwaltlichen Tätigkeit an der gesamten Tätigkeit ändert."

In abgewandelten Fassungen wird die 50-Prozent-Grenze nicht mehr erwähnt und stattdessen neutral nur noch formuliert:

„Für die Beurteilung der ‚Prägung' des Arbeitsverhältnisses durch die Tätigkeiten und Merkmale nach § 46 Abs. 3, 4 BRAO wird es regelmäßig auf die tatsächlich aufgewendete Arbeitszeit ankommen

---

[25] BT-Drs. 18/5201, 19.
[26] BT-Drs. 18/5201, 29.
[27] S. 32; → Anhang.
[28] AnwBl. 2016, 70, 71.
[29] Achtung: Es gibt mehrere Merkblätter, vgl. beispielhaft das der RAK München im → Anhang.

(und nicht etwa auf Wertgrenzen oÄ). Bitte beachten Sie, dass die Tätigkeitsbeschreibung ein vollständiges Bild Ihrer Tätigkeit zeichnet, Sie also auch etwaige Aufgaben dokumentieren, die nicht anwaltlich (zB allgemein organisatorisch) sind. Machen Sie im Zweifel Angaben dazu, wie sich Ihre aufgewendete Arbeitszeit idR auf die verschiedenen Tätigkeiten verteilt.
Bei einer ,wesentlichen' Änderung der Tätigkeit kann es zu einem Widerruf der Zulassung als Syndikusrechtsanwalt kommen (§ 46b Abs. 3 BRAO)."

42   Die Deutsche Rentenversicherung Bund[30] verlautbart folgende Auffassung:

„Die anwaltlichen Aufgaben müssen den ganz eindeutigen Schwerpunkt der ausgeübten Tätigkeit bilden. Ob dies der Fall ist, bestimmt sich nach dem Aufgabenspektrum der konkreten Tätigkeit und dem insoweit plausiblen zeitlichen Aufwand für anwaltliche Aufgaben im Verhältnis zur regulären durchschnittlichen Arbeitszeit. Notwendig ist eine Gesamtschau im Einzelfall. Ganz allgemein lässt sich sagen, dass die anwaltlichen Tätigkeitsmerkmale jedenfalls dann nicht mehr prägend für eine Tätigkeit sein dürften, wenn weniger als 50 Prozent der durchschnittlichen regulären Arbeitszeit für anwaltliche Aufgaben aufgewendet wird."

43   Bei der in den Kammerformularen vom Antragsteller auszufüllenden „Tätigkeitsbeschreibung" ist bislang erstaunlicherweise keine Möglichkeit vorgesehen, etwas zu den (Zeit-)Anteilen anwaltlicher und nicht-anwaltlicher Tätigkeiten zu erklären.

☞ **Warnhinweis:**

44   Man könnte – nicht zuletzt wegen der in den Antragsunterlagen fehlenden Ausfüllmöglichkeiten – versucht sein, das Thema „Prägung" in der Tätigkeitsbeschreibung zu vernachlässigen. Dies würde sich allerdings als fataler Fehler erweisen, wenn die Rentenversicherung im Rahmen einer Betriebsprüfung feststellen sollte, dass der Anteil anwaltlicher Tätigkeiten zu gering und deshalb die Zulassung als Syndikusrechtsanwalt und die Befreiung von der Rentenversicherungspflicht wegen von vorneherein nicht vorliegender Voraussetzungen zurückzunehmen sind.[31]
Zu kleinteilig darf (und muss) bei der Aufschlüsselung wahrzunehmender Tätigkeiten und entsprechender Zeitanteile aber auch nicht zu Werke gegangen werden. Wer mehrere Bereiche (anwaltliche und nicht-anwaltliche) mit konkreten Prozentangaben aufführt, wäre sonst gezwungen, bei anteilsmäßigen Veränderungen stets die Kammer zu involvieren.

45   Es beruhigt, dass zumindest die Rentenversicherung derzeit wohl nicht hinter die 50-Prozent-Marke zurückweichen will. Angesichts der Unentschlossenheit der Kammern, von denen einige noch nicht wissen, ob sie mehr fordern sollen, würde man sich zum Thema „erforderlicher Anteil anwaltlicher Tätigkeit" allerdings bald mehr Klarheit wünschen. Diese muss nicht durch Rechtsprechung geschaffen werden, sondern könnte durch eine verlässliche Absprache zwischen den Kammern und der Rentenversicherung herbeigeführt werden. Angehende Syndikusrechtsanwälte hier als „Versuchskaninchen" fungieren zu lassen, ist sicher die schlechteste aller denkbaren Lösungen.

dd) Gesamtschau

46   Insgesamt bleibt abzuwarten, wie offen- oder engherzig in Zukunft die Rechtsanwaltskammern, die bei der Zulassung eines Syndikusrechtsanwalts den „ersten Aufschlag" haben, und sodann in der Nachschau die Deutsche Rentenversicherung Bund die Vorgaben des neuen Gesetzes auslegen werden.

---

[30] „Syndikusrechtsanwälte – Informationen zum Befreiungsrecht", www.deutsche-rentenversiche rung.de.
[31] Wenigstens wirkt auch eine Rücknahme der Zulassung (wie der Widerruf) gem. § 14 Abs. 1 S. 1 BRAO aus Rechtsschutzgründen nicht ex tunc, sondern nur mit Wirkung für die Zukunft (→ Rn. 133).

Eine wichtige, wenn nicht *die* ausschlaggebende Rolle spielen hier natürlich auch die **47**
Arbeitgeber, die ua bereit sein müssen, ihren volljuristischen Mitarbeitern vertraglich
die erforderliche fachliche Weisungsfreiheit zuzubilligen. Auch wenn kein Unternehmer
an „juristischen Ja-Sagern" interessiert sein kann, ist es etwas anderes, den ehrlichen
Rat erfahrener Hausjuristen zuzulassen, als ihn ausdrücklich vertraglich abzusichern
und Arbeitnehmern damit die Möglichkeit einzuräumen, im Fall des Dissenses die
Erbringung bestimmter Dienstleistungen zu verweigern.[32]

Außerdem müssen Arbeitgeber mit den Beschränkungen zurechtkommen, die sich **48**
aus dem neuen Recht für die Einsatzmöglichkeiten ihrer Hausjuristen ergeben. Denn
bei Syndikusrechtsanwälten muss, wie gezeigt, der Schwerpunkt der im Rahmen des Arbeitsverhältnisses ausgeübten Tätigkeiten im anwaltlichen Bereich liegen.[33] Ein „Mäd-
chen für alles", wie es gerade in kleineren Unternehmen gefragt sein mag, wird es unter
Syndikusrechtsanwälten nicht geben dürfen.

Man kann nur hoffen, dass künftig alle Beteiligten mit Augenmaß agieren und nicht **49**
die Neuordnung des Rechts der Syndikusanwälte als kleiner Sieg für wenige „Auser-
wählte" (die sog. „karierten Maiglöckchen") interpretiert wird. Im Sinne des Gesetzgebers wäre Letzteres jedenfalls nicht. Er hatte bei Schaffung des neuen Gesetzes die rund
40.000 von den Entscheidungen des Bundessozialgerichts betroffenen Syndikusanwälte
und nicht nur einen kleinen Teil von ihnen im Blick[34] und geht immerhin von Antrags-
zahlen zwischen 4.000 und 6.000 pro Jahr aus.[35] Die ursprünglich einmal vorhandene
Hoffnung, das neue Recht werde, wenn auch vielleicht nicht allen, so doch den meisten
Unternehmens- und Verbandsjuristen zu einer Zulassung als Syndikusrechtsanwalt und
damit zu einer Befreiung von der Rentenversicherungspflicht verhelfen, hat sich allerdings schon als trügerisch erwiesen.

Praxistipp: ☞

Das „Maß aller Dinge" sind der Arbeitsvertrag und die Tätigkeitsbeschreibung. Hier müssen die An- **50**
gaben so vollständig und präzise sein, dass die entscheidenden Personen in den Rechtsanwaltskammern und bei der Deutschen Rentenversicherung Bund möglichst ohne Rückfrage bei Antragsteller
und/oder Arbeitgeber in der Lage sind, die im Vorhergehenden dargestellten Tätigkeiten und Tätigkeitsmerkmale wiederzufinden und die entsprechende Prägung des Arbeitsverhältnisses festzustellen.
Sehr abstrakt gehaltene Beschreibungen und stereotype Formulierungen sollten vermieden werden.
Dabei hat es schon in der Vergangenheit oft geholfen, einige plastische Beispielsfälle aus dem Be-
rufsalltag des Antragstellers zu schildern, die dem mit der Prüfung befassten Sachbearbeiter einen
konkreten Eindruck vermitteln konnten.

Andererseits werden insbesondere größere Unternehmen um gewisse Typisierungen nicht herum-
kommen, wenn es darum geht, gleichgelagerte Arbeitsverhältnisse auch als solche erkennbar zu machen und eine Einheitlichkeit der unternehmensinternen Handhabung zu gewährleisten. Keine
Kammer wird den Zulassungsantrag eines vierten oder fünften Bewerbers aus einem Unternehmen
zurückweisen, weil Arbeitsvertrag und Tätigkeitsbeschreibung wortgleich mit den entsprechenden
Unterlagen dreier anderer Bewerber aus demselben Unternehmen sind. In solchen Fallkonstellationen würden eher ungerechtfertigte Abweichungen Anlass zu Misstrauen bieten.

Es versteht sich außerdem von selbst, dass die Angaben in einer Tätigkeits- oder Arbeitsplatzbe-
schreibung des Arbeitgebers nicht von denen in den Formularen der Rechtsanwaltskammern abweichen sollten.

Die neuen Vorschriften machen keine Vorgaben dazu, wie groß der Zeitanteil einer **51**
als Syndikusrechtsanwalts-Tätigkeit anerkennungsfähigen Beschäftigung bei einem
Rechtsanwalt sein muss, der in einem „Patchwork-System" aus einer Tätigkeit iSv § 46

---

[32] BT-Drs. 18/6915, 22 f.
[33] BT-Drs. 18/5201, 29.
[34] Vgl. BT-Drs. 18/5201, 1 u. BT-Drs. 18/6915, 1.
[35] BT-Drs. 18/5201, 3 u. 23 f.

Abs. 2–5 BRAO, einer weiteren Tätigkeit als „niedergelassener Rechtsanwalt" und vielleicht einer dritten Tätigkeit in einem Zweitberuf, der nicht die Anforderungen des § 46 Abs. 2–5 erfüllt, arbeitet. Solche Vorgaben sind aus Sicht der Rentenversicherung auch entbehrlich, weil die Befreiung von der Rentenversicherungspflicht stets nur die befreiungsfähigen Beschäftigungsteile erfasst. Hinsichtlich der Zulassung als Syndikusrechtsanwalt könnte allerdings fraglich sein, ob bei einem nur sehr geringen Anteil der Syndikustätigkeit an der Gesamtbeschäftigung der Versagungsgrund des § 7 Nr. 8 BRAO (→ Rn. 11) vorliegt.

ee) Keine Verpflichtung zur Beantragung und Aufrechterhaltung einer Zulassung als Syndikusrechtsanwalt

52   Aufgrund der apodiktischen (und deshalb vielleicht konstitutiven?) Formulierungen in § 46 Abs. 2 BRAO[36] wird verschiedentlich die Auffassung vertreten, wer die Voraussetzungen eines Syndikusrechtsanwalts erfülle, also „das Zeug zum Syndikusrechtsanwalt habe", müsse auch Syndikusrechtsanwalt werden und während der Dauer seiner entsprechenden Tätigkeit bleiben.

53   Für diese Lesart scheinen auch manche Formulierungen in der Begründung zum Regierungsentwurf zu sprechen. So etwa, wenn es heißt, der nach § 4 BRAO zugelassene Rechtsanwalt könne weiterhin im Nebenberuf innerhalb der Grenzen des Berufsrechts (§ 7 Abs. 1 Nr. 8, § 45 Abs. 2 Nr. 2 BRAO) nicht-anwaltlich tätig sein, „beispielsweise als angestellter Unternehmensjurist, der fachlich weisungsgebunden und damit kein Syndikusrechtsanwalt ist".[37] Oder wenn – in Zusammenhang mit dem entstehenden Erfüllungsaufwand – ausgeführt wird, § 46 Abs. 2 S. 2 BRAO sehe vor, „dass die Tätigkeit eines Syndikusrechtsanwalts künftig zulassungs**pflichtig** ist",[38] und die Norm stelle klar, „dass die anwaltliche Tätigkeit des Syndikusrechtsanwalts der Zulassung bedarf".[39]

54   *Wolf* schlussfolgert denn auch in seiner „Stellungnahme zum Gesetzentwurf Entwurf eines Gesetzes zur Neuordnung des Rechts der Syndikusrechtsanwälte BT-Drs. 18/5201",[40] dass künftig dann, wenn die Voraussetzungen des § 46 Abs. 3 BRAO vorlägen, eine Zulassung zum Syndikusrechtsanwalt zwingend erfolgen müsse und ansonsten die Tätigkeit des Unternehmensjuristen gegen § 3 RDG verstoße. Die Weisungsabhängigkeit sei die Voraussetzung, dass der angestellte Assessor für das Unternehmen Rechtsdienstleistungen als Unternehmensjurist erbringen dürfe. Nur soweit er weisungsabhängig sei, erbringe er die Rechtsdienstleistung für einen Dritten iSv § 3 RDG. Hieran habe der Gesetzentwurf auch nichts geändert. Folge davon sei künftig, dass der angestellte Assessor mit einem auf das Erfordernis des § 46 Abs. 3 BRAO zugeschnittenen Arbeitsvertrag ohne Zulassung als Syndikusrechtsanwalt gegen § 3 RDG verstoße. Abhängige und weisungsunterworfene Beschäftigung sei Voraussetzung für die Erlaubnisfreiheit der Rechtsdienstleistung iSv § 3 RDG, Unabhängigkeit und Weisungsfreiheit für die Zulassung als Syndikusrechtsanwalt.

---

[36] „Angestellte anderer als der in Absatz 1 genannten Personen oder Gesellschaften üben ihren Beruf als Rechtsanwalt aus, sofern …" statt „können ihren Beruf als Rechtsanwalt ausüben, sofern …" und „Der Syndikusrechtsanwalt bedarf zur Ausübung seiner Tätigkeit nach Satz 1 der Zulassung zur Rechtsanwaltschaft nach § 46a."

[37] BT-Drs. 18/5201, 19.

[38] BT-Drs. 18/5201, 23.

[39] BT-Drs. 18/5201, 27.

[40] S. 6 f. unter www.bundestag.de.

Nimmt man § 3 RDG und seine Entstehungsgeschichte in den Blick, gelangt man aller- **55** dings zu dem Ergebnis, dass es bei ihm um die Unterscheidung zwischen selbstständiger und unselbstständiger Erbringung von Rechtsdienstleistungen und nicht etwa um die Unterscheidung zwischen fachlich abhängiger und fachlich unabhängiger Erbringung geht.

Dabei bedeutet „selbstständige Erbringung von Rechtsdienstleistungen" Tätigwerden **56** aufgrund eigener Initiative auf eigene Rechnung und Gefahr. Den Gegensatz stellt das Tätigwerden in abhängiger Beschäftigung, also in Arbeitnehmereigenschaft, dar. Als Indiz für das Bestehen eines Abhängigkeitsverhältnisses („Abhängigkeit" in dem hier gemeinten Sinne ist nicht zu verwechseln mit „fachlicher Weisungsgebundenheit") gilt der Umstand, dass der Arbeitgeber Lohnsteuer sowie die Sozialabgaben einbehält und mit seinem Arbeitgeberanteil abführt. Auch die Art der Vergütung kann Anhaltspunkte bieten.[41]

Nach Art. 1 § 6 I RBerG waren Rechtsangelegenheiten des Dienstherrn, die Ange- **57** stellte erledigten (oder Rechtsangelegenheiten, die Angestellte, die bei Personen oder Stellen der in den §§ 1, 3 und 5 RBerG bezeichneten Art beschäftigt waren, im Rahmen ihres Anstellungsverhältnisses erledigten), von der Erlaubnispflichtigkeit ausgenommen, sofern nicht lediglich die Rechtsform des Angestelltenverhältnisses zu einer Umgehung des Erlaubniszwangs missbraucht wurde (Abs. 2). Die Anwendbarkeit hing davon ab, ob der Handelnde die Stellung eines selbstständig im unabhängigen Beruf Stehenden oder die eines abhängigen Arbeitnehmers innehatte.[42]

Eine „Erlaubnisnorm zur Reichweite der Zulässigkeit der Erledigung von Rechtsan- **58** gelegenheiten in abhängiger Beschäftigung", wie sie Art. 1 § 6 RBerG darstellte, hielt der Gesetzgeber bei Schaffung des RDG für entbehrlich. Eine solche Regelung, so hieß es, hätte lediglich eine klarstellende Funktion. Denn auch ohne sie sei selbstverständlich, dass Angestellte für eine rechtsdienstleistungsbefugte Person nur in dem Umfang tätig werden dürften, in dem diese Person selbst berechtigt sei, Rechtsdienstleistungen zu erbringen. Etwas anderes folge insbesondere nicht aus § 5 Abs. 3, der nur die Zusammenarbeit mit nicht abhängig beschäftigten Personen ermögliche und damit gerade nicht auf Angestelltenverhältnisse anwendbar sei.[43]

Die fachliche Weisungsunabhängigkeit eines Unternehmens- oder Verbandsjuristen **59** macht aus seiner Tätigkeit noch lange keine „selbstständige", sodass § 3 RDG keine Anwendung findet.

Eine Zulassungspflicht für alle Unternehmens- und Verbandsjuristen, die fachlich **60** unabhängig agieren (dürfen) und das Tätigkeitsspektrum des § 46 Abs. 2–4 BRAO aufweisen, passt damit nicht in das Gesamtgefüge der Ge- und Verbotsnormen von BRAO und RDG. Welche Sanktion sollte dem gegen eine Zulassungspflicht verstoßenden „Syndikus" drohen? Ein Verstoß gegen § 3 RDG und eine entsprechende Ahndung kommen – wie gezeigt – nicht in Betracht. Und solange eine Zulassung nicht besteht, unterfällt der Betreffende auch nicht dem Anwendungsbereich der BRAO und der Zuständigkeit der Rechtsanwaltskammern, wofür eine Zulassung oder wenigstens ein Antrag auf Zulassung zur Anwaltschaft Voraussetzung wäre.

Es würde auch zu lebensfremden Ergebnissen führen, wollte man nun von einem Ex- **61** trem ins andere fallen und künftig jeden „Syndikus", der die Anforderungen des § 46 Abs. 2–4 BRAO erfüllt, in eine Zulassung als Syndikusrechtsanwalt zwingen. Ein solches Ansinnen wäre schon deshalb von vornherein zum Scheitern verurteilt, weil eine

---

[41] Vgl. Krenzler/*Offermann-Burckart* RDG § 3 Rn. 22 f.; *Chemnitz/Johnigk* RBerG, 11. Aufl. 2003, Art. 1 § 6 Rn. 645.

[42] OLG Celle AnwBl. 1966, 169; *Chemnitz/Johnigk* RBerG Art. 1 § 6 RBerG Rn. 644.

[43] BT-Drs. 16/3655, 51.

entsprechende „Pflicht" durch arbeitsvertragliche Regelungen (etwa durch Beschneiden der Unabhängigkeit oder durch Ausweiten der vertraglich zu erbringenden Tätigkeiten auf nicht-anwaltliche) leicht zu umgehen wäre. Ein Scheitern des Ansinnens wäre außerdem und erst recht vorprogrammiert, weil jede Überprüfungsmöglichkeit fehlt und der Grundsatz „Wo kein Kläger, da kein Richter" zur Geltung käme. Denn wer wollte ohne Kenntnis des Arbeitsvertrags geltend machen, ein Unternehmensjurist sehe zu Unrecht davon ab, die Zulassung als Syndikusrechtsanwalt zu beantragen? Ein Recht irgendeiner Institution zur Einsichtnahme in die entsprechenden Arbeitsverträge fehlt. Den Rechtsanwaltskammern steht dieses Recht nur gegenüber Mitgliedern und damit allenfalls in den Fällen zu, in denen wenigstens eine Zulassung als „niedergelassener Rechtsanwalt" gegeben ist. Die Kammern haben hingegen keinerlei Kontrollgewalt über lediglich potenzielle Mitglieder (siehe oben).

62   Die eingangs zitierten, eventuell anders zu interpretierenden Ausführungen in der Begründung zum Regierungsentwurf dürften wohl am ehesten auf sprachlichen Ungenauigkeiten beruhen, ausgelöst durch die erkennbare Vorstellung des Gesetzgebers, es werde im Hinblick auf das Thema „Befreiung von der Rentenversicherungspflicht" ohnehin jeder, der die Voraussetzungen erfülle, die Zulassung als Syndikusrechtsanwalt beantragen.

63   In den meisten Fällen wird dies ja auch zutreffen. Auf eine entsprechende Zulassung werden (mit auslaufender Tendenz) nur diejenigen Syndikusrechtsanwälte verzichten, die noch im Besitz einer wirksamen Befreiung für die aktuell ausgeübte Tätigkeit sind, und daneben diejenigen, denen die Anwaltsversorgungswerke nicht attraktiver erscheinen als die gesetzliche Rentenversicherung.

64   Letztlich ist das Ganze auch deshalb nicht mehr als ein Scheinproblem, weil der „wasserdichte", also antragstaugliche Vertrag eines Syndikusrechtsanwalts hohen Anforderungen genügen muss. Die Arbeitsvertragsparteien werden sich nur dann der Mühe unterziehen, einen solchen Vertrag mit dem entsprechenden Aufwand und in Ansehung der für beide Seiten aus ihm resultierenden Risiken (Verlust von Einflussmöglichkeiten auf Seiten des Arbeitgebers, umfangreicher Pflichtenkatalog und Beschneidung des Tätigkeitsspektrums als Preis der fachlichen Unabhängigkeit auf Seiten des Arbeitnehmers) zu formulieren, wenn auch tatsächlich die Zulassung als Syndikusrechtsanwalt gewollt ist.

III. Das Zulassungs- und das Befreiungsverfahren

65   Trotz ihrer engen inhaltlichen Verzahnung sind der Antrag auf Zulassung als Syndikusrechtsanwalt und der auf Befreiung von der Versicherungspflicht in der gesetzlichen Rentenversicherung sowie die entsprechenden Verfahren streng voneinander zu trennen. Zulassungs- und Befreiungsantrag sollten zweckmäßigerweise gleichzeitig gestellt werden, auch wenn die Entscheidung über den Zulassungsantrag vorgreiflich ist.

1. Zulassung als Syndikusrechtsanwalt

66   Die Zulassung des Syndikusrechtsanwalts unterscheidet sich – vorbehaltlich der besonderen Prüfung der Voraussetzungen des § 46 Abs. 2–5 BRAO und der erforderlichen Anhörung des Trägers der Rentenversicherung (→ Rn. 74 ff.) – nicht von der Zulassung als „niedergelassener Rechtsanwalt". Gem. § 46a Abs. 4 BRAO richtet sich das Zulassungsverfahren also grundsätzlich (mit den entsprechenden Anpassungen) nach den §§ 10 bis 12a BRAO.

a) Zuständigkeit

Über die Zulassung als Syndikusrechtsanwalt entscheidet gem. § 46a Abs. 2 S. 1 **67**
BRAO die örtlich zuständige Rechtsanwaltskammer. Ist der Bewerber bereits als „niedergelassener Rechtsanwalt" mit Kanzlei in einem Ort tätig und nimmt er später eine hauptberufliche Tätigkeit als Syndikusrechtsanwalt in einem anderen Ort in einem anderen Kammerbezirk auf, kann er nach dem Willen des Gesetzgebers zeitgleich mit dem Antrag auf Zulassung als Syndikusrechtsanwalt auch die Aufnahme in diese Kammer beantragen.[44]

Durch die Wahl des Zulassungsmodells erkennt der Gesetzgeber die Kompetenz und **68**
Bedeutung der Rechtsanwaltskammern bei Beurteilung der Frage an, welche Tätigkeiten eines angestellten Volljuristen als anwaltlich einzustufen sind und welche nicht. Die Aufgabenwahrnehmung der Zulassung zur Rechtsanwaltschaft durch die Anwaltskammern sei eine genuin berufsrechtliche Befugnis der Kammern und habe sich bewährt. Die eigenverantwortliche Wahrnehmung aller hiermit zusammenhängenden Aufgaben und Befugnisse durch die berufliche Selbstverwaltungskörperschaft betone die Stellung der Anwaltschaft als unabhängiges Organ der Rechtspflege und Träger eines freien Berufs.[45]

b) Förmliche Antragstellung

Erforderlich ist ein Antrag des Bewerbers (§ 46a Abs. 1 BRAO), für den die Rechts- **69**
anwaltskammern auf ihren Homepages Formulare bereithalten. Bei den meisten Kammern besteht die Auswahl zwischen ganz unterschiedlichen Formularen, je nachdem, ob eine erstmalige und ausschließliche Zulassung als Syndikusrechtsanwalt oder die gleichzeitige Zulassung als Syndikusrechtsanwalt und als „niedergelassener Rechtsanwalt" beantragt wird, oder ob der antragstellende Syndikus bereits über eine „andere" Anwaltszulassung verfügt. Nicht vorhanden sind bislang Formulare, die den Fall eines europäischen Rechtsanwalts betreffen, der die Aufnahme als Syndikusrechtsanwalt beantragen will (→ Rn. 87 f.).

Praxistipp:

Nachdem die Formulare (ebenso wie diesen beigefügte Merkblätter) der Rechtsanwaltskammern An- **70**
fang Januar 2016 noch gleich gestaltet waren, gibt es inzwischen zT deutliche regionale Unterschiede. Außerdem sind die Dinge im Fluss, sodass stets unmittelbar vor Antragstellung noch einmal überprüft werden sollte, ob sich seit dem letzten „Besuch" auf der Kammerhomepage etwas Entscheidendes geändert hat.

Einige Kammern (zB München → Anhang) haben inzwischen auch ihre Zusage eingelöst, Formulierungshilfen für Arbeitsverträge bzw. Ergänzungsabreden zur Verfügung zu stellen.

c) Gebühren

Für die Prüfung des Antrags erheben die Kammern eine Gebühr, die von Kammerbe- **71**
zirk zu Kammerbezirk stark variieren kann. Viele Kammern haben Ende 2015 außerordentliche Kammerversammlungen durchgeführt, um ihre Gebührenordnungen an die neue Gesetzeslage anzupassen. Dabei wurden idR für die Bescheidung eines Antrags auf Zulassung als Syndikusrechtsanwalt erhöhte Gebühren festgelegt, um der besonderen Schwierigkeit einer entsprechenden Prüfung Rechnung zu tragen.[46] Bis zu 750 Euro sollen sich angehende Syndikusrechtsanwälte ihre Zulassung kosten lassen müssen.[47]

---

[44] BT-Drs. 18/5201, 40.
[45] BT-Drs. 18/5201, 20.
[46] Siehe die Übersicht in Heft 01/2016 der Zeitschrift unternehmensjurist, S. 24.
[47] So die bei Manuskripterstellung von der dortigen Kammerversammlung noch nicht beschlossenen Pläne der Rechtsanwaltskammer Braunschweig.

72   Allerdings gilt für die Bemessung ua von Zulassungsgebühren gem. § 192 BRAO iVm § 3 S. 2 VwKostG das Kostendeckungsprinzip,[48] wonach die Gebührensätze so zu bemessen sind, „dass das geschätzte Gebührenaufkommen den auf die Amtshandlungen entfallenden durchschnittlichen Personal- und Sachaufwand für den betreffenden Verwaltungszweig nicht übersteigt".[49] Deshalb sind ungewöhnlich hohe und insbesondere stark von der „normalen" Zulassungsgebühr abweichende Gebühren für eine Zulassung als Syndikusrechtsanwalt bedenklich. Bedenklich ist es auch, wenn für eine gleichzeitige Zulassung als Syndikusrechtsanwalt und als „normaler" Anwalt Gebühren erhoben werden, die deutlich höher sind als die für eine Einzelzulassung. Denn die Zulassung als „Normalanwalt" geht vom Aufwand her gewissermaßen in der des Syndikusrechtsanwalts auf. Die „normale" Zulassung ist ja nichts anderes als eine Vorstufe oder ein Durchlaufstadium zur Zulassung als Syndikusrechtsanwalt. Zusätzliche Kosten entstehen bei gleichzeitig erfolgender Doppelzulassung allenfalls in Zusammenhang mit der Anlage eines zweiten Datensatzes im Kammerverwaltungssystem und der Aushändigung einer zweiten Zulassungsurkunde, wobei der Gesetzgeber Letztere sogar für entbehrlich zu halten scheint.[50]

d) Mit dem Antrag vorzulegende Unterlagen

73   Außer den üblichen Antragsunterlagen (Lebenslauf mit Lichtbild, amtlich oder öffentlich beglaubigte Ablichtung des Prüfungszeugnisses über den Erwerb der Befähigung zum Richteramt, ausgefülltes Antragsformular, ausgefüllter ergänzender Fragebogen) muss derjenige, der eine Zulassung als Syndikusrechtsanwalt beantragt, gem. § 46a Abs. 3 S. 1 BRAO eine Ausfertigung oder eine öffentlich beglaubigte Abschrift seines Arbeitsvertrags (oder seiner mehreren Arbeitsverträge) vorlegen. Der Arbeitsvertrag bildet die „wesentliche Grundlage, anhand derer das Vorliegen einer anwaltlichen Tätigkeit geprüft wird".[51] Nach § 46a Abs. 3 S. 2 BRAO kann die Rechtsanwaltskammer ergänzende Nachweise, etwa „eine ergänzende Tätigkeitsbeschreibung oder eine schriftliche Auskunft des Arbeitgebers", anfordern.[52] Die Kammern haben dies in ihren Formular-Konvoluten bereits vorgesehen.

e) Anhörung der Rentenversicherung

74   Eine wichtige Besonderheit für das Zulassungsverfahren der Syndikusrechtsanwälte findet sich in § 46a Abs. 2 S. 1 BRAO, wonach vor der Entscheidung über den Zulassungsantrag durch die Rechtsanwaltskammer der Träger der Rentenversicherung anzuhören ist. Die Rentenversicherung soll die Möglichkeit erhalten, frühzeitig die Erwägungen, die im Einzelfall aus ihrer Sicht gegen eine Zulassung als Syndikusrechtsanwalt und die damit verbundene Befreiung von der Rentenversicherungspflicht sprechen, vorzubringen. Eine Zustimmung oder ein Einvernehmen sind nicht erforderlich. Den Rechtsanwaltskammern soll das Anhörungsrecht die Möglichkeit geben, sich mit den Erwägungen, die aus Sicht der Rentenversicherung gegen eine Zulassung sprechen, auseinanderzusetzen und diese im Rahmen des Zulassungsverfahrens zu berücksichti-

---

[48] Feuerich/Weyland/*Kilimann* BRAO § 192 Rn 8 ff.

[49] Vgl. BGH Beschl. v. 10.11.2011, Rn 8 – AnwZ (Brfg) 23/11 (zitiert nach juris), wonach die Rechtsanwaltskammer im Klageverfahren, in dem die Höhe der Zulassungsgebühr in Zweifel gezogen wird, wohl konkret darlegen muss, „wie sich ihr Verwaltungsaufwand im Rahmen der Bearbeitung von Zulassungsanträgen darstellt".

[50] BT-Drs. 18/5201, 33 f.

[51] BT-Drs. 18/5201, 34.

[52] BT-Drs. 18/5201, 34.

gen. Zugleich solle, so der Gesetzgeber, das Anhörungsrecht den Interessen des Antragstellers dienen, der hierdurch die Möglichkeit erhalte, sich frühzeitig mit den berufsrechtlichen Argumenten, die gegen seine Zulassung als Syndikusrechtsanwalt und eine Befreiung von der Rentenversicherungspflicht vorgebracht werden könnten, auseinanderzusetzen und zu entscheiden, ob er seinen Antrag auf Zulassung als Syndikusrechtsanwalt aufrechterhalte.[53]

Man darf gespannt sein, wie das „Zusammenspiel" zwischen den Rechtsanwalts- 75
kammern und der Deutschen Rentenversicherung Bund künftig funktionieren und wie lange im Hinblick auf möglicherweise komplexe Abstimmungsprozesse ein Zulassungsverfahren sich hinziehen wird. Vielleicht (und hoffentlich) werden sich die erforderlichen Abstimmungsprozesse aber auch so problemlos entwickeln, wie das bei der Eintragung von Rechtsanwalts-Partnerschaftsgesellschaften der Fall ist, bei der die Registergerichte die Rechtsanwaltskammern anhören können bzw. in zweifelhaften Fällen anhören sollen (§ 4 S. 1 PRV).

Es obliegt der „pflichtgemäßen Ermessensentscheidung" der Rechtsanwaltskam- 76
mern, wie sie die Anhörung der Rentenversicherung im Einzelnen vornehmen. Die Kammer könne, so der Gesetzgeber,[54] der Rentenversicherung – unter Übersendung der für eine sachgerechte Prüfung notwendigen Unterlagen – eine angemessene Frist zur Stellungnahme setzen. Versäume die Rentenversicherung die Frist, führe dies zwar nicht zur Präklusion, doch könne die Rechtsanwaltskammer dann ohne Stellungnahme entscheiden.

Interessant ist, dass die Deutsche Rentenversicherung Bund in einer eigenen Verlaut- 77
barung[55] formuliert, sie werde ihre Stellungnahme nach Prüfung der entsprechenden Unterlagen „und ggf. der Auswertung weiterer eigener Erkenntnisse" an die Kammer zur abschließenden Entscheidung übersenden.

Die Letztentscheidung über die Zulassung liegt bei der Anwaltskammer, die sich im 78
Hinblick auf das der Rentenversicherung zustehende Klagerecht (→ Rn. 104 ff.) allerdings gut überlegen wird, ob sie bei einem nach Anhörung verbliebenen Dissens gegen die Stellungnahme der Rentenversicherung entscheidet. Leidtragender einer „nicht zum Streit bereiten" Anwaltskammer wäre dann der Antragsteller, der sich so einer „doppelten Gegnerschaft" gegenüber sähe.

Aus einem der von den Kammern entwickelten Merkblätter geht hervor, dass die 79
Rentenversicherung überhaupt nur im Fall eines positiven Votums der Rechtsanwaltskammer involviert werden soll. Das erscheint aus Sicht der Kammern durchaus ökonomisch, verhindert aber, dass eine in Einzelfragen möglicherweise liberalere Sichtweise der Rentenversicherung zum Tragen kommt.

f) Begründung und förmliche Zustellung der Entscheidung

Gem. § 46a Abs. 2 S. 2 BRAO ist die Zulassungsentscheidung der Kammer zu be- 80
gründen und sowohl dem Antragsteller als auch dem Träger der Rentenversicherung förmlich zuzustellen.

Der Gesetzgeber äußert sich zum Thema „Begründung" ausführlich. In der Begrün- 81
dung seien die wesentlichen tatsächlichen und rechtlichen Gründe mitzuteilen, die die Rechtsanwaltskammer zu ihrer Entscheidung bewogen hätten. Dabei sei auf die vom Bewerber voraussichtlich ausgeübte Tätigkeit sowie ggf. auf die Argumentation der

---

[53] Vgl. zum Ganzen BT-Drs. 18/5201, 33.
[54] BT-Drs. 18/5201, 33.
[55] „Syndikusrechtsanwälte – Informationen zum Befreiungsrecht", www.deutsche-rentenversiche rung.de.

Rentenversicherung einzugehen und darzustellen, ob und in welchem Maße die Tätigkeit den Anforderungen des § 46 Abs. 2–5 BRAO entspreche. Die Entscheidung sei (was in „herkömmlichen" Zulassungsverfahren nicht geschieht) auch dann zu begründen, wenn die Rechtsanwaltskammer dem Antrag ganz oder teilweise entspreche. Der Gesetzgeber unterscheidet dabei zwischen der Akzeptanzfunktion, der Klarstellungs- und Beweisfunktion, der Selbstkontrollfunktion und der Rechtsschutzfunktion des Begründungserfordernisses. Dieses solle in dem „dreiseitigen Rechtsverhältnis" zur Akzeptanz der Entscheidung beitragen, den Inhalt der Entscheidung erläutern sowie die Nachprüfbarkeit der Entscheidung durch die Kammer selbst und im Rahmen des gerichtlichen Rechtsschutzes ermöglichen. Durch die Begründung der Entscheidung werde für die mit der Durchführung der Rentenversicherung betrauten Behörden ersichtlich, auf welche Tätigkeit sich die Zulassung beziehe. Aus der Begründung solle sich zugleich ergeben, auf Grund welcher Tätigkeit der Syndikusrechtsanwalt Pflichtmitglied der berufsständischen Versorgungseinrichtung geworden sei.[56]

82   Sind Kammer und Rentenversicherung über das Vorliegen der Voraussetzungen nicht einig, muss die Begründung so ausführlich sein, dass es entweder noch gelingen kann, die Rentenversicherung umzustimmen, zumindest die Kammerentscheidung „gerichtsfest" gemacht wird. Man darf gespannt sein, in wie vielen Fällen es bis zum Abschluss des Zulassungsverfahrens einen Dissens zwischen Kammer und Rentenversicherung geben und in wie vielen dieser Fälle sich die Kammer über das „Veto" hinwegsetzen wird.

g) Weitere Förmlichkeiten

83   Gibt die Kammer dem Zulassungsantrag des Bewerbers statt (und wird die Entscheidung rechtskräftig), erfolgen seine Eintragung in den entsprechenden Verzeichnissen sowie – sofern nicht schon eine „normale" Zulassung besteht – die Aushändigung der Zulassungsurkunde und die Vereidigung.

84   Ist der Syndikusrechtsanwalt bereits als Rechtsanwalt zugelassen, genügt die Zustellung der Entscheidung. Eine nochmalige Vereidigung (§§ 12 Abs. 2, 12a BRAO) ist nicht erforderlich. Auch die Ausstellung einer neuen bzw. weiteren Urkunde scheint der Gesetzgeber für entbehrlich zu halten,[57] wobei es sich die Kammern aber im Zweifel nicht nehmen lassen werden, die weitere Zulassung auch durch Aushändigung einer entsprechenden Urkunde zu dokumentieren.

h) Rechtsschutz

85   Gibt die Kammer dem Antrag nicht statt, hat der Bewerber die Möglichkeit, den Rechtsweg zu beschreiten, also – im ersten Schritt – Widerspruch einzulegen (sofern noch ein Vorverfahren zu durchlaufen ist) und (sodann) Klage auf Zulassung zu erheben. Spiegelbildlich hierzu hat die Rentenversicherung ein eigenes (Widerspruchs- und) Klagerecht gegen die Entscheidung der Kammer, wenn diese dem Antrag entspricht.

i) Vorgehensweise bei mehreren Arbeitsverhältnissen

86   Das Gesetz sieht für Unternehmens- und Verbandsjuristen ausdrücklich auch die Möglichkeit vor, mehrere verschiedene Arbeitsverhältnisse einzugehen. Kommt/kommen erst nach erfolgter Zulassung als Syndikusrechtsanwalt ein weiteres oder mehrere

---

[56] BT-Drs. 18/5201, 33.
[57] BT-Drs. 18/5201, 33 f.

weitere Arbeitsverhältnis(se) hinzu, ist gem. § 46b Abs. 3 Alt. 2 BRAO die Zulassung nach Durchlaufen eines (jeweils) neuen Antragsverfahrens auf diese(s) Arbeitsverhältnis(se) zu erstrecken.

j) Europäische Rechtsanwälte

Aufgrund der Beschlussempfehlung des Rechtsausschusses wurde noch die erforderliche Anpassung der Bestimmungen des EuRAG an das neue Recht vorgenommen.[58] Europäische Rechtsanwälte haben danach auch die Möglichkeit einer Aufnahme als Syndikusrechtsanwalt und ebenso die des Erhalts einer Vollzulassung nach mindestens dreijähriger effektiver und regelmäßiger Tätigkeit als Syndikusrechtsanwalt und/oder „niedergelassener europäischer Rechtsanwalt" in Deutschland auf dem Gebiet des deutschen Rechts, einschließlich des Gemeinschaftsrechts (§ 11 Abs. 1 EuRAG).   **87**

Fälle, die als Syndikusrechtsanwalt bearbeitet wurden, sind bei der entsprechenden Nachweisführung iSv § 12 EuRAG anzuerkennen (→ Rn. 152 ff.).   **88**

2. Befreiung von der Rentenversicherungspflicht

Nach wie vor bedarf es neben einem Zulassungsantrag auch noch eines Befreiungsantrags bei der Rentenversicherung, weshalb die Zulassung als Syndikusrechtsanwalt auf dem Weg zur Befreiung von der Rentenversicherungspflicht erst die „halbe Miete" ist.   **89**

a) Zuständigkeit

Für die Entscheidung über den oder, besser gesagt, für die „Bearbeitung" des Befreiungsantrag(s) ist nicht – gewissermaßen im Rahmen einer Annexkompetenz zur Zulassung – die Rechtsanwaltskammer, sondern wie bisher die Deutsche Rentenversicherung Bund mit Sitz in Berlin zuständig.   **90**

b) Bindungswirkung der Zulassungsentscheidung

Allerdings hat der Gesetzgeber hier eine „kreative Lösung" ersonnen, um ein Auseinanderfallen der Zulassungs- und der Befreiungsentscheidung zu verhindern. Gem. § 46a Abs. 2 S. 4 BRAO ist der Träger der Rentenversicherung „bei seiner Entscheidung über die Befreiung von der Versicherungspflicht in der gesetzlichen Rentenversicherung nach § 6 Absatz 1 Satz 1 Nummer 1 und Absatz 3 des Sechsten Buches Sozialgesetzbuch an die bestandskräftige Entscheidung der Rechtsanwaltskammer nach Satz 1 gebunden".   **91**

Der „Preis" für die Bindungswirkung ist ein eigenes Klagerecht der Rentenversicherung, der – wie dem Antragsteller – gegen die Entscheidung der Rechtsanwaltskammer „Rechtsschutz gem. § 112a Absatz 1 und 2 zu(steht)". Durch dieses „Rechtsschutzmodell", so der Gesetzgeber, werde ein Gleichlauf zwischen der Zulassung als Syndikusrechtsanwalt und der Beurteilung der berufsrechtlichen Voraussetzungen der Entscheidung nach § 6 SGB VI gewährleistet und an die bei den Anwaltsgerichtshöfen vorhandene Kompetenz bei der Beurteilung von Zulassungsfragen angeknüpft.[59]   **92**

Wer also von der Rechtsanwaltskammer als Syndikusrechtsanwalt zugelassen wurde, muss abwarten, ob die Rentenversicherung hiergegen (binnen eines Monats) im Kla-   **93**

---

[58] Vgl. hierzu näher BT-Drs. 18/6915, 24, und schon den Hinweis bei *Offermann-Burckart* AnwBl. 2015, 633, 639 Fn. 19, wo auf das Fehlen einer entsprechenden Anpassung hingewiesen wird.
[59] BT-Drs. 18/5201, 34.

geweg vorgeht. Lässt die Rentenversicherung die Zulassungsentscheidung rechtskräftig werden, ist die – zwingend – positive Bescheidung des Befreiungsantrags nur noch Formsache. Auch dann besteht allerdings immer noch das schon angesprochene (→ Rn. 44) Restrisiko, dass die Rentenversicherung bei einer späteren Betriebsprüfung zu dem Ergebnis gelangt, die Angaben in Arbeitsvertrag und/oder Tätigkeitsbeschreibung stimmten (etwa hinsichtlich der „Prägung") nicht mit der Lebenswirklichkeit überein. Wegen der Bindungswirkung wird die Rentenversicherung in einem solchen Fall allerdings nicht unmittelbar von sich aus den Befreiungsbescheid zurücknehmen können, sondern wird – notfalls per Verpflichtungsklage – daraufhin wirken müssen, dass die Rechtsanwaltskammer ihren Zulassungsbescheid gem. § 14 Abs. 1 S. 1 BRAO (mit Wirkung für die Zukunft) zurücknimmt. Zu der anders gelagerten Situation bei einem späteren Tätigkeitswechsel → Rn. 108.

94   Eine isolierte Zulassungsentscheidung, also die Situation, dass ein Unternehmens- oder Verbandsjurist zwar als Syndikusrechtsanwalt zugelassen, aber nicht von der Rentenversicherungspflicht befreit ist, kommt nach der vom Gesetzgeber gewählten Konstruktion nicht in Betracht. Denn bei einem rechtskräftig gewordenen „Zulassungsverwaltungsakt"[60] muss die Rentenversicherung die Befreiung aussprechen. Obsiegt hingegen die Rentenversicherung im Klageverfahren, kommt es nicht zur Zulassung, wobei die genaue rechtliche Konstruktion hier ein wenig im Dunkeln bleibt. Dass es Fälle geben wird, in denen ein zugelassener Syndikusrechtsanwalt von sich aus auf die Befreiung von der Rentenversicherungspflicht verzichtet, ist aktuell eher nicht zu erwarten, für die Zukunft aber auch nicht ausgeschlossen.

c) Förmlichkeiten

95   Die Deutsche Rentenversicherung Bund hält auf ihrer Homepage[61] Antragsformulare bereit.

96   Der Befreiungsantrag sollte innerhalb von drei Monaten ab Aufnahme der Tätigkeit als Syndikusrechtsanwalt (oder einer eingetretenen wesentlichen Veränderung → Rn. 108 ff.) gestellt werden, weil die Befreiung gem. § 6 Abs. 4 S. 1 SGB VI nur in diesem Fall vom Vorliegen der Befreiungsvoraussetzungen an und ansonsten erst ab Eingang des Antrags wirkt.

97   „Alt-Syndizi", die in den Genuss einer rückwirkenden Befreiung gelangen wollen, müssen ihren Antrag bis zum 1.4.2016 gestellt haben (§ 231 Abs. 4b S. 6, Abs. 4c S. 1 Nr. 2 SGB VI).[62]

IV. Rechtsschutzmöglichkeiten des Bewerbers und der Rentenversicherung

98   Sowohl der Antragsteller als auch die Rentenversicherung können gegen eine negative bzw. positive Zulassungsentscheidung des Vorstands der Rechtsanwaltskammer im Klageweg vorgehen. Es gelten die §§ 112a ff. BRAO.

99   Nach § 112a BRAO entscheiden im ersten Rechtszug der Anwaltsgerichtshof und im zweiten Rechtszug der Anwaltssenat des Bundesgerichtshofs über verwaltungsrechtliche Anwaltssachen, also über öffentlich-rechtliche Streitigkeiten nach der BRAO. Zu Letzteren gehören ua Streitigkeiten über die Zulassung zur Anwaltschaft (ebenso wie

---

[60] Vgl. zur Begrifflichkeit BT-Drs. 18/5201, 21.
[61] www.deutsche-rentenversicherung.de; → Anhang.
[62] Vgl. hierzu auch *Offermann-Burckart* NJW 2016,113; *dies.* AnwBl. 2016,125, 135 f.

über die Rücknahme bzw. den Widerruf der Zulassung). Gem. § 112c Abs. 1 S. 1 BRAO findet im gerichtlichen Verfahren gegen Entscheidungen der Rechtsanwaltskammer grundsätzlich die Verwaltungsgerichtsordnung entsprechende Anwendung.

1. Verpflichtungsklage des Antragstellers

Die Versagung einer Zulassung als (Syndikus-)Rechtsanwalt ist mit der Verpflichtungsklage (§ 42 Abs. 1 Alt. 2 VwGO) anzugreifen. In einer Reihe von Bundesländern ist gem. § 68 VwGO zunächst immer noch das Vorverfahren zu durchlaufen, also bei der Rechtsanwaltskammer Widerspruch gegen den Ablehnungsbescheid einzulegen. Andere Bundesländer haben das Erfordernis eines Widerspruchsverfahrens in verwaltungsrechtlichen Anwaltssachen wirksam ausgeschlossen.[63] Bestätigt der AGH die ablehnende Entscheidung der Rechtsanwaltskammer bleibt – unter bestimmten Voraussetzungen – noch die Möglichkeit der Berufung zum Bundesgerichtshof (§ 112a Abs. 2 BRAO). **100**

Da das Rechtsschutzverfahren nicht nur den Antragsteller und die Rechtsanwaltskammer, sondern auch die Rentenversicherung und den Arbeitgeber betrifft, werden die Abläufe komplex sein. **101**

Im Vorverfahren richtet sich die Beteiligung Dritter nach § 13 Abs. 2 S. 2 VwVfG. Da der Ausgang des gegen die Versagung der Zulassung als Syndikusrechtsanwalt gerichteten Widerspruchsverfahrens rechtsgestaltende Wirkung sowohl für die Rentenversicherung als auch für den Arbeitgeber des Bewerbers hat, sind diese von der Rechtsanwaltskammer auf Antrag als Beteiligte zu dem Verfahren hinzuziehen. Die Kammer muss Rentenversicherung und Arbeitgeber von der Einleitung des Verfahrens benachrichtigen. Was den Arbeitgeber angeht, so enthalten die von den Kammern zum Einsatz gebrachten Zulassungsformulare auch eine vorgefertigte Erklärung des jeweiligen Unternehmens oder Verbandes, dass „vorsorglich auf eine Hinzuziehung als Beteiligter in dem Zulassungsverfahren gem. § 13 Abs. 2 S. 2 VwVfG" verzichtet werde. Selbstverständlich ist kein Arbeitgeber gezwungen, diese Erklärung abzugeben. Und die Rentenversicherung wird sicher nicht auf ihr Beteiligungsrecht verzichten. **102**

Für das Klageverfahren gilt § 65 VwGO. Gem § 65 Abs. 2 VwGO sind Dritte beizuladen, wenn die Entscheidung auch ihnen gegenüber nur einheitlich ergehen kann (notwendige Beiladung). Dies trifft für die Rentenversicherung zu, da sie an den Ausgang des Verfahrens gebunden und für den Fall, dass die Rechtsanwaltskammer verpflichtet wird, die Zulassung als Syndikusrechtsanwalt vorzunehmen, gezwungen ist, auch die Befreiung von der Rentenversicherungspflicht zu erteilen. Der Arbeitgeber ist dagegen nur mittelbar betroffen, was bedeutet, dass seine Beiladung gem. § 65 Abs. 1 VwGO von Amts wegen oder auf Antrag erfolgen kann, aber nicht muss. In der Zeit vor dem 3.4.2014 war es in den sozialversicherungsrechtlichen Verfahren zwischen Syndikusanwälten und der Rentenversicherung durchaus üblich, die Arbeitgeber beizuladen. Hin und wieder wurde – bei stark unterschiedlicher Handhabung durch die einzelnen Sozialgerichte – auch die zuständige Rechtsanwaltskammer beigeladen. **103**

2. Anfechtungsklage der Rentenversicherung

Will die Rentenversicherung gegen die Entscheidung der Rechtsanwaltskammer vorgehen, hat dies durch Anfechtungsklage (§ 42 Abs. 1 Alt. 1 VwGO) zu geschehen, der je nach Bundesland uU ein Vorverfahren vorausgehen muss (→ Rn. 100). **104**

---

[63] Vgl. zB Art. 15 Abs. 2 BayAGVwGO; § 26 Abs. 5 S. 1 AZG Berlin; § 8a Abs. 1 u. 2 Nds. AG VwGO; § 110 Abs. 1 JustG NRW; siehe näher Henssler/Prütting/*Deckenbrock* BRAO § 112c Rn. 27 ff.

105   Für die Beteiligung Dritter gilt spiegelbildlich das zuvor Gesagte. Beteiligte iSv § 13 Abs. 2 S. 2 VwVfG sind in einem Vorverfahren der antragstellende Syndikus und sein Arbeitgeber. Im Klageverfahren ist der Antragsteller notwendiger Beigeladener (§ 65 Abs. 2 VwGO). Der Arbeitgeber kann von Amts wegen oder auf Antrag beigeladen werden (§ 65 Abs. 1 VwGO).

106   Die Erhebung der Anfechtungsklage hat gem. § 80 Abs. 1 S. 1 VwGO aufschiebende Wirkung, sodass (insbesondere, wenn auch noch ein Widerspruchsverfahren vorgeschaltet werden muss und/oder nach einer Klageabweisung durch den AGH Berufung eingelegt wird) die Gefahr besteht, dass die Zulassung des Syndikusrechtsanwalts längere Zeit blockiert wird und der Antragsteller in einen unangenehmen Schwebezustand gerät. Die Involvierung „Drittbeteiligter" wird die Abläufe nicht eben beschleunigen. Die deshalb erhobene Forderung, die aufschiebende Wirkung entfallen zu lassen (was nach § 80 Abs. 2 S. 1 Nr. 3 VwGO ohne weiteres möglich gewesen wäre), hat der Gesetzgeber leider nicht aufgegriffen.

107   Immerhin wurde aufgrund des Berichts des Ausschusses für Recht und Verbraucherschutz für die Evaluierung des Gesetzes, die drei Jahre nach seinem Inkrafttreten erfolgen soll (Art. 8, vormals Art. 6), ausdrücklich vorgesehen, dass auch die Frage in den Blick zu nehmen ist, welche Auswirkungen das Klagerecht des Trägers der Rentenversicherung im Zulassungsverfahren für die betroffenen Syndikusrechtsanwälte hat. Dazu gehöre, so der Rechtsausschuss, auch die Frage, wie sich die im Gesetzentwurf vorgesehene aufschiebende Wirkung eines Rechtsbehelfs der Rentenversicherung auf das Zulassungsverfahren als Syndikusanwalt auswirke.[64]

V. Das „Damoklesschwert" des Tätigkeitswechsels

108   Auch wenn Zulassung und Befreiung erfolgt sind, befindet sich der Syndikusrechtsanwalt nicht „ein für alle Mal" auf der sicheren Seite. Denn es gilt – seit der denkwürdigen Entscheidung des BSG vom 31.10.2012,[65] die der bis dahin von der Deutschen Rentenversicherung Bund praktizierten großzügigen Handhabung ein überraschendes Ende bereitete –, dass eine Befreiung von der Rentenversicherungspflicht sich stets nur auf die konkret ausgeübte Tätigkeit (§ 6 Abs. 1 S. 1 Nr. 1 SGB VI: „wegen der") bezieht und die Befreiung bei Tätigkeitsänderungen auch ohne förmliche Aufhebung des Befreiungsbescheids entfällt. Hierzu heißt es in der Gesetzesbegründung:[66]

„Mit der erteilten Zulassung als Syndikusrechtsanwalt stellt die zuständige fachkundige Rechtsanwaltskammer nach den Regeln des Berufsrechts, auf welche der sozialversicherungsrechtliche Tatbestand des § 6 SGB VI Bezug nimmt, grundsätzlich das Vorliegen einer Tätigkeit, die zur Mitgliedschaft im Versorgungswerk führt, auch für den Träger der Rentenversicherung verbindlich fest. Dies gilt jedenfalls, solange die der Zulassung zugrunde liegende Tätigkeit im Wesentlichen unverändert fortgeführt wird, dh bei einer Änderung der Tätigkeit endet die erteilte Befreiung kraft Gesetzes, auch wenn zunächst noch eine wirksame Zulassung als Syndikusanwalt bis zur Rücknahme oder einem Widerruf der Zulassung besteht. (Unterstr. v. Verf.)

109   Nach § 46b Abs. 2 S. 2 BRAO ist die Zulassung als Syndikusrechtsanwalt ganz oder teilweise zu widerrufen, „soweit die arbeitsvertragliche Gestaltung eines Arbeitsverhältnisses oder die tatsächlich ausgeübte Tätigkeit nicht mehr den Anforderungen des § 46 Abs. 2–5 entspricht".

[64] BT-Drs. 18/6915, 28.
[65] NJW 2013, 1624.
[66] BT-Drs. 18/5201.

Das gilt zweifellos dann, wenn der (bisherige) Syndikusrechtsanwalt aus dem Ar- **110**
beitsverhältnis ausscheidet oder in Folge einer Änderungskündigung seine fachliche
Unabhängigkeit verliert. Abgesehen von diesen Extremfällen können sich im Rahmen
eines Arbeitsverhältnisses aber eine Reihe weiterer Veränderungen ergeben, etwa der
Wechsel von einer Abteilung (der Rechtsabteilung) in eine andere (die Marketingabtei-
lung) oder auch „nur" die Veränderung von Entscheidungshierarchien (zB die Einführung eines Vier-Augen-Prinzips, wo bislang Alleinentscheidungsbefugnisse bestanden).
Um die vielfältigen Wechselfälle des Berufsalltags möglichst „flächendeckend" zu erfassen, sieht der Gesetzgeber in § 46b Abs. 4 BRAO ausdrücklich vor, dass der Syndikusrechtsanwalt der „nach § 56 Abs. 3 zuständigen Stelle" (also der Rechtsanwaltskammer) unbeschadet der grundsätzlichen Anzeige- und Vorlagepflichten nach § 56
Abs. 3 BRAO unverzüglich „auch" anzuzeigen hat:
- jede tätigkeitsbezogene Änderung des Arbeitsvertrags, dazu gehört auch die Aufnahme eines neuen Arbeitsverhältnisses,
und
- jede wesentliche Änderung der Tätigkeit innerhalb des Arbeitsverhältnisses.

Der Gesetzgeber differenziert also zwischen nach außen erkennbaren oder jedenfalls **111**
dokumentierten und rein internen Änderungen. Tritt innerhalb eines bestehenden Arbeitsverhältnisses „eine wesentliche Änderung der Tätigkeit" ein, ist gem. § 46b Abs. 3
BRAO „auf Antrag die Zulassung nach Maßgabe des § 46a unter den dort genannten
Voraussetzungen … auf die geänderte Tätigkeit zu erstrecken".

In der Gesamtschau sind die Abs. 3 und 4 von § 46b BRAO nicht frei von Wider- **112**
sprüchen. Abs. 3 S. 1 spricht von *wesentlicher Änderung*. Über die Wesentlichkeit hat
die Rechtsanwaltskammer zu entscheiden.[67] Abs. 4 S. 1 Nr. 1 spricht von *jeder tätig-*
keitsbezogenen Änderung des Arbeitsvertrags, die vom Syndikusrechtsanwalt „auch"
unverzüglich anzuzeigen sei. Über die Wesentlichkeit entscheidet ebenfalls die Rechtsanwaltskammer.[68] Und in Abs. 4 S. 1 Nr. 2 ist von *jeder wesentlichen Änderung der Tä-*
tigkeit innerhalb des Arbeitsverhältnisses die Rede, die „auch" unverzüglich anzuzeigen
sei. Soll angesichts der geänderten Formulierung in dieser letzten Konstellation vielleicht doch der Syndikusrechtsanwalt alleine über die Wesentlichkeit entscheiden? Und
falls ja, mit welcher Konsequenz bei einer Fehleinschätzung?

Wirkliche Orientierung kann wiederum nur eine Gesamtschau bieten, wobei Aus- **113**
gangspunkt die „wesentliche Änderung der Tätigkeit" iSv § 46b Abs. 3 BRAO sein
muss. Die Gretchenfrage wird künftig also lauten: Welche Änderungen in der Erwerbstätigkeit bzw. dem Arbeitsverhältnis des Syndikusrechtsanwalts sind so wesentlich, dass
sie eine Maßnahme der Kammer (bzw. einen Erstreckungsantrag des Syndikusrechtsanwalts) erfordern?

Die Entscheidung hierüber obliegt der zuständigen Rechtsanwaltskammer (siehe **114**
oben), die nach erfolgter Veränderungsmitteilung beurteilen muss, ob die gemeldete
Änderung wesentlich ist oder nicht. Die Rentenversicherung bleibt dabei nach der Ge-
setzessystematik zunächst außen vor. Gelangt die Anwaltskammer nach verantwortli-
cher Prüfung zu dem Ergebnis, es liege eine nicht wesentliche Änderung vor, die die Zulassung des Syndikusrechtsanwalts nicht tangiere, wird die Rentenversicherung von
dem rein internen Vorgang nichts erfahren (und im Hinblick auf die in § 76 BRAO
verankerte umfassende Verschwiegenheitsverpflichtung des Kammervorstands wohl
auch nichts erfahren dürfen). Die Rentenversicherung kommt erst wieder ins Spiel,
wenn die Kammer von einer wesentlichen Änderung ausgeht und deshalb den Syndi-

---

[67] BT-Drs. 18/5201, 36 erster Absatz.
[68] BT-Drs. 18/5201, 36 dritter Absatz.

kusrechtsanwalt veranlasst, einen neuen Antrag iSv § 46b Abs. 3 Alt. 2 BRAO zu stellen, und – sofern ein solcher Antrag ausbleibt – gem. § 46b Abs. 3 S. 2 BRAO den Widerruf der Syndikusrechtsanwaltszulassung ausspricht bzw. aussprechen will.

115 In der Diskussion wurde zT auch die Auffassung vertreten, die Rentenversicherung sei bereits frühzeitig zu involvieren, weil nach § 46b Abs. 2 S. 3 BRAO der § 46a Abs. 2 entsprechend gelte und der Gesetzgeber in der Begründung formuliere, die mit der Durchführung der Sozialversicherung betrauten Behörden seien „auch bei der Entscheidung über die Rücknahme oder den Widerruf der Zulassung anzuhören".[69]

116 Es stellt sich hier die Frage, wann das Stadium der Entscheidung über die Rücknahme oder den Widerruf beginnt. Bei der Zulassung ist die Sache klar. Das Zulassungsverfahren nimmt seinen Anfang mit dem Zulassungsantrag. Aber wann beginnt das Widerrufsverfahren? Schon mit der ersten Information der Kammer (durch wen?) über das mögliche Vorliegen eines Widerrufsgrundes, mit der ersten Diskussion in den kammerinternen Gremien, mit der Anhörung des Betroffenen (vgl. § 9 VwVfG) oder erst, wenn die Kammer beschließt, den Widerruf auszusprechen und einen entsprechenden Bescheid zu fertigen?

117 Würde man das Rücknahme- bzw. Widerrufsverfahren bereits im „Stadium der Information", also dann ansetzen lassen, wenn der Syndikusrechtsanwalt (oder auch ein Dritter) die Kammer über eine tätigkeitsbezogene Änderung des Arbeitsverhältnisses unterrichtet, die wesentlich sein könnte, aber nicht wesentlich sein muss, wäre die Rentenversicherung bereits von Anfang an zu involvieren. Dies erscheint indes weder sinnvoll noch praktikabel und dürfte auch nicht der gesetzgeberischen Intention entsprechen, wenn es in der Begründung zu § 46b Abs. 3 BRAO heißt, ob eine Tätigkeitsänderung wesentlich sei und daher bei Vorliegen der Voraussetzungen des § 46a BRAO eine Erstreckung der Zulassung bzw. andernfalls deren Widerruf zu erfolgen habe, obliege der Prüfung durch die zuständige Rechtsanwaltskammer.[70] Die Rentenversicherung findet in Zusammenhang mit der „Wesentlichkeitsprüfung" keine Erwähnung. Außerdem wird der Syndikusrechtsanwalt in § 46b Abs. 4 BRAO zunächst nur zur Anzeige einer Veränderung und gerade nicht dazu verpflichtet, einen Antrag auf förmliche Prüfung und Bescheidung oder gleich einen Erstreckungsantrag zu stellen.

118 Den Anfang nimmt das Verwaltungsverfahren nach dem allgemeinen Grundsatz des § 9 VwVfG mit der (ersten) „nach außen wirkenden Tätigkeit" einer Behörde, „die auf die Prüfung der Voraussetzungen, die Vorbereitung und den Erlass eines Verwaltungsaktes oder auf den Abschluss eines öffentlich-rechtlichen Vertrags gerichtet ist". Erste nach außen wirkende Tätigkeit der Rechtsanwaltskammer ist die Anhörung des Betroffenen im Vorfeld (einer Rücknahme oder) eines Widerrufs der Zulassung.

119 Denkbar wäre auch, die Information der Kammer durch den Syndikusrechtsanwalt stets als förmlichen Antrag auf Prüfung zu werten, der mit einem förmlichen und damit auch rechtsmittelfähigen Bescheid erledigt werden müsste. Dann wäre die „Antragstellung" als Beginn zu werten.

120 Im Hinblick auf die vorerwähnte Rechtsprechung des BSG[71] (→ Rn. 108) schützt eine späte Involvierung der Rentenversicherung den Syndikusrechtsanwalt ja ohnehin nicht vor den negativen Folgen, die ein Tätigkeitswechsel für den Bestand der Befreiung haben kann. Außerdem werden die Rechtsanwaltskammern selbst Vorsicht walten lassen (wer haftet für eine falsche Einschätzung?) und den Syndikusrechtsanwalt bei Unsicherheiten auffordern, gleich einen Erstreckungsantrag zu stellen.

---

[69] Vgl. BT-Drs. 18/5201, 35 aE.
[70] BT-Drs. 18/5201, 36.
[71] Vgl. BSG Urt. v. 31.10.2012, NJW 2013, 1624.

Hier werden sich in der Praxis noch vielfältige Probleme auftun, deren Lösung die **121** Kammern und die Syndikusrechtsanwälte in den nächsten Jahren in Atem halten dürfte. Es bleibt erneut zu hoffen, dass Kammern <u>und</u> Rentenversicherung dabei mit einer gewissen Großzügigkeit und Weitsicht zu Werke gehen. Andernfalls wird sich „der personelle und damit auch fachliche Austausch zwischen Kanzleien und Unternehmen", den Gesetzgeber und Politik sichergestellt wissen wollen,[72] nicht gewährleisten lassen. Die Ausführungen, die der Gesetzgeber selbst zum „wesentlichen Tätigkeitswechsel" macht, sind recht vage, indem nur ein Beispielsfall genannt und eine Negativ-Abgrenzung vorgenommen wird. Eine wesentliche Änderung könne, so heißt es, etwa bei einem Wechsel von der Rechts- in die Personalabteilung anzunehmen sein, nicht hingegen, wenn bei einer gleichbleibend unabhängig rechtsberatenden Tätigkeit innerhalb derselben Rechtsabteilung lediglich ein anderes Rechtsgebiet bearbeitet werde.[73] Da aber unabhängig von ihrer Wesentlichkeit (die zu beurteilen ja, wie gezeigt, der Rechtsanwaltskammer und nicht dem Syndikus obliegt) ausnahmslos *jede* tätigkeitsbezogene Änderung des Arbeitsverhältnisses angezeigt werden muss (siehe oben), ist grundsätzlich auch eine geringfügige Verlagerung des Aufgabenschwerpunkts anzeigepflichtig. Dem Zwang, ständig irgendetwas anzeigen zu müssen, kann man letztlich nur durch eine flexible bzw. weitgefasste Ausgestaltung des Arbeitsvertrags entgehen, der die Möglichkeit der Bearbeitung einer Vielzahl von Rechtsgebieten von vorneherein vorsehen sollte.

Warnhinweis: ☞

Besondere Vorsicht ist – insbesondere bei nicht ausschließlich anwaltlicher Betätigung – bei „schlei-   **122** chenden" Veränderungen des Tätigkeitsbereichs geboten, die sich aus geänderten Arbeitsabläufen oder von außen gesteuerten Sachzwängen ergeben können und von den Beteiligten vielleicht eine Zeit lang gar nicht bemerkt werden. Und plötzlich stellt man dann fest, dass sich der Anteil nichtanwaltlicher Tätigkeiten in einem Umfang erhöht hat, der im Hinblick auf das Stichwort „Prägung" problematisch sein könnte.

Erkennt der Syndikusrechtsanwalt selbst, dass die Änderung wesentlich ist, weil er   **123** etwa in eine andere Abteilung versetzt wurde und sich sein Aufgabenspektrum maßgeblich gewandelt hat, kann er sich die „Anzeige" bei der Rechtsanwaltskammer sparen und gleich den „Antrag auf Erstreckung einer bestehenden Zulassung als Rechtsanwalt (Syndikusrechtsanwalt) auf eine wesentlich geänderte Tätigkeit" stellen, für den die Kammern eigene Formulare bereithalten. Die Formulare sind – zurzeit noch – recht statisch gestaltet. Die geforderten Angaben entsprechen denen, die auch bei einer Neuzulassung als Syndikusrechtsanwalt zu machen sind, obwohl es sinnvoller wäre, den Fokus nur auf die Änderungen zu legen.

Praxistipp: **124**

Wer ganz auf Nummer sicher gehen will, kann auch schon von sich aus statt einer Änderungsmitteilung an die Kammer bei jeder Tätigkeitsänderung immer sofort einen entsprechenden förmlichen Erstreckungsantrag stellen.[74] Die Kammern selbst werden aus Sorge um das eigene Haftungsrisiko im Zweifel hierzu raten. Allerdings löst dies auch jedes Mal eine – zT nicht unerhebliche – Gebührenpflicht aus.

Schon deshalb müsste es zum „Servicepaket" der Rechtsanwaltskammern gehören, ein Mitglied, das Syndikusrechtsanwalt ist, fachkundig und mit Verbindlichkeit darüber zu beraten, ob eine Tätig-

---

[72] BT-Drs. 18/6915, 13.
[73] BT-Drs. 18/5201, 36.
[74] So auch der Rat von *Kleine-Cosack* AnwBl. 2016, 50, 62, wonach man im Zweifel bei Unsicherheit über den Fortbestand der Bindungswirkung einen neuen Antrag stellen sollte, um gegen Betriebsprüfungen und Nachforderungen gewappnet zu sein.

keitsänderung nach allgemeinen Grundsätzen und der Rechtspraxis, die sich im Laufe der Zeit herausbilden wird, wesentlich ist oder nicht.

Das sieht ja, wie gezeigt, auch der Gesetzgeber so, sonst hätte er sich die Unterscheidung zwischen der Pflicht zur Anzeige bei *jeder* Änderung der Tätigkeit und der Pflicht zum Stellen eines Erstreckungsantrags bei *wesentlichen* Änderungen sparen können (zu den hier vorliegenden sprachlichen Ungenauigkeiten → Rn. 112).

125 Problematisch ist bei alledem auch die „Macht" des Arbeitgebers, der es nicht nur in der Hand hat, ob ein angestellter Volljurist überhaupt Syndikusrechtsanwalt werden kann, sondern auch, ob er diesen Status behält. Man muss hier gar nicht an den Ernstfall einer Kündigung denken. Schon kleinere „Feinjustierungen" können, sofern diese nicht durch einen wasserdichten Vertrag entweder ohnehin inkludiert oder ansonsten ausgeschlossen sind, zum Verlust der Zulassung (und damit auch zu dem der Befreiung von der Rentenversicherungspflicht) führen.

VI. Verlust der Zulassung als Syndikusrechtsanwalt

1. Allgemeines

126 Die Zulassung eines Syndikusrechtsanwalts erlischt – wie die eines „niedergelassenen Rechtsanwalts" auch – gem. § 13 BRAO (iVm § 46b Abs. 1 BRAO), „wenn durch ein rechtskräftiges Urteil auf Ausschließung aus der Anwaltschaft erkannt ist oder wenn die Rücknahme oder der Widerruf der Zulassung bestandskräftig geworden ist".

127 Für die Rücknahme und den Widerruf der Zulassung als Syndikusrechtsanwalt gelten die §§ 14 und 15 BRAO mit Ausnahme des § 14 Abs. 2 Nr. 9 BRAO, der den Widerruf der Zulassung (und die gleichzeitige Anordnung der sofortigen Vollziehung als Regelfall) vorsieht, wenn der Anwalt nicht die vorgeschriebene – für einen Syndikusrechtsanwalt dank der Intervention des Rechtsausschusses ja entbehrliche – Berufshaftpflichtversicherung unterhält.

128 Auch andere Widerrufsgründe passen für Syndikusrechtsanwälte nur bedingt.

129 Dies gilt insbesondere für § 14 Abs. 2 Nr. 8 BRAO (Rn. 16 ff.). Denn, wenn ein nur für seinen Arbeitgeber tätiger Syndikusrechtsanwalt in Vermögensverfall gerät, dürfte eine Gefährdung der Interessen der Rechtsuchenden, die immerhin beim Widerruf einer bestehenden Zulassung (anders als bei der Versagung einer beantragten Zulassung) eine Rolle spielt, weil der Widerruf einen stärkeren Eingriff in Grundrechte darstellt als eine Zulassungsversagung,[75] ausgeschlossen sein.

130 Und auch das Thema längerfristige Erkrankung (§ 14 Abs. 2 Nr. 3 BRAO) spielt beim Syndikusrechtsanwalt eine andere Rolle als beim „niedergelassenen Rechtsanwalt", der es sich – zumal als Einzelkämpfer – nicht leisten kann, seine Kanzlei längere Zeit „unbeaufsichtigt" zu lassen, wohingegen für die Vertretung eines Syndikusrechtsanwalts im Zweifel durch Kollegen, eine Aushilfskraft oder den Arbeitgeber selbst gesorgt sein wird.

2. Spezifika beim Syndikusrechtsanwalt

131 Gem. § 46b Abs. 2 S. 2 BRAO ist die Zulassung als Syndikusrechtsanwalt darüber hinaus zu widerrufen, „soweit die arbeitsvertragliche Gestaltung eines Arbeitsverhältnisses oder die tatsächlich ausgeübte Tätigkeit nicht mehr den Anforderungen des § 46 Abs. 2 bis 5 entspricht".

---

[75] Vgl. hierzu nur Henssler/Prütting/*Henssler* BRAO § 14 Rn. 32 ff.

Dadurch wird dem Umstand Rechnung getragen, dass die Zulassung als Syndikus- **132** rechtsanwalt tätigkeitsbezogen erfolgt. Durch den Begriff „soweit" werde, so der Gesetzgeber, deutlich, dass bei einer Zulassung, die sich auf mehrere Arbeitsverhältnisse beziehe, auch ein teilweiser Widerruf der Zulassung erfolgen könne, wenn die Tätigkeit in einem der Beschäftigungsverhältnisse nicht mehr den Anforderungen entspreche. Würden im Rahmen eines einheitlichen Arbeitsverhältnisses auch nicht-anwaltliche Aufgaben „in nur geringem Umfang" wahrgenommen, erfolge kein Widerruf der Zulassung, solange die anwaltliche Tätigkeit das Beschäftigungsverhältnis „ganz eindeutig" präge.[76]

Praxistipp:

Fördert eine Betriebsprüfung der Rentenversicherung im Nachhinein zu Tage, dass eine Zulassung als **133** Syndikusrechtsanwalt nicht hätte erfolgen dürfen, weil (ohne, dass hier der böse Wille irgendeines Beteiligten vorliegen muss) die im Unternehmen „gelebte Wirklichkeit" nicht den vertraglichen Vereinbarungen und/oder der Tätigkeitsbeschreibung entspricht, ist die Zulassung nicht zu widerrufen, sondern gem. § 14 Abs. 1 S. 1 BRAO zurückzunehmen. Denn es liegt dann der Fall vor, dass nachträglich Tatsachen bekannt geworden sind, „bei deren Kenntnis die Zulassung hätte versagt werden müssen". Aus Gründen der Rechtssicherheit erfolgt die Rücknahme allerdings nicht ex tunc, sondern nur mit Wirkung für die Zukunft.[77] Aufgrund der Bindungswirkung kann für die Befreiung von der Rentenversicherungspflicht wohl nichts anderes gelten. Zu der hiervon zu unterscheidenden Situation des Tätigkeitswechsels → Rn. 106.

3. Involvierung der Rentenversicherung

Nach § 46b Abs. 2 S. 3 BRAO gilt § 46a Abs. 2 entsprechend, sodass die mit der **134** Durchführung der Sozialversicherung betrauten Behörden auch bei der Entscheidung über die Rücknahme oder den Widerruf der Zulassung anzuhören sind und auch diese Entscheidung zu begründen und zuzustellen ist.[78]

Man darf mutmaßen, dass sich die Rentenversicherung mit der Zustimmung zu einer **135** Rücknahme oder einem Widerruf leichter tun wird als mit der zu einer Zulassung. Noch nicht abschließend geklärt ist in diesem Zusammenhang die bereits angesprochene Frage (→ Rn. 114 ff.), in welchem Stadium eines Rücknahme- oder Widerrufsverfahrens die Rentenversicherung zu involvieren ist, insbesondere also, ob die Rechtsanwaltskammer den Ausspruch einer Rücknahme oder eines Widerrufs zu einem sehr frühen Zeitpunkt ausschließen darf, ohne die Rentenversicherung anzuhören.

VII. Tätigkeitsspektrum und Rechte des Syndikusrechtsanwalts

Der Syndikusrechtsanwalt ist, obgleich er eine anwaltliche Tätigkeit ausübt, in seinen **136** Möglichkeiten gegenüber dem „niedergelassenen Rechtsanwalt" stark eingeschränkt.

1. Beratung und Vertretung des Arbeitgebers

Der Syndikusrechtsanwalt ist nämlich gerade nicht der „berufene … Berater und **137** Vertreter in allen Rechtsangelegenheiten" (vgl. § 3 Abs. 1 BRAO), sondern ein „Anwalt sui generis", dessen Befugnis zur Beratung und Vertretung sich gem. § 46 Abs. 5 S. 1 BRAO auf die Rechtsangelegenheiten des Arbeitgebers beschränkt. Durch diese Be-

---

[76] BT-Drs. 18/5201, 35.
[77] Vgl. hierzu nur Feuerich/Weyland/*Vossebürger* BRAO § 14 Rn. 4 f.
[78] BT-Drs. 18/5201, 35.

schränkung will der Gesetzgeber eine Gefährdung der anwaltlichen Unabhängigkeit durch das Einwirken fremder wirtschaftlicher Interessen verhindern und zum Ausdruck bringen, dass an dem Fremdkapitalverbot und dem in § 59e BRAO geregelten Fremdbesitzverbot festgehalten werde.[79]

138 Zu den Rechtsangelegenheiten des Arbeitgebers gehören nach § 46 Abs. 5 S. 2 BRAO auch

- Rechtsangelegenheiten innerhalb verbundener Unternehmen iSd § 15 AktG
- erlaubte Rechtsdienstleistungen des Arbeitgebers gegenüber seinen Mitgliedern, sofern es sich bei dem Arbeitgeber um eine Vereinigung oder Gewerkschaft nach § 7 RDG oder nach § 8 Abs. 1 Nr. 2 RDG handelt,
- erlaubte Rechtsdienstleistungen des Arbeitgebers gegenüber Dritten, sofern es sich bei dem Arbeitgeber um einen Angehörigen der in § 59a BRAO genannten sozietätsfähigen Berufe oder um eine Berufsausübungsgemeinschaft solcher Berufe handelt.

139 Das neue Recht führt nicht zu einer Einführung der im Zuge der früheren Beratungen über das Rechtsdienstleistungsgesetz (RDG) einmal angedachten, aber schlussendlich verworfenen „Erfüllungsgehilfen-Lösung".[80] Der in einer reinen Steuerberater oder Wirtschaftsprüferkanzlei angestellte Syndikusrechtsanwalt darf also nicht Klienten der Kanzlei in arbeits-, familien- oder mietrechtlichen Angelegenheiten beraten und vertreten.

140 Hat der Syndikusrechtsanwalt mehrere Arbeitgeber, darf er für diese in ihren jeweiligen Belangen anwaltlich tätig werden.

☞ **Praxistipp:**

141 Wer bei einem Arbeitgeber angestellt ist, bei dem es sich um einen Angehörigen der in § 59a BRAO genannten sozietätsfähigen Berufe oder um eine Berufsausübungsgesellschaft solcher Berufe handelt (§ 46 Abs. 5 S. 2 Nr. 3 BRAO) sollte auf diesen Umstand ausdrücklich hinweisen, weil seine Tätigkeitsbeschreibung im Zweifel einige Besonderheiten aufweist.

Ein **Formulierungsvorschlag** könnte lauten:

„Die Kanzlei XY ist eine Sozietät aus Wirtschaftsprüfern und Steuerberatern und stellt als solche eine Berufsausübungsgesellschaft dar, mit der sich eine Rechtsanwältin/ein Rechtsanwalt zur gemeinschaftlichen Berufsausübung zusammenschließen darf (§ 46 Abs. 5 S. 2 Nr. 3 i. V. m. § 59a Abs. 1 S. 1 BRAO). Die Kanzlei ist befugt, ihre Auftraggeber zum einen gem. § 2 WPO in wirtschaftlichen und steuerlichen Angelegenheiten nach Maßgabe der bestehenden Vorschriften zu beraten und zu vertreten, und zum anderen gem. § 33 StBerG in Steuersachen zu beraten, zu vertreten und ihnen bei der Bearbeitung ihrer Steuerangelegenheiten und bei der Erfüllung ihrer steuerlichen Pflichten Hilfe zu leisten. Zu Letzterem gehören auch die Hilfeleistung in Steuerstrafsachen und in Bußgeldsachen wegen einer Steuerordnungswidrigkeit sowie die Hilfeleistung bei der Erfüllung von Buchführungspflichten, die aufgrund von Steuergesetzen bestehen, insbesondere die Aufstellung von Steuerbilanzen und deren steuerrechtliche Beurteilung. Erlaubt iSv § 46 Abs. 5 S. 2 Nr. 3 BRAO ist die Erbringung solcher Rechtsdienstleistungen gegenüber den Mandanten der Kanzlei, die in unmittelbarem Zusammenhang mit der Wirtschaftsprüfer- und Steuerberatertätigkeit stehen, sich also auf eine Haupttätigkeit mit steuerlicher oder wirtschaftlicher Zielsetzung beziehen.

Soweit Rechtsdienstleistungen jenseits steuer- oder wirtschaftsrechtlicher Beratungs- und Vertretungsdienstleistungen im Namen der Kanzlei erbracht werden, erfolgt dies ausschließlich innerhalb der Grenzen des Rechtsdienstleistungsgesetzes. Danach sind Rechtsdienstleistungen im Zusammenhang mit einer anderen Tätigkeit erlaubt, wenn sie als Nebenleistung zum Berufs- oder Tätigkeitsbild gehören (§ 5 RDG)."

---

[79] BT-Drs. 18/5201, 30.
[80] Vgl. insofern schon *Offermann-Burckart* AnwBl. 2015, 633, 634, und zum Thema „Erfüllungsgehilfen-Lösung" an sich Krenzler/*Krenzler* RDG § 5 Rn. 12.

2. Vertretung des Arbeitgebers vor Gericht

Zu den in allen Vorfeld-Diskussionen und im Gesetzgebungsverfahren besonders **142** umkämpften Streitpunkten gehörte die Frage, ob und – falls ja – in welchem Umfang Syndikusrechtsanwälte ihre Arbeitgeber vor Gericht vertreten dürfen. Bei der schließlich gefundenen Lösung, die Einschränkungen für die Vertretung in Verfahren mit Anwaltszwang vorsieht, geht es dem Gesetzgeber nach eigenem Bekunden darum, ein Ungleichgewicht zwischen den Prozessparteien bzw. den Verfahrensbeteiligten zu verhindern. Ein solches träte ein, wenn eine Einzelperson oder kleine und mittlere Unternehmen ohne eigene Rechtsabteilung einen Rechtsanwalt bezahlen müssten, für den zudem noch die Mindestgebührenregelungen des RVG gölten, während große Unternehmen sich durch den eigenen Syndikus vertreten lassen und so ihr Kostenrisiko verringern könnten.[81]

a) Zulässige Vertretungen

Der Syndikusrechtsanwalt darf seinen Arbeitgeber vertreten   **143**
- in allen zivil- und arbeitsrechtlichen Verfahren sowie in Verfahren der freiwilligen Gerichtsbarkeit ohne Anwaltszwang
- in allen verwaltungs-, finanz- und sozialgerichtlichen Verfahren sowie in Verfahren vor Schiedsgerichten
- in Straf- und Bußgeldverfahren, soweit der Arbeitgeber nicht als Beschuldigter oder Einziehungsbeteiligter, sondern zB als Geschädigter und Nebenkläger am Verfahren beteiligt ist.

b) Nicht zulässige Vertretungen

Gem. § 46c Abs. 2 BRAO darf der Syndikusrechtsanwalt seinen Arbeitgeber nicht **144** vertreten
- vor den Landgerichten, Oberlandesgerichten und dem Bundesgerichtshof in zivilrechtlichen Verfahren und Verfahren der freiwilligen Gerichtsbarkeit, sofern Anwaltszwang herrscht (die Parteien oder die Beteiligten sich also durch einen Rechtsanwalt vertreten lassen müssen oder vorgesehen ist, dass ein Schriftsatz von einem Rechtsanwalt unterzeichnet sein muss)
- vor den in § 11 Abs. 4 S. 1 ArbGG genannten Gerichten (Landesarbeitsgericht, Bundesarbeitsgericht), sofern es sich bei dem Arbeitgeber nicht selbst um einen vertretungsbefugten Bevollmächtigten iSd § 11 Abs. 4 S. 2 ArbGG (also etwa eine Gewerkschaft) handelt
- in Straf- oder Bußgeldverfahren, die sich gegen den Arbeitgeber oder dessen Mitarbeiter richten, als deren Verteidiger oder Vertreter.

Wichtig ist, dass Syndikusrechtsanwälte, die zugleich noch als „niedergelassene **145** Rechtsanwälte" zugelassen sind, anders als der „Syndikus" nach altem Recht, dem gem. § 46 Abs. 1 BRAO jedwede forensische Tätigkeit für seinen Arbeitgeber verboten war,[82] nahezu unbegrenzte Möglichkeiten auch zur gerichtlichen Vertretung ihres Arbeitgebers haben, sofern sie hierbei im Rahmen ihrer „normalen" Zulassung agieren und nach RVG abrechnen. Der Gesetzgeber führt ausdrücklich aus, die Vertretungsbefugnis eines Syndikusrechtsanwalts, der neben seiner beruflichen Tätigkeit als Syndi-

---

[81] BT-Drs. 18/5201, 21.
[82] Vgl. zur Reichweite des Verbots *Offermann-Burckart* Anwaltsrecht in der Praxis § 10 Rn. 202 ff., und zu seiner Verfassungsmäßigkeit Henssler/Prütting/*Henssler* BRAO § 46 Rn. 8.

kusrechtsanwalt eine weitere Berufstätigkeit als Rechtsanwalt nach § 46 Abs. 1 BRAO (also als „normaler" Rechtsanwalt im Anstellungsverhältnis) oder nach § 4 BRAO ausübe, werde von dem Vertretungsverbot in § 46c Abs. 2 BRAO nicht berührt, dieser dürfe also in seiner Eigenschaft als selbstständiger Rechtsanwalt oder als angestellter Rechtsanwalt iSv § 46 Abs. 1 BRAO seinen Arbeitgeber vertreten. Die hierdurch eintretende Erweiterung der Vertretungsbefugnis eines Syndikusrechtsanwalts mit weiterer Zulassung gegenüber dem bisher geltenden Recht sei „verfassungsrechtlich geboten".[83] Dies soll wohl auch Ausfluss der Unabhängigkeit des Syndikusrechtsanwalts sein.

146 Die Befugnis zu forensischer Tätigkeit muss dabei wegen Fehlens des in § 45 Abs. 1 Nr. 4 und Abs. 2 Nr. 2 BRAO enthaltenen Tatbestandsmerkmals „außerhalb seiner Anwaltstätigkeit" selbst in Angelegenheiten gelten, mit denen der betreffende Rechtsanwalt zuvor schon als Syndikusrechtsanwalt befasst war (→ Rn. 182 ff.).[84]

147 Eine einzige Einschränkung ergibt sich nach der ausdrücklichen Regelung in § 46c Abs. 2 S. 2 Hs. 2 BRAO für Straf- oder Bußgeldverfahren. Hier ist eine „normal anwaltliche" Vertretung des Arbeitgebers nur dann möglich, wenn das Straf- oder Bußgeldverfahren keinen Unternehmensbezug aufweist (einem Mitarbeiter des Unternehmens etwa eine private Trunkenheitsfahrt zur Last gelegt wird). Und selbst bei vorhandenem Unternehmensbezug könnte, da im Gesetz anders als früher keine Sozietätserstreckung vorgesehen ist, noch ein Sozius pp. des „auch niedergelassenen" Syndikusrechtsanwalts für dessen Arbeitgeber tätig werden.

3. Legal privileges

148 Im Anschluss ua an die „Akzo/Nobel-Entscheidung" des EuGH vom 14.12.2010[85] (zur Zulässigkeit der Einsichtnahme seitens der Kommission in die E-Mail-Kommunikation zwischen Syndikusanwälten und der Geschäftsleitung) wurde in den Anfängen der Diskussion über das neue Recht heftig darüber gestritten, ob und in welchem Umfang auch dem Syndikusrechtsanwalt die Anwaltsprivilegien zustehen. Man war in einer Art „Zirkelschluss" gefangen, indem vorgetragen wurde, einerseits könne ein bei einem nicht-anwaltlichen Arbeitgeber angestellter Volljurist nicht in den Genuss der Anwaltsprivilegien gelangen, andererseits aber dürfe nur eine Person, die die vollen Privilegien genieße, überhaupt Anwalt sein.[86] Der Gesetzgeber schloss sich dieser apodiktischen Sichtweise nicht an und differenziert zwischen den verschiedenen Privilegien.

a) Privilegien, die auch dem Syndikusrechtsanwalt zu Gute kommen

149 Dem Syndikusrechtsanwalt stehen gem. § 46c Abs. 1 BRAO („soweit gesetzlich nichts anderes bestimmt ist") zu
- ein Zeugnisverweigerungsrecht im Zivilprozess (§ 383 Abs. 1 Nr. 6 ZPO)
- daraus abgeleitet, das Recht, einer gerichtlichen Anordnung zur Urkundenvorlegung nicht nachzukommen (§ 142 Abs. 2 ZPO).[87]

---

[83] BT-Drs. 18/5201, 21.
[84] Vgl. hierzu schon *Offermann-Burckart* AnwBl. 2015, 633, 638. So auch *Henssler/Deckenbrock*, Der Betrieb 2016, 215 (222), die darauf hinweisen, dies habe die Bundesrechtsanwaltskammer (BRAK-Stn. 17/2015, 4 ff.) im Gesetzgebungsverfahren scharf kritisiert, aber kein Gehör gefunden.
[85] NJW 2010, 3557.
[86] Vgl. hierzu etwa *Kury* BRAK-Mitt. 2013, 2, 4 f.
[87] BT-Drs. 18/5201, 37.

b) Privilegien, die dem Syndikusrechtsanwalt nicht zu Gute kommen

Dem Syndikusrechtsanwalt stehen nicht zu **150**
- das Zeugnisverweigerungsrecht nach § 53 Abs. 1 S. 1 Nr. 3 StPO[88] (es sei denn, für den Arbeitgeber gilt gem. § 53a Abs. 1 StPO ein eigenes Zeugnisverweigerungsrecht)
- die Beschlagnahmefreiheit nach § 97 Abs. 1–3 StPO
- das Abhörungs- und Aufzeichnungsverbot nach § 100c Abs. 6 StPO
- das Verbot der Durchführung von Ermittlungsmaßnahmen (§ 160a StPO).[89]

Als „Grund und Rechtfertigung" für die Einschränkung der Anwaltsprivilegien führt **151** der Gesetzgeber das Gebot einer effektiven Strafverfolgung an. Nicht zuletzt der EuGH habe in der „Akzo/Nobel-Entscheidung" festgestellt, dass die besondere berufliche Stellung des Syndikusanwalts es rechtfertige, ihn von dem für „niedergelassene Rechtsanwälte" geltenden besonderen strafprozessualen Vertraulichkeitsschutz auszunehmen. Und eine Einbeziehung der Syndikusrechtsanwälte und Syndikuspatentanwälte in den Anwendungsbereich der §§ 97 und 160a StPO würde die Gefahr hervorrufen, dass relevante Beweismittel den Strafverfolgungsbehörden nicht zur Verfügung stünden.[90]

4. Praktische Erfahrungen aus der Syndikusrechtsanwalts-Tätigkeit

Nicht im Gesetz selbst, aber in der Gesetzesbegründung[91] wird klargestellt, dass die **152** praktischen Erfahrungen, die der Syndikusrechtsanwalt im Rahmen seiner Angestelltentätigkeit erwirbt, also die Fälle, die er bearbeitet, zu berücksichtigen sind
- beim Erwerb einer Fachanwaltsbezeichnung (§ 43c Abs. 1 S. 1 iVm § 5 Abs. 1 FAO)[92]
- nach § 6 Abs. 2 Nr. 1 BNotO für die Bestellung als (Anwalts-)Notar[93]
- nach § 11 Abs. 1 S. 1 EuRAG für die (Voll-)Zulassung eines europäischen Rechtsanwalts zur Rechtsanwaltschaft.

Die Anerkennung gilt nicht nur dann, wenn ein Syndikusrechtsanwalt in eben dieser **153** Eigenschaft mit seinen Fällen aus der Syndikustätigkeit zB die Verleihung einer Fachanwaltsbezeichnung beantragt, sondern auch, wenn ein ehemaliger Syndikusrechtsanwalt, der später nur noch „niedergelassener Rechtsanwalt" ist, die früher als Syndikusrechtsanwalt bearbeiteten Fälle nutzbar macht.

Obwohl das Gesetz erst am 1.1.2016 in Kraft getreten ist, darf man hoffen, dass die **154** Kammern bei Fachanwaltsanträgen etc. von Syndikusrechtsanwälten großzügig agieren und auch Fälle, die vor 2016 bearbeitet wurden, anerkennen werden.

---

[88] „… für Syndikusrechtsanwälte (§ 46 Absatz 2 der Bundesrechtsanwaltsordnung) und Syndikuspatentanwälte (§ 41a Absatz 2 der Patentanwaltsordnung) gilt dies vorbehaltlich des § 53a nicht hinsichtlich dessen, was ihnen in dieser Eigenschaft anvertraut worden oder bekanntgeworden ist;"

[89] BT-Drs. 18/5201, 40.

[90] BT-Drs. 18/5201, 40.

[91] BT-Drs. 18/5201, 17 u 21 f.

[92] Ein entsprechender Vorschlag zur Änderung bzw. Ergänzung von § 5 Abs. 4 FAO, den der Ausschuss 1 der Fünften Satzungsversammlung unterbreitet hatte, war seinerzeit zurückgenommen und nicht weiterverfolgt worden, nachdem im Rahmen der hoch streitigen „Syndikus-Debatte" absehbar war, dass sich im Plenum der Satzungsversammlung hierfür keine Mehrheit finden lassen würde, und dass eher eine noch weitere Manifestation der zum damaligen Zeitpunkt für Syndikusanwälte wenig befriedigenden, durch die Rechtsprechung einiger Anwaltsgerichtshöfe und des Anwaltssenats des BGH geschaffenen Situation zu befürchten wäre.

[93] Hier stellt sich allerdings die Frage, wie bei einem singulären Arbeitsverhältnis die Forderung nach einem Tätigsein für „verschiedene" Auftraggeber erfüllt werden kann.

VIII. Pflichten des Syndikusrechtsanwalts

155 Die berufsrechtlichen Pflichten des Syndikusrechtsanwalts entsprechen grundsätzlich denen eines „niedergelassenen Rechtsanwalts", weichen zT zwangsläufig aber auch von diesen ab.

1. Berufsbezeichnung

156 Die Syndikusrechtsanwältin/der Syndikusrechtsanwalt übt ihre/seine Tätigkeit gem. § 46a Abs. 4 Nr. 2 BRAO unter der Berufsbezeichnung „Rechtsanwältin (Syndikusrechtsanwältin)" bzw. „Rechtsanwalt (Syndikusrechtsanwalt)" aus.

157 Dadurch soll anderen Beteiligten die berufliche Stellung der Syndikusrechtsanwältin bzw. des Syndikusrechtsanwalts und insbesondere deutlich gemacht werden, dass es sich bei dem Syndikusrechtsanwalt um einen Rechtsanwalt handelt.[94]

158 Ein niedergelassener europäischer Rechtsanwalt, der nach § 4 Abs. 1 S. 2 EuRAG als Syndikusrechtsanwalt in die Rechtsanwaltskammer aufgenommen wurde, muss gem. § 5 Abs. 1 S. 3 EuRAG seiner heimatlichen Berufsbezeichnung die Bezeichnung „Syndikus" nachstellen, was zu Sprachakrobatik, wie etwa der französisch-deutschen Bezeichnung „Avocat (Syndikus)" führen kann.[95]

2. Kanzleipflicht und Mitgliedschaft in einer Rechtsanwaltskammer

159 Auch Syndikusrechtsanwälte müssen gem. § 27 BRAO eine „Kanzlei" unterhalten und sind nach § 46c Abs. 1 iVm. § 12 Abs. 3 BRAO Pflichtmitglied der „zulassenden" Rechtsanwaltskammer.

a) Die Kanzlei

160 Gem. § 46c Abs. 4 S. 1 BRAO „gilt" dabei als Kanzlei die regelmäßige Arbeitsstätte. Besondere Anforderungen an die räumliche und organisatorische Beschaffenheit der Arbeitsstätte stellt der Gesetzgeber nicht. Allerdings könne, so heißt es ausdrücklich, die Satzungsversammlung aufgrund ihrer entsprechenden Ermächtigung (§ 59b BRAO) ggf. weitere Anforderungen festlegen. Im Übrigen liege es im „ureigenen Interesse" des Arbeitgebers, für die räumliche und organisatorische Beschaffenheit der Arbeitsstätte – auch zur Wahrung der Unabhängigkeit des Syndikusrechtsanwalts – Vorkehrungen zu treffen.[96]

161 Den Syndikusrechtsanwalt im Großraumbüro kann man sich schlecht vorstellen. Da aber der Arbeitgeber als Mandant Herr aller Geheimnisse aus dem Mandatsverhältnis ist,[97] kann er auch darüber entscheiden, wie viele Mithörer „sein" Syndikusrechtsanwalt hat und wie die konkreten Arbeitsabläufe gestaltet sind.

162 UU muss der Syndikusrechtsanwalt mehrere Kanzleien unterhalten. Dies gilt zum einen dann, wenn er mehrere Arbeitsverhältnisse eingeht und somit auch für mehrere Arbeitgeber an unterschiedlichen Standorten tätig ist, und zum anderen, wenn er neben seiner Zulassung als Syndikusrechtsanwalt (oder seinen mehreren Zulassungen als Syndikusrechtsanwalt) auch noch eine Zulassung als „niedergelassener Rechtsanwalt"

---

[94] BT-Drs. 18/5201, 35.
[95] Vgl. BT-Drs. 18/6915, 25.
[96] BT-Drs. 18/5201, 39.
[97] Henssler/Prütting/*Henssler* BRAO § 43a Rn 62.

hat. Der Gesetzgeber spricht insofern von einer „gesonderten" Zulassung, die eine „gesonderte" Kanzlei erfordere.[98]

Es ist also nicht (mehr) zulässig, nur eine einzige Kanzlei beim nicht-anwaltlichen   163
Arbeitgeber zu unterhalten. Allerdings macht der Gesetzgeber keine Ausführungen dazu, welche Anforderungen zu stellen sind, damit von einer „gesonderten" Kanzlei die Rede sein kann. Es muss deshalb möglich sein, dass „Arbeitgeber-Kanzlei" und „Niederlassungs-Kanzlei" dieselbe postalische Anschrift haben. Ist etwa ein Syndikusrechtsanwalt im Anstellungsverhältnis für eine reine Steuerberater-Kanzlei tätig, so liegt es nahe, dass er ein Zimmer in den Räumen der Steuerberater anmietet, um dort – in gleichzeitiger Bürogemeinschaft mit seinem Arbeitgeber, die gem. § 59a Abs. 3 BRAO zulässig ist – seinen eigenen Anwaltsgeschäften als „niedergelassener Rechtsanwalt" nachzugehen.

Häufig wird auch weiterhin die altbekannte Situation gegeben sein, dass der Syndi-   164
kusrechtsanwalt die „Niederlassungs-Kanzlei" in seinen Privaträumen einrichtet.

b) Kammerzugehörigkeit

Grundsätzlich fallen Kanzleisitz und Kammerzugehörigkeit zusammen, weil der   165
Rechtsanwalt gem. § 27 Abs. 1 BRAO im Bezirk der Rechtsanwaltskammer, deren Mitglied er ist, eine Kanzlei einrichten und unterhalten muss. Und § 33 Abs. 3 Nr. 2 BRAO aF besagte (nur), dass örtlich zuständig (für das Zulassungsverfahren) die Kammer sei, bei der die Zulassung zur Rechtsanwaltschaft beantragt werde.

Liegen aber die zwei oder mehr Kanzleien, die ein Syndikusrechtsanwalt uU haben   166
muss (siehe oben), in verschiedenen Kammerbezirken, wird die Frage nach der örtlichen Zuständigkeit, also der Kammerzugehörigkeit, schwierig. Der Gesetzgeber hat das Problem durch Ergänzung von § 33 Abs. 3 Nr. 2 BRAO um einen Halbsatz gelöst. Es gilt jetzt, dass örtlich zuständig die Rechtsanwaltskammer ist, bei der die Zulassung zur Rechtsanwaltschaft beantragt ist, „sofern nicht eine Zuständigkeit einer anderen Kammer nach Nummer 1[99] gegeben ist".

Die Kammermitgliedschaft bestimmt sich somit grundsätzlich nach dem Ort der zeit-   167
lich *ersten* Zulassung.[100] Der Vorstand der Erstzulassungs-Kammer ist zuständig für das weitere Zulassungsverfahren und führt die Aufsicht über die *gesamte* anwaltliche Tätigkeit des Syndikusrechtsanwalts. Das kann (insbesondere in der Anfangsphase kurz nach Inkrafttreten des Gesetzes) zu der etwas schizophrenen Situation führen, dass die Kammer, bei der der bislang nur „niedergelassene Rechtsanwalt" seinen Kanzleisitz, nicht aber den Mittelpunkt seiner beruflichen Tätigkeit hat, sowohl für das aufwändige Verfahren der Syndikusrechtsanwaltszulassung als auch für die spätere gesamte Berufsaufsicht zuständig ist, obwohl sich die Syndikustätigkeit in einem anderen Kammerbezirk abspielt.

Dem will der Gesetzgeber dadurch begegnen, dass er in § 46c Abs. 4 S. 3 Hs. 1   168
BRAO bestimmt, dass der Syndikusrechtsanwalt, der „den Schwerpunkt seiner Tätigkeit in den Bezirk einer anderen Rechtsanwaltskammer verlegen (will)", nach Maßgabe des § 27 Abs. 3 BRAO die Aufnahme in diese Kammer zu beantragen hat. Dies kann bei einem neuen Antrag auf Zulassung als Syndikusrechtsanwalt auch sofort, dh ohne den Umweg über die bisherige Heimatkammer, erfolgen. Sei etwa, so heißt es in der Begründung, der Rechtsanwalt zunächst ausschließlich als „niedergelassener Anwalt"

---

[98] BT-Drs. 18/5201, 39.
[99] Das ist die Rechtsanwaltskammer, deren Mitglied der (Syndikus-) Rechtsanwalt bereits ist.
[100] BT-Drs. 18/5201, 39 f.

mit Kanzlei in einem Ort tätig und demzufolge Mitglied der dortigen Rechtsanwalts-kammer gewesen und nehme er später eine hauptberufliche Tätigkeit als Syndikus-rechtsanwalt in einem anderen Ort auf, der in einem anderen Kammerbezirk belegen sei, könne er bei der Rechtsanwaltskammer dieses Ortes zeitgleich mit dem Antrag auf Zulassung als Syndikusrechtsanwalt nach § 46a BRAO die Aufnahme in diese Kammer beantragen.[101]

169 Wo nun aber der tatsächliche Schwerpunkt der anwaltlichen Tätigkeit liegt, kann im Einzelfall schwer zu ermitteln sein. Oftmals wird – insbesondere bei Teilzeitbeschäf-tigungen oder mehreren Arbeitsverhältnissen – das Bestehen eines Arbeitsverhältnisses hier nicht mehr als Indizwirkung haben. Schon bislang war es im Hinblick auf die Un-terscheidung zwischen *der* Kanzlei und einer bloßen Zweigstelle schwierig zu entschei-den, wo ein Rechtsanwalt, der zwischen verschiedenen Standorten pendelt, den Schwerpunkt seiner Tätigkeit hat. Man darf gespannt sein, ob sich Rechtsanwalts-kammern künftig mit Mitgliedern oder potenziellen Mitgliedern darüber streiten wer-den, ob das (potenzielle) Mitglied überhaupt richtig bei ihnen aufgehoben, also die ört-liche Zuständigkeit gegeben sei.

3. Besonderes elektronisches Anwaltspostfach

170 Ab dem 1. Oktober 2016 muss jeder Syndikusrechtsanwalt für seine Tätigkeit oder seine mehreren Tätigkeiten jeweils ein gesondertes elektronisches Anwaltspostfach (beA) haben. Die verlängerte Umsetzungsfrist (das beA für „niedergelassene Rechtsan-wälte" hätte eigentlich bis zum 1.1.2016 eingeführt worden sein müssen, wurde aller-dings auch verschoben)[102] resultiert aus der Einsicht des Rechtsausschusses in den Um-stand, dass die Einrichtung eines besonderen elektronischen Anwaltspostfachs für Syndikusrechtsanwälte und der damit verbundene Programmieraufwand bei Verab-schiedung von § 31a BRAO noch nicht absehbar waren.[103]

171 Dabei ergibt sich aus § 31 Abs. 1 iVm und § 31a Abs. 1 S. 1 BRAO,[104] dass jedes Mitglied einer Rechtsanwaltskammer mit den in § 31 Abs. 3 BRAO[105] näher bezeich-neten Daten in ein von der Bundesrechtsanwaltskammer geführtes Gesamtverzeichnis (abrufbar unter www.rechtsanwaltsregister.org) einzutragen ist und dass für jedes im Gesamtverzeichnis eingetragene Mitglied einer Rechtsanwaltskammer ein besonderes elektronisches Anwaltspostfach einzurichten ist. Wer also über „zwei Zulassungen"[106] als Syndikusrechtsanwalt für zwei unterschiedliche Arbeitsverhältnisse und zugleich über eine Zulassung als „niedergelassener Rechtsanwalt" verfügt, hat zwar nur eine Mitgliedschaft (nach strenger Logik wären es eigentlich drei Mitgliedschaften),[107] ist aber dreimal in das Gesamtverzeichnis einzutragen und benötigt drei Postfächer.

---

[101] BT-Drs. 18/5201, 40.

[102] Vgl. Presseerklärung der BRAK vom 26.11.2015 unter www.brak.de.

[103] BT-Drs. 18/6915, 15.

[104] Bei der Bezeichnung der Absätze sorgte zwischenzeitlich eine falsche Nummerierung in der noch nicht lektorierten, wegen der Eile des Verfahrens aber vielfach herangezogenen Fassung der BT-Drs. 18/6915 für Verwirrung, sodass hier in manchen Texten unrichtige Zahlen auftauchen.

[105] Wie zuvor.

[106] Die Sprachregelung des Gesetzgebers ist hierbei nicht ganz eindeutig. § 46b Abs. 3 BRAO spricht nur von einer *Erstreckung der Zulassung*. In BT-Drs. 18/5201, 27 f., ist von *gesonderter Zulassung* die Rede. Vgl. auch BT-Drs. 18/6915, 21.

[107] Laut Gesetzgeber (BT-Drs. 18/5201, 28) gibt es aber keine Doppel- und also auch keine Dreifach-Mitgliedschaft, sondern ein Rechtsanwalt mit verschiedenen Tätigkeitsfeldern und Zulassungen ist nur einmal Mitglied seiner Kammer.

4. Berufsrechtliche Pflichten

Grundsätzlich unterliegt der Syndikusrechtsanwalt denselben berufsrechtlichen 172
Pflichten wie ein „niedergelassener Rechtsanwalt" auch. Dennoch ergeben sich aus der
Natur der Sache zwangsläufig ein paar Besonderheiten.[108]

Praxistipp:

Die Formularsätze einiger Rechtsanwaltskammern enthalten unter „Tätigkeitsbeschreibung – Fachli- 173
che Unabhängigkeit" die Erklärung, der Syndikusrechtsanwalt sei im Rahmen der von ihm zu erbringenden Rechtsberatung und -vertretung den Pflichten des anwaltlichen Berufsrechts unterworfen.

Ob eine solche, auch vom Arbeitgeber zu unterzeichnende Erklärung im Streitfall mit der Rentenversicherung oder zwischen Arbeitgeber und Syndikusrechtsanwalt ausreicht, muss bezweifelt werden. Es
sollte deshalb im Arbeitsvertrag eine Formulierung des Inhalts finden, dass die berufsrechtlichen
Pflichten den arbeitsvertraglichen *vorgehen* und der Ausführung einer bestimmten Tätigkeit durch den
Syndikusrechtsanwalt im Einzelfall – unabhängig von rechtlichen Einschätzungen – auch einmal gänz-
lich entgegenstehen können (siehe auch schon den Formulierungsvorschlag → Rn. 29).

a) Unabhängigkeit

Ausdrückliche Erwähnung als besondere Berufspflicht des Syndikusrechtsanwalts 174
findet in der Begründung zum Regierungsentwurf neben der Verschwiegenheit und
dem Verbot erfolgsabhängiger Vergütung die in § 43a Abs. 1 BRAO verankerte Pflicht
zur Unabhängigkeit,[109] ohne dass konkret gesagt wird, was hier gemeint ist.

Schlägt man den Bogen zum Thema „fachliche Unabhängigkeit" (→ Rn. 23 ff.), 175
könnte man den Schluss ziehen, dass der Syndikusrechtsanwalt – anders als ein normaler Arbeitnehmer und anders auch als ein „normaler" Anwalt mit Zweitberuf – in ganz
besonderer Weise seinem (anwaltlichen) Gewissen verpflichtet ist und im Fall eines
fachlich-inhaltlichen Dissenses unter keinen Umständen tun darf, was der Arbeitgeber
„verlangt". Hier muss allerdings darauf geachtet werden, den Gedanken der Unabhängigkeit nicht ad absurdum zu führen und sich nicht zu weit von den Gesetzen der praktischen Vernunft und den Realitäten des Alltags zu entfernen.

Wie für jeden Rechtsanwalt muss auch für den Syndikusrechtsanwalt gelten, dass er 176
in eigener Verantwortung zu entscheiden hat, wie weit er sich – unter Hintanstellung
von Bedenken – der Sichtweise und Interessenlage des Mandanten annähern darf. Dabei gelten zum einen die Pflicht, stets zum sichersten Weg zu raten, und zum anderen
das Verbot, bewusst Unwahrheiten zu verbreiten (§ 43a Abs. 3 S. 2 BRAO).

b) Schweigepflicht

Der Syndikusrechtsanwalt, der ein Geheimnis aus seinem anwaltlich geprägten Tä- 177
tigkeitsbereich offenbart, verstößt nicht nur gegen seine arbeitsvertraglichen Pflichten,
sondern auch gegen Berufsrecht (§§ 43a Abs. 2 BRAO, 2 BORA). UU macht er sich sogar strafbar (§ 203 Abs. 1 Nr. 3 StGB).

Allerdings enden die Schweigepflicht und vor allem auch das Schweigerecht des Syn- 178
dikusrechtsanwalts dort, wo seine legal privileges enden, ihm also etwa nicht das
Zeugnisverweigerungsrecht nach § 53 Abs. 1 Nr. 3 StPO zusteht. § 2 Abs. 2 BORA (bei
dem es sich allerdings nur um Satzungsrecht handelt) stellt in diesem Sinne ausdrücklich klar, dass ein Verstoß gegen die Pflicht zur Verschwiegenheit nicht vorliege, „soweit
Gesetz und Recht eine Ausnahme fordern oder zulassen".

---

[108] So im Ergebnis auch BT-Drs. 18/5201, 37.
[109] BT-Drs. 18/5201, 37.

179   Auch der Syndikusrechtsanwalt muss seine Mitarbeiter und sonstige Personen zur Verschwiegenheit verpflichten und anhalten (§ 2 Abs. 4 und 5 BORA), doch werden hier bei der konkreten Gestaltung von Arbeitsplatz und Arbeitsabläufen wiederum die Vorgaben und Vorkehrungen des Arbeitgebers als dem „Herrn aller Mandatsgeheimnisse" (→ Rn. 161) Vorrang haben.

c) Sachlichkeitsgebot

180   Auch der Syndikusrechtsanwalt darf sich gem. § 43a Abs. 3 BRAO nicht unsachlich verhalten, also nicht bewusst Unwahrheiten verbreiten oder herabsetzende Äußerungen tun, zu denen andere Beteiligte oder der Verfahrensverlauf, also die Umstände, keinen Anlass gegeben haben.

d) Verbot der Vertretung widerstreitender Interessen/Tätigkeitsverbote

181   Für den Nur-Syndikusrechtsanwalt mit nur einem Anstellungsverhältnis und also auch nur einem Arbeitgeber wird sich die Gefahr einer Interessenkollision und damit die eines Verstoßes gegen das Verbot der Vertretung widerstreitender Interessen (§§ 356 StGB, 43a Abs. 4 BRAO, 3 Abs. 1 Alt. 1 BORA) nicht stellen.

182   Bedeutung kann dieses Verbot allerdings für den Syndikusrechtsanwalt erlangen, der zugleich noch ein weiteres Arbeitsverhältnis (oder sogar mehrere weitere Arbeitsverhältnisse) unterhält oder auch für den Syndikusrechtsanwalt, der von einem Arbeitsverhältnis in ein anderes wechselt. In solchen Konstellationen greifen jetzt also nicht mehr nur arbeitsrechtliche, sondern auch anwalts-berufsrechtliche Überlegungen. Dabei muss es nicht zwangsläufig um Tätigkeiten in Konkurrenzunternehmen gehen. Auch wer zB jeweils halbtags als Syndikusrechtsanwalt in einer Nur-Steuerberaterkanzlei und als Geschäftsführer und ebenfalls Syndikusrechtsanwalt bei der Steuerberaterkammer tätig ist, kann schnell in eine Kollisionssituation geraten, wenn sich ein Konflikt zwischen der Kammer und der Kanzlei ergibt.

183   Bei einem „Syndikusanwalt" alter Provenienz, also einem auch zur Anwaltschaft zugelassenen Unternehmens- oder Verbandsjuristen, wurden (und werden) mögliche Konfliktsituationen zwischen der Syndikus- und der eigentlichen Anwaltstätigkeit idR über die Spezialvorschrift des § 45 Abs. 1 Nr. 4 BRAO bzw. des § 45 Abs. 2 Nr. 2 BRAO erfasst. Ihm war (und ist) es untersagt, die „Hüte" des Syndikus(anwalts) und des „normalen" Rechtsanwalts nach Belieben zu tauschen und in denselben Rechtssachen bzw. Angelegenheiten mal in der einen und mal in der anderen Funktion tätig zu sein. Entscheidendes Tatbestandsmerkmal war (und ist) dabei das Tätigwerden „außerhalb seiner Anwaltstätigkeit". Es ging (bzw. geht) darum, den von einem Zweitberuf für die Unabhängigkeit des Anwalts ausgehenden Gefährdungen zu begegnen.[110] Da aber der Syndikusrechtsanwalt im Anstellungsverhältnis gerade nicht (mehr) „außerhalb seiner Anwaltstätigkeit", sondern innerhalb seiner Syndikusrechtsanwalts-Tätigkeit tätig wird und seine fachliche Unabhängigkeit arbeitsvertraglich abgesichert ist, passt die Vorschrift für ihn nicht mehr, sodass jetzt „nur" noch die allgemeinen Kollisionsregeln gelten.[111]

184   Bislang durfte etwa der Personalchef eines Unternehmens, der als solcher eine Entlassung vorgenommen hatte, in seiner Eigenschaft als „niedergelassener Rechtsanwalt" weder den entlassenen Mitarbeiter gegenüber dem Unternehmen noch das Unternehmen gegenüber dem Mitarbeiter vertreten. Beidem stand – unabhängig von Kollisions-

---

[110] Henssler/Prütting/*Kilian* BRAO § 45 Rn. 29.
[111] Vgl. hierzu und zum fehlenden Gleichlauf mit der Regelung für Unternehmensjuristen ohne Zulassung als Syndikusrechtsanwalt *Henssler/Deckenbrock* Der Betrieb 2016, 215 (222), die eine konsistente Neuordnung der Tätigkeitsverbote fordern.

überlegungen – § 45 Abs. 1 Nr. 4 BRAO entgegen. Heute würde die erste Konstellation am Verbot der Vertretung widerstreitender Interessen scheitern, während die zweite Konstellation möglich wäre. Es würde den Rahmen dieser Abhandlung sprengen, näher auf die vielfältigen Fragestellungen, die hier auftreten können, einzugehen.

Kein Raum ist hier auch für eine ausführliche Beleuchtung der spannenden Frage, ob **185** bei einem Wechsel des Syndikusrechtsanwalts von einem Unternehmen in ein anderes die Syndikusrechtsanwalts-Kollegen im abgebenden und/oder im aufnehmenden Unternehmen „infiziert", also nach den Vorgaben von § 3 Abs. 2 S. 1 und Abs. 3 BORA ebenfalls kollisionsbefangen sind. Wenn man die Qualifizierung des Syndikusrechtsanwalts als „echten" Rechtsanwalt ernst nimmt, können hier eigentlich keine Unterschiede bestehen.

e) Sorgfalt beim Geldverkehr

Die Vorschriften, die den Umgang des Rechtsanwalts mit Fremdgeldern und anderen **186** Vermögenswerten regeln, also § 43a Abs. 5 BRAO sowie die §§ 4 und 23 BORA, dürften auf den Syndikusrechtsanwalt nur selten und nur bedingt anwendbar sein. Die Vorstellung etwa, dass der Syndikusrechtsanwalt ein Anderkonto unterhält, auf dem Fremdgeld, das er für seinen Arbeitgeber vereinnahmt hat, verwahrt und verwaltet wird, scheint eher fernliegend. Allerdings werden auch hier interessante Fallkonstellationen zu behandeln sein, die sich erst auf den zweiten Blick erschließen.

f) Fortbildung

Zurzeit ist die für alle Rechtsanwälte geltende Fortbildungsverpflichtung des § 43a **187** Abs. 6 BRAO noch ein „zahnloser Tiger", weil jede Konkretisierung dieser Pflicht fehlt und an einen „Verstoß" keine Sanktionen geknüpft sind.

Dies soll sich allerdings nach dem Willen der Satzungsversammlung und wohl auch **188** des Bundesministers der Justiz und für Verbraucherschutz, der eine entsprechende Resolution der Satzungsversammlung positiv aufgenommen hat, bald ändern. Der zuständige Ausschuss 5 des Anwaltsparlaments denkt bereits darüber nach, wie (nach einer entsprechenden Erweiterung der Kompetenzen in § 59b Abs. 2 BRAO) eine sanktionierte Pflichtfortbildung für alle Anwälte aussehen könnte.

Und die entsprechenden Pflichten würden dann natürlich auch Syndikusrechtsanwäl- **189** te treffen.

g) Werbung

Die in § 43b BRAO sowie in den §§ 6 ff. BORA enthaltenen Vorgaben für die an- **190** waltliche Werbung werden für den Syndikusrechtsanwalt nur bedingt Geltung erlangen. Denn es geht dem Syndikusrechtsanwalt selbst und seinem Arbeitgeber ja wohl kaum um eine eigene Performance und einen eigenständigen Werbeauftritt des Syndikusrechtsanwalts.

Dies kann im Einzelfall aber auch durchaus anders sein, dann etwa, wenn der Syndi- **191** kusrechtsanwalt Angestellter einer reinen Steuerberater- und Wirtschaftsprüferkanzlei ist und auf deren Briefbogen auftaucht. Je nachdem, wie dies geschieht (also etwa unter Benennung anwaltlicher Schwerpunktgebiete), kann die Grenze zur Irreführung überschritten sein, was wiederum auch von berufsrechtlichem Belang wäre (§ 7 Abs. 2 Alt. 2 BORA).

Und auch für einen Syndikusrechtsanwalt, der nicht Fachanwalt ist, kann sich die **192** Frage stellen, ob er eine Spezialistenbezeichnung führen darf.[112]

---

[112] Vgl. BGH Urt. v. 24.7.2014 – I ZR 53/13, BRAK-Mitt 2015, 99, und dazu *Offermann-Burckart* BRAK-Mitt 2015, 62; BGH Beschl. v. 28.10.2015 – AnwZ (Brfg) 31/14.

193 Interessant ist schließlich die Überlegung, ob der zB in einer Unternehmensberatung angestellte Syndikusrechtsanwalt gegen das in § 43b BRAO verankerte Verbot der Werbung um Erteilung eines Auftrags im Einzelfall verstößt, wenn er für seinen Auftraggeber aktiv Aufträge akquiriert.

h) Darlegungs- und Informationspflichten bei Inkassodienstleistungen

194 Die besonderen, in § 43d BRAO verankerten Darlegungs- und Informationspflichten gelten auch für einen Syndikusrechtsanwalt, der im Auftrag seines Arbeitgebers, etwa eines Inkassounternehmens, Inkassodienstleistungen erbringt.

i) Verbot der erfolgsabhängigen Vergütung

195 Zu den vom Gesetzgeber „vor allem" benannten anwaltlichen Grundpflichten, denen auch Syndikusrechtsanwälte unterliegen, soll das Verbot erfolgsabhängiger Vergütung (§ 49b Abs. 2 S. 1 BRAO) gehören,[113] ohne dass konkret gesagt wird, an welche Fallkonstellationen hier gedacht ist.

196 Da der Syndikusrechtsanwalt nicht berechtigt und verpflichtet ist, nach RVG abzurechnen (§ 1 Abs. 2 S. 1 RVG), können (eigentlich) auch die Themen Erfolgshonorar oder quota litis zwischen ihm und seinem Arbeitgeber keine Rolle spielen. Es ist sicher nicht daran gedacht, dass es dem Syndikusrechtsanwalt verwehrt sein soll, mit dem Arbeitgeber Prämien auszuhandeln. Denkbar wäre ein Verstoß gegen das Verbot erfolgsabhängiger Vergütung eventuell, wenn der Arbeitgeber dem Syndikusrechtsanwalt, der – erlaubterweise – in einem Zivilprozess vor dem Amtsgericht für ihn tätig wird, für den Fall des positiven Ausgangs dieses Prozesses eine Sondervergütung verspricht.

j) Handaktenführung/Zurückbehaltungsrecht

197 Die dezidierten Vorgaben, die § 50 BRAO zur Anlegung, Aufbewahrung, Herausgabe und eventuellen Zurückbehaltung von Handakten (vgl. hierzu auch noch § 17 BORA) macht, sind nur sehr bedingt auf den Syndikusrechtsanwalt anwendbar, weil hier die Pflichten aus dem Arbeitsverhältnis im Zweifel vorgehen.

198 Es ist nicht vorstellbar, dass ein Syndikusrechtsanwalt auf ausstehende Lohnzahlungen des Arbeitgebers durch die Geltendmachung eines Zurückbehaltungsrechts an Unterlagen des Arbeitgebers reagiert. Dies dürfte schon an den Eigentumsverhältnissen scheitern, die sich in einem Arbeitsverhältnis anders darstellen als bei einer sonstigen Anwalt-Mandanten-Beziehung. Außerdem hat der Syndikusrechtsanwalt gegenüber seinem Arbeitgeber keinen „Gebührenanspruch" im klassischen Sinne, weil die Bestimmungen des RVG gerade nicht gelten.

k) Vertreter-/Abwicklerbestellung

199 Und auch die Vorschriften über die Bestellung eines Vertreters oder Abwicklers für einen zB erkrankten oder verstorbenen Rechtsanwalt (§§ 53, 55 BRAO) werden beim Syndikusrechtsanwalt eher nicht zum Tragen kommen.

200 Zum einen werden im Zweifel stets Kollegen, Aushilfskräfte oder der Arbeitgeber selbst zur Stelle sein, um Ausfälle des Syndikusrechtsanwalts zu kompensieren. Und zum anderen kommt es nicht in Betracht, dass die Rechtsanwaltskammer irgendeinen unternehmensfremden Rechtsanwalt installiert, der in die arbeitsvertraglichen Pflichten und Rechte des Syndikusrechtsanwalts eintritt. Verstirbt ein Syndikusrechtsanwalt, en-

---

[113] BT-Drs. 18/5201, 37.

det damit das Arbeitsverhältnis, ohne dass sich die Frage nach der Notwendigkeit oder auch nur Möglichkeit einer Abwicklung stellte.

l) Anforderungen an Kanzlei und Zweigstelle

Zur Kanzleipflicht des Syndikusrechtsanwalts ist in § 46c Abs. 4 BRAO eigentlich alles gesagt.   **201**

Gleichwohl hält es der Gesetzgeber für denkbar, dass die Satzungsversammlung im Rahmen ihrer Kompetenzen hier noch weitere Festlegungen trifft und § 5 BORA entsprechend ändert (→ Rn. 160).   **202**

Denkbar ist auch, dass der Syndikusrechtsanwalt eine Zweigstelle oder mehrere Zweigstellen an verschiedenen Standorten seines Arbeitgebers einrichtet. Der Verpflichtung, als zusätzlich „niedergelassener Rechtsanwalt" eine eigene weitere Kanzlei zu unterhalten, könnte er mit der Einrichtung einer bloßen Zweigstelle allerdings nicht genügen.   **203**

m) Mandatsbearbeitung/Unterrichtung des Mandanten

§ 11 BORA verpflichtet den Rechtsanwalt ua, das Mandat „in angemessener Zeit zu bearbeiten" (Abs. 1).   **204**

Ein Syndikusrechtsanwalt, der sich als „Low Performer" erweist, verstößt also nicht nur gegen arbeitsvertragliche Pflichten, sondern auch gegen anwaltliches Berufsrecht. Dabei ist es allerdings eine leicht abwegige Vorstellung, dass der Arbeitgeber bei der zuständigen Rechtsanwaltskammer entsprechende Beschwerde führt.   **205**

n) Verbot der Umgehung des Gegenanwalts

Ist in einer rechtlichen Auseinandersetzung die Gegenseite anwaltlich vertreten, muss auch der Syndikusrechtsanwalt dies gem. § 12 BORA respektieren und sich des unmittelbaren Kontakts mit der gegnerischen Partei enthalten. Er kann sich nicht (mehr) auf den Standpunkt stellen, nur als Mitarbeiter seines Arbeitgebers zu handeln.   **206**

Allerdings dürfen die berufsrechtlichen Restriktionen, denen der Syndikusrechtsanwalt unterliegt, nicht weiter reichen, als seine gesetzlich definierten Befugnisse. Fraglich ist deshalb, ob das Umgehungsverbot auch bei einer gerichtlichen Auseinandersetzung (etwa in einer Zivilsache vor dem Land- oder Oberlandesgericht) gilt, in der der Syndikusrechtsanwalt seinen Arbeitgeber nicht vertreten darf und der gegnerischen Partei auf Seiten des Arbeitgebers also eigentlich ein anderer, externer Rechtsanwalt gegenübersteht.   **207**

o) Pflicht zur Entgegennahme ordnungsgemäßer Zustellungen

§ 14 Abs. 1 BORA verpflichtet den Rechtsanwalt, ordnungsgemäße Zustellungen entgegenzunehmen und das Empfangsbekenntnis, mit dem Datum versehen, unverzüglich zu erteilen. Dabei hat der BGH[114] soeben entschieden, dass der Rechtsanwalt nicht verpflichtet ist, an Zustellungen von Anwalt zu Anwalt mitzuwirken, weil der Satzungsversammlung zur Normierung einer entsprechenden Pflicht in der Berufsordnung die Kompetenz fehle.   **208**

Zustellungen eines Gerichts aber muss auch der Syndikusrechtsanwalt entgegennehmen, wobei die Entgegennahme durch Rücksendung des Empfangsbekenntnisses zu dokumentieren ist. Allerdings dürfte dies ebenfalls nur in den Verfahren gelten, in de-   **209**

---

[114] BGH Urt. v. 26.10.2015 – AnwSt (R) 4/15.

nen der Syndikusrechtsanwalt seinen Arbeitgeber vor Gericht überhaupt vertreten darf. Es wäre unbillig, den Syndikusrechtsanwalt einerseits als Vertreter seines Arbeitgebers in einem Zivilverfahren vor dem Land- oder Oberlandesgericht auszuschließen, ihn andererseits aber berufsrechtlich verpflichten zu wollen, Zustellungen dieses Gerichts entgegenzunehmen. Dies würde auch klar den Interessen des (ja zwingend anderweitig anwaltlich vertretenen) Arbeitgebers zuwiderlaufen.

p) Pflichten bei Mandatswechsel

210   Ein Anwendungsfall von § 15 BORA, der eine anwaltliche Verständigung im Fall des Mandatswechsels vorschreibt, ist für Syndikusrechtsanwälte kaum denkbar. Es obliegt der Weisungsgewalt des Arbeitgebers, zu entscheiden, welcher von mehreren bei ihm angestellten Syndikusrechtsanwälten einen Auftrag (weiter-)bearbeitet.

q) Akteneinsicht

211   Ein Rechtsanwalt, der Originalunterlagen von Gerichten und Behörden zur Einsichtnahme erhält, darf diese Unterlagen gem. § 19 Abs. 1 BORA nur an Mitarbeiter, nicht auch an den Mandanten aushändigen. Letzterem dürfen nur Ablichtungen und Vervielfältigungen (§ 19 Abs. 2 S. 1 BORA) ausgehändigt werden, wobei die weiteren Beschränkungen des Satzes 2 zu berücksichtigen sind.

212   Für den Syndikusrechtsanwalt muss gelten, dass diese Bestimmungen nicht nur einem Weisungsrecht des Arbeitgebers vorgehen (das ja zur Gewährleistung der fachlichen Unabhängigkeit ohnehin schon ausgeschlossen ist), sondern dass auch organisatorische Maßnahmen zu treffen sind, die etwa einen ersten Zugriff des Arbeitgebers (und nicht-anwaltlicher Mitarbeiter, die den Weisungen des Arbeitgebers unterliegen) auf per Post eingehende Akten ausschließen.

213   Da der Syndikusrechtsanwalt gem. § 46c Abs. 2 S. 2 BRAO in Straf- oder Bußgeldverfahren nicht für seinen Arbeitgeber oder dessen Mitarbeiter als Verteidiger oder Vertreter tätig werden darf, kommt ein Akteneinsichtsrecht nach § 147 StPO oder § 49 OWiG allerdings ohnehin nicht in Betracht.

r) Ausgeschlossene Berufspflichten

214   Gem. § 46c Abs. 3 BRAO finden auf die Tätigkeiten von Syndikusrechtsanwälten ausdrücklich keine Anwendung „die §§ 44, 48 bis 49a, 51 und 52" BRAO.

215   Der Regelungszweck von § 44 BRAO, der die Pflichten eines Rechtsanwalts im Vorfeld des Zustandekommens eines Anwaltsdienstvertrags regele, komme, so der Gesetzgeber, bei Syndikusrechtsanwälten nicht zum Tragen, weil diese bereits vertraglich gebunden seien. Zwar könne der Syndikusrechtsanwalt aufgrund seiner fachlichen Unabhängigkeit und Weisungsfreiheit die Durchführung eines vom Arbeitgeber erteilten Auftrags im Einzelfall ablehnen. Hierüber müsse er den Arbeitgeber auch rechtzeitig informieren, doch ergebe sich diese Pflicht unabhängig von § 44 BRAO bereits als Nebenpflicht aus dem bestehenden arbeitsvertraglichen Schuldverhältnis.[115]

216   Und die Pflicht etwa zur Übernahme von Prozesskosten- und Beratungshilfemandaten (§§ 48 bis 49a BRAO, §§ 16f. BORA), die die Vertragsfreiheit des Rechtsanwalts einschränkten, vertrage sich mit der Tätigkeit eines ausschließlich nach § 46a BRAO zugelassenen Syndikusrechtsanwalts schon deshalb nicht, weil dessen anwaltliche Tätigkeit auf die Beratung und Vertretung des Arbeitgebers beschränkt sei. Anwendbar

---

[115] BT-Drs. 18/5201, 38 f.

blieben die Vorschriften aber auf Syndikusrechtsanwälte, die zugleich als Rechtsanwalt nach § 4 BRAO zugelassen seien, soweit es ihre Tätigkeit außerhalb des Anstellungsverhältnisses betreffe.[116]

Nach Aufgabe der Verpflichtung, eine Berufshaftpflichtversicherung zu unterhalten, passt natürlich auch § 51 BRAO (§ 52 BRAO war schon zuvor ausgenommen) nicht mehr.[117] **217**

IX. Die verschiedenen Anwaltstypen und ihre Befugnisse

Durch die Neuregelung des Rechts der Syndikusrechtsanwälte wird der Anwaltsberuf deutlich „bunter", als er es bislang war. Es gibt jetzt vier Haupttypen von Rechtsanwälten mit wiederum verschiedenen Untergliederungen. **218**

1. Der Nur-Syndikusrechtsanwalt

Die Rechte und Pflichten desjenigen, der ausschließlich als Unternehmens- und Verbandsjurist tätig ist, dabei die Voraussetzungen des § 46 Abs. 2–5 BRAO erfüllt und als Syndikusrechtsanwalt zugelassen ist, wurden im Vorhergehenden ausführlich behandelt. **219**

Der Nur-Syndikusrechtsanwalt hat die Möglichkeit, nur für einen Arbeitgeber tätig zu sein oder auch zwei oder mehr Arbeitsverhältnisse einzugehen, für die jeweils eigene Zulassungs- und Befreiungsverfahren durchzuführen sowie mehrere (gesonderte) Kanzleien und mehrere (gesonderte) besondere elektronische Anwaltspostfächer zu unterhalten sind. **220**

2. Der nur „niedergelassene Rechtsanwalt"

Der nur „niedergelassene Rechtsanwalt", gelegentlich auch als „Kanzlei-Anwalt" bezeichnet, kommt in zwei Subspezies vor, nämlich entweder **221**
- als selbstständiger Rechtsanwalt, der Einzelkämpfer ist, oder sich als freier Mitarbeiter, Bürogemeinschafter oder Gesellschafter einer Berufsausübungsgesellschaft mit anderen Rechtsanwälten oder anderen Rechtsanwälten und Angehörigen eines der in § 59a Abs. 1 und Abs. 2 Nr. 2 BRAO abschließend aufgeführten Berufe zur gemeinsamen Berufsausübung zusammengeschlossen hat,

oder
- als Angestellter eines anderen Rechtsanwalts oder Patentanwalts oder eines Zusammenschlusses von Rechtsanwälten oder Patentanwälten oder von Rechtsanwälten und Angehörigen eines der in § 59a Abs. 1 und 2 Nr. 2 BRAO aufgeführten Berufe.

In § 46 Abs. 1 BRAO ist jetzt erstmals auch der angestellte Kanzleianwalt ausdrücklich erfasst, der bislang in § 59a Abs. 1 u. 2 BRAO nur eine mittelbare Regelung erfuhr.[118] **222**

Trotz des „neutralen" Wortlauts von § 59a Abs. 1 u. 2 BRAO, die ganz allgemein von der zulässigen Verbindung „zur gemeinschaftlichen Berufsausübung" sprechen, galt immer schon die Einschränkung, dass ein Rechtsanwalt, der in einer Kanzlei angestellt ist, deren Inhaber bzw. Gesellschafter zwar sämtlich Angehörige eines sozietätsfähigen Berufs (zB Steuerberater), aber nicht (auch) Rechtsanwälte sind, Syndikusanwalt **223**

---

[116] BT-Drs. 18/5201, 39.
[117] BT-Drs. 18/6915, 23.
[118] Vgl. hierzu *Offermann-Burckart* AnwBl. 2015, 633, 634.

ist. Erfüllt er die Voraussetzungen des § 46 Abs. 2–4 BRAO kann er jetzt die Zulassung als Syndikusrechtsanwalt beantragen. Die Rechtsangelegenheiten des Arbeitgebers, in denen der Syndikusrechtsanwalt beraten und vertreten darf, umfassen gem. § 46 Abs. 5 Nr. 3 BRAO auch „erlaubte Rechtsdienstleistungen des Arbeitgebers gegenüber Dritten". Bei einem Steuerberater sind das diejenigen juristischen Nebenleistungen, die in unmittelbarem Zusammenhang mit der Steuerberatung stehen, sich also auf eine Haupttätigkeit mit steuerlicher oder betriebswirtschaftlicher Zielsetzung beziehen.[119]

224   Auch nach der jetzt erfolgten konkreteren Regelung im Gesetz bleibt immer noch Raum für eine breite „Grauzone". Taucht ein Rechtsanwalt auf dem Briefbogen einer Steuerberater-Kanzlei in der Rechtsform der GbR auf, haben – solange es für diese keine Registrierungspflicht gibt – Mitbewerber und Kammern kaum eine Chance, festzustellen, ob der Anwalt tatsächlich Gesellschafter oder aber nur „Schein-Sozius" und in Wirklichkeit lediglich Angestellter (oder freier Mitarbeiter) ist.

225   Anders als noch im Referentenentwurf vorgesehen, erfasst § 46 Abs. 1 BRAO ausdrücklich auch solche Arbeitgeber, die Patentanwälte oder patentanwaltliche Berufsausübungsgesellschaften sind. Damit wird dem Beschluss des BVerfG vom 14.1.2014[120] Rechnung getragen, in dem ausdrücklich festgestellt wird, dass Patentanwälte ebenso wie Rechtsanwälte Organe der Rechtspflege sind und einem Berufsrecht unterliegen, das demjenigen der BRAO nachgezeichnet ist. Allerdings müssen bei Patentanwälten angestellte Rechtsanwälte die auf die in der PAO genannten Rechtsgebiete eingeschränkte Beratungs- und Vertretungsbefugnis der Patentanwälte beachten.[121]

226   Zu den in § 46 Abs. 1 BRAO ausdrücklich benannten rechts- oder patentanwaltlichen „Berufsausübungsgesellschaften" gehören Gesellschaften bürgerlichen Rechts, Partnerschaftsgesellschaften in ihren beiden Erscheinungsformen, Rechtsanwalts- und Patentanwalts-GmbHs, Rechtsanwalts- und Patentanwalts-AGs und alle sonstigen rechtsfähigen Formen gemeinschaftlicher Berufsausübung. Umfasst sind also alle monoprofessionellen und interprofessionellen Gesellschaften, die dem rechts- und patentanwaltlichen Berufsrecht unterliegen.[122]

3. Der Syndikusrechtsanwalt mit gleichzeitiger Zulassung als „niedergelassener Rechtsanwalt"

227   Der Syndikusrechtsanwalt kann gleichzeitig als „niedergelassener Rechtsanwalt" zugelassen sein. Zumindest in der Anfangszeit des neuen Rechts wird dies der Regelfall sein, weil die bisherigen „Syndikusanwälte" bzw. Rechtsanwälte mit Zweitberuf zwangsläufig über eine „herkömmliche" Anwaltszulassung verfügen, die ja Voraussetzung dafür war, dass überhaupt ein Antrag auf Befreiung von der Rentenversicherungspflicht gestellt werden konnte. Wer nie vorhatte und auch in Zukunft nicht vorhat, außerhalb des Arbeitsverhältnisses mit einem nicht-anwaltlichen Arbeitgeber anwaltlich tätig zu sein, mag jetzt auf die „herkömmliche" Zulassung verzichten. Es darf allerdings prognostiziert werden, dass die meisten Unternehmens- und Verbandsjuristen diese schon aus Bequemlichkeitsgründen (und weil man ja nie weiß, ob sich die Zulassung nicht doch einmal als nützlich erweist) beibehalten werden.

---

[119] Vgl. hierzu nur Koslowski/*Koslowski* StBerG § 33 Rn. 15 unter Hinweis auf § 5 Abs. 1 RDG.
[120] NJW 2014, 613 = AnwBl 2014, 270.
[121] BT-Drs. 18/5201, 26.
[122] BT-Drs. 18/5201, 26.

a) Erscheinungsformen

Auch der Syndikusrechtsanwalt mit weiterer Zulassung hat die Wahl, ob er seine **228** „niedergelassene Tätigkeit" selbstständig oder gem. § 46 Abs. 1 BRAO im Rahmen eines Anstellungsverhältnisses ausübt.

b) Weitere Kanzlei

Wie § 46c BRAO in seinem „konstitutiven Regelungsteil",[123] konkret in Abs. 4 S. 2, **229** ausdrücklich festlegt, benötigt der Syndikusrechtsanwalt mit weiterer Zulassung eine gesonderte, weitere Kanzlei (→ Rn. 162 f.).

c) Weiteres beA

Er muss außerdem ein weiteres besonderes elektronisches Postfach einrichten **230** (→ Rn. 171).

d) Vereinbarkeitsprüfung (§§ 7 Nr. 8, 14 Abs. 2 Nr. 8 BRAO)

Außerdem gilt, dass die Tätigkeit als Syndikusrechtsanwalt „mit dem Beruf des **231** Rechtsanwalts, insbesondere seiner Stellung als unabhängiges Organ der Rechtspflege" vereinbar sein muss und nicht „das Vertrauen in seine (des niedergelassenen Rechtsanwalts) Unabhängigkeit gefährden" darf. Dies stellt angesichts der „neuen" Erkenntnis, dass auch Syndikusrechtsanwaltstätigkeit anwaltliche Tätigkeit ist, einen gewissen Widerspruch in sich dar.

In einem der Merkblätter der Kammern („Ausübung einer sonstigen beruflichen Tä- **232** tigkeit") heißt es zur Vereinbarkeit ua:

„Im Übrigen ist die Zulassung zur Rechtsanwaltschaft zu versagen, wenn sich die Gefahr einer Interessenkollision deutlich abzeichnet und dieser nicht durch Berufsausübungsregeln begegnet werden kann. Dies hat der Bundesgerichtshof zB für den Versicherungsmakler angenommen (NJW 1995, 2357).
In jedem Fall muss der Rechtsanwalt rechtlich und tatsächlich die Möglichkeit, dh insbesondere genügend Zeit für eine nennenswerte und nicht nur gelegentliche Beratungs- und Vertretungstätigkeit haben."

Diese Einschränkungen sind Ausfluss der Zweitberufs-Entscheidung des BVerfG vom **233** 4.11.1992 (→ Rn. 11 ff.),[124] nach der die Vereinbarkeit von (insbesondere kaufmännisch-erwerbswirtschaftlichen) Tätigkeiten mit dem Anwaltsberuf zunächst nur noch dann ausgeschlossen ist, wenn Interessenkollisionen naheliegen, weil etwa ein kaufmännischer Beruf die Möglichkeit bietet, Informationen zu nutzen, die aus der rechtsberatenden Tätigkeit stammen. Solchen Gefahren zu wehren, sei im Interesse der Rechtspflege und des Ansehens der Rechtsanwaltschaft geboten und auch erkennbares Ziel entsprechender Berufswahlbeschränkungen.

In Betracht kommt eine Unvereinbarkeit (wie sonst auch) dann, wenn der Syndikus- **234** rechtsanwalt zB Angestellter eines Versicherungs- oder Immobilienmakler-Büros oder in der Vermögensberatung einer Bank tätig ist (→ Rn. 12). Da er allerdings auch bei Ausübung der Syndikustätigkeit den allgemeinen berufsrechtlichen Pflichten (also etwa den Tätigkeitsverboten des § 45 Abs. 1 Nr. 4 u. Abs. 2 S. 2 BRAO) unterliegt, dürfte eine Gefährdung seiner Kanzlei-Mandanten durch eine Vermischung verschiedener In-

---

[123] BT-Drs. 18/5201, 36.
[124] BVerfGE 87, 287 = NJW 1993, 317 = AnwBl. 1993, 120 = BRAK-Mitt 1993, 50.

teressensphären (noch) weit geringer sein als bei Ausübung eines nicht-anwaltlichen Zweitberufs.

235   Es wird bei der Vereinbarkeitsprüfung im Wesentlichen um die Frage gehen, ob der Beruf als „niedergelassener Rechtsanwalt" in angemessenem Umfang ausgeübt werden kann. Das BVerfG führt hierzu in seiner vorerwähnten Entscheidung aus, der rechtliche und tatsächliche Handlungsspielraum, der für die Ausübung des Anwaltsberufs unentbehrlich sei, werde vom BGH in ständiger Rechtsprechung[125] danach bestimmt, ob dem Berufsbewerber der Freiraum für eine irgendwie nennenswerte und nicht nur gelegentliche Beratungs- und Vertretungstätigkeit bleibe. Dieser konkretisierende Grundsatz sei von dem gesetzgeberischen Ziel geleitet, ein Mindestmaß an Unabhängigkeit und Professionalität des Rechtsanwalts zu gewährleisten. Er sei dazu geeignet und auch erforderlich, um den reinen „Feierabend-Anwalt" auszuschließen und die Berufsbezeichnung des Rechtsanwalts nicht zu einem bloßen Titel werden zu lassen. Ob diese Argumente angesichts des neuen Rechts und der damit verbundenen völlig veränderten Definition des Berufs des Syndikusrechtsanwalts noch trägt, muss bezweifelt werden.

236   Vorerst bleibt es jedenfalls dabei, dass Arbeitgeber auch weiterhin die allseits kritisierten „Freistellungserklärungen" unterzeichnen müssen, in denen sie den bei ihnen angestellten (Syndikus-)Rechtsanwälten – mehr oder weniger wahrheitsgemäß – bescheinigen, dass diese sich „während der Dienststunden zur Wahrnehmung etwaiger gerichtlicher Termine und Besprechungen jederzeit von ihrem Arbeitsplatz entfernen (dürfen), ohne im Einzelfall eine Erlaubnis hierfür einholen zu müssen, selbst wenn anwaltliche Termine mit dienstlichen Terminen kollidieren".

237   Noch strenger heißt es im „Merkblatt für einen Antrag auf Zulassung als Syndikusrechtsanwalt":

„Will sich ein Syndikusrechtsanwalt neben seiner Tätigkeit im Unternehmen die Möglichkeit sichern, als Rechtsanwalt zu praktizieren, so bedarf es einer dahingehenden ‚Freistellungserklärung' des Arbeitgebers. Diese muss beinhalten, dass der Arbeitgeber seinen Angestellten zur Wahrnehmung von Aufgaben als niedergelassener Rechtsanwalt jederzeit unbefristet, unbedingt und unwiderruflich freistellt, sodass der Rechtsanwalt seiner Tätigkeit als niedergelassener Rechtsanwalt auch während der Arbeitszeit nachkommen kann."

e) Befugnisse zur gerichtlichen Vertretung des Arbeitgebers

238   Wie schon an anderer Stelle ausgeführt (→ Rn. 145 ff.), haben Syndikusrechtsanwälte, die auch über eine Zulassung als „niedergelassener Rechtsanwalt" verfügen, sehr umfänglich die Möglichkeit, ihren Arbeitgeber vor Gericht zu vertreten.

4. Der „niedergelassene Rechtsanwalt" mit Zweitberuf

239   Auch in Zukunft wird es Syndikusanwälte oder neutraler „Rechtsanwälte mit Zweitberuf" geben, die nicht als Syndikusrechtsanwalt zugelassen sind. Es sind dies solche Unternehmens- oder Verbandsjuristen mit Anwaltszulassung, die nicht die strengen Anforderungen von § 46 Abs. 2–4 BRAO erfüllen oder auch einfach nicht an einer Zulassung als Syndikusrechtsanwalt interessiert sind. Wer am Anfang seiner beruflichen Karriere steht und absehen kann, dass es ihm ohnehin nicht möglich sein wird, dauerhaft die Kriterien eines Syndikusrechtsanwalts zu erfüllen, mag für sich die Entscheidung treffen, in der gesetzlichen Rentenversicherung gut aufgehoben zu sein und sich den Stress der Kriterien-Erfüllung und einer dennoch nicht geradlinigen Rentenbiographie ersparen zu wollen.

---

[125] Vgl. etwa BGHZ 33, 266, 268 = NJW 1961, 216.

Vom hier vertretenen Standpunkt aus (→ Rn. 52 ff.) ist derjenige, der die Vorausset- **240**
zungen eines Syndikusrechtsanwalts erfüllt, nicht gezwungen, auch die entsprechende
Zulassung zu beantragen.

a) Vereinbarkeitsprüfung (§§ 7 Nr. 8, 14 Abs. 2 Nr. 8 BRAO)

Auch für die Gruppe der „niedergelassenen Rechtsanwälte" mit Zweitberuf gilt wei- **241**
terhin § 7 Nr. 8 BRAO (bzw. § 14 Abs. 2 Nr. 8 BRAO), dh es muss die Vereinbarkeit
der zweitberuflichen Tätigkeit mit dem Anwaltsberuf geprüft werden, was ua die Vorlage einer Freistellungserklärung (→ Rn. 11) erfordert.

Die Erkenntnis, dass sich durch das neue Recht für Anwälte mit Zweitberuf nichts **242**
ändert, sondern der bisherige Rechtszustand für sie geradezu perpetuiert wird, steht im
Widerspruch zu der Aussage des Gesetzgebers, mit dem Gesetz zur Neuordnung des
Rechts der Syndikusanwälte werde die Doppelberufstheorie aufgegeben. Der Gesetzgeber relativiert diese Aussage auch selbst, indem er ausführt, dies bedeute nicht, dass die
Ausübung zweier oder mehrerer Berufe nebeneinander ausgeschlossen werde, sondern
lediglich, dass der Begriff des Syndikusrechtsanwalts nicht mehr *zwingend* die Ausübung zweier Berufe, nämlich desjenigen eines ständigen Rechtsberaters in einem festen Dienst- oder Anstellungsverhältnis zu einem bestimmten nicht-anwaltlichen Arbeitgeber *und* eines zweiten Berufs als freier Rechtsanwalt fordere.[126]

b) Befugnisse zur gerichtlichen Vertretung des Arbeitgebers

§ 46 Abs. 1 BRAO a.F. regelte, dass der Rechtsanwalt „für einen Auftraggeber, dem **243**
er aufgrund eines ständigen Dienst- oder ähnlichen Beschäftigungsverhältnisses seine
Arbeitszeit und -kraft zur Verfügung stellen muss, vor Gerichten oder Schiedsgerichten
nicht in seiner Eigenschaft als Rechtsanwalt tätig werden" durfte.

Mit Wegfall dieser Norm, an deren Stelle keine Ersatzregelung getreten ist, ist auch **244**
das forensische Vertretungsverbot der „Syndikusanwälte" alter Provenienz entfallen.
Man glaubt zwar, zwischen den Zeilen der verschiedenen Begründungstexte zum neuen
Recht zu lesen, dass sich am Umfang der Befugnisse der herkömmlichen „Zweitberufs-
Anwälte" eigentlich gegenüber dem bisherigen Recht nichts ändern sollte. Doch reicht
dies zur Begründung eines umfassenden forensischen Vertretungsverbots nicht aus.
Dem stehen der Grundsatz des Vorrangs des Gesetzes und im Hinblick auf eine mögliche berufsrechtliche Ahndung von „Verstößen" auch der Grundsatz „nulla poena sine
lege" entgegen.

Als Argument für die umfassende Vertretungsbefugnis „niedergelassener Rechtsan- **245**
wälte" mit Zweitberuf kann außerdem § 46c Abs. 2 S. 2 Hs. 2 BRAO herangezogen
werden, der ja, wie gezeigt (→ Rn. 147), eine Beschränkung „niedergelassener Rechtsanwälte", die zugleich Syndikusrechtsanwälte sind, bei der Verteidigung oder Vertretung des Arbeitgebers oder seiner Mitarbeiter in Straf- oder Bußgeldverfahren ausdrücklich regelt. Der Gesetzgeber hat also durchaus den Regelungsbedarf erkannt, der
besteht, wenn entsprechende Beschränkungen „in Bezug auf eine Tätigkeit als Rechtsanwalt im Sinne von § 4 (BRAO)" verankert werden sollen.

Für Patentanwälte, die zugleich als Patentassessoren tätig sind, findet sich übrigens **246**
eine Norm (§ 155a PAO), die „Tätigkeitsverbote bei weiterer Tätigkeit als Patentanwalt" regelt. Danach ist es dem Patentanwalt ua untersagt, für einen Auftraggeber, dem
er aufgrund eines ständigen Dienst- oder ähnlichen Beschäftigungsverhältnisses seine

---

[126] BT-Drs. 18/5201, 18 f. Vgl. hierzu bereits *Offermann-Burckart* AnwBl. 2015, 633, 641 f.: Erset-
zung der Doppelberufstheorie durch eine „Zwei-Anwaltstypen-Theorie".

Arbeitszeit und -kraft als Patentassessor zur Verfügung stellen muss, vor Gerichten, Schiedsgerichten oder Behörden in seiner Eigenschaft als Patentanwalt tätig zu werden. Auch dies zeigt, dass sich der Gesetzgeber der grundsätzlichen Regelungsbedürftigkeit gewollter Tätigkeitsverbote durchaus bewusst war.

c) Außenauftritt

247   Ein „niedergelassener Rechtsanwalt" mit Zweitberuf muss bei Ausübung dieses Berufs nicht verschweigen, dass er Anwalt ist.

248   Er darf deshalb – wie bisher auch – Visitenkarten verwenden, auf denen sowohl seine Zugehörigkeit zu einem Unternehmen oder Verband als auch die Bezeichnung „Rechtsanwalt" vermerkt sind. Und auch auf Geschäftsbriefen, in E-Mails etc. des Unternehmens darf er seinem Namen die Bezeichnung „Rechtsanwalt" hinzufügen.[127]

249   Dies gilt mit der selbstverständlichen Einschränkung, dass durch die Art der Darstellung nicht der falsche Eindruck erweckt wird, der Betreffende handle als anwaltlicher Vertreter seines Arbeitgebers. Jetzt kommt die Einschränkung hinzu, dass natürlich auch nicht suggeriert werden darf, er sei Syndikusrechtsanwalt.

---

[127] AA ohne nähere Begründung *Henssler/Deckenbrock* Der Betrieb 2016, 215 (220).

§ 3 Gesetzliche Rentenversicherung

I. Befreiung von der Rentenversicherungspflicht

Auch wenn für den Gesetzgeber auf den ersten Blick vor allem die „Syndikus-Ent- **1** scheidungen" des Bundessozialgerichts vom 3. April 2014[1] Anlass waren, das Recht der Syndikusanwälte neu zu regeln, gehen diese Regelungen weit über das sozialrechtliche Befreiungsrecht hinaus. Zu Recht hat der Gesetzgeber erkannt, dass es einer berufsrechtlichen Neuregelung bedurfte, um den Rechtszustand vor den Entscheidungen des Bundessozialgerichts wieder herzustellen.[2] Um einen durch die Rechtsprechung des Bundessozialgerichts veranlassten Wechsel in der Versorgungsbiographie der Syndikusanwälte zu vermeiden, bedurfte es aber schlussendlich doch auch begleitender sozialrechtlicher Regelungen, die aber das eigentliche Befreiungsrecht des § 6 SGB VI unverändert lassen und sich auf Rückwirkungs- und Übergangsregelungen beschränken. Kern der Neuordnung bleibt aber in diesem Zusammenhang die in der berufsrechtliche Regelung des § 46a Abs. 2 S. 2–4 BRAO vorgesehene Bindungswirkung der Zulassungsentscheidung der Rechtsanwaltskammer einerseits und andererseits die damit verbundene Verpflichtung der Kammern, den Träger der Rentenversicherung anzuhören und die Möglichkeit der Rentenversicherung, gegen die Zulassungsentscheidung Rechtsschutz nach § 112a Abs. 1 und 2 BRAO zu erlangen.[3]

1. Befreiung von der Rentenversicherungspflicht nach § 6 Abs. 1 SGB VI

Besteht neben der Versicherungspflicht in der gesetzlichen Rentenversicherung als **2** Beschäftigter nach § 1 S. 1 Nr. 1 SGB VI auch die Verpflichtung, aufgrund einer durch Gesetz Mitglied in einer berufsständischen Versorgungseinrichtung zu sein, bietet § 6 SGB VI die Möglichkeit, sich zur Vermeidung einer damit verbundenen Doppelversicherung[4] auf Antrag von der Versicherungspflicht in der gesetzlichen Rentenversicherungspflicht befreien zu lassen. Die Befreiung von der Versicherungspflicht wird dabei heute die Regel sein; damit wird rechtstatsächlich eine Entscheidung nachgeholt, zu der sich der Gesetzgeber bei der Rentenreform des Jahres 1957 wegen des nicht flächendeckenden Vorhandenseins von Versorgungswerken nicht durchringen konnte, nämlich die Versicherungsfreiheit der Tätigkeit der Freien Berufe anzuordnen.[5] Die Möglichkeit der Befreiung trägt damit dem gesetzgeberischen Ziel Rechnung, gerade auch für den Freien Beruf eine einheitliche Altersversorgung aufzubauen.[6]

---

[1] B 5 RE 3/14 R, BeckRS 2014, 69071; B 5 RE 13/14 R, BeckRS 2014, 72038; B 5 RE 15/14 R mit Anm. *Schafhausen*, FD-SozVR 2014, 361925.

[2] Siehe hierzu die Gesetzesmaterialien, BT-Drs.18/5201, 1 f und BT-Drs. 18/6915, 1.

[3] → § 2 Rn 96 ff.

[4] KKW/*Berchthold* § 6 SGB VI Rn. 1 f.; HK-AKM/*Hartmann/Horn,* 40. Aktualisierung Februar 2012, 5388 Versorgungswerk (berufsständisch) Rn. 37; Klattenhoff in Hauck/Noftz, SGB VI, § 6 Rn. 9, 14, 35.

[5] Dazu *Heine,* Syndikusanwälte: Mögliche Perspektiven der Deutschen Rentenversicherung, AnwBl 2014, 690, 693; siehe auch *Kilger,* Warum die Anwälte 1957 nicht in die Rentenversicherung kamen – und wie sie damit fertig wurden, AnwBl 2011, 901 – 912.

[6] HK-AKM/*Hartmann/Horn,* 40. Aktualisierung Februar 2012, 5388 Versorgungswerk (berufständisch) Rn. 37.

a) Voraussetzungen der Befreiung

aa) Tätigkeit wegen der Verpflichtung zu Mitgliedschaft in einem Versorgungswerk besteht

3 Die Befreiung von der Versicherungspflicht erfolgt tätigkeitsbezogen[7] für die Beschäftigung (bei einem nichtanwaltlichen Arbeitnehmer) für die der Rechtsanwalt (Syndikusrechtsanwalt) von der Rechtsanwaltskammer nach §§ 46 Abs. 2 S. 1, 46a Abs. 2 S. 1 BRAO zugelassen wurde. An die damit verbundene berufsrechtliche Einschätzung ist die Deutsche Rentenversicherung Bund gebunden (§ 46a Abs. 2 S. 4 BRAO).[8] Bindungswirkung entfaltet allerdings nur die bestandskräftige Zulassungsentscheidung. Greift der Träger der Rentenversicherung die Zulassungsentscheidung, soweit in den Landesverwaltungsverfahrensgesetzen vorgesehen, mit einem Widerspruch an oder erhebt Klage an den Anwaltsgerichtshof, bleibt es zunächst bei der Versicherungspflicht in der gesetzlichen Rentenversicherung. Bleibt es nach Abschluss dieser Verfahren bei der Zulassungsentscheidung, erfolgt eine Ummeldung durch den Arbeitgeber; diesem und dem Rechtsanwalt (Syndikusrechtsanwalt) stehen Beitragserstattungsansprüche gegenüber dem Rentenversicherungsträger zu, die gegenüber der Einzugstelle geltend zu machen sind.

4 Im berufsrechtlichen Zulassungsverfahren wird damit die Entscheidung getroffen, ob der Rechtsanwalt (Syndikusrechtsanwalt) „wegen" dieser Beschäftigung bei einem nichtanwaltlichen Arbeitgeber Mitglied der Rechtsanwaltskammer und des Rechtsanwaltsversorgungswerks ist.

bb) Vergleichbare Versorgungsleistungen

5 Eine Befreiung ist nur dann möglich, wenn einkommensbezogene Beiträge unter Berücksichtigung der Beitragsbemessungsgrenze der berufsständischen Versorgungseinrichtung zu zahlen sind (§ 6 Abs. 1 S. 1 Nr. 1b) SGB VI) und aufgrund dieser Beiträge Leistungen für den Fall verminderter Erwerbsfähigkeit und des Alters sowie für Hinterbliebene erbracht und angepasst werden, wobei auch die finanzielle Lage der berufsständischen Versorgungseinrichtung zu berücksichtigen ist (§ 6 Abs. 1 S. 1 Nr. 1c) SGB VI). Das Leistungsangebot der Versorgungseinrichtung muss mit dem Leistungskatalog der gesetzlichen Rentenversicherung vergleichbar sein, deckungsgleich sein muss der Leistungskatalog nicht.[9] Diese Voraussetzung wird von allen Rechtsanwaltsversorgungswerken gewährleistet.

cc) Verpflichtung zur Kammermitgliedschaft

6 Dies gilt auch für die weitere Voraussetzung des § 6 Abs. 1 S. 1a) SGB VI. In allen Bundesländern bestand vor dem 1. Januar 1995 die Verpflichtung zur Mitgliedschaft in einer Rechtsanwaltskammer.

b) Befreiungsantrag

7 Die Befreiung von der Rentenversicherungspflicht ist **antragsabhängig** (§ 6 Abs. 2 SGB VI), aber **nicht formgebunden**. Über den Befreiungsantrag entscheidet der Träger

---

[7] Vgl. wegen eines Tätigkeitswechsels → § 3 Rn. 12 ff., → § 2 Rn 106 ff „Damoklesschwert" des Tätigkeitswechsels.

[8] → § 2 Rn 89 ff.

[9] BeckOK SozR/von *Koch* SGB VI § 6 Rn. 11; KassKomm/*Gürtner* SGB VI § 6 Rn. 15–16.

der Rentenversicherung, nachdem die für berufsständige Versorgungseinrichtung zuständige oberste Verwaltungsbehörde das Vorliegen der Befreiungsvoraussetzungen bestätigt hat (§ 6 Abs. 3 S. 1 Nr. 1 SGB VI). Für den Befreiungsantrag der Rechtsanwälte (Syndikusrechtsanwälte) stellt die Deutsche Rentenversicherung Bund das Formular V 6355 SB zu Verfügung. Auch dieses Formular sieht ausdrücklich vor, dass der Antrag fristwahrend (§ 6 Abs. 4 S. 1 SGB VI) bei der Versorgungseinrichtung gestellt werden kann.[10]

Da die weiteren Befreiungsvoraussetzungen[11] weiterhin von den Versorgungseinrichtungen bestätigt werden müssen, ändert sich an dieser Verwaltungspraxis nichts. Die antragstellerfreundlichen Regelungen in § 16 Abs. 1 Satz 1 SGB I und § 16 Abs. 2 Satz 1 SGB I sind nach der Rechtsprechung des Bundessozialgerichts nicht nur auf Leistungsanträge anzuwenden ist, sondern auch auf andere Anträge, die für die Stellung des Versicherten von Bedeutung sind.[12] Zumindest die Versorgungseinrichtungen sind „unzuständige Leistungsträger" in diesem Sinne, werden sie doch durch die von der Deutschen Rentenversicherung veranlasste Gestaltung der Antragsformulare in das Befreiungsverfahren – dies sogar den Zeitpunkt zu dem die Befreiung wirkt – eingebunden.   **8**

Einiges spricht aber auch dafür, dass nach der Neuordnung die Rechtsanwaltskammern solche „unzuständige Leistungsträger" sein könnten, also auch der Befreiungsantrag dort gestellt werden kann.[13] Die Deutsche Rentenversicherung Bund ist nach § 46a Abs. 2 S. 1 BRAO von der örtlich zuständigen Rechtsanwaltskammer im Zulassungsverfahren anzuhören und erfährt durch die Anhörung von dem Befreiungsantrag. Es bleibt abzuwarten (aber auch zu hoffen), dass es Ansprachen zwischen der Deutschen Rentenversicherung Bund und den Rechtsanwaltskammern über das Verfahren geben wird.   **9**

Um Streit um die Wahrung der Frist des § 6 Abs. 4 Satz 1 SGB VI (und in den Übergangsfällen nach § 231 Abs. 4b S. 5 SGB VI) zu vermeiden, kann der Befreiungsantrag (und der Antrag auf rückwirkende Befreiung)[14] selbstverständlich auch unmittelbar bei der Deutschen Rentenversicherung gestellt werden.   **10**

Wegen der Drei-Monats-Frist des § 6 Abs. 4 S. 1 SGB VI empfiehlt es sich aber, nicht den Zugang des Zulassungsbescheides, der für die Bindungswirkung sogar Bestandskraft erlangen muss, abzuwarten, sondern den Befreiungsantrag gleichzeitig mit dem Zulassungsantrag zu stellen. Die Rentenversicherung ist nicht berechtigt, den Antrag dann mit dem Hinweis zurückzuweisen, die Befreiung sei noch nicht erfolgt. Zum Nachweis der Antragstellung kann es sinnvoll sein, den Zulassungsantrag beizufügen.   **11**

c) Tätigkeitswechsel

Spätestens seit den Entscheidungen des 12. Senats des Bundessozialgerichts vom 31.10.2012[15] steht fest, dass die Befreiung von der Versicherungspflicht nach § 6 Abs. 1   **12**

---

[10] → Anhang Nr. 11 mit Anmerkungen.

[11] → § 3 Rn. 3 ff.

[12] BSG Urt. v. 17.7.1990 – 12 RK 10/89 für die Nachentrichtung von Beiträgen; BSG Urt. v. 14.4.1983 – 8 RK 9/81 zur Beitrittserklärung eines schwerbehinderten Menschen zur freiwilligen Mitgliedschaft in der Krankenversicherung BeckOK SozR/*Merten* SGB I § 16 Rn. 10.

[13] Dies gilt nicht für den Antrag auf rückwirkende Befreiung, der nach dem Verständnis der Deutschen Rentenversicherung Bund nur dort gestellt werden kann.

[14] Nach Auffassung der Deutschen Rentenversicherung Bund muss der Rückwirkungsantrag nach § 231 Abs. 4b SGB VI unmittelbar dort gestellt werden.

[15] B 12 R 3/11 R, BeckRS 2013, 68510; B 12 R 5/10 R, BeckRS 2013, 68105; B 12 R 8/10 R, BeckRS 2013, 67985.

SGB VI auszusprechende Befreiung von der Rentenversicherungspflicht auf die ihrer Erteilung zugrunde liegende „jeweilige" Beschäftigung oder selbständige Tätigkeit beschränkt ist. Nach Auffassung des Bundessozialgerichts entfaltet eine früher erteilte Befreiung bei einem Wechsel der Beschäftigung hinsichtlich des neuen Beschäftigungsverhältnisses auch dann keine Wirkung, wenn hierbei dieselbe oder eine vergleichbare berufliche Tätigkeit verrichtet wird.

13 In Ansehung dieser Entscheidungen, die nicht nur die Beschäftigung von Syndikusanwälten bei nicht anwaltlichen Arbeitgebern betreffen, sondern auch für andere freie Berufe gelten, hat die Deutsche Rentenversicherung Bund unter dem 10. Januar 2014 bis dato gültige „ergänzende Informationen zur Umsetzung der BSG-Urteile vom 31. Oktober 2012"[16] veröffentlicht. Mit diesen Hinweisen eröffnet der Rentenversicherungsträger unter bestimmten Voraussetzungen die Möglichkeit, in Altfällen Befreiungsanträge zu stellen. Die Rentenversicherungsträger sehen ggf. davon ab, für die Vergangenheit Rentenversicherungsbeiträge nachzufordern, wenn diesen Befreiungsanträgen entsprochen wird. Für die Tätigkeit von Syndikusrechtsanwälten beschränkt sich der Anwendungsbereich dieser Hinweise auf Fälle, bei denen vor dem 3. April 2014 Befreiungsentscheidungen des Rentenversicherungsträgers streitig waren oder für Zeiträume, die vor den „Syndikusentscheidungen" des Bundessozialgerichts liegen. Sie ergänzen bestenfalls die Übergangsregelungen in § 231 Abs. 4b SGB VI.

14 Unter Berücksichtigung der Rechtsprechung des Bundessozialgerichts wird man auch nach der Neuordnung des Rechts der Syndikusrechtsanwälte zu berücksichtigen haben, dass die nach § 6 SGB VI erteilten Befreiungen nicht personen-, sondern „bloß" **tätigkeitsbezogen** sind. Die Deutsche Rentenversicherung hat ihre bisweilen anders lautende Verwaltungspraxis längst umgestellt, die Vorgaben des 12. Senats des Bundessozialgerichts werden auch in der nachfolgenden sozialgerichtliche Rechtsprechung berücksichtigt. Für den Rechtsanwalt (Syndikusrechtsanwalt) und seinen Arbeitgeber bedeutet dies, dass sehr sorgfältig der Frage nach zu gehen sein wird, ob ein **Tätigkeitswechsel möglicherweise berufs- und sozialrechtlicher Reaktionen** bedarf. Hieran ändert sich nichts dadurch, dass nach einem (wesentlichen) Tätigkeitswechsel berufsrechtlich die Zulassungsentscheidung zu widerrufen oder zurückzunehmen ist (§ 46b Abs. 3 BRAO).[17] Die befreiungsrechtliche Bindungswirkung der Zulassungsentscheidung bezieht sich allein auf die Tätigkeit, für die sie erteilt wurde. Hieran ändern weder die berufsrechtlichen Regelungen zur Aufhebung und zum Widerruf der Zulassungsentscheidung noch die berufsrechtlichen Hinweispflichten etwas.

15 Klarstellend soll auch an dieser Stelle darauf hingewiesen werden, dass die berufsrechtliche Anzeigepflicht nach § 46b Abs. 4 BRAO **nicht nur für wesentliche Änderungen** der Tätigkeit des Rechtsanwalts (Syndikusrechtsanwalts) gilt, sondern eine Verpflichtung besteht, jede der folgenden tätigkeitsbezogenen Änderungen des Arbeitsverhältnisses unverzüglich anzuzeigen:
1. jede tätigkeitsbezogene Änderung des Arbeitsvertrags, dazu gehört auch die Aufnahme eines neuen Arbeitsverhältnisses,
2. jede wesentliche Änderung der Tätigkeit innerhalb des Arbeitsverhältnisses.

---

[16] http://www.deutsche-rentenversicherung.de/Allgemein/de/Inhalt/5_Services/05_fachinformationen/01_aktuelles_aus_der_rechtsprechung/bsg_aenderungen_im_befreiungsrecht_der_rv.html.
[17] Dazu *Offermann-Burckart*, Die neue Zulassung als Syndikusrechtsanwalt und ihre rechtlichen Folgen, AnwBl. 2016, 125, 129: dies., Das Gesetz zur Neuordnung des Rechts der Syndikusanwälte, NJW 2016, 113, 116 f; *Kleine-Cosack*, Der Gesetzgeber ordnet neu: Durchbruch für die Syndikusanwälte, Inhalt und Probleme der Neuregelung sowie Zukunftsperspektiven AnwBl 2016, 101–115.

Was unter einem (wesentlichen) **Tätigkeitswechsel** zu verstehen sein soll, ist abschließend noch nicht geklärt:

- Fest steht, dass ein neuer Befreiungsantrag zumindest dann zu stellen ist, wenn ein **neues Beschäftigungsverhältnis** begründet wird, es also zum Abschluss eines neuen Arbeitsvertrages bei einem neuen Arbeitgeber kommt. Die Deutsche Rentenversicherung Bund weißt in einer Verlautbarung vom 12. Dezember 2014[18] darauf hin, dass einem **Betriebsübergangs** im Sinne des § 613a BGB jedoch keine neuer Befreiungsantrag gestellt werden muss, wenn das bisherige Aufgabengebiet und die arbeitsrechtliche Bestellung zum Arbeitgeber von dem Betriebsübergang nicht betroffen ist. Gleiches muss gelten, wenn es zu einem „Arbeitgeberwechsel" durch eine Umwandlung im Sinne des Umwandlungsgesetzes gekommen ist. **16**

- Gilt dies aber auch, wenn, in der betrieblichen Praxis nicht selten anzutreffen, die „Gelegenheit" eines Betriebsüberganges genutzt wird, arbeitsvertragliche Regelungen anzupassen? Da weder Rechtsanwaltskammern noch Rentenversicherungträger zur „Arbeitsrechtspolizei" berufen sind, kann es allein auf die Änderung des Arbeitsvertrages in diesem Zusammenhang nicht ankommen. Erst dann, wenn es zu einer Änderung der Tätigkeit des Syndikusrechtsanwalts kommt, die die Zulassungsvoraussetzungen betrifft, kann ein neuer Befreiungsantrag erforderlich werden. **17**

- Die Pflicht, einen neuen Befreiungsantrag zu stellen, wird aber nicht nur bei einem Wechsel des Arbeitgebers angenommen, vielmehr soll ein neuer Befreiungsantrag auch schon bei einer „wesentlichen Änderung der Tätigkeit" erforderlich sein. Im Hinblick auf die Tätigkeit von Rechtsanwälten greift § 46 Abs. 4 BRAO dies auf und schreibt die Verpflichtung des Syndikusrechtsanwalts vor **jede tätigkeitsbezogene Änderung des Arbeitsvertrages,** wie die Aufnahme eines neuen Arbeitsverhältnisses, ebenso der Rechtsanwaltskammer anzuzeigen, wie jede wesentliche Änderung der Tätigkeit innerhalb des Arbeitsverhältnisses.[19] Anhaltspunkte für die „Wesentlichkeit" eines Tätigkeitswechsels finden sich aber in den Gesetzesmaterialien zum Neuordnungsgesetz. Dort heißt es in der Begründung zu § 46b Abs. 3 BRAO: „Eine **wesentliche Tätigkeitsänderung** kann etwa bei einem **Wechsel von der Rechts- in die Personalabteilung** anzunehmen sein, nicht hingegen, wenn bei einer gleichbleibend unabhängig rechtsberatenden Tätigkeit innerhalb derselben Rechtsabteilung lediglich ein anderes Rechtsgebiet bearbeitet wird.[20] **18**

Der Wechsel von der Rechts- in die Personalabteilung stellt aber nicht per se eine wesentliche Änderung der Tätigkeit dar; entspricht die Tätigkeit weiterhin den Voraussetzungen des § 46 Abs. 3 BRAO, so kommt eine Erstreckung der der Zulassung in Betracht.

Auch die **Deutsche Rentenversicherung Bund** hat sich in ihren Verlautbarungen zu Tätigkeitswechseln geäußert, die ggf. einen neuen Befreiungsantrag erfordern:

- So soll etwa bei einem **Arzt im Krankenhaus** der Wechsel von einer Station auf die andere ebenso wenig einen wesentlichen Tätigkeitswechsel darstellen, wie die **Beförderung vom Stationsarzt zum Oberarzt.[21]** **19**

- Bezogen auf die Tätigkeit als **Syndikusanwalt** führt die Deutsche Rentenversicherung Bund in ihrer Information vom 10. Januar 2014 aus, dass eine **wesentliche Änderung** **20**

---

[18] http://www.deutsche-rentenversicherung.de/Allgemein/de/Inhalt/5_Services/05_fachinformationen/01_aktuelles_aus_der_rechtsprechung/syndikusanwaelte_stichtagsregelung_1_1_2015.html.

[19] → § 2 Rn 108 ff.

[20] BT-Drs. 18/5201, 40.

[21] http://www.deutsche-rentenversicherung.de/Allgemein/de/Inhalt/5_Services/05_fachinformationen/01_aktuelles_aus_der_rechtsprechung/bsg_aenderungen_im_befreiungsrecht_der_rv.html.

im Tätigkeitsfeld etwa dann anzunehmen sei, wenn ein Wechsel von der **Rechtsabtei-lung in den Vertrieb** vorliege, sodass die Tätigkeit ihren ursprünglichen rechtsbera-tenden Charakter verliere. Die Übernahme anderer Aufgaben in der Rechtsabteilung, etwa der Wechsel vom gewerblichen Rechtsschutz zum Gesellschaftsrecht solle dage-gen die Wirksamkeit der Befreiung nicht berühren.[22]

Gleiches muss aber auch gelten, wenn nach einer Umstrukturierung des Unterneh-mens in der Vertriebsabteilung (u. U. sogar die gleichen) Rechtsfragen bearbeitet werden, wie zuvor in der Rechtsabteilung, also der **ursprünglich rechtsberatende Charakter der Tätigkeit erhalten bleibt.**

21   • In den **FAQ** zu dieser Verlautbarung führt die Rentenversicherung aus: „Eine allge-meine Beantwortung dieser Frage ist nicht möglich; es ist der jeweilige Einzelfall zu betrachten. Maßgeblich für die Beurteilung einer wesentlichen Änderung des Tätig-keitsfelds es ist, in welchem Umfang zusätzliche Aufgaben, die nicht zum Berufsbild des Rechtsanwalts gehören, übernommen werden und welche Aufgaben damit in der Gesamtschau das Beschäftigungsverhältnis prägen."

22   Diese Einzelfallbetrachtung ist tatsächlich geboten; die bei der Zulassungsentschei-dung von der Rechtsanwaltskammer vorzunehmenden Abwägungsentscheidung, die schlussendlich auch im Hinblick auf die Frage der Wesentlichkeit eines Tätigkeitswech-sels nachzuvollziehen ist, verbietet eine pauschale Herangehensweise.

23   Berücksichtigt man die berufsrechtlichen Vorgaben, insbesondere die neuen Hin-weispflichten, so wird man in Zukunft annehmen müssen, immer dann die Rechtsan-waltskammer um eine Neueinschätzung der Tätigkeit als Rechtsanwalt (Syndikus-rechtsanwalt) zu bitten, wenn zu den Aufgaben, die Grundlage der ersten Zulassungs-entscheidung gewesen sind, neue Aufgaben hinzu kommen. Dies gilt insbesondere, wenn Aufgaben übertragen werden, die nicht die Tätigkeit als Rechtsanwalt prägen, sondern anderer, nicht anwaltlicher Genese sind.

24   Ist die Reichweite der erteilten Befreiungen auf die im Zulassungsverfahren angege-bene und geprüfte Tätigkeit beschränkt und führt die Aufgabe oder wesentliche Ände-rung einer der Kriterien nach § 46 Abs. 2 bis 5 BRAO zwingend zum Widerruf der be-rufsrechtlichen Zulassung, kann die „befreiungsrechtliche" Bindungswirkung jedoch nicht über die Zulassung hinausgehen.[23] Auch wenn die Zulassung in einer solchen Konstellation des ausdrücklichen Widerrufs nach § 46b Abs. 2 BRAO bedarf,[24] muss man unter Berücksichtigung der Rechtsprechung des Bundessozialgerichts[25] davon ausgehen, dass die Befreiung bei der wesentlichen Änderung oder Aufgabe einer Tätig-keit, für die eine Befreiung von der Rentenversicherungspflicht erteilt wurde, ihre Wir-kung verliert, also gegenstandslos wird.[26]

25   Dies bedeutet aber auch, dass die Betriebsprüfungsdienste der Deutschen Rentenver-sicherung im Rahmen der Betriebsprüfung nach § 28p SGB IV überprüfen werden, ob die Tätigkeit des Rechtsanwalts (Syndikusrechtsanwalts) noch der Tätigkeit entspricht, die Gegenstand der Zulassungsentscheidung der Rechtsanwaltskammer gewesen ist. Liegt kein wesentlicher Tätigkeitswechsel vor, bleibt es bei Befreiung von der Renten-

---

[22] http://www.deutsche-rentenversicherung.de/Allgemein/de/Inhalt/5_Services/05_fachinformationen/ 01_aktuelles_aus_der_rechtsprechung/syndikusanwaelte_stichtagsregelung_1_1_2015.html.

[23] *Kleine-Cosack,* Der Gesetzgeber ordnet neu: Durchbruch für Syndikusanwälte, AnwBl. 2016, 101, 113.

[24] BT-Drs. 18/5201, 39; *Kleine-Cosack,* Der Gesetzgeber ordnet neu: Durchbruch für die Syndikus-anwälte, Anwaltsblatt 2016, 101, 113.

[25] Urt. v. 31. Oktober 2012 – B 12 R 3/11 R, BeckRS 2013, 68510, Rn. 16 ff.

[26] *Offermann-Burckart,* Das Gesetz zur Neuordnung des Rechts der Syndikusanwälte, NJW 2016, 113, 116 f.

versicherungspflicht. Liegt dagegen ein wesentlicher Tätigkeitswechsel vor, entfällt die Wirkung des Befreiungsbescheides, Rentenversicherungsbeiträge können auch nachgefordert werden.

Es ist daher auch im Interesse der Arbeitgeber, Klarheit darüber zu er-/behalten, ob **26** bei einem Tätigkeitswechsel die geänderte Tätigkeit von der Zulassung umfasst ist und sich die Befreiung auch auf diese Tätigkeit erstreckt. Die berufsrechtlichen Anzeigepflichten haben also gerade sozialversicherungsrechtlich Sinn.

d) Vertrauensschutz

Nach den „Syndikusentscheidung" des Bundessozialgerichts ist kontrovers über **27** „Vertrauensschutz", der sich etwa aus Hinweisen in „alten" Befreiungsbescheiden ergeben soll, diskutiert worden. Zum „Vertrauensschutz", der sich daraus ergeben soll, dass die Deutsche Rentenversicherung Bund eine Befreiung für eine Beschäftigung erteilt hat, die nach Auffassung des 5. Senats des Bundessozialgerichts nicht befreiungsfähig sein soll, hatte der Vorsitzende Richter des 5. Senats schon in seiner mündlichen Urteilsbegründung am 3. April 2014 aufmerksam gemacht. In den schriftlichen Urteilsgründen dieser Entscheidungen finden sich folgende Ausführungen:

„Auf eine vom Gesetz abweichende rechtswidrige Verwaltungspraxis der Beklagten kann sich der von der Klägerin repräsentierte Personenkreis nicht berufen (vgl. BVerfG, Beschluss vom 17.6.2004 – 2 B V R 338/03 – BVerfG 111, 54). Außerhalb der vorliegenden Entscheidung stehenden Fälle, bei denen es jeweils um die erstmalige Befreiung für einen bestimmten Zeitraum geht, weist der Senat hinsichtlich der derzeitigen Inhaber einer begünstigenden Befreiungsentscheidung auf Folgendes hin: Sie haben – bezogen auf die jeweilige Beschäftigung, für die die Befreiung ausgesprochen wurde – ein rechtlich geschütztes Vertrauen in den Bestand dieser Entscheidungen, dass über den Schutz durch die §§ 44 ff. SGB X hinausgehen dürfte. Insbesondere haben die Träger der gesetzlichen Rentenversicherung (wenn auch ohne gesetzliche Grundlage) die „vier-Kriterien-Theorie" selbst mitbefördert und angewandt. Schon weil damit bei der gebotenen typisierenden Betrachtung Lebensentscheidungen über die persönliche Vorsorge nachhaltig mitbeeinflusst wurden, kann eine Änderung der Rechtsauffassung hinsichtlich ergangener Befreiungsentscheidungen grundsätzlich keine Bedeutung zukommen. Demgegenüber ist vorliegend nicht näher darauf einzugehen, dass der 12. Senat des BSG bereits in seiner Sitzung vom 9.3.2005 eine der vorliegenden Entscheidung entsprechende Rechtsauffassung angedeutet hatte. Damals war es in dem Verfahren B 12 RA 3/04 R, B 12 RA 4/04 R und B 12 RA 11/04 R (Presse-Vorbericht Nr. 12/05 vom 23.2.2005) jeweils um die Frage gegangen, ob die Kläger, die jeweils als Rechtsanwältin in Schleswig-Holstein zugelassen waren und bei unterschiedlichen in Hamburg residierenden Unternehmen beschäftigt waren, für ihre Beschäftigung von der Versicherungspflicht zu befreien waren. Die Revisionen wurden damals in allen drei Verfahren zurückgenommen (vgl. Presse-Mitteilung Nummer 12/05 vom 10.3.2005)."

Nach Auffassung des 5. Senats des Bundessozialgerichts soll also Vertrauensschutz **28** nur dann greifen, wenn die Deutsche Rentenversicherung Bund entgegen der Rechtsprechung des Bundessozialgerichts, gestützt auf die „Vier-Kriterien-Theorie", einem Befreiungsantrag für die innegehabte Tätigkeit entsprochen hat und der Syndikusanwalt diese Tätigkeit noch ausübt. Allein auf dem Umstand, dass die Verwaltungspraxis der Deutschen Rentenversicherung anders gewesen ist, sollten sich die Kläger, der am 3. April 2010 entschiedenen Rechtsstreite jedoch nicht berufen können, da sie von dieser Verwaltungspraxis nicht betroffen waren, da sie jeweils erstmals einen Antrag auf Zulassung als Rechtsanwalt gestellt hatten.

Wer jedoch für die Tätigkeit, die er jetzt ausübt, von der Rentenversicherungspflicht **29** befreit wurde, bleibt solange er diese Tätigkeit ausübt, von der Rentenversicherungspflicht befreit.[27]

---

[27] Der Vertrauensschutz bezieht sich aber allein auf die sozialversicherungsrechtlichen Rechtsfolgen und erstreckt sich nicht auf das Berufsrecht. Das Sozialrecht beantwortet nicht, ob eine Zulassungs als Rechtsanwalt (Syndikusrechtsanwalt) beantragt werden „muss"; vgl hierzu → § 2 Rn. 51 ff.

aa) Verlautbarungen der Rentenversicherung zum Vertrauensschutz

30 Im weiteren Verlauf äußerte sich auch die Deutsche Rentenversicherung Bund – und zwar über die Vorgaben des Bundessozialgerichts hinaus –, wann sie die „Weitergeltung" alter Befreiungsbescheide unter Vertrauensschutzgesichtspunkten annehmen möchte. In ihrer Veröffentlichung vom 12. Dezember 2014 führt die Deutsche Rentenversicherung hierzu u.U. Folgendes aus:

„Beschäftigte ohne einen aktuellen Befreiungsbescheid sind dagegen seit der Beschäftigungsaufnahme Versicherte in der gesetzlichen Rentenversicherung, es sei denn, sie können nachweisen, dass ihnen auf eine entsprechende Anfrage bei der Deutschen Rentenversicherung Bund die Weitergeltung der alten Befreiung schriftlich oder mündlich bestätigt worden ist."

31 Solche „Weitergeltungsbestätigungen" sind aber nicht nur dann anzunehmen, wenn konkrete Anfragen nach der Weitergeltung eines Befreiungsbescheides positiv von der Deutschen Rentenversicherung Bund beantwortet wurden. Nach den Grundsätzen des **sozialrechtlichen Herstellungsanspruchs,** der auch Ausdruck eines „Vertrauensschutzes" ist, gilt dies etwa auch, wenn ein Befreiungsantrag für eine andere Tätigkeit, da nach einem Beschäftigungswechsel, mit dem Hinweis beschieden wurde, man möge den Befreiungsantrag zurücknehmen, da man ja nach wie vor rechtsberatend usw. tätig sei.

32 Ausdrücklich lässt die Deutsche Rentenversicherung Bund für den Vertrauensschutz auch **mündliche Auskünfte** gelten. Nachweisschwierigkeiten solcher mündlichen Auskünfte lassen sich gelegentlich dadurch beheben, dass in der Verwaltungsakte der Deutschen Rentenversicherung Bund Telefonvermerke gefunden werden können. Dass es solche mündlichen Auskünfte gegeben hat, darüber hinaus auch jedwedem anderen Beweismittel zugänglich, so sollte es genügen, wenn ein Zeuge so konkret wie möglich Einzelheiten und Umstände eines solchen Gesprächs oder Telefonats bestätigt.[28]

33 Zwar ist in der sozialgerichtlichen Rechtsprechung seit langem anerkannt, dass **mündliche Auskünfte,** die **im Rahmen einer Betriebsprüfung** erteilt worden waren und nicht im Schlussprotokoll oder dem Betriebsprüfungsbescheid wiederholt werden, unverbindlich sind; im Hinblick auf die Verlautbarung der Deutschen Rentenversicherung Bund vom 12. Dezember 2014 gilt dies nicht. Hat sich etwa ein Betriebsprüfer – auch eines Regionalträgers – die Befreiungsbescheide der in einem Unternehmen tätigen Syndikusanwälte vorlegen lassen und mündlich bestätigt, dass damit alles in Ordnung sei, entfalten diese Befreiungsbescheide auch dann befreiende Wirkung, wenn sie sich tatsächlich auf eine andere Tätigkeit als die die im Zeitpunkt der Betriebsprüfung ausgeübt wurde, beziehen. Der Betriebsprüfer hat mündlich die Weitergeltung bestätigt.

34 Umstritten ist, ob über den sozialrechtlichen Herstellungsanspruch auch **fehlerhafte Auskünfte der Versorgungseinrichtung** geheilt werden können. Die besseren Argumente sprechen für eine solche Möglichkeit. Bindet die Deutsche Rentenversicherung Bund die Versorgungseinrichtungen, die nach zutreffender Auffassung keine Sozialleistungsträger im Sinne des Sozialgesetzbuchs sind[29] in das zur Befreiung führende Verwaltungsverfahren ein, in dem die von der Deutschen Rentenversicherung Bund verwendeten Antragsformulare ausdrücklich vorsehen, dass der Befreiungsantrag fristwahrend bei dem zuständigen Versorgungswerk gestellt werden kann, schafft der Rentenversicherungsträger dadurch eine enge Verknüpfung des Verwaltungshandelns der Versorgungseinrichtung mit dem eigenen Verwaltungshandeln, sodass Beratungsfehler dort

---

[28] BSG Urt. v. 31.10.2012 – B 12 R 3/11 R, NJW 2013, 1624.
[29] HKM-AKM/*Hartmann/Horn,* 40. Aktualisierung Februar 2012, 5388 Versorgungswerk (berufsständisch) Rn. 21.

dem eigenen Handeln des Rentenversicherungsträgers zuzurechnen sind. Hat also ein Versorgungswerk mündlich oder schriftlich bestätigt, dass ein Tätigkeitswechsel keinen neuen Befreiungsantrag erfordert, sollte auch diese Auskunft zum „Vertrauensschutz" führen.

Schließlich gewährt die Deutsche Rentenversicherung Bund solchen Syndikusanwäl- **35** te, die für ihre jetzt ausgeübte Tätigkeit keinen aktuellen Befreiungsbescheid vorlegen können, und **am 31.12.2014 das 58. Lebensjahr** vollendet haben, Vertrauensschutz, wenn sie weiterhin rechtsberatend tätig sind.

Hat die Deutsche Rentenversicherung Bund die Weitergeltung eines „alten" Befrei- **36** ungsbescheides bestätigt, sei es, da Vertrauensschutz anzunehmen ist oder kein wesentlicher Tätigkeitswechsel vorliegt, muss ein neuer Befreiungsantrag erst dann gestellt werden, wenn es zu einem wesentlichen Tätigkeitswechsel kommt.

Daneben werden etwa von Rolfs[30] oder Becker[31] weitere Umstände für das Vorliegen **37** von „Vertrauensschutz" vorgebracht. Auch das **Sozialgericht Aachen** stellt im Hinblick auf den Zeitpunkt, ab dem ein Befreiungsantrag des klagenden Apothekers wirkt, auf den sozialrechtlichen Herstellungsanspruch ab und verurteilt die Deutsche Rentenversicherung Bund, dem Kläger so zu stellen, als ob er den Befreiungsantrag rechtzeitig gestellt hätte:

„Denn durch den Befreiungsbescheid vom 9. Januar 2007 hat die Beklagte – wie sie inzwischen selbst einräumt – beim Kläger das Vertrauen darauf erweckt, dass die darin ausgesprochene Befreiung nicht nur für die ab 20. Dezember 2006 ausgeübte, sondern auch für spätere berufsspezifische Beschäftigungen/Tätigkeiten galt. Dies durfte der Kläger nicht nur aus dem Umstand schließen, dass er für eine Tätigkeit als „Apotheker" befreit worden war, obwohl er ausdrücklich die Befreiung von der Versicherungspflicht für die Tätigkeit als „Pharmaziepraktikant" (der Mangels Ablegens des 3. Staatsexamen und der Approbation noch gar kein Apotheker ist!) beantragt hatte. Entscheidend ist, dass die Beklagten noch vor der Rechtsbehelfsbelehrung des Bescheides vom 9. Januar 2007 und den nachfolgenden Hinweisen dem Kläger gegenüber geregelt hatte: „Die Befreiung gilt für die oben genannte und weitere berufsspezifische Beschäftigungen/Tätigkeiten, solange." Diese Regelung ist Teil des Verfügungssatzes des Bescheides vom 9. Januar 2007. Insofern unterscheidet sich der Fall des Klägers von dem Fall, den das BSG am 31. Oktober 2012 zum Aktenzeichen B 12 R, 5/10 R zu entscheiden hatte (vgl. die dortigen Ausführungen unter Rz. 37). Erst diese und die weiteren Entscheidungen des BSG vom 31. Oktober 2012 und die dadurch ausgelöste Unsicherheit unter den Beteiligten haben den Kläger veranlasst, „vorsorglich" den Befreiungsantrag für die ab 1. Juli 2011 ausgeübte Beschäftigung zu stellen. Daraus darf ihm jedoch kein Nachteil hinsichtlich des Befreiungsbeginns erwachsen. Aufgrund des zitierten falschen oder zumindest missverständlichen Verfügungssatzes im Bescheid vom 9. Januar 2007 ist er im Wege des sozialrechtlichen Herstellungsanspruchs so zu stellen, als hätte er den Befreiungsantrag in Bezug auf die vom 1. Juli 2011 bis 31. Dezember 2013 ausgeübte Beschäftigung so rechtzeitig gestellt, dass die Befreiungswirkung bereits ab dem 1. Juli 2011 eintreten kann."[32]

bb) Zulassungsantrag oder Vertrauensschutz?

Im Hinblick auf die am **1. April 2016** endende Frist binnen der die rückwirkende Be- **38** freiung von der Rentenversicherungspflicht beantragt werden kann, ist es nicht geboten, in Fällen, in denen bislang nicht von der Deutschen Rentenversicherung Bund die Weitergeltung „alter" Befreiungsbescheide bestätigt wurden, darauf zu vertrauen, dass der Rentenversicherungsträger „Weitergeltungsanträge" entsprechen werde. Die Zulas-

---

[30] *Rolfs/Marcelli*, Die Alterssicherung der Syndikusanwälte nach den Urteilen des BSG vom 3. April 2014 zwischen Bestandskraft und Vertrauensschutz, ZfA 2014, 419 ff.
[31] *Becker*, Neue Rechtsprechung und Vertrauensschutz im Sozialrecht: Zur Befreiung der Syndikusanwälte von der Rentenversicherungspflicht, ZfA 2014, 87.
[32] SG Aachen Urt. v. 15.12.2015 – S 13 R 35/14, nicht rechtskräftig.

sung als Rechtsanwalt (Syndikusrechtsanwalt) zu erreichen und die Befreiung sowie die rückwirkende Befreiung von der Rentenversicherungspflicht zu beantragen, ist angesichts der zurückhaltenden Entscheidungspraxis der Deutschen Rentenversicherung Bund ganz sicher der „sicherste Weg" um rückwirkend in den Versorgungseinrichtungen versichert zu bleiben. Ergibt sich, aus welchen Gründen auch immer, dass einem Zulassungsantrag bestandskräftig nicht entsprochen wird oder beim Fehlen der übrigen Voraussetzungen eine Befreiung nicht erteilt wird, kann immer noch um „Vertrauensschutz" gerungen werden.[33]

☞ **Praxistipp:**

Mit anderen Worten: Der sicherste Weg auch rückwirkend von der Rentenversicherungspflicht befreit zu werden, sind die mit einem Zulassungsantrag verbundenen Anträge auf Befreiung von der Rentenversicherungspflicht nach § 6 Abs. 1 SGB VI und auf rückwirkende Befreiung nach § 231 Abs. 4b, 4d SGB VI.

e) Erstreckung der Befreiung auf andere vorübergehende Tätigkeit

39   Übt der Rechtsanwalt (Syndikusrechtsanwalt) neben dieser Tätigkeit oder stattdessen eine andere versicherungspflichtige Tätigkeit aus, so kann sich die Befreiung unter bestimmten Voraussetzungen auch auf diese Tätigkeit erstrecken. Die Erstreckung nach § 6 Abs. 5 Satz 2 SGB VI setzt voraus, dass diese Tätigkeit infolge ihrer Eigenart oder vertraglich im Voraus zeitlich begrenzt ist und der Versorgungsträger für die Zeit der Tätigkeit den Erwerb einkommensbezogener Versorgungsanwartschaften gewährleistet.

40   Die Erstreckung nach § 6 Abs. 5 Satz 2 SGB VI setzt voraus, dass der Rechtsanwalt (Syndikusrechtsanwalt) für diese Tätigkeit wirksam von der Rentenversicherungspflicht befreit wurde. Fehlt es an einer wirksamen Befreiung, so kommt eine „Erstreckung" nicht in Betracht. Ebenso wenig kommt es auf § 6 Abs. 5 S. 2 SGB VI an, wenn neben einer selbständigen Tätigkeit als Rechtsanwalt, für die wegen fehlender Rentenversicherungspflicht kein Befreiungsantrag gestellt werden muss, eine zeitlich beschränkte andere Tätigkeit ausgeübt wird. Die Erstreckung endet demnach auch, wenn die Beschäftigung als Rechtsanwalt (Syndikusrechtsanwalt) beendet wird oder der Rechtsanwalt (Syndikusrechtsanwalt) seine Zulassung zurückgibt oder verliert.

41   Die Tätigkeit, die neben oder anstelle der Tätigkeit als Syndikusrechtsanwalt ausgeübt wird, darf **nur vorübergehend** sein. Die Tätigkeit, auf die sich die Befreiung erstreckt muss infolge ihrer Eigenart oder vertraglich im Voraus zeitlich begrenzt sein. Eine Höchstdauer nennt das Gesetz nicht.[34] Die in diesem Zusammenhang in der Literatur genannten Zeiträume – fünf Jahre, in Anlehnung an § 624 BGB,[35] oder zwei Jahre, nach § 15 Abs. 2 TzBfG[36] – überzeugen nicht. Die Erstreckungsregelung soll allein sicherstellen, dass die vorübergehende berufsfremde Tätigkeit nicht zu einem Wechsel des Alterssicherungssystems führt.[37] Weder soll § 6 Abs. 5 S. 2 SGB VI den von der Rentenversicherungspflicht Befreiten in seiner persönlichen Freiheit schützen, wie dies mit § 624 BGB bezweckt wird, noch ist ein Rückgriff auf § 14 Abs. 2 TzBfG sinnvoll,

[33] *Schafhausen* AnwBl. Online 2016, 175.
[34] Kreikebohm/*Schmidt* SGB VI § 6 Rn. 140; Deutsche Rentenversicherung Bund, Rechtshandbuch Sozialgesetzbuch, § 6 SGB VI, 2.6.2.2.
[35] *Köhler*, Die Erstreckung eines Befreiungsbescheides der Deutschen Rentenversicherung Bund bei Entsendung, WzS 2015, 316, 317.
[36] Rechtshandbuch Sozialgesetzbuch, SGB VI, Abschnitt 2.6.2.2.
[37] BSG Urt. v. 22.10.1998 – B 5/4 RA 80/97 R, NZS 1999, 402, 403 unter Hinweis auf BT-Dr 11/414, 151, 152; KKW/*Berchtold* § 6 Rn. 6.

da es bei „sachgrundlos zeitlich beschränkten" anderen Tätigkeit auch nicht um eine vermeintliche Umgehung kündigungsschutzrechtlicher Bestimmungen gehen kann. Auch die Aufnahme einer auf längere Dauer angelegte befristete Tätigkeit führt zu einem zu vermeidendem Wechsel der Alterssicherungssysteme. Dass dies auch von dem Gesetzgeber gewollt ist, zeigt das Gesetz zur Neuordnung des Rechts der Syndikusanwälte deutlich.[38]

Die **zeitlich begrenzte Verlängerung** einer Tätigkeit, die nach dem Arbeitsvertrag zeit- 42 lich begrenzt ist, ist möglich. Dies lässt sich aus 3.4.3 des gemeinsamen Rundschreibens zur Richtlinie zur versicherungsrechtlichen Beurteilung vom 2. November 2010 herleiten. Dieses gemeinsame Rundschreiben befasst sich auch mit der Frage, wann eine Entsendung im Sinne des § 4 SGB IV anzunehmen ist, die nach dem Wortlaut des § 4 Abs. 1 SGB IV ebenfalls infolge der Eigenart der Beschäftigung oder vertraglich im Voraus zeitlich begrenzt sein muss. Für die Erstreckung einer Befreiung nach § 6 Abs. 5 Satz 2 SGB VI ist es nicht ausreichend, wenn sich im Nachhinein ergibt, dass das Beschäftigungsverhältnis zeitlich begrenzt ist. Ebenso fällt die Erstreckung weg, wenn das zeitlich befristete Beschäftigungsverhältnis über den vereinbarten Beendigungszeitpunkt hinaus fortgesetzt wird und somit nach § 14 Abs. 5 TzBfG auf unbestimmte Zeit verlängert wird.

Eine Beschäftigung ist **ihrer Eigenart nach begrenzt,** wenn die Tätigkeit **nach allge-** 43 **meiner Lebenserfahrung nicht auf Dauer angelegt** ist. Dies gilt etwa für Beschäftigungen, die sich auf ein Projektgeschäft beziehen. Dies gilt etwa für Montagearbeiten, Arbeiten im Zusammenhang mit der Entrichtung von Bauwerken usw.[39] Auch ein darüberhinausgehender Rückgriff auf die Regelbeispiele des § 14 Abs. 1 TzBfG sind denkbar, zeigen sie doch auf, welche Tätigkeiten infolge ihrer Eigenart verkehrsüblich befristet werden.

Die Erstreckung eines Befreiungsbescheides auf eine **zeitlich beschränkte Tätigkeit** 44 **im Ausland** ist möglich, wenn wegen dieser Tätigkeit Sozialversicherungspflicht bestehen bleibt, also eine Entsendung im Sinne des §§ 4 SGB IV vorliegt.[40]

Eine Erstreckung des Befreiungsbescheides ist nur dann möglich, wenn das Versor- 45 gungswerk für die zeitlich befristete Tätigkeit den Erwerb einkommensbezogener Versorgungsanwartschaften gewährleistet, also auch Beiträge für diese Tätigkeit anzunehmen bereit ist.

Obwohl der Wortlaut des § 6 Abs. 5 Satz 2 SGB VI nahe legt, dass sich der Befrei- 46 ungsbescheid von Gesetzes wegen auf die andere zeitlich befristete Tätigkeit erstreckt, nimmt das Bundessozialgericht an, dass über die Erstreckung **durch Verwaltungsakt zu entscheiden** ist.[41] Dies bedeutet, dass ein „Erstreckungsantrag" zu stellen ist. Da auch die Deutsche Rentenversicherung Bund in der Zwischenzeit ihre Verwaltungspraxis der Rechtsprechung des Bundessozialgerichts angepasst hat, ist es angezeigt innerhalb der Frist des § 6 Abs. 4 Satz 1 SGB VI nach der Aufnahme einer solchen zeitlich beschränkten Beschäftigung, einen **Antrag** bei der Deutschen Rentenversicherung zustellen.

Die Erstreckungsregelung bezieht sich allein auf die Befreiung von der Rentenversi- 47 cherungspflicht. Neben dem bei der Deutschen Rentenversicherung Bund zu stellenden

---

[38] BT-Drucks 18/5201 1.

[39] Ziff. 3.4.2 der Richtlinien zur versicherungsrechtlichen Beurteilung von Arbeitnehmern bei Ausstrahlung (§ 4 SGB IV) und Einstrahlung (§ 5 SGB IV) Gemeinsames Rundschreiben zur Richtlinien zur versicherungsrechtlichen Beurteilung von Arbeitnehmern bei Ausstrahlung und Einstrahlung vom 2. November 2010.

[40] *Köhler,* Die Erstreckung eines Befreiungsbescheides der Deutschen Rentenversicherung Bund bei Entsendung, WzS 2015, 316, 317.

[41] BSG Urt. v. 31.12.2012 – B 12 R 8/10 R, NJW 2013, 1901.

„Erstreckungsantrag" ist es erforderlich, auch der Rechtsanwaltskammer anzuzeigen, dass eine Änderung der Tätigkeit eingetreten ist, auf die sich die Zulassung als Rechtsanwalt (Syndikusrechtsanwalt) bezieht. Neben der berufsrechtlichen Verpflichtung nach § 56 Abs. 3 Satz 1 BRAO dem Vorstand der Rechtsanwaltskammer etwa die Eingehung eines (anderen) Beschäftigungsverhältnisses anzuzeigen, gilt für Syndikusrechtsanwälte nach § 46b BRAO die Verpflichtung, der Rechtsanwaltskammer auch Änderungen des Arbeitsvertrages und die Aufnahme eines neuen Arbeitsverhältnisses ebenso anzuzeigen, die jede wesentliche Änderung der Tätigkeit innerhalb des Anstellungsverhältnisses. Stellt die Rechtsanwaltskammer eine wesentliche Änderung fest, ist auf Antrag des Rechtsanwalts (Syndikusrechtsanwalts) die Zulassung auf diese (neue) Tätigkeit zu erstrecken.[42]

II. Rückwirkende Befreiung von der Rentenversicherungspflicht

48   Die rückwirkende Befreiung nach § 231 Abs. 4b und 4d SGB VI ist **neben dem Antrag nach § 6 SGB VI zu stellen.** Der Antrag kann bis zum **1. April 2016** bei der **Deutschen Rentenversicherung Bund** gestellt werden. Zwar besteht auch für den Rentenversicherungsträger nach § 16 Abs. 3 SGB I die Verpflichtung, darauf hinzuwirken, dass unverzüglich klare und sachdienliche Anträge gestellt und unvollständige Angaben ergänzt werden, doch kann es zu auslegungsbedürftigen Unklarheiten im Hinblick auf den Antrag nicht kommen, wenn ausdrücklich auch ein Rückwirkungsantrag gestellt wird.

49   Die Deutsche Rentenversicherung Bund hält in ihrem Internetangebot für diesen Rückwirkungsantrag (und den Erstattungsantrag nach § 286f SGB VI) das Formular V6320 SB[43] vor. Der Antrag kann **auch formlos** gestellt werden, ein Formzwang besteht nicht. Die Deutsche Rentenversicherung wird dann aber im Verwaltungsverfahren darum bitten, den formlosen Antrag durch Angaben in dem Formular VB6320 SB zu ergänzen.

50   Nach Auffassung der Deutschen Rentenversicherung Bund muss der Rückwirkungsantrag dort gestellt werden. Der Rückwirkungsantrag muss zusätzlich zu dem Befreiungsantrag nach § 6 Abs. 1 S. 1 SGB VI gestellt werden.

Formulierungsvorschlag:

Hiermit **beantrage** ich unter Berücksichtigung aller Rechtsgrundlagen, insbesondere nach § 231 Abs. 4b SGB VI, rückwirkend für meine Tätigkeit bei der … in der Zeit vom 1. September 2012 bis 30. Juni 2015 und bei der … vom 1. Juli 2015 bis lfd. rückwirkend von der Rentenversicherungspflicht befreit zu werden.

Ich habe im gleichen Geschäftsgang bei der Rechtsanwaltskammer… beantragt, als Rechtsanwalt (Syndikusrechtsanwalt) zugelassen zu werden. Der Antrag liegt in Fotokopie an, eine Eingangsbestätigung der Rechtsanwaltskammer reiche ich nach. Gleichzeitig habe ich auch einen Befreiungsantrag nach § 6 Abs. 1 SGB VI gestellt.

Seit dem 25. Januar 2005 bin ich Pflichtmitglied der Rechtsanwaltskammer … und des Rechtsanwaltsversorgungswerks und habe Pflichtbeiträge gezahlt. Auf die anliegende Bescheinigung des Rechtsanwaltsversorgungswerks weise ich hin.

---

[42] → § 2 Rn 106 ff.

[43] → Anhang 12 mit Anmerkungen; siehe hierzu auch die Hinweise der Deutschen Rentenversicherung Bund unter http://www.deutsche-rentenversicherung.de/Allgemein/de/Inhalt/0_Home/meldungen/syndikusanwaelte/2016_06_01_syndikusrechtsanwaelte.html?cms_resultsPerPage=5&cms_template QueryString=syndikusrechtsanw%C3%A4lte.

1. Rückwirkende Befreiung

Bis zum 1. April 2016 können Rechtsanwälte (Syndikusrechtsanwälte) bei der Deut-   **51** schen Rentenversicherung Bund nach § 231 Abs. 4b SGB VI den Antrag auf rückwirkende Befreiung von der Rentenversicherungspflicht stellen. Der Rückwirkungsantrag sollte dabei nicht erst dann gestellt werden, wenn die Rechtsanwaltskammer den Antragsteller, nach § 46a BRAO als Rechtsanwalt (Syndikusrechtsanwalt) zugelassen hat. Vielmehr empfiehlt es sich dringend, wegen der kurzen Antragsfrist und der in einzelnen Rechtsanwaltskammern sicher hohen Zahl von Zulassungsanträgen,
- gleichzeitig mit dem **Zulassungsantrag** bei der Rechtsanwaltskammer
- bei der Deutschen Rentenversicherung Bund einen **Befreiungsantrag** und
- einen **Antrag nach § 231 Abs. 4b SGB VI und § 286f SGB VI** zu stellen.

a) Beginn der aktuellen Beschäftigung

Der Antrag auf rückwirkende Befreiung gilt zunächst nur für die Tätigkeit, für die   **52** die Zulassung als Rechtsanwalt (Syndikusrechtsanwalt) gewährt worden ist. Voraussetzung der Rückwirkung nach § 231 Abs. 4b Satz 1 SGB VI ist allein, dass der Rechtsanwalt als Rechtsanwalt (Syndikusrechtsanwalt) zugelassen wird und rechtzeitig vor dem 1. April 2016 einen Antrag auf rückwirkende Befreiung gestellt hat. Auf weitere Voraussetzungen kommt es nicht an, sodass die Rückwirkung auch dann zu erreichen ist, wenn wegen der Entscheidungen des Bundessozialgerichts von April 2014[44] davon abgesehen worden war, einen Befreiungsantrag zu stellen.

Die Rückwirkung kann auch dann erreicht werden, wenn die Deutsche Rentenversi-   **53** cherung Bund einen Befreiungsantrag oder einen Antrag auf Weitergeltung einer zuvor erteilten Befreiung abgelehnt hatte und ein solcher Bescheid sogar bestandskräftig geworden ist.[45] Ein in einer Befreiungssache ergangener Bescheid führt nur dann zum Ausschluss der Rückwirkung, wenn der Befreiungsantrag vor dem 4. April 2014 bestandskräftig abgelehnt worden war (§ 231 Abs. 4b Satz 5 SGB VI).

Eine rückwirkende Befreiung von der Rentenversicherungspflicht kann selbst dann   **54** erreicht werden, wenn das Beschäftigungsverhältnis vor April 2014 begründet wurde und noch nach alter Rechtslage verabsäumt worden war, einen Befreiungsantrag zu stellen, so dass über § 231 Abs. 4b SGB VI die Korrektur der Sachverhalte möglich ist, bei denen (häufig nach den Syndikusentscheidungen des Bundessozialgerichts) versucht wurde, die Weitergeltung „alter" Befreiungsbescheide etwa wegen des Vorliegens von Vertrauensschutz zu erreichen.[46]

§ 231 Abs. 4b S. 3 SGB VI begrenzt die Wirkung der Befreiung (zunächst) auf den   **55** Zeitraum ab dem 1. April 2014.

b) Weitere Beschäftigungen

§ 231 Abs. 4b Satz 2 SGB VI erstreckt die Rückwirkung auch auf den **Beginn davor-**   **56** liegender Beschäftigungen, wenn während dieser Beschäftigungen eine **Pflichtmitglied-schaft** in einem berufsständischen Versorgungswerk bestand. Voraussetzung für diese Erstreckung auf andere Beschäftigungsverhältnisse ist allein, dass eine Pflichtmitglied-

---

[44] B 5 RE 3/14 R, BeckRS 2014, 69071; B 5 RE 13/14 R, BeckRS 2014, 72038; B 5 RE 15/14 R mit Anm. *Schafhausen*, FD-SozVR 2014, 361925.

[45] *Schafhausen*, Die SGB VI-Änderung im Gesetz zur Neuordnung des Rechts der Syndikusanwälte, Anwaltsblatt 2016, 116, 118.

[46] *Schafhausen*, Die SGB VI-Änderung im Gesetz zur Neuordnung des Rechts der Syndikusanwälte, Anwaltsblatt 2016, 116, 118.

schaft in einer berufsständischen Versorgungseinrichtung überhaupt bestand. Anders als bei § 6 Abs. 1 Satz 1 SGB VI muss diese Pflichtmitgliedschaft nicht „wegen der" Tätigkeit bestanden haben, für die die rückwirkende Befreiung verlangt wird. Wortlaut und Sinn und Zweck der Regelungen in § 6 Abs. 1 Satz 1 SGB VI und § 231 Abs. 4b Satz 2 SGB VI weichen deutlich voneinander ab. Möchte der Gesetzgeber gerade den rentenversicherungsrechtlichen Status der Syndikusanwälte vor den Syndikusentscheidungen des Bundessozialgerichts wiederherstellen und schafft eine Rückwirkungsregelung, so kann es nicht darauf ankommen, dass wegen der Tätigkeit als Syndikusrechtsanwalt eine Pflichtmitgliedschaft in der Versorgungseinrichtung angenommen wird, die von dem Bundessozialgericht ja gerade abgelehnt wird. Für die rückwirkende Befreiung genügt es also, dass sich die Pflichtmitgliedschaft in einem berufsständischen Versorgungswerk daraus ergab, dass der Syndikusanwalt neben seiner Tätigkeit für einen nichtanwaltlichen Arbeitgeber in eigener Kanzlei als Rechtsanwalt zugelassen war.

57   § 231 Abs. 4d Satz 3 SGB VI begrenzt auch die Rückwirkung für davor liegende Beschäftigungen grundsätzlich auf den Zeitraum ab dem 1. April 2014.

c) Rückwirkung über den 1. April 2014 hinaus

58   Die Befreiung nach § 231 Abs. 4b Satz 1 und 2 SGB VI wirkt jedoch nach § 231 Abs. 4b Satz 3 auch für Zeiten **vor dem 1. April 2014**, wenn für diese Zeiten **einkommensbezogene Pflichtbeiträge** an ein berufsständisches Versorgungswerk gezahlt worden sind. Solche Beiträge wurden etwa gezahlt, wenn der nichtanwaltlicher Arbeitgeber und der Syndikusanwalt zu Unrecht davon ausgegangen waren, wenn keinen Rentenversicherungsbeiträge abgeführt worden waren, sondern der Syndikusanwalt Beiträge an das Versorgungswerk gezahlt und von seinem Arbeitgeber einen Beitragszuschusses, nach § 172a SGB VI erhalten hatte.

59   Einkommensbezogene Pflichtbeiträge an ein berufsständisches Versorgungswerk wurden jedoch auch dann gezahlt, wenn aus dem Beschäftigungsverhältnis zu dem nichtanwaltlichen Arbeitgeber Rentenversicherungsbeiträge in die gesetzliche Rentenversicherung abgeführt worden waren und der Syndikusanwalt für die Pflichtmitgliedschaft, die aus seiner selbständigen Tätigkeit als Rechtsanwalt erwuchs, nur den **Mindestbeitrag** an das Versorgungswerk gezahlt hat.

Beispiel:

Die Deutsche Rentenversicherung Bund hat dem Befreiungsantrag des U nicht entsprochen, den dieser im Mai 2012 gestellt hat. Nachdem sein Widerspruch keinen Erfolg hatte, führt U nun ein Klageverfahren vor dem Sozialgericht. Der nichtanwaltliche Arbeitgeber des U führt seit Aufnahme des Beschäftigungsverhältnisses Rentenversicherungsbeiträge ab. U hat aus seiner anwaltlichen Tätigkeit kein Einkommen und zahlt den Mindestbeitrag an das Versorgungswerk.

d) Keine Rückwirkung bei Bestandskraft „alter" Bescheide

60   Nach § 231 Abs. 4d Satz 4 SGB VI kann eine rückwirkende Befreiung von der Rentenversicherungspflicht nicht erreicht werden, wenn für diese Beschäftigungsverhältnisse ein Befreiungsantrag von der Versicherungspflicht aufgrund einer vor dem 4. April 2014 ergangenen Entscheidung der Deutschen Rentenversicherung Bund bestandskräftig abgelehnt worden ist.

Beispiel:

Die Deutsche Rentenversicherung Bund hat dem Befreiungsantrag des U, den dieser im Mai 2012 gestellt hat, nicht entsprochen. U lässt diesen Bescheid bestandskräftig werden. Nach der Zulassung als Rechtsanwalt (Syndikusrechtsanwalt) entspricht die Deutsche Rentenversicherung Bund dem Befreiungsantrag, weist aber den Rückwirkungsantrag des U zurück.

Der Gesetzgeber kann diese Fallgruppe von der Möglichkeit, eine rückwirkende Befreiung von der Rentenversicherungspflicht zu erlangen, ausnehmen. Wurde die Zurückweisung des Befreiungsantrags nicht nur durch die notwendige Beitragzahlung an die gesetzliche Rentenversicherung umgesetzt, sondern auch bestandskräftig, hat der Syndikusanwalt dadurch zu erkennen gegeben, dass er die Entscheidung der Deutschen Rentenversicherung Bund auf seinen Befreiungsantrag hinnimmt. Dieser Personenkreis war von den Entscheidungen des Bundessozialgerichts eben nicht „betroffen". **61**

Unter dem Gesichtspunkt des sozialrechtlichen Herstellungsanspruchs gilt nur dann etwas anderes, wenn der Rechtsanwalt (Syndikusrechtsanwalt) wegen der Verlautbarung der Deutschen Rentenversicherung Bund vom 12. Dezember 2014 seinen Widerspruch oder seine Klage wegen einer Entscheidung der Deutschen Rentenversicherung Bund über einen Befreiungsantrag, der vor April 2014 beschieden worden war, zurückgenommen hat. Veranlasst die Deutsche Rentenversicherung Bund mit dem Hinweis, Rechtsnachteile würden bei einer Rücknahme des Widerspruchs oder der Klage nicht entstehen, den Syndikusrechtsanwalt dazu, verfahrensbeendigende Erklärungen abzugeben, liegt ein Beratungsfehler vor, der nach den Grundsätzen des sozialrechtlichen Herstellungsanspruchs zu heilen ist. **62**

2. Rückgabe der Zulassung wegen Entscheidungen des Bundessozialgerichts

In 14 der 16 Versorgungswerke für Rechtsanwälte in Deutschland gibt es eine Altersgrenze von 45 Jahren, die es verhindert, dass ältere Rechtsanwältinnen und Rechtsanwälte Pflichtmitglied in der Versorgungseinrichtung werden können.[47] Für diesen Personenkreis besteht wegen § 6 Abs. 1 Satz 1 SGB VI keine Möglichkeit, von der Rentenversicherungspflicht befreit zu werden, da die „Versicherungspflicht in der Versorgungseinrichtung" weiteres Tatbestandsmerkmal der Befreiung von der (gesetzlichen) Rentenversicherungspflicht ist. **63**

Diese Altersgrenze ist zumindest dann „problematisch", wenn der Rechtsanwalt, der vor dem 1. Januar 2016 bei einem nicht anwaltlichen Arbeitgeber beschäftigt war, wegen der „Syndikusentscheidungen" des Bundessozialgerichts vom 3. April 2014 seine Anwaltstagzulassung zurückgegeben hat. § 231 Abs. 4c SGB VI fingiert jedoch, dass eine durch Gesetz angeordnete oder auf Gesetz beruhende Verpflichtung zur Mitgliedschaft in einer berufsständischen Versorgungseinrichtung im Sinne des § 6 Abs. 1 Satz 1 Nr. 1 SGB VI auch für solche Personen gilt, die nach dem 3. April 2014 in Ansehung der Syndikusentscheidungen des Bundessozialgerichts auf ihre Rechte aus der Zulassung zur Rechtsanwaltschaft oder Patentanwalt verzichtet haben. **64**

Mit dieser weiteren Übergangsregelung wird nach der Gesetzesbegründung dem Umstand Rechnung getragen, dass diese Situation letztlich auch durch die neue Rechtsprechung des Bundessozialgerichts zu Befreiungsfähigkeit von Anwälten verursacht worden sei. Mit der vorgesehenen Fiktion als Übergangsregelung solle Abhilfe geschaffen werden. Die Ausschussdrucksache stellt klar, dass für die Frage, ob eine Pflichtmitgliedschaft in einem Versorgungswerk im Sinne von § 6 Abs. 1 Satz 1 Nr. 1 SGB VI für eine Befreiung ab dem Inkrafttreten des Gesetzes vorliege auf den Zeitpunkt der Entscheidungen des Bundessozialgerichts vom 3. April 2014 abzustellen sei. Bestand also bis zu **65**

---

[47] → § 4 Rn. 56 ff.

diesem Zeitpunkt eine Pflichtmitgliedschaft in einer Versorgungseinrichtung und wurde danach (wegen dieser Entscheidungen des Bundessozialgerichts) die Zulassung als Rechtsanwalt zurückgegeben, soll die Fiktion der „Pflichtmitgliedschaft" die rückwirkende Befreiung von der Rentenversicherungspflicht ermöglichen. Die Gesetzesbegründung stellt in diesem Zusammenhang auch klar, dass einer Pflichtmitgliedschaft in einem Versorgungswerk nach der Auslegungspraxis der Deutschen Rentenversicherung Bund eine formal freiwillig fortgeführte Mitgliedschaft in einem bisher zuständigen Versorgungswerk eine an sich bestehende Pflichtversicherung in einem neu zuständig gewordenen Versorgungswerk ersetzt.[48]

Beispiel:

Rechtsanwalt A ist bei der XY GmbH als Leiter der Rechtsabteilung tätig. Im Jahre 2013 wechselt er in die Rechtsabteilung der Z AG. Dieser Wechsel ist mit einem Ortswechsel verbunden und führt dazu, dass es zu einem Wechsel der Rechtsanwaltskammer, und damit auch zu einem Wechsel der Versorgungseinrichtung kommt. Da er seit vielen Jahren Pflichtbeiträge in die Versorgungseinrichtung des Bundeslandes zahlt, in dem die XY GmbH ansässig war, lässt er sich von der Versicherungspflicht in der Versorgungseinrichtung, die für die Z AG örtlich zuständig ist, von der Versicherungspflicht in dieser Versorgungseinrichtung befreien und führt die Pflichtmitgliedschaft in dem für die XY GmbH zuständigen Versorgungseinrichtung als freiwillige Versicherung weiter. Ende 2014 wechselt A erneut seinen Arbeitgeber, stellt wegen der Entscheidungen des Bundessozialgerichts aus April 2014 keinen neuen Befreiungsantrag und gibt seine Anwaltszulassung zurück. Ende Dezember 2015 vollendet er sein 45. Lebensjahr.

66   Die Übergangsregelung des §§ 231 Abs. 4c Satz 1 SGB VI besteht nur, solange dieser Personenkreis als Rechtsanwalt (Syndikusrechtsanwalt) zugelassen wird und als freiwilliges Mitglied in einem Versorgungswerk einkommensbezogene Beiträge (neben der Gesetzlichen Rentenversicherung) gezahlt hat. Einkommensbezogene Beiträge werden im Übrigen auch dann gezahlt, wenn aus der (Neben-)Tätigkeit als Rechtsanwalt kein Einkommen erzielt wird und daher nur der Mindestbeitrag in die Versorgungseinrichtung gezahlt wurde.

67   Die Regelungen in § 231 Abs. 4c Satz 1 SGB VI sollen dagegen nicht greifen, wenn die Pflichtmitgliedschaft in einem Versorgungswerk daran gescheitert ist oder gescheitert wäre, weil bei einem **Ortswechsel** in dem neu zuständigen Versorgungswerk eine Altersgrenze für die Begründung einer Pflichtmitgliedschaft bestand. Diese Problemlage stelle sich – so die Gesetzesbegründung – ganz allgemein und auch für andere Berufsgruppen. Sie bestehe zumal unabhängig von der Rechtsprechung des Bundessozialgerichts zur Befreiungsfähigkeit der Anwälte und habe ihre Ursache allein in den in bestimmten Versorgungswerken noch bestehenden Altersgrenzen.[49] Diese Rückausnahme ist inkonsequent und schafft mehr Probleme, als sie löst.

68   Festzuhalten bleibt, dass der Gesetzgeber in diesem Zusammenhang zunächst noch einmal betont, „dass eine **Pflichtmitgliedschaft** in einem Versorgungswerk nach der Auslegungspraxis auch dann vorliegt, wenn **eine formal freiwillig fortgeführt die Mitgliedschaft in einem bisher zuständigen Versorgungswerk eine an sich bestehende Pflichtmitgliedschaft in einem neu zuständigen Versorgungswerk ersetzt**".[50] Aus der Regelung in § 231 Abs. 4c Satz 3 SGB VI folgt also nicht, dass entgegen der bisherigen Verwaltungspraxis und herrschenden Meinung, die Fortführung einer Pflichtmitgliedschaft als freiwillige Mitgliedschaft bei einem Ortswechsel nicht mehr als „Pflichtmitgliedschaft" im Sinne des § 6 Abs. 1 SGB VI verstanden werden kann.

---

[48] BT-Drs. 18/6915, 26 f.
[49] BT-Drs. 18/6915, 27.
[50] BT-Drs. 18/6915, 27.

Warum aber der Ortswechsel bei Syndikusrechtsanwälten, die das 45. Lebensjahr **69** vollendet haben, doch dazu führen soll, dass eine rückwirkende Befreiung von der Rentenversicherungspflicht nicht möglich sein soll, verschließt sich. Hat dieser Personenkreis seine Verbundenheit zu dem berufsständischen Versorgungssystem dadurch zum Ausdruck gebracht, dass freiwillige Beiträge in die Versorgungseinrichtung gezahlt werden, sollte es bei der bisherigen Verwaltungspraxis der Rentenversicherungsträger bleiben, auch diesen Personenkreis bei einem Tätigkeitswechsel von der Rentenversicherungspflicht zu befreien. Ortswechsel hin oder her.

Dies gilt insbesondere im Hinblick darauf, dass das „Altersgrenzen-Problem" nicht **70** nur für die Syndikusrechtsanwälte gilt, sondern auch – worauf der Ausschussbericht zu Recht hinweist – auch für andere Berufsgruppen und nicht auf der aktuellen Rechtsprechung des Bundessozialgerichts beruht. Da § 231 Abs. 4c SGB VI aber ausschließlich für Syndikusrechtsanwälte gilt, muss es für den anderen Personenkreis, also Rechtsanwälte, die bei anwaltlichen Arbeitgebern beschäftigt sind und anderen freien Berufen, die von der Altersgrenze betroffen sind, bei dem bisherigen Verständnis verbleiben. Wechsel diese nach Vollendung des 45. Lebensjahres den Arbeitgeber und ist dieser Wechsel mit einem Ortswechsel verbunden, der zur Zuständigkeit einer neuen Versorgungseinrichtung genügt, ist von der Rentenversicherungspflicht nach § 6 Abs. 1 SGB VI auch dann zu befreien, wenn die bisherige Pflichtmitgliedschaft als freiwillige Mitgliedschaft weitergeführt wird und sich der Rechtsanwalt von der Pflichtmitgliedschaft in der neuen Versorgungseinrichtung befreien lässt.

3. Aufhebung der Altersgrenze durch Landesgesetzgeber und Satzungsgeber

Im Zusammenhang mit der Fiktionsregelung in § 231 Abs. 4c Satz 3 SGB VI steht **71** die Regelung in § 231 Abs. 4d SGB VI, die ebenfalls auf der Beschlussempfehlung des Ausschusses für Recht und Verbraucherschutz des Deutschen Bundestages beruht.[51] Der (Bundes-)Gesetzgeber glaubt in der in zahlreichen Satzungen der Versorgungseinrichtungen vorgesehenen Altersgrenze von 45 Jahren ein europarechtliches Problem erkennen zu müssen.[52] Tatsächlich läge wohl eher eine Inländerdiskriminierung als eine europarechtswidrige Ausländerdiskriminierung vor. Der (Bundes-)Gesetzgeber gibt nun mit § 231 Abs. 4d SGB VI den Landesgesetzgebern[53] und/oder den Satzungsgebern einen Anreiz, diese vermeintlich ungerechtfertigte Ungleichbehandlung zu beseitigen und die Altersgrenze von 45 Jahren aufzuheben.[54]

Geschieht dies bis zum 31. Dezember 2018 soll eine Befreiung von der Versiche- **72** rungspflicht bei Personen, die im Falle des Ortswechsels eine Pflichtmitgliedschaft in einer solchen berufsständischen Versorgungseinrichtung bisher nicht begründen konnten und Beiträge als freiwillige Mitglieder entrichtet haben, auf Antrag vom Beginn des 36. Kalendermonats vor Inkrafttreten der Aufhebung der Altersgrenze in der jeweiligen berufsständischen Versorgungseinrichtungen gelten. Dieser Rückwirkungsantrag soll dabei nur bis zum Ablauf von drei Kalendermonaten nach Inkrafttreten der Aufhebung der Altersgrenze gestellt werden.

Da die Altersgrenze von 45 Jahren nicht nur in zahlreichen Satzungen der Versor- **73** gungseinrichtungen vorgesehen ist, sondern zum Teil auch in den Landesgesetzen – so

---

[51] BT Drs. 18/6915, 27.
[52] BT Drs. 18/6915, 27.
[53] Zur verfassungsrechtlichen Einordnung der Gesetzgebungskompetenz der Länder, HK-AKM/*Hartmann/Horn*, 40. Aktualisierung 2012, 5388 Versorgungswerk (berufständisch) Rn. 21 ff.
[54] Zu den hiermit verbundenen Fragen, → § 4 Rn. 56 ff.

etwa in § 2 Abs. 2 des Gesetzes über die Hessische Rechtsanwaltsversorgung vom 16.12.1987 – geregelt ist, werden nun Landesgesetzgeber und/oder satzungsgebende Versammlungen der Versorgungseinrichtungen zu prüfen haben, ob man binnen der 3-Jahresfrist den Bedenken des Bundesgesetzgebers folgt und die Altersgrenze von 45 Jahren aufhebt. Allein mit der Aufhebung der Altersgrenze ist es dabei regelmäßig nicht getan, da die Altersgrenze versicherungsmathematischen Überlegungen geschuldet ist, die Grundlage der Leistungsgewährung der Versorgungseinrichtungen ist.

74   Treten die Änderungen bis zum 31. Dezember 2018 in Kraft, kann binnen einer Antragsfrist von **drei Monaten nach Inkrafttreten**(!) auch von dem Personenkreis eine rückwirkende Befreiung von der Rentenversicherungspflicht beantragt werden, der wegen eines Ortswechsels davon ausgeschlossen war. Voraussetzung ist, dass Beiträge als freiwilliges Mitglied entrichtet wurden. Der Rückwirkungszeitraum ist aber in diesem Fall auf den Umfang von 36 Kalendermonaten beschränkt. Dies kann im Einzelfall dazu führen, dass es zu „Rückwirkungslücken" kommt. Tritt die Aufhebung der Altersgrenze erst zum 31. Dezember 2018 ein, kommt eine rückwirkende Befreiung nur für den Zeitraum vom 1. Januar 2016 bis 31. Januar 2018 in Betracht, nicht jedoch für Zeiten, die vor Januar 2016 liegen und für die im Normalfall auch Rentenversicherungsbeiträge an die Deutsche Rentenversicherung abgeführt wurden. Es ist fraglich, ob eine solche Ungleichbehandlung im Vergleich zu dem Personenkreis, der nach § 231 Abs. 4b Satz 1 bis 4 SGB VI auch rückwirkend für Zeiten, die vor dem 1. April 2014 liegen, von der Versicherungspflicht befreien lassen können, sachlich gerechtfertigt sein kann.

75   Auch für die Antragstellung nach § 231 Abs. 4d Satz 1 SGB VI ist eine Dreimonatsfrist zu beachten (§ 231 Abs. 4d Satz 2 SGB VI). Da der Fristbeginn dieser Antragsfrist von einem jetzt noch unbestimmten Zeitpunkt abhängig ist, nämlich den Inkrafttreten der Regelungen, die die Altersgrenze von 45 Jahren aufheben, muss der betroffene Personenkreis sehr aufmerksam etwa die Publikationen der Versorgungswerke beachten, in denen Satzungsänderungen veröffentlicht werden. Fallen das Inkrafttreten einer Änderung des Landesgesetzes und das Inkrafttreten einer Satzungsänderung auseinander, ist auf das Inkrafttreten der späteren Änderung, hierbei wird es sich regelmäßig um die Änderung der Satzung der Versorgungseinrichtung handeln, abzustellen sei.

Beispiel:

Der 49 Jahre alte Leiter der Rechtsabteilung der XY GmbH, L, wechselte zum 1. Januar 2016 in die Rechtsabteilung der Z AG. Der damit verbundene Ortswechsel führt dazu, dass nicht mehr die hessische Versorgungseinrichtung zuständig ist, sondern das Versorgungswerk der Rechtsanwälte in Baden-Württemberg. L wird nicht von der Rentenversicherungspflicht befreit, da er im Versorgungswerk der Rechtsanwälte in Baden-Württemberg nicht pflichtversichert ist, da er die die Altersgrenze überschritten hat.

Landesgesetzgeber und Mitgliederversammlung ändern das Rechtsanwaltsversorgungsgesetz und die Satzung des Versorgungswerks so, dass es auf eine Altersgrenze von 45 Jahren nicht mehr ankommt. Die Änderungen treten zum 1. Juli 2017 in Kraft. Von einem Kollegen Mitte Dezember 2017 auf die Änderungen aufmerksam gemacht, beantragte er bei der Deutschen Rentenversicherung Bund von der Rentenversicherungspflicht befreit zu werden und bittet um rückwirkende Befreiung von der Rentenversicherungspflicht.

Die Deutsche Rentenversicherung Bund wird ihn ab Eingang des Befreiungsantrag von der Rentenversicherungspflicht befreien, dem Rückwirkungsantrag jedoch nicht entsprechen, da er den Rückwirkungsantrag nicht binnen der 3 Monatsfrist des §§ 231 Abs. 4d Satz 2 SGB VI gestellt hat.

4. Problemfall: Aufgabe der Syndikustätigkeit vor dem 31. Dezember 2015

Hat ein bei einem nichtanwaltlichen Arbeitgeber tätiger Rechtsanwalt vor dem 1. Ja-   76
nuar 2016 seine Rechtsanwaltstätigkeit aufgegeben, sei es weil er ab Januar 2016 niedergelassener Rechtsanwalt ist oder keiner befreiungsfähigen Tätigkeit mehr nachgeht,
besteht für ihn auf den ersten Blick keine Möglichkeit, rückwirkend, also für die vor
dem 31. Dezember 2015 liegende Zeit, von der Rentenversicherungspflicht befreit zu
werden, auch dann, wenn seine Tätigkeit in diesem Zeitraum nach der gesetzlichen
Neuregelung zur Zulassung als Rechtsanwalt (Syndikusrechtsanwalt) geführt hätte.

Beispiel:

L war bis zum 31. Dezember 2015 Leiter der Rechtsabteilung der XY AG. Zum 1. Februar 2016
wechselt er als Rechtsanwalt in die Kanzlei ABC Rechtsanwälte Partnerschaft mbB. Wegen der Allge-
meinverfügung vom 12. Dezember 2014 der Deutschen Rentenversicherung Bund hatte ihn die XY
AG zum 1. Januar 2015 umgemeldet und Rentenversicherungsbeiträge an die Deutsche Rentenversicherung abgeführt. Er hat bislang keine weiteren Beitragszeiten in der Rentenversicherung zurückgelegt.
     L wünscht die Erstattung der Rentenversicherungsbeiträge, die für ihn im Jahr 2015 an die Deut-
sche Rentenversicherung gezahlt worden sind. Immerhin habe er doch während seiner Tätigkeit als
Leiter der Rechtsabteilung unzweifelhaft die Voraussetzungen des § 46 Abs. 3 Nr. 1 bis 4 BRAO erfüllt, seine Arbeitgeberin habe ihm schon bei Aufnahme der Tätigkeit im Jahre 2005 bestätigt, dass
er fachlich unabhängig tätig werden soll.

Abweichend von den befreiungsrechtlichen Regelungen in § 231 Abs. 4b SGB VI   77
kennt das Zulassungsrecht eine „rückwirkende" Zulassung, gar für eine Tätigkeit, die
nicht mehr ausgeübt wird, nicht. Da aber die rückwirkende Befreiung von der Rentenversicherungspflicht nach § 231 Abs. 4b SGB VI von der Zulassung als Rechtsanwalt
(Syndikusrechtsanwalt) abhängt könnte in Fällen, in denen die Syndikustätigkeit vor
dem 31. Dezember 2015 aufgegeben wurde, eine auf diesen Zeitraum bezogene rückwirkende Befreiung von der Rentenversicherungspflicht ausscheiden. Dies obwohl die
Interessenlage deckungsgleich zu der ist, die den Gesetzgeber veranlasst hat, rückwirkend eine Korrektur des Rentenversicherungsverhältnisses möglich zu machen.

In solche Fallgestaltungen muss es daher möglich sein, in **entsprechender Anwen-**   78
dung des §§ 231 Abs. 4b und d SGB VI bei der Deutschen Rentenversicherung bis zum
1. April 2016 auch die rückwirkende Befreiung von der Rentenversicherungspflicht zu
beantragen. Die Neuregelungen machen deutlich, dass über die berufsrechtliche Voraussetzungen durch die Rechtsanwaltskammern zu entscheiden ist, sodass auch in dieser Fallkonstellation zunächst (gleichzeitig) bei der zuständigen Rechtsanwaltskammer
der Antrag gestellt werden sollte, festzustellen, dass die bis zum 31. Dezember 2015
ausgeübte Tätigkeit den Kriterien des § 46 Abs. 3 BRAO entsprach und auch die übrigen Zulassungsvoraussetzungen des Rechtsanwalts (Syndikusrechtsanwalt) erfüllt gewesen waren.

5. Absehen von „rückwirkender" Befreiung

Im Einzelfall kann es aus sozialversicherungsrechtlicher Sicht sinnvoll sein, **keinen**   79
Antrag auf rückwirkende Befreiung zu stellen. Dies gilt etwa dann, wenn durch die in
der Vergangenheit entrichteten Rentenversicherungsbeiträge Leistungsvoraussetzungen
für Ansprüche aus der gesetzlichen Rentenversicherung erfüllt werden, die ansonsten
nicht erfüllt werden können. Auch hier gilt, die „Doppelversicherung", also die Alters-

versorgung sowohl in der gesetzlichen Rentenversicherung als auch in dem berufsständischen Versorgungswerk, kann, muss aber nicht verhindert werden.

Beispiel

S, die in der Vertriebsabteilung eines Maschinenbauunternehmens als Syndikusrechtsanwältin tätig ist, hatte nach ihrem Studium einige Monate versicherungspflichtig gearbeitet bevor sie ihr Referendariat aufnahm. Das Unternehmen hat sie wegen der Verlautbarung der Deutschen Rentenversicherung Bund vom 12. Dezember 2014 umgemeldet und in 2015 Rentenversicherungsbeiträge abgeführt. Zusammen mit diesen Beiträgen erfüllt sie nun die allgemeine Wartezeit von 60 Monaten. Um sich Leistungen aus der gesetzlichen Rentenversicherung zu erhalten, stellt sie keinen Antrag auf rückwirkende Befreiung.

III. Erstattung zu Unrecht gezahlter Rentenversicherungsbeiträge

80   Im Kontext der Übergangs- und Rückwirkungsregelungen des § 231 Abs. 4b und Abs. 4d SGB VI sieht § 286f SGB VI vor, dass Pflichtbeiträge, „abweichend von § 211 und abweichend von § 26 Absatz 3 des Vierten Buches von dem zuständigen Träger der Rentenversicherung beanstandet und unmittelbar an die zuständige berufsständische Versorgungseinrichtung erstattet" werden.

1. Ist ein Erstattungsantrag erforderlich?

81   Nach dem Wortlaut der Bestimmung bedarf es einer gesonderten Antragstellung für die Rückabwicklung nach der Zulassung als Rechtsanwalt (Syndikusrechtsanwalt) und der daraufhin von der Deutschen Rentenversicherung erteilten rückwirkenden Befreiung nicht. Die Rentenversicherung beanstandet **von Amts wegen** die zu Unrecht gezahlten Rentenversicherungsbeiträge und erstattet diese unmittelbar an die zuständige berufsständische Versorgungseinrichtung. Die Deutsche Rentenversicherung Bund hält aber Formulare vor, mit denen neben der rückwirkenden Befreiung von der Rentenversicherungspflicht gleichzeitig auch die Erstattung zu Unrecht gezahlter Rentenversicherungsbeiträgen beantragt werden kann.[55] Um einen Streit darüber zu vermeiden, ob der Erstattungsanspruch nur dann besteht, wenn er ausdrücklich beantragt worden ist, empfiehlt es sich, unter Verwendung des Vordrucks die Erstattung der zu Unrecht gezahlten Beiträge zu beantragen. Der Erstattungsantrag ist nicht formgebunden .

82   Abweichend von den allgemeinen Regeln (§§ 26, 27 SGB IV, 211 SGB VI) sieht § 286f Satz 2 SGB VI vor, dass die von der Deutschen Rentenversicherung von Amts wegen zu beanstandenden und unmittelbar an die zuständige berufsständische Versorgungseinrichtung zu erstattenden Rentenversicherungsbeiträge **nicht zu verzinsen** sind.

83   Dieser Ausschluss ist solange unproblematisch, als die Versorgungswerke solche nachentrichteten Beiträge nicht herabgezinst in die Leistungsberechnung einstellen. Dies ist sicher nicht zu erwarten, wenn für überschaubare Zeiträume Rentenversicherungsbeiträge von der Deutschen Rentenversicherung an die Versorgungseinrichtungen erstattet werden. Da aber auch Verfahren betroffen sein können, in denen schon mit Bescheiden vor April 2014 einen Befreiungsantrag zurück gewiesen wurde, sind Sachverhalte denkbar, in denen für nicht unerhebliche Zeiträume Beiträge zu erstatten und diese in spätere Leistungsberechnungen einzustellen sind.[56]

---

[55] Formular VB6320 SB, https://www.deutsche-rentenversi-cheung.de/Allgemein/de/Inhalt/0_Home/meldungen/syndikusanwaelte_beitragserstattung.pdf?__blob=publicationFile&v=2.
[56] Hierzu auch → § 4 Rn 52.

Eine Antragstellung nach den allgemeinen Erstattungsregelungen ist (nach dem Verständnis der Deutschen Rentenversicherung Bund) aber in den Fällen erforderlich, in denen schon vor den „Syndikusentscheidungen" des Bundessozialgerichts im Streit war, ob eine Tätigkeit als Syndikusanwalt befreiungsfähig gewesen ist. Die Deutsche Rentenversicherung bringt solchen (Alt-)Verfahren, in denen mit Bescheiden vor dem 3. April 2014 einen Befreiungsantrag zurück gewiesen wurde, § 286f SGB VI nicht zur Anwendung.[57] Die Erstattung zu Unrecht gezahlter Rentenversicherungsbeiträge ist in diesen Fällen nach § 211 SGB VI und § 26 Abs. 3 SGB IV durch denjenigen, der die Rentenversicherungsbeiträge gezahlt hat, bei der Einzugsstelle zu beantragen. **84**

Dieser Erstattungsanspruch ist entgegen der Ausnahmeregelung des § 286f SGB VI gemäß § 27 Abs. 1 SGB IV mit 4 v. H. zu verzinsen, unterliegt aber der vierjährigen Regelverjährung nach Ablauf des Jahres in dem die Beiträge gezahlt worden sind (§ 27 Abs. 2 S. 1 SGB IV). Etwas anders gilt nur dann, wenn der Rentenversicherungsträger die Beiträge beanstandet hat. In diesen Fällen verjährt der Erstattungsanspruch vier Jahre nach Beanstandung der Beitragszahlung (§ 27 Abs. 2 S. 2 SGB IV). **85**

Formulierungsvorschlag:

Arbeitnehmeranteil:
Hiermit beantrage ich im eigenen Namen die Erstattung der zu Unrecht gezahlten Rentenversicherungsbeiträge (Arbeitnehmeranteil) aus allen rechtlichen Gesichtspunkten, insbesondere nach § 286f Satz 1 SGB VI und § 211 SGB VI i. V. m. § 26 Abs. 3 SGB IV.

Arbeitgeberanteil
Hiermit beantragen wir Erstattung des zu Unrecht für Herrn ... gezahlten Rentenversicherungsbeitrags (Arbeitgeberanteils) aus allen rechtlichen Gesichtspunkten, insbesondere nach § 286f Satz 1 SGB VI und § 211 SGB VI i. V. m. § 26 Abs. 3 SGB IV.

2. Begrenzter Erstattungsanspruch bei Leistungsgewährung durch Rentenversicherungsträger

Sowohl der Erstattungsanspruch nach § 286f SGB VI als auch der Erstattungsanspruch nach den allgemeinen Regelungen steht unter dem Vorbehalt, dass aus den zu Unrecht gezahlten Rentenversicherungsbeiträgen noch keine Leistungen in Anspruch genommen worden sind (§ 26 Abs. 2 SGB IV). Hierbei wird es sich regelmäßig um Rehabilitationsleistungen handeln, Leistungen zur medizinischen Rehabilitation oder zur Teilhabe am Arbeitsleben sowie diese Maßnahmen begleitenden unterhaltssichernde oder ergänzende Leistungen. **86**

Beispiel:

Der Arbeitgeber des nun als Rechtsanwalt (Syndikusrechtsanwalt) zugelassenen S hat diesen wegen der Verlautbarung der Deutschen Rentenversicherung Bund vom 12. Dezember 2014 zum 1. Januar 2015 umgemeldet. Auf seinen Antrag hin hat die Deutsche Rentenversicherung Bund es nach einer schweren Krebserkrankung Leistungen zum medizinischen Rehabilitation gewährt.

Auf die Beiträge, die bis zum Ende des Vormonats des Beginns der Leistungen zu Unrecht entrichtet wurden, besteht wegen der Verfallklausel des § 26 Abs. 2 SGB IV kein Erstattungsanspruch. Der Erstattungsanspruch begrenzt sich vielmehr auf die Beiträge, die für die Monate, die nach der Leistungserbringung liegen, gezahlt worden sind.[58] **87**

---

[57] Siehe dazu die Formulierungen in dem Antrag VB6320 SB unter Ziffer 5.1. → Anhang 12.
[58] KKW/*Roßbach* § 26 SGB IV Rn. 13.

IV. Neuordnung und anhängige Verwaltungs- und Gerichtsverfahren

88   Nach den „Syndikusentscheidungen" des Bundessozialgerichts haben sich eine Vielzahl von Syndikusanwälten um ihren befreiungsrechtlichen Status bemüht, Befreiungsanträge gestellt, sich gegenüber der Deutschen Rentenversicherung Bund auf Vertrauensschutz berufen oder um Bestätigung gebeten, dass „alte" Befreiungsbescheide wirksam seien, da es zu keinem wesentlichen Tätigkeitswechsel gekommen sei. Zum Großteil sind diese Antrags-, Widerspruch- und Gerichtsverfahren zum Ruhen gebracht worden, nachdem die Entwürfe eines Gesetzes zur Neuordnung des Rechts der Syndikusanwälte in den Bundestag eingebracht hatte und auch von der Deutschen Rentenversicherung Bund erwartet worden war, dass es zu einer wesentlichen Rechtsänderung kommen würde. Die Frage ist virulent, was mit diesen Verfahren geschehen soll.

89   Auch wenn die Deutsche Rentenversicherung Bund in einer auf ihrer Homepage veröffentlichten Information[59] dargelegt hatte, dass laufende Verwaltungsverfahren (Antrags- oder Widerspruchsverfahren) oder Gerichtsverfahren, die einen Befreiungsantrag oder einen Antrag auf Bestätigung der Weitergeltung eines „alten" Befreiungsbescheides zum Gegenstand haben, im Hinblick auf den seinerzeit vorliegenden Referentenentwurf eines Gesetzes zur Neuordnung des Rechts der Syndikusanwälte ohne Rechtsnachteile zu erleiden, für erledigt erklärt werden könnten, empfiehlt es sich nach wie vor nicht, vorschnell solche verfahrensbeendende Erklärungen abzugeben.

90   Entspricht die Rechtanwaltskammer dem **Zulassungsantrag** und die Deutsche Rentenversicherung Bund dem **Befreiungsantrag** sowie dem **Antrag auf rückwirkende Befreiung,** können Anträge und Widersprüche zurückgenommen und Klagen für erledigt erklärt werden. Das Rechtsschutzziel ist erreicht, die auch rückwirkende Befreiung von der Rentenversicherungspflicht durchgesetzt. Im Streit stehen könnte allein die Frage, ob die Deutsche Rentenversicherung Bund (einen Teil) der außergerichtlichen Kosten zu erstatten hat. Hierbei kommt es auf jeden Einzelfall an. Das sozialrechtliche Kostenerstattungsrecht, das **Kostenerstattungsansprüche** für das Widerspruchsverfahren (§ 63 SGB X) und das Gerichtsverfahren (§ 193 SGG) vorsieht, ist nicht allein von dem sog. Erfolgsprinzip bestimmt.[60] Bei der zu treffenden Ermessensentscheidung sind alle Umstände des Einzelfalles zu berücksichtigen und dabei auch zu fragen, wer Anlass zur Klageerhebung gegeben hat.[61] Zwar ist es grundsätzlich erforderlich, dass zwischen der Einlegung des Rechtsbehelfs und der begünstigenden Entscheidung eine ursächliche Verknüpfung besteht,[62] doch kann die erforderliche Ursächlichkeit auch dann zu bejahen sein, wenn mit dem Widerspruch (oder einer Klage) verhindert wird, dass der ursprüngliche Bescheid bestandskräftig wird.[63] Ein Kostenerstattungsanspruch könnte etwa dann begründet sein, wenn die Deutsche Rentenversicherung Bund einem Ruhensantrag, der etwa im Hinblick auf die bei dem Bundesverfassungsgericht Verfassungsbeschwerdeverfahren[64] gestellt worden war, nicht entsprochen hatte und daher Anlass gegeben hatte einen Rechtsbehelf oder ein Rechtsmittel einzulegen.

---

[59] www.deutsche-rentenversicherung.de unter Home/Services/Fachinfos/Aktuelles aus der Rechtsprechung/Bundessozialgericht/Syndikusanwälte (Stand 25.6.2015).

[60] Meyer-Ladewig/Keller/Leitherer/*Leitherer* SGG § 193 Rn. 1, 12a ff.

[61] BSG Urt. v. 25.5.2005 – B 11a/11 AL 15/04 R, BeckRS 2005, 43108, NZS 2006, 378.

[62] Für Kostenerstattungsansprüche nach § 63 SGB X BSG Urt. v. 13.10.2010 – B 6 KA 29/09 R, NJOZ 2011, 1109; Meyer-Ladewig/Keller/Leitherer/*Leitherer* SGG § 193 Rn 13a.

[63] BSG Urt. v. 13.10.2010 – B 6 KA 29/09 R, NJOZ 2011, 1109, 1111.

[64] 1 BvR 2534/14 und 1 BvR 2584/14.

Erfolgt, aus welchen Gründen auch immer, eine Zulassung als Rechtsanwalt (Syndi- **91**
kusrechtsanwalt) nicht, kann es aber auf die Weitergeltung „alter" Befreiungsbescheide
ankommen, wenn kein wesentlicher Tätigkeitswechsel vorliegt[65] oder sich der Syndikusanwalt auf Vertrauensschutz[66] berufen kann.[67] Zu (weitergeltenden) Befreiung kann
es dann nur kommen, wenn die Befreiung für die Tätigkeit erteilt worden war, die heute noch ausgeübt wird oder der Rentenversicherungträger oder eine andere Behörde,
die in das Verwaltungsverfahren, das zur Befreiung führen soll, unrichtige Auskünfte
usw. erteilt hat. Gleiches gilt im Übrigen auch, wenn eine Befreiung von der Rentenversicherungspflicht (nach einer Zulassung als Rechtsanwalt (Syndikusrechtsanwalt)) daran scheitert, dass es nach Überschreitens der Altersgrenze von 45 Jahren zu einem
Ortswechsel kommt (§ 231 Abs. 4c SGB VI).

Schließlich werden vor dem Bundesverfassungsgericht Verfassungsbeschwerdever- **92**
fahren geführt,[68] die sich gegen zwei der drei Syndikusentscheidungen wenden und ggf.
auch dazu führen können, dass die angegriffenen Urteile des Bundessozialgerichts aufgehoben werden und von dem Bundesverfassungsgericht bestätigt wird, dass es auch
vor der Neuordnung schon anwaltliche Tätigkeiten bei nichtanwaltlichen Arbeitgebern
gegeben hat.

Antrags-, Widerspruchs- oder Klageverfahren sollten mithin nur dann zurückge- **93**
nommen oder für erledigt erklärt werden, wenn durch die Zulassung als Rechtsanwalt
(Syndikusrechtsanwalt) die Befreiung von der Rentenversicherung und die rückwirkende Befreiung erreicht wurde. In allen anderen Fällen kann ggf. durch die Fortführung dieser Verfahren ggf. doch noch die Befreiung von der Rentenversicherung erreicht werden.

---

[65] → § 3 Rn. 12 ff.
[66] → § 3 Rn. 27 ff.
[67] Hierzu auch BT-Drs. 18/5201, 1.
[68] 1 BvR 2534/14 und 1 BvR 2584/14; dazu auch → § 4 Rn 36.

§ 4 Versorgungswerke

I. Grundlagen

Das Gesetz zur Neuregelung des Rechts der Syndikusanwälte bringt in seiner Be- 1
gründung zum Ausdruck, **Auslöser für die Novelle** sei der Umstand gewesen, dass die
Möglichkeit der Beitragszahlung der Betroffenen in die Rechtsanwaltsversorgungswerke verschlossen worden sei. Die Einleitung der Begründung zum Gesetzentwurf beginnt
mit den Worten:

Der Status des Syndikusanwalts als Rechtsanwalt im Sinne der Bundesrechtsanwaltsordnung ist be- 2
zogen auf seine Tätigkeit im Unternehmen bisher nicht eindeutig gesetzlich geregelt. Mit den Urteilen vom 3. April 2014 ... hat das Bundessozialgericht deshalb entschieden, dass für Syndikusanwälte
eine Befreiung von der Versicherungspflicht in der gesetzlichen Rentenversicherung zugunsten einer
Versorgung in den berufsständischen Versorgungswerken nicht möglich sei. Zur Begründung seiner
Entscheidungen hat das Bundessozialgericht ausgeführt, dass die anwaltliche Berufsausübung in der
äußeren Form der abhängigen Beschäftigung nicht möglich sei. ...
   Die Stellung des Syndikusanwalts als Rechtsanwalt soll gesetzlich geregelt werden.. Mit diesen Regelungen soll zum einen ermöglicht werden, dass Syndikusanwälte wie bisher – unter bestimmten
Voraussetzungen auch rückwirkend –von der Rentenversicherungspflicht befreit werden und in den
anwaltlichen Versorgungswerken verbleiben können.[1]

Das erscheint auf den ersten Blick erstaunlich, als die Rechtsanwaltsversorgungs- 3
werke **mit der Thematik rechtlich unmittelbar nicht verbunden**[2] sind und der Bundesgesetzgeber insoweit gar nichts regeln konnte. Er konnte insbesondere nicht bestimmen, ob und unter welchen Voraussetzungen ein „Verbleiben" im Versorgungswerk
möglich sein soll oder nicht. Nichtsdestoweniger hatten die Urteile des BSG und hat die
jetzige Reform erhebliche mittelbare Rückwirkungen auf die Versorgungswerke und
ihre Mitglieder.
   Das Recht der berufsständischen Versorgung ist insoweit nur sekundär betroffen.
Das bedeutet aber auch, dass bei Drucklegung dieser Schrift Handlungsanweisungen
und Empfehlungen nur in sehr eingeschränktem Maße gegeben werden können. Denn
die Entscheidungsträger bei den Versorgungswerken werden erst einmal zur Kenntnis
nehmen und dann verarbeiten müssen, was sich aus den Ankündigungen sowohl der
Rechtsanwaltskammern als auch der Deutschen Rentenversicherung ergeben wird. Die
von diesen Einrichtungen verwendeten Formulare sind bei Abfassung des vorliegenden
Textes gerade seit einer starken Woche bekannt; sie sind nicht mit den Versorgungwer-
ken abgesprochen. Selbst verständlich richten sich die Versorgungswerke auf ihre Mitglieder zugeschnittene Verfahrensweise ein. Sie wird sich allerdings erst nach und nach
konsolidieren.
   Deswegen enthalten die nachfolgenden Ausführungen **nur vorläufige Hinweise** zu 4
folgenden Gesichtspunkten:
- Was erfordern die Grundlagen des Systems der berufsständischen Versorgung?
- Was dient dem Schutz der Versichertengemeinschaft im Versorgungswerk einerseits
  und das berechtigte Anliegen des Mitglieds auf Erhaltung seiner Anwartschaft andererseits?

---

[1] BT-Drs. 18/5201 v. 16.6.2015.
[2] ZB *Jung/Kilger* Berufsständische Versorgung – Was ist das? AnwBl 1993, 524–525.

- Welche Erwägungen drängen sich bei Anwendung der neuen gesetzlichen Grundlagen auf das System der berufsständischen Versorgung auf?

5   Der Syndikusanwalt, welcher sich mit der Materie beschäftigen will, sollte diese Gesichtspunkte kennen. Aber sie betreffen auch alle anderen Mitglieder der Versorgungswerke. Denn die Erhaltung des gewachsenen und bewährten Systems der berufsständischen Versorgung bedarf der steten Wachsamkeit aller Berufsangehörigen.

Aus diesen Gründen wird das Recht der Berufsständischen Versorgung[3] auch in der vorliegenden Schrift dargelegt, obwohl sich Beurteilung viele rechtliche Einzelfragen noch auf sehr schwankendem Grund bewegt. Dies und der bis zur Auslieferung dieser Schrift ablaufende Zeitraum, der neue Erkenntnisse bringen kann, sollte bei der Beurteilung bedacht werden.

6   Um diesen Zusammenhang zu verstehen, ist es erforderlich, sich die **Grundlagen**[4] vor Augen zu halten:

7   - Die Versorgungswerke beruhen auf **Landesrecht**. Die Länder haben aufgrund ihrer Gesetzgebungskompetenz im Rahmen der konkurrierenden Gesetzgebung von ihrem Regelungsrecht vollständig Gebrauch gemacht.[5] Alle verkammerten freien Berufe haben deswegen flächendeckend in Deutschland Versorgungswerke, die alle in den Ländern errichtet worden sind. Das sind insgesamt 89 berufsständischen Versorgungseinrichtungen, entweder als Teil der zuständigen Kammern oder als selbstständige Körperschaften oder Anstalten des öffentlichen Rechts.

8   - Demgemäß existieren entsprechend der Anzahl der Bundesländer in Deutschland 16 Rechtsanwaltsversorgungswerke, deren Rechtsgrundlagen einschlägige Landesgesetze und die auf ihrer Grundlage erlassenen Satzungen sind. Da in vielen Ländern mehrere Rechtsanwaltskammern existieren, kann der Einzugsbereich eines Versorgungswerks mehrere Kammern umfassen. Die sie betreffenden Rechtsfragen beurteilen sich demgemäß nicht nach der Bundesrechtsanwaltsordnung, nicht dem Rechtsdienstleistungsgesetz und schon gar nicht nach den Sozialgesetzbüchern; maßgeblich sind allein **Landesgesetze und die Satzungen,**[6] sowie die auf ihrer Grundlage ergangene Rechtsprechung der Verwaltungsgerichtsbarkeit. Da die Deutsche Rentenversicherung ihrerseits auf dem Sozialgesetzbuch VI beruht und für Ihre

---

[3] Siehe vorherige Fußnote sowie zB *Jung,* Handbuch der Alterssicherung Abschnitt 6010 Die berufsständischen Versorgungseinrichtungen der verkammerten Freien Berufe (2006), *ders.* Das Wirtschaftshandbuch des Arztes, Kapitel 8 Versicherung, Altersvorsorge (2006).

[4] Generell zur Rechtsprechung zur berufsständischen Versorgung sei auf den regelmäßigen Rechtsprechungsbericht *Prossliner/Kilger* verwiesen, zuletzt NJW 2014, 3136–3140, NJW 2014, 3136, NJW 2013, 3283, NJW 2012, 3347, NJW 2010, 3137.

[5] Ihr Bestand ist seit langem abgesichert, wir Zitate aus früher Zeit ausweisen; BVerfG vom 25.2.60, 1 BvR 239/52, NJW 1960, 619; BVerfGE 10, 354; BVerfG v. 10.5.60, 1 BvR 190, 363, 401, 409, 471/58, NJW 1960, 1099; BVerfGE 11, 105; BVerfG v. 2.5.61, 1 BvR 203/53, NJW 1960, 1155; BVerfGE 12, 319; NJW 61, 2059 (mit Anm. *Hamann*), Reusch, Alterssicherungssysteme und Versorgungswerke der Rechtsanwaltschaft, BRAK Mitt. 1984, 98 und Versorgungswerke – für angestellte Freiberufler kein Privileg, DV 1987, 187; *Kilger,* Der heutige Stand der Rechtsanwaltsversorgung, AnwBl. 1990 S. 285 ff, Der Anwalt in der berufsständischen Versorgung AnwBl. 1991, S. 515, Syndicus-Anwalt und Versorgungswerk, Befreiung von der Versicherungspflicht bei der BfA, AnwBl 1992, 438 f und Die Rechtsanwaltsversorgungswerke, in DAV-Ratgeber – Praktische Hinweise für junge Anwälte, Bonn 1995, S. 228 f; Jung, Versorgungswerke – Zeugnis für Selbstverantwortung und Selbsthilfe der freien Berufe, RV 1983, 64, und Die Rentenreform und die Berufsständische Versorgung, BRAK-Mitt 1990, S. 11; *Plagemann* Berufsständische Pflichtversorgung im Interesse des Gemeinwohls nach dem Sozialstaatsprinzip EWiR 1988, 323–324; Kirchhoff, Die soziale Sicherung des Rechtsanwalts bei Berufsunfähigkeit, im Alter und für seine Hinterbliebenen, in: Festschrift zur 150-Jahr-Feier des Rechtsanwaltsvereins Hannover e. V. (1831–1981), S. 167 ff., Hannover 1981.

[6] Inzwischen über die Homepage aller Versorgungswerke erreichbar (deren Adressen siehe abv.de).

Beurteilung die Sozialgerichtsbarkeit zuständig ist, bestehen zwei völlig getrennte Welten.

- Die berufsständische Versorgung ist **Teil der ersten Säule,**[7] dies neben der Deutschen **9** Rentenversicherung (diese einschließlich der besonderen Teile der Künstlersozialversicherung, der Handwerkerversicherung etc.) und der Beamtenversorgung. Diese übliche Einteilung bezeichnet das System der Pflichtversorgung für alle Beteiligten zur Schaffung einer ausreichenden Grundversorgung für den Fall des Alters, der Invalidität und der Versorgung der Hinterbliebenen. Nur deswegen ist die berufsständische Versorgung für einen besonderen Personenkreis als Substitut der allgemeinen gesetzlichen Rentenversicherung anerkannt; nur deswegen ist die Bestimmung des Befreiungsrecht nach § 6 SGB VI eine Koordinierungsvorschrift, welche die Abgrenzung von zwei Systemen regelt.[8] Da die berufsständische Versorgung nach der VO EU 883/04 als koordiniert anerkannt ist, ist sie auch im europäischen Rahmen als Teil der ersten Säule bestätigt (s. u.).

Zu betonen ist: hier ist nur die Rede von „**Berufsständischen Versorgungseinrichtun- 10 gen**", mit welchem Namen sie der Bundesgesetzgeber in § 6 SGB VI versehen hat. In den Landesgesetzen heißen sie im Allgemeinen „Rechtsanwaltsversorgung" oder ähnlich. Es gibt bundesweit aber auch „Versorgungswerke", die nicht zur ersten Säule und damit nicht zur vorliegenden Thematik gehören: zum Beispiel die „Versorgungswerk der Presse GmbH". Sie sind zumeist Teil der Zweiten Säule und stehen im Zusammenhang von Tarifverträgen oder in der Nähe zu Gruppenverträgen mit Lebensversicherern. Dortige Versicherte haben natürlich kein Befreiungsrecht nach § 6 SGB VI. Wer „Versorgungswerk" liest, muss deswegen zunächst immer klären, womit er es zu tun hat.

- Die (echten) Versorgungswerke unterscheiden sich von der gesetzlichen Rentenversi- **11** cherung nicht nur durch ihre Rechtsgrundlagen, sondern auch durch ihre versicherungsmathematische Konstruktion. Die Deutsche Rentenversicherung ist ein reines Umlagesystem. Alle Beiträge, die eingezahlt werden, dienen dazu, der jeweils anspruchsberechtigten Generation Leistungen gewähren zu können. Fließen in einem Umlagesystem keine Beiträge, können auch keine Leistungen mehr bezahlt werden. Die berufsständische Versorgung hat von Anfang an (auch) auf Kapitalbildung gesetzt. Diese setzt einen Plan voraus, der bestimmt, in welcher Weise eingegangene Beiträge nicht sofort wieder ausgegeben, sondern angespart werden, um aus dem erhofften Vermögensertrag weitere Leistungsanteile generieren zu können. Dieser Gedanke ist bei den Lebensversicherungen – dem anderen Extrem in der Dritten Säule – durch reine Kapitaldeckung in die Wirklichkeit umgesetzt.[9] Wo Kapitel angesammelt ist, ist der Effekt klar: fließen keine Beiträge mehr, kann dennoch noch Leistung gewährt werden. Damit repräsentieren die beiden hier in Betracht kommenden Teile der ersten Säule höchst unterschiedliche mathematische Ausprägungen eines Vorsorgesystems. Diese Unterschiedlichkeit ist keineswegs ungewöhnlich: Auch die Beamtenversorgung hat eine eigene versicherungsmathematische Grundlage. Dort werden die Leistungen von Dritten bezahlt; der Dritte ist der Steuerzahler. Diese Unterschiedlichkeit ist im Übrigen Ausprägung des in Deutschland bewährten Systems des

---

[7] Siehe zB Rn. 92 in BVerfG, Beschl. v. 18.2.1998 – 1 BvR 1318/86, 1 BvR 1484/86, BVerfGE 97, 271–29, zum Drei-Säulen-Konzept Rn. 56 in VerfG, Urt. v. 19.10.1983 – 2 BvR 298/81, BVerfGE 65, 196–21.

[8] *Kilger,* Syndikus-Anwalt und Versorgungswerk – Befreiung von der Versicherungspflicht bei der BfA? AnwBl 1992, 438–439.

[9] *Kilger,* Versorgungswerke einerseits, Versicherungen andererseits, AnwBl 1995, 238–241.

gegliederten Aufbaus der Altersvorsorge. Eine Erwerbstätigenversicherung in Rein-
form würde genau diese Unterschiede einebnen und letztlich alle einem einheitlichen
Umlagesystem unterwerfen.

12 • Eine Besonderheit der berufsständischen Versorgung ist es, dass sie keine Kapitaldeckung in Reinkultur (wie bei der Lebensversicherung) durchführt. Sie praktiziert
vielmehr eine versicherungsmathematisch gesicherte **Mischung zwischen Kapitalbildung einerseits und Umlage andererseits.** Diese auch in anderen Bereichen angestrebte Mischung, die sich historisch bewährt hat, bewirkt einen besseren Schutz gegen
die Unwägbarkeiten der Zukunft: Die Vor- und Nachteile beider reinen Systeme
werden gemischt und damit teilweise gemindert bzw. multipliziert. Das Umlagesystem ist besonders anfällig gegenüber Veränderungen in der Alterspyramide und der
Bereitschaft der Jungen, für die Alten noch zu bezahlen; die Kapitaldeckung muss die
Gefahr der Inflation und des Verfalls von Kapitalmärkten im Auge haben. Gegenwärtig haben die Rechtsanwaltsversorgungswerke hohe Deckungsgrade, was den
Kapitalanteil angeht und nur verhältnismäßig niedrige Umlageanteile. Da die Versorgungswerke im Gegensatz zur Lebensversicherung auch keine Zusage von Nomi-
nalbeträgen bereithalten, können sie auf diese Weise in der gegenwärtigen Niedrig-
zinsphase besser als reine Kapitaldeckungssysteme bestehen. Technisch wird dies
durch die Systeme entweder der so genannten modifizierten Anwartschaftsdeckung
in der Mehrheit durch das so genannte offene Deckungsplanverfahren[10] umgesetzt.

13 • Diese Unterschiedlichkeiten – und der seit der „kaiserlichen Botschaft"[11] entwickelte
Schutzgedanke – bewirken eine höchst unterschiedliche Umsetzungspraxis. Kraft
Bundesgesetz ist der abhängig Beschäftigte in der deutschen Rentenversicherung versichert (und ein kleiner Teil der Selbstständigen gemäß § 2 SGB VI). Demgegenüber
sind im Versorgungswerk alle **Kammermitglieder versichert,** völlig unabhängig davon, welchen arbeitsrechtlichen oder gesellschaftsrechtlichen Status sie haben. Logische und einfachste Folge wäre es, wenn Rechtsanwältinnen und Rechtsanwälte immer im Versorgungswerk und nie in der Deutschen Rentenversicherung versichert
wären, auch dann nicht, wenn sie abhängig beschäftigt sind. Das wäre auch sachgerecht: der den abhängig Beschäftigten zustehende Schutz wäre ja durch die Versorgungswerke gesichert. Diese einfache Lösung wäre durchaus nicht abwegig. Im
Bereich der Beamtenschaft gilt genau sie: Beamte sind nach § 5 SGB VI in der gesetzlichen Rentenversicherung automatisch versicherungsfrei. Da diese einfache Lösung
für den Bereich der berufsständischen Versorgung bisher nicht gilt, bedarf es einer
Regelung, die eine Befreiung auf Antrag vorsieht. Sie ist, wie § 6 SGB VI ausweist,
sehr komplex ausgestaltet und Anlass der Auseinandersetzung zwischen beiden Bereichen der ersten Säule geworden. Einfacher wäre also eine sozialrechtliche „große"
Lösung gewesen; zu ihr konnte sich die Große Koalition im Jahr 2015 nicht durchringen – obwohl das Grenzgebiet zwischen berufsständischer Versorgung und Beamtenversorgung berufsrechtlich zufriedenstellend geregelt ist: Rechtsanwälte können
berufsrechtlich nicht zugleich Beamte sein.

14 • Folge diese Unterschiede ist auch eine vollkommen unterschiedliche Erhebung der
Beiträge, deren Divergenz häufig zu Irritationen führt. Die **Erhebung der Beiträge** in

---

[10] Zum offenen Deckungsplanverfahren zB zuletzt BVerwG, Beschl. v. 17.12.2014 – 10 B 47/14,
BeckRS 2015, 41488.
[11] zur Eröffnung des 5. Deutschen Reichstags am 17. November 1881 von Reichskanzler Fürst Otto
von Bismarck im Königlichen Schloss zu Berlin verlesene Botschaft Wilhelms I., die die deutsche Sozial-
gesetzgebung fortführte, nachdem eine erste Unfallversicherungsvorlage im Reichstag gescheitert war.
Stenographische Berichte über die Verhandlungen des Reichstages. V. Legislaturperiode. I. Session
1881/82, Berlin 1882, S. 1 f.

der gesetzlichen Rentenversicherung erfolgt bei den Beschäftigten ausschließlich über die Arbeitgeber (§§ 28a SGB IV f). Das gilt auch für den Anteil, den der abhängig Beschäftigte zu bezahlen hat. Der Arbeitgeber behält den Arbeitnehmeranteil ein und führt ihn zusammen mit dem (zusätzlich zum Gehalt aufzuwendenden) Arbeitgeberanteil an die Einzugsstelle der gesetzlichen Rentenversicherung ab. Der abhängig Beschäftigte hat damit überhaupt nichts zu tun, er hat keinerlei Mitsprache- oder Mitwirkungsmöglichkeit. Im Versorgungswerk dagegen bezahlt das Mitglied seinen Beitrag selbst und ganz allein. Es gibt zwischen Versorgungswerk und dem Arbeitgeber letztlich keine rechtliche Beziehung. Wenn der Arbeitgeber – bei beschäftigten Anwälten häufig – direkt an das Versorgungswerk bezahlt, so geschieht dies letztlich allein aufgrund einer Anweisung des Mitglieds; es könnte die Leistung des Arbeitgebers auch an sich selbst bezahlen lassen, um dann Abführung an das Versorgungswerk selbst vorzunehmen.

- Der Beitragsweg ist also zusätzlich durch den Umstand kompliziert, dass es eine Beitragspflicht des Arbeitgebers an das Versorgungswerk gesetzlich nicht geben kann: dafür hätte der Landesgesetzgeber keine Kompetenz. Also hat der Anwalt gegen seinen Arbeitgeber einen Anspruch auf vollständige Auszahlung seines Gehalts, dh ohne Abzug eines Arbeitnehmeranteils. Da der Arbeitgeber aber den Arbeitgeberbeitrag sparen würde (welchen ja der Arbeitgeber gegenüber dem Versorgungswerk nicht schuldet), hat der Bundesgesetzgeber – letztlich aus arbeitsmarktpolitischen Gründen – in § 172 Buchst. a SGB VI[12] vorgesehen, dass der Arbeitgeber seinen (von der DRV befreiten) Beschäftigten einen **Arbeitgeberzuschuss** bezahlen muss, der die Höhe des theoretischen Arbeitgeberanteils ausmacht. Auf diese Weise besteht in der Summe Gleichklang mit dem Verfahren, welches gegenüber der gesetzlichen Rentenversicherung gilt: Der Beschäftigte erhält sein volles Gehalt zuzüglich dem Arbeitgeberzuschuss, so dass er als Mitglied des Versorgungswerks den vollen Beitrag an das Versorgungswerk weiterleiten oder den Arbeitgeber entsprechend anweisen kann. Das setzt allerdings voraus, dass er an das Versorgungswerk denselben Beitrag schuldet, den sein Arbeitgeber an die Deutsche Rentenversicherung leisten müsste. Das sieht § 6 SGB VI ausdrücklich vor und wird von allen Versorgungswerken gewährleistet. Wenn man noch hinzunimmt, dass sich die Deutsche Rentenversicherung die Beiträge über die so genannte Einzugsstelle, also die zuständige Krankenkasse, bezahlen lässt, mit welcher das Versorgungswerk erst recht nichts zu tun hat, wird verständlich, warum der Beitragsweg in rechtlicher Hinsicht auch von vielen Juristen für undurchschaubar gehalten wird. Da dies dann zu zusätzlichen Komplikationen führt, wenn es zu einer Rückabwicklung wegen falsch abgeführter Beiträge kommen muss, ist das – vermeintliche – Chaos perfekt.   **15**

- Demgegenüber ist das **Leistungsrecht** in beiden Systemen dem Grunde nach ähnlich. Es gibt keine Kapitalerstattung, sondern bei Vorliegen eines Versicherungsfalls nur die Rente bzw. das Ruhegeld. Sie berechnet sich dem Grunde nach aus dem Produkt von anzurechnenden Versicherungszeiten, dem Durchschnitt der gezahlten Beiträge und einem Faktor, welcher die Leistungsfähigkeit des Systems bestimmt. Dieses Produkt erklärt, warum jede Beitragszahlung zu Erhöhungen und jede unterbliebene Beitragszahlung zur Verminderung der Anwartschaft bzw. Rente führen muss. Allerdings hängt die Leistung der gesetzlichen Rentenversicherung zu nicht unwesentlichen Teilen auch von der Höhe staatlicher Zuschüsse, also dem Beitrag Dritter ab. Das dortige Verfahren hat Vor- und Nachteile: Einerseits kann der Staat mit der Höhe seiner Zuschüsse steuern, andererseits kann das System versicherungsfremde   **16**

---

[12] Früher § 172 Absatz 2 SGB VI.

Leistungen erbringen. So erstattet die Deutsche Rentenversicherung beispielsweise Leistungen für Kindererziehung.[13] Diese kann nicht Aufgabe der Versichertengemeinschaft, sondern nur der Allgemeinheit sein. Deswegen gewähren Versorgungswerke keine Kindererziehungszeiten; sie erhalten dafür keine Zuschüsse, und wollen sie aus den genannten Gründen auch nicht. Dadurch sind sie der staatlichen Steuerungsmöglichkeit jeden falls insoweit entzogen. Das bedeutet nicht, dass die berufsständischen Versorgungen nicht auch erhebliche Solidaranteile innerhalb der Versichertengemeinschaft beinhalten würde. Diese bestehen z.B. im Bereich der Leistungen für Berufsunfähigkeit, in der Verteilung bestimmter Risiken bei der Hinterbliebenenversorgung, in dem von Anfang an praktiziert Unisex-Tarif etc.). Auch wegen dieser Solidarantcilc ist dic berufsständischen Versorgung europarechtlich anerkannt – sie kann ebenso wie beispielsweise Berufsgenossenschaften nicht durch private Unternehmen substituiert werden.[14]

II. Das Verfahren im Versorgungswerk

1. Verfahren für Berufsanfänger

17   Wer nach dem 31.12.2015 in den Beruf eintritt und Syndikusrechtsanwalt wird, muss einen entsprechenden Zulassungsantrag bei der Kammer stellen. Das gilt unabhängig davon, ob es sich auch als Rechtsanwalt zulassen möchte oder nicht.

18   Wird der Antragsteller (**nur**) **als Rechtsanwalt** zugelassen, wird er Mitglied im Versorgungswerk. Er wird dort beitragspflichtig. Wenn er in einem Unternehmen als Unternehmensjurist tätig ist und keine Zulassung als Syndikusrechtsanwalt erhält, dann ist diese Tätigkeit künftig wohl eindeutig eine berufsfremde Tätigkeit. Denn sie wird nach der gesetzlichen Definition Anwaltstätigkeit erst durch die Zulassung als Syndikusrechtsanwalt. Das bedeutet: für seine Tätigkeit im Unternehmen ist er dann nicht befreiungsberechtigt; sein dortiger Arbeitgeber muss an die Einzugsstelle bezahlen.

19   Diese Fälle können eintreten, wenn der Antragsteller entweder nur die reine Zulassung als Rechtsanwalt beantragt oder wenn sein zwar gestellter, aber von der Kammer abgelehnter Antrag als Syndikusrechtsanwalt die Erstreckung der Anwaltstätigkeit auf das Unternehmen nicht erfasst. Diese Konstellationen hat **Folgen für die Beitragspflicht** im Versorgungswerk. Es hängt dann von der Verfahrensweise und der Satzungslage des jeweiligen Versorgungswerks ab, wie die Beitragsfestsetzung aussieht:

- Erstens es ist denkbar, dass dann überhaupt nur das Einkommen aus selbständiger Tätigkeit zum Beitrag herangezogen wird.
- Zweitens es ist (wohl nur für Selbständige) eine Satzungslage denkbar, dass auch das berufsfremde Einkommen aus abhängiger Beschäftigung zur Beitragsbemessung herangezogen wird. Allerdings ist nach der neuen Rechtslage eher unwahrscheinlich, dass es endgültig dazu kommen wird. Denn bei diesem Verfahren wäre ja das Einkommen aus abhängiger Beschäftigung doppelter Beitragspflicht unterworfen. Das sollte vermieden werden können.

---

[13] *Kirchhoff/Kilger*, Verfassungsrechtliche Verpflichtung der berufsständischen Versorgungswerke zur Berücksichtigung von Zeiten der Kindererziehung? NJW 2005, 101–106.
[14] Siehe EuGH Urt. v. 5.3.2009 – C-350/07, NJW 2009, 1325, hierzu *Fuchs*, Das Unfallversicherungsmonopol ist mit dem Recht des Binnenmarktes vereinbar, SGb 2012, 507, sowie – bezogen auf die Versorgungswerke – *Fuchs*, Rechtsgutachten, Ist die Pflichtmitgliedschaft in einer berufsständischen Versorgungseinrichtung mit EU-Recht vereinbar? Gutachten ABV-Materialien 2012.

- Drittens könnte das Versorgungswerk vorsehen, dass derjenige, der bei der Deutschen Rentenversicherung abgesichert ist, lediglich einen besonderen Beitrag zu bezahlen hat. Dieser kann ein Zehntel bis zu drei Zehntel des Regelpflichtbeitrags betragen, erfasst also eine Bandbreite zwischen 80 und 350 € monatlich. In diesen Fällen ist das Versorgungswerk dann im Effekt eine Art Zusatzversorgung auf Pflichtbasis.
- Wird viertens schließlich nach der vorstehenden Ziffer verfahren, dann kann der Wunsch entstehen, im Versorgungswerk zusätzliche Beiträge zu bezahlen, zB um die Höhe der bisherigen Anwartschaft zu erhalten. Es gibt Versorgungswerke die einen derartige Zuzahlungsantrag zulassen, wobei zu beachten ist, dass die zusätzliche Zahlung in aller Regel erst ab Antragstellung möglich und das Mitglied möglicherweise dann einen gewissen Zeitraum daran gebunden ist. Es gibt aber auch Versorgungswerke, die derartige Zuzahlungen zum besonderen Beitrag nicht zulassen und darauf verweisen, dass mit der Festlegung eines drei Zehntel Betrages als besonderer Beitrag schon ein sehr erheblicher Betrag geleistet werden kann.

Es wird empfohlen, mit dem Versorgungswerk in Verbindung zu treten und zu klä- **20** ren, wie gegebenenfalls verfahren wird. Eine Zusammenstellung der Verfahrensweise ist im gegenwärtigen Zeitpunkt an dieser Stelle schon deswegen nicht möglich, weil alle Versorgungswerke ihre bisher übliche Verfahrensweise im Hinblick auf das neue Gesetz überprüfen und entsprechend dem Ergebnis eine Anpassung entweder vornehmen müssen oder aus wohlerwogenen Gründen eben nicht vornehmen. Deswegen empfiehlt sich auch eine **jeweils aktuelle Erkundung.** Viele Versorgungswerke stellen ihre Handhabung und gegebenenfalls aktuelle Änderungen auch ins Internet, so dass sich vor Anforderung einer Auskunft eigene Erkundung auf der jeweiligen Homepage empfiehlt. Die Adresse sind über den Internetauftritt des Dachverbandes ABV e. V. in Berlin abrufbar.[15]

Der Antrag auf Zulassung als Syndikusrechtsanwalt bei der Kammer beinhaltet aber **21** keineswegs gleichzeitig den **Antrag auf Befreiung** von der gesetzlichen Rentenversicherung. Denn es ist ja nicht auszuschließen, dass eine Befreiung gar nicht gewünscht wird. Selbstverständlich ist auch künftig ein Befreiungsantrag bei der Deutschen Rentenversicherung zu stellen. Wegen der dortigen Anforderungen wird auf den sozialrechtlichen Teil dieser Schrift verwiesen. Im vorliegenden Abschnitt ist nur dargestellt, inwieweit das Verhältnis zum Versorgungswerk berührt ist:

Das Versorgungswerk hat zu bestätigen, dass der Antragsteller bei ihm Mitglied ist **22** und im Falle der Befreiung den vollen Beitrag so zu zahlen verpflichtet ist, wie er sonst an die gesetzliche Rentenversicherung abzuführen wäre. Das Versorgungswerk kann diese Bestätigung isoliert erstellen, wenn sich der Antragsteller durch formlosen Antrag direkt an die Deutsche Rentenversicherung gewandt hat. Es besteht kein Formularzwang. Das von der Deutschen Rentenversicherung inzwischen im Internet bereitgestellten Formular dient deswegen letztlich der Verwaltungsvereinfachung und damit allen Beteiligten.

Das lange geübte und übliche Verfahren besteht darin, dass das Mitglied seinen An- **23** trag und seine notwendigen Erklärungen auf einem **Formular** abgibt, welches an das Versorgungswerk gesandt wird. Das Versorgungswerk hat für den Empfang dieses Antrags Empfangsvollmacht. Es versieht den Formularantrag deswegen mit einem Eingangsstempel, welche die Frist wahrt, die bei der Deutschen Rentenversicherung einzuhalten ist. Das Versorgungswerk versieht das Formular dann mit der von ihm abzugebenden Bestätigung und sendet das so ergänzte Formular an die Deutsche Rentenversicherung weiter.

---

[15] www.abv.de.

24   Dieses Verfahren hat sich dem Grunde nach bewährt. Es beruht auf jahrzehntelanger
Praxis. Die dogmatisch sauberen und tatsächlichen Grundlagen sind allerdings nicht
klar: In vielen Fällen gibt es eine entsprechende Ermächtigung der früheren Bundesversicherungsanstalt für Angestellte (BfA), die diese dem Versorgungswerk gegeben hat.
Ob diese Ermächtigung überall vorliegt, kann im Rahmen dieser Schrift deswegen verbindlich nicht geklärt werden, weil sie nicht veröffentlicht sind. Es kann auch daran
gedacht werden, § 16 Abs. 2 SGB I insoweit in Anwendung zu bringen, dass die Antragstellung bei einem unzutreffenden Adressaten unter den dort vorausgesetzten Bedingungen wirksam ist. Leider scheint aber nicht eindeutig, ob die berufsständischen
Versorgungseinrichtungen überhaupt unter den dort gemeinten Adressatenkreis fallen.
Letztlich kann diese Erörterung jedenfalls für die Befreiungsanträge[16] aber dahinstehen:
Die jahrzehntelange Praxis gibt sichere Rechtsgrundlage genug, um sich im Zweifelsfall
hierauf berufen zu können. Wer diese Zweifel schon gar nicht entstehen lassen will,
stellt seinen Antrag nicht beim Versorgungswerk, sondern direkt bei der Deutschen
Rentenversicherung, zweckmäßigerweise mit Zustellungsnachweis.

Die Deutsche Rentenversicherung hat das ihrer Ansicht nach notwendige neue Formular soeben auf ihrer Homepage veröffentlicht.[17] Es kann dort heruntergeladen werden. Als Adressat dieses Antrags ist das jeweilige Versorgungswerk vorgesehen, sodass
zu erwarten ist, dass die Versorgungswerke es (schon mit dem eigenen Adresseindruck
versehen) auf ihrer Homepage zum Download veröffentlichen werden.

25   Dieses Formular entspricht dem Grunde nach dem seit Jahrzehnten üblichen Formular. Die Deutsche Rentenversicherung hat es angepasst. Es unterscheidet nun in der
Ausgangsfrage 2 richtigerweise zwischen Rechtsanwalt und Syndikusrechtsanwalt. Für
die letztere Gruppe hat die Deutsche Rentenversicherung, wie man aus dem Vordruck
zu Frage zwei erfährt, ein neues „**Kennzeichen**" eingeführt, welches der Versicherungsnummer angefügt wird, Man wird also künftig allein am Aktenzeichen erkennen können, ob das Befreiungsverfahren einen Rechtsanwalt (Kennzeichen 5010) oder einen
Syndikusrechtsanwalt (Kennzeichen 5111) betrifft. Das kann – wenn es um zwei Beschäftigungen geht – zu zwei Aktenzeichen führen.

Die Fragen 5 und 6 betreffen dann speziell den Syndikusrechtsanwalt. Insoweit wird
auf die Ausführungen von Schafhausen zum sozialrechtlichen Teil dieses Buches verwiesen.[18]

Das Versorgungswerk gibt dann unter Ziffer 9 die notwendigen Erklärungen ab. Das
entspricht dem bisherigen Verfahren. Es sendet das gesamte so ausgefüllte Formular an
die Deutsche Rentenversicherung Bund weiter (wie der Eindruck auf Seite 1 ausweist).
Da sie dieses Verfahren empfiehlt, gehen die Versorgungswerke auch davon aus, dass
der Eingang des Befreiungsantrages im Versorgungswerk (dafür hat sie ein besonderes
Feld auf Seite 1 rechts oben vorgesehen) die Frist nach § 6 Absatz 3 SGB VI gemäß der
lange eingeübten Verwaltungspraxis wahrt.

26   Es sei hinzugesetzt, dass das Versorgungswerk selbst die Befreiungsvoraussetzungen **weder zu prüfen hat noch prüfen kann**. Sie können nur zwischen Mitglied unter
Deutsche Rentenversicherung verhandelt werden. Wenn das Versorgungswerk sich ein-
mischen sollte, so nur in Wahrnehmung einer Fürsorgepflicht für seine Mitglieder: Ist
nämlich offenkundig, dass der Antrag fehlerhaft ist und fällt dem Versorgungswerk
dies auf, so wird es den Antragsteller in aller Regel hierauf hinweisen. Allerdings kann

---

[16] Nicht aber für andere Anträge!!
[17] http://www.deutsche-rentenversicherung.de/Bund/de/Inhalt/5_Services/04_formulare_antraege/
_pdf/V6355.pdf?__blob=publicationFile&v=2; → Anhang, Form. V6355.
[18] Siehe Schafhausen → § 3 Gesetzliche Rentenversicherung.

sich der Antragsteller hierauf nicht verlassen und schon gar nicht erwarten, dass der Befreiungsantrag erfolgreich sein werde, wenn das Versorgungswerk ihn entgegengenommen und weitergeleitet hat.

Allerdings kann sich ein Problem bei der passenden **Koinzidenz der Zeiträume** ab-   **27** zeichnen. Dieses Problem bestand schon bisher: Das Versorgungswerk erfuhr von der Mitgliedschaft durch eine Nachricht der Kammer; aber es konnte den Beitrag noch nicht endgültig festsetzen, weil das Verfahren noch nicht abgeschlossen war. Denn es konnte bis dahin nicht davon ausgehen, dass das Mitglied wirksam befreit würde. Um diesen Zwischenraum zu bewältigen, sind verschiedene Konstellationen denkbar:

- Entweder das Versorgungswerk setzt **vorläufig** den Beitrag so fest, wie er für nicht   **28** befreite Mitglieder oben dargestellt worden ist. Dieses Verfahren hat allerdings den Nachteil, dass wegen der geringeren Leistungen nicht entsprechende Anwartschaften aufgebaut werden können. Das kann sich im Berufsunfähigkeitsschutz dann negativ auswirken, wenn der Versicherungsfall der Berufsunfähigkeit vor Abschluss des Vorausverfahrens eintritt. Da sich die die Berufsunfähigkeitsrente nach dem Durchschnitt der bis zum Versicherungsfall erworbenen Anwartschaft berechnet, kann die Berufsunfähigkeitsrente erheblich niedriger ausfallen, als sie ausfallen würde, würden Beitrag gezahlt worden wäre. Nach Eintritt des Versicherungsfalles kann kein Versorgungswerk weitere Beiträge entgegennehmen.

- Oder aber das Versorgungswerk lässt auf Antrag für den Zwischenraum höhere Bei-   **29** träge so zu, dass vorab der Beitrag gezahlt wird, der gezahlt werden würde, wenn die Befreiung wirksam wird. Dann wird Berufsunfähigkeitsschutz aufgebaut; er muss aber von Mitgliedern **aus der eigenen Tasche** finanziert werden. Denn der Arbeitgeber muss in der Zwischenzeit an die Einzugsstelle bezahlen. Der dem Mitglied entstandene Mehraufwand wird dadurch ausgeglichen, dass nach erfolgter Befreiung die an die Einzugsstelle gezahlten Beträge über den Arbeitgeber zurück an das Mitglied fließen, so dass am Ende der Zustand erreicht ist, der erreicht worden wäre, wenn die Befreiung sofort mit Antragstellung wirksam geworden wäre.

Generell gilt: Ein Befreiungsantrag wirkt nicht zurück! Er wird immer erst **ab dem**   **30** **Antragseingang, also ex nunc,** wobei der Eingang beim Versorgungswerk nach der bisherigen Praxis der gesetzlichen Rentenversicherung zugerechnet wird. Eine rückwirkende Befreiung gibt es ausnahmsweise nur, wenn der Befreiungsantrag innerhalb von drei Monaten ab Vorliegen der Voraussetzungen gestellt ist; nur dann wirkt er auf den so bezeichneten Zeitpunkt **ex tunc** zurück. Das ist also eine Ausnahme! Sie bedeutet in aller Regel, dass bei Beginn eines Beschäftigungsverhältnisses die Frist von drei Monaten läuft und danach unerbittlich abläuft. Auf sie sollte also unbedingt geachtet werden.

Praxistipp:

Ein Zulassungsantrag wirkt nicht zurück!
Bei neuem Beschäftigungsverhältnis Zulassungsantrag am ersten Tag stellen!

2. Verfahren für den – bereits befreiten – Übergangsbestand

Der so schon für den Neuzugang dargestellte Verfahrensgang kann noch komplexer   **31** sein für die **Übergangsfälle,** also diejenigen, die bisher als Rechtsanwalt zugelassen waren und nun neben dieser (oder sogar statt dieser) die Antragstellung als Syndikusrechtsanwalt betreiben.

Wenn die zusätzliche Zulassung als Syndikusrechtsanwalt **nicht** betrieben wird, ändert sich ohnehin für das Versorgungswerk und die Beitragspflicht des Mitglieds (zunächst) nichts. Zwei Gruppen sind hier denkbar:

32 • Entweder hat der Arbeitgeber **bisher – rechtswidrig** – der Beitrag weiterhin an das Mitglied das Versorgungswerk abgeführt, obwohl keine für das aktuelle Beschäftigungsverhältnis gütliche Befreiung vorliegt. Diese Fälle sind durchaus nicht selten. Sie kommen entweder vor, wenn der Arbeitgeber vom Wechsel der Rechtslage durch die Urteile des Bundessozialgerichts vom Oktober 2012 und April 2014 noch überhaupt nichts bemerkt hat, was aus Nachlässigkeit oder dann vorkommen kann, wenn z. B. im Konzern die Personalabteilung im Ausland residiert. Die Fürsorge des Versorgungswerks kann nicht hier so weit gehen, dass es nun für Tausende von Mitgliedern im Einzelfall prüft, ob diese im Besitz eines gültigen Befreiungsbescheides sind. Das wäre schon verwaltungstechnisch nicht möglich; das Versorgungswerk hätte auch sachlich gar keine Ermittlungsmöglichkeit, da ja Betriebsübergänge nach § 613 Buchst. a BGB vorgekommen oder signifikante Beschäftigungsänderungen innerhalb desselben Unternehmens vorgenommen worden sein können. Außerdem ist das Mitglied verpflichtet, dem Versorgungswerk alle für die Beitragsfestsetzung relevanten Tatsachen mitzuteilen, so dass dieses erwarten kann, das Mitglied werde von sich aus mitteilen, wenn es nicht im Besitz einer gültigen Befreiung ist. Das gilt schon deswegen, weil – sozialrechtlich – nicht der Rat gegeben werden kann, das Mitglied möge den nicht aufgedeckten Sachverhalt zu Lasten des Arbeitgebers weiter auf sich beruhen zu lassen, in der Annahme, es könnte ja froh sein, solange – wenn auch rechtswidrig – die Beitragszahlung immer noch in voller Höhe an ihn oder an das Versorgungswerk erfolgt. Denn der Sachverhalt kann bei der nächsten Betriebsprüfung im Betrieb aufgedeckt werden. Dann entstünde die Nachzahlungspflicht des Arbeitgebers der Einzugsstelle gegenüber. Daraus resultiert ein Eigeninteresse des Syndikusrechtsanwalts: es könnte dann im Überprüfungsfall eine rückwirkende Beitragserstattung nach § 286f SGB VI in Betracht kommen, die ihrerseits aber an aber von einem Antrag abhängt, welcher wegen Fristablaufs nicht mehr gestellt werden könnte. Dies ist dann besonders schmerzlich, wenn das Versorgungswerk reagieren muss: Es steht ja nun vor der Tatsache, dass das Mitglied möglicherweise lange Zeit zurück gar nicht von der Deutschen Rentenversicherung befreit gewesen ist und deswegen z. B. den oben erwähnten besonderen Beitrag zu zahlen verpflichtet gewesen wäre. Bei Geringverdienern kann das zu erheblichen Beitragsnachzahlungen führen, wenn dieser besondere Beitrag hoch ist. In aller Regel führt er zur Zurückzahlung zu viel bezahlter höherer Beiträge an das Mitglied, was zwar im Augenblick angenehm erscheinen mag, die Anwartschaft mit langjähriger Nachwirkung jedoch erheblich vermindern kann. Selbstverständlich können solche Vorgänge vom Versorgungswerk nur durch Erlass eines Bescheides geregelt werden, in welchem das Versorgungswerk einen Ermessensspielraum hat. Nichtsdestoweniger sollte klar sein, dass die Aufdeckung der tatsächlichen Verhältnisse letztlich im Interesse aller Beteiligten liegt. Das war auch die Absicht des Gesetzgebers.

33 • Eine zweite Gruppe stellt der Personenkreis dar, der eindeutig im Besitz eines **gültigen Befreiungsbescheides** ist. Dieser Bescheid ist und bleibt wirksam. Irgendeine zwingende Handlungsforderung besteht – möglicherweise vermeintlich – nicht. Es kann allerdings dennoch geboten sein, den Antrag auf Zulassung als Syndikusrechtsanwalt zu stellen, um dagegen vorzubeugen, dass bei einer späteren Betriebsprüfung die Wirksamkeit des Befreiungsbescheides streitig werden könnte. Zu bedenken ist auch, dass für eine neue Befreiung bei künftig geplantem Beschäftigungswechsel ohnehin das Verfahren bei der Kammer notwendig wird. Auf den sozialrechtlichen Teil dieser Schrift wird insoweit hingewiesen.

3. Verfahren für den – nicht befreiten – Übergangsbestand

Die Gruppe, die der Gesetzgeber besonders im Auge hatte, betraf den Personenkreis, **34** **der nicht im Besitz** einer für den aktuellen Arbeitgeber gültigen Befreiung ist oder bei dem **mindestens streitig** ist, dass ein vorhandener Befreiungsbescheid die aktuelle Beschäftigung umfasst. Hier liegt der Schwerpunkt in den sozialrechtlichen Übergangsregeln, die der Gesetzgeber durch § 231 Absätze 4c und 4d und § 286f SGB VI hinzugefügt hat. Antragstellung auf Zulassung als Syndikusrechtsanwalt bei der Kammer einerseits und Befreiungsantrag auch für die rückwirkende Zeit bei der Deutschen Rentenversicherung andererseits sind nötig. Der zusätzliche Antrag auf Beitragsrückstellung sollte damit zweckmäßigerweise verbunden werden. Neu ist nun:

Praxistipp:

Die Deutsche Rentenversicherung Bund hat das Formular V6320 SB – Antrag auf rückwirkende Be- **35** freiung von der Versicherungspflicht in der gesetzlichen Rentenversicherung (§ 231 Abs. 4b des Sechsten Buches des Sozialgesetzbuches – SGB VI) und Antrag auf Erstattung zu Unrecht gezahlter Pflichtbeiträge an die berufsständische Versorgungseinrichtung (§ 286f des Sechsten Buches des Sozialgesetzbuches – SGB VI) für Syndikusanwälte zur Verfügung gestellt. → Anhang

Zu diesem Formular,[19] welches die Anträge auf rückwirkende Befreiung nach § 231 Abs. 4b SGB VI und auf Erstattung zu Unrecht gezahlter Pflichtbeiträge an die berufsständischen Versorgungseinrichtungen nach § 286f SGB VI zusammenfasst, hat *Schafhausen* in dieser Schrift das Notwendige ausgeführt.[20] Es sei hier noch einmal daran erinnert, dass dieser Antrag wegen § 231 Abs. 4b S. 6 SGB VI bis zum **1. April 2016** bei der Deutschen Rentenversicherung eingegangen sein muss. Im Übrigen macht er nur Sinn, wenn er **zusammen mit dem Befreiungsantrag nach § 6 SGB VI** gestellt wird, für den – wie oben erwähnt – ein Formantrag ebenfalls im Internetangebot der Deutschen Rentenversicherung zu Verfügung steht.[21]

Vorsorglich sei bereits erwähnt: **36**

Praxistipp:

Alle Anträge richten sich rechtlich an die Deutsche Rentenversicherung
   Antrag nach §§ 231, 286f SGB VI deswegen direkt dort hin!
   Antrag nach § 6 SGB VI besser über das Versorgungswerk!

Hierbei sei angemerkt: es besteht **kein Formularzwang**. Die Anträge können also **37** auch formlos, wenn auch nur schriftlich, gestellt werden. Dennoch ist Verwendung von Formularen **sinnvoll und zu empfehlen**. Denn sie erinnert den Antragsteller an die Abgabe der notwendigen Erklärungen und erleichtert den beteiligten Verwaltungen die Arbeit, was letztlich Verzögerungen entgegenwirkt.
- Um Missverständnisse zu vermeiden: das im Internet verfügbare Formular geht bei der Seitenzählung von einem auf der Rückseite bedruckten Papier aus. Also enthält es keine Seitenzählung, sondern nur die Bezeichnungen „Bl.1" und Bl.2".

---

[19] https://www.deutsche-rentenversicherung.de/Allgemein/de/Inhalt/0_Home/meldungen/syndikusanwaelte_beitragserstattung.pdf?__blob=publicationFile&v=2; → Anhang.
[20] Siehe Schafhausen → § 3 Gesetzliche Rentenversicherung.
[21] http://www.deutsche-rentenversicherung.de/Bund/de/Inhalt/5_Services/04_formulare_antraege/_pdf/V6355.pdf?__blob=publicationFile&v=2.

38 • Mit den Adressaten ist – wie schon mehrfach hervorgehoben – allerdings Vorsicht geboten:
Der (kumulierte oder getrennt gestellte) Antrag nach § 231 SGB VI und § 286f SGB VI (Bezeichnung V6320 SB) muss bei der Deutschen Rentenversicherung Bund gestellt werden – nur sie ist der Adressat des Antrags. Zwar gibt es in § 16 Abs. 2 SGB I eine sehr entgegenkommende Regelung: bei Unzuständigen eingegangene Anträge sind wirksam und müssen von dort an den Zuständigen weitergeleitet werden. Allerdings ist nicht gesichert, ob die Berufsständischen Versorgungseinrichtungen zu dem dort genannten Kreis der „Unzuständigen" gehören. Außerdem dient die Schutzvorschrift letztlich dem rechtsunkundigen Publikum. Ein Anwalt sollte sich hierauf gar nicht berufen müssen. Also: Dieser **Antrag sollte mit Zustellungsnachweis bei Fristablauf** bei der Deutschen Rentenversicherung eingegangen sein.

39 Es ist jedoch langjährige Praxis, dass der Antrag auf Befreiung nach § 6 SGB VI fristwahrend an das Versorgungswerk gesandt werden kann. Bisher ist aber <u>nicht</u> gesichert, dass diese Praxis (was vereinzelt in historischer Zeit auch dezidiert schriftlich bestätigt wurde) auch für die Anträge nach § 231 SGB VI gilt. Das Formular, welches die Deutsche Rentenversicherung ohne Absprache mit der ABV entwickelt hat, weist ausdrücklich sie selbst als Adressaten aus. Eine ausdrückliche Bestätigung dahin, es könne auch der Zugang im Versorgungswerk ausreichen, liegt bei Drucklegung dieses Textes nicht vor. Also ist Vorsicht geboten. Deswegen noch einmal:

☞ **Praxistipp:**

Es reicht nicht, wenn die Anträge nach § 231 SGB VI und § 286f SGB VI – ob mit oder ohne Verwendung des Formulars V6330 – beim Versorgungswerk eingegangen sind. Sie müssen vor Fristablauf im Original bei der Deutschen Rentenversicherung vorliegen.

40 Gehen die Anträge beim Versorgungswerk ein, so wird es wegen der unter Ziffer 7 abzugebenden Erklärungen den Vorgang bearbeiten und Weiterleitung an die Deutsche Rentenversicherung vornehmen. Es kann aber nicht die Verantwortung dafür übernehmen, dass dies fristgemäß erfolgen wird. Denn es ist zu erwarten, dass kurz vor Fristablauf ein Stau wegen der in letzter Minute gestellten Anträge entstehen wird, den das Versorgungswerk dann erst nach und nach abarbeiten kann. **Das Fristenrisiko liegt beim Antragsteller!**

41 Die notwendigen Erläuterungen zu diesem Formular finden sich bei Schafhausen.[22] Hier wird auch dessen Ansicht geteilt, dass die dort behauptete Beschränkung unter Ziffer 5 auf **Rückwirkung nur bis zum 1.4.2014** nicht dem Gesetzestext entspricht.

42 Unter Ziffer 5.3 muss der Name des Versorgungswerks angegeben werden, dem die zu erstattenden Rentenversicherungsbeiträge überwiesen werden sollen. Es würde die Abwicklung erleichtern, der Antragsteller würde dort <u>auch die Mitgliedsnummer angeben,</u> unter der er in seinem Versorgungswerk geführt wird. Sollte nämlich das Versorgungswerk eine Kopie des Antrags erhalten, bei dem die (nicht notwendige) Seite 4 (Bl. 2 Rückseite, Frage 7) fehlt, so wäre die Sucharbeit im Versorgungswerk reduziert, was ebenfalls Verzögerungen vermeidet.

43 Die Seite 4 des Formulars (Bl. 2 Rückseite) enthält nicht Erklärungen des Antragstellers, sondern des Versorgungswerks. Hier wird mit Schafhausen der Standpunkt vertreten, dass diese Seite nicht Wirksamkeitsvoraussetzung für den Antrag ist. Er kann bei der Deutschen Rentenversicherung Bund gestellt worden, ohne dass das Versorgungswerk die Mitgliedschaft in Kammer, Versorgungswerk und die Zahlung von

---

[22] Siehe *Schafhausen* → § 3 Gesetzliche Rentenversicherung.

Pflichtbeiträgen bestätigt hat. Andererseits ist richtig, dass die Deutsche Rentenversicherung die auf der Seite 4 abgefragten Informationen und Bestätigungen benötigt. Solange deswegen der im Befreiungsrecht übliche gewordenen vereinbarte Weg (Antrag geht fristwahrend an das Versorgungswerk, dieses leitet nach Bestätigung weiter) nicht sicher begehbar ist, wird die nach folgend dargestellte Verfahrensweise vorgeschlagen:

Praxistipp:

Vorschlag für die Verfahrensweise zum Formular V6320   **44**
Erster Schritt:
- Der Antragsteller füllt die Seiten Bl.1 bis Bl.2 Vorderseite (= Seiten 1 bis 3, Fragen 1 bis 6) vollständig aus (Versicherungsnummer nicht vergessen !!). Die genaue Ausfüllung zur Frage 3 ist wegen der späteren Rückzahlungszeitabschnitte von Bedeutung.
- Er unterschreibt eigenhändig auf Bl. 2 Vorderseite (= Seite 3 unten, Ziffer 6). Wenn ein Bevollmächtigter unterschreibt, muss die Originalvollmacht beiliegen.
- Er vermerkt auf Bl. 2 Rückseite (= Seite 4, Fragen 7), dass er sein Versorgungswerk um die Abgabe der notwendigen Erklärung gebeten habe.
- Anschließend sendet der Antragsteller das ausgefüllte Formular an die Deutsche Rentenversicherung so ab, dass er Zugang vor Fristablauf beweisen kann.
Zweiter Schritt:
- Der Antragsteller fertigt für seine Unterlagen und für sein Versorgungswerk je eine Kopie der vier Seiten.
- Er sendet eine Kopie vollständig (alle vier Seiten) an sein Versorgungswerk.
- Das Versorgungswerk wird den Vorgang bearbeiten und die notwendige Bestätigung auf Seite 4 an die Deutsche Rentenversicherung abgeben. Alternativ kann das Versorgungswerk sie auch (nach Fertigung einer Kopie) direkt an das Mitglied zurücksenden, was den Vorteil hat, dass das Mitglied Bescheid weiß, was geschehen ist. Dies erspart Rückfragen.

Zusätzliche Stellung des Befreiungsantrags V6355 nicht vergessen!

4. Verfahren für den vor dem 4.4.2014 rechtkräftig abgelehnten Bestand

Das Gesetz ist eindeutig. Wessen Befreiung von der Versicherungspflicht an Syndi-   **45**
kusrechtsanwalt auf Grund einer vor dem 4.4.2014 ergangenen Entscheidung bestandskräftig abgelehnt wurde, gelten die Vergünstigungen des § 231 Absatz 4b SGB VI nicht. Sie gehören nicht mehr zum Übergangsbestand.

5. Rückerstattung zu Unrecht an die Einzugsstelle gezahlter Beiträge

Folgende Konstellationen sind bei diesem Verfahren zu bedenken:

a) Probleme der direkten Beitragsrückerstattung

Der Gesetzgeber hat, wohlmeinend für positiv beschiedenen Übergangsfälle, eine   **46**
Rückzahlung direkt an das Versorgungswerk vorgesehen. Damit weicht er von den üblichen Vorschriften des SGB IV ab, die er im Gesetzestext selbst bezeichnet. Denn der normale Weg liefe nach diesen Vorschriften über den Arbeitgeber, der die Beiträge schließlich gezahlt hat, und zwar von Seiten der Einzugsstelle. Nun soll von der Deutschen Rentenversicherung direkt an das Versorgungswerk gezahlt werden.

Die gesetzliche Vorschrift schafft keine Pflichten, die das Versorgungswerk zu befol-   **47**
gen hätte. Weder kann der Bundesgesetzgeber dem landesrechtlich organisierten Versorgungswerk vorschreiben, ob und wie es Beiträge entgegenzunehmen hat, noch kann

er bestimmen, dass dieses die Beiträge auch noch zinslos entgegenzunehmen hätte. Mit anderen Worten: Das Versorgungswerk **könnte die Entgegennahme** ablehnen. Denn Beitragszahler im Versorgungswerk ist das Mitglied allein; es bestimmt die Beitragszahlungen. Nun wird allerdings diese Beitragsrückerstattung in aller Regel im Sinne des Mitglieds und des vom Versorgungswerk vom Landesgesetzgeber auferlegten Versorgungsauftrags sein, abgesehen davon, dass die Befreiung gefährdet würde, würde der Beitrag nicht entgegengenommen. Dennoch sollte für den Fall einzelner Streitfälle diese Konstellation zunächst im Auge behalten werden.

48   Selbstverständlich wird aber das Versorgungswerk in aller Regel davon ausgehen, dass die erfolgte Beitragsrückerstattung im Sinne des Mitglieds ist. und durch den Befreiungsantrag den Antrag auf Rückerstattung gesellt und konkludent die entsprechende Zahlungsbestimmung schon abgegeben hat. Danach bestimmt sich dann das folgende Verfahren.

49   Beitragszahlungen setzen in aller Regel **Beitragsbescheide** voraus. Das bedeutet, dass das Versorgungswerk die frühere bestandskräftige Beitragsfestsetzung aufheben und entsprechend neue Beitragsfestsetzung vornehmen muss. Da die Versorgungswerke bei der Rücknahme rechtswidriger Verwaltungsakte je nach Bundesland die Verwaltungsverfahrensordnung gegebenenfalls sogar die Abgabenordnung zu beachten haben, können sich hier formale Schwierigkeiten ergeben, welche nach dem vorgesehenen neuen Verfahren bisher nicht absehbar sind.

50   Weiterhin muss das Versorgungswerk den später eingehenden **Zahlbetrag** entsprechenden Zeiten zuordnen. Wie die Zeitabrechnung durch die Deutschen Rentenversicherung vorgenommen und spezifiziert wird, ist gegenwärtig noch nicht abzusehen. Denn ein derartiges Verfahren im Direktverkehr zwischen den beiden Systemen der ersten Säule hat es so bisher nicht gegeben. Hier wird erst die Verwaltungspraxis und die erhoffte Zusammenarbeit Klarheit bringen können. Bei Drucklegung lag sie noch nicht vor. Allerdings gibt das Antragsformular V6320 die richtige Linie vor: die fraglichen Zeiträume werden in Ziffer 3 abgefragt.

☞ **Praxistipp:**

Ziffer 3 im Formular V6320 sorgfältig ausfüllen! Das kann sich auf die Zahlung bei Rückabwicklung auswirken

In der Nachversicherung (zB aus der Referendarzeit) in der Abrechnung mit dem ehemaligen Dienstherrn bei den Ländern läuft ein ähnliches Verfahren einigermaßen problemlos.

51   Allerdings hat der Gesetzgeber **zinslose Direkterstattung** vorgesehen. Auch sie kann zu Schwierigkeiten führen. Es ist nicht ausgeschlossen, dass in den Versorgungswerken, je nach Versicherungsmathematik, die Äquivalenz zwischen den direkt zurückgezahlten Beitragsanteilen und den erwarteten Anwartschaften nicht gewahrt ist. Denn hier kommt zum Tragen, was oben festgestellt worden ist: Die Deutsche Rentenversicherung schafft keinen Vermögensertrag, das Versorgungswerk aber durchaus. Je nachdem, ob das Versorgungswerk ein „Fürprinzip" oder ein „Inprinzip" anwendet, kann das zu Defiziten führen. Das Versorgungswerk hätte ja mit dem pünktlich eingezahlten Betrag Zinsen erwirtschaften können, die nun fehlen. Verrechnet das Versorgungswerk die eingehenden Beträge rückwirkend auf frühere Beitragspflichten, so wird die dadurch geschaffene Anwartschaft, wenn sie voll angerechnet wird, letztlich von der Versichertengemeinschaft und damit von den anderen Rechtsanwälten im Versorgungswerk mitfinanziert. Das mag aus dem erwähnten Solidaritätsgedanken im einen oder anderen Fall hinnehmbar sein, ist aber letztlich eine Frage des Maßes. Ein Anspruch auf Eintritt

der Versichertengemeinschaft zugunsten des Mitglieds wird nicht bestehen. Denn es ist ja nicht sie, die dafür eintreten muss, dass für das Mitglied nun verspätet Beiträge gezahlt werden. Im Ergebnis heißt das: Die vorgesehene Direktzahlung durch die Deutsche Rentenversicherung kann dazu führen, dass die Anwartschaft des Mitglieds nicht auf das Niveau gehoben wird, wie es bestehen würde, wären die Beiträge pünktlich bezahlt werden. Im Rahmen der vorliegenden Schrift kann dazu keinerlei Prognose gegeben werden: Die Versorgungswerke stehen ja selbst erst vor der Frage, wie sie sich gegenüber diesem Sachverhalt verhalten. Dazu sind die notwendigen Beschlüsse in den Gremien der Versorgungswerke abzuwarten.

Interessant wird es, wenn die Deutsche Rentenversicherung zwar ankündigt, es werde ein bestimmter Betrag im Wege der Direktzahlung zurückerstattet, der **Zahlungseingang selbst sich aber verzögert.** Es ist mit Sicherheit nicht Sache des Versorgungswerks, für schnelle Beibringung Sorge zu tragen, abgesehen davon, dass es dazu keine rechtlichen Mittel hat. Vielmehr entsteht auch insoweit Handlungsbedarf für das Mitglied. Setzt nämlich das Versorgungswerk aufgrund der Nachzahlungsankündigung den Beitrag neu fest und entsteht dadurch eine Beitragsschuld des Mitglieds, so ist sie auch zu erfüllen. Wird sie nicht erfüllt, fallen in aller Regel Säumniszuschläge an. Diese kann das Versorgungswerk nicht bei der Deutschen Rentenversicherung erheben: Sie ist ja nicht Beitragzahler. Die Last der Säumniszuschläge trifft dann das Mitglied allein. Es wird deswegen bemüht sein müssen, gegebenenfalls unter Hinweis auf die Zahlungslast aus Säumniszuschlägen bei der Deutschen Rentenversicherung die Beschleunigung des Zahlungsvorgangs zu betreiben oder selbst in Vorleistung zu treten. **52**

Weiter ist möglich, dass die Bearbeitung der Zulassungsanträge bei den Kammern wegen des durch das Gesetz selbst und seine Fristsetzung zum Ende des ersten Quartals 2006 entstehenden Ansturms **längere Zeit dauern wird,** als erhofft. Die Kammern müssen ja auch erst die notwendigen Ressourcen schaffen und die ersten Erfahrungen sammeln. Die Zeit kann sich noch dort verlängern, wo die Deutsche Rentenversicherung möglicherweise erst nach abgeschlossenem Zulassungsverfahren die zum Ruhen gebrachten streitigen Verfahren fortsetzen kann. Der daraufhin zu erstellende Befreiungsbescheid wird demgemäß ebenfalls noch einige Zeit in Anspruch nehmen, so dass es lange dauern kann, bis er schließlich dem Mitglied und dem Versorgungswerk vorliegt. Muss das Mitglied gar noch mit der Kammer einen Rechtsstreit führen und werden Anwaltsgerichtshof und gegebenenfalls Bundesgerichtshof mit der Sache noch befasst, vergeht eine lange Zeitstrecke, bis geordnete Verhältnisse eintreten. In der Zwischenzeit ändert sich an der aktuellen Beitragsveranlagung nichts: Das Versorgungswerk und das Mitglied müssen warten, bis der endgültige Befreiungsbescheid vorliegt – mit allen Konsequenzen. **53**

Schließlich ist denkbar, dass der Antrag des Mitglieds auf Zulassung als **Syndikusrechtsanwalt endgültig abgelehnt** wird, und damit für eine Befreiung durch die Deutsche Rentenversicherung nach neuem Recht kein Raum mehr besteht. Liegt in einem solchen Fall eine frühere Befreiung von der gesetzlichen Rentenversicherung nach altem Recht für eine frühere Beschäftigung vor, ist es dem Mitglied unbenommen, den alten Vertrauensschutzgedanken aufzunehmen und streitig weiter den Standpunkt zu verfolgen, es sei, gedanklich ganz unabhängig von der durch das Gesetz geschaffene neue Rechtslage, deswegen weiterhin als befreit zu behandeln, weil die Texte der alten Befreiungsbescheide und die lange geübte Verwaltungspraxis der DRV einen Bestandsschutz geschaffen hätten. Ob dieses Argument durchgreift oder nicht, ist nicht abzusehen. Das ist aber eine sozialrechtliche Frage: letztlich sind diese Erwägungen allein Sache des Mitglieds. Das Versorgungswerk hat mit der Beurteilung dieser Frage nur insoweit etwas zu tun, als in den dann weiter anhängigen Rechtsstreitigkeiten durch **54** die hoffentlich erfolgte Beiladung das Versorgungswerk die Möglichkeit hat, seinen Standpunkt im Interesse seiner Versichertengemeinschaft hierzu darzulegen.

b) Probleme der indirekten Beitragsrückerstattung.

55   Es kann nach Abschluss der streitigen Verfahren auch zu Rückerstattungen kommen, welche nicht in den vom Gesetz vorgesehenen Zeitraum fallen, die für eine Direkterstattung vorgesehen sind. Wie dieses Verfahren aussieht, hat der Gesetzgeber im Gesetzestext ja selbst angesprochen: es wird nach §§ 26 Absatz 3, 27 Absatz 1 SGB IV abgewickelt. Es erfolgt nach sozialversicherungsrechtlichen Grundsätzen. Aus Sicht des Versorgungswerks gilt dasselbe wie für die Direktzahlung an das Versorgungswerk. Beitragszahler ist in beiden Fällen in Wirklichkeit das Mitglied selbst.

III. 45-Jahresgrenze

1. Ausgangspunkte

56   Die Versorgungswerke haben in ihrer **Gründungsphase** vorgesehen, dass nur die zum Stichtag zugelassenen Anwälte Pflichtmitglieder werden (müssen), die das 45. Lebensjahr noch nicht vollendet hatten. Es bestand zu Zeiten der Gründungswellen in den achtziger und neunziger Jahren die gemeinsame Überzeugung, dass der berufliche Anwaltsweg die volle zeitliche Distanz vom Abschluss der Ausbildung bis zum Ruhestand erfasst. Wer erst jenseits der erwähnte Grenze in den Beruf kommt, (versicherungsmathematisch als „Altlast" bezeichnet), von dem sei grundsätzlich zu erwarten, dass er schon anderweitig vorgesorgt habe. Deswegen hat die überwiegende Mehrzahl der Landesgesetzgeber diese Grenze vorgeschrieben. Diese Entscheidung ist nicht leichthin gefallen. Es sei daran erinnert, dass zwei groß angelegte Versuche der Anwaltschaft gescheitert waren, nach dem vergeblichen Versuch einer Beteiligung an der Großen Rentenreform 1957 nun eine eigene Reform auf die Beine zu stellen.[23] Im Bundestag war ein dort eingebrachtes **Rechtsanwaltsversicherungsgesetz im Jahre 1962** gescheitert.[24] In Rheinland-Pfalz war dann auf Landesebene ein **Rechtsanwaltsversorgungsgesetz 1969** zustande gekommen.[25] Dort war dann die Errichtung des Versorgungswerks aber gescheitert:[26] es war keine Satzung zustande zu bringen. Das heißt: die Anwaltschaft war gebranntes Kind. Beide Vorhaben, die schon so weit gediehen waren, hat ihr Scheitern letztlich auch der Frage zu verdanken, wie mit der „Alten Last" umgegangen werden sollte. Denn ihre Berücksichtigung bietet generell bei Gründung eines Versorgungswerks zwei Probleme:

- In welchem Maße sind Junge bereit, für Alte einzustehen?
- Sind versicherungsmathematisch so bezeichnete „Alte" (zB über 45 Jahre alt) begeistert, wenn Sie mit einer Pflichtmitgliedschaft überzogen werden sollen?

---

[23] *Kilger*, Warum die Anwälte 1957 nicht in die Rentenversicherung kamen – und wie sie damit fertig wurden AnwBl 2011, 901–912.

[24] RAVG v. 16.2.1961 (BTS-Drs. III/2656), siehe dazu auch *Philipp*, Kritische Gedanken zur Rechtsanwaltsversicherung, BB 1964, 855 f.; *Zuck:* Der Entwurf des Rechtsanwaltsversicherungsgesetzes und das Grundgesetz BB 1965, 593ff.; sowie zum Rechtsanwaltsversicherungsgesetz auch AnwBl. 1961, 56, 122; AnwBl. 1964, 271, 309; AnwBl. 1966, 249.

[25] Rheinland/Pfälzisches GVBL, Seite 153.

[26] Siehe *Eichele*, Das Versorgungswerk der Rechtsanwälte in Rheinland-Pfalz – in: Geschichte der Rechtsanwaltschaft im Oberlandesgerichtsbezirk Koblenz, Festschrift zum 50jährigen Bestehen der RAK Koblenz, 1997.

Die Gründung der Rechtsanwaltsversorgungswerke, die dann unter zeitlicher Füh- **57**
rung der Rechtsanwälte Niedersachsens in den frühen achtziger Jahren begann, wusste
damit genau, was sie mit der Einführung der 45-Jahresgrenze ins Werk setzte: sie **besei-
tigte ein Hindernis, welches die Gründung** – wie man leidvoll erlebt hatte – hätte gefährden oder gar verhindern können. Dieses Moment war so wichtig, dass es in der
überwiegenden Mehrzahl ins Gesetz geschrieben wurde. Das bedeutet: die 45-Jahres-
grenze ist nicht eine Erfindung des Augenblicks, sondern eine wohlerwogene und für
die Gründungszeit absolut richtige Maßnahme gewesen.

Die **Entwicklung in der Wirklichkeit** hat diese Vorgabe auch bestätigt. Wer bei **58**
Gründung eines Versorgungswerks das 45. Lebensjahr überschritten hatte, wurde nicht
mehr Pflichtmitglied – aber er konnte innerhalb einer gesetzten Frist freiwillig beitre-
ten. Von dieser Möglichkeit hat nur ein verschwindend kleiner Teil der älteren Kolle-
ginnen und Kollegen Gebrauch gemacht. Also war die Vermutung richtig, dass sie
schon anderweitig vorgesorgt hat.

Entgegen der auch im Bundestag vertretenen Ansicht ist die Altersbegrenzung im **59**
Versorgungswerk auch **nicht europarechtswidrig:**
- Wer in Deutschland als Rechtsanwalt zugelassen wird und die 45-Jahresgrenze
  schon überschritten hat, wird entgegen landesrechtlicher Vorschriften Pflichtmitglied
  im Versorgungswerk. Denn die VO EG Nr. 883/20 04 geht vor.[27] Die Koordinierung
  bestimmt, dass der Schwerpunkt von Beruf und Wohnsitz die Versicherungspflicht
  bestimmt. Niemand soll allein durch Überschreitung einer innereuropäischen Grenze
  Nachteile erleiden. Das heißt: die 45-Jahresgrenze gilt schon bisher für Migranten
  nicht, auch wenn das Landesgesetz das vorsieht. Denn die Berufsständischen Versorgungseinrichtungen sind – entgegen einem früheren Rechtszustand – koordiniert; sie
  sind von der Anwendung der EU-Verordnung nicht mehr ausgenommen und damit
  europarechtlich anerkannt.
- Die 45-Jahresgrenze verstößt nicht gegen ein Verbot der Altersdiskriminierung, insbesondere liegt kein Verstoß gegen die Richtlinie 2000/78/EG des Rates vom
  27.11.2000[28] zur Festlegung eines allgemeinen Rahmens für die Verwirklichung der
  Gleichbehandlung in Beschäftigung und Beruf vor.[29]
- Erst recht verstößt sie nicht gegen Art. 21 Abs. 1 der Charta der Grundrechte der
  Europäischen Union (GRCh).[30]

Allerdings stellen sich heute Probleme, die damals nicht bestanden haben. Die Prob- **60**
leme wurden auch durch eine **Verschärfung der Handhabung** durch die Deutsche Rentenversicherung verursacht. Wer aus dem Versorgungswerk ausscheidet – weil er nicht
mehr Kammermitglied im Einzugsgebiet ist – kann seine Mitgliedschaft freiwillig fortsetzen. Er wird dann im Versorgungswerk wie ein Pflichtmitglied veranlagt. Die Deutsche Rentenversicherung Bund betrachtet eine so fortgesetzte freiwillige Mitgliedschaft
nur dann als zur Befreiung berechtigend, wenn sie eine an sich eintretende Pflichtmitgliedschaft im an sich zuständigen Versorgungswerk (unterhalb des 45. Lebensjahres)
ersetzt – wenn also das Mitglied mit seiner Kanzlei in die Rechtsanwaltskammer eines
anderen Bundeslandes gewechselt ist. Oberhalb des 45. Lebensjahres kann aber eine er-

---

[27] VERORDNUNG (EG) Nr. 883/2004 DES EUROPÄISCHEN PARLAMENTS UND DES RATES
vom 29. April 2004 *(Amtsblatt der Europäischen Union L 166 vom 30. April 2004) mit Folgeänderungen)* http://eur-lex.europa.eu/LexUriServ/LexUriServ.do?uri=OJ:L:2004:166:0001:0123:de:PDF, *gültig
seit 1.5.2010 – siehe nationales Gesetz zur Koordinierung der Systeme der sozialen Sicherheit in Europa und zur Änderung anderer Gesetze* (BGBl. Teil I 2011 Nr. 32 28.6.2011 S. 1202).
[28] ABl.EG L 303, S. 16.
[29] ZB nur VG Freiburg (Breisgau), Urt. v. 13.3.2013 – 1 K 454/11, BeckRS 2013, 48853.
[30] Siehe vorangegangene Fußnote.

setzende Pflichtmitgliedschaft im an sich zuständigen Versorgungswerk nicht mehr eintreten, so dass eine Befreiung von der Versicherungspflicht für **alle Arten anwaltlicher Tätigkeit** in Anstellungsverhältnissen nicht mehr gewährt wird. Der Ortswechsel entfernte ihn aus dem Befreiungsrecht.

61   Die ABV hat bei einer Expertenanhörung im Deutschen Bundestag zwar den Standpunkt vertreten, die fortgesetzte Mitgliedschaft sei in ihrer faktischen Rechtswirkung nichts anderes als die echte Antragspflichtmitgliedschaft in der gesetzlichen Rentenversicherung (vgl. § 4 SGB VI). Außerdem würden bei einer Kündigung der fortgesetzten Mitgliedschaft (so sie denn möglich wäre) die Befreiungsvoraussetzungen sofort entfallen: das Mitglied entrichtet dann ja keine einkommensbezogenen Beiträge mehr, wie es § 6 Abs. 1 SGB VI verlangt. Diese Auffassung ist im laufenden Gesetzgebungsverfahren zum Syndikusrechtsanwalt nicht durchgedrungen. Also stellte sich das Problem für diese Fallgruppe in aller Schärfe. Sie sucht die „Anreizlösung" abzumildern, wie sie schließlich ins Gesetz zur Neuordnung des Rechts der Syndikusanwälte in § 231 Abs. 4d SGB VI gelangt ist. Der Text lautet:

> „Tritt in einer berufsständischen Versorgungseinrichtung, in der am 1. Januar 2016 eine Altersgrenze für die Begründung einer Pflichtmitgliedschaft bestand, eine Aufhebung dieser Altersgrenze bis zum Ablauf des 31. Dezember 2018 In Kraft, wirkt eine Befreiung von der Versicherungspflicht bei Personen, die infolge eines Ortswechsels eine Pflichtmitgliedschaft in einer solchen berufsständischen Versorgungseinrichtung bisher nicht begründen konnten und Beiträge als freiwillige Mitglieder entrichtet haben, auf Antrag vom Beginn des 36. Kalendermonats vor Inkrafttreten der Aufhebung der Altersgrenze in der jeweiligen berufsständischen Versorgungseinrichtung. Der Antrag kann nur bis zum Ablauf von drei Kalendermonaten nach Inkrafttreten der Aufhebung der Altersgrenze gestellt werden."

62   Man beachte: es handelt sich hier um eine Übergangsvorschrift. Wer z. B. schon immer als Unternehmensjurist in einem Unternehmen tätig war, eine Anwaltszulassung aber nicht betrieb, weil die bisher **unvollkommene Regelung zum Syndikus** Rechtsunsicherheit bedeutete und weil ihm die Tätigkeit als „Feierabendanwalt" als unwürdig erschien, findet seit dem 1.1.2016 (für seine Zulassung) nun eine sichere Rechtsgrundlage vor. Erfüllt seine Tätigkeit die materiellen Vorgaben des § 46 Absatz 2 BRAO, dann kann er jetzt beruhigt seinen Antrag auf Zulassung als Syndikusrechtsanwalt stellen. Ist er aber über 45 Jahre alt, dann wird ihm die Befreiung bei der gesetzlichen Rentenversicherung nur gewährt, wenn das Versorgungswerk ihn aufnehmen kann.

2. Rechtliche Situation zur 45-Jahresgrenze

63   Kurz: die Begrenzung auf 45 Jahre gibt es derzeit **nur in Bayern und Sachsen** nicht. Für das Versorgungswerk der Rechtsanwälte **Schleswig-Holstein** sieht die einschlägige landesgesetzliche Regelung zwar keine gesetzliche Altersgrenze vor. Das Versorgungswerk hat die 45-Jahresgrenze aber in seiner Satzung verankert: In **Sachsen** ist für Neumitglieder ab dem 1.1.2013 eine Altersgrenze von (nur noch) 65 Jahren landesgesetzlich vorgeschrieben. Das Satzungsrecht hat diese Regelung umgesetzt. Fünf weitere Versorgungswerke verfügen über eine Satzungsermächtigung im Landesrecht. Für **Bayern, Nordrhein-Westfalen, Thüringen und Bremen** ist ganz allgemein formuliert, dass eine Befugnis des Satzungsgebers zur Festlegung irgendeiner Altersgrenze bestehen soll, während für das **Saarland** dasselbe gilt, der Landesgesetzgeber jedoch eine Grenze auf das 45. Lebensjahr festgelegt hat, sofern die Satzungsermächtigung tatsächlich in Anspruch genommen wird. Die übrigen Satzungsrechte setzen diese Regelungen bisher so um, dass eine 45-Jahresgrenze besteht – nur **Bayern** hat in der Satzung die 45 Jahresgrenze bereits im Jahre 2005 abgeschafft. Für die **übrigen neun anwaltlichen Versorgungswerke** gilt eine echte landesgesetzliche Verpflichtung zur Festlegung einer 45 Jahresgrenze, an welche die Versorgungswerke rechtlich gebunden sind.

Im Detail gilt damit folgendes:[31]

Saarland mit gesetzlichen Satzungsermächtigung zur Festlegung einer Altersgrenze von 45 Jahren:

§ 2 des Gesetzes Nr. 1558 über die Rechtsanwaltsversorgung im Saarland vom 14. Juli 2004,   **64** **zuletzt geändert durch das Gesetz vom 19. November 2008 (Amtsbl. 1930)**

„(1) Pflichtmitglieder des Versorgungswerks sind alle Personen, die auf Grund ihrer Zulassung zur Rechtsanwaltschaft im Saarland oder als Rechtsbeistand gemäß § 209 der Bundesrechtsanwaltsordnung auf Grund eines Antrags Mitglieder der Rechtsanwaltskammer des Saarlandes sind. Die Satzung des Versorgungswerks kann vorsehen, dass Personen, die die in Satz 1 genannten Voraussetzungen erfüllen, von der Mitgliedschaft ausgeschlossen sind, sofern sie bei Beginn der Mitgliedschaft in der Rechtsanwaltskammer des Saarlandes bereits das 45. Lebensjahr vollendet haben."

§ 6 der Satzung des Versorgungswerks der Rechtsanwaltskammer des Saarlandes (Stand vom 7.9.2011) lautet:

„Pflichtmitglieder des Versorgungswerks sind alle Personen, die auf Grund ihrer Zulassung zur Rechtsanwaltschaft im Saarland oder als Rechtsbeistand gemäß § 209 BRAO auf Grund eines Antrags Mitglieder der Rechtsanwaltskammer des Saarlandes sind, sofern bei Beginn der Mitgliedschaft in der Rechtsanwaltskammer des Saarlandes das 45. Lebensjahr noch nicht vollendet ist".

Sachsen mit gesetzlicher 65-Jahresgrenze:

§ 6 des Gesetzes über das Versorgungswerk der Rechtsanwälte im Freistaat Sachsen (Sächsisches Rechtsanwaltsversorgungsgesetz – SächsRAVG) vom 16. Juni 1994 (Sächs-GVBl. S. 1107),   **65** **zuletzt geändert durch Artikel 2 des Gesetzes vom 14. Dezember 2012 (SächsGVBl. S. 748)**

„(2) Mitglied des Versorgungswerkes wird, wer Mitglied der Rechtsanwaltskammer Sachsen wird und zum Zeitpunkt des Eintritts in die Rechtsanwaltskammer Sachsen das 65. Lebensjahr noch nicht vollendet hat. Für eine Übergangszeit bis zum 31. Dezember 2012 kann die Satzung eine niedrigere als die in Satz 1 genannte Lebensaltersgrenze bestimmen."

Schleswig-Holstein ohne Altersgrenzenregelung im Gesetz

§ 7 der Satzung des Schleswig-Holsteinischen Versorgungswerks für Rechtsanwälte (Stand   **66** **08/2013) lautet:**

„(1) Pflichtmitglieder des Versorgungswerkes sind alle Mitglieder der Schleswig-Holsteinischen Rechtsanwaltskammer, die im Jahre 1984 das 45. Lebensjahr noch nicht vollendet hatten.

(2) Pflichtmitglied des Versorgungswerkes wird auch, wer nach dem 31. Dezember 1984 Mitglied der Schleswig-Holsteinischen Rechtsanwaltskammer wird und das 45. Lebensjahr noch nicht vollendet hat."

Vier Versorgungswerke mit Satzungsermächtigung zur Festlegung (irgend-) einer Altersgrenze: Bayern, Nordrhein-Westfalen, Thüringen und Bremen

Art. 30 Abs. 2 Satz 1 Nr. 2 des Bayrischen Gesetzes über das öffentliche Versorgungswesen   **67** **(VersoG) Vom 25. Juni 1994 GVBl 1994, S. 466 Zuletzt geändert am 24.5.2007, GVBl 2007, S. 344**

---

[31] Alle nachfolgend zitierten Vorschriften sind am 17.1.2016 den Internetauftritten der Versorgungswerke entnommen.

„(2) Die Satzung kann Ausnahmen und Befreiungen von der Pflichtmitgliedschaft vorsehen, insbesondere wenn der Berufsangehörige …
in fortgeschrittenem Lebensalter die Berufstätigkeit aufnimmt oder die Mitgliedschaft zur Berufskammer begründet,…"

§ 15 Absatz 1 der Satzung der Bayerischen Rechtsanwalts- und Steuerberaterversorgung (Stand: 1. Januar 2015) lautet:

„(1) Pflichtmitglieder der Versorgungsanstalt sind alle nicht berufsunfähigen natürlichen Personen, die

1. Mitglieder der Rechtsanwalts- und Steuerberaterkammern in Bayern sind,

2. Mitglieder der Patentanwaltskammer sind und einen Kanzleisitz in Bayern eingerichtet haben."

68   **§ 2 des Gesetzes über die Rechtsanwaltsversorgung (RAVG NW) vom 6. November 1984 (GVBl. NW Nr. 62 vom 29. November 1984, S. 684), zuletzt geändert durch die fünfte Gesetzesänderung gemäß Bekanntmachung vom 20. Dezember 2007, GVBl. Nr. 2 vom 10. Januar 2008, S. 41**

„(1) Mitglieder des Versorgungswerks sind alle Mitglieder einer der Aufsicht des Landes Nordrhein-Westfalen unterstehenden Rechtsanwaltskammer.
(2) Die Satzung kann ein Höchsteintrittsalter vorsehen."

§ 10 der Satzung des Versorgungswerks der Rechtsanwälte im Lande Nordrhein-Westfalen (Stand 15.8.2015) lautet:

„Mitglied des Versorgungswerks ist:

1. Wer am 30. November 1984 Mitglied einer Rechtsanwaltskammer im Lande Nordrhein-Westfalen war und zu diesem Zeitpunkt das 45. Lebensjahr noch nicht vollendet hatte oder

2. wer nach dem 30. November 1984 Mitglied einer Rechtsanwaltskammer im Lande Nordrhein-Westfalen wird und das 45. Lebensjahr noch nicht vollendet hat."

69   **§ 2 des Thüringer Gesetzes über das Versorgungswerk der Rechtsanwälte (ThürRAVG) vom 31. Mai 1996, letzte Änderung durch Artikel 4 des Gesetzes vom 8. August 2014 (GVBl. S. 527, 528)**

„(1) Mitglieder des Versorgungswerks sind alle nicht berufsunfähigen Rechtsanwälte, die der Rechtsanwaltskammer Thüringen angehören.
(2) Die Satzung kann ein Höchsteintrittsalter vorsehen."

§ 5 der Satzung des Versorgungswerkes der Rechtsanwälte in Thüringen (in der ab 1.1.2015 geltenden Fassung) lautet:

„(1) Mitglieder des Versorgungswerkes sind alle nicht berufsunfähigen Rechtsanwälte, die der Rechtsanwaltskammer Thüringen angehören.
(2) Von der Mitgliedschaft ausgenommen ist, wer
1. nach Vollendung des 45. Lebensjahres Mitglied der Rechtsanwaltskammer Thüringen wird, …"

70   **§ 2 des Gesetzes über die Rechtsanwaltsversorgung in der Freien Hansestadt Bremen (RAVG) vom 17. September 1997 (Gesetzblatt der Freien Hansestadt Bremen vom 30. September 1997, Nr. 43, S. 329; mit Berichtigung GBl. Nr. 57, S. 577)**

„(1) Die Mitglieder der Rechtsanwaltsversorgung sind die Mitglieder der Hanseatischen Rechtsanwaltskammer Bremen.
(2) Die Satzung kann vorsehen, dass von der Mitgliedschaft ausgenommen ist, wer im fortgeschrittenen Lebensalter Mitglied der Hanseatischen Rechtsanwaltskammer Bremen wird oder berufsunfähig ist."

§ 6 der Satzung der Hanseatischen Rechtsanwaltsversorgung Bremen (gültig ab 31. Dezember 2013) lautet:

„(1) Die Mitgliedschaft in der Rechtsanwaltsversorgung wird kraft Gesetzes durch den Eintritt in die Hanseatische Rechtsanwaltskammer Bremen begründet (Pflichtmitgliedschaft). Vom Erwerb der Mitgliedschaft ausgenommen ist, wer zu diesem Zeitpunkt das 45. Lebensjahr vollendet hat oder berufsunfähig ist."

Die übrigen neun Versorgungswerke mit einer landesgesetzlich festgeschriebenen Altersgrenze von 45 Jahren

§ 5 des Gesetzes über das Versorgungswerk der Rechtsanwälte in Baden-Württemberg 71 **(Rechtsanwaltsversorgungsgesetz – RAVG) vom 10. Dezember 1984 (Stand: 1.9.2012)**

„(1) Mitglied des Versorgungswerkes ist, wer beim Inkrafttreten dieses Gesetzes Mitglied einer Rechtsanwaltskammer in Baden-Württemberg ist und zu diesem Zeitpunkt das 45. Lebensjahr noch nicht vollendet hat.

(2) Mitglied des Versorgungswerkes wird, wer nach dem Inkrafttreten dieses Gesetzes Mitglied einer Rechtsanwaltskammer in Baden-Württemberg wird und zu diesem Zeitpunkt das 45. Lebensjahr noch nicht vollendet hat."

§ 2 des Gesetzes über die Rechtsanwaltsversorgung in Berlin (RAVG Bln) vom 2. Februar 72 **1998**

„(1) Wer nach In-Kraft-Treten dieses Gesetzes Mitglied der Rechtsanwaltskammer Berlin wird, wird zugleich Mitglied des Versorgungswerkes. Dies gilt nicht für die Mitglieder der Rechtsanwaltskammer Berlin, die die Mitgliedschaft nach Vollendung des 45. Lebensjahres erwerben oder zum Zeitpunkt des Erwerbs der Mitgliedschaft berufsunfähig sind."

§ 3 des Gesetzes über das Versorgungswerk der Rechtsanwälte in Brandenburg (Branden- 73 **burgisches Rechtsanwaltsversorgungsgesetz- BbgRAVG) vom 4. Dezember 1995 (GVBl.I/95, [Nr. 21], S. 266), geändert durch Artikel 2 des Gesetzes vom 19. Dezember 2002 (GVBl.I/02, [Nr. 12], S. 189,190), geändert durch Artikel 7 des Gesetzes vom 13. März 2012 (GVBl.I/12, [Nr. 16], S. 4)**

„(1) Pflichtmitglieder des Versorgungswerks sind alle Mitglieder der Rechtsanwaltskammer des Landes Brandenburg.

(2) Von der Pflichtmitgliedschaft ausgenommen sind:

1. Rechtsanwälte, die bei Inkrafttreten dieses Gesetzes das 45. Lebensjahr vollendet haben;

2. Rechtsanwälte, die nach Vollendung des 45. Lebensjahres Mitglied der Rechtsanwaltskammer werden."

§ 3 des Gesetzes über das Versorgungswerk der Rechtsanwältinnen und Rechtsanwälte in 74 **der Freien und Hansestadt Hamburg (RAVersG) vom 21. November 2000**

„(1) Die Mitglieder der Hanseatischen Rechtsanwaltskammer sind Pflichtmitglieder des Versorgungswerks.

(2) Pflichtmitglied wird nicht, wer das 45. Lebensjahr vollendet hat. Kammermitglieder, die bei Inkrafttreten der Satzung das 55. Lebensjahr noch nicht vollendet haben, können auf Antrag die freiwillige Mitgliedschaft erwerben. Das Nähere bestimmt die Satzung."

§ 2 des Gesetzes über die Hessische Rechtsanwaltsversorgung – Hess. RAVG – vom 75 **16.12.1987**

„(1) Mitglieder des Versorgungswerks sind die den Rechtsanwaltskammern im Lande Hessen angehörenden Rechtsanwälte und Rechtsbeistände.

(2) Von der Mitgliedschaft ausgenommen sind die Rechtsanwälte und Rechtsbeistände, die nach Vollendung des 45. Lebensjahres Mitglied einer Rechtsanwaltskammer nach Abs. 1 werden."

76   **§ 2 des Gesetzes über das Versorgungswerk der Rechtsanwälte in Mecklenburg-Vorpommern (Rechtsanwaltsversorgungsgesetz – RAVG M-V) vom 14. Dezember 1993; GS Meckl.-Vorp. Gl. Nr. 303 – 1**

"(1) Pflichtmitglieder des Versorgungswerkes sind die Mitglieder der Rechtsanwaltskammer Mecklenburg-Vorpommern, die bei In-Kraft-Treten dieses Gesetzes das 45. Lebensjahr noch nicht vollendet haben. Pflichtmitglied wird, wer nach dem In-Kraft-Treten des Gesetzes Mitglied der Rechtsanwaltskammer Mecklenburg-Vorpommern wird und das 45. Lebensjahr noch nicht vollendet hat."

77   **§ 2 des Gesetzes über das Rechtsanwaltsversorgungswerk Niedersachsen (RVNG) vom 14. März 1982, zuletzt geändert durch Gesetz vom 22.1.2014 (Nds. GVBl. S. 28)**

"(1) Mitglieder des Versorgungswerkes sind die Rechtsanwältinnen und Rechtsanwälte, die einer Rechtsanwaltskammer in Niedersachsen angehören. Ausgenommen sind
1. Rechtsanwältinnen und Rechtsanwälte, die erst nach Vollendung des 45. Lebensjahres Mitglied in einer Rechtsanwaltskammer in Niedersachsen geworden sind."

78   **§ 2 des Gesetzes über die rheinland-pfälzische Rechtsanwaltsversorgung (Rechtsanwaltsversorgungsgesetz – RAVG – vom 29. Januar 1985 (GVBl 1985, S. 37), zuletzt geändert durch Gesetz vom 11.5.2010 (GVBl. S. 80)**

"(1) Pflichtmitglieder des Versorgungswerks sind die der Rechtsanwaltskammer Koblenz und der Pfälzischen Rechtsanwaltskammer Zweibrücken angehörenden Mitglieder, soweit sie natürliche Personen sind. Ausgenommen ist, wer erst nach Vollendung des 45. Lebensjahres Mitglied einer dieser Rechtsanwaltskammern wird, bei Inkrafttreten dieses Gesetzes das 45. Lebensjahr vollendet hat oder berufsunfähig ist oder bei seiner Zulassung zur Rechtsanwaltschaft berufsunfähig ist für die Dauer seiner Berufsunfähigkeit."

79   **§ 3 des Gesetzes über das Versorgungswerk der Rechtsanwälte in Sachsen-Anhalt vom 27. Juli 2005 (GVBl. LSA S. 458), geändert durch die erste Gesetzesänderung gemäß Bekanntmachung vom 21.5.2010, GVBl. LSA S. 341 und die zweite Gesetzesänderung gemäß Bekanntmachung vom 9.2.2011, GVBl. LSA S. 59**

"(1) Mitglieder des Versorgungswerkes sind die Rechtsanwälte, die der Rechtsanwaltskammer des Landes Sachsen-Anhalt angehören.
(2) Von der Pflichtmitgliedschaft ausgenommen sind
1. Rechtsanwälte, die bei In-Kraft-Treten dieses Gesetzes das 45. Lebensjahr vollendet haben,
2. Rechtsanwälte, die nach Vollendung des 45. Lebensjahres Mitglied der Rechtsanwaltskammer werden."

Da der Gesetzgeber in diesen Fällen die Festlegung der Altersgrenze an sich gezogen und selbst geregelt hat, erübrigt sich hier die Widergabe der Satzungstexte. Im Allgemeinen wiederholen sie mangels eigener Regelungskompetenz die Gesetzestexte wörtlich.

3. Welche Folgen kann eine Abschaffung der 45-Jahresgrenze haben?

80   Es darf nicht übersehen werden, dass die bloße Forderung nach einer Abschaffung der 45-Jahresgrenze für sich allein wenig gehaltvoll ist. Denn mit einem solchen Vorhaben ist die Beachtung einer ganzen **Reihe von Gesichtspunkten** verbunden:

• Als Pflichtsystem der ersten Säule gestattet die berufliche Versorgung nicht einen be- **81** liebigen Eintritt oder Austritt. Grundlage ist ein Pflichtsystem für alle. Wird eine Altersbegrenzung gestrichen, dann werden alle Betroffenen Pflichtmitglieder. Viele Syndikusanwälte, die über 45 Jahre alt sind, werden deswegen von der Abschaffung der Jahresgrenze nicht begeistert sein; haben sie doch im Normalfall schon anderweitig Vorsorge getroffen. **Sie werden dann in ein Pflichtsystem gezwungen,** worauf sich ihre Lebensplanung bisher nicht bezog. Die Interessen dieser Personengruppe und die Rücksicht darauf, dass niemand zu einer Überlast am Versorgungsmaßnahmen gezwungen werden kann, wird berücksichtigt werden müssen.

• Wird eine Altersbegrenzung gestrichen, wird sie für alle gelten müssen. Es gibt ja **82** nicht nur Syndikusrechtsanwälte, sondern in überwiegender Anzahl Rechtsanwälte, welche von der geforderten Aktion betroffen sein werden. Sofern die Anzahl der Betroffenen bei den versicherungsmathematischen Grundlagen eine Rolle spielt, wird also von einem **viel größeren Personenbestand** ausgegangen werden müssen, als es die Gruppe der Syndikus Rechtsanwälte darstellt.

• Denkbar wäre es, **Befreiungsrechte** für die vorzusehen, welche schon **anderweitig** **83** **Vorsorge** getroffen haben, sei es dass sie Prämien in ähnlicher Höhe an Dritte Systeme leisten, sei es dass sie dort schon Anwartschaften in adäquater Höhe errungen haben. Insofern ähnelt die Abschaffung einer Altersgrenze partiell der Neugründung eines Versorgungswerks; deswegen haben die Einrichtungen auch Erfahrungen mit diesem Instrument. Allerdings hat dieser scheinbare Königsweg auch einen Haken: Die Versichertengemeinschaft muss davor geschützt werden, mit der Last einer negativen Auswahl konfrontiert zu werden. Würde eine Versicherungspflicht mit Befreiungsmöglichkeit dazu führen, dass der Tendenz nach eher Personen in das Versorgungswerk kommen, bei denen alsbald Berufsunfähigkeit Ansprüche entstehen können, so könnte das das Projekt gefährden. Denn bis zu einem gewissen Höchstalter (Ende der Zurechnungszeit) werden Leistungen aus Berufsunfähigkeit zu unter Umständen erheblichen Anteilen aus Mitteln der Versichertengemeinschaft finanziert. Die private Versicherungswirtschaft wirkt einem solchen Ausleseprozess durch Risikoprüfung bei Eintritt entgegen. Das würde bedeuten, dass Mitglied im Versorgungswerken werden könnte, wer durch Arztgutachten eine Bewertung seines persönlichen Risikos zulässt. Ein solches Verfahren widerspricht aber dem System einer Einrichtung der ersten Säule.

• Denkbar wäre auch **eine Begrenzung** wie folgt: Wer zwar über 45 Jahre alt, aber **84** schon zuvor in einer anderen Einrichtung der berufsständischen Versorgung versichert gewesen ist, hat trotz überschreiten der Altersgrenze Zutritt zum Versorgungswerk. Dies würde dem Gedanken Rechnung tragen, dass die berufliche Versorgung zwar länderbezogen aufgestellt, aber insgesamt in Deutschland flächendeckend präsent ist. Eine solche Konstruktion entspräche dem Grundgedanken, wie dieser auch Europa bei der Migration von einem Mitgliedstaat in den anderen durch die Koordination Rechnung trägt. Hier würde ein Nachteil vermieden werden, der allein dadurch entsteht, dass eine Ländergrenze überschritten wird. Diese Lösung könnte das im Gesetzgebungsvorhaben angesprochene Problem der freiwillig fortgesetzten Mitgliedschaften bei Kammerwechsel in ein anderes Bundesland im Ergebnis Rechnung tragen. Das allerdings würde all diese ausschließen, welche jenseits der Altersgrenze erstmals in Deutschland in den Anwaltsberuf kommen, zu welchem auch der Beruf des Syndikusrechtsanwalts zählt.

• Schließlich ist dargestellt worden, dass die Mischung zwischen Umlage und Kapital- **85** bildung besondere Instrumente verlangt, die ihre Besonderheiten haben. Die Mehrheit der Versorgungswerke, die in dem Offenen Deckungsplanverfahren finanziert sind, haben zu bedenken, dass systembedingt Beiträge ein wenn auch nur geringfügig höheres Gewicht haben, wenn diese im **voran gerückten Alter** bezahlt werden – dies gegenüber Zahlungen in jüngeren Beitragsjahren. Dazu gehört, dass bei Beitritt in jüngeren Jahren zusätzliche Versicherungsmonate in die oben beschriebene Produktbildung einfließen, dies bis zu 96 Monaten, um ein Gleichgewicht herzustellen. Ein Beitritt im Alter kann deswegen **zu ungerechtfertigten Vorteilen** führen, die der jüngeren Generation im Versichertenbestand nicht mehr zugemutet werden können. Bei Versorgungswerken, die im laufenden Betrieb die beschriebene Altersgrenze abgeschafft haben, haben deswegen Wege gefunden, welche einen Ausgleich bewirken. Sie haben nämlich einen Altersfaktor eingeführt, der die Beiträge danach bewertet, in welchem Lebensalter das Mitglied in das Versorgungswerk gekommen ist, oder danach, in welchem Lebensalter und in welchem Kalenderjahr die Beiträge bezahlt werden.

4. Durch Streichung der 45-Jahregrenze bereits realisierte Lösungen

a) Baden-Württemberg

86   Das Versorgungswerk der **Steuerberater in Baden-Württemberg** hat beispielsweise in die Vorschrift des § 22 seiner Satzung, welches die Berechnung der Anwartschaft und Rente betrifft, folgende Passagen eingefügt:[32]

„Der Monatsbetrag der Alters- bzw. der Berufsunfähigkeitsrente ist ab dem 1.1.2009 das Produkt aus dem Rentensteigerungsbetrag, der Anzahl der anzurechnenden Versicherungsjahre, **dem vom Eintrittsalter abhängigen Faktor** und dem persönlichen durchschnittlichen Beitragsquotienten ..". Der vom Eintrittsalter abhängige Faktor wird wie folgt bestimmt:

Eintrittsalter	Faktor
22	3,000
23	2,975
.... usw	
45	2,425
.... usw	
60	2,050
61	2,025
62	2,000
67	2,000

b) Sachsen

87   Das Versorgungswerk der Rechtsanwälte im Freistaat **Sachsen** hat bei der Berechnung des monatlichen persönlichen Beitragsquotienten einen Zugangsfaktor eingeführt und in § 24 Absatz 5 dann bestimmt.[33]

„(5) Es gelten folgende Zugangsfaktoren:
1. für Mitglieder, die bis 31.12.2012 ihre Mitgliedschaft im Versorgungswerk begründet haben, gilt der Zugangsfaktor 1,000 .
2. für Mitglieder, die ab dem 1.1.2013 ihre Mitgliedschaft im Versorgungswerk begründen, gilt der nach der nachstehenden Tabelle aufgeführte jeweilige Zugangsfaktor, der sich nach dem Lebensalter im Zeitpunkt des Eintritts des jeweiligen Mitglieds richtet:"

---

[32] http://www.stbvw-bw.de/download/Satzung.pdf.
[33] http://www.s-r-v.de/uploads/media/Satzung_ab_28.12.2014.pdf.

Eintrittsalter	Zugangsfaktor
45	1,000
46	0,995
.... usw	
64	0,715
65	0,700

c) Bayern

Die **Bayerische** Rechtsanwalts- und Notarversorgung berechnet in § 32 ihrer Satzung **88** den Jahresbetrag des Altersruhegelds nach dem Produkt der individuell erreichten Rentenpunkte und des Rentenbemessungsfaktors. Die Anzahl der Rentenpunkte ergibt sich dabei aus der Multiplikation der von dem Mitglied entrichteten Beiträge mit dem jeweils zutreffenden Bewertungsprozentsatz. Zu diesem heißt es dann in Absatz 2:

„Die Höhe des Bewertungsprozentsatzes hängt vom Geburtsjahr und Lebensalter ab, in dem die Einzahlung geleistet wurde; maßgebend ist der Tag des Zahlungseingangs. [3] Das Lebensalter ermittelt sich aus der Differenz zwischen dem Kalenderjahr der Beitragszahlung und dem Geburtsjahr. Der jeweils zutreffende Bewertungsprozentsatz geht aus Tabelle 1 hervor".

Die Tabelle sieht auszugsweise wie folgt aus:

Alter	Bewertungsprozentsätze für Geburtsjahre						
	Bis 1951	Bis 1952	Bis 1953	......	Bis 1967	Bis 1968	Ab 1969
....							
28	10.1%	10.1%	10,2%	......	11,2%	11,4%	11,5%
29	9,8%	9,8%	9,9%	......	11,0%	11,1%	11,2%
30	9,6%	9,7%	9,7%	......	10,8%	10,9%	11,0%
....							
65	4,5%	4,5%	4,5%	......	5,0%	5,0%	5,1%
66	4,4%	4,4%	4,4%	......	4,9%	4,9%	5,0%
67	4,3%	4,3%	4,3%	......	4,8%	4,8%	4,9%

d) Berlin

Das Versorgungswerk der Rechtsanwälte in **Berlin** hat – trotz bestehender Alters- **89** grenze – unterschiedliche Beitragsberechnungen, je nachdem, ob die Beiträge bis zum 31.12.2009 (hierfür gilt § 19 der Satzung) oder ab dem 1.1.2010 (hierfür gilt § 19a der Satzung) gezahlt werden.

§ 19 Absatz 1 und Absatz 6 (bis 31.12.2009) lauten auszugsweise:

„Der Monatsbetrag der Alters- bzw. der Berufsunfähigkeitsrente .... ist das Produkt aus dem Rentensteigerungsbetrag, der Summe der persönlichen Beitragsquotienten und dem eintrittsalterabhängigen Multiplikator."

„Der durch das Eintrittsalter bestimmte Multiplikator ergibt sich aus der nachstehenden Tabelle. Dabei ist das Eintrittsalter die Differenz zwischen dem Kalenderjahr, in das der Beginn der Mitgliedschaft fällt, und dem Geburtsjahr."

Die Tabelle sieht auszugsweise wie folgt aus:

Alter bei Beitragsentrichtung	Faktor
……	
28	1,5180
29	
30	
…..	
45	1,4283
….	
63	1.0000
64	1.0000
65	1.0000

§ 19a Absatz 1 und Absatz 2 (ab 1.1.2010) lauten auszugsweise:

„Pflichtbeiträge …, die ab 1. Januar 2010 im Versorgungswerk eingehen, begründen altersabhängige und generationengerechte Rentenanwartschaften. Für jeden in einem Kalenderjahr gezahlten Beitrag ergibt sich die monatliche Anwartschaft auf Altersrente mit vollendetem 65. Lebensjahr als Produkt aus Beitrag, altersabhängigem Faktor und Korrekturfaktor, vermindert um den Generationenfaktor, geteilt durch 12.000. Die Summe der in jedem Kalenderjahr vom Beginn der Mitgliedschaft, frühestens ab 1. Januar 2010, bis zur Vollendung des 65. Lebensjahres erworbenen Anwartschaften ergibt den Monatsbetrag der Altersrente …
Die Höhe des altersabhängigen Faktors hängt vom Alter (Kalenderjahr – Geburtsjahr) ab, in dem die Zahlung geleistet wurde; ….“

Die Tabelle sieht auszugsweise wie folgt aus:

Alter bei Beitragsentrichtung	Faktor
……	
28	83,6
29	81,8
30	80,1
…..	
45	58,6
….	
63	42,8
64	42,5
65	43,5

Vorsorglich sei festgehalten, dass die Unterschiede der Faktoren nicht etwa eine Aussage darüber enthalten, dass Leistungen im Vergleich der Versorgungswerke unterschiedlich seien. Denn deren andere Berechnungsfaktoren sind unterschiedlich. Die Darstellung zeigt nur, in welcher Weise das Eintrittsalter oder das Zahlalter die Beitragsbewertung beeinflussen können: die Größenunterschiede der Altersfaktoren können je nach Alter durchaus erheblich sein.

IV. Handlungsempfehlung: Der Fall der eigenen Altersversorgung

Die Darstellung weist also aus: mit der **einfachen Forderung nach Abschaffung einer**   90
45-Jahresgrenze, wie sie die Anreizlösung im Gesetz zur Neuordnung des Rechts der
Syndikusrechtsanwälte enthält, **ist es nicht getan.** Es kommt auf die berücksichtigungs-
pflichtigen Einzelheiten an. Für die individuelle Handlungsanforderung im Hinblick
auf die zu erwartende Zukunft sollte beachtet werden:

- Wer seine Zulassung bei einer Rechtsanwaltskammer im Bezirk eines Rechtsan-   91
  waltsversorgungswerks erhält, bei der die 45-**Jahresgrenze nicht mehr besteht**, hat im
  doppelten Sinne nichts weiter zu tun:
    - Er wird Pflichtmitglied im Versorgungswerk, wenn er es nicht schon ist.
    - Er hat kein Befreiungsrecht von der Mitgliedschaft im Versorgungswerk. Die vor-
      handenen Satzungen sehen sie nicht vor.
- Wer seine Zulassung bei einer Rechtsanwaltskammer im Bezirk eines Rechtsan-   92
  waltsversorgungswerks betreibt, bei der die 45-**Jahresgrenze besteht**, wird die künftige Unsicherheit beachten müssen:
    - Er kann, solange die 45-Jahresgrenze nicht abgeschafft ist, dort nicht Mitglied
      werden. Es gibt auch keine „Kulanzregelungen" im Vorgriff auf eventuelle spätere
      Änderungen der Rechtsgrundlagen: ein Versorgungswerk ist als öffentlich-
      rechtliche Körperschaft an die geltende Rechtslage unbedingt gebunden.
    - Ob und wann der Gesetzgeber die Rechtsgrundlagen ändert, ist ungewiss.
    - Ob der Satzungsgeber reagiert, wenn der Gesetzgeber eine Änderung des Landes-
      gesetzes im Wege einer Öffnungsklausel möglich macht, ist ungewiss.
    - Welche Lösung schließlich eine Abschaffung der 45-Jahresgrenze innerhalb der
      Vielfalt der oben beschriebenen unterschiedlichen Gestaltungsmodelle am Ende
      realisiert wird, ist ungewiss.

Praxistipp: ☞

Deswegen sollte bei aller Freude über den neuen Syndikusrechtsanwalt und seine Befreiungsmög-   93
lichkeiten sine ira et studio bedacht werden: die Nutzung des Wegfalls der Altersgrenze ist kein
Allheilmittel!

- Lohnt sich die Zulassung als Syndikusrechtsanwalt allein deswegen, weil sie den
  (heute ungewissen) Zugang zum Versorgungswerk ermöglicht, überhaupt?
- Es ist ein Irrtum, anzunehmen, der mit höherem Alter ins Versorgungswerk gelangte
  Syndikusanwalt sei auf demselben Niveau versorgt, wie es sein Anwaltskollege ist,
  welcher schon im Anschluss an die Referendarzeit ins Versorgungswerk kam. Feh-
  lende Versicherungsjahre und mögliche unterschiedliche Beitragsbewertungen sollten
  bedacht werden.
  Das heißt für den eigenen Fall:
- Analyse der **eigenen Versorgungssituation** – über alle Felder: welches Vermögen habe   94
  ich, wie sind meine Berufsaussichten, welche Anwartschaften habe ich wo? Es ist
  klar: hierzu kann vorliegend keine allgemeine Handlungsanweisung gegeben werden.
- Klärung der eigenen eventuell schon **vorhandenen Anwartschaft** in einem Versor-   95
  gungswerk. Alle Versorgungswerke versenden jährlich Anwartschaftsberechnungen.
  Es sollte von einem Anwalt erwartet werden, dass er sie versteht. Es ist **nicht profes-**
  sionell, im Versorgungswerk anzurufen, um sich alles erklären zu lassen, was voll-

ständig in allen Rechtsgrundlagen nachgelesen werden kann. Versorgungswerke sind Selbsthilfeeinrichtungen der Anwaltschaft: ihr Erfolg beruht unter anderem auf einem konkurrenzlosen Verwaltungskostensatz in der Gegend von 1% des Beitragsaufkommens. Dies ist auch nur deswegen möglich, weil das Versorgungswerk Freiberufler versichert, von denen es davon ausgehen kann, dass diese die Grundlagen selbst verinnerlicht haben – zumal, wenn es Rechtsanwälte sind.

96   • Aktive Beobachtung der Entwicklung im in Betracht kommenden Versorgungswerk. Natürlich bleiben die Versorgungswerke nicht untätig. Die gesetzliche Anreizlösung wird ihre Wirkung haben. Gesetzes- und Satzungsänderungen geschehen aber nicht von heute auf morgen. Die vom Bundesgesetzgeber vorgegebene Zeithürde von drei Jahren ist durchaus anspruchsvoll.

Die Versorgungswerke geben auf ihrer Homepage Nachrichten über **aktuelle Entwicklungen,** die nachgefragt werden sollten. Beispielsweise hält das das Versorgungswerk der Rechtsanwälte derzeit (Stand 15.1.2016) folgende Nachricht vor:

97   „Da in Baden-Württemberg dazu im ersten Schritt der Landesgesetzgeber aktiv werden muss, hat sich der Vorstand des Versorgungswerks der Rechtsanwälte in Baden-Württemberg bereits Anfang Dezember 2015 mit einer entsprechenden Gesetzesänderungsinitiative an das Landesjustizministerium gewandt. Wenn der Gesetzgeber rechtzeitig handelt, könnte die Anpassung der Satzung binnen der genannten Frist erfolgen, wenn der Satzungsgeber dies bewirken will."

Das zeigt aber auch die Schwierigkeiten, die bestehen können. In Baden-Württemberg wird im Frühjahr 2016 gewählt – und es wird dann auf den nächsten Gesetzgeber gewartet werden müssen.

98   Es entsteht also eine **logische und zeitliche Abfolge:** das Mitglied selbst ist am Zug – es muss die notwendigen Anträge bei Kammer und DRV stellen. Dann ist die Kammer am Zug. Erst dann kann die DRV endgültig entscheiden. Und erst dann liegen für das Versorgungswerk die notwendigen Grundlagen für eine Beitragsfestsetzung fest. **Es steht erst in der dritten Reihe.** Checklisten auf diesem Rechtsgebiet wären deswegen verfrüht; es konnte hier nur auf die Problemstellung hingewiesen werden. Das Befreiungsrecht zugunsten der vollen Beitragzahlung ins Versorgungswerks ist wieder möglich – die Umsetzung im Einzelfall (im Versorgungswerk und dann beim Mitglied) ist aber durchaus nicht einfach.

99   Die gegenwärtige Gesetzeslage fordert also dazu heraus, die eigene Altersvorsorge des Syndikusrechtsanwalts zum **bevorzugten Eigenmandat** zu machen. Die Einschaltung der Versorgungswerke in die Gesamtproblematik und das Befreiungsrecht dokumentieren eines: Der Anwalt ist für seine Altersversorgung selbst verantwortlich. Die Entwicklung der gesetzlichen Rentenversicherung von der kaiserlichen Botschaft bis heute hat zu einer gewissen Entmündigung des abhängig Beschäftigten geführt: Staat und Arbeitgeber kümmern sich um seine Vorsorge; er hat damit überhaupt nichts zu tun. Er ist in Watte gepackt. Irgendwann geht er in Rente und profitiert von dem, was Obrigkeit und Wirtschaft für ihn getan haben. Dieser bequeme Zustand **entspricht nicht dem Bild des Freiberuflers.** Wenn der freie Beruf im Beschäftigungsverhältnis möglich ist, dann aber eben auch mit den Anforderungen, die der Freie Beruf ihm abfordert. Das heißt also:

☞   **Praxistipp:**

100   Der Syndikusrechtsanwalt muss sich um sein eigenes Mandat kümmern.

Eine selbstverwaltete Einrichtung der Anwaltschaft lebt auch von und mit der wachen Aktivität ihrer Mitglieder.

§ 5 Arbeitsrecht

Auch wenn das „Syndikusanwaltsgesetz" sich selbst den Titel „Gesetz zur Neuord-   **1**
nung des Rechts der Syndikusanwälte" gegeben hat, so ordnet es das Recht der Syndikusanwälte nicht neu. Es führt vielmehr einen neuen Rechtsanwaltstypus ein, den es bis
zum 1.1.2016 nicht gab: den Syndikusrechtsanwalt. Nach der Legaldefinition des
§ 46 Abs. 2 S. 1 BRAO versteht man unter Syndikusrechtsanwälten Angestellte, die im
Rahmen ihres Arbeitsverhältnisses für einen nicht-anwaltlichen Arbeitgeber anwaltlich
tätig sind. Nach der Rechtsprechung des BGH[1] und des BVerfG[2] war bislang eine anwaltliche Tätigkeit bei einem nichtanwaltlichen Arbeitgeber nicht möglich. Vielmehr
konnte ein Syndikus (Unternehmensjurist), der als ständiger Rechtsberater in einem festen Dienst- oder Arbeitsverhältnis zu einem Arbeitgeber steht, in dieser Tätigkeit nicht
Rechtsanwalt sein, weil sich die mit dem Dienst- und Arbeitsverhältnis verbundenen
Abhängigkeiten und Bindungen nicht mit dem Berufsbild des Rechtsanwalts als freiem
und unabhängigem Berater und Vertreter vereinbaren lassen.[3] Ein Syndikus ging deshalb
bislang zwei Berufen nach (sog. Doppelberufstheorie), nämlich außerhalb seines Dienst-
und Arbeitsverhältnisses dem Beruf des Rechtsanwalts und innerhalb seines Dienst- oder
Arbeitsverhältnisses dem eines Dienstnehmers oder Angestellten, so BGH und BVerfG.
Infolgedessen fanden die berufsrechtlichen Vorschriften für Rechtsanwälte bislang auf
die Arbeitsverhältnisse der Syndici keine Anwendung. Unternehmen mussten bei der
Ausgestaltung ihrer Arbeitsverträge also auch keine Besonderheiten beachten. Sie konnten vielmehr ihre Standardverträge für Angestellte bzw. Führungskräfte verwenden.

Das ist nun anders. Dies gilt jedenfalls, wenn Unternehmen sich dazu entschließen,   **2**
künftig Syndikusrechtsanwälte zu beschäftigen oder die bestehenden Arbeitsverhältnisse mit ihren Unternehmensjuristen in Syndikusrechtsanwalts-Arbeitsverhältnisse zu
ändern. Dann müssen in diesen Arbeitsverhältnissen die Vorgaben des Syndikusanwaltsgesetzes und, wo anwendbar, die der BRAO berücksichtigt werden. Das erscheint
auf den ersten Blick arbeitsrechtlich nicht weiter problematisch. Mit dem Abschluss eines „schlanken" Änderungsvertrages zum Arbeitsvertrag oder der Ergänzung des Stan-
dard-Arbeitsvertrages um zwei bis drei Klauseln ist es aber nicht getan. Aus Complian-
ce-Gründen, zur Vermeidung einer sozialversicherungs- und ggf. auch strafrechtlichen
Haftung für nicht abgeführte Rentenversicherungsbeiträge und auch im Hinblick auf
die Personalgewinnung, Personalbindung und die Führungskräfteentwicklung, sind Unternehmen und Konzerne gut beraten, sich im Vorfeld einer etwaigen Umstellung, etwas intensiver mit den Auswirkungen des Gesetzes auf die betriebliche Praxis zu beschäftigen.

I. Welche „Syndikus-Fallgruppen" gibt es im Unternehmen?

Unternehmen, die im Anschluss an die Syndikus-Urteile[4] des BSG vom 3.4.2014 eine   **3**
Bestandsaufnahme unter den bei ihnen beschäftigten Unternehmensjuristen gemacht

---

[1] BGH Beschl. v. 18.6.2001 – AnwZ(B) 41/00, NJW 2001, 3130; Beschl. vom 7.2.2011 – AnwZ(B)
20/10, NJW 2011, 1517, 1518.
[2] BVerfG Beschl. v. 4.11.1992 – 1 BvR 79/85, NJW 1993, 317, 319 f.
[3] BVerfG Beschl. v. 4.11.1992 – 1 BvR 79/85, NJW 1993, 317, 319 f.
[4] BSG Urt. v. 3.4.2014 – B 5 R 2/14 R, BeckRS 2014, 69071 = DStR 2014, 2185; B 5 RE 13/14 R
NZA 2014, 971 = NJW 2014, 2743; B 5 RE 9/14, BeckRS 2014, 71682.

und deren versorgungs- bzw. rentenrechtliche Situation geprüft und die „Vertrauens-
schutzregelung" des DRV Bund vom 12.12.2014[5] in Anspruch genommen haben, sehen sich heute mit einer bunten Gemengelage an Syndikus-Arbeitsverhältnissen konfrontiert:

4   Sie beschäftigen (i) sog „Altfälle", die keine wirksame Befreiung für ihre aktuelle Tätigkeit haben, aber Rentenversicherungsbeiträge an das Versorgungswerk abführen und
die Genehmigung für eine Zulassung als niedergelassener Rechtsanwalt haben. Dann
haben sie (ii) „Neueintritte", die als Unternehmensjuristen tätig sind, keine wirksame
Befreiung von der gesetzlichen Rentenversicherung haben, dementsprechend Rentenversicherungsbeiträge an die DRV Bund abführen. Manche von ihnen haben sich im
Hinblick auf die unklare rentenrechtliche Situation bei Syndikusanwälten vorsorglich
als niedergelassener Rechtsanwalt zugelassen und besitzen die dafür notwendige Nebentätigkeitsgenehmigung und Freistellung. Daneben gibt es die Gruppe der (iii) „um-
gemeldeten" Unternehmensjuristen. Sie verfügen nicht über einen wirksamen renten-
rechtlichen Befreiungsbescheid für ihre aktuelle Tätigkeit und sind deshalb häufig mit
Wirkung zum 1.1.2015 unternehmensseitig bei der Deutschen Rentenversicherung
Bund angemeldet worden und führen seitdem dorthin ihre Rentenversicherungsbeiträge ab. Sie besitzen eine Nebentätigkeitsgenehmigung und arbeitgeberseitige Freistellung
für die Zulassung als niedergelassener Rechtsanwalt. Schließlich gibt es noch die
Gruppe der (iv) „wirksam befreiten" Unternehmensjuristen. Ihnen liegt für ihre aktuelle Tätigkeit ein wirksamer rentenrechtlicher Befreiungsbescheid vor. Deshalb führt das
Unternehmen oder der Syndikus selbst Rentenversicherungsbeiträge an das Versorgungswerk ab. Auch sie besitzen eine Nebentätigkeitsgenehmigung und arbeitgeberseitige Freistellung für ihre Zulassung als niedergelassener Rechtsanwalt.

5   Den Juristen aller vier Fallgruppen ist ein starkes Interesse gemein, entweder weiterhin von der gesetzlichen Rentenversicherung befreit zu bleiben oder aber jetzt durch
eine Beschäftigung und Zulassung als Syndikusrechtsanwalt in den Genuss einer möglicherweise sogar rückwirkenden Befreiung zu kommen. Ihre Arbeitsverhältnisse sollten
dennoch nicht ohne Weiteres kollektiv umgestellt werden.

II. Welche Aspekte können für eine Umstellungsentscheidung erheblich sein?

6   Jeder Arbeitgeber muss anhand seiner Unternehmens- bzw. Konzernspezifika entscheiden, ob er die Bestandsverträge seiner Unternehmensjuristen umstellt und künftig
Syndikusrechtsanwälte beschäftigen will oder nicht. Die Entscheidung darüber kann
von mehreren Faktoren abhängen. Für bzw. gegen eine Vertragsumstellung sprechen
folgende Argumente:

1. Inhaltliche Prägung des Arbeitsverhältnisses

7   Maßgeblich ist zunächst, ob die Tätigkeit der Unternehmensjuristen tatsächlich anwaltlich geprägt ist. Gerade in großen Konzernen, die nicht nur in der Rechts- und Personalabteilung Juristen beschäftigen, sondern beispielsweise auch in der Finanzabtei-

---

[5] Deutsche Rentenversicherung Bund, Information zur Umsetzung der Rechtsprechung des Bundes-
sozialgerichts vom 3.4.2014 zum Befreiungsrecht von Syndikusanwälten und dem einzuräumenden
Vertrauensschutz vom 12.12.2014, www.deutsche-rentenversicherung-bund.de/ unter Allgemein/
Services/Fachinfos/Rechtsprechung/Bundessozialgericht/Syndikusanwälte.

lung (Steuern), im Investmentbanking, Vertrieb usw., muss vor einer Umstellung auf Syndikusanwaltsverträge die Art, der Inhalt und der Umfang der Tätigkeit der Unternehmensjuristen zunächst erfasst und dann das Vorliegen einer anwaltlichen Prägung geprüft werden.

Dabei sind Arbeitgeber gut beraten, sich nicht ausschließlich auf eine Auskunft oder **8** Unterschrift des Vorgesetzten auf einer eigens für die Syndikuszulassung erstellten Tätigkeitsbeschreibung zu verlassen. Zum einen tendieren Vorgesetzte gelegentlich dazu, diese Bestätigung allzu leichtfertig auszustellen. Nicht zuletzt deshalb, weil ihnen die Folgen einer unzutreffenden Angabe nicht bewusst sind. Zum anderen laufen Arbeitgeber bei unzutreffenden Angaben zur Tätigkeit der Unternehmensjuristen Gefahr, Rentenversicherungsbeiträge an die DRV Bund nachentrichten und dabei die Arbeitgeber- und die Arbeitnehmeranteile größtenteils alleine tragen zu müssen. Und das wegen eines unter Umständen bedingt vorsätzlichen Verhaltens nicht nur nach § 25 Abs. 1 SGB IV für das jeweils laufende und die vorangegangenen vier Jahre, sondern auch für davor liegende Zeiten. Hinzu kommt in solchen Fällen häufig auch das Risiko einer strafrechtlichen Haftung nach § 266a Abs. 1 StGB. Ist die Tätigkeit der Unternehmensjuristen nicht anwaltlich geprägt, sollte der Arbeitgeber von einer Umstellung der Arbeitsverträge absehen.

2. Weisungsunterworfenes oder eigenständiges Arbeiten

Die Frage, ob und welche Arbeitsverhältnisse zur Erlangung einer Syndikuszulassung **9** umgestellt werden, hängt daneben von der Bereitschaft des Arbeitgebers ab, sich auf die fachliche Unabhängigkeit eines Unternehmensjuristen einzulassen und auf die Erteilung fachlicher Weisungen zu verzichten. Zwar ist es heute bereits so, dass die weitaus überwiegende Zahl der Syndici in den von ihnen zu bearbeitenden Fällen die Rechtslage eigenständig analysieren und eigenverantwortliche Empfehlungen und Risikoeinschätzungen abgeben, deren Ergebnis inhaltlich nicht arbeitgeberseitig vorgegeben sind. Dennoch gibt es einige Arbeitgeber, die sich ihr Direktionsrecht in fachlichen Fragen nicht nehmen lassen wollen und deshalb nicht bereit sind, die Arbeitsverträge umzustellen und Syndikusanwälte zu beschäftigen. Bei juristischen Sachbearbeitern in Versicherungen, Krankenkassen, Schadensregulierern ist das beispielsweise häufig der Fall.

3. Flexibilität des Einsatzes

Zu demselben Ergebnis kommen Arbeitgeber, wenn bereits jetzt absehbar ist, dass sie **10** die Unternehmensjuristen flexibel einsetzen wollen und deren Karriere-Track eher auf eine Stabs- als auf eine Fachkarriere hinausläuft. Das ist beispielsweise bei einer Teilnahme an einem Trainee-, Top-Talent- oder sonstigen Führungskräfteprogramm, in der Funktion als Vorstands- bzw. Geschäftsführungsassistent oder der beabsichtigten Entsendung ins Ausland zur Erprobung vorgezeichnet. Ihrer Beschäftigung als Syndikusrechtsanwalt kann der Umstand entgegenstehen, dass bei jedem auch nur vorübergehenden Wechsel in eine andere Abteilung der Verlust der Anwaltszulassung und/oder der Befreiung in der Rentenversicherung droht.

4. Gleichbehandlung und klare Beschäftigungsstrukturen

Auch der Wunsch des Arbeitgebers, seine Unternehmensjuristen intern gleichzustel- **11** len und keine unübersichtliche Vielzahl an unterschiedlichen Syndikus-Arbeitsverträgen administrieren zu müssen, kann ein Aspekt sein, der für oder gegen eine Umstellung der Verträge relevant ist. Denn nach Einführung des Syndikusrechtsanwalts wird es in Unternehmen künftig folgende Typen von angestellten Volljuristen geben: (i) Syndikusrechtsanwälte ohne zusätzliche Zulassung als niedergelassener Rechtsanwalt; (ii) Syndikusrechtsanwälte mit zusätzlicher Zulassung als niedergelassener Rechtsanwalt, (iii) Unternehmensjuristen ohne Syndikusanwaltszulassung aber mit Zulassung als niedergelassener Rechtsanwalt, (iv) Unternehmensjuristen ohne Syndikuszulassung und ohne Zulassung als niedergelassener Rechtsanwalt und (v) Volljuristen, die nicht als Unternehmensjuristen tätig sind, sondern in Stabs- oder anderen Funktionen (Geschäftsführer, Vorstände, Leiter Personal etc.) mit Zulassung als niedergelassener Rechtsanwalt. Hier bei jeder wesentlichen Tätigkeitsänderung den Überblick zu behalten, bei welchem Syndikus nun Handlungsbedarf besteht, ist nicht einfach.

5. Personalgewinnung und -bindung

12 Umgekehrt ist die Bereitschaft, Volljuristen im Unternehmen als Syndikusrechtsanwälte zu beschäftigen, ein wichtiges Personalgewinnungs- und Personalbindungsinstrument. Der Verbleib im Versorgungswerk ist bei wechselwilligen Unternehmensjuristen und auch bei angestellten Kanzleianwälten ein wichtiger Entscheidungsfaktor bei der Wahl des künftigen Arbeitgebers.

6. Rechtssicherheit für Zweifelsfälle

13 Auch bei Unternehmensjuristen mit einer Befreiung von der gesetzlichen Rentenversicherungspflicht, kann eine zügige Umstellung ihrer Arbeitsverhältnisse auf die Beschäftigung als Syndikusrechtsanwalt ratsam sein. Das gilt insbesondere dann, wenn es Zweifel gibt oder geben könnte, ob sich diese Befreiung tatsächlich noch auf die aktuelle Beschäftigung erstreckt. Denn wird das Arbeitsverhältnis im ersten Quartal 2016 umgestellt und beantragt der Syndikus noch bis zum 1.4.2016 eine Zulassung als Syndikusrechtsanwalt und gleichzeitig eine Befreiung nach § 6 Abs. 1 Nr. 1 SGB VI und Rückwirkung dieser Befreiung nach § 231 Abs. 4b S. 1 und 2 SGB VI, dann „heilt" dies eine möglicherweise inzwischen unwirksam gewordene Befreiung. Der Arbeitgeber kann sich in diesem Fall sicher sein, nicht später anlässlich einer Betriebsprüfung oder bei anderer Gelegenheit mit der Nachzahlung von Rentenversicherungsbeiträgen konfrontiert zu werden.

7. Außenauftritt

14 Umfasst die Tätigkeit eines Unternehmensjuristen auch das Führen von Vertrags- und sonstigen Verhandlungen mit Geschäftspartnern, Kunden und deren Rechtsanwälten im In- und Ausland, dann spielt der Außenauftritt eine Rolle. Dabei hilft ein Auftritt als Anwalt. Auch wenn dies ungerechtfertigt sein mag, so werden dennoch einem Anwalt häufig ein gewiefteres Auftreten, mehr Verhandlungsgeschick und ein besseres Durchsetzungsvermögen zugetraut als einem Assessor. Mit der Berufsbezeichnung Syndikusrechtsanwalt ist ein höheres Prestige verbunden als mit der Bezeichnung „Assessor" oder „Referent Recht" oder mit ähnlichen Bezeichnungen.

III. Pflicht zur Beschäftigung als Syndikusanwalt?

Unternehmen sind in der Regel nicht verpflichtet, bei ihnen tätige Volljuristen als **15** Syndikusrechtsanwälte zu beschäftigen. Ihnen steht es vielmehr im Rahmen ihrer Vertragsfreiheit frei, sich gegen eine Beschäftigung von Syndikusanwälten und dementsprechend gegen die notwendige Änderung der bestehenden Arbeitsverhältnisse zu entscheiden. Zu einem anderen Ergebnis kann man nur dann kommen, wenn entweder eine arbeitsvertragliche oder eine gesetzliche Pflicht zur Beschäftigung als Syndikusrechtsanwalt besteht. Beides ist zu verneinen.

1. Pflicht des Arbeitgebers zur Umstellung der Verträge?

Ein Unternehmensjurist mit einer arbeitsvertraglich vereinbarten Tätigkeit als **16** „Rechtsanwalt" oder „Syndikus" kann daraus grundsätzlich keine Pflicht des Arbeitgebers zur Umstellung des Arbeitsvertrags herleiten. Dh, der Arbeitgeber ist nicht verpflichtet, ihn nach Inkrafttreten des Gesetzes als Syndikusrechtsanwalt zu beschäftigen und ihm das dementsprechend gegenüber der Rechtsanwaltskammer zu bestätigen. Aufgrund der Doppelberufs-Rechtsprechung[6] des BGH und des BVerfG war eine anwaltliche Tätigkeit bei einem nicht-anwaltlichen Arbeitgeber wegen der damit verbundenen Weisungsabhängigkeit nicht möglich bzw. unzulässig. Die von dem Syndikus nach der alten Rechtslage gegenüber seinem Arbeitgeber geschuldete Tätigkeit konnte und durfte deshalb keine anwaltliche sein, auch wenn der Arbeitsvertrag etwas anderes vorsah. Arbeitgeber, die in Kenntnis dieser Rechtsprechung und der Rechtslage in der Vergangenheit Unternehmensjuristen als „Syndikus" oder „Rechtsanwalt" beschäftigten, machten dies zu den bei der Einstellung geltenden rechtlichen Rahmenbedingungen. Sie wollten weder ihr fachliches Direktionsrecht einschränken noch sich durch die Stellenbezeichnung als „Rechtsanwalt" inhaltlich nur auf die Zuweisung von rechtsberatenden, rechtsgestaltenden, rechtsvermittelnden und rechtsentscheidenden Aufgaben beschränken. Der Arbeitgeberwille richtete sich vielmehr darauf, den Syndikus mit überwiegend juristischen Aufgaben beschäftigen zu wollen, ohne sich dabei der Geltung der berufsrechtlichen Regeln der BRAO zu unterwerfen. Deshalb erstreckte sich die bisherige Verständigung inhaltlich auch nicht auf das Tätigkeitsprofil, die Stellung und die Vertragskonditionen, die nunmehr in den §§ 46 ff. BRAO für den Syndikusrechtsanwalt vorgesehen sind.[7]

Eine Ausnahme von dieser Regel gilt nur dort, wo sich ein Arbeitgeber im Vorfeld **17** des Inkrafttretens des Syndikusanwaltsgesetzes vertraglich verpflichtet hat, im Falle des Zustandekommens dieses Gesetzes, den bestehenden Arbeitsvertrag zu ändern und die Voraussetzungen für eine Zulassung als Syndikusanwalt zu schaffen. Liegt eine solche Zusage vor, ist er vertraglich zur Schaffung der Zulassungsvoraussetzungen verpflichtet, die arbeitgeberseitig für eine Zulassung als Syndikusanwalt notwendig sind. Dazu gehört die vertragliche Gewährleistung der fachlichen Unabhängigkeit, aber auch das Erstellen bzw. Bestätigen der Tätigkeitsbeschreibung des Syndikusanwalt.

2. Zulassungspflicht für Unternehmensjuristen?

Eine weitere, immer wieder diskutierte Frage ist die, ob Unternehmensjuristen, die **18** bei ihrer Tätigkeit die vier Kriterien von § 46 Abs. 3 Nr. 1 bis 4 BRAO erfüllen, und

---

[6] Siehe dazu Henssler/Prütting/*Henssler* BRAO § 46 Rn. 11 mwN.
[7] Siehe auch *Schuster* Anwaltsblatt 2016, S. 121.

fachlich unabhängig und eigenverantwortlich agieren, dies nur noch mit einer Zulassung als Syndikusrechtsanwalt dürfen – oder anders formuliert, ob seit Inkrafttreten des Gesetzes eine gesetzliche Zulassungspflicht für Unternehmensjuristen besteht. Auch diese Frage ist zu verneinen.[8] Auf eine solche Zulassungspflicht deutet der Gesetzeswortlaut des § 46 Abs. 2 BRAO hin. Denn nach der Legaldefinition des § 46 Abs. 2 S. 1 BRAO ist Syndikusanwalt, wer im Rahmen seines Arbeitsverhältnisses für seinen Arbeitgeber anwaltlich tätig wird. Und § 46 Abs. 2 S. 2 BRAO normiert für diese Art der Beschäftigung eine Zulassungspflicht. Eine solche Zulassungspflicht wird zudem mit § 3 RDG begründet.[9] Die Vorschrift gestattet das selbständige Erbringen von außergerichtlichen Rechtsdienstleistungen nur in den gesetzlich erlaubten Fällen.

19   Gegen eine solche Zulassungspflicht spricht der klare Wille des Gesetzgebers. Aus der Gesetzesbegründung wird unmissverständlich deutlich, dass es auch nach Inkrafttreten des Gesetzes neben einer Syndikusrechtsanwaltstätigkeit noch andere Formen der Beschäftigung von Juristen geben kann. Dort heißt es etwa auf S. 19:

> *„Der Begriff des Syndikusrechtsanwalts … wird … tätigkeitsbezogen definiert, um ihn von anderen juristischen Dienstleistungen im Angestelltenverhältnis (insbesondere als angestellter Unternehmensjurist, der nicht anwaltlich tätig ist) abzugrenzen …"* und auf S. 27 *„§ 46 Abs. 2 BRAO lässt die Möglichkeit einer juristischen, jedoch nichtanwaltlichen Beratung eines Arbeitgebers durch seine Mitarbeiter unberührt."*[10]

20   § 3 RDG steht einer Beschäftigung von Unternehmensjuristen mit juristischen Aufgaben, die wegen der fehlenden fachlichen Weisungsfreiheit keine anwaltlichen sind, nicht entgegen. Nach dem richtigen Verständnis von § 3 RDG ist nur die „selbständige" Erbringung von Rechtsdienstleistungen unzulässig. Tätigkeiten in einem Arbeitsverhältnis fallen nicht darunter, weil sie in einem abhängigen Beschäftigungsverhältnis weisungsunterworfen und damit eben gerade nicht „selbständig" erbracht werden.[11] Und selbst wenn das Arbeitsverhältnis eines Unternehmensjuristen von Aufgaben geprägt ist, die inhaltlich den vier in § 46 Abs. 3 BRAO genannten Kriterien entspricht, qualifiziert das allein noch nicht zu einer „anwaltlichen Tätigkeit". Erst durch das Hinzutreten der tatsächlichen und vertraglichen Gewährleistung der fachlichen Unabhängigkeit, dem „Kernelement der anwaltlichen Tätigkeit",[12] wird aus dem Unternehmensjuristen ein Syndikusrechtsanwalt. Das Hinzutreten dieses Kernelements steuert aber allein der Arbeitgeber. Dass ein Arbeitgeber einem Unternehmensjuristen dessen fachliche Weisungsunabhängigkeit auf Vorrat vertraglich gewährleistet, ohne dass der Jurist in der Folge eine Syndikusanwaltszulassung beantragt, dürfte eher ein theoretischer Fall sein.

21   Unternehmen können künftig also Syndikusrechtsanwälte und Unternehmensjuristen nebeneinander beschäftigen. Die Abgrenzung zwischen der Tätigkeit der Unternehmensjuristen und der der Syndikusanwälte ist dabei wie folgt: Unternehmensjuristen können von ihrem Arbeitgeber mit juristischen und nichtjuristischen Aufgaben betraut werden und sind bei der Erbringung dieser Aufgaben fachlich weisungsunterworfen. Syndikusrechtsanwälte hingegen sind schwerpunktmäßig für ihren Arbeitgeber mit ju-

---

[8] Ebenso *Offermann-Burckart* Anwaltsblatt 2016, 125, 134; *Wein/Walter* BB 2016, 245; aA wohl *Wolf*, Stellungnahme zum Entwurf des Gesetzes zur Neuordnung des Rechts der Syndikusanwälte, BT-Drs. 18/5201, 6 f.

[9] *Wolf*, Stellungnahme zum Entwurf des Gesetzes zur Neuordnung des Rechts der Syndikusanwälte, BT-Drs. 18/5201, 6 f.

[10] BT-Drs. 18/5201, 19, 27.

[11] *Offermann-Burckart* Anwaltsblatt 2016, 125, 134; Henssler/Prütting/*Weth* BRAO § 3 RDG Rn. 4 f, 7.

[12] BT-Drs. 18/5201, 20.

ristischen Aufgaben beschäftigt, die die Komponenten Rechtsberatung, Rechtsgestaltung, Rechtsentscheidung und Rechtsvermittlung umfassen und bei deren Ausübung sie keinem fachlichen Weisungsrecht ihres Arbeitgebers unterliegen. Das wesentliche Unterscheidungskriterium ist also nicht der Inhalt der Aufgaben, sondern die Weisungsunterworfenheit bzw. Weisungsfreiheit in „Fragen des Rechts". Das unterscheidet die anwaltliche von der nicht-anwaltlichen Tätigkeit. Dementsprechend müssen Unternehmensjuristen ohne Syndikusanwaltszulassung mit dem Wermutstropfen leben, ihre Tätigkeit für den Arbeitgeber nicht als anwaltliche bezeichnen zu können.

IV. Vertragsergänzung oder Abschluss eines neuen Vertrags?

Ist die Entscheidung gefallen, Syndikusanwälte zu beschäftigen und die vorhandenen Verträge umzustellen, stellt sich eine weitere Frage: Ist dies durch Abschluss eines Nachtrags zum Arbeitsvertrag möglich oder bedarf es des Abschlusses eines neuen Arbeitsvertrages? In bestehenden Arbeitsverhältnissen ist beides möglich. **22**

Der Abschluss eines Änderungsvertrages in Form eines Nachtrags zum bestehenden Vertrag bietet sich vor allem bei Arbeitsverhältnissen an, bei denen es bislang noch keine oder nur wenige Nachträge bzw. Vertragsänderungen gab. Ist die arbeitsvertragliche Situation hingegen unübersichtlich, weil es sich um einen Altvertrag handelt, der im Laufe des Arbeitsverhältnisses durch Versetzungen, Beförderungen, Betriebsübergänge und sonstige Vertragsänderungen gekennzeichnet ist, dann kann sich ein neuer Arbeitsvertrag empfehlen. Andernfalls muss der Anwaltskammer die komplette Vertragsdokumentation im Original zur Verfügung gestellt werden. Nach § 46a Abs. 3 BRAO ist der Rechtsanwaltskammer mit dem Antrag auf Zulassung als Syndikusrechtsanwalt eine Ausfertigung oder eine beglaubigte Abschrift des Arbeitsvertrages vorzulegen. Ein Großteil der Rechtsanwaltskammern und auch die Deutsche Rentenversicherung Bund verlangen dabei die Vorlage von einem vollständigen Exemplar des Arbeitsvertrags einschließlich sämtlicher dazugehörender Dokumente, also auch der Nachträge und Anlagen.[13] **23**

V. Inhalt des Arbeitsvertrages mit einem Syndikusanwalt

1. Aufschiebend bedingter Abschluss

Nach § 46 Abs. 2 S. 2 BRAO darf ein Syndikusrechtsanwalt für seinen Arbeitgeber erst anwaltlich tätig werden, wenn ihm die Zulassung dafür vorliegt. Es ist deshalb nicht damit getan, einen Arbeitsvertrag oder einen Nachtrag zum Arbeitsvertrag aufzusetzen, aus dem sich ergibt, dass der Unternehmensjurist ab 1.1.2016 in seiner bisherigen Funktion als Syndikusanwalt tätig ist. Denn nach § 12 Abs. 1 BRAO wird die Zulassung erst mit Aushändigung einer Zulassungsurkunde wirksam. Dementsprechend darf der Arbeitgeber ihn erst ab Aushändigung der Zulassungsurkunde als Syndikusanwalt beschäftigen. Bei Bestands-Arbeitsverhältnissen sollte das Wirksamwerden des neuen Arbeitsvertrags oder des Nachtrags zum Arbeitsvertrag deshalb unter den Vorbehalt der Erlangung einer Zulassung gestellt werden. **24**

---

[13] Siehe etwa Merkblätter zur Syndikusanwaltszulassung der Rechtsanwaltskammern Köln, Düsseldorf, Karlsruhe, München und Hamm, dort jeweils Ziff. 2; Verlautbarung „Syndikusrechtsanwälte Informationen zum Befreiungsrecht" der Deutschen Rentenversicherung Bund, S. 2 Abs. 2 zu „Anhörungsverfahren".

Formulierungsvorschlag:

Herr/Frau ist bei dem Arbeitgeber in der Abteilung .... als ... beschäftigt. Er/Sie möchte seine Tätigkeit als Syndikusanwalt fortführen und wird dazu eine Zulassung als Syndikusrechtsanwalt beantragen. Die Parteien sind deshalb übereingekommen, das Arbeitsverhältnis unter dem Vorbehalt der Zulassung von Herrn/Frau ...... als Syndikusrechtsanwalt ab 1.1.2016 wie folgt zu ändern:

25   Der „Vorbehalt der Zulassung als Syndikusrechtsanwalt" ist eine aufschiebende Bedingung. Dh, die Konditionen des Nachtrags bzw. des ablösenden Arbeitsvertrags treten erst in Kraft, wenn der Unternehmensjurist in Besitz seiner Zulassungsurkunde ist. Bis dahin bleiben die bisherigen Arbeitsvertragskonditionen in Kraft. Die Zulassung kann nicht rückwirkend beantragt werden.

26   Auch bei der Neuanstellung von Syndikusanwälten sollte das Wirksamwerden des Arbeitsvertrages unter die aufschiebende Bedingung der Zulassung als Syndikusanwalt gestellt werden, wenn bei Beginn des Arbeitsverhältnisses noch keine auf die künftige Tätigkeit bezogene Zulassung vorliegt. Dann stellt sich die Frage, als was und mit welchen Aufgaben er in der Übergangszeit bis zu seiner Zulassung beschäftigt werden soll. Das sollte ebenfalls entweder in der Präambel oder in einem Begleitschreiben zum Arbeitsvertrag geregelt werden.

Formulierungsvorschlag:

Bis zu seiner/ihrer Zulassung als Syndikusanwalt wird Herr/Frau .... in der Abteilung .... in der Funktion ..... zu den in Ziffern ...ff. dieses Vertrages genannten Konditionen tätig.

2. Stellenbezeichnung

27   Für ihre Zulassung als Syndikusrechtsanwalt benötigen die Unternehmensjuristen den Nachweis, dass sie anwaltlich tätig sind. Ein solcher Nachweis kann durch eine Einstellung als „Rechtsanwalt (Syndikusrechtsanwalt)" unterstützt werden. Viele Rechtsanwaltskammern weisen in ihren Merkblättern darauf hin, dass die Arbeitsverträge die Berufsbezeichnung „Syndikusrechtsanwalt" enthalten sollen und diese Stellenbezeichnung bei der Bearbeitung des Zulassungsantrags eine wichtige Indizwirkung habe.[14] Die Deutsche Rentenversicherung Bund hat sich bislang noch nicht dazu positioniert, ob und welches Gewicht sie der gewählten Stellenbezeichnung einräumt. Wo dies unternehmensseitig in die Vertragsstruktur und die Stellensystematik passt, empfiehlt sich die Stellenbezeichnung bzw. der Jobtitel „Syndikusrechtsanwalt".

28   Die Arbeitsvertragsparteien können, müssen sich aber nicht zwingend arbeitsvertraglich auf die Stellenbezeichnung „Syndikusrechtsanwalt" verständigen. Häufig gibt es unternehmenstypische Stellenbezeichnungen, etwa als „Director", „Managing Director" oder „Referent Recht" in der Abteilung XY. Diese können weiterhin verwendet werden. Hier kann man schlicht ergänzen, dass der Stelleninhaber in dieser Funktion anwaltlich tätig ist. Dann lautet die Arbeitsvertragsklausel wie folgt:

Formulierungsvorschlag:

Herr/Frau ..... wird als Syndikusrechtsanwalt im Range eines „Director" in der Abteilung.... beschäftigt.
oder Herr/Frau ... wird als „Referent Recht" im Range eines Associates in der Abteilung .... anwaltlich tätig.

---

[14] Siehe beispielsweise Ziff. 3 in den inhaltsgleichen Merkblättern für einen Antrag auf Zulassung als Syndikusrechtsanwalt der RAKs Köln, Düsseldorf, Karlsruhe, München und Hamm.

Es geht aber auch ohne die Stellenbezeichnung „Syndikusrechtsanwalt" oder den **29** Zusatz „anwaltlich tätig". Denn das Syndikusanwaltsgesetz verlangt keine arbeitsvertragliche Beschäftigung als Syndikusanwalt, sondern nur eine anwaltliche Prägung des Inhalts der geschuldeten Tätigkeit. Verständigen sich die Arbeitsvertragsparteien also auf eine andere Positionsbezeichnung, etwa auf eine Einstellung als „Kaufmännischer Angestellter" oder als „Head of Compliance", muss sich aus anderen Klauseln oder Unterlagen ergeben, dass es sich bei den wahrzunehmenden Aufgaben um solche mit einem anwaltlichen Schwerpunkt handelt. Der zuständigen Rechtsanwaltskammer und der Deutschen Rentenversicherung Bund erschwert eine solche Vertragsgestaltung freilich die Prüfung der Zulassungsvoraussetzungen. Wenn es sich also vermeiden lässt, sollte die Stellenbezeichnung im Arbeitsvertrag keine allgemeine, sondern eine solche sein, aus der der anwaltliche Zuschnitt der Stelle bereits erkennbar ist.

3. Erstreckung auf verbundene Unternehmen

Nach § 46 Abs. 5 BRAO ist es dem Syndikusrechtsanwalt berufsrechtlich nicht nur **30** gestattet, seinen Arbeitgeber in dessen Rechtsangelegenheiten zu beraten und zu vertreten. Vielmehr darf der Syndikus auch in Rechtsangelegenheiten verbundener Unternehmen im Sinne des § 15 AktG tätig werden. Dazu zählen Unternehmen, die aufgrund Mehrheitsbeteiligung, Beherrschung, wechselseitiger Beteiligung, als Konzern oder durch Unternehmensvertrag miteinander verbunden sind. § 46 Abs. 5 BRAO und die Gesetzesbegründung[15] verweisen dazu auf den Sammelbegriff der verbundenen Unternehmen, mit dem sprachlich vereinfacht alle Unternehmensverbindungen im Sinne der §§ 15 ff. AktG in die Rechtsfolgennormen einbezogen werden sollen. Dieser Sammelbegriff wird auch außerhalb des Aktienrechts häufig verwendet, kann dort aber, selbst wenn auf die §§ 15 ff. AktG Bezug genommen wird, in einem abweichenden Sinn gemeint sein.[16]

Ob der Gesetzgesetzgeber in § 46 Abs. 5 BRAO den Verweis auf § 15 AktG im engen **31** streng aktienrechtlich Sinne gemeint hat und nur die von den §§ 15 ff. AktG erfassten Konzerne einbeziehen wollte oder den Verweis weiter versteht, ist den Gesetzesmaterialien nicht zu entnehmen. Relevant wird das enge oder weite Verständnis von § 46 Abs. 5 Nr. 1 BRAO vor allem bei Gleichordnungskonzernen, bei denen eines der Konzernunternehmen als konzernweiter Dienstleister unter anderem auch die Rechtsangelegenheiten der Unternehmen des Schwesterkonzerns mit erledigt. Diese Frage ist nicht neu. Sie stellte sich bislang schon im Zusammenhang mit § 2 Abs. 3 Nr. 6 RDG. Nach der Gesetzesbegründung zu § 46 Abs. 5 Nr. 1 BRAO wollte der Gesetzgeber den Umfang der Beratungs- und Vertretungsbefugnisse eines Syndikusrechtsanwalts auf die Rechtsdienstleistungen erstrecken, die nach § 2 Abs. 3 Nr. 6 RDG innerhalb eines Konzerns zulässig sind.[17] Eine inhaltliche Änderung des § 2 Abs. 3 Nr. 6 RDG war mit der Einführung des Syndikusanwaltsgesetzes nicht verbunden. Insofern richtet sich die Beantwortung der Frage nach der bisherigen Rechtsprechung und Literatur zu § 2 Abs. 3 Nr. 6 RDG.[18]

Sofern sich die Tätigkeit eines Syndikusanwalts nicht nur auf den Vertragsarbeitge- **32** ber, sondern auch auf Konzernunternehmen erstreckt oder bei Bedarf erstrecken soll,

---

[15] BT-Drs. 18/5201, 30
[16] MüKoAktG/*Bayer* § 15 Rn. 4 f.
[17] BT-Drs. 18/5201, 30
[18] Siehe dazu *Kleine-Cosack* RDG § 2 Rn. 144 ff.; Henssler/Prütting/*Weth* BRAO § 3 RDG Rn. 94 f.

ist es ratsam, dies zur Klarstellung entweder in den Arbeitsvertrag selbst oder in die Tätigkeitsbeschreibung mit aufzunehmen.

Formulierungsvorschlag:

Die anwaltliche Tätigkeit von Herrn/Frau .... erstreckt sich [auf Verlangen des Arbeitgebers] auch auf die Rechtsangelegenheiten innerhalb verbundener Unternehmen.

33   Zudem muss die fachliche Unabhängigkeit des Syndikusanwalts bei einer Tätigkeit für ein verbundenes Konzernunternehmen sichergestellt sein.[19] Dh, das Intercompany-Agreement über die Konditionen der Erbringung von Rechtsdienstleistungen für verbundene Unternehmen sollte dazu eine Klausel enthalten. Eine solche Klausel sollte klarstellen, dass Syndikusanwälte bei der Erbringung ihrer Dienstleistungen für das beauftragende Konzernunternehmen keinen fachlichen Weisungen unterliegen, sondern ihre anwaltliche Tätigkeit weisungsfrei und eigenverantwortlich ausüben können.

4. Tätigkeitsbeschreibung

34   Die „Musik" im Zulassungsverfahren spielt bei der Tätigkeitsbeschreibung. Dies gilt sowohl für die Zulassungsentscheidung der Anwaltskammern als auch für die Frage, wie sich die Deutsche Rentenversicherung Bund im Rahmen des Anhörungsverfahrens nach § 46a Abs. 2 BRAO positioniert. Mit der Tätigkeitsbeschreibung weist der Unternehmensjurist gegenüber der Anwaltskammer und auch gegenüber der Deutschen Rentenversicherung Bund seine anwaltliche Tätigkeit nach, indem er die Inhalte der von ihm im Rahmen seines Arbeitsverhältnisses zu erbringenden Aufgaben beschreibt und diese im Verhältnis zu den gegebenenfalls von ihm zu erbringenden nicht-anwaltlichen Aufgaben gewichtet.

a) Keine Pflicht zur arbeitsvertraglichen Inbezugnahme

35   Die Tätigkeitsschreibung muss aber nicht Bestandteil des Arbeitsvertrages sein. Gesetzlich vorgeschrieben ist allein die arbeitsvertragliche Gewährleistung der fachlichen Unabhängigkeit, § 46 Abs. 4 S. 2 BRAO, nicht mehr und nicht weniger. Deshalb ist die Aussage einiger Rechtsanwaltskammern, die *„Tätigkeitsbeschreibung ... (müsse) ... verbindlicher Vertragsgegenstand und von den Unterschriften gedeckt sein",*[20] schlicht falsch. Die einzige Funktion der Tätigkeitsbeschreibung ist es, der Kammer und der Deutschen Rentenversicherung Bund den Nachweis über die anwaltlich geprägte Tätigkeit des Unternehmensjuristen zu erbringen. In welcher Form er das macht, also durch Verwendung der von den Kammern in ihren Antragsformularen vorgegebenen Vordrucken, als Anlage oder gar Bestandteil des Arbeitsvertrags, durch eine Arbeitgeberbescheinigung oder in sonstiger Weise, steht ihm frei.

b) Stellenbeschreibungen sind keine Tätigkeitsbeschreibungen iSd BRAO

36   In der betrieblichen Praxis ist es nicht ohne weiteres üblich, für jede Position im Unternehmen eine Stellenbeschreibung vorzuhalten. Existiert eine Stellenbeschreibung für eine zu besetzende Position, so will gut überlegt sein, ob diese auch in den Arbeitsvertrag einbezogen und damit die vertraglich geschuldete Leistung verbindlich konkreti-

---

[19] BT-Drs. 18/5201, 30
[20] Siehe Ziffer 4 S. 2 des Merkblatts zur Syndikusanwaltszulassung der Rechtsanwaltskammern Köln, Düsseldorf, Karlsruhe und Hamm.

siert werden soll. Grundsätzlich steht es den Arbeitsvertragsparteien nämlich frei, die geschuldete Leistung nur der Gattung nach, also beispielsweise als „kaufmännische Angestellte", oder aber ganz spezifisch, also etwa „als Syndikusrechtsanwalt in der Abteilung Recht", im Arbeitsvertrag festzuschreiben.[21]

Je konkreter Art und Inhalt der zu erbringenden Tätigkeit arbeitsvertraglich festge-   **37** schrieben ist, desto begrenzter ist das Direktionsrecht des Arbeitgebers.[22] Wenn Unternehmen deshalb Stellenbeschreibungen arbeitsvertraglich in Bezug nehmen, dann geschieht dies häufig mit dem Hinweis, dass es sich um die derzeitigen Aufgaben handelt und der Arbeitgeber im Rahmen seines Direktionsrechts jederzeit berechtigt ist, die Stelleninhalte zu ändern oder zu ergänzen.[23] Zudem sind Arbeitgeber bei der Erstellung einer Stellenbeschreibung eher drauf bedacht, die darin aufgeführten Tätigkeiten so weit wie möglich zu fassen, um ihr Direktionsrecht so wenig wie möglich einzuschränken.[24]

Damit wird deutlich, dass die für die Zulassung als Syndikusanwalt beizubringende   **38** Tätigkeitsbeschreibung etwas anderes ist als die herkömmliche Stellenbeschreibung. Die Tätigkeitsbeschreibung weist einen viel höheren Detaillierungsgrad auf als eine Stellenbeschreibung. Die Stellenbeschreibung listet möglichst pauschal die Art der zu erbringenden Aufgaben auf, also beispielsweise *„Erteilung von Rechtsrat für die Geschäftsbereiche XY; Vertretung des Arbeitgebers vor Gerichten und Behörden.".* Demgegenüber müssen sich aus der Tätigkeitsbeschreibung für das Zulassungsverfahren nicht nur die Art der geschuldeten Aufgaben, sondern auch deren konkrete Inhalte ergeben. Andernfalls kann der Nachweis nicht erbracht werden, dass sich die Syndikustätigkeit kumulativ auf alle vier in § 46 Abs. 3 BRAO genannten Kriterien erstreckt. Eine Tätigkeitsbeschreibung sieht auszugsweise etwa so aus: *„Erfassen und Analysieren von Sachverhalten, die geeignet sind, Disziplinarmaßnahmen auszulösen; Prüfung der diesbezüglichen Rechtslage und Erarbeitung von Handlungsoptionen unter Einbeziehung der mit den einzelnen Handlungsoptionen verbundenen rechtlichen Risiken".* Jeder Arbeitgeber wird deshalb gut beraten sein, solche Tätigkeitsbeschreibungen weder als Anlage noch in sonstiger Form zum Inhalt des Arbeitsvertrages zu machen.

c) Inhalt und Form der Tätigkeitsbeschreibung

Welchen Inhalt die der Anwaltskammer vorzulegende Tätigkeitsbeschreibung haben   **39** muss, ergibt sich aus § 46 Abs. 3 BRAO. Sie hat sich zu erstrecken auf Ausführungen zu (i) der Analyse und Aufklärung von Sachverhalten und dem Erarbeiten von Lösungen durch den Unternehmensjuristen, (ii) der Rechtsraterteilung, (iii) der Rechtsgestaltung und (iv) der Befugnis zum verantwortlichen Auftreten nach außen. Darüber hinaus muss sich aus der Tätigkeitsbeschreibung die Prägung der Stelle durch diese Aufgaben ergeben.

Die im Gesetz genannten vier Merkmale, die eine anwaltliche Tätigkeit prägen   **40** sollen, sind angeblich inhaltlich an sog. „Vier-Kriterien-Theorie" angelehnt,[25] die die Deutsche Rentenversicherung Bund und auch einige Sozial- und Landessozialgerichte in der Vergangenheit zum Maßstab ihrer befreiungsrechtlichen Entscheidungen gemacht haben. Sie sind aber eben nur angelehnt an diese Vier-Kriterien (Rechtsberatung, Rechtsgestaltung, Rechtsvermittlung und Rechtsentscheidung) und nicht inhalts-

---

[21] MAH ArbR/*Gragert* § 12 Rn. 9.
[22] BAG Urt. v. 10.11.1955 – 2 AZR 591/54, AP BGB § 611 Beschäftigungspflicht Nr. 2.
[23] MAH ArbR/*Gragert* § 12 Rn. 12.
[24] MAH ArbR/*Gragert* § 12 Rn. 10.
[25] BT-Drs. 18/5201, 26.

gleich.[26] Die vier Merkmale müssen kumulativ vorliegen, sie können nach den Verlautbarungen der Deutschen Rentenversicherung Bund aber unterschiedlich stark oder schwach ausgebildet sein.[27]

41   Einige Rechtsanwaltskammern weisen in ihrem Merkblatt für den Antrag auf Zulassung als Syndikusrechtsanwalt darauf hin, die *„prägenden Merkmale der Tätigkeit als Syndikusrechtsanwalt müssen auch vertraglich vereinbart und gewährleistet"* sein.[28] Sie verlangen deshalb eine Anpassung des bestehenden Arbeitsvertrages und lassen dafür eine von beiden Arbeitsvertragsparteien unterzeichnete Tätigkeitsbeschreibung genügen. Diese Tätigkeitsbeschreibung müsse, so das Merkblatt, *„verbindlicher Vertragsbestandteil"* sein und von den Unterschriften gedeckt sein.[29] Das ist so nicht richtig und geht sogar über die Anforderungen hinaus, die die Deutsche Rentenversicherung Bund an die Form einer Tätigkeitsbeschreibung stellt. Das Gesetz verlangt nur die vertragliche Gewährleistung der fachlichen Unabhängigkeit, nicht aber die vertragliche Gewährleistung der vier Merkmale einer anwaltlichen Tätigkeit. Deshalb bleibt es den Arbeitsvertragsparteien überlassen, wie sie den Nachweis der Prägung des Arbeitsverhältnisses durch die vier Kriterien erbringen. Auch wenn aus Arbeitgebersicht eher davon abzuraten ist, kann das durch Aufnahme in den Arbeitsvertrag, durch eine von beiden Arbeitsvertragsparteien unterzeichnete Tätigkeitsbeschreibung oder aber durch Vorlage einer (nicht vom antragstellenden Unternehmensjuristen unterzeichneten) Arbeitgeberbescheinigung geschehen. Insbesondere bei der Neueinstellung von Syndikusrechtsanwälten erschließt sich der Mehrwert oder aber der Beweiswert einer von beiden unterzeichneten oder mitunterzeichneten Tätigkeitsbeschreibung nicht.

42   Die Rechtsanwaltskammern haben ein Formblatt für die Tätigkeitsbeschreibung entwickelt. Dieses kann man verwenden, muss es aber nicht. Das Formblatt sieht derzeit bei den meisten Kammern wie folgt aus (vgl. auch → Anhang):

---

[26] Siehe dazu auch *Offermann-Burckart* → § 2 Rn. 31 ff.

[27] S. 2 der Verlautbarung des Deutschen Rentenversicherung Bunds zu „Syndikusrechtsanwälte, Informationen zum Befreiungsrecht", Stand Januar 2016, www.deutsche-rentenversicherung.de

[28] Ziffer 6 des Merkblatts für einen Antrag auf Zulassung als Syndikusrechtsanwalt der Rechtsanwaltskammer Köln, Düsseldorf, Karlsruhe, Hamm.

[29] Ziffern 4 und 5 des Merkblatts für einen Antrag auf Zulassung als Syndikusrechtsanwalt der Rechtsanwaltskammer Köln, Düsseldorf, Karlsruhe, Hamm. Anders das Merkblatt der Rechtsanwaltskammer München, wonach nur die fachliche Unabhängigkeit ausdrücklicher Vertragsgegenstand sein muss.

Muster:

Tätigkeitsbeschreibung
als Syndikusrechtsanwältin/Syndikusrechtsanwalt

Vor- und Nachname	

I. Angaben zur Tätigkeit

Beginn *(Datum)*

Arbeitgeber *(bitte vollen Namen/volle Firma)*

Adresse *(zugleich Kanzleisitz)*:

Unternehmensgegenstand/Gesellschaftszweck o. ä.	Registernummer

Funktionsbezeichnung

II. Fachliche Unabhängigkeit

Herr/Frau .... wird bei der Gesellschaft/in der Organisationseinheit .... als Rechtsanwältin (Syndikusrechtsanwältin)/Rechtsanwalt (Syndikusrechtsanwalt) beschäftigt. Die fachliche Unabhängigkeit der Berufsausübung i. S. d. § 46 Abs. 3 BRAO ist vertraglich und tatsächlich gewährleistet. Er/Sie unterliegt keinen allgemeinen oder konkreten Weisungen in fachlichen Angelegenheiten, die eine eigenständige Analyse der Rechtslage und eine einzelfallorientierte Rechtsberatung beeinträchtigen. Ihm/Ihr gegenüber bestehen keine Vorgaben zur Art und Weise der Bearbeitung und Bewertung bestimmter Rechtsfragen, er/sie arbeitet fachlich eigenverantwortlich. Er/Sie ist im Rahmen der von ihm/ihr zu erbringenden Rechtsberatung und -vertretung den Pflichten des anwaltlichen Berufsrechts unterworfen.

III. Merkmale der anwaltlichen Tätigkeit

Tätigkeitsbeschreibung:

....

....

....

Die Tätigkeit beinhaltet *(Die Tätigkeitsmerkmale müssen kumulativ vorliegen)*:

Die Prüfung von Rechtsfragen, einschließlich der Aufklärung des Sachverhalts sowie das Erarbeiten und Bewerten von Lösungsmöglichkeiten § 46 Abs. 3 Nr. 1 BRAO	*(Beschreibung)* ....
	....

Die Erteilung von Rechtsrat § 46 Abs. 3 Nr. 2 BRAO	*(Beschreibung)* ....
Die Ausrichtung der Tätigkeit auf die Gestaltung von Rechtsver- hältnissen, insbesondere durch das selbständige Führen von Verhandlungen, oder auf die Verwirklichung von Rechten § 46 Abs. 3 Nr. 3 BRAO	*(Beschreibung)* ....
Die Befugnis zu verantwortlichem Auftreten nach außen § 46 Abs. 3 Nr. 4 BRAO	*(Beschreibung)* ....

IV. Erklärung des Unternehmens/Verbandes (satzungsmäßiger Vertreter)

Dem/Der Arbeitnehmer/in wird bestätigt, dass er/sie in unserem Unternehmen als Syndikusrechtsanwäl-tin bzw. Syndikusrechtsanwalt tätig ist. Die unter II. und III. gemachten Angaben sind zutreffend und Bestandteil des Arbeitsvertrages.

Uns ist bekannt, dass der/die Arbeitnehmer/in die Zulassung als Syndikusrechtsanwältin/Syndikusrechts-anwalt beantragt. Uns ist weiter bekannt, dass von der Entscheidung über die Zulassung als Syndikus-rechtsanwältin/Syndikusrechtsanwalt die Befreiung von der Versicherungspflicht in der gesetzlichen Rentenversicherung ab-hängt. Wir verzichten hiermit vorsorglich auf eine Hinzuziehung als Beteiligter in dem Zulassungsverfah-ren gemäß § 13 Abs. 2 Satz 2 VwVfG.

....

(Ort)   (Datum)   (Unterschrift Unternehmen/Verband)

....

(Ort)   (Datum)   (Unterschrift Antragsteller/in)

d) Anwaltliche Prägung des Arbeitsverhältnisses

In Bezug auf die für die Zulassung als Syndikusrechtsanwalt notwendige „Prägung" **43** ist der Wortlaut des § 46 Abs. 3 BRAO etwas verunglückt. Nach meinem Verständnis muss das Arbeitsverhältnis in zweierlei Hinsicht geprägt sein: die Prägung muss sich erstrecken auf die Art und Weise der Leistungserbringung (Eigenverantwortlich und fachlich unabhängig) und auf den anwaltlichen Inhalt der Tätigkeit (Prüfung von Rechtsfragen, Erteilung von Rechtsrat, Gestaltung von Rechtsverhältnissen, Befugnis, nach außen verantwortlich aufzutreten). Wann genau eine solche Prägung vorliegt, ist eine der Fragen, die die betriebliche Praxis mit am Meisten umtreibt.

Der Gesetzgeber tut sich selbst etwas schwer damit, sich klar festzulegen, wann eine **44** solche Prägung vorliegt. Der Gesetzeswortlaut und die Ausführungen in der Gesetzesbegründung sind inhaltlich nicht konsistent. Denn in § 46 Abs. 3 BRAO verwendet der Gesetzgeber das Wort „prägen" und gerade nicht „dominieren" oder „beherrschen". „Prägen" bedeutet umgangssprachlich nach Duden *„sich als Einfluss auswirken, jemandem oder einer Sache ein besonderes Gepräge geben".*[30] Diese Bedeutung steht nicht in Einklang mit den Ausführungen der Gesetzesbegründung zu den Anforderungen an eine anwaltliche Prägung. Dort heißt es, die anwaltliche Tätigkeit müsse im Rahmen des Anstellungsverhältnisses den „Kern und den Schwerpunkt der Tätigkeit"[31] bilden, „das Arbeitsverhältnis beherrschen"[32] und im „Rahmen des Anstellungsverhältnisses die qualitativ und quantitativ ganz eindeutig prägende Leistung"[33] sein. Einen festen Schwellenwert gibt es nicht. Die ursprünglich in der Begründung zum Referentenentwurf vorgesehene Schwelle von mindestens 50 %[34] findet sich weder im Gesetz noch in der Gesetzesbegründung wieder. Deshalb ist davon auszugehen, dass ein (geringwertiges) Unterschreiten dieser 50 Prozent Grenze unschädlich ist.[35]

Die Deutsche Rentenversicherung Bund nähert sich der anwaltlichen Prägung der **45** Tätigkeit eher quantitativ über die Arbeitszeit. Sie will das Vorliegen einer Prägung von dem zeitlichen Aufwand für die anwaltlichen Aufgaben im Verhältnis zur regulären durchschnittlichen Arbeitszeit des Syndikusanwalts anhand einer einzelfallorientierten Gesamtschau bestimmen. Wenn der Syndikus durchschnittlich weniger als 50 Prozent seiner durchschnittlichen regulären Arbeitszeit auf anwaltliche Aufgaben verwende, müsse die anwaltliche Prägung verneint werden.[36]

Noch strengere Maßstäbe wollen einige Rechtsanwaltskammern an die anwaltliche **46** Prägung anlegen. Sie kündigen in ihrem Merkblatt an, nicht auf irgendwelche Schwellenwerte, sondern für die Beurteilung der Prägung vielmehr „regelmäßig" auf die tatsächlich aufgewendete Arbeitszeit abstellen zu wollen. Diese müsse sich durchschnittlich regelmäßig zu mindestens 50 Prozent, unter Umständen sogar mehr, auf anwaltliche Arbeiten erstrecken. Entfalle weniger als 50 Prozent der Arbeitszeit auf anwaltliche Aufgaben, so liege keine anwaltliche Prägung mehr vor.[37] Diese Auslegung

---

[30] Duden, Deutsches Universalwörterbuch, 6. Aufl. 2007, „prägen".
[31] BT-Drs. 18/5201, 19.
[32] BT-Drs. 18/5201, 29.
[33] BT-Drs. 18/5201, 19.
[34] Begründung zum Referentenentwurf S. 32.
[35] So bereits *Schuster* Anwaltsblatt 2016, S. 121, 122; aA *Henssler/Deckenbrock*, DB 2016, 215, 218.
[36] Abs. 7 der Verlautbarung „Syndikusanwälte Informationen zum Befreiungsrecht" des Deutschen Rentenversicherung Bunds, Stand Januar 2016.
[37] Ziffer 7 des Merkblatts für einen Antrag auf Zulassung als Syndikusrechtsanwalt der Rechtsanwaltskammer Köln, Düsseldorf, Karlsruhe, Hamm. Anders auch hier das Merkblatt der Rechtsanwaltskammer München, das eine Aussage zu prozentualen Mindestanteilen nur andeutet, sich aber nicht festlegt.

ist zu restriktiv. Sie lässt den in der Gesetzesbegründung ebenfalls angeführten „qualitativen" Aspekt außer Betracht und stellt nur auf das „quantitative" Moment ab.

5. Pflicht zur Anzeige von Tätigkeitsänderungen

47   Dringend zu empfehlen ist, den Arbeitsvertrag um eine Klausel zu erweitern, die den Syndikusanwalt dazu verpflichtet, jede wesentliche Änderung seiner Tätigkeit und auch das Erlöschen seiner Zulassung unverzüglich dem Arbeitgeber schriftlich anzuzeigen. Dadurch kann der Arbeitgeber sicherstellen, rechtzeitig von Vorgängen Kenntnis zu erlangen, die sich unter Umständen negativ auf die Befreiung von der gesetzlichen Rentenversicherung auswirken könnten. Er sollte dann mit dem Syndikusanwalt das weitere Vorgehen insbesondere gegenüber dem Deutschen Rentenversicherung Bund abstimmen. Ist die Zulassung als Syndikusrechtsanwalt erloschen muss der Arbeitgeber den Syndikusanwalt umgehend bei der Deutschen Rentenversicherung Bund anmelden und die Rentenversicherungsbeiträge dann dorthin abführen. Ein solches Vorgehen kann auch bei wesentlichen Tätigkeitsänderungen ratsam sein.

Formulierungsvorschlag:

Herr/Frau … ist verpflichtet, jede wesentliche Änderung seiner Tätigkeit sowie das Erlöschen seiner Zulassung als Syndikusrechtsanwalt dem Arbeitgeber unverzüglich schriftlich anzuzeigen.

6. Fachliche Unabhängigkeit

48   § 46 Abs. 4 BRAO verlangt für die Zulassung als Rechtsanwalt (Syndikusanwalt) die vertragliche und tatsächliche Gewährleistung seiner fachlichen Unabhängigkeit. Diese vertragliche Gewährleistung kann entweder im Arbeitsvertrag selbst enthalten sein oder sich in einer Änderungs- oder Ergänzungsvereinbarung oder einem Nachtrag zum Arbeitsvertrag befinden. Die Rechtsanwaltskammern haben inzwischen zum Teil eine arbeitsvertragliche Musterformulierung zur Verfügung gestellt. Sie lautet wie folgt:

Muster:

Herr/Frau ………… wird bei der Gesellschaft/in der Organisationseinheit ………………… als Rechtsanwältin (Syndikusrechtsanwältin)/Rechtsanwalt (Syndikusrechtsanwalt) beschäftigt. Die fachliche Unabhängigkeit der Berufsausübung iSd § 46 Abs. 3 BRAO ist vertraglich und tatsächlich gewährleistet. Er/Sie unterliegt keinen allgemeinen oder konkreten Weisungen in fachlichen Angelegenheiten, die eine eigenständige Analyse der Rechtslage und eine einzelfallorientierte Rechtsberatung beeinträchtigen. Ihm/Ihr gegenüber bestehen keine Vorgaben zur Art und Weise der Bearbeitung und Bewertung bestimmter Rechtsfragen, er/sie arbeitet fachlich eigenverantwortlich. Er/Sie ist im Rahmen der von ihm/ihr zu erbringenden Rechtsberatung und -vertretung den Pflichten des anwaltlichen Berufsrechts unterworfen.

49   An dieser Vorlage können sich Unternehmen und Syndikusrechtsanwälte bei der Vertragsgestaltung orientieren, müssen es aber nicht. Zumal die Musterformulierung der Kammern inhaltlich über das gesetzlich geforderte Maß hinausgeht. Nach dem Gesetzeswortlaut von § 43 Abs. 4 BRAO darf die fachliche Unabhängigkeit nicht durch allgemeine oder konkrete Arbeitgeberweisungen „ausgeschlossen" sein. Die Anwaltskammern machen daraus in ihrem Muster nunmehr eine Klausel, nach der der Arbeitgeber sich verpflichtet, dem Syndikus keine fachlichen Weisungen zu erteilen, die diesen in seiner fachlichen Unabhängigkeit auch nur „beeinträchtigen". Das ist inhaltlich erneut restriktiver als vom Gesetz gefordert. Deshalb ist zu überlegen, bei der Übernahme des Musters in den Arbeitsvertrag die Vorlage der Anwaltskammern in diesem Punkt von einem „beeinträchtigen" in ein „ausschließen" zu ändern. Solange der Arbeitsvertrag die fachliche Unabhängigkeit des Syndikusrechtsanwalts durch eine entsprechende Formulierung gewährleistet, genügt das den gesetzlichen Anforderungen. Eines zusätzlichen Hinweises, welche Art von fachlichen Weisungen der Arbeitgeber erteilen oder nicht erteilen darf, bedarf es nicht. Ein solcher dient allenfalls der Klarstellung.

Die vertraglich garantierte fachliche Unabhängigkeit führt jedoch nicht zu einer voll-   50
ständigen Aushebelung des Direktionsrechts des Arbeitgebers. Nach der Gesetzesbegründung[38] darf der Arbeitgeber nur in fachlichen Angelegenheiten kein allgemeines oder konkretes Weisungsrecht ausüben. Das bedeutet umgekehrt aber auch, dass interne Richtlinien wie zB Compliance-Vorgaben oder Ethik-Kodizes weiterhin gelten, solange sie nicht fachliche Ergebnisse vorschreiben. Mit der fachlichen Unabhängigkeit und der Eigenverantwortlichkeit des Syndikus ist nicht die Befugnis verbunden, selbst unternehmerische Entscheidungen zu treffen.[39] Diese Befugnis verbleibt vielmehr beim Arbeitgeber als dem Mandanten des Syndikusrechtsanwalts. Ihm steht es frei, sich über die Empfehlungen und Ratschläge seines Syndikusrechtsanwalts hinwegzusetzen und diesen nicht Folge zu leisten. Macht er das, führt das nicht zum Verlust der Unabhängigkeit des Syndikusanwalts.

7. Inbezugnahme des anwaltlichen Berufsrechts?

Bestandteil des von den Rechtsanwaltskammern veröffentlichten Musters zur Ge-   51
währleistung der fachlichen Unabhängigkeit des Syndikusrechtsanwalts ist eine Klausel, wonach der Syndikusanwalt bei der Ausübung seiner anwaltlichen Tätigkeit den Pflichten des anwaltlichen Berufsrechts unterliegt.[40] Sie lautet wie folgt:

Formulierungsvorschlag:

Er/Sie ist im Rahmen der von ihm/ihr zu erbringenden Rechtsberatung und -vertretung den Pflichten des anwaltlichen Berufsrechts unterworfen.

Ein Syndikusrechtsanwalt unterliegt bei der Ausübung der von ihm gegenüber sei-   52
nem Arbeitgeber geschuldeten anwaltlichen Tätigkeiten nach § 46c Abs. 1 BRAO von Gesetzes wegen den Vorschriften über Rechtsanwälte. Zu diesen Vorschriften gehört, von den in § 46c Abs. 2 BRAO vorgesehenen Ausnahmen abgesehen, auch das anwaltliche Berufsrecht, also die BRAO, die BORA, das RDG ua. Deshalb handelt es sich bei der oben zitierten Klausel aus dem Muster der Rechtsanwaltskammern um eine rein deklaratorische Klausel, mit der die Geltung des anwaltlichen Berufsrechts nicht zusätzlich konstitutiv zum Bestandteil des Arbeitsvertrages gemacht werden soll. Solange die Klausel also einen reinen Hinweischarakter haben soll, ist ihre Aufnahme überflüssig, weil die Regelungen des Berufsrechts ohnehin gelten, im Übrigen aber unproblematisch.

8. Befugnis, verantwortlich nach außen aufzutreten

Wie die von § 46 Abs. 3 Nr. 4 BRAO geforderte „Befugnis, verantwortlich nach au-   53
ßen aufzutreten" ausgestaltet und dokumentiert sein muss, ist noch vage. Fest steht, dass weder eine Prokura noch eine Handlungsvollmacht notwendig ist, um den Nach-

---

[38] BT-Drs. 18/5201, 29.
[39] BT-Drs. 18/5201, 29.
[40] Ziffer II des Formblatts „Tätigkeitsbeschreibung als Syndikusrechtsanwältin/Syndikusrechtsanwalt" der Rechtsanwaltskammern Köln, Düsseldorf, Karlsruhe und Hamm.

weis der Befugnis eines verantwortlichen Auftretens nach außen führen zu können.[41] Eine vertraglich eingeräumte Befugnis, nach außen aufzutreten, verlangt das Gesetz jetzt eindeutig nicht mehr. Aus dem Umkehrschluss folgt aber, wenn ein Syndikusrechtsanwalt über eine Prokura, eine Handlungsvollmacht nach § 54 HGB oder eine andere Art der Bevollmächtigung seines Arbeitgebers verfügt, kann er damit den notwendigen Nachweis führen. Der Deutschen Rentenversicherung Bund reicht eine Prokura oder eine Handlungsvollmacht aus, um das Vorliegen dieses Merkmals bejahen zu können.[42]

54 In der betrieblichen Praxis verfügen aber nicht alle Unternehmensjuristen über eine Prokura oder eine Handlungsvollmacht. Da gilt eher das Prinzip, je größer das Unternehmen bzw. der Konzern, desto seltener haben sie Prokura oder Handlungsvollmacht. In solchen Fällen lässt sich der Nachweis einer Befugnis zum verantwortlichen Außenauftritt entweder durch eine Klausel im Arbeitsvertrag, in der Tätigkeitsbeschreibung oder durch eine Arbeitgeberbescheinigung führen. Ausführungen zur konkreten Umsetzung oder Anwendung dieser Befugnis sind nicht erforderlich. Laut Gesetzesbegründung reicht bereits die Erteilung der Befugnis aus, „auch wenn sie (Personen in ihrer Funktion als Syndikusrechtsanwalt) tatsächlich von dieser Befugnis keinen Gebrauch machen, etwa weil sie ausschließlich im Bereich der Vertragsgestaltung oder der Beratung der Unternehmensleitung tätig sind".[43] Eine solche Befugnis ist „weniger" als eine Handlungsvollmacht oder eine sonstige Bevollmächtigung. Sie kann vom Arbeitgeber im Rahmen seines Direktionsrechts inhaltlich frei ausgestaltet, darf jedoch nicht zu einer inhaltsleeren Außenhülle werden. Deren Inhalt könnte wie folgt lauten:

Formulierungsvorschlag:

Herr/Frau .... ist befugt, im Rahmen seiner Tätigkeit als [*Syndikusanwalt oder Leiter Recht*] für die Gesellschaft verantwortlich nach außen aufzutreten.

55 Laut Beschlussempfehlung des Rechtsausschusses des Bundestages knüpft dieses Merkmal an das von der Deutschen Rentenversicherung im Rahmen der „Vier-Kriterien-Theorie" entwickelte Kriterium der Rechtsentscheidung an, hat aber „im Lichte des § 3 BRAO" eine Modifizierung erfahren.[44] Die „Vier-Kriterien-Theorie" legte einen weitaus strengeren Maßstab an die Bejahung eines rechtsentscheidenden Handelns an. Dazu musste nicht nur das Führen von Vertragsverhandlungen mit einer eigenen Entscheidungskompetenz und die Befugnis zum Abschluss von Verträgen gehören, sondern auch eine wesentliche Teilhabe an innerbetrieblichen Entscheidungsprozessen erkennbar sein.[45]

56 Diese doch sehr umfassenden Vertretungs- und Entscheidungsbefugnisse sind nun nicht mehr erforderlich. Das folgt aus dem Wortlaut, der Entstehungsgeschichte und dem Willen des Gesetzgebers. Gerade der Verweis auf § 3 BRAO zeigt, dass der Syndikusanwalt, wie ein niedergelassener Anwalt auch, nach außen für seinen Mandanten „Arbeitgeber" verantwortungsvoll auftreten können muss. Er darf nicht bloßer Erklärungsbote des Arbeitgebers sein, sondern muss auch gewisse Handlungsspielräume bei seinem Außenauftritt haben. Andernfalls würde sein Außenauftritt nicht dem Maßstab

---

[41] BT-Drs. 18/6915, 15, 22.
[42] Abs. 8 der Verlautbarung „Syndikusanwälte Informationen zum Befreiungsrecht" der Deutschen Rentenversicherung Bund, Stand Januar 2016
[43] BT-Drs. 18/6915, 29.
[44] BT-Drs. 18/6915, 22.
[45] LSG Hessen Urt. v. 29.10.2009 – L 8 KR 189/08, BeckRS 2010, 65634; LSG Nordrhein-Westfalen, Urt. v. 21.11.2014 – L 14 R 694/13, BeckRS 2015, 66444; *Prossliner* AnwBl. 2009, 133.

des „Verantwortungsvollen" gerecht. Das Führen von Vertragsverhandlungen für den Arbeitgeber oder ein Auftreten vor Gerichten oder Behörden dürfte dementsprechend zur Bejahung des verantwortungsvollen Außenauftritts genügen. Eine eigene Entscheidungsbefugnis des Syndikusanwalts muss nicht noch zusätzlich hinzutreten. Denn letzten Endes trifft auch der Mandant eines niedergelassenen Rechtsanwalts die Entscheidung, ob er das von seinem Anwalt erarbeitete rechtliche Ergebnis umsetzen will oder nicht.[46] Auch in diesem Zusammenhang stellen die meisten Rechtsanwaltskammern zu hohe Anforderungen an die Darlegung der erforderlichen Befugnis im Außenauftritt. Sie verlangen eine Darlegung der Vereinbarung, auf die sich die „Vertretungsbefugnis" gründet.[47] Eine grundsätzliche Vertretungsbefugnis im Sinne einer Bevollmächtigung zum Abschluss von Rechtsgeschäften sieht § 46 Abs. 3 Nr. 4 BRAO nach seinem insoweit eindeutigen Wortlaut aber gerade nicht mehr vor.

9. Versetzungsklausel

Für Zündstoff im Arbeitsverhältnis mit dem Syndikusrechtsanwalt können die gängigen Versetzungsklauseln sorgen. Sie berechtigen den Arbeitgeber einseitig zur Versetzung des Arbeitnehmers auf eine den Kenntnissen und Fähigkeiten des Syndikusanwalts entsprechende gleichwertige, zumutbare Tätigkeit auch in einem anderen Betrieb des Unternehmens. Diese Versetzungsklauseln können aufgrund der streng tätigkeitsbezogenen Zulassung von Syndikusanwälten problematisch sein. Denn bei Versetzung auf eine Stelle, die anwaltsfremde Aufgaben zum Inhalt hat oder die zum Verlust der anwaltlichen Prägung der bisherigen Tätigkeit führt, droht der Verlust der Anwaltszulassung und auch der darauf beruhenden Befreiung von der gesetzlichen Rentenversicherungspflicht.

Um das zu verhindern, werden Syndikusanwälte versuchen, gegenüber ihrem Arbeitgeber eine von dem Standard abweichende, leicht modifizierte arbeitsvertragliche Versetzungsklausel durchzusetzen, die es dem Arbeitgeber nur erlaubt, den Syndikusanwalt einseitig auf eine Stelle zu versetzen, bei der die Tätigkeit des Syndikusanwalts seine anwaltliche Prägung nicht verliert. Eine solche könnte wie folgt aussehen:

Formulierungsvorschlag:

Der Arbeitgeber ist berechtigt, dem Arbeitnehmer unter Wahrung der Interessen des Arbeitnehmers eine andere, gleichwertige Tätigkeit oder ein anderes Arbeitsgebiet zu übertragen soweit dies den Fähigkeiten und Kenntnissen des Arbeitnehmers entspricht und es sich hierbei weiterhin um eine fachlich unabhängige und eigenverantwortliche anwaltliche Tätigkeit nach § 46 Abs. 3 BRAO handelt.

Auf eine solche Einschränkung seines Versetzungsrechts werden sich Unternehmen schon aus Gründen der Gleichbehandlung mit anderen Belegschaftsmitgliedern nur selten einlassen wollen. Lässt sich eine solche arbeitsvertragliche Einschränkung der Versetzungsklausel nicht durchsetzen, ist fraglich, ob eine arbeitsvertraglich vereinbarte Beschäftigung als „Syndikusrechtsanwalt" den Arbeitgeber daran hindert, dem Syndikus eine nicht-anwaltliche Stelle zuzuweisen.

Ist im Arbeitsvertrag die Art der von dem Mitarbeiter geschuldeten Tätigkeit konkret bezeichnet, dann schränkt diese Konkretisierung das Direktionsrecht des Arbeitgebers ein.[48] Das führt dazu, dass der Arbeitgeber dem Mitarbeiter einseitig nur solche Aufga-

57

58

59

60

---

[46] So auch *Schuster* Anwaltsblatt Online 2016, 70, 71.
[47] Ziffer 5 Abs. 3 des Merkblatts für einen Antrag auf Zulassung als Syndikusrechtsanwalt der Rechtsanwaltskammern Köln, Düsseldorf, Karlsruhe, Hamm, München.
[48] MAH ArbR/*Gragert* 3. Aufl. 2012 § 12 Rn. 10; *Hunold*, NZA-RR 2001,337; Bauer/Lingemann/ Diller/Haußmann/*Lingemann*, Anwaltsformularbuch Arbeitsrecht, 5. Aufl. 2014, Kap. 19 Rn. 1.

ben zuweisen kann, die sich inhaltlich noch in den Grenzen der vereinbarten Tätigkeit bewegen. Einem als „Syndikusrechtsanwalt" eingestellten Juristen kann der Arbeitgeber also per Direktionsrecht einseitig nur anwaltliche Aufgaben zuweisen. Enthält der Arbeitsvertrag des Syndikusanwalts keine Versetzungsklausel, was gelegentlich vorkommt, dann hindert diese Stellenbezeichnung also den Arbeitgeber daran, den Syndikus auf eine andere Stelle zu versetzen.

61   Anders verhält es sich aber, wenn der Vertrag eine allgemeine Versetzungsklausel enthält. Dann erhält der Arbeitgeber sich durch diese Klausel ja gerade die vertragliche Möglichkeit, dem Syndikusanwalt auch andere als die vertraglich geschuldete anwaltliche Tätigkeit zuzuweisen. Deshalb kann der Syndikusanwalt nicht davon ausgehen, sein Arbeitgeber werde auf die künftige Zuweisung einer anderen Tätigkeit verzichten.[49] Entschließt sich der Arbeitgeber zu einer Versetzung des Syndikusanwalts auf eine andere Stelle, muss er dabei aber die Grundsätze des billigen Ermessens, § 315 BGB, berücksichtigen. Der drohende Verlust der Anwaltszulassung infolge der Tätigkeitsänderung ist ein Faktor, der in die Überlegungen des Arbeitgebers mit einfließen und auf den er bei seinen Versetzungserwägungen Rücksicht nehmen muss.

10. Vergütung

62   Nach § 46c Abs. 1 BRAO gelten die gesetzlichen Vorschriften für Rechtsanwälte mit Ausnahme der in § 46 Abs. 2 BRAO geregelten Fälle auch für Syndikusrechtsanwälte. Zu diesen anwendbaren berufsrechtlichen Vorschriften gehört das in § 49b Abs. 2 S. 1 BRAO enthaltene Verbot der erfolgsabhängigen Vergütung.[50] § 49b Abs. 2 S. 1 BRAO verbietet unter anderem „Vereinbarungen, durch die eine Vergütung oder ihre Höhe vom Ausgang der Sache oder vom Erfolg der anwaltlichen Tätigkeit abhängig gemacht werden". Das wirft die Frage auf, ob aufgrund der Geltung dieses Verbots zielerreichungsabhängige variable Vergütungsvereinbarungen mit Syndikusanwälten nicht mehr oder nur sehr eingeschränkt geschlossen werden dürfen und existierende Bonusvereinbarungen unter Umständen unwirksam werden würden, sobald sich Unternehmensjuristen als Syndikusrechtsanwälte zulassen. Wäre dem so, könnte dies die Bereitschaft der Arbeitgeber, Syndikusanwälte anstelle von Unternehmensjuristen zu beschäftigen, durchaus beeinträchtigen.

63   Versucht man sich diesem berufsrechtlichen Verbot als Arbeitsrechtler zu nähern, muss man zunächst feststellen: Es ist kein Redaktionsversehen. Der Gesetzgeber hat die Geltung des Verbots einer erfolgsabhängigen Vergütung für Syndikusanwälte ausdrücklich anordnen wollen und in der Gesetzesbegründung darauf sogar mehrfach hingewiesen.[51] Das Verbot ist also ernst zu nehmen. Es dient in erster Linie der Wahrung der Unabhängigkeit des Rechtsanwalts,[52] indem es verhindern soll, dass der Anwalt den Ausgang eines Mandats zu seiner eigenen Finanzsache macht.[53] Deshalb soll eine Vergütung unzulässig sein, deren Entstehung und Höhe vom Ausgang der Sache oder dem Erfolg der anwaltlichen Tätigkeit abhängt. Das gilt auch für Vergütungen, die „on top" auf eine fix vereinbarte Grundvergütung aufsetzen.[54] Unzulässig sind insbesondere prozentuale Erfolgszuschläge oder fixe Erfolgsprämien.[55]

---

[49] MAH ArbR/*Gragert* Rn. 17.
[50] BT-Drs. 18/5201, 37.
[51] BT-Drs. 18/5201, 37, 41.
[52] BT-Drs. 12/4993, 31.
[53] Henssler/Prütting/*Kilian* BRAO § 49b Rn. 66.
[54] Henssler/Prütting/*Kilian* BRAO § 49b Rn. 80.
[55] Henssler/Prütting/*Kilian* BRAO § 49b Rn. 81.

Bricht man das auf die Beschäftigung von Syndikusanwälten und die Gestaltung ih- **64** rer Vergütung herunter, so dürften dafür folgende Spielregeln gelten:

- Der Umstand, dass sich ihre Vergütung aus einer (hohen) Grundvergütung und einer (nicht so hohen) variablen Vergütung zusammensetzt, führt nicht zum Entfallen des Verbots der erfolgsabhängigen Vergütung.
- Eine variable Vergütung ist auch für Syndikusanwälte weiterhin zulässig und steht nicht in Widerspruch zu § 49b Abs. S. 2 BRAO.
- Sie kann für Syndikusanwälte weiterhin zielvereinbarungsabhängig ausgestaltet sein (also unter einer aufschiebenden Bedingung stehen).
- Erfolgsabhängige Vergütungen, deren Entstehung und Höhe von der Erreichung vom Erfolg des Unternehmens, dem Erfolg des Konzern oder dem Erfolg des Geschäftsbereichs abhängen, in dem der Syndikusanwalt beschäftigt ist, verstoßen nicht gegen § 49b Abs. 2 BRAO und sind deshalb unproblematisch.
- Erfolgsabhängige Vergütungen, deren Entstehung und Höhe von „weichen" Faktoren wie der Erhöhung der Mitarbeiter- oder Kundenzufriedenheit, der Steigerung der Motivation, der Förderung des Zusammenhalts in der Abteilung, der Implementierung einer besseren Unternehmenskultur etc. dienen, sind ebenfalls unproblematisch.
- Unproblematisch sind zudem erfolgsabhängige Vergütungen, deren Ob oder Höhe von gerichtlichen/außergerichtlichen/behördlichen Verfahren abhängen, bei denen ein Anwaltszwang besteht und/oder externe Anwälte beauftragt und tätig sind. Denn hier hängt der Erfolg der Sache nicht vom Syndikusanwalt ab.
- Vorsicht ist aber geboten bei erfolgsabhängigen Vergütungen, deren Entstehung und/oder Höhe von persönlichen Zielen des Syndikusanwalts abhängen, die tätigkeitsbezogen sind, wie etwa dem Ausgang bestimmter gerichtlicher oder außergerichtlicher Verfahren, die von ihm anwaltlich geführt werden (Obsiegen in den Zustimmungsersetzungsverfahren gegen den Betriebsrat, Gewinnen des erstinstanzlichen Bonusrechtsstreits gegen den ausgeschiedenen Investmentbanker, Abschluss einer Betriebsvereinbarung Arbeitszeit etc.). Diese können mit dem Verbot erfolgsabhängiger Vergütung kollidieren. Bei der Festlegung der jährlichen Ziele sollte deshalb streng drauf geachtet werden, solche berufsrechtlich möglicherweise kritischen Ziele nicht mit aufzunehmen oder das Ob und die Höhe des Bonus nicht allein von dem Erreichen dieser persönlichen Ziele abhängig zu machen.

In dem Zusammenhang unbedenklich ist eine Arbeitsvertragsklausel, die dem Syndi- **65** kusanwalt zusätzlich zu seinem Fixgehalt eine variable Vergütung zusagt, deren Höhe von der wirtschaftlichen Lage des Konzerns, der wirtschaftlichen Lage des Arbeitgebers und den persönlichen Leistungen des Syndikusanwalts abhängt. Sie kann weiterhin verwendet werden. Arbeitgeber und Syndikusanwalt sollten sich aber darauf einstellen, dass sich die Rechtsanwaltskammern unter Umständen auch die Vereinbarung zu den Jahres-Zielvorgaben vorlegen lassen, um jedenfalls stichpunktartig zu prüfen, ob diese nicht mit dem Verbot der erfolgsabhängigen Vergütung kollidiert.

11. Haftung

In Bezug auf eine etwaige Haftung des Syndikusanwalts für berufliche Fehler besteht **66** kein arbeitsvertraglicher Handlungsbedarf mehr. Diesbezüglich hat das Gesetzgebungsverfahren eine überraschend erfreuliche Wendung genommen. Nach § 46b Abs. 3 Nr. 1 BRAO bedarf die Zulassung als Syndikusrechtsanwalt keiner Berufshaftpflichtversicherung mehr. Im Verhältnis zwischen Unternehmen und Syndikusrechtsanwalt sollen für etwaige Pflichtverletzungen und fehlerhafte Beratung und Vertretung vielmehr die Grundsätze der privilegierten Arbeitnehmerhaftung gelten. So sieht es nunmehr ausdrücklich die Gesetzesbegründung vor. [56] Die Aufnahme einer Arbeitsvertragsklausel zur Haftungsbegrenzung oder zum Haftungsausschluss ist damit zunächst erst mal nicht mehr notwendig.

67   Nach diesen von der Rechtsprechung entwickelten Grundsätzen hängt der Umfang der Haftung eines Arbeitnehmers gegenüber seinem Arbeitgeber vom Grad seines Verschuldens ab.[57] Bei leichter Fahrlässigkeit haftet ein Arbeitnehmer gar nicht, bei mittlerer Fahrlässigkeit haften Arbeitnehmer und Arbeitgeber nach einer zu ermittelnden Quote für den Schaden und bei grober Fahrlässigkeit oder Vorsatz kommt es zur vollen Haftung des Mitarbeiters. Zu der Frage, wie diese Grundsätze in einem Arbeitsverhältnis mit Unternehmensjuristen anzuwenden sind, gibt es bislang noch keine Rechtsprechung. Daher bleibt abzuwarten, ob sich die Arbeitsgerichte die recht strengen Anforderungen des BGH an das pflichtgemäße Handeln eines Anwalts zu Eigen machen oder nicht.

VI. Umgang mit Betriebsübergängen

68   Kommt es infolge eines Betriebsübergangs nach § 613a BGB zu einem Arbeitgeberwechsel, liegt keine Änderung des Arbeitsvertrages bzw. der Tätigkeit im Sinne des § 46b Abs. 4 BRAO vor. Das Arbeitsverhältnis geht vielmehr mit allen Rechten und Pflichten auf den neuen Arbeitgeber über, § 613a Abs. 1 S. 1 BGB. Eine Anzeigepflicht gegenüber der Rechtsanwaltskammer und die Pflicht zur Zulassung als Syndikusanwalt bei dem neuen Arbeitgeber bestehen nach dem Gesetzeswortlaut nicht. Dennoch sollte auch in diesen Fällen vorsorglich ein Erstreckungsbescheid beantragt werden. Denn die bisherige Zulassung erstreckt sich auf eine Tätigkeit bei einem anderen Arbeitgeber und gibt deshalb nicht die aktuellen Verhältnisse wieder.

69   Ist im Zusammenhang mit einem Betriebsübergang eine Tätigkeitsänderung geplant, müssen Arbeitgeber daran denken, den Syndikusrechtsanwalt in dem § 613a BGB Informationsschreiben auf den dadurch gegebenenfalls drohenden Verlust seiner Zulassung hinzuweisen. Andernfalls laufen sie Gefahr, mit einem unrichtigen bzw. unvollständigen Informationsschreiben unterrichtet und die einmonatige Widerspruchsfrist nicht in Gang gesetzt zu haben. Der aufnehmende Arbeitgeber sollte vorsorglich den übergeleiteten Syndikusanwalt bei der Rentenversicherung melden und dorthin solange Beiträge abführen, bis die zulassungsrechtliche und rentenrechtliche Situation geklärt ist. Die zu Unrecht an die Rentenversicherung abgeführten Beiträge können nach § 26 Abs. 2 SGB IV erstattet und dann an das Versorgungswerk weitergeleitet werden.

VII. Umgang mit Abordnungen (Entsendungen)

70   Nach wie vor ungeklärt ist es, wie in einem Syndikus-Arbeitsverhältnis mit einer geplanten Abordnung umzugehen ist. Solche Abordnungen entweder ins Ausland oder in die Geschäftsführung einer Beteiligungsgesellschaft kommen in der Praxis vor allem zur Erprobung von Führungskräften vor einem geplanten beruflichen Aufstieg vor. Rentenversicherungsrechtlich sind solche Abordnungen kein Problem. Denn nach § 6 Abs. 5 S. 2 SGB VI gilt die Befreiung von der gesetzlichen Rentenversicherungspflicht auch dann weiter, wenn für einen vertraglich im Voraus beschränkten Zeitraum eine andere Tätigkeit ausgeübt wird als diejenige, für die die Befreiung erteilt worden ist.

---

[56] BT-Drs. 18/6915, 23.
[57] BAG v. 29.9.1994 – GS 1/89, DB 1994, 2237.

Problematisch ist die berufsrechtliche Seite einer Entsendung. Nach der klaren Kon- **71**
zeption des Gesetzes ist die Zulassung der Syndikusanwälte streng tätigkeitsbezogen zu
erteilen. Eine wesentliche Änderung der Tätigkeit hin zu einer nicht-anwaltlichen führt
zum Widerruf der Zulassung. Das ist wahrscheinlich eine unbewusste Regelungslücke,
weil der Gesetzgeber einen Gleichlauf von sozialversicherungsrechtlicher Befreiung und
berufsrechtlicher Zulassung wollte.[58]

Diese Regelungslücke könnte sich dadurch schließen lassen, dass der Syndikus- **72**
rechtsanwalt für die Zeit seiner Abordnung einen anderen bei seinem Arbeitgeber beschäftigten Syndikusrechtsanwalt als Vertreter nach § 53 Abs. 1 BRAO bestellt. Dann
könnte er während der Abordnung einer weiteren Beschäftigung nachgehen und seine
Befreiung in der Rentenversicherung nach § 6 Abs. 5 S. 2 SGB VI darauf erstrecken lassen. Aufgrund der Bestellung eines Vertreters für seine Syndikusrechtsanwaltstätigkeit
könnte er seine Zulassung weiterhin behalten. Das Bestehen mehrerer Beschäftigungsverhältnisse ist von § 46b Abs. 3 BRAO anerkannt und hindert nicht die Zulassung für
das bereits bestehende Anstellungsverhältnis als Syndikusanwalt. Ob dies ein gangbarer
Weg wird und die Rechtsanwaltskammern das mittragen, bleibt abzuwarten. Das Pla-
zet des Syndikusanwalts-Gesetzgebers dazu hätten sie jedenfalls.

---

[58] BT-Drs. 18/5201, 20 f.

Anhang

1. Gesetzesentwurf der Fraktionen der CDU/CSU und SPD vom 16.6.2015

Drucksache 18/5201

Entwurf eines Gesetzes zur Neuordnung des Rechts der Syndikusanwälte

A. Problem und Ziel

Der Status des Syndikusanwalts als Rechtsanwalt im Sinne der Bundesrechtsanwaltsordnung ist bezogen auf seine Tätigkeit im Unternehmen bisher nicht eindeutig gesetzlich geregelt. Mit den Urteilen vom 3. April 2014 (B 5 RE 13/14 R, B 5 RE 9/14 R und B 5 RE 3/14 R) hat das Bundessozialgericht deshalb entschieden, dass für Syndikusanwälte eine Befreiung von der Versicherungspflicht in der gesetzlichen Rentenversicherung zugunsten einer Versorgung in den berufsständischen Versorgungswerken nicht möglich sei. Zur Begründung seiner Entscheidungen hat das Bundessozialgericht ausgeführt, dass die anwaltliche Berufsausübung in der äußeren Form der abhängigen Beschäftigung nicht möglich sei. Ungeachtet der im Einzelfall arbeitsvertraglich eröffneten Möglichkeiten, auch gegenüber dem Arbeitgeber sachlich selbständig und eigenverantwortlich zu handeln, sei allein die Eingliederung in die von diesem vorgegebene Arbeitsorganisation mit dem Berufsbild des Rechtsanwalts unvereinbar.

Die Funktion des Syndikusanwalts als anwaltlicher Berater seines Arbeitgebers wird im geltenden Recht daher nicht ausreichend berücksichtigt.

Für die geschätzt rund 40 000 betroffenen Syndizi haben die Entscheidungen des Bundessozialgerichts Folgen für die Alterssicherung. Eine Befreiung von der Versicherungspflicht in der gesetzlichen Rentenversicherung für die Tätigkeit als Syndikus ist entgegen langjähriger Praxis hiernach nicht länger möglich. Für diejenigen, die über einen gültigen Befreiungsbescheid in ihrer ausgeübten Beschäftigung verfügen oder bei denen besondere Vertrauensschutzregelungen zur Anwendung kommen, bleibt es bei der Absicherung im Versorgungswerk. Für die übrigen Syndizi dürfte mit den Entscheidungen des Bundessozialgerichts ein Wechsel in der Versorgungsbiografie einhergehen.

B. Lösung

Die Stellung des Syndikusanwalts als Rechtsanwalt soll gesetzlich geregelt werden. Ausgehend von dem berufsrechtlichen Ansatz der Urteile des Bundessozialgerichts wird eine Lösung vorgeschlagen, die eine statusrechtliche Anerkennung der Tätigkeit als Syndikusanwalt in einem Unternehmen als Rechtsanwalt vorsieht, dabei aber bestimmte Einschränkungen vornimmt. So soll die Tätigkeit von Syndikusanwälten grundsätzlich auf die Beratung und Vertretung in Rechtsangelegenheiten des Arbeitgebers beschränkt sein. Für Syndikusanwälte soll ein Vertretungsverbot für den Arbeitgeber in Fällen des zivil- und arbeitsgerichtlichen Anwaltszwangs sowie ein weiter gehendes Vertretungsverbot in Straf- und Bußgeldverfahren gelten. Ferner sollen für sie das strafprozessuale Zeugnisverweigerungsrecht sowie das Beschlagnahmeverbot nicht gelten. Mit diesen Regelungen soll zum einen ermöglicht werden, dass Syndikusanwälte wie bisher – unter bestimmten Voraussetzungen auch rückwirkend – von der Rentenversicherungspflicht befreit werden und in den anwaltlichen Versorgungswerken verbleiben können. Dabei soll in Hinblick auf das Befreiungsrecht von der Rentenversicherungspflicht weitestgehend der bisherige Status quo aufrechterhalten bleiben. Zum anderen sollen bisweilen bestehende Rechtsunsicherheiten, etwa bei der Frage der Berücksichtigungsfähigkeit praktischer Erfahrungen aus der Syndikustätigkeit bei der Verleihung einer Fachanwaltsbezeichnung, beseitigt werden.

C. Alternativen

Keine. Insbesondere ist eine rein im Sozialrecht verankerte Lösung nicht zielführend. Der rein sozialrechtliche Lösungsansatz berücksichtigt nicht hinreichend, dass zunächst im jeweiligen Berufsrecht geklärt werden muss, ob die Tätigkeit eines freien Berufs auch im Anstellungsverhältnis ausgeübt werden kann und welche Voraussetzungen hierfür jeweils vorliegen müssen.

139

D. Haushaltsausgaben ohne Erfüllungsaufwand

Die geplanten Regelungen haben auf Grund der angestrebten Deckungsgleichheit des Personen-kreises, der bisher von der Rentenversicherungspflicht befreit wurde, mit dem, der auch künftig von der Rentenversicherungspflicht befreit werden kann, keine Auswirkungen auf den Bundeshaushalt und auch nicht auf die gesetzliche Rentenversicherung. Auswirkungen auf die Haushalte der Länder und Kommunen ergeben sich nicht.

E. Erfüllungsaufwand

E.1 Erfüllungsaufwand für Bürgerinnen und Bürger

Mehrbelastungen für die Bürgerinnen und Bürger sind nicht zu erwarten.

E.2 Erfüllungsaufwand für die Wirtschaft

Für Syndikusrechtsanwälte ist Erfüllungsmehraufwand im Ergebnis nicht zu erwarten. Zwar sieht § 46 Absatz 2 Satz 2 des Entwurfs zur Änderung der Bundesrechtsanwaltsordnung (BRAO-E) vor, dass die Tätigkeit eines Syndikusrechtsanwalts künftig zulassungspflichtig ist. Faktisch entsteht da-durch jedoch kein Mehraufwand. Denn auch derzeit sind Syndikusrechtsanwälte regelmäßig nach § 4 der Bundesrechtsanwaltsordnung (BRAO) zur Rechtsanwaltschaft zugelassen, da dies nach der bisherigen Verwaltungspraxis eine Grundvoraussetzung für die Befreiung von der gesetzlichen Ren-tenversicherungspflicht war.

Für den Bereich der Syndikuspatentanwälte gilt Entsprechendes.

Davon Bürokratiekosten aus Informationspflichten

Eine Mehrbelastung steht auch nicht auf Grund von Mitteilungspflichten zu erwarten. § 46b Absatz 4 Satz 1 BRAO-E verpflichtet den Syndikusrechtsanwalt, der örtlich zuständigen Rechts-anwaltskammer jede tätigkeitsbezogene Änderung des Arbeitsverhältnisses sowie jede wesentliche Än-derung der Tätigkeit innerhalb des Anstellungsverhältnisses unverzüglich anzuzeigen. Die Informa-tionspflichten sind erforderlich, um Syndikusrechtsanwälte tätigkeitsbezogen zulassen und feststellen zu können, ob die den Vorschriften des Sozialversicherungsrechts (§ 6 des Sechsten Buches Sozialge-setzbuch – SGB VI) entsprechenden Voraussetzungen für die Befreiung von der gesetzlichen Renten-versicherungspflicht vorliegen. Eine Mehrbelastung entsteht dadurch jedoch faktisch nicht. Denn auch nach geltender Rechtslage müssen von der Rentenversicherungspflicht befreite Syndikusrechts-anwälte beim Träger der Rentenversicherung eine erneute Befreiung von der Versicherungspflicht für eine geänderte Beschäftigung beantragen (vgl. Urteile des Bundessozialgerichts vom 31. Oktober 2012; B 12 R 8/10 R, B 12 R 3/11 R und B 12 R 5/10 R).

Für den Bereich der Syndikuspatentanwälte gilt Entsprechendes.

E.3 Erfüllungsaufwand der Verwaltung

Da nach den geplanten Regelungen nunmehr die Rechtsanwaltskammern zu prüfen haben, ob die Voraussetzungen für eine tätigkeitsbezogene Zulassung als Syndikusrechtsanwalt vorliegen, ergibt sich bei den Kammern folgender voraussichtlicher Erfüllungsaufwand: Bei einer Fallzahl von ca. 4000 bis 6000 Anträgen auf Zulassung als Syndikusrechtsanwalt im Jahr und einer geschätzten Bearbei-tungsdauer von durchschnittlich zwei Stunden pro Antrag, welcher durch Beschäftigte der Tarif-gruppen E 9 zu bearbeiten wäre (Stundenlohn ca. 71 Euro bei mittlerer Erfahrungsstufe), ergibt sich ein voraussichtlicher Erfüllungsaufwand für die Rechtsanwaltskammern als Körperschaften des öffent-lichen Rechts in Höhe von mindestens 568 000 Euro bis höchstens 852 000 Euro pro Jahr. Die ange-gebenen Zahlen (Fallzahlen, Bearbeitungsdauer, Stundenlohn) basieren auf Schätzungen anhand der Erfahrungen der Deutschen Rentenversicherung Bund und der dort vorhandenen Daten zur Gesamt-zahl befreiter Personen. Statistische Erhebungen speziell zu Syndikusrechtsanwälten sind weder bei der Deutschen Rentenversicherung Bund noch bei der Bundesrechtsanwaltskammer vorhanden.

Im Zusammenhang mit dem für die Rechtsanwaltskammern zu erwartenden Erfüllungsaufwand ist zu berücksichtigen, dass die Kammern berechtigt und in der Lage sind, Beiträge von den Kammer-mitgliedern zu verlangen und entsprechende Mehrbelastungen gegebenenfalls umzulegen.

Im Bereich der Deutschen Rentenversicherung Bund ergibt sich umgekehrt eine gewisse Entlas-tung. Die Prüfung einzelner Voraussetzungen einer Befreiung von der gesetzlichen Rentenversiche-rungspflicht muss künftig nicht mehr in der gleichen Prüfintensität erfolgen, soweit diese auf Grund der tätigkeitsbezogenen Zulassung bereits von den Rechtsanwaltskammern geprüft worden sind.

Im Bereich der Patentanwälte gilt Entsprechendes, wobei hier lediglich mit jährlichen Anträgen zur Zulassung als Syndikuspatentwalt zu rechnen ist, die sich im Dezimalbereich bewegen (voraussichtlich ca. 30 Anträge auf Zulassung als Syndikuspatentanwalt pro Jahr).

Bei Inkrafttreten des Gesetzes ergibt sich zunächst ein zusätzlicher Verwaltungsaufwand in der gesetzlichen Rentenversicherung durch das erstmalig durchzuführende Befreiungsverfahren mit Rückwirkung und das Beitragserstattungsverfahren. Die Kosten dürften bei ca. 3 Mio. Euro liegen (bei unterstellt 15 000 Verfahren zu Anfang, drei Stunden Arbeitsaufwand je Verfahren und einem Kostenansatz von 71 Euro je Arbeitsstunde), die sich in den Folgejahren erheblich reduzieren.

F. Weitere Kosten

Keine.

Entwurf eines Gesetzes zur Neuordnung des Rechts der Syndikusanwälte

Vom …

Der Bundestag hat das folgende Gesetz beschlossen:

Artikel 1
Änderung der Bundesrechtsanwaltsordnung

Die Bundesrechtsanwaltsordnung in der im Bundesgesetzblatt Teil III, Gliederungsnummer 303-8, veröffentlichten bereinigten Fassung, die zuletzt durch Artikel 7 des Gesetzes vom 10. Oktober 2013 (BGBl. I S. 3786) geändert worden ist, wird wie folgt geändert:

1. § 33 Absatz 3 wird wie folgt geändert:

   a) In Satz 1 Nummer 2 werden nach dem Wort „ist" ein Komma und die Wörter „sofern nicht eine Zuständigkeit einer anderen Rechtsanwaltskammer nach Nummer 1 gegeben ist," eingefügt.

   b) In Satz 2 werden nach der Angabe „§ 27 Abs. 3" ein Komma und die Wörter „§ 46c Absatz 4 Satz 3" eingefügt.

2. § 46 wird durch die folgenden §§ 46 bis 46c ersetzt:

   „§ 46 Angestellte Rechtsanwälte; Syndikusrechtsanwälte

   (1) Rechtsanwälte dürfen ihren Beruf als Angestellte solcher Arbeitgeber ausüben, die als Rechtsanwälte, Patentanwälte oder rechts- oder patentanwaltliche Berufsausübungsgesellschaften tätig sind.

   (2) Angestellte anderer als der in Absatz 1 genannten Personen oder Gesellschaften üben ihren Beruf als Rechtsanwalt aus, sofern sie im Rahmen ihres Anstellungsverhältnisses für ihren Arbeitgeber anwaltlich tätig sind (Syndikusrechtsanwälte). Der Syndikusrechtsanwalt bedarf zur Ausübung seiner Tätigkeit nach Satz 1 der Zulassung zur Rechtsanwaltschaft nach § 46a.

   (3) Eine anwaltliche Tätigkeit im Sinne des Absatzes 2 Satz 1 liegt vor, wenn das Anstellungsverhältnis durch folgende fachlich unabhängig und eigenverantwortlich auszuübenden Tätigkeiten sowie durch folgende Merkmale geprägt ist:

   1. die Prüfung von Rechtsfragen, einschließlich der Aufklärung des Sachverhalts, sowie das Erarbeiten und Bewerten von Lösungsmöglichkeiten,

   2. die Erteilung von Rechtsrat,

   3. die Ausrichtung der Tätigkeit auf die Gestaltung von Rechtsverhältnissen, insbesondere durch das selbständige Führen von Verhandlungen, oder auf die Verwirklichung von Rechten und

   4. die Vertretungsbefugnis nach außen.

   (4) Eine fachlich unabhängige Tätigkeit im Sinne des Absatzes 3 übt nicht aus, wer sich an Weisungen zu halten hat, die eine eigenständige Analyse der Rechtslage und eine einzelfallorientierte Rechtsberatung ausschließen. Die fachliche Unabhängigkeit der Berufsausübung des Syndikusrechtsanwalts ist vertraglich und tatsächlich zu gewährleisten.

   (5) Die Befugnis des Syndikusrechtsanwalts zur Beratung und Vertretung beschränkt sich auf die Rechtsangelegenheiten des Arbeitgebers. Diese umfassen auch

   1. Rechtsangelegenheiten innerhalb verbundener Unternehmen im Sinne des § 15 des Aktiengesetzes,

   2. erlaubte Rechtsdienstleistungen des Arbeitgebers gegenüber seinen Mitgliedern, sofern es sich bei dem Arbeitgeber um eine Vereinigung oder Gewerkschaft nach § 7 des Rechtsdienstleistungsgesetzes oder nach § 8 Absatz 1 Nummer 2 des Rechtsdienstleistungsgesetzes handelt, und

   3. erlaubte Rechtsdienstleistungen des Arbeitgebers gegenüber Dritten, sofern es sich bei dem Arbeitgeber um einen Angehörigen der in § 59a genannten sozietätsfähigen Berufe oder um eine Berufsausübungsgesellschaft solcher Berufe handelt.

§ 46a Zulassung als Syndikusrechtsanwalt

(1) Die Zulassung zur Rechtsanwaltschaft als Syndikusrechtsanwalt ist auf Antrag zu erteilen, wenn

1. die allgemeinen Zulassungsvoraussetzungen zum Beruf des Rechtsanwalts gemäß § 4 erfüllt sind,

2. kein Zulassungsversagungsgrund nach § 7 vorliegt und

3. die Tätigkeit den Anforderungen des § 46 Absatz 2 bis 5 entspricht.

Die Zulassung nach Satz 1 kann für mehrere Anstellungsverhältnisse erteilt werden.

(2) Über die Zulassung als Syndikusrechtsanwalt entscheidet die örtlich zuständige Rechtsanwaltskammer nach Anhörung des Trägers der Rentenversicherung. Die Entscheidung ist zu begründen und dem Antragsteller sowie dem Träger der Rentenversicherung zuzustellen. Wie dem Antragsteller steht auch dem Träger der Rentenversicherung gegen die Entscheidung nach Satz 1 Rechtsschutz gemäß § 112a Absatz 1 und 2 zu. Der Träger der Rentenversicherung ist bei seiner Entscheidung über die Befreiung von der Versicherungspflicht in der gesetzlichen Rentenversicherung nach § 6 Absatz 1 Satz 1 Nummer 1 und Absatz 3 des Sechsten Buches Sozialgesetzbuch an die bestandskräftige Entscheidung der Rechtsanwaltskammer nach Satz 1 gebunden.

(3) Dem Antrag auf Zulassung ist eine Ausfertigung oder eine öffentlich beglaubigte Abschrift des Arbeitsvertrags oder der Arbeitsverträge beizufügen. Die Rechtsanwaltskammer kann die Vorlage weiterer Nachweise verlangen.

(4) Das Zulassungsverfahren richtet sich nach den §§ 10 bis 12a mit der Maßgabe, dass

1. Syndikusrechtsanwälte der Versicherungspflicht nach § 12 Absatz 2 in Verbindung mit § 51 genügen, wenn die sich aus dieser Tätigkeit ergebenden Haftpflichtgefahren für Vermögensschäden durch eine beim Arbeitgeber bestehende Haftpflichtversicherung abgedeckt sind und diese den Anforderungen des § 51 entspricht, und

2. die Tätigkeit abweichend von § 12 Absatz 4 unter der Berufsbezeichnung „Rechtsanwältin (Syndikusrechtsanwältin)" oder „Rechtsanwalt (Syndikusrechtsanwalt)" auszuüben ist.

§ 46b Erlöschen und Änderung der Zulassung als Syndikusrechtsanwalt

(1) Die Zulassung als Syndikusrechtsanwalt erlischt nach Maßgabe des § 13.

(2) Für die Rücknahme und den Widerruf der Zulassung als Syndikusrechtsanwalt gelten die §§ 14 und 15. Die Zulassung als Syndikusrechtsanwalt ist ferner ganz oder teilweise zu widerrufen, soweit die arbeitsvertragliche Gestaltung eines Anstellungsverhältnisses oder die tatsächlich ausgeübte Tätigkeit nicht mehr den Anforderungen des § 46 Absatz 2 bis 5 entspricht. § 46a Absatz 2 gilt entsprechend.

(3) Werden nach einer Zulassung nach § 46a weitere Anstellungsverhältnisse als Syndikusrechtsanwalt aufgenommen oder tritt innerhalb bereits bestehender Anstellungsverhältnisse eine wesentliche Änderung der Tätigkeit ein, ist auf Antrag die Zulassung nach Maßgabe des § 46a unter den dort genannten Voraussetzungen auf die weiteren Anstellungsverhältnisse oder auf die geänderte Tätigkeit zu erstrecken.

(4) Der Syndikusrechtsanwalt hat der nach § 56 Absatz 3 zuständigen Stelle unbeschadet seiner Anzeige- und Vorlagepflichten nach § 56 Absatz 3 auch jede der folgenden tätigkeitsbezogenen Änderungen des Anstellungsverhältnisses unverzüglich anzuzeigen:

1. jede tätigkeitsbezogene Änderung des Arbeitsvertrags, dazu gehört auch die Aufnahme eines neuen Arbeitsverhältnisses,

2. jede wesentliche Änderung der Tätigkeit innerhalb des Anstellungsverhältnisses.

Im Fall des Satzes 1 Nummer 1 ist der Anzeige eine Ausfertigung oder eine öffentlich beglaubigte Abschrift des geänderten Arbeitsvertrags beizufügen. § 57 gilt entsprechend.

§ 46c Besondere Vorschriften für Syndikusrechtsanwälte

(1) Soweit gesetzlich nichts anderes bestimmt ist, gelten für Syndikusrechtsanwälte die Vorschriften über Rechtsanwälte.

(2) Syndikusrechtsanwälte dürfen ihren Arbeitgeber nicht vertreten

1. vor den Landgerichten, Oberlandesgerichten und dem Bundesgerichtshof in zivilrechtlichen Verfahren und Verfahren der freiwilligen Gerichtsbarkeit, sofern die Parteien oder die Beteilig-

ten sich durch einen Rechtsanwalt vertreten lassen müssen oder vorgesehen ist, dass ein Schriftsatz von einem Rechtsanwalt unterzeichnet sein muss, und

2. vor den in § 11 Absatz 4 Satz 1 des Arbeitsgerichtsgesetzes genannten Gerichten, es sei denn, der Arbeitgeber ist ein vertretungsbefugter Bevollmächtigter im Sinne des § 11 Absatz 4 Satz 2 des Arbeitsgerichtsgesetzes.

In Straf- oder Bußgeldverfahren, die sich gegen den Arbeitgeber oder dessen Mitarbeiter richten, dürfen Syndikusrechtsanwälte nicht als deren Verteidiger oder Vertreter tätig werden; dies gilt, wenn Gegenstand des Straf- oder Bußgeldverfahrens ein unternehmensbezogener Tatvorwurf ist, auch in Bezug auf eine Tätigkeit als Rechtsanwalt im Sinne des § 4.

(3) Auf die Tätigkeit von Syndikusrechtsanwälten finden die §§ 44, 48 bis 49a sowie im Verhältnis zum Arbeitgeber § 52 keine Anwendung.

(4) § 27 findet auf Syndikusrechtsanwälte mit der Maßgabe Anwendung, dass die regelmäßige Arbeitsstätte als Kanzlei gilt. Ist der Syndikusrechtsanwalt zugleich als Rechtsanwalt gemäß § 4 zugelassen oder ist er im Rahmen mehrerer Anstellungsverhältnisse als Syndikusrechtsanwalt tätig, ist für jede Tätigkeit eine gesonderte Kanzlei zu errichten und zu unterhalten, wovon nur eine im Bezirk der Rechtsanwaltskammer belegen sein muss, deren Mitglied er ist. Will der Rechtsanwalt in den in Satz 2 genannten Fällen den Schwerpunkt seiner Tätigkeit in den Bezirk einer anderen Rechtsanwaltskammer verlegen, hat er nach Maßgabe des § 27 Absatz 3 die Aufnahme in diese Kammer zu beantragen; der Antrag kann mit einem Antrag auf Erteilung einer weiteren Zulassung oder auf Erstreckung der Zulassung gemäß § 46b Absatz 3 verbunden werden.

(5) In die Verzeichnisse nach § 31 ist ergänzend zu den in § 31 Absatz 3 genannten Angaben aufzunehmen, dass die Zulassung zur Rechtsanwaltschaft als Syndikusrechtsanwalt erfolgt ist. Ist der Syndikusrechtsanwalt zugleich als Rechtsanwalt gemäß § 4 zugelassen oder ist er im Rahmen mehrerer Anstellungsverhältnisse als Syndikusrechtsanwalt tätig, hat eine gesonderte Eintragung für jede der Tätigkeiten zu erfolgen."

Artikel 2
Änderung der Strafprozessordnung

In § 53 Absatz 1 Satz 1 Nummer 3 der Strafprozessordnung in der Fassung der Bekanntmachung vom 7. April 1987 (BGBl. I S. 1074, 1319), die zuletzt durch Artikel 2 Absatz 3 des Gesetzes vom 21. Januar 2015 (BGBl. I S. 10) geändert worden ist, werden nach dem Wort „Rechtsanwälte" die Wörter „und sonstige Mitglieder einer Rechtsanwaltskammer" eingefügt und werden nach den Wörtern „bekanntgeworden ist" das Komma und die Wörter „Rechtsanwälten stehen dabei sonstige Mitglieder einer Rechtsanwaltskammer gleich" durch ein Semikolon und die Wörter „für Syndikusrechtsanwälte (§ 46 Absatz 2 der Bundesrechtsanwaltsordnung) und Syndikuspatentanwälte (§ 41a Absatz 2 der Patentanwaltsordnung) gilt dies vorbehaltlich des § 53a nicht hinsichtlich dessen, was ihnen in dieser Eigenschaft anvertraut worden oder bekanntgeworden ist" ersetzt.

Artikel 3
Änderung des Rechtsanwaltsvergütungsgesetzes

§ 1 Absatz 2 des Rechtsanwaltsvergütungsgesetzes vom 5. Mai 2004 (BGBl. I S. 718, 788), das zuletzt durch Artikel 4 des Gesetzes vom 10. Dezember 2014 (BGBl. I S. 2082) geändert worden ist, wird wie folgt geändert:

1. Dem Wortlaut wird folgender Satz vorangestellt:

„Dieses Gesetz gilt nicht für eine Tätigkeit als Syndikusrechtsanwalt (§ 46 Absatz 2 der Bundesrechtsanwaltsordnung)."

2. In dem neuen Satz 2 werden die Wörter „Dieses Gesetz gilt" durch die Wörter „Es gilt ferner" ersetzt.

Artikel 4
Änderung der Patentanwaltsordnung

Die Patentanwaltsordnung vom 7. September 1966 (BGBl. I S. 557), die zuletzt durch Artikel 5 Absatz 13 des Gesetzes vom 10. Oktober 2013 (BGBl. I S. 3799) geändert worden ist, wird wie folgt geändert:

1. § 41a wird durch die folgenden §§ 41a bis 41d ersetzt:

„§ 41a Angestellte Patentanwälte; Syndikuspatentanwälte

(1) Patentanwälte dürfen ihren Beruf als Angestellte solcher Arbeitgeber ausüben, die als Patentanwälte, Rechtsanwälte oder als rechts- oder patentanwaltliche Berufsausübungsgesellschaften tätig sind.

(2) Angestellte anderer als der in Absatz 1 genannten Personen oder Gesellschaften üben ihren Beruf als Patentanwälte aus, sofern sie im Rahmen ihres Anstellungsverhältnisses für ihren Arbeitgeber patentanwaltlich mit der Wahrnehmung von Aufgaben gemäß § 3 Absatz 2 und 3 dieses Gesetzes sowie § 4 des Steuerberatungsgesetzes betraut sind (Syndikuspatentanwälte). Der Syndikuspatentanwalt bedarf zur Ausübung seiner Tätigkeit nach Satz 1 der Zulassung zur Patentanwaltschaft nach § 41b.

(3) Eine patentanwaltliche Tätigkeit im Sinne des Absatzes 2 Satz 1 liegt vor, wenn das Anstellungsverhältnis durch folgende fachlich unabhängig und eigenverantwortlich auszuübenden Tätigkeiten sowie durch folgende Merkmale geprägt ist:

1. die Prüfung von Rechtsfragen, einschließlich der Aufklärung des Sachverhalts, sowie das Erarbeiten und Bewerten von Lösungsmöglichkeiten,

2. die Erteilung von Rechtsrat,

3. die Ausrichtung der Tätigkeit auf die Gestaltung von Rechtsverhältnissen, insbesondere durch das selbständige Führen von Verhandlungen, oder auf die Verwirklichung von Rechten und

4. die Vertretungsbefugnis nach außen.

(4) Eine fachlich unabhängige Tätigkeit im Sinne des Absatzes 3 übt nicht aus, wer sich an Weisungen zu halten hat, die eine eigenständige Analyse der Rechtslage und eine einzelfallorientierte Rechtsberatung ausschließen. Die fachliche Unabhängigkeit der Berufsausübung des Syndikuspatentanwalts ist vertraglich und tatsächlich zu gewährleisten.

(5) Die Befugnis des Syndikuspatentanwalts zur Beratung und Vertretung beschränkt sich auf die Rechtsangelegenheiten des Arbeitgebers. Diese umfassen auch

1. Rechtsangelegenheiten innerhalb verbundener Unternehmen im Sinne des § 15 des Aktiengesetzes,

2. erlaubte Rechtsdienstleistungen des Arbeitgebers gegenüber seinen Mitgliedern, sofern es sich bei dem Arbeitgeber um eine Vereinigung oder Gewerkschaft nach § 7 des Rechtsdienstleistungsgesetzes oder nach § 8 Absatz 1 Nummer 2 des Rechtsdienstleistungsgesetzes handelt, und

3. erlaubte Rechtsdienstleistungen des Arbeitgebers gegenüber Dritten, sofern es sich bei dem Arbeitgeber um einen Angehörigen der in § 52a genannten sozietätsfähigen Berufe oder um eine Berufsausübungsgesellschaft solcher Berufe handelt.

§ 41b Zulassung als Syndikuspatentanwalt

(1) Die Zulassung zur Patentanwaltschaft als Syndikuspatentanwalt ist auf Antrag zu erteilen, wenn

1. die allgemeinen Zulassungsvoraussetzungen zum Beruf des Patentanwalts gemäß den §§ 5 bis 8 erfüllt sind,

2. kein Zulassungsversagungsgrund nach § 14 vorliegt und

3. die Tätigkeit den Anforderungen des § 41a Absatz 2 bis 5 entspricht.

Die Zulassung nach Satz 1 kann für mehrere Anstellungsverhältnisse erteilt werden.

(2) Über die Zulassung als Syndikuspatentanwalt entscheidet die Patentanwaltskammer nach Anhörung des Trägers der Rentenversicherung. Die Entscheidung ist zu begründen und dem Antragsteller sowie dem Träger der Rentenversicherung zuzustellen. Wie dem Antragsteller steht auch dem Träger der Rentenversicherung gegen die Entscheidung nach Satz 1 Rechtsschutz gemäß § 94a Absatz 1 und 2 zu. Der Träger der Rentenversicherung ist bei seiner Entscheidung über die Befreiung von der Versicherungspflicht in der gesetzlichen Rentenversicherung nach § 6 Absatz 1 Satz 1 Nummer 1 und Absatz 3 des Sechsten Buches Sozialgesetzbuch an die bestandskräftige Entscheidung der Patentanwaltskammer nach Satz 1 gebunden.

(3) Dem Antrag auf Zulassung ist eine Ausfertigung oder eine öffentlich beglaubigte Abschrift des Arbeitsvertrags oder der Arbeitsverträge beizufügen. Die Patentanwaltskammer kann die Vorlage weiterer Nachweise verlangen.

(4) Das Zulassungsverfahren richtet sich nach den §§ 17 bis 19 mit der Maßgabe, dass

1. Syndikuspatentanwälte der Versicherungspflicht nach § 18 Absatz 2 in Verbindung mit § 45 genügen, wenn die sich aus dieser Tätigkeit ergebenden Haftpflichtgefahren für Vermögensschäden durch eine beim Arbeitgeber bestehende Haftpflichtversicherung abgedeckt sind und diese den Anforderungen des § 45 entspricht, und

2. die Tätigkeit abweichend von § 18 Absatz 4 unter der Berufsbezeichnung „Patentanwältin (Syndikuspatentanwältin)" oder „Patentanwalt (Syndikuspatentanwalt)" auszuüben ist.

§ 41c Erlöschen und Änderung der Zulassung als Syndikuspatentanwalt

(1) Die Zulassung als Syndikuspatentanwalt erlischt nach Maßgabe des § 20.

(2) Für die Rücknahme und den Widerruf der Zulassung als Syndikuspatentanwalt gelten die §§ 21 und 22. Die Zulassung als Syndikuspatentanwalt ist ferner ganz oder teilweise zu widerrufen, soweit die arbeitsvertragliche Gestaltung eines Anstellungsverhältnisses oder die tatsächlich ausgeübte Tätigkeit nicht mehr den Anforderungen des § 41a Absatz 2 bis 5 entspricht. § 41b Absatz 2 gilt entsprechend.

(3) Werden nach einer Zulassung nach § 41b weitere Anstellungsverhältnisse als Syndikuspatentanwalt aufgenommen oder tritt innerhalb bereits bestehender Anstellungsverhältnisse eine wesentliche Änderung der Tätigkeit ein, ist auf Antrag die Zulassung nach Maßgabe des § 41b unter den dort genannten Voraussetzungen auf die weiteren Anstellungsverhältnisse oder die geänderte Tätigkeit zu erstrecken.

(4) Der Syndikuspatentanwalt hat der nach § 49 Absatz 3 zuständigen Stelle unbeschadet seiner Anzeige- und Vorlagepflichten nach § 49 Absatz 3 auch jede der folgenden tätigkeitsbezogenen Änderungen des Anstellungsverhältnisses unverzüglich anzuzeigen:

1. jede tätigkeitsbezogene Änderung des Arbeitsvertrags, dazu gehört auch die Aufnahme eines neuen Arbeitsverhältnisses,

2. jede wesentliche Änderung der Tätigkeit innerhalb des Anstellungsverhältnisses.

Im Fall des Satzes 1 Nummer 1 ist der Anzeige eine Ausfertigung oder eine öffentlich beglaubigte Abschrift des geänderten Arbeitsvertrags beizufügen. § 50 gilt entsprechend.

§ 41d Besondere Vorschriften für Syndikuspatentanwälte

(1) Soweit gesetzlich nichts anderes bestimmt ist, gelten für Syndikuspatentanwälte die Vorschriften über Patentanwälte.

(2) § 4 dieses Gesetzes gilt entsprechend mit der Maßgabe, dass Syndikuspatentanwälte nur für ihren Arbeitgeber auftreten. In Straf- oder Bußgeldverfahren, die sich gegen den Arbeitgeber oder dessen Mitarbeiter richten, dürfen Syndikuspatentanwälte nicht als deren Verteidiger oder Vertreter tätig werden; dies gilt, wenn Gegenstand des Straf- oder Bußgeldverfahrens ein unternehmensbezogener Tatvorwurf ist, auch in Bezug auf eine Tätigkeit als Patentanwalt im Sinne des § 5 oder als Rechtsanwalt.

(3) Auf die Tätigkeit von Syndikuspatentanwälten finden die §§ 40 und 43 sowie im Verhältnis zum Arbeitgeber § 45b keine Anwendung.

(4) § 26 findet auf Syndikuspatentanwälte mit der Maßgabe Anwendung, dass die regelmäßige Arbeitsstätte als Kanzlei gilt. Ist der Syndikuspatentanwalt zugleich als Patentanwalt gemäß § 5 zugelassen oder ist er im Rahmen mehrerer Anstellungsverhältnisse als Syndikuspatentanwalt tätig, ist für jede Tätigkeit eine gesonderte Kanzlei zu errichten und zu unterhalten.

(5) In die Verzeichnisse nach § 29 ist ergänzend zu den in § 29 Absatz 3 genannten Angaben aufzunehmen, dass die Zulassung zur Patentanwaltschaft als Syndikuspatentanwalt erfolgt ist. Ist der Syndikuspatentanwalt zugleich als Patentanwalt gemäß § 5 zugelassen oder ist er im Rahmen mehrerer Anstellungsverhältnisse als Syndikuspatentanwalt tätig, hat eine gesonderte Eintragung für jede der Tätigkeiten zu erfolgen.

(6) Die Kosten und Auslagen für die Hinzuziehung eines Syndikuspatentanwalts sind durch das in dessen Anstellungsverhältnis gezahlte Gehalt abgegolten."

2. § 155 Absatz 3 wird wie folgt gefasst:

„(3) Die Absätze 1 und 2 gelten nicht für Syndikuspatentanwälte (§ 41a Absatz 2)."

3. Nach § 155 wird folgender § 155a eingefügt:

„§ 155a Tätigkeitsverbote bei weiterer Tätigkeit als Patentanwalt

(1) Der Patentanwalt darf für einen Auftraggeber, dem er auf Grund eines ständigen Dienst- oder ähnlichen Beschäftigungsverhältnisses seine Arbeitszeit und -kraft als Patentassessor zur Verfügung stellen muss, vor Gerichten, Schiedsgerichten oder Behörden nicht in seiner Eigenschaft als Patentanwalt tätig werden.

(2) Der Patentanwalt darf nicht tätig werden

1. wenn er als Patentassessor, der in einem ständigen Dienst- oder ähnlichen Beschäftigungsverhältnis eine Tätigkeit auf dem Gebiet des gewerblichen Rechtsschutzes ausübt, in derselben Angelegenheit bereits tätig geworden ist oder in einer Angelegenheit, die eine technische oder naturwissenschaftliche Verwertbarkeit für das Arbeitsgebiet ergibt, mit dem er als Patentassessor befasst ist; es sei denn, es besteht ein gemeinsames Interesse oder die berufliche Tätigkeit ist beendet;

2. als Patentassessor, der in einem ständigen Dienst- oder ähnlichen Beschäftigungsverhältnis eine Tätigkeit auf dem Gebiet des gewerblichen Rechtsschutzes ausübt, wenn er als Patentanwalt mit derselben Angelegenheit bereits befasst gewesen ist oder mit einer solchen, die eine technische oder naturwissenschaftliche Verwertbarkeit für das Arbeitsgebiet eines Auftraggebers ergibt, für den er als Patentanwalt tätig ist; es sei denn, es besteht ein gemeinsames Interesse.

(3) Die Verbote des Absatzes 2 gelten auch für die mit dem Patentanwalt in Sozietät oder in sonstiger Weise zur gemeinschaftlichen Berufsausübung verbundenen oder verbunden gewesenen Patentanwälte und Angehörige anderer Berufe und auch insoweit einer von diesen im Sinne der Absätze 1 und 2 befasst ist."

Artikel 5
Änderung des Sechsten Buches Sozialgesetzbuch

Das Sechste Buch Sozialgesetzbuch – Gesetzliche Rentenversicherung – in der Fassung der Bekanntmachung vom 19. Februar 2002 (BGBl. I S. 754, 1404, 3384), das zuletzt durch Artikel 12 des Gesetzes vom 13. Mai 2015 (BGBl. I S. 706) geändert worden ist, wird wie folgt geändert:

1. In der Inhaltsübersicht wird nach der Angabe zu § 286e folgende Angabe eingefügt:

„§ 286f Erstattung zu Unrecht gezahlter Pflichtbeiträge an die berufsständische Versorgungseinrichtung".

2. Nach § 231 Absatz 4 werden die folgenden Absätze 4a und 4b eingefügt:

(4a) Die Änderungen der Bundesrechtsanwaltsordnung und der Patentanwaltsordnung durch die Artikel 1 und 4 des Gesetzes zur Neuordnung des Rechts der Syndikusanwälte vom … [einsetzen: Datum der Ausfertigung und Fundstelle] gelten nicht als Änderungen, mit denen der Kreis der Pflichtmitglieder einer berufsständischen Kammer im Sinne des § 6 Absatz 1 Satz 3 erweitert wird.

(4b) Eine Befreiung von der Versicherungspflicht als Syndikusrechtsanwalt oder Syndikuspatentanwalt nach § 6 Absatz 1 Satz 1 Nummer 1, die unter Berücksichtigung der Bundesrechtsanwaltsordnung in der Fassung vom … [einsetzen: Datum des Inkrafttretens nach Artikel 7 Absatz 1 dieses Gesetzes] oder der Patentanwaltsordnung in der Fassung vom … [einsetzen: Datum des Inkrafttretens nach Artikel 7 Absatz 1 dieses Gesetzes] erteilt wurde, wirkt auf Antrag vom Beginn derjenigen Beschäftigung an, für die die Befreiung von der Versicherungspflicht erteilt wird. Sie wirkt auch vom Beginn davor liegender Beschäftigungen an, wenn während dieser Beschäftigungen eine Pflichtmitgliedschaft in einem berufsständischen Versorgungswerk bestand. Die Befreiung nach den Sätzen 1 und 2 wirkt frühestens ab dem 1. April 2014. Die Befreiung wirkt jedoch auch für Zeiten vor dem 1. April 2014, wenn für diese Zeiten einkommensbezogene Pflichtbeiträge an ein berufsständisches Versorgungswerk gezahlt wurden. Die Sätze 1 bis 4 gelten nicht für Beschäftigungen, für die eine Befreiung von der Versicherungspflicht als Syndikusrechtsanwalt oder Syndikuspatentanwalt auf Grund einer vor dem 4. April 2014 ergangenen Entscheidung bestandskräftig abgelehnt wurde. Der Antrag auf rückwirkende Befreiung nach den Sätzen 1 und 2 kann nur bis zum … [einsetzen: Datum des ersten Tages des siebten auf die Verkündung folgenden Kalendermonats] gestellt werden."

3. Nach § 286e wird folgender § 286f eingefügt:

„§ 286f Erstattung zu Unrecht gezahlter Pflichtbeiträge an die berufsständische
Versorgungseinrichtung

Pflichtbeiträge, die auf Grund einer Befreiung nach § 231 Absatz 4b zu Unrecht entrichtet wurden, werden abweichend von § 211 und abweichend von § 26 Absatz 3 des Vierten Buches von dem zuständigen Träger der Rentenversicherung beanstandet und unmittelbar an die zuständige berufsständische Versorgungseinrichtung erstattet. Zinsen nach § 27 Absatz 1 des Vierten Buches sind nicht zu zahlen."

Artikel 6
Evaluierung

Die Bundesregierung berichtet dem Deutschen Bundestag drei Jahre nach Inkrafttreten dieses Gesetzes am … [einsetzen: Datum des Inkrafttretens nach Artikel 7 Absatz 1 dieses Gesetzes] unter Einbeziehung der Bundesrechtsanwaltskammer, der Patentanwaltskammer und des Trägers der Rentenversicherung über die Auswirkungen des Artikels 1 Nummer 2 sowie des Artikels 4 auf die Zulassungspraxis der Rechtsanwaltskammern und der Patentanwaltskammer sowie auf die Befreiungspraxis in der gesetzlichen Rentenversicherung.

Artikel 7
Inkrafttreten, Außerkrafttreten

(1) Dieses Gesetz tritt am … [einsetzen: Datum des ersten Tages des vierten auf die Verkündung folgenden Kalendermonats] in Kraft.

(2) Artikel 6 tritt am … [einsetzen: Angabe des Tages und des Monats des Inkrafttretens nach Artikel 7 Absatz 1 dieses Gesetzes sowie der Jahreszahl des vierten auf das Inkrafttreten folgenden Jahres] außer Kraft.

Berlin, den 16. Juni 2015

Volker Kauder, Gerda Hasselfeldt und Fraktion
Thomas Oppermann und Fraktion

Begründung

A. Allgemeiner Teil

I. Zielsetzung und Notwendigkeit der Regelungen

Die Tätigkeit angestellter Rechtsanwälte, insbesondere der Syndikusanwälte, soll berufsrechtlich ausdrücklich geregelt und dabei klar umrissen werden.

Während es in der Rechtsprechung und im berufsrechtlichen Schrifttum anerkannt ist, dass Rechtsanwälte bei anwaltlichen Arbeitgebern im Angestelltenverhältnis tätig sein können (vgl. die Nachweise bei Busse, in: Henssler/Prütting, BRAO, 4. Auflage 2014, § 1 BRAO, Rn. 53), ist die Rechtsstellung des Syndikusanwalts seit langem Gegenstand der berufspolitischen Diskussion. Diese hat sich durch Gerichtsentscheidungen auf nationaler und europäischer Ebene noch intensiviert. Der Syndikusanwalt ist seit dem 19. Jahrhundert in Deutschland als Institution bekannt (zur historischen Entwicklung des Syndikusanwalts vgl. Hellwig, AnwBl. 2015, S. 2 ff. und Henssler in Henssler/Prütting BRAO, 4. Auflage 2014, § 46 BRAO, Rn. 2 ff.), er wird bisher jedoch nicht legaldefiniert und seine Rechtsstellung ist umstritten. Berufsrechtlich hat der Syndikusrechtsanwalt bisher keinen festen Status.

Mit dem Entwurf soll zum einen gesetzlich klargestellt werden, dass Rechtsanwälte bei anwaltlichen Arbeitgebern angestellt sein können, zum anderen sollen die bisherigen Regelungen über Rechtsanwälte in ständigen Dienstverhältnissen reformiert und das Berufsbild des Syndikusrechtsanwalts konkretisiert werden. Ein weiteres Ziel ist, die bisherige Praxis der Deutschen Rentenversicherung Bund (DRV Bund) zur Befreiung angestellter Rechtsanwälte von der Rentenversicherungspflicht gesetzlich weitestgehend fortzuschreiben und den Gleichlauf zwischen berufsrechtlicher Zulassungsentscheidung und der Entscheidung über die Befreiung von der gesetzlichen Rentenversicherungspflicht zu erreichen. Mit den Urteilen vom 3. April 2014 (B 5 RE 13/14 R, B 5 RE 9/14 R und B 5 RE 3/14 R) hat das Bundessozialgericht entschieden, dass für Syndikusanwälte eine Befreiung von der Versicherungspflicht in der gesetzlichen Rentenversicherung zugunsten einer Versorgung in den berufsständischen Versorgungswerken nicht möglich sei. Genaue Zahlen zur Anzahl der von diesen Entscheidungen Betroffenen liegen weder der DRV Bund noch den Rechtsanwaltskammern vor, jedoch geht das Schrifttum davon aus, dass bis zu 40 000 Personen als Angestellte anwaltliche Tätigkeiten in einem Unternehmen ausüben, als Rechtsanwalt zugelassen sind und bisher von der gesetzlichen Rentenversicherung befreit wurden (Prütting, AnwBl. 2013, S. 78; Singer, BRAK-Mitteilungen 6/2014, S. 282; Thüsing, AnwBl. 2015, S. 13, 16). Für die Betroffenen haben die Entscheidungen des Bundessozialgerichts Folgen für die Alterssicherung. Eine Befreiung von der Versicherungspflicht in der gesetzlichen Rentenversicherung für die Tätigkeit als Syndikus ist entgegen langjähriger Praxis hiernach nicht länger möglich. Für diejenigen, die über einen gültigen Befreiungsbescheid in ihrer ausgeübten Beschäftigung verfügen oder bei denen besondere Vertrauensschutzregelungen zur Anwendung kommen, bleibt es bei der Absicherung im Versorgungswerk. Für die übrigen Syndizi dürfte mit den Entscheidungen des Bundessozialgerichts ein Wechsel in der Versorgungsbiografie einhergehen.

Die Bundesrechtsanwaltsordnung (BRAO) geht vom Leitbild des selbständigen Rechtsanwalts aus. Die Berufspraxis hat sich jedoch in den letzten Jahrzehnten stark verändert. Während früher eine Tätigkeit als angestellter Rechtsanwalt in der Regel nur einen vorübergehenden Charakter hatte, ist inzwischen eine angestellte Rechtsanwaltstätigkeit als dauerhafte Berufsausübung für viele Rechtsanwälte die Regel.

§ 46 BRAO in der gegenwärtigen Fassung enthält besondere Regelungen für „Rechtsanwälte in ständigen Dienstverhältnissen". Danach darf ein Rechtsanwalt für einen Auftraggeber, dem er auf Grund eines ständigen Dienst- oder ähnlichen Beschäftigungsverhältnisses seine Arbeitszeit und -kraft zur Verfügung stellen muss, vor Gerichten oder Schiedsgerichten nicht in seiner Eigenschaft als Rechtsanwalt tätig werden (§ 46 Absatz 1 BRAO). Der Syndikusanwalt kann jedoch im Parteiprozess bzw. im gerichtlichen Verfahren von seinem Dienstherrn nach den jeweiligen Verfahrensordnungen (§ 79 der Zivilprozessordnung [ZPO], § 11 des Arbeitsgerichtsgesetzes, § 10 des Gesetzes über das Verfahren in Familiensachen und in den Angelegenheiten der freiwilligen Gerichtsbarkeit, § 73 des Sozialgerichtsgesetzes, § 67 der Verwaltungsgerichtsordnung, § 62 der Finanzgerichtsordnung, § 97 des Patentgesetzes [PatG], § 81 des Markengesetzes [MarkenG]) zur Prozess- bzw. Verfahrensvertretung bevollmächtigt werden. Nach diesen Normen des Verfahrensrechts sind Beschäftigte der Partei bzw. des Beteiligten oder eines verbundenen Unternehmens im Sinne des § 15 des Aktiengesetzes (AktG) als Bevollmächtigte vertretungsbefugt. Der Syndikusanwalt handelt im Falle einer solchen Bevollmächtigung nicht in seiner Eigenschaft als Rechtsanwalt, sondern als Beschäftigter seines Dienstherrn.

Weiterhin sieht § 46 BRAO vor, dass der Rechtsanwalt nicht tätig werden darf, wenn er in derselben Angelegenheit als sonstiger Berater, der in einem ständigen Dienst- oder Beschäftigungsverhältnis Rechtsrat erteilt, bereits rechtsbesorgend tätig geworden ist (§ 46 Absatz 2 Nummer 1 BRAO). Als sonstiger Berater, der in einem ständigen Dienst- oder ähnlichen Beschäftigungsverhältnis Rechtsrat erteilt, darf er nicht tätig werden, wenn er mit derselben Angelegenheit bereits als Rechtsanwalt befasst war (§ 46 Absatz 2 Nummer 2 BRAO). Diese Verbote des § 46 Absatz 2 gelten auch für die mit dem Rechtsanwalt in Sozietät oder sonstiger Weise zur gemeinschaftlichen Berufsausübung verbundenen oder verbunden gewesenen Rechtsanwälte und Angehörigen anderer Berufe.

Der bisherigen gesetzlichen Regelung, die auf den Gesetzentwurf der Bundesregierung zur BRAO vom 8. Januar 1958 zurückgeht und die ihre heutige Fassung durch das Gesetz über die Neuordnung des Berufsrechts der Rechtsanwälte und der Patentanwälte vom 2. September 1994 (BGBl. I S. 2278) erhalten hat, liegt bereits die Vorstellung einer „Doppelstellung" des Syndikusanwalts zugrunde. Der Bundesgerichtshof hat auf der Grundlage des Gesetzentwurfs der Bundesregierung von 1958 die sogenannte „Doppelberufstheorie" oder „Zweitberufstheorie" entwickelt und in ständiger Rechtsprechung fortgeführt. Nach dieser Theorie hat der Syndikusanwalt zwei Berufe (Doppelstellung). Er steht einerseits als ständiger Rechtsberater in einem festen Dienst- oder Anstellungsverhältnis zu einem bestimmten nichtanwaltlichen Arbeitgeber (Syndikus) und ist in dieser Eigenschaft auf Grund des im Arbeitsverhältnis geltenden Prinzips der Über- und Unterordnung und seiner Weisungsgebundenheit nicht als Rechtsanwalt tätig. Andererseits übt er einen zweiten Beruf als freier Rechtsanwalt aus, wenn er rechtlich und tatsächlich in der Lage ist, neben seiner Tätigkeit im Unternehmen Rechtsuchende als freier Anwalt zu beraten und zu vertreten (Bundesgerichtshof, Beschluss vom 7. November 1960, AnwZ (B) 2/60, BGHZ 33, 266 ff.). In dem Gesetzgebungsverfahren zur Neuordnung des Berufsrechts der Rechtsanwälte und der Patentanwälte aus dem Jahr 1994 konnten sich Bestrebungen, dem Syndikusanwalt einzuräumen, dass er auch im Angestelltenverhältnis als Rechtsanwalt tätig wird, nicht durchsetzen. Der Rechtsausschuss hat dies mit der Erwägung verworfen, dass die mit dem Dienst- und Anstellungsverhältnis verbundenen Bindungen und Abhängigkeiten nicht im Einklang mit dem in den §§ 1 bis 3 BRAO normierten Berufsbild des Rechtsanwalts als freiem und unabhängigem Berater und Vertreter aller Rechtsuchenden stehe (Bundestagsdrucksache 12/7656, S. 49). Die freie und unreglementierte Selbstbestimmung eines Rechtsanwalts sei im Rahmen seines Arbeitsverhältnisses, in dem er grundsätzlich dem Prinzip der Über- und Unterordnung unterliege, nicht gewährleistet (Bundestagsdrucksache 12/7656, S. 49). Die Stellung des Rechtsanwalts als Organ der Rechtspflege und die Funktionsfähigkeit der Rechtspflege stehe der Einordnung der Syndikustätigkeit als anwaltlicher Tätigkeit entgegen (Bundestagsdrucksache 12/7656, S. 49).

Die Rechtsstellung und Rechtsausübung von Syndikusanwälten wurde auch nach der Verabschiedung der Neuordnung des Berufsrechts der Rechtsanwälte und Patentanwälte durch das Gesetz vom 2. September 1994 weiterhin diskutiert. So wurde beispielsweise die Frage, ob die Tätigkeit eines Syndikusanwalts für seinen nichtanwaltlichen Arbeitgeber anwaltlicher Natur sei, auch im Zusammenhang mit der BRAO – trotz der im Übrigen angewandten „Doppelberufstheorie" – bei der Berücksichtigungsfähigkeit der Syndikustätigkeit als Eignungsvoraussetzung im Rahmen der Fachanwaltszulassung oder der Zulassung als Anwaltsnotar und der Zulassung als europäischer Rechtsanwalt nach § 11 des Gesetzes über die Tätigkeit europäischer Rechtsanwälte in Deutschland (EuRAG) angesprochen.

Die mit der Rechtsstellung der Syndikusanwälte verbundenen Folgefragen im Zusammenhang mit der Befreiung der Syndikusanwälte von der Rentenversicherungspflicht, der gerichtlichen Vertretung des Arbeitgebers und mit ihm verbundener Unternehmen durch den Syndikusanwalt, der Anwendbarkeit des Zeugnisverweigerungsrechts und von Beschlagnahmeverboten auf den Syndikusanwalt im Prozess gegen seinen Arbeitgeber sowie der Unvereinbarkeit der Tätigkeit als Angestellter mit derjenigen als Syndikus wurden ebenfalls diskutiert. Diese Diskussion hat sich durch die Entscheidungen des Europäischen Gerichtshofs vom 14. September 2010 (C-550/07-P, „Akzo/Nobel", Slg 2010, I-8301 = NJW 2010, S. 3557) und des Bundessozialgerichts vom 3. April 2014 (B 5 RE 13/14 R, B 5 RE 9/14 R und B 5 RE 3/14 R) weiter intensiviert.

1. Sozialversicherungsrechtliche Situation

Mit Urteilen vom 3. April 2014 (B 5 RE 13/14 R; B 5 RE 9/14 R und B 5 RE 3/14 R) hat das Bundessozialgericht entschieden, dass – entgegen der bis dahin geübten Praxis der DRV Bund – für Syndikusanwälte eine Befreiung von der Versicherungspflicht in der gesetzlichen Rentenversicherung zugunsten einer Versorgung in den berufsständischen Versorgungswerken nicht möglich sei. Zur Begründung seiner Entscheidungen hat das Bundessozialgericht unter Berufung auf die ständige übereinstimmende Rechtsprechung des für das Berufsrecht der Rechtsanwälte zuständigen Bundesgerichtshofs, des Bundesverfassungsgerichts und des Europäischen Gerichtshofs ausgeführt, dass die anwaltliche Berufsausübung in der äußeren Form der abhängigen Beschäftigung nicht möglich sei. Ungeachtet der im Einzelfall arbeitsvertraglich eröffneten Möglichkeiten, auch gegenüber dem Arbeitgeber sachlich selbständig und eigenverantwortlich zu handeln, sei allein die Eingliederung in die von diesem vorgegebene Arbeitsorganisation mit dem Berufsbild des Rechtsanwalts unvereinbar. Die im Rahmen der (abhängigen) Beschäftigung erbrachte Erwerbstätigkeit sei damit für die Mitgliedschaft in der Rechtsanwaltskammer und die hierdurch parallel zur gesetzlichen Rentenversicherung begründete öffentlich-rechtliche Sicherung im Anwaltsversorgungswerk ohne Bedeutung, so dass es bereits an der Grundvoraussetzung des Befreiungstatbestandes (§ 6 Absatz 1 Satz 1 Nummer 1 des Sechsten Buches Sozialgesetzbuch – SGB VI) fehle. Der statusbegründende Verwaltungsakt der Zulassung zur Rechtsanwaltschaft umfasse seinem Regelungsgehalt nach nicht die Zuordnung einzelner Tätigkeiten (Bundessozialgericht, Urteile vom 3. April 2014, B 5 RE 9/14 R, Rn. 21, 29; B 5 RE 13/14 R, Rn. 31; B 5 RE 3/14, Rn. 26). Das für die Zulassung unverzichtbare Berufsbild des Rechtsanwalts könne sich nur daraus ergeben, dass der Syndikus rechtlich und tatsächlich in der Lage sei, neben seiner Tätigkeit im Unternehmen Rechtsuchende als freier Anwalt zu beraten und zu vertreten. Der Syndikusanwalt sei nach dem normierten Tätigkeitsbild des Rechtsanwalts nicht Rechtsanwalt, weil er Syndikus sei, sondern weil er sich auf Grund einer nur deshalb zu erteilenden Zulassung unabhängig hiervon und daneben gesondert als Rechtsanwalt betätige. Beide Tätigkeiten seien grundsätzlich getrennt zu betrachten (Bundessozialgericht, Urteile vom 3. April 2014, B 5 RE 9/14 R, Rn. 29, B 5 RE 13/14 R, Rn. 39 und B 5 RE 3/14, Rn. 34). Es komme für das Deckungsverhältnis der gesetzlichen Rentenversicherung nicht in Betracht, die abhängige Beschäftigung und eine daneben ausgeübte selbständige Tätigkeit als Rechtsanwalt im Sinne einer einheitlichen Betrachtung zusammenzuziehen. Wo die Befreiung von der Versicherungspflicht auf Grund einer abhängigen Beschäftigung in Frage stehe, könnten Gesichtspunkte der selbständigen Erwerbstätigkeit keine Rolle spielen. Wenn nebeneinander verschiedene rentenversicherungsrechtlich bedeutsame Sachverhalte vorliegen würden, entfalte das Bestehen von Versicherungspflicht (oder Versicherungsfreiheit bzw. Versicherungsbefreiung) hinsichtlich des einen Sachverhalts grundsätzlich keine Wirkung für den anderen Sachverhalt. Jeder Sachverhalt sei mithin selbständig zu beurteilen und es könne deshalb zulässigerweise zu Mehrfachversicherungen und mehrfacher Beitragspflicht kommen (Bundessozialgericht, Urteile vom 3. April 2014, B 5 RE 9/14 R, Rn. 33; B 5 RE 13/14 R, Rn. 43 und B 5 RE 3/14, Rn. 38). Es sei unerheblich, ob die in Frage stehende abhängige Beschäftigung inhaltlich Elemente der anwaltlichen Berufstätigkeit aufweisen würde. Ein solcher Zusammenhang lasse sich auch nicht durch die Vier-Kriterien-Theorie, die mangels geeigneter Rechtsgrundlage abzulehnen sei, begründen (Bundessozialgericht, Urteile vom 3. April 2014, B 5 RE 9/14 R, Rn. 34 f. und B 5 RE 13/14 R, Rn. 44 f.; B 5 RE 3/14, Rn. 39 f., jeweils unter Berufung auf die ständige Rechtsprechung insbesondere des Senats für Anwaltssachen des Bundesgerichtshofs).

Die Parallelentscheidungen haben folgenden sozialrechtlichen Hintergrund:

In der Bundesrepublik Deutschland besteht ein gegliedertes System der sozialen Sicherheit, das sich grundsätzlich bewährt hat. Im Bereich der Alterssicherung ist die berufsständische Versorgung Bestandteil dieses historisch gewachsenen und gegliederten Sozialsystems und steht neben der gesetzlichen Rentenversicherung, der Beamtenversorgung sowie der betrieblichen und privaten Altersvorsorge. Sie ist ein eigenständiges Regelsystem der Alterssicherung, das auf landesgesetzlicher Grundlage für die Angehörigen der verkammerten Berufe, wie beispielsweise Ärzte, Rechtsanwälte und Architekten, kraft Gesetzes als Pflichtversicherung organisiert ist. Die in einem rentenversicherungspflichtigen Beschäftigungsverhältnis angestellten Angehörigen dieser Berufsgruppen haben ein antragsabhängiges Befreiungsrecht von der Versicherungspflicht in der gesetzlichen Rentenversicherung (§ 6 Absatz 1 Satz 1 Nummer 1 SGB VI). Hiermit wird dieser Personengruppe, die in der jeweiligen Versorgungseinrichtung – ohne die Möglichkeit der Befreiung – pflichtversichert ist, die Möglichkeit gegeben, eine im Ergebnis doppelte Beitragszahlung zu vermeiden. Die Befreiung von der gesetzlichen Rentenversicherungspflicht ist grundsätzlich auf die jeweilige Beschäftigung oder selbständige Tätigkeit beschränkt, erstreckt sich jedoch auf Antrag auch auf eine andere versicherungspflichtige Tätigkeit, wenn diese infolge ihrer Eigenart oder vertraglich im Voraus zeitlich begrenzt ist und der Versorgungsträger für die Zeit der Tätigkeit den Erwerb einkommensbezogener Versorgungsanwartschaften gewährleistet (§ 6 Absatz 5 SGB VI). Eine vollständige Entlassung aus der öffentlichen Sozialversicherung ist dagegen nicht möglich (Bundessozialgericht, Urteile vom 3. April 2014, B 5 RE 9/14 R, Rn. 39; B 5 RE 13/14 R, Rn. 43; B 5 RE 3/14, Rn. 44 jeweils a. E.).

Das Rentenversicherungsrecht knüpft entsprechend dem mehrgliedrigen Tatbestand nach § 6 Absatz 1 Satz 1 Nummer 1 SGB VI den Anspruch auf Befreiung von der Versicherungspflicht außer an Vorgaben betreffend die Art der berufsständischen Versorgungseinrichtung, die Gleichartigkeit der Beitragserhebung sowie die Gleichwertigkeit des Versicherungsschutzes zudem an einen kausalen Zusammenhang der abhängigen Beschäftigung für die Mitgliedschaft in berufsständischen Versorgungswerken. Demgemäß werden versicherungspflichtige Beschäftigte, die gleichzeitig Mitglied einer berufsständischen Versorgungseinrichtung sind, von der gesetzlichen Rentenversicherung nur für diejenige „Beschäftigung befreit, wegen der" sie auf Grund einer durch Gesetz angeordneten oder auf Gesetz beruhenden Verpflichtung Mitglied einer öffentlich-rechtlichen Versicherungseinrichtung oder Versorgungseinrichtung ihrer Berufsgruppe (berufsständische Versorgungseinrichtung) sind.

Die zur Mitgliedschaft in einem anwaltlichen Versorgungswerk führende statusbegründende Zulassung zur Rechtsanwaltschaft erfolgt demgegenüber aber (bislang) gerade nicht im Hinblick auf eine bestimmte Beschäftigung, sondern im Wesentlichen personenbezogen. Nach § 4 Satz 1 BRAO kann zur Rechtsanwaltschaft nur zugelassen werden, wer die Befähigung zum Richteramt nach dem Deutschen Richtergesetz erlangt hat oder die Eingliederungsvoraussetzungen nach dem EuRAG erfüllt oder die Eignungsprüfung nach der BRAO bestanden hat. Die Zulassung erfolgt auf Antrag (§ 6 Absatz 1 BRAO) und darf nur aus den in der BRAO bezeichneten Gründen (siehe hierzu § 7 BRAO) abgelehnt werden. Gemäß § 12 BRAO wird die Zulassung zur Rechtsanwaltschaft wirksam mit der Aushändigung einer von der Rechtsanwaltskammer ausgestellten Urkunde. Diese darf erst ausgehändigt werden, wenn der Bewerber bzw. die Bewerberin vereidigt ist und den Abschluss einer Berufshaftpflichtversicherung nachgewiesen oder eine vorläufige Deckungszusage vorgelegt hat. Mit der Zulassung wird der Bewerber bzw. die Bewerberin Mitglied der zulassenden Rechtsanwaltskammer. Nach der Zulassung darf die Tätigkeit unter der Berufsbezeichnung „Rechtsanwältin" bzw. „Rechtsanwalt" ausgeübt werden und es besteht die nach § 3 des Rechtsdienstleistungsgesetzes (RDG) notwendige Befugnis, erlaubnispflichtige außergerichtliche Rechtsdienstleistungen zu erbringen, und die nach den Verfahrensordnungen vorausgesetzte Befugnis, vor Gericht im Funktion als Rechtsanwalt aufzutreten. Die Zulassung wird ohne zusätzliche Beschränkungen für alle Betätigungen erteilt, die mit dem Beruf des Rechtsanwalts als unabhängigem Organ der Rechtspflege (§ 1 BRAO) und als berufener unabhängiger Berater und Vertreter in allen Rechtsangelegenheiten (§ 3 BRAO) verbunden sind.

Da die Pflichtmitgliedschaft der Rechtsanwälte in der örtlich zuständigen Rechtsanwaltskammer und dem jeweiligen Versorgungswerk bislang allein auf der Zulassung zur Anwaltschaft und nicht auf einer konkreten berufsspezifischen, d.h. „speziell anwaltlichen" Tätigkeit beruht (siehe oben), wurden von der DRV Bund zur Beurteilung der Frage, ob für einen bei einem nichtanwaltlichen Arbeitgeber angestellten Rechtsanwalt ein Anspruch auf Befreiung nach § 6 SGB VI besteht, vier Merkmale entwickelt, mit denen eine Abgrenzung der maßgeblichen Anwaltstätigkeit erfolgen sollte (sogenannte „Vier-Kriterien-Theorie"). Das diesbezügliche Merkblatt der DRV Bund „Hinweise für nichtanwaltliche Arbeitgeber zu den Merkmalen einer anwaltlichen Tätigkeit" wurde zwischen DRV Bund und der Arbeitsgemeinschaft Berufsständischer Versorgungseinrichtungen (ABV) abgestimmt. Entsprechend diesen Merkmalen musste die Tätigkeit eines in einem Unternehmen beschäftigten Rechtsanwalts kumulativ rechtsberatend, rechtsvermittelnd, rechtsgestaltend und rechtsentscheidend sein, um einen Anspruch auf Befreiung nach § 6 Absatz 1 Satz 1 Nummer 1 SGB VI zu begründen. Jedem dieser vier Tätigkeitsbereiche wurden von der DRV Bund Aktivitäten zugeordnet, die als charakteristisch für das jeweilige Arbeitsfeld angesehen wurden. Rechtsberatung sollte danach die unabhängige Analyse von betriebsrelevanten konkreten Rechtsfragen, die selbständige Herausarbeitung und Darstellung von Lösungswegen und Lösungsmöglichkeiten vor dem spezifischen betrieblichen Hintergrund und das unabhängige Bewerten der Lösungsmöglichkeiten sein. Unter Rechtsgestaltung wurde das selbständige Führen von Vertrags- und Einigungsverhandlungen mit den verschiedensten Partnern des Arbeitgebers verstanden. Rechtsvermittlung sollte danach das mündliche Darstellen abstrakter Regelungskomplexe vor größeren Zuhörerkreisen, die schriftliche Aufarbeitung abstrakter Regelungskomplexe und die Bekanntgabe und Erläuterung von Entscheidungen im Einzelfall sein. Die Rechtsentscheidung sollte durch das außenwirksame Auftreten als rechtskundiger Entscheidungsträger verbunden mit einer von Arbeitgeberseite umschriebenen eigenen Entscheidungskompetenz gegeben sein. Neben einer von allen Weisungen unabhängigen Alleinentscheidungsbefugnis sollte auch eine wesentliche Teilhabe an Abstimmungs- und Entscheidungsprozessen im Unternehmen ausreichend sein.

Von der Rechtsprechung wurden diese Merkmale nur teilweise übernommen, die Spruchpraxis zeigte sich uneinheitlich (die Anwendung der Vier-Kriterien-Theorie befürworteten beispielsweise: Sozialgericht Köln, Urteil vom 1. Dezember 2011 – S 31 R 696/10; Sozialgericht Aachen, Urteil vom 26. November 2010 – S 6 R 173/09; SG Frankfurt a. M., Urteil vom 28. Februar 2012 – S 31 R 434/11; Sozialgericht München, Urteil vom 28. April 2011 – S 30 R 1451/10; Landessozialgericht Hessen, Urteil vom 29. Oktober 2009 – L 8 KR 189/08; a. A.: Sozialgericht Münster, Urteil vom 5. April 2012 – S 14 R 923/10).

Das Bundessozialgericht hat zudem bereits mit Urteil vom 22. Oktober 1998 (B 5/4 RA 80/97 R) und explizit zu § 6 Absatz 5 SGB VI und insbesondere mit Urteilen vom 31. Oktober 2012 (B 12 R 3/11 R, B 12 R 5/10 R, B 12 R 8/10 R) entschieden, dass die Befreiung von der Versicherungspflicht in der gesetzlichen Rentenversicherung nicht umfassend personenbezogen, sondern lediglich beschränkt auf das konkrete Beschäftigungsverhältnis oder die konkrete selbständige Tätigkeit wirke.

2. Berücksichtigung praktischer Erfahrungen aus der Syndikustätigkeit

Praktische Erfahrungen aus der Berufstätigkeit als Syndikusanwalt sind im Rahmen der Verleihung der Fachanwaltsbezeichnung, der Bewerbung für das Amt des Anwaltsnotars und der Zulassung als europäischer Rechtsanwalt bislang nicht oder nur begrenzt berücksichtigungsfähig.

Gemäß § 43c Absatz 1 Satz 1 BRAO kann dem Rechtsanwalt, der besondere Kenntnisse und Erfahrungen in einem Rechtsgebiet erworben hat, die Befugnis verliehen werden, eine Fachanwaltsbezeichnung zu führen. Für die Verleihung einer solchen Fachanwaltsbezeichnung hat der Antragsteller nach § 2 Absatz 1 der Fachanwaltsordnung (FAO) in der Fassung vom 1. Januar 2015, zuletzt geändert durch die Beschlüsse der Satzungsversammlung der Bundesrechtsanwaltskammer vom 6./7. Dezember 2013 (BRAK-Mitteilungen 2014, S. 145 f.) und vom 5. Mai 2014 (BRAK-Mitteilungen 2014, S. 252), besondere theoretische Kenntnisse und besondere praktische Erfahrungen nachzuweisen. Der Erwerb besonderer praktischer Erfahrungen setzt nach § 5 Absatz 1 FAO voraus, dass der Antragsteller vor der Antragstellung in dem jeweiligen Fachgebiet eine bestimmte Anzahl von Fällen als Rechtsanwalt persönlich und weisungsfrei bearbeitet hat. Das Erfordernis einer nicht nur persönlichen, sondern auch weisungsfreien Bearbeitung ist mit dem Beschluss der Satzungsversammlung der Bundesrechtsanwaltskammer vom 7. November 2002 (BRAK-Mitteilungen 2003, S. 67) anstelle des in der bis dahin geltenden Fassung des § 5 Satz 1 FAO verlangten Erfordernisses einer selbständigen Bearbeitung eingeführt worden. Die Neufassung der Regelung wird teilweise als Ausdruck des Willens der Satzungsversammlung gewertet, dem ausschließlich als sogenannten Syndikus tätigen Rechtsanwalt den Weg zur Fachanwaltsbezeichnung zu ebnen (so: Kleine-Cosack, AnwBl. 2005, S. 593, 597; Grunewald, NJW 2004, S. 1146, 1150; Offermann-Burckart, AnwBl. 2012, S. 778, 781; dieselbe, in Henssler/Prütting, BRAO 4. Auflage, § 5 FAO Rn. 4; andere Ansicht: Kirchberg, NJW 2003, S. 1833, 1835). Der Bundesgerichtshof hat entschieden, dass nicht ersichtlich sei, welche konkrete Erleichterung den in ständigen Dienstverhältnissen stehenden Rechtsanwälten (Syndikusanwälte) mit der Änderung hätte zukommen sollen und dass deshalb eine unabhängige Fallbearbeitung als Syndikusanwalt allein nicht zum Nachweis der erforderlichen praktischen Erfahrung genüge. Solche Fallbearbeitungen könnten zwar berücksichtigt werden, es bedürfe zusätzlich aber der Bearbeitung einer erheblichen Anzahl nicht unbedeutender Mandate außerhalb des Anstellungsverhältnisses und einer abschließenden Bewertung und Gewichtung der von den Antragstellern jeweils vorgelegten Fälle aus beiden beruflichen Bereichen. Eine im Sinn von § 5 FAO persönliche Fallbearbeitung als Rechtsanwalt liege nicht vor, wenn sich ein Syndikusanwalt auf ein Wirken im Hintergrund beschränke und weder eigene Schriftsätze anfertige noch selbst an Gerichtsverhandlungen teilnehme (Bundesgerichtshof, Beschluss vom 25. Oktober 2006 – AnwZ (B) 80/05 – juris).

§ 6 Absatz 2 der Bundesnotarordnung (BNotO) in der zuletzt durch Artikel 2 des Gesetzes vom 15. Juli 2013 (BGBl. I S. 2378) geänderten Fassung regelt für den Anwaltsnotar (§ 3 Absatz 2 BNotO), dass als Notar nur bestellt werden soll, wer nachweist, dass er bei Ablauf der Bewerbungsfrist mindestens fünf Jahre in nicht unerheblichem Umfang für verschiedene Auftraggeber als Rechtsanwalt tätig war. Eine Beschäftigung als Syndikusanwalt ist demzufolge in der Regel nicht berücksichtigungsfähig, da der Betreffende nicht für verschiedene Auftraggeber anwaltlich tätig wird.

Nach § 11 Absatz 1 Satz 1 EuRAG wird zur Rechtsanwaltschaft zugelassen, wer eine mindestens dreijährige effektive und regelmäßige Tätigkeit als niedergelassener europäischer Rechtsanwalt auf dem Gebiet des deutschen Rechts, einschließlich des Gemeinschaftsrechts, nachweist. Dem Bundesgerichtshof zufolge ist die Tätigkeit als Syndikus keine Tätigkeit als niedergelassener europäischer Rechtsanwalt im Sinne der Norm, da die mit dem Dienst- und Anstellungsverhältnis verbundenen Bindungen und Abhängigkeiten nicht im Einklang mit dem in den §§ 1 bis 3 BRAO normierten und dem in § 2 Absatz 1 EuRAG zugrunde gelegten Berufsbild des Rechtsanwalts als freiem und unabhängigem Berater und Vertreter aller Rechtsuchenden stehen würde (Bundesgerichtshof, Beschluss vom 7. Februar 2011 – AnwZ (B) 20/10 – juris).

3. Anwendbarkeit des Zeugnisverweigerungsrechts und von Beschlagnahmeverboten auf den Syndikusanwalt im Prozess gegen seinen Arbeitgeber

Die Anwendbarkeit des Zeugnisverweigerungsrechts (§ 53 Absatz 1 Satz 1 Nummer 3 der Strafprozessordnung (StPO), § 383 Absatz 1 Nummer 6 der Zivilprozessordnung) und des Beschlagnahmeverbots (§ 97 StPO) auf Syndikusanwälte ist wiederholt Gegenstand der rechtspolitischen Diskussion gewesen, insbesondere im Anschluss an die Entscheidung „Akzo/Nobel" des Europäischen Gerichtshofs vom 14. September 2010 (C-550/07-P, „Akzo/Nobel", NJW 2010, S. 3557). Im Schrifttum wird die Anwendbarkeit anwaltlicher Privilegien unterschiedlich beurteilt. Einige Stimmen im Schrifttum nehmen an, dass dem Syndikusanwalt im Rahmen der Beratung seines Arbeitgebers ein Zeugnisverweigerungsrecht zustehe und dass Korrespondenz, die er in dieser Funktion geführt habe, dem Beschlagnahmeverbot unterfalle (Redeker, NJW 2004, S. 889, 890).

In seiner Entscheidung vom 14. September 2010 stellte der Europäische Gerichtshof fest, dass die Kommission im Rahmen von Nachprüfungen in Geschäftsräumen auch Einblick in die E-Mail-Kommunikation zwischen Syndikusanwälten und der Geschäftsleitung nehmen dürfe. Der unternehmensinterne Schriftwechsel mit einem Syndikusanwalt unterliege nicht dem Schutz der Vertraulichkeit, der zwischen Mandant und Rechtsanwalt gelte, denn der Syndikusanwalt genieße sowohl auf Grund seiner wirtschaftlichen Abhängigkeit, als auch auf Grund der engen Bindungen an seinen Arbeitgeber keine berufliche Unabhängigkeit wie ein externer Rechtsanwalt.

II. Wesentlicher Inhalt des Entwurfs

In Anbetracht dieser Ausgangslage haben sich die Reformvorschläge von folgenden Überlegungen leiten lassen:

1. Regelung der Rechtsstellung angestellter Rechtsanwälte

Der Rechtsanwalt ist ein unabhängiges Organ der Rechtspflege (§ 1 BRAO). Er übt einen freien Beruf aus (§ 2 Absatz 1 BRAO) und ist unabhängiger Berater und Vertreter Dritter in allen Rechtsangelegenheit (§ 3 Absatz 1 BRAO). In § 46 BRAO-E wird eine berufsrechtliche Regelung für die Tätigkeit angestellter Rechtsanwälte geschaffen und damit verdeutlicht, dass der Rechtsanwaltsberuf in Form selbständiger oder angestellter Tätigkeit ausgeübt werden kann. Es wird zum einen klargestellt, dass der Rechtsanwalt nach § 46 Absatz 1 BRAO-E seinen Beruf als Angestellter eines anderen Rechtsanwalts, eines Anwaltsnotars oder einer rechtsanwaltlichen Berufsausübungsgesellschaft ausüben darf.

Zum anderen wird gesetzlich geregelt, dass auch die Syndikustätigkeit Teil des einheitlichen Berufsbilds des Rechtsanwalts ist.

Der Begriff des Syndikusrechtsanwalts wird legal definiert. Damit wird geregelt, dass es sich bei ihm um einen Rechtsanwalt im Sinne der §§ 1 bis 3 BRAO handelt. Der Begriff des Syndikusrechtsanwalts umfasst dabei – in Abkehr von der Rechtsprechung des Bundesgerichtshofs (Bundesgerichtshof, Beschluss vom 11. November 1963 – AnwZ (B) 14/63 – juris) – nicht nur denjenigen, dessen Aufgabe darin besteht, seinem Arbeitgeber in dessen eigenen Angelegenheiten als Rechtsberater zur Seite zu stehen (Unternehmenssyndikusrechtsanwalt), sondern auch denjenigen, der seine Arbeitskraft dazu verwendet, um im Rahmen eines Anstellungsverhältnisses zu einem Verband Rechtsrat an dessen Mitglieder in deren Rechtsangelegenheiten zu erteilen. Die Rechtsstellung als Rechtsanwalt wird durch die Bezeichnung „Syndikusrechtsanwalt" und systematisch durch den Verweis auf die Vorschriften für Rechtsanwälte in den §§ 46a, 46b und 46c Absatz 1 BRAO-E hervorgehoben.

Kernelement des Berufs des Rechtsanwalts ist die Unabhängigkeit (vgl. § 3 BRAO). Diese bezieht sich auf die geistige Entscheidungsfreiheit und das selbständige Handeln. Sie ist nicht davon abhängig, ob der Beruf im Rahmen eines Angestelltenverhältnisses oder selbständig ausgeübt wird. Während der Entwurf davon ausgeht, dass die anwaltliche Unabhängigkeit bei Rechtsanwälten, die bei anwaltlichen Arbeitgebern angestellt sind, bereits dadurch gewährleistet ist, dass der Arbeitgeber selbst dem anwaltlichen Berufsrecht unterliegt und von daher den Stellenwert der anwaltlichen Unabhängigkeit kennt und selbst zu berücksichtigen hat, wird beim Syndikusanwalt in Abkehr der bisherigen Rechtsprechung nunmehr gesetzlich geregelt, dass die Eingliederung in eine von einem nichtanwaltlichen Arbeitgeber vorgegebene Arbeitsorganisation nicht im Widerspruch zu dem Berufsbild des Rechtsanwalts steht, soweit arbeitsvertraglich und tatsächlich die fachliche Unabhängigkeit des angestellten Rechtsanwalts gewahrt ist. Die Doppelberufstheorie wird aufgegeben. Dies bedeutet jedoch nicht, dass die Ausübung zweier oder mehrerer Berufe nebeneinander ausgeschlossen wird, sondern lediglich, dass der Begriff des Syndikusrechtsanwalts nicht mehr zwingend die Ausübung zweier Berufe, nämlich desjenigen eines ständigen Rechtsberaters in einem festen Dienst- oder Anstellungsverhältnis zu einem bestimmten nichtanwaltlichen Arbeitgeber und eines zweiten Berufs als freier Rechtsanwalt, erfordert. Ein Rechtsanwalt kann seine Angestelltentätigkeit folglich auf folgende Weise ausüben (Grundtypen):

a) Tätigkeit als Angestellter eines anderen Rechtsanwalts oder einer anderen in § 46 Absatz 1 BRAO-E genannten Person oder Gesellschaft und

b) anwaltliche Tätigkeit als Angestellter eines nichtanwaltlichen sonstigen Arbeitgebers (Syndikusrechtsanwalt).

Die Tätigkeit des Rechtsanwalts kann sich mithin anders als nach der bisherigen Rechtslage auf diejenige des Syndikusrechtsanwalts beschränken.

Ergänzend zu den zuvor dargestellten Grundtypen der Ausübung des Rechtsanwaltsberufs als angestellter Rechtsanwalt sind Mischformen der Ausübung des Rechtsanwaltsberufs weiterhin möglich. Ein Syndikusrechtsanwalt kann mithin neben seiner Tätigkeit als Syndikusrechtsanwalt selbständig als freier Anwalt, als Angestellter eines anderen Rechtsanwalts oder eines anderen sozietätsfähigen Berufs tätig sein oder eine sonstige mit dem Rechtsanwaltsberuf vereinbare Tätigkeit als Selbständiger oder Angestellter (§ 7 BRAO) ausüben. Die Tätigkeit als Syndikusrechtsanwalt kann auch bei mehreren nichtanwaltlichen sonstigen Arbeitgebern parallel ausgeübt werden, soweit kein Zulassungshindernis entgegensteht.

Gleiches gilt für den nach § 4 zugelassenen Rechtsanwalt, der gleichfalls weiterhin im Nebenberuf innerhalb der Grenzen des Berufsrechts (vgl. insbesondere § 7 Satz 1 Nummer 8, § 45 Absatz 2 Nummer 2 BRAO) nichtanwaltlich tätig sein kann, beispielsweise als angestellter Unternehmensjurist, der fachlich weisungsgebunden und damit kein Syndikusrechtsanwalt ist.

2. Definition und Zulassungspflicht der Syndikusrechtsanwaltstätigkeit

Der Begriff des Syndikusrechtsanwalts als besondere Form der Ausübung des einheitlichen Berufs des Rechtsanwalts wird auf Basis des in den §§ 1 bis 3 BRAO zugrunde gelegten Berufsbilds des Rechtsanwalts tätigkeitsbezogen definiert, um ihn von anderen juristischen Dienstleistungen im Angestelltenverhältnis (insbesondere als angestellter Unternehmensjurist, der nicht anwaltlich tätig ist) abzugrenzen und berufsrechtlich klarzustellen, dass die Zulassung eines Syndikusrechtsanwalts zur Rechtsanwaltskammer sich auf die jeweils von ihm ausgeübte Syndikustätigkeit bezieht und er im Sinne des § 6 Absatz 1 Nummer 1 BRAO „wegen" dieser Syndikustätigkeit Mitglied einer berufsständischen Versorgungseinrichtung ist. In der Folge ist mit der Zulassung als Syndikusrechtsanwalt die Pflichtmitgliedschaft in der Rechtsanwaltskammer und der berufsständischen Versorgung verbunden. Im Hinblick auf diese nunmehr durch die Art der Tätigkeit begründete Mitgliedschaft in der berufsständischen Versorgungseinrichtung, auf die es auch nach der Regelung über die Befreiung von der gesetzlichen Rentenversicherungspflicht (§ 6 Absatz 1 Satz 1 Nummer 1 SGB VI) ankommt, ordnet der Entwurf eine Bindungswirkung der für die Mitgliedschaft konstitutiven Zulassungsentscheidung der Rechtsanwaltskammer für die Entscheidung über die Befreiung von der Rentenversicherungspflicht an (siehe unten).

Das Leistungsspektrum anwaltlicher Tätigkeit unterliegt einem stetigen Wandel und passt sich an eine sich verändernde Nachfrage fortwährend an. Die Vorstellung vom Kanzleianwalt, der nur zu Gerichtsterminen sein Büro verlässt, steht mit dem gewandelten Leistungsspektrum anwaltlicher Tätigkeit nicht in Einklang. Zudem ist eine zunehmende Verrechtlichung der Lebensverhältnisse im Sinne einer rechtlichen Durchdringung nahezu aller Lebensbereiche zu beobachten. Diese Verrechtlichung betrifft vor allem wirtschaftliche, aber auch medizinische, psychologische oder technische Tätigkeiten mit der Folge, dass kaum eine berufliche Betätigung ohne rechtliches Handeln und entsprechende Rechtskenntnisse möglich ist oder ohne rechtliche Wirkung bleibt. Die Beratung von Wirtschaftsunternehmen erfordert neben spezifischen Kenntnissen des jeweiligen Wirtschaftsbereichs vielfach auch juristische und betriebswirtschaftliche Kenntnisse. Diese Verzahnung juristischer Fähigkeiten und die besondere Funktion der Rechtsanwälte als Organ der Rechtspflege machen eine Abgrenzung anwaltlicher Tätigkeiten von anwaltsfremden (rein juristischen und sonstigen) Tätigkeiten erforderlich. Ob eine anwaltliche Berufsausübung als Syndikusrechtsanwalt vorliegt, hängt von dem Inhalt der Aufgaben ab, die dem Rechtsanwalt im Rahmen des Anstellungsverhältnisses übertragen werden und davon, ob es sich hierbei um eine anwaltliche Tätigkeit handelt. Die Übertragung anwaltsfremder Aufgaben steht der Annahme einer anwaltlichen Tätigkeit nicht entgegen, wenn die anwaltsfremden Aufgaben in einem engen inneren Zusammenhang mit der rechtlichen Beistandspflicht stehen und auch rechtliche Fragen aufwerfen können. Zur Abgrenzung der anwaltlichen Tätigkeit von sonstigen Tätigkeiten bei einem nichtanwaltlichen Arbeitgeber ist auf den Kern und den Schwerpunkt der Tätigkeit abzustellen. Die anwaltliche Tätigkeit muss im Rahmen des Anstellungsverhältnisses die qualitativ und quantitativ ganz eindeutig prägende Leistung des angestellten Rechtsanwalts sein.

Das Kriterium der Unabhängigkeit als Kernelement der anwaltlichen Tätigkeit wird durch weitere Merkmale ergänzt. Das Vertrauen des rechtsuchenden Publikums in eine unabhängige und freie Anwaltschaft muss gewahrt werden. Die Befugnis zur Vertretung vor Gericht macht – wie der Anteil außergerichtlicher Beratungstätigkeit der Rechtsanwälte belegt – allein nicht den Kern spezifisch anwaltlicher Tätigkeit aus. Die anwaltliche Tätigkeit lässt sich nicht auf den forensischen Bereich reduzieren. Entscheidend für die anwaltliche Tätigkeit ist die gesamte Breite der erbrachten Rechtsdienstleitungen. Eine Tätigkeit, die ohne Beeinträchtigung ihrer Qualität und der Funktionsfähigkeit der Rechtspflege auch von anderen Dienstleistern erfüllt werden kann (Bundesgerichtshof, Urteil vom 11. November 2004 – I ZR 182/92 – juris) ist nicht anwaltlicher Natur. Wesentliche Elemente anwaltlicher Tätigkeit sind, wie sich aus den §§ 1 bis 3 BRAO bereits ergibt, die unabhängige Rechtsberatung und die Rechtsvertretung.

Im Rahmen der gesetzgeberischen Gestaltungsfreiheit dienen die Regelungen für Syndikusrechtsanwälte dazu, die Unabhängigkeit der Rechtsanwälte als einem Organ der Rechtspflege gegen denkbare Gefährdungen zu sichern. Es handelt sich um Berufsausübungsregeln von erheblichem Gewicht für die Rechtsanwälte und für das Funktionieren des Rechts-, Wirtschafts- und Soziallebens, die durch den Gesetzgeber selbst zu treffen sind. Die Unabhängigkeit des Rechtsanwalts liegt im Interesse einer geordneten Rechtspflege und dient damit dem Allgemeinwohl.

3. Stärkung der Rechtsanwaltskammern

Die Aufgabenwahrnehmung der Zulassung zur Rechtsanwaltschaft durch die Rechtsanwaltskammern ist eine genuin berufsrechtliche Befugnis der Kammern und hat sich bewährt. Die eigenverantwortliche Wahrnehmung aller hiermit zusammenhängenden Aufgaben und Befugnisse durch die berufliche Selbstverwaltungskörperschaft betont die Stellung der Anwaltschaft als unabhängiges Organ der Rechtspflege und Träger eines freien Berufs. Die tätigkeitsbezogene Zulassung als Syndikusrechtsanwalt soll deshalb durch die Rechtsanwaltskammern erfolgen. Diese prüfen, ob die tätigkeitsbezogenen Voraussetzungen vorliegen, die eine Zulassung als Syndikusrechtsanwalt ermöglichen.

4. Bindungswirkung der Zulassungsentscheidung

Im Hinblick auf die tätigkeitsbezogene Ausgestaltung der Zulassung als Syndikusrechtsanwalt sieht der Entwurf vor, dass bestandskräftige Entscheidungen über die Zulassung als Syndikusrechtsanwalt den Träger der Rentenversicherung bei der Entscheidung über die Befreiung von der Rentenversicherungspflicht nach § 6 Absatz 1 Nummer 1 und Absatz 3 SGB VI binden. Das Bundessozialgericht hat in seinen Urteilen zur Befreiung der Syndikusanwälte auf die rechtsgestaltende Wirkung der Zulassungsentscheidung hingewiesen (Urteile vom 3. April 2014, B 5 RE 9/14 R, Rn. 16; B 5 RE 13/14 R, Rn. 26; B 5 RE 3/14, Rn. 21). Das nach § 6 Absatz 1 Satz 1 Nummer 1 SGB VI für eine Befreiung notwendige (aber nicht hinreichende) Tatbestandselement, wonach Beschäftigte und selbständig Tätige für die Beschäftigung oder selbständige Tätigkeit, wegen der sie auf Grund einer durch Gesetz angeordneten oder auf Gesetz beruhenden Verpflichtung Mitglied einer öffentlich-rechtlichen Versicherungseinrichtung oder Versorgungseinrichtung ihrer Berufsgruppe (berufsständische Versorgungseinrichtung) und zugleich kraft gesetzlicher Verpflichtung Mitglied einer berufsständischen Kammer sind, deckt sich inhaltlich für die Syndikusrechtsanwälte mit den neu strukturierten berufsrechtlichen Anforderungen für den Erhalt und die Weiterführung einer streng an die jeweilige (abhängige) Tätigkeit anknüpfenden Zulassung als Syndikusrechtsanwalt. Der für einen Arbeitgeber im Rahmen seiner Zulassung tätige jeweilige Syndikusrechtsanwalt ist damit wegen der abhängigen Tätigkeit als Syndikusrechtsanwalt auf Grund einer durch Gesetz angeordneten oder auf Gesetz beruhenden Verpflichtung Mitglied einer öffentlich-rechtlichen Versicherungseinrichtung oder Versorgungseinrichtung seiner Berufsgruppe (berufsständische Versorgungseinrichtung). Mit der erteilten Zulassung als Syndikusrechtsanwalt stellt die zuständige fachkundige Rechtsanwaltskammer nach den Regeln des Berufsrechts, auf welche der sozialversicherungsrechtliche Tatbestand des § 6 SGB VI Bezug nimmt, grundsätzlich das Vorliegen einer Tätigkeit, die zur Mitgliedschaft im Versorgungswerk führt, auch für den Träger der Rentenversicherung verbindlich fest. Dies gilt jedenfalls, solange die der Zulassung zugrunde liegende Tätigkeit im Wesentlichen unverändert fortgeführt wird, d. h. bei einer Änderung der Tätigkeit endet die erteilte Befreiung kraft Gesetzes, auch wenn zunächst noch eine wirksame Zulassung als Syndikusanwalt bis zur Rücknahme oder einem Widerruf der Zulassung besteht. Durch die angeordnete Bindungswirkung der Zulassung wird vermieden, dass die berufsrechtliche und sozialversicherungsrechtliche Beurteilung der Frage, ob eine Tätigkeit als Syndikusrechtsanwalt eine Pflichtmitgliedschaft in dem berufsrechtlichen Versorgungswerk begründet, voneinander abweichen. Diese Bindung dient der Rechtssicherheit der betroffenen Syndikusrechtsanwälte und ihrer Arbeitgeber. Die Gefahr einer doppelten Beitragszahlung in zwei Rentenversicherungssysteme wird vermieden.

Den dadurch berührten Belangen des Trägers der Rentenversicherung und der Versichertengemeinschaft sowie der Gefahr einer Aushöhlung der Rentenversicherungspflicht nach den §§ 1 ff. SGB VI durch eine extensive Zulassungspraxis wird dadurch Rechnung getragen, dass der Träger der Rentenversicherung im Zulassungsverfahren angehört wird und ihm explizit die Befugnis eingeräumt wird, gegen einen seiner Ansicht nach zu Unrecht erfolgten Zulassungsverwaltungsakt als Syndikusrechtsanwalt einen Rechtsbehelf einzulegen. Er kann damit das Vorliegen der Voraussetzungen für die Zulassung als Syndikusrechtsanwalt im Rahmen eines Widerspruchsverfahrens, soweit dieses landesrechtlich vorgesehen ist, sowie darüber hinaus gerichtlich überprüfen lassen. Zuständige Gerichte für die gerichtliche Überprüfungsentscheidung sind in erster Instanz der Anwaltsgerichtshof und in zweiter Instanz der Bundesgerichtshof, die bisher über Rechtsmittel gegen die Versagung der Zulassung als Rechtsanwalt entscheiden.

5. Vertretung des Arbeitgebers

Die anwaltliche Tätigkeit des Syndikusrechtsanwalts ist auf die Beratung und Vertretung seines Arbeitgebers in allen Rechtsangelegenheiten beschränkt. Der Syndikusrechtsanwalt unterliegt dabei einem Vertretungsverbot in zivilgerichtlichen und arbeitsgerichtlichen Verfahren sowie in Verfahren der freiwilligen Gerichtsbarkeit, in denen Anwaltszwang besteht oder in denen vorgesehen ist, dass ein Schriftsatz von einem Rechtsanwalt unterzeichnet sein muss. Zudem darf er keine Verteidigung in Straf- und Bußgeldverfahren für seinen Arbeitgeber oder dessen Mitarbeiter übernehmen. Die bisherige Situation von Syndikusanwälten in zivil- und arbeitsrechtlichen Verfahren sowie in Verfahren der freiwilligen Gerichtsbarkeit ohne Anwaltszwang ändert sich somit nicht. Das Vertretungsverbot innerhalb des Anstellungsverhältnisses ist in Verfahren mit Anwaltszwang oder in Verfahren, in denen vorgesehen ist, dass ein Schriftsatz von einem Rechtsanwalt unterzeichnet sein muss, erforderlich, um ein Ungleichgewicht zwischen den Prozessparteien bzw. den Verfahrensbeteiligten zu verhindern: Denn ein solches träte ein, wenn eine Einzelperson oder kleine und mittlere Unternehmen ohne eigene Rechtsabteilung einen Rechtsanwalt bezahlen müssten, für den zudem noch die Mindestgebührenregelungen des Rechtsanwaltsvergütungsgesetzes (RVG) (Unterschreitungsverbot) gelten würden, während große Unternehmen sich durch den eigenen Syndikus vertreten lassen und so ihr Kostenrisiko verringern könnten. Die Vertretungsbefugnis eines Syndikusrechtsanwalts, der neben seiner beruflichen Tätigkeit als Syndikusrechtsanwalt eine weitere Berufstätigkeit als Rechtsanwalt nach § 46 Absatz 1 BRAO-E oder nach § 4 BRAO ausübt, wird von dem Vertretungsverbot in § 46c Absatz 2 BRAO-E nicht berührt, d. h. er darf in seiner Eigenschaft als selbständiger Rechtsanwalt oder als angestellter Rechtsanwalt einer Person oder Gesellschaft nach § 46 Absatz 1 BRAO-E seinen Arbeitgeber vertreten. Die hierdurch eintretende Erweiterung der Vertretungsbefugnis eines Syndikusrechtsanwalts, der neben seiner Tätigkeit als Syndikusrechtsanwalt als Rechtsanwalt nach § 46 Absatz 1 BRAO-E oder als Rechtsanwalt nach § 4 BRAO tätig ist, gegenüber dem bisher geltenden Recht ist verfassungsrechtlich geboten.

Die Vertretung des Arbeitgebers durch Syndikusrechtsanwälte in verwaltungs-, finanz- und sozialgerichtlichen Verfahren ist nunmehr zulässig. Die in zivil- und arbeitsgerichtlichen Verfahren sowie in Verfahren der freiwilligen Gerichtsbarkeit vorgenommene Differenzierung zwischen Verfahren mit und ohne Anwaltszwang ist nicht erforderlich, da die Gefahr eines Ungleichgewichts im Gegensatz zu den vorgenannten Verfahren nicht besteht. In verwaltungs-, finanz- und sozialgerichtlichen Verfahren, in denen Anwaltszwang besteht, können sich Behörden und juristische Personen des öffentlichen Rechts nämlich durch eigene Beschäftigte mit Befähigung zum Richteramt vertreten lassen. Für die Vertretung eines Beteiligten durch einen Syndikusrechtsanwalt in Familienstreitsachen, in denen Anwaltszwang vorgesehen ist, besteht kein Regelungsbedürfnis. Die Vertretung eines beteiligten Versorgungsträgers in Versorgungsausgleichssachen, in denen für den Versorgungsträger kein Anwaltszwang besteht, ist zulässig.

Das RVG soll für diesen Fall nicht anwendbar sein, weil es auf die selbständige Tätigkeit eines niedergelassenen Rechtsanwalts abstellt, der Syndikusanwalt dagegen für seine Tätigkeit im Rahmen des Anstellungsverhältnisses bezahlt wird.

6. Berücksichtigungsfähigkeit praktischer Erfahrungen aus der Syndikustätigkeit

Auf Grund der gesetzlichen Regelung, dass Syndikusrechtsanwälte anwaltlich tätig sind, können praktische Erfahrungen aus der Syndikusrechtsanwaltstätigkeit bei der Verleihung einer Fachanwaltsbezeichnung und bei der Zulassung europäischer Rechtsanwälte nunmehr berücksichtigt werden. Im Bestellungsverfahren zum Anwaltsnotar richtet sich die Berücksichtigungsfähigkeit nach § 6 Absatz 2 BNotO.

7. Änderung der Patentanwaltsordnung

Im Hinblick darauf, dass das Berufsbild des Patentanwalts in starkem Maße demjenigen des Rechtsanwalts entspricht, in der Vergangenheit der Gleichlauf von rechtsanwaltlichem und patentanwaltlichem Berufsrecht weitgehend gewahrt wurde und die angestellten Patentanwälte von der Rechtsprechung des Bundessozialgerichts in gleicher Weise betroffen sind wie die angestellten Rechtsanwälte, erfolgt eine Änderung der Patentanwaltsordnung (PAO) analog zur Änderung der BRAO. Der Gleichlauf zwischen BRAO und PAO soll auch zukünftig bestehen bleiben.

8. Folgeänderungen im Sechsten Buch Sozialgesetzbuch (SGB VI)

Mit Änderungen im SGB VI soll erreicht werden, dass die berufsrechtlichen Regelungen sowohl für die Zukunft als auch mit Wirkung für die Vergangenheit – im Zusammenwirken mit den Befreiungsvorschriften im Recht der gesetzlichen Rentenversicherung – den bis zu den Entscheidungen des Bundessozialgerichts vom 3. April 2014 bestehenden Status quo weitestgehend wieder herstellen können.

Zum einen soll klargestellt werden, dass die in § 6 Absatz 1 Satz 3 SGB VI gegen eine Erweiterung der Befreiungsrechte mittels einer Ausweitung des Kreises der Kammermitglieder geregelte Sperrwirkung im Umfang der berufsrechtlichen Definition des Syndikusrechtsanwalts und Syndikuspatentanwalts nicht berührt wird, da im Ergebnis weitestgehend nur der bisherige Status quo aufrechterhalten werden soll.

Zum anderen soll durch Einräumung eines rückwirkenden Befreiungsrechts für diejenigen, die nach der geänderten BRAO als Syndikusrechtsanwälte oder nach der geänderten PAO als Syndikuspatentanwälte zugelassen und von der Versicherungspflicht zur gesetzlichen Rentenversicherung befreit werden können, auch für die Vergangenheit der Status quo hergestellt werden. Die während des Bestehens einer Pflichtmitgliedschaft im Versorgungswerk zur gesetzlichen Rentenversicherung gezahlten Beiträge sollen im Ergebnis (rückwirkend) an die Versorgungswerke erstattet werden können und eine trotz Fehlens einer wirksamen Befreiung erfolgte einkommensbezogene Beitragszahlung an die Versorgungswerke soll nachträglich legalisiert werden.

Bestandskräftige Bescheide über eine Befreiung von der Versicherungspflicht in der gesetzlichen Rentenversicherung werden von der gesetzlichen Neuregelung nicht berührt.

III. Alternativen

Keine. Insbesondere erscheint eine rein sozialrechtliche Lösung nicht zielführend. Der rein sozialrechtliche Lösungsansatz berücksichtigt nicht hinreichend die Ausgangslage, wonach zunächst im jeweiligen Berufsrecht geklärt werden muss, ob und unter welchen spezifischen Voraussetzungen die Tätigkeit eines freien Berufs auch im Anstellungsverhältnis ausgeübt werden und die Mitgliedschaft in der entsprechenden Kammer begründet werden kann und welche Voraussetzungen hierfür jeweils vorliegen müssen.

IV. Gesetzgebungskompetenz

Die Gesetzgebungskompetenz des Bundes ergibt sich für die Änderung der BRAO, der PAO, der StPO und des RVG aus Artikel 74 Absatz 1 Nummer 1 des Grundgesetzes („gerichtliches Verfahren" und „Rechtsanwaltschaft") und für die Änderung des SGB VI aus Artikel 74 Absatz 1 Nummer 12 („Sozialversicherung") des Grundgesetzes.

V. Vereinbarkeit mit dem Recht der Europäischen Union und völkerrechtlichen Verträgen

Der Entwurf ist mit dem Recht der Europäischen Union und mit völkerrechtlichen Verträgen, die die Bundesrepublik Deutschland geschlossen hat, vereinbar.

VI. Gesetzesfolgen

Die Regelungen führen dazu, dass bei Unternehmen als Rechtsanwalt angestellte Juristen, die dort anwaltliche Tätigkeiten ausüben, wie bisher von der gesetzlichen Rentenversicherungspflicht befreit werden können. Durch die Regelungen des Entwurfs ist beabsichtigt, eine weitgehende Übereinstimmung des Personenkreises, der künftig als Syndikusrechtsanwalt zugelassen wird, mit dem Personenkreis herzustellen, der bisher nach der Praxis der DRV Bund von der gesetzlichen Rentenversicherungspflicht befreit wurde.

1. Rechts- und Verwaltungsvereinfachung

Der Entwurf dient der Rechtsvereinfachung. Durch ihn sollen im Fall einer anwaltlichen Tätigkeit, die im Rahmen der Anstellung bei einem Nichtrechtsanwalt ausgeübt wird, divergierende Entscheidungen der über die Zulassung zur Rechtsanwaltschaft entscheidenden Rechtsanwaltskammern einerseits und der über die Befreiung von der Rentenversicherungspflicht nach § 6 SGB VI entscheidenden Träger der Rentenversicherung reduziert werden.

2. Nachhaltigkeitsaspekte

Der Gesetzentwurf steht im Einklang mit den Leitgedanken der Bundesregierung zu nachhaltigen Entwicklung im Sinne der nationalen Nachhaltigkeitsstrategie.

3. Haushaltsausgaben ohne Erfüllungsaufwand

Die geplanten Regelungen haben auf Grund der angestrebten Deckungsgleichheit des Personenkreises, der bisher von der Rentenversicherungspflicht befreit wurde, mit dem, der auch künftig von der Rentenversicherungspflicht befreit werden kann, keine Auswirkungen auf den Bundeshaushalt und auch nicht auf die Rentenkassen.

Durch die weitgehende Wiederherstellung des Status quo hinsichtlich der Befreiungsfähigkeit von Syndikusrechtsanwälten und Syndikuspatentanwälten ergeben sich insbesondere für die gesetzliche Rentenversicherung keine systematischen finanziellen Auswirkungen, weil ihr über den Umfang nach der früheren Rechtslage hinaus keine zusätzlichen Versicherten verloren gehen. Auch aus der Rückabwicklung ergeben sich im Ergebnis keine systematischen finanziellen Auswirkungen, weil nur die zusätzlichen Beitragseinnahmen von früher befreiten Syndikusrechtsanwälten und Syndikuspatentanwälten von der Rentenversicherung an die Versorgungswerke ausgezahlt werden und so für den fraglichen Zeitraum ebenfalls nachträglich der Status quo wieder hergestellt wird.

Auswirkungen auf die Haushalte der Länder und Kommunen ergeben sich nicht.

4. Erfüllungsaufwand

a) Erfüllungsaufwand für Bürgerinnen und Bürger

Mehrbelastungen für die Bürgerinnen und Bürger sind nicht zu erwarten.

b) Erfüllungsaufwand für die Wirtschaft

Für Syndikusrechtsanwälte steht ein Erfüllungsmehraufwand im Ergebnis nicht zu erwarten. Zwar sieht § 46 Absatz 2 Satz 2 BRAO-E vor, dass die Tätigkeit eines Syndikusrechtsanwalts künftig zulassungspflichtig ist. Faktisch entsteht dadurch jedoch kein Mehraufwand. Denn auch nach bisheriger Rechtslage waren Syndikusrechtsanwälte regelmäßig nach § 4 BRAO zur Rechtsanwaltschaft zugelassen, da dies nach der bisherigen Verwaltungspraxis eine Grundvoraussetzung für die Befreiung von der gesetzlichen Rentenversicherungspflicht war.

Eine Mehrbelastung ist auch nicht auf Grund von Mitteilungspflichten zu erwarten. § 46b Absatz 4 Satz 1 BRAO-E verpflichtet den Syndikusrechtsanwalt, der örtlich zuständigen Rechtsanwaltskammer jede tätigkeitsbezogene Änderung des Arbeitsverhältnisses sowie jede wesentliche Änderung der Tätigkeit innerhalb des Anstellungsverhältnisses unverzüglich anzuzeigen. Die Informationspflichten sind erforderlich, um eine tätigkeitsbezogene Zulassung als Syndikusrechtsanwalt durchführen zu können und um danach feststellen zu können, ob die Voraussetzungen für die Zulassung als Syndikusanwalt oder einen Widerruf derselben vorliegen, was in der Folge auch für die Befreiung von der gesetzlichen Rentenversicherungspflicht bedeutsam ist. Eine Mehrbelastung entsteht dadurch jedoch faktisch nicht. Denn auch nach geltender Rechtslage waren Syndikusrechtsanwälte in diesen Fällen gehalten, beim Träger der Rentenversicherung eine erneute Befreiung von der Versicherungspflicht für die geänderte Beschäftigung zu beantragen (vgl. die Urteile des Bundessozialgerichts vom 31. Oktober 2012, B 12 R 8/10 R, B 12 R 3/11 R und B 12 R 5/10 R).

Für den Bereich der Syndikuspatentanwälte gilt Entsprechendes.

159

c) Erfüllungsaufwand der Verwaltung

Da nach den geplanten Regelungen nunmehr die Rechtsanwaltskammern zu prüfen haben, ob die Voraussetzungen für eine tätigkeitsbezogene Zulassung als Syndikusrechtsanwalt vorliegen, ergibt sich bei den Kammern folgender voraussichtlicher Erfüllungsaufwand: Bei einer Fallzahl von ca. 4000 bis 6000 Anträgen zur Zulassung als Syndikusrechtsanwalt pro Jahr und einer geschätzten Bearbeitungsdauer von durchschnittlich zwei Stunden pro Antrag, der durch Beschäftigte der Tarifgruppen E 9 auszuüben wäre (Stundenlohn ca. 71 Euro bei mittlerer Erfahrungsstufe), ergibt sich ein voraussichtlicher Erfüllungsaufwand für die Rechtsanwaltskammern als Körperschaften des öffentlichen Rechts in Höhe von mindestens 568 000 Euro bis höchstens 852 000 Euro pro Jahr. Die angenommenen Zahlen (Fallzahlen, Bearbeitungsdauer, Stundenlohn) basieren auf Schätzungen anhand der Erfahrungen der DRV Bund und der dort zur Gesamtzahl befreiter Personen vorhandenen Daten. Statistische Erhebungen speziell zu Syndikusrechtsanwälten sind weder bei der DRV Bund noch bei der Bundesrechtsanwaltskammer vorhanden.

Im Zusammenhang mit dem für die Rechtsanwaltskammern zu erwartenden Erfüllungsaufwand ist zum einen zu berücksichtigen, dass die Kammern berechtigt und in der Lage sind, Beiträge von den Kammermitgliedern zu verlangen und entsprechende Mehrbelastungen gegebenenfalls umzulegen. Zum anderen ist zu berücksichtigen, dass die Kammern nach bisheriger Rechtslage bereits die Vereinbarkeit einer Syndikustätigkeit mit dem Anwaltsberuf (§ 7 Nummer 8 BRAO) zu prüfen hatten; dies galt insbesondere auch im Fall einer wesentlichen Änderung eines bestehenden Beschäftigungsverhältnisses (§ 56 Absatz 3 Satz 1 Nummer 1 BRAO).

Im Bereich der DRV Bund ergibt sich umgekehrt eine gewisse Entlastung. Die Prüfung einzelner Voraussetzungen einer Befreiung von der gesetzlichen Rentenversicherungspflicht muss künftig nicht mehr in der gleichen Prüfintensität erfolgen, soweit diese auf Grund der tätigkeitsbezogenen Zulassung bereits von den Rechtsanwaltskammern geprüft worden sind.

Im Bereich der Patentanwälte gilt Entsprechendes, wobei hier lediglich mit jährlichen Anträgen zur Zulassung als Syndikuspatentanwalt zu rechnen ist, die sich im Dezimalbereich bewegen (voraussichtlich ca. 30 Anträge auf Zulassung als Syndikuspatentanwalt pro Jahr.)

Bei Inkrafttreten des Gesetzes ergibt sich zunächst ein zusätzlicher Verwaltungsaufwand in der gesetzlichen Rentenversicherung durch das erstmalig durchzuführende Befreiungsverfahren mit Rückwirkung und das Beitragserstattungsverfahren. Die Kosten dürften bei ca. 3 Mio. Euro liegen (bei unterstellt 15 000 Verfahren zu Anfang, drei Stunden Arbeitsaufwand je Verfahren und einem Kostenansatz von 71 Euro je Arbeitsstunde), die sich in den Folgejahren erheblich reduzieren.

5. Weitere Kosten

Weitere Kosten sowie Auswirkungen auf das Preisniveau – insbesondere auf das Verbraucherpreisniveau – sind nicht zu erwarten.

6. Weitere Gesetzesfolgen

Der Gesetzentwurf hat weder gleichstellungspolitische noch demografische Auswirkungen. Verbraucherpolitische Auswirkungen sind ebenfalls nicht zu erwarten.

VII. Befristung; Evaluierung

Es ist keine Befristung vorgesehen. Eine solche wäre kontraproduktiv, da mit den geplanten Regelungen unter anderem erreicht werden soll, dass den Betroffenen weiterhin die Mitgliedschaft im berufsständischen Versorgungswerk und die Entrichtung ihrer Rentenbeiträge aus der Angestelltentätigkeit dorthin ermöglicht werden soll.

Der Entwurf sieht vor, dass die Bundesregierung dem Deutschen Bundestag drei Jahre nach Inkrafttreten des Gesetzes über die Auswirkungen der tätigkeitsbezogenen Zulassung als Syndikusrechtsanwalt sowie der Zulassung als Syndikuspatentanwalt auf die Befreiungspraxis in der gesetzlichen Rentenversicherung berichtet.

B. Besonderer Teil

Zu Artikel 1 (Änderung der Bundesrechtsanwaltsordnung – BRAO)

Zu Nummer 1 (§ 33 Absatz 3 BRAO-E)

§ 33 BRAO regelt die Zuständigkeit der Rechtsanwaltskammer für die Ausführung der BRAO und der auf der Grundlage der BRAO erlassenen Rechtsverordnungen. § 33 Absatz 3 BRAO regelt die örtliche Zuständigkeit der jeweiligen Rechtsanwaltskammer.

In seiner bisherigen Fassung sieht § 33 Absatz 3 Satz 1 BRAO vor, dass örtlich zuständig die Rechtsanwaltskammer ist, deren Mitglied der Rechtsanwalt ist (§ 33 Absatz 3 Satz 1 Nummer 1 BRAO), bei der die Zulassung zur Rechtsanwaltschaft beantragt ist (§ 33 Absatz 3 Satz 1 Nummer 2 BRAO) oder in deren Bezirk die Gesellschaft ihren Sitz hat, die die Zulassung als Rechtsanwaltsgesellschaft besitzt oder beantragt. § 33 Absatz 3 Satz 2 BRAO sieht in seiner bisherigen Fassung vor, dass bei einem Antrag auf Aufnahme in eine andere Rechtsanwaltskammer (§ 27 Absatz 3 BRAO) diese über den Antrag entscheidet.

Der Entwurf knüpft an die bestehende Zuständigkeitsregelung an und trägt zugleich dem Umstand Rechnung, dass ein Syndikusrechtsanwalt neben seiner Zulassung zur Rechtsanwaltschaft in seiner Eigenschaft als Syndikusrechtsanwalt auch über eine weitere Zulassung als selbständiger Rechtsanwalt nach § 4 BRAO oder als angestellter Rechtsanwalt nach § 4 BRAO in Verbindung mit § 46 Absatz 1 BRAO-E verfügen kann. Des Weiteren kann ein Syndikusrechtsanwalt in dieser Eigenschaft für mehrere Arbeitgeber tätig sein. Für diese Fallkonstellationen ist die Regelung zur örtlichen Zuständigkeit geringfügig anzupassen, um sicherzustellen, dass ein Rechtsanwalt wie bisher immer nur Mitglied in einer einzelnen Rechtsanwaltskammer sein kann.

Zu Buchstabe a (§ 33 Absatz 3 Satz 1 Nummer 2 BRAO-E)

Die gegenwärtige Fassung des § 33 Absatz 3 Satz 1 Nummer 2 BRAO wird ergänzt. Dadurch wird verhindert, dass Doppelmitgliedschaften in unterschiedlichen regionalen Rechtsanwaltskammern entstehen können. Die Ergänzung stellt sicher, dass Entscheidungen, die auf Grund der BRAO oder einer auf der Grundlage der BRAO erlassenen Rechtsverordnung ergehen, stets von einer Rechtsanwaltskammer getroffen werden, auch wenn der Syndikusrechtsanwalt in den örtlichen Zuständigkeitsbereichen verschiedener Rechtsanwaltskammern Anstellungsverhältnisse als Syndikusrechtsanwalt unterhält oder neben seiner Tätigkeit als Syndikusrechtsanwalt in dem Zuständigkeitsgebiet einer anderen Rechtsanwaltskammer als selbständiger oder angestellter Rechtsanwalt im Sinne des § 46 Absatz 1 BRAO-E tätig ist. Die Regelung sieht vor, dass die Kammer, in der der Rechtsanwalt bereits Mitglied ist, stets vorrangig zuständig ist für die Entscheidungen, die nach der BRAO oder auf der Basis einer auf der Grundlage der BRAO erlassenen Rechtsverordnung ergehen. Besteht noch keine Mitgliedschaft des Rechtsanwalts in einer Kammer, verbleibt es bei der bisher geltenden Zuständigkeitsregelung.

Zu Buchstabe b (§ 33 Absatz 3 Satz 2 BRAO-E)

§ 33 Absatz 3 Satz 2 BRAO-E trägt dem Umstand Rechnung, dass § 46c Absatz 4 Satz 3 BRAO-E den § 27 BRAO für Syndikusrechtsanwälte modifiziert. Auf die Begründung zu § 46c Absatz 4 Satz 3 BRAO-E wird Bezug genommen.

Zu Nummer 2 (§§ 46 bis 46c BRAO-E)

Die Vorschrift des § 46 BRAO wird durch die §§ 46 bis 46c BRAO-E ersetzt. Der neue § 46 BRAO-E regelt den Status angestellter Rechtsanwälte und legaldefiniert den Begriff des Syndikusrechtsanwalts. Die §§ 46a und 46b BRAO-E regeln das Verfahren der Zulassung zur Rechtsanwaltschaft als Syndikusrechtsanwalt.

§ 46c BRAO-E stellt klar, dass die für Rechtsanwälte geltenden gesetzlichen Vorschriften im Grundsatz in gleicher Weise auf Syndikusrechtsanwälte Anwendung finden (§ 46c Absatz 1 BRAO-E) und benennt zugleich die Ausnahmen von diesem Grundsatz (§ 46c Absatz 2 bis 5 BRAO-E).

Zu Nummer 2 (§ 46 Absatz 1 BRAO-E)

Die BRAO geht vom Leitbild des selbständigen Rechtsanwalts aus.

In der berufsrechtlichen Literatur wird jedoch im Gegensatz hierzu unter Bezugnahme auf empirische Studien ein seit den 30er Jahren des letzten Jahrhunderts bestehender Strukturwandel der Anwaltschaft in Form einer Zunahme der Ausübung des Rechtsanwaltsberufs im Angestelltenverhältnis beschrieben (Busse in Henssler/Prütting, BRAO, 4. Auflage, 2014, § 1, Rn. 55; Hommerich/Kilian, AnwBl. 2010, S. 277 f.). Das Institut für Freie Berufe Nürnberg (IFB) gibt in einer Veröffentlichung aus dem Jahr 2012 für den 1. Januar 2011 an, dass von damals 155 679 Rechtsanwälten 112 000 selbständig gewesen seien, was einem Anteil von 71,9 Prozent entspräche (Brehm/Eggert/Oberlander, Die Lage der Freien Berufe, IFB 2012, S. 24 f.).

Eine ausdrückliche gesetzliche Regelung der Beschäftigung von Rechtsanwälten bei anwaltlichen Arbeitgebern ist bisher jedoch nicht erfolgt. Aus einzelnen Regelungen der BRAO in ihrer bisherigen

Fassung ergibt sich allerdings, dass die Anwaltstätigkeit in arbeitsrechtlich abhängiger Stellung bei Arbeitgebern, die den gleichen Berufspflichten wie der angestellte Rechtsanwalt unterliegen, bereits nach derzeitiger Rechtslage zulässig ist. So sieht § 59b Absatz 2 Nummer 8 BRAO vor, dass die Berufsordnung im Rahmen der BRAO die Pflichten im Zusammenhang mit der Beschäftigung von Rechtsanwälten regeln kann. In § 26 der Berufsordnung der Rechtsanwälte (BORA) sind solche Pflichten auch bereits festgelegt worden. Die Regelung in § 46 Absatz 1 BRAO-E stellt nun ausdrücklich klar, dass der Beruf des Rechtsanwalts als Angestellter von Arbeitgebern ausgeübt werden darf, die als Rechts- oder Patentanwälte oder als rechts- oder patentanwaltliche Berufsausübungsgesellschaft tätig sind. Patentanwälte sind ebenso wie Rechtsanwälte Organe der Rechtspflege; das patentanwaltliche Berufsrecht ist demjenigen der BRAO nachgezeichnet. Die auf die in der PAO genannten Rechtsgebiete eingeschränkte Beratungs- und Vertretungsbefugnis der Patentanwälte ist von bei Patentanwälten angestellten Rechtsanwälten zu beachten (vgl. Bundestagsdrucksache 16/3655, S. 51 sowie Bundesverfassungsgericht, Beschluss vom 14. Januar 2014, – 1 BvR 2998/11, NJW 2014, S. 613). Der Begriff des „Rechtsanwalts" umfasst nicht nur Rechtsanwälte im Sinne der BRAO, einschließlich Rechtsanwälte, die zugleich Notar sind (Anwaltsnotare, § 3 Absatz 2 der BNotO, § 59a Absatz 1 Satz 4 BRAO), sondern auch niedergelassene europäische Rechtsanwälte im Sinne des § 2 Absatz 1 EuRAG. Nach § 2 Absatz 1 EuRAG ist derjenige, der als europäischer Rechtsanwalt im Sinne des § 1 EuRAG auf Antrag in die für den Ort seiner Niederlassung zuständige Rechtsanwaltskammer aufgenommen wurde, berechtigt, in Deutschland unter der Berufsbezeichnung des Herkunftsstaates die Tätigkeit eines Rechtsanwalts gemäß den §§ 1 bis 3 BRAO auszuüben.

Der Begriff der „rechts- oder patentanwaltlichen Berufsausübungsgesellschaft" ist weit gefasst und umfasst die in der Praxis bestehenden breit gefächerten Rechts- und Organisationsformen gemeinschaftlicher anwaltlicher Berufsausübung. Erfasst werden Rechts- und Patentanwaltsgesellschaften im Sinne der §§ 59c ff. BRAO sowie der §§ 52c ff. PAO, d. h. sowohl die Rechts- und Patentanwalts-GmbH als auch die Rechts- und Patentanwalts-AG, sofern sie die wesentlichen Voraussetzungen für die Zulassung einer Kapitalgesellschaft als Rechts- oder Patentanwaltsgesellschaft in Anlehnung an die vorbezeichneten berufsrechtlichen Regelung erfüllen (vgl. Bundesgerichtshof, Urteil vom 10. Januar 2005 – AnwZ (B) 27/03 und AnwZ (B) 28/03 – juris). Daneben werden aber auch Gesellschaften bürgerlichen Rechts, Partnerschaftsgesellschaften und sonstige rechtsfähige Formen gemeinschaftlicher Berufsausübung erfasst. „Rechts- oder patentanwaltlich" im Sinne der Norm ist eine Berufsausübungsgesellschaft, die dem anwaltlichen Berufsrecht unterliegt. Dies sind nicht nur monoprofessionelle Berufsausübungsgesellschaften, sondern auch interprofessionelle Sozietäten (§ 59a BRAO), die dem recht- oder patentanwaltlichen Berufsrecht unterliegen.

Die nicht in § 46 Absatz 1 BRAO-E erfassten Formen der anwaltlichen Berufsausübung fallen unter § 46 Absatz 2 BRAO-E.

Zu Nummer 2 (§ 46 Absatz 2 BRAO-E)

§ 46 Absatz 2 Satz 1 BRAO-E legaldefiniert den Begriff des Syndikusrechtsanwalts. Die Regelung verdeutlicht, dass der Syndikusrechtsanwalt für seinen Arbeitgeber anwaltlich tätig wird. Die in § 46 Absatz 2 Satz 1 BRAO-E enthaltene Definition des Syndikusrechtsanwalts wird durch die Absätze 3 bis 5 näher konkretisiert. Hierbei wird an § 3 BRAO und an die von der DRV Bund entwickelte „Vier-Kriterien-Theorie" angeknüpft, wobei letztere an die Voraussetzungen und die Terminologie des Berufsrechts sowie das anwaltliche Anstellungsverhältnis prägt, das auch das anwaltliche Anstellungsverhältnis prägt, angepasst wurde. Die Merkmale der Vier-Kriterien-Theorie sind wie folgt im Regelungskonzept aufgegriffen worden: Rechtsberatung und Rechtsvermittlung sind in § 46 Absatz 2 BRAO-E und § 46 Absatz 3 Nummer 1 und 2 BRAO-E eingeflossen. Das Kriterium der Rechtsgestaltung ist in § 46 Absatz 3 Nummer 3 und 4 BRAO-E enthalten und dasjenige der Rechtsentscheidung wird in § 46 Absatz 4 BRAO-E abgebildet. Zugleich knüpfen die in Absatz 3 Nummer 1 und 2 genannten Elemente an den in § 3 Absatz 1 BRAO genannten Begriff der Rechtsberatung an. Die Nummern 3 und 4 des Absatzes 3 knüpfen an den Begriff der Rechtsvertretung an, der ebenfalls in § 3 Absatz 1 BRAO genannt wird.

Die Merkmale einer anwaltlichen Tätigkeit des Syndikusrechtsanwalts werden in Absatz 3 (zu den einzelnen Merkmalen siehe unten) aufgezählt. Kernelemente des Berufs des Rechtsanwalts sind dessen Eigenverantwortlichkeit und die fachliche Unabhängigkeit. Die Begriffe „eigenverantwortlich" und „fachlich unabhängig" heben hervor, dass der Syndikusrechtsanwalt fachlich weisungsfrei und in eigener Verantwortung handelt und im Rahmen der Rechtsberatung und Rechtsvertretung in erster Linie den Pflichten der BRAO unterworfen ist und die arbeitsrechtlichen Weisungsbefugnisse des Arbeitgebers dahinter zurückstehen. Hierdurch wird jedoch nicht jegliches Weisungsrecht des Arbeitgebers ausgeschlossen. Der Begriff der Eigenverantwortlichkeit macht zugleich deutlich, dass der Syndikusrechtsanwalt grundsätzlich von seinem Arbeitgeber für fehlerhafte Beratung und Vertretung haftungsrechtlich in Anspruch genommen werden kann (Regress). Aus der Regelung ergibt sich, dass die Arbeitnehmereigenschaft und die Eingliederung in eine von einem Arbeitgeber vorgegebene Arbeitsorganisation nicht im Widerspruch zu dem Berufsbild des Rechtsanwalts stehen, wenn tatsächlich und arbeitsvertraglich die fachliche Unabhängigkeit des angestellten Rechtsanwalts gewährleistet ist. § 46 Absatz 4 BRAO-E präzisiert dies nochmals. Auf die diesbezügliche Begründung wird verwiesen.

Aus § 46 Absatz 2 BRAO-E im Zusammenhang mit den Absätzen 3 und 4, die den Absatz 2 erläutern, ergibt sich zugleich, dass nicht jeder Jurist, der eine juristisch geprägte Tätigkeit ausübt, anwaltlich tätig ist und als Syndikusrechtsanwalt zuzulassen ist. § 46 Absatz 2 BRAO-E lässt die Möglichkeit einer juristischen, jedoch nichtanwaltlichen Beratung eines Arbeitgebers durch seine Mitarbeiter unberührt. Die Tätigkeit eines juristisch ausgebildeten Mitarbeiters (z. B. Sachbearbeiters), der weisungsgebunden rechtliche Sachverhalte prüft und anhand unternehmensinterner Vorgaben entscheidet, erfüllt nicht die Voraussetzungen einer Tätigkeit als Syndikusrechtsanwalt. Unternehmensinterne Compliance-Regelungen, die die keine unmittelbaren fachlichen Bezüge aufweisen, sondern den Verhaltenskodex im Unternehmen festschreiben, sollen hierdurch jedoch nicht ausgeschlossen werden; sie sind nicht als entsprechende unternehmensinterne Vorgaben anzusehen, die eine Tätigkeit als Syndikusrechtsanwalt ausschließen.

§ 46 Absatz 2 Satz 2 BRAO-E stellt klar, dass die anwaltliche Tätigkeit des Syndikusrechtsanwalts der Zulassung bedarf. Die Einzelheiten der Zulassung werden in den §§ 46a und 46b BRAO-E geregelt. Es handelt sich bei dieser Zulassung um eine von der Zulassung als Rechtsanwalt nach den §§ 4 ff. BRAO unabhängige und eigenständige Zulassung. Durch diese Ausgestaltung der Zulassung wird dem Umstand Rechnung getragen, dass die Tätigkeit eines Rechtsanwalts sich auf die Tätigkeit als Syndikusrechtsanwalt beschränken kann und dass die Zulassung als Syndikusrechtsanwalt tätigkeitsbezogen ausgestaltet ist, um eine Abgrenzung von der Tätigkeit des nichtanwaltlich tätigen Unternehmensjuristen zu ermöglichen mit der Folge, dass die Möglichkeit einer Befreiung von der gesetzlichen Rentenversicherungspflicht allein für die Tätigkeit des Syndikusrechtsanwalts nach § 6 SGB VI eröffnet wird.

Der Syndikusrechtsanwalt wird durch diese Ausgestaltung der Zulassung gegenüber anderen Rechtsanwälten nicht benachteiligt, da § 46 Absatz 2 und 3 BRAO-E an § 3 BRAO und damit an Pflichten anknüpft, denen alle Rechtsanwälte unterliegen. Durch die tätigkeitsbezogene Zulassung soll die sozialversicherungsrechtliche Gleichstellung von Rechtsanwälten, die in Unternehmen tätig sind, mit denen, die in Kanzleien tätig sind, erreicht werden.

Die Pflichtmitgliedschaft der Syndikusrechtsanwälte in der Rechtsanwaltskammer ist durch die Stellung des Syndikusrechtsanwalts als Rechtsanwalt und die Aufgabenwahrnehmung durch die Rechtsanwaltskammern gerechtfertigt. Das Bundesverfassungsgericht hat in ständiger Rechtsprechung entschieden, dass die Pflichtmitgliedschaft in einem öffentlich-rechtlichen Verband, der legitime öffentliche Aufgaben erfüllt, im Rahmen der verfassungsmäßigen Ordnung zulässig ist (Bundesverfassungsgericht, Urteil vom 29. Juli 1959 – 1 BvR 394/58; BVerfG 25. Februar 1960 – 1 BvR 239/52; Bundesverfassungsgericht, Nichtannahmebeschluss vom 7. Dezember 2001 – 1 BvR 1806/98 – alle juris). Die Rechtsanwaltskammern nehmen legitime öffentliche Aufgaben wahr, an deren Erfüllung ein gesteigertes Interesse der Gemeinschaft besteht, die aber weder allein im Wege privater Initiative wirksam wahrgenommen werden können, noch zu den im engeren Sinne staatlichen Aufgaben zählen, die der Staat selbst durch seine Behörden wahrnehmen muss (vgl. zur Pflichtmitgliedschaft in der Industrie- und Handelskammer Bundesverfassungsgericht, Urteil vom 7. Dezember 2001 – 1 BvR 1806/98 – juris). Die Aufgaben der Rechtsanwaltskammern ergeben sich aus mehreren Bestimmungen der BRAO und weiterer gesetzlicher Regelungen außerhalb der BRAO, beispielsweise § 32 EuRAG. § 73 BRAO enthält eine offene Aufgabenbeschreibung des Vorstands der Rechtsanwaltskammern und § 89 BRAO normiert die Aufgaben der Kammerversammlung. Die Organisation dieser öffentlichen Aufgaben in einer Selbstverwaltungskörperschaft mit Zwangsmitgliedschaft ist verhältnismäßig. Der mit der Pflichtmitgliedschaft in der Rechtsanwaltskammer verbundene Kammerbeitrag ist eine Gegenleistung für den Vorteil, den Mitglieder aus der Kammerzugehörigkeit ziehen. Diese Vorteile bestehen darin, dass die Kammer zu Gunsten ihrer Mitglieder ihre gesetzlichen Aufgaben erfüllt. Die Aufgabenerfüllung kommt den Kammermitgliedern zu Gute, deren Belange die Kammer zu wahren und zu fördern hat.

Durch das Einführen einer gesonderten Zulassung als Syndikusrechtsanwalt wird zugleich die Doppelberufstheorie aufgegeben. Dies bedeutet jedoch nicht, dass die Ausübung zweier oder mehrere Berufe nebeneinander ausgeschlossen wird, sondern lediglich, dass der Begriff des Syndikusrechtsanwalts nicht mehr zwingend die Ausübung zweier Berufe, nämlich desjenigen eines ständigen Rechtsberaters in einem festen Dienst- oder Anstellungsverhältnis zu einem bestimmten nichtanwaltlichen Arbeitgeber und eines zweiten Berufs als freier Rechtsanwalt erfordert.

Soweit ein Syndikusrechtsanwalt neben seiner Tätigkeit als Syndikusrechtsanwalt auch als niedergelassener Rechtsanwalt oder als Rechtsanwalt bei einer der in § 46 Absatz 1 BRAO-E genannten Personen oder Gesellschaften tätig ist, bedarf dies der gesonderten Zulassung zur Rechtsanwaltschaft. Für diese Fälle stellt die Folgeänderung des § 33 Absatz 3 BRAO-E sicher, dass der betreffende Rechtsanwalt wie bisher nur Mitglied einer Rechtsanwaltskammer ist und keine Doppelmitgliedschaft in der zuständigen Rechtsanwaltskammer entsteht. Die Höhe der Zulassungsgebühren und Beiträge richtet sich nach der jeweiligen, durch die zuständige Kammerversammlung erlassenen Gebühren- und Beitragsordnung (§ 89 Absatz 2 Nummer 2 BRAO).

Da es sich bei der Tätigkeit des Syndikusrechtsanwalts nach dem ausdrücklichen Wortlaut des Entwurfs um eine anwaltliche Tätigkeit handelt, sind die praktischen Erfahrungen, die während dieser Tätigkeit erworben werden, bei der Verleihung der Fachanwaltsbezeichnung, der Bewerbung für das Amt des Anwaltsnotars und der Zulassung des europäischen Rechtsanwalts zur Rechtsanwaltschaft nach § 11 EuRAG berücksichtigungsfähig.

Zu Nummer 2 (§ 46 Absatz 3 BRAO-E)

§ 46 Absatz 3 BRAO-E benennt kumulativ Merkmale, die die anwaltliche Tätigkeit des Syndikusrechtsanwalts kennzeichnen und zwingend vorliegen müssen. Diese Merkmale beschreiben die Mindestanforderungen an die anwaltliche Tätigkeit eines Syndikusrechtsanwalts. Kernelemente des Berufs des Rechtsanwalts sind dessen Eigenverantwortlichkeit und die fachliche Unabhängigkeit. Die Begriffe „eigenverantwortlich" und „fachlich unabhängig" heben hervor, dass der Syndikusrechtsanwalt fachlich weisungsfrei und in eigener Verantwortung handelt und im Rahmen der Rechtsberatung und Rechtsvertretung in erster Linie den Pflichten der BRAO unterworfen ist und die arbeitsrechtlichen Weisungsbefugnisse des Arbeitgebers dahinter zurückstehen. Hierdurch wird jedoch nicht jegliches Weisungsrecht des Arbeitgebers ausgeschlossen. Der Begriff der Eigenverantwortlichkeit macht zugleich deutlich, dass der Syndikusrechtsanwalt grundsätzlich von seinem Arbeitgeber für fehlerhafte Beratung und Vertretung haftungsrechtlich in Anspruch genommen werden kann (Regress). Aus der Regelung ergibt sich, dass die Arbeitnehmereigenschaft und die Eingliederung in eine von einem Arbeitgeber vorgegebene Arbeitsorganisation nicht im Widerspruch zu dem Berufsbild des Rechtsanwalts stehen, wenn tatsächlich und arbeitsvertraglich die fachliche Unabhängigkeit des angestellten Rechtsanwalts gewährleistet ist. § 46 Absatz 4 BRAO-E präzisiert dies nochmals. Auf die diesbezügliche Begründung wird verwiesen.

Die in Absatz 3 genannten Tätigkeiten knüpfen an § 3 Absatz 1 BRAO und die von der DRV Bund (im Rahmen von § 6 SGB VI) entwickelte Vier-Kriterien-Theorie an (siehe Begründung zu § 46 Absatz 2 BRAO-E).

Nach § 3 Absatz 1 BRAO ist der Rechtsanwalt der unabhängige Berater und Vertreter in allen Rechtsangelegenheiten.

Die Rechtsberatung umfasst die in § 46 Absatz 3 Nummer 1 und 2 BRAO-E genannten Elemente der unabhängigen Analyse des Sachverhalts und der Prüfung von Rechtsfragen, des fachlich unabhängigen Erarbeitens und Bewertens rechtlicher Lösungsmöglichkeiten und das fachlich unabhängige Erteilen von Rechtsrat. Elemente der Rechtsvertretung werden in § 46 Absatz 3 Nummer 3 und Nummer 4 BRAO-E genannt.

Absatz 3 Nummer 1 bezieht sich auf die Pflicht des Rechtsanwalts, den Sachverhalt zu dem er beratend tätig werden soll, möglichst genau zu klären, die Rechtslage zu prüfen und Handlungsoptionen aufzuzeigen sowie zu bewerten.

Die Pflicht des Rechtsanwalts zur vollständigen Beratung setzt zunächst voraus, dass er durch Befragen seines Auftraggebers die Punkte klärt, auf die es für die rechtliche Beurteilung ankommen kann. Der Rechtsanwalt darf sich nicht mit der rechtlichen Würdigung des ihm vorgetragenen Sachverhalts begnügen, sondern muss sich bemühen, durch Befragung des Rechtsuchenden ein möglichst vollständiges und objektives Bild der Sachlage zu gewinnen (vgl. Bundesgerichtshof, Urteil vom 21. November 1960 – III ZR 160/59, NJW 1961, S. 601, 602). Bei lückenhaften oder oberflächlichen Informationen muss der Rechtsanwalt daher auf ihre Vervollständigung dringen (vgl. Bundesgerichtshof, Urteil vom 8. Oktober 1981 – III ZR 190/79, NJW 1982, 437, 438).

Die Prüfung von Rechtsfragen umfasst die Analyse der Gesetzeslage, der Verwaltungspraxis und der höchstrichterlichen Rechtsprechung und ihrer Bedeutung für den Sachverhalt, auf den sich die rechtliche Beratung beziehen soll.

Das Aufzeigen verschiedener Lösungsalternativen und deren Bewertung in rechtlicher, tatsächlicher und wirtschaftlicher Hinsicht dienen dazu, dem Mandanten eine Entscheidung zu ermöglichen. Es handelt sich hierbei um die Vorbereitungshandlung zur Erteilung eines Rechtsrats.

Absatz 3 Nummer 2 bezieht sich auf den dem Mandanten (Arbeitgeber) erteilten beziehungsweise zu erteilenden Rechtsrat.

Absatz 3 Nummer 3 berücksichtigt den Fall, dass auch Personen, die in ihrer Funktion als Syndikusrechtsanwalt nicht in Kontakt zu externen Dritten treten, anwaltlich tätig sind, wenn ihre Tätigkeit auf die Verwirklichung von Rechten oder die Gestaltung von Rechtsverhältnissen gerichtet ist und sie nach außen die Befugnis zur Vertretung haben, auch wenn sie tatsächlich von dieser Befugnis keinen Gebrauch machen, etwa weil sie ausschließlich im Bereich der Vertragsgestaltung oder der Beratung der Unternehmensleitung tätig sind. Auch die Mitgestaltung abstrakter rechtlicher Regelung kann eine auf die Gestaltung von Rechtsverhältnissen ausgerichtete Tätigkeit darstellen.

Absatz 3 Nummer 4 stellt klar, dass die anwaltliche Tätigkeit die (gegebenenfalls im Innenverhältnis beschränkte) Befugnis beinhalten muss, den Mandanten (Arbeitgeber) nach außen verbindlich zu vertreten. Im berufsrechtlichen Schrifttum ist es für eine rechtsanwaltliche Tätigkeit anerkannt, dass selbst dann, wenn im Innenverhältnis zwischen Mandant und Rechtsanwalt vereinbart wurde, dass der Rechtsanwalt keine Erklärungen gegenüber Dritten für seinen Mandanten abgibt, solche Erklärungen im Außenverhältnis wirksam sein und den Mandanten verpflichten können (Borgmann/Jungk/Schwaiger, Anwaltshaftung, 5. Auflage 2014, § 14, Rn. 91). Das Merkmal der „Vertretungsbefugnis nach außen" (§ 81 ZPO, §§ 164 ff. des Bürgerlichen Gesetzbuchs (BGB)) setzt hingegen nicht voraus, dass der Syndikusrechtsanwalt eigene unternehmerische Entscheidungen trifft.

Insgesamt ist es erforderlich, dass das Anstellungsverhältnis durch die vorgenannten Merkmale und Tätigkeiten beherrscht wird. Durch die Verwendung des Begriffs „prägen" soll dem Umstand Rechnung getragen werden, dass der ganz eindeutige Schwerpunkt der im Rahmen des Anstellungsverhältnisses ausgeübten Tätigkeiten und der bestehenden vertraglichen Leistungspflichten im anwaltlichen Bereich liegen muss. Umgekehrt wird eine anwaltliche Tätigkeit nicht bereits dadurch ausgeschlossen, dass im Rahmen des Anstellungsverhältnisses in geringem Umfang andere Aufgaben wahrgenommen werden.

Zu Nummer 2 (§ 46 Absatz 4 BRAO-E)

Absatz 4 Satz 1 verdeutlicht, dass eine fachlich unabhängige Tätigkeit im Sinne des Absatzes 3 als Syndikusrechtsanwalt nicht ausübt, wer sich an Weisungen zu halten hat, die eine eigenständige Analyse der Rechtslage und eine einzelfallorientierte Rechtsberatung ausschließen. Die fachliche Unabhängigkeit ist zugleich Grundvoraussetzung der in Absatz 2 genannten anwaltlichen Tätigkeit. Mit der fachlichen Unabhängigkeit ist die in Absatz 3 genannte Eigenverantwortlichkeit im Sinne einer Haftung verbunden, weshalb letztere in Absatz 4 nicht eigens genannt wird.

Eine unabhängige Tätigkeit liegt nicht vor, wenn Vorgaben zur Art und Weise der Bearbeitung und Bewertung bestimmter Rechtsfragen bestehen, wie dies beispielsweise bei einem richtliniengebundenen Schadenssachbearbeiter einer Versicherung der Fall ist. Wie ausgeführt, bleiben allgemeine Compliance-Regelungen, die keine unmittelbaren fachlichen Bezüge aufweisen, sondern nur den Verhaltenskodex im Unternehmen festschreiben, hiervon unberührt. Auch wird die fachliche Unabhängigkeit nicht dadurch ausgeschlossen, dass eine fachliche Abstimmung mit einem anderen Rechtsanwalt (z. B. im Rahmen von Teamarbeit) vereinbart ist. Dagegen schließen Vorgaben durch (nicht-anwaltliche) Vorgesetzte eine fachliche Unabhängigkeit aus.

Die Tätigkeit als Syndikusrechtsanwalt erfordert keinen Ausschluss jeglichen Weisungsrechts eines Arbeitgebers. Auch der selbständige Rechtsanwalt ist nämlich nicht völlig weisungsfrei, sondern ist im Rahmen des Mandatsverhältnisses an die Weisungen seines Auftraggebers gebunden. Aus dem Arbeitsvertrag eines Syndikusrechtsanwalts hat sich jedoch – um die Anforderungen der Absätze 2 bis 5 zu erfüllen – zu ergeben, dass der Arbeitgeber in fachlichen Angelegenheiten weder ein allgemeines noch ein konkretes Weisungsrecht ausüben darf, da ohne eine solche Regelung der allgemeine arbeitsrechtliche Grundsatz eines umfassenden Direktionsrechts des Arbeitgebers gelten würde. Absatz 4 Satz 2 sieht insoweit vor, dass die fachliche Unabhängigkeit vertraglich und tatsächlich zu gewährleisten ist, das heißt die Unabhängigkeit muss sowohl Gegenstand der arbeitsvertraglichen Vereinbarung sein als auch tatsächlich im Rahmen des Anstellungsverhältnisses gelebt werden. Mit der Unabhängigkeit ist die Eigenverantwortlichkeit im Sinne einer Haftung verbunden, so dass es einer gesonderten vertraglichen Gewährleistung nicht bedarf.

Aus der vertraglich gewährleisteten Unabhängigkeit folgt zugleich das Recht, die Durchführung einer ihm vom Arbeitgeber im Rahmen des Anstellungsverhältnisses erteilten Weisung aus fachlichen oder berufsrechtlichen Gründen abzulehnen, ohne dass hieran arbeitsrechtliche Konsequenzen geknüpft werden können. Der Syndikusrechtsanwalt ist auf Grund arbeitsrechtsvertraglicher Nebenpflichten jedoch verpflichtet, seinen Arbeitgeber über die Ablehnung des Auftrags unverzüglich zu informieren.

Die in Absatz 4 vorgesehene fachliche Unabhängigkeit steht dem Status des Syndikusrechtsanwalts als Arbeitnehmer nicht entgegen. Das auf dem Arbeitsvertrag beruhende Weisungsrecht (Direktionsrecht) gehört zwar zum wesentlichen Inhalt eines jeden Arbeitsverhältnisses und dient der Konkretisierung der vertraglichen Leistungspflicht des Arbeitnehmers (Preis in Erfurter Kommentar zum Arbeitsrecht, 15. Aufl. München 2015, § 611 BGB, Rn. 36, 50 ff. und 63 ff. und § 106 GewO, Rn. 1 ff.). Den Parteien des Arbeitsverhältnisses steht es jedoch frei, das Direktionsrecht des Arbeitgebers durch einzelvertragliche Abreden einzuschränken (Preis a. a. O., § 611 BGB, Rn. 50 ff. und 63 ff.). Der Umfang des Weisungsrechts kann nämlich hinsichtlich des Arbeitsorts, der Arbeitszeit und der Art beziehungsweise dem Inhalt der zu leistenden Arbeit unterschiedlich stark ausgeprägt sein.

Zu Nummer 2 (§ 46 Absatz 5 BRAO-E)

§ 46 Absatz 5 Satz 1 BRAO-E regelt den Grundsatz, dass die Befugnis des Syndikusrechtsanwalts zur Beratung und Vertretung sich auf die Angelegenheiten des Arbeitgebers beschränkt. Die Beschränkung auf die Tätigkeit des Syndikusrechtsanwalts für seinen Arbeitgeber in dessen Rechtsangelegenheiten ist erforderlich, um eine Gefährdung der anwaltlichen Unabhängigkeit durch das Einwirken fremder wirtschaftlicher Interessen zu verhindern (Fremdkapitalverbot). Dies bringt zum Ausdruck, dass an dem in § 59e BRAO geregelten Fremdbesitzverbot festgehalten wird.

§ 46 Absatz 5 Satz 2 BRAO-E konkretisiert den Begriff der Rechtsangelegenheiten des Arbeitgebers. Daraus folgt, dass auch derjenige als Syndikusrechtsanwalt nach § 46 Absatz 2 BRAO-E tätig wird, der seine Arbeitskraft dazu verwendet, um im Rahmen eines Anstellungsverhältnisses zu einem Verband Rechtsrat an dessen Mitglieder bzw. im Falle eines Dachverbands an die Mitglieder der Mitgliedsverbände in deren Rechtsangelegenheiten zu erteilen (Verbandssyndikusrechtsanwalt). Dies gilt allerdings nur dann, wenn dabei dieselben Bedingungen der Eigenverantwortlichkeit wie gegenüber dem Arbeitgeber zur Anwendung kommen. Rechtliche Beratungen innerhalb verbundener Unternehmen oder eines Verbands fallen demnach nur dann unter § 46 Absatz 5 BRAO-E, wenn zugleich die Voraussetzungen des § 46 Absatz 2 bis 4 BRAO-E erfüllt werden, insbesondere die fachliche Unabhängigkeit gewährleistet ist. Die Wahrnehmung einer rechtsberatenden Tätigkeit als solche ist nicht ausreichend, so dass ein Unternehmensjurist nicht stets zugleich Syndikusrechtsanwalt ist.

§ 46 Absatz 5 Satz 2 Nummer 1 BRAO-E regelt klarstellend, dass die eigenen Rechtsangelegenheiten des Arbeitgebers auch die Rechtsangelegenheiten innerhalb verbundener Unternehmen nach § 15 AktG umfassen. Der Begriff der verbundenen Unternehmen wird in § 15 AktG legal definiert. Verbundene Unternehmen sind danach rechtlich selbständige Unternehmen, die im Verhältnis zueinander in Mehrheitsbesitz stehenden Unternehmen und mit Mehrheit beteiligte Unternehmen (§ 16 AktG), abhängige und herrschende Unternehmen (§ 17 AktG), Konzernunternehmen (§ 18 AktG), wechselseitig beteiligte Unternehmen (§ 19 AktG) oder Vertragsteile eines Unternehmensvertrags (§§ 291, 292 AktG). Die Regelung soll klarstellen, dass die einem Syndikusanwalt oder einem Unternehmensjuristen bereits nach der bisherigen Rechtslage auf Basis des § 2 Absatz 3 Nummer 6 RDG zustehenden Rechtsberatungs- und Vertretungsbefugnisse auch dem Syndikusrechtsanwalt im Sinne des § 46 Absatz 2 BRAO-E zustehen.

§ 46 Absatz 5 Satz 2 Nummer 2 BRAO-E regelt, dass erlaubte Rechtsdienstleistungen des Arbeitgebers gegenüber seinen Mitgliedern, sofern es sich bei dem Arbeitgeber um eine Vereinigung oder Gewerkschaft nach § 7 Absatz 1 RDG oder nach § 8 Absatz 1 Nummer 2 RDG handelt, Rechtsangelegenheiten des Arbeitgebers im Sinne des § 46 Absatz 5 Satz 1 BRAO-E sind. Nach § 7 Absatz 1 Satz 1 RDG sind Rechtsdienstleistungen erlaubt, die berufliche oder andere zur Wahrnehmung gemeinschaftlicher Interessen gegründete Vereinigungen und deren Zusammenschlüsse (§ 7 Absatz 1 Nummer 1 RDG) und Genossenschaften, genossenschaftliche Prüfungsverbände und deren Spitzenverbände sowie genossenschaftliche Treuhandstellen und ähnliche genossenschaftliche Einrichtungen im Rahmen ihres satzungsmäßigen Aufgabenbereichs für ihre Mitglieder oder für die Mitglieder der ihnen angehörigen Vereinigungen oder Einrichtungen erbringen, soweit sie gegenüber der Erfüllung ihrer übrigen satzungsmäßigen Aufgaben nicht von übergeordneter Bedeutung sind. Die Rechtsdienstleistungen können nach § 7 Absatz 1 Satz 2 RDG durch eine im alleinigen wirtschaftlichen Eigentum der in Satz 1 genannten Vereinigungen oder Zusammenschlüsse stehende juristische Person erbracht werden. Vereinigungen im Sinne dieser Norm sind beispielsweise Gewerkschaften,

Arbeitgeberverbände, Berufsverbände, Fachverbände der Industrie und des Handels, Mietervereine und Automobilclubs.

§ 8 Absatz 1 Nummer 2 RDG erlaubt Rechtsdienstleistungen, die juristische Personen des öffentlichen Rechts einschließlich der von ihnen zur Erfüllung ihrer Aufgaben gebildeten Unternehmen und Zusammenschlüsse im Rahmen ihres Aufgaben- und Zuständigkeitsbereichs erbringen. Von § 8 Absatz 1 Nummer 2 RDG werden die als Körperschaften des öffentlichen Rechts organisierten Berufskammern, aber auch die privatrechtlich organisierten Wohlfahrtsverbände der als Körperschaften des öffentlichen Rechts anerkannten Kirchen, wie z. B. die Caritas oder das Diakonische Werk erfasst (Dux in Deckenbrock/Henssler, Rechtsdienstleistungsgesetz, 4. Auflage, München 2015, § 8, Rn 15). Durch die Formulierung „Vereinigung oder Gewerkschaften" in § 46 Absatz 5 Satz 2 Nummer 2 BRAO-E wird zugleich klargestellt, dass Behörden, die in § 8 Absatz 1 Nummer 2 RDG ebenfalls genannt werden, nicht erfasst sein sollen. Die Beschränkung auf die in § 46 Absatz 5 Satz 2 Nummer 2 BRAO-E genannten Vereinigungen und Gewerkschaften ist geboten, um die Unabhängigkeit der anwaltlichen Rechtsberatung und Vertretung zu gewährleisten, da bei den genannten Personen und Vereinigungen sichergestellt ist, dass der Rechtsrat nicht durch andere wirtschaftliche Erwägungen beeinflusst wird (Verbot der Fremdkapitalbeteiligung). Eine Gefahr von Interessenkonflikten ist bei den erfassten Personen und Vereinigungen insbesondere deshalb nicht zu besorgen, da zum einen in der Regel zwischen Mitgliedern und Verband ein Gleichlauf von Interessen anzunehmen ist und im Übrigen die Beratungsleistungen des Verbands umlagefinanziert sind.

§ 46 Absatz 5 Satz 2 Nummer 3 BRAO-E sieht vor, dass die Rechtsangelegenheiten des Arbeitgebers auch erlaubte Rechtsdienstleistungen des Arbeitgebers gegenüber Dritten umfassen, sofern es sich bei dem Arbeitgeber um einen Angehörigen der in § 59a BRAO genannten sozietätsfähigen Berufe oder um eine Berufsausübungsgesellschaft handelt. Hintergrund dieser Regelung ist, dass eine Beeinflussung der Drittberatung durch Fremdinteressen in diesen Fällen auf Grund der berufsrechtlichen Bindung der genannten Arbeitgeber nicht zu besorgen ist.

Die Norm verdeutlicht, dass Rechtsanwälte als Syndikusrechtsanwalt auch bei Arbeitgebern, die einen sozietätsfähigen Beruf im Sinne des § 59a BRAO ausüben, oder bei interprofessionellen Berufsausübungsgemeinschaften, die nicht dem anwaltlichen Berufsrecht unterliegen, angestellt sein können. Die Befugnis des Syndikusrechtsanwalts zur Rechtsberatung und Vertretung erstreckt sich in diesem Fall auch auf die Beratung und Vertretung Dritter, wobei sich der Umfang der Beratungsbefugnis nach der Beratungsbefugnis des Arbeitgebers richtet. Durch die Regelung des § 46 Absatz 5 Satz 2 Nummer 3 BRAO-E wird es beispielsweise ermöglicht, dass ein Syndikusrechtsanwalt, der bei einer Steuerberatungsgesellschaft angestellt ist, die Mandanten dieser Gesellschaft im Zusammenhang mit der steuerberatenden Aufgabenwahrnehmung durch die Steuerberatungsgesellschaft im Rahmen des § 5 RDG auch rechtlich berät. Der Umfang der Beratungsbefugnis des Syndikusrechtsanwalts orientiert sich in diesem Beispielsfall an der Beratungsbefugnis der Steuerberatungsgesellschaft, die diese nach § 5 RDG hat und umfasst folglich nicht alle Rechtsangelegenheiten.

Zu Nummer 2 (§ 46a Absatz 1 BRAO-E)

Die Zulassung wird – wie dies § 6 BRAO auch für niedergelassene Rechtsanwälte sowie für Rechtsanwälte nach § 46 Absatz 1 BRAO-E vorsieht – nur auf Antrag erteilt.

§ 46a Absatz 1 Satz 1 BRAO-E bestimmt die Voraussetzungen zur Zulassung als Syndikusrechtsanwalt. Ein Bewerber, der die Zulassungsvoraussetzungen nach § 46a Absatz 1 Satz 1 BRAO-E erfüllt, hat einen Anspruch auf Zulassung. Da der Syndikusrechtsanwalt kein eigenständiger Beruf ist, sondern eine Form der Berufsausübung des einheitlichen Rechtsanwaltsberufs, knüpft die Zulassungsregelung an die §§ 4 und 7 BRAO an. § 4 BRAO bestimmt, dass zur Rechtsanwaltschaft nur zugelassen werden kann, wer die Befähigung zum Richteramt nach dem Deutschen Richtergesetz erlangt hat oder die Eingliederungsvoraussetzungen nach dem Gesetz über die Tätigkeit europäischer Rechtsanwälte in Deutschland vom 9. März 2000 (BGBl. I S. 182) erfüllt oder die Eignungsprüfung nach diesem Gesetz bestanden hat. Ein Rechtsanwalt, der den persönlichen Anforderungen des Berufs nicht genügt, gefährdet die Rechtspflege und die Interessen des Rechtsuchenden. Die Zulassung wird daher nicht nur vom Nachweis der vorgeschriebenen Ausbildung, sondern auch davon abhängig gemacht, dass in der Person des Antragstellers kein Versagungsgrund gemäß § 7 BRAO vorliegt. Um die anwaltliche Tätigkeit eines Syndikusrechtsanwalts von anderen Tätigkeiten, die juristisch, aber nicht anwaltlich sind, abzugrenzen, definiert § 46 Absatz 2 BRAO-E den Syndikusrechtsanwalt. Die Zulassung als Syndikusrechtsanwalt knüpft an die Definition in § 46 Absatz 2 BRAO-E und die in § 46 Absatz 3 BRAO-E genannten Tätigkeiten und Merkmale an. Hierbei handelt es sich um eine Ausgestaltung des Wirkungskreises und der Pflichten eines Rechtsanwalts nach § 3 BRAO.

Die Ausgestaltung einer gesonderten Zulassungsregelung für Syndikusrechtsanwälte begründet im vorliegenden Fall kein Indiz für einen eigenständigen Beruf des Syndikusrechtsanwalts, sondern trägt lediglich dem Umstand Rechnung, dass die Tätigkeit eines Rechtsanwalts sich auf die Tätigkeit als Syndikusrechtsanwalt beschränken kann und mit der Zulassung ein klarer Anknüpfungspunkt für die berufsrechtlichen Pflichten einer anwaltlichen Tätigkeit als Syndikusrechtsanwalt geschaffen wird. Damit besteht auch kein Widerspruch zu den in der Entscheidung des Bundesverfassungsgerichts vom 17. Dezember 1958 (1 BvL 10/56) festgelegten Grundsätzen. Der Beruf des Rechtsanwalts kann danach in selbständiger und unselbständiger Form ausgeübt werden; beide Formen der Ausübung haben kein eigenständiges soziales Gewicht. Die unselbständige Ausübung des Rechtsanwaltsberufs kann auf einem Anstellungsverhältnis zu einem anwaltlichen Arbeitgeber oder einem nichtanwaltlichen Arbeitgeber beruhen. Die Wahl eines nichtanwaltlichen Arbeitgebers hat keinen Einfluss auf das Berufsbild des Rechtsanwalts.

Die Zulassung als Syndikusrechtsanwalt erfolgt – wie sich aus der Bezugnahme auf § 46 Absatz 2 bis 5 BRAO-E ergibt – im Unterschied zur Zulassung als Rechtsanwalt nach § 4 BRAO – tätigkeitsbezogen. Die Zulassung schafft einen klaren Anknüpfungspunkt für die mit der Stellung als Syndikusrechtsanwalt verbundenen Rechte und Pflichten, die sich von denjenigen eines nichtanwaltlichen Unternehmensjuristen unterscheiden. Mit der Stellung als Syndikusrechtsanwalt in einem Unternehmen ist die Befugnis verbunden, den Arbeitgeber nach außen wirksam zu vertreten und es gelten bestimmte Legalprivilegien (Zeugnisverweigerungsrecht im Zivilprozess etc.).

Die tätigkeitsbezogene Zulassung als Syndikusrechtsanwalt ist von den für die Entscheidung der mit der Durchführung der Sozialversicherung und Entscheidung über die Befreiung von der Rentenversicherungspflicht betrauten Behörden zu beachten. Die Zulassung als Syndikusrechtsanwalt ordnet die Tätigkeit als Unterfall einer im Sinne der BRAO anwaltlichen zu und rechtfertigt gleichzeitig die Unterstellung unter die damit verbundenen Pflichten. Der im Rahmen seiner Zulassung tätige jeweilige Syndikusrechtsanwalt ist damit wegen der Beschäftigung als Syndikusrechtsanwalt auf Grund einer durch Gesetz angeordneten oder auf Gesetz beruhenden Verpflichtung Mitglied einer öffentlich-rechtlichen Versicherungseinrichtung oder Versorgungseinrichtung ihrer Berufsgruppe (berufsständische Versorgungseinrichtung). Das nach § 6 Absatz 1 Satz 1 Nummer 1 SGB VI für eine Befreiung notwendige (aber nicht hinreichende) Tatbestandselement, wonach Beschäftigte und selbständig Tätige für die Beschäftigung oder selbständige Tätigkeit, wegen der sie auf Grund einer durch Gesetz angeordneten oder auf Gesetz beruhenden Verpflichtung Mitglied einer öffentlich-rechtlichen Versicherungseinrichtung oder Versorgungseinrichtung ihrer Berufsgruppe (berufsständische Versorgungseinrichtung) und zugleich kraft gesetzlicher Verpflichtung Mitglied einer berufsständischen Kammer sind, deckt sich inhaltlich für die Syndikusrechtsanwälte mit den neu strukturierten berufsrechtlichen Anforderungen für den Erhalt und die Weiterführung einer Zulassung als Syndikusrechtsanwalt. Zwar bleibt der sozialversicherungsrechtliche Tatbestand eigenständig von den Trägern der Rentenversicherung zu prüfen. Mit der erteilten Zulassung als Syndikusrechtsanwalt bescheinigt die zuständige fachkundige Rechtsanwaltskammer nach den Regeln des Berufsrechts, auf welche der sozialversicherungsrechtliche Tatbestand des § 6 SGB VI Bezug nimmt, grundsätzlich das Vorliegen einer Tätigkeit, die zur Mitgliedschaft im Versorgungswerk führt. Das wird nicht zuletzt daran deutlich, dass mit der Zulassung zum Syndikusrechtsanwalt nicht die volle Umfang anwaltlicher Berufsausübung eröffnet ist und die Aufgabe oder wesentliche Änderung einer den Kriterien nach § 46 Absatz 2 bis 5 BRAO-E ursprünglich entsprechenden Tätigkeit zwingend zum Widerruf der berufsrechtlichen Zulassung führt (§ 46b Absatz 2 Satz 2 BRAO-E). Die Zulassung als Syndikusrechtsanwalt ist bei der Befreiungsentscheidung nach § 6 Absatz 1 Satz 1 SGB VI zu beachten und bindet den Träger der Rentenversicherung. Dies gilt jedenfalls, solange die der Zulassung zugrunde liegende Tätigkeit im Wesentlichen unverändert fortgeführt wird (zur sozialrechtlichen Vorfrage, ob eine Erwerbstätigkeit der anwaltlichen Berufstätigkeit zugeordnet werden kann und zur Beachtung der rechtsgestaltenden Wirkung von Zulassungsentscheidungen, Bundessozialgericht, Urteil vom 3. April 2014 – B 5 RE 13/14 R Rn. 24, 26, 28 und 31; zur Drittbindungswirkung, vgl. Bundessozialgericht, Urteil vom 31. Mai 2006 – B 6 KA 13/05 R, BSGE 96, 261 ff. Rn. 71 m. w. N.). Unabhängig davon bestimmt sich die Reichweite einer erteilten Befreiung nach § 6 Absatz 5 SGB VI, wonach bei einer Änderung der Tätigkeit diese nicht von der erteilten Befreiung umfasst wird, auch wenn zunächst noch eine wirksame Zulassung als Syndikusrechtsanwalt bis zur Rücknahme oder einem Widerruf der Zulassung besteht.

Die Tätigkeit des Rechtsanwalts und damit auch seine Zulassung kann sich – wie zuvor bereits ausgeführt – auf die Tätigkeit als Syndikusrechtsanwalts beschränken. § 46a Absatz 1 Satz 2 BRAO-E stellt klar, dass die Zulassung als Syndikusrechtsanwalt mehrere Anstellungsverhältnisse umfassen kann. Ein Syndikusrechtsanwalt kann mithin mehrere – voneinander unabhängige – Anstellungsverhältnisse eingehen und im Rahmen jedes dieser Anstellungsverhältnisse als Syndikusrechtsanwalt tätig werden. In diesem Fall ist keine gesonderte Zulassung für jedes Anstellungsverhältnis erforderlich (dazu auch § 46b Absatz 3 BRAO-E). Die daraus folgende Bindungswirkung für die Befreiung nach § 6 Absatz 1 Satz 1 SGB VI erfasst das jeweilige Beschäftigungsverhältnis.

Zu Nummer 2 (§ 46a Absatz 2 BRAO-E)

Nach § 46a Absatz 2 Satz 1 ist die Rechtsanwaltskammer für die Entscheidung über die Zulassung als Syndikusrechtsanwalt zuständig. Die eigenverantwortliche Wahrnehmung dieser Aufgabe durch die Rechtsanwaltskammer als Selbstverwaltungskörperschaft betont die Stellung der Syndikusrechtsanwälte als Teil der Rechtsanwaltschaft, als unabhängiges Organ der Rechtspflege und als Träger eines freien Berufs.

§ 46 Absatz 2 Satz 4 BRAO-E sieht vor, dass die Rechtswirkung eines (formell und materiell) bestandskräftigen Zulassungsverwaltungsakts der Rechtsanwaltskammer nach § 46a Absatz 2 Satz 1 BRAO-E auch von dem Träger der Rentenversicherung und den Gerichten der Sozialgerichtsbarkeit in der Weise zu beachten sind, dass die dort getroffenen Regelungen auch ihnen gegenüber als verbindlich anzusehen sind (sog Tatbestandswirkung). Verbindliche Wirkung hat auch eine gerichtliche Entscheidung, die im Rechtsbehelfsverfahren nach § 112a BRAO ergeht. Die formell bestandskräftige Zulassungsentscheidung kann nicht mehr mit den regulären Rechtsbehelfen des Widerspruchs und der Klage angefochten werden (formelle Bestandskraft). Mit der erteilten Zulassung als Syndikusrechtsanwalt stellt die zuständige fachkundige Rechtsanwaltskammer nach den Regeln des Berufsrechts, auf welche der sozialversicherungsrechtliche Tatbestand des § 6 SGB VI Bezug nimmt, mithin verbindlich das Vorliegen einer Tätigkeit, die zur Mitgliedschaft im Versorgungswerk führt, für den Träger der Rentenversicherung fest. Dies gilt jedenfalls, solange die der Zulassung zugrunde liegende Tätigkeit im Wesentlichen unverändert fortgeführt wird, d. h. bei einer Änderung der Tätigkeit erlischt die Befreiung, auch wenn zunächst noch eine wirksame Zulassung als Syndikusanwalt bis zur Rücknahme oder einem Widerruf der Zulassung besteht. Dieser Aspekt betrifft die materielle Bestandskraft. Durch die gesetzliche Anordnung der Bindungswirkung wird vermieden, dass die berufsrechtliche und sozialversicherungsrechtliche Beurteilung der Frage, ob eine Tätigkeit als Syndikusrechtsanwalt und damit eine Pflichtmitgliedschaft in dem berufsrechtlichen Versorgungswerk vorliegen, voneinander abweichen. Diese Bindung dient der Rechtssicherheit der betroffenen Syndikusrechtsanwälte und ihrer Arbeitgeber, die Gefahr einer doppelten Beitragszahlung in zwei Rentenversicherungssysteme wird vermieden.

Den dadurch berührten Belangen des Trägers der Rentenversicherung und der Versichertengemeinschaft vor einer Aushöhlung der Rentenversicherungspflicht nach den §§ 1 ff. SGB VI durch eine extensive Zulassungspraxis wird dadurch Rechnung getragen, dass der Träger der Rentenversicherung im Zulassungsverfahren nach § 46a Absatz 2 Satz 1 BRAO-E angehört wird und damit die Möglichkeit erhält, frühzeitig die Erwägungen, die aus seiner Sicht gegen eine Zulassung als Syndikusrechtsanwalt und eine Befreiung von der Rentenversicherungspflicht sprechen, vorzubringen. Das Erfordernis einer Zustimmung oder eines Einvernehmens des Trägers der Rentenversicherung ist damit nicht errichtet. Den Rechtsanwaltskammern ermöglicht dieses Anhörungsrecht, sich bereits frühzeitig mit den Erwägungen, die aus Sicht des Trägers der Rentenversicherung gegen eine Zulassung sprechen, auseinanderzusetzen und diese im Rahmen des Zulassungsverfahrens zu berücksichtigen. Zur Wahrung der Selbstverwaltung der Rechtsanwaltskammern und um das Zulassungsverfahren nicht zu verzögern, wurde von einer näheren gesetzlichen Ausgestaltung des Anhörungsverfahrens abgesehen. Es obliegt folglich grundsätzlich der pflichtgemäßen Ermessensentscheidung der Rechtsanwaltskammern, wie sie die Anhörung im Einzelnen vornehmen. Die jeweilige Rechtsanwaltskammer kann dem Träger der Rentenversicherung eine angemessene Frist zur Stellungnahme setzen und die für eine sachgerechte Prüfung notwendigen Unterlagen übersenden. Versäumt der Träger der Rentenversicherung die Frist, führt dies nicht zur Präklusion; die Rechtsanwaltskammer kann in diesem Fall ohne die Stellungnahme entscheiden. Das Anhörungsrecht des Trägers der Rentenversicherung dient zugleich den Interessen des Antragstellers, der hierdurch die Möglichkeit erhält, sich frühzeitig mit den berufsrechtlichen Argumenten, die gegen seine Zulassung als Syndikusrechtsanwalt und eine Befreiung von der Rentenversicherungspflicht vorgebracht werden können, auseinanderzusetzen und zu entscheiden, ob er seinen Antrag auf Zulassung als Syndikusrechtsanwalt aufrechterhält.

Die Letztentscheidung über die Zulassung trifft die Rechtsanwaltskammer. Diese Entscheidung ist nach § 46a Absatz 2 Satz 2 BRAO-E zu begründen. In der Begründung sind die wesentlichen tatsäch-

Anhang

lichen und rechtlichen Gründe mitzuteilen, die die Rechtsanwaltskammer zu ihrer Entscheidung bewogen haben. Dabei ist auf die von dem Antragsteller/der Antragstellerin voraussichtlich ausgeübte Tätigkeit sowie gegebenenfalls die Argumentation des Trägers der Rentenversicherung einzugehen und darzustellen, ob und in welchem Maße die Tätigkeit den Anforderungen des § 46 Absatz 2 bis 5 BRAO-E entspricht. Die Entscheidung ist auch zu begründen, wenn die Rechtsanwaltskammer dem Antrag ganz oder teilweise entspricht. Das Begründungserfordernis soll im dreiseitigen Rechtsverhältnis zur Akzeptanz der Entscheidung beitragen (Akzeptanzfunktion), den Inhalt der Entscheidung erläutern (Klarstellungs- und Beweisfunktion), die Nachprüfbarkeit der Entscheidung durch die Kammer selbst (Selbstkontrollfunktion) und im Rahmen des gerichtlichen Rechtsschutzes (Rechtsschutzfunktion) ermöglichen. Durch die Begründung der Entscheidung wird für die mit der Durchführung der Rentenversicherung betrauten Behörden ersichtlich, auf welche Tätigkeit sich die Zulassung bezieht. Aus der Begründung soll sich zugleich ergeben, auf Grund welcher Tätigkeit der Syndikusrechtsanwalt Pflichtmitglied der berufsständischen Versorgungseinrichtung wurde.

Das Erfordernis der Zustellung der Zulassungsentscheidung an den Antragsteller und den Träger der Rentenversicherung ist für das Wirksamwerden der Entscheidung und deren Folgen von Bedeutung, wobei die Zustellung an den Antragsteller bei erstmaliger Zulassung durch Aushändigung der Urkunde (§ 12 Absatz 1 BRAO) bewirkt wird. Bei einer bereits bestehenden Zulassung als Rechtsanwalt ist hingegen eine Zustellung ausreichend, da in diesen Fällen eine nochmalige Vereidigung (§ 12 Absatz 2, § 12a BRAO) nicht erforderlich ist.

§ 46a Absatz 2 Satz 3 BRAO-E regelt, dass auch dem Träger der Rentenversicherung gegen die Zulassungsentscheidung der Rechtsanwaltskammer wie dem Antragsteller Rechtsschutz gemäß § 112a Absatz 1 und 2 BRAO vor den dort genannten Gerichten zusteht. Zuständigkeit und Verfahren richten sich dabei nach den §§ 112b ff. BRAO. Dem Träger der Rentenversicherung steht nach dem Entwurf auf Grund der in § 46a Absatz 2 Satz 4 BRAO-E vorgesehenen Bindungswirkung der Zulassungsentscheidung eine Klagebefugnis zu. Diese folgt bereits daraus, dass mit der gesetzlich angeordneten Bindungswirkung für ein Tatbestandselement des Befreiungstatbestandes (§ 6 Absatz 1 Satz 1 SGB VI) der sachliche Zuständigkeitsbereich des Trägers der gesetzlichen Rentenversicherung berührt ist. Er ist insoweit beschwert, als die getroffene Zulassungsentscheidung im Umfang der Bindungswirkung unmittelbar Auswirkungen auf die Befreiungsentscheidung und damit die Rentenversicherungspflicht hat (zur Klagebefugnis des Trägers der Rentenversicherung gegen einen Bescheid der Einzugsstelle über die Feststellung des Nichtbestehens von Sozialversicherungspflicht wegen einer Beschäftigung, Bundessozialgericht, Urteil vom 3. Juli 2013 – B 12 KR 8/11 R, Rn. 18, juris; Urteil vom 28. September 2011 – B 12 KR 15/10 R, Rn. 19, juris).

Nach § 112a Absatz 1 BRAO entscheidet der Anwaltsgerichtshof im ersten Rechtszug über verwaltungsrechtliche Anwaltssachen. Diese sind in § 112a Absatz 1 BRAO definiert als alle öffentlich-rechtlichen Streitigkeiten nach der BRAO, einer auf Grund der BRAO erlassenen Rechtsverordnung oder einer Satzung einer der nach der BRAO errichteten Rechtsanwaltskammern, einschließlich der Bundesrechtsanwaltskammer, soweit die Streitigkeiten nicht anwaltsgerichtlicher Art sind oder einem anderen Gericht ausdrücklich zugewiesen sind. In die Zuständigkeit der Anwaltsgerichtshöfe fallen mithin bereits nach der derzeitigen Rechtslage Streitigkeiten über die Zulassung zur Rechtsanwaltschaft nach § 4 BRAO und die Rücknahme bzw. den Widerruf der Zulassung gemäß § 14 BRAO. Nach § 112a Absatz 2 BRAO entscheidet der Bundesgerichtshof über das Rechtsmittel der Berufung gegen Urteile des Anwaltsgerichtshofs sowie die Beschwerde nach § 17a Absatz 4 Satz 4 des Gerichtsverfassungsgesetzes.

§ 112c Absatz 1 Satz 1 BRAO regelt, dass im gerichtlichen Verfahren gegen Entscheidungen der Rechtsanwaltskammer grundsätzlich die Verwaltungsgerichtsordnung (VwGO) entsprechende Anwendung findet. Anfechtungs- und Verpflichtungsklage gegen Entscheidungen nach der BRAO sind folglich grundsätzlich erst nach Durchführung eines Vorverfahrens zulässig (§ 68 Absatz 1 Satz 1 VwGO). Auf Grund der Öffnungsklausel in § 68 Absatz 1 Satz 2 VwGO können die Länder die Durchführung des Widerspruchsverfahrens jedoch durch Landesgesetz ausschließen. Von dieser Öffnungsklausel haben einzelne Bundesländer in verwaltungsrechtlichen Anwaltssachen Gebrauch gemacht. Dem jeweiligen Kläger (also auch dem Träger der Rentenversicherung) stehen die Klagearten nach der VwGO zur Verfügung.

Die Regelung des § 46a Absatz 2 Satz 4 BRAO-E knüpft für die verwaltungsrechtlichen Entscheidungen der Rechtsanwaltskammern betreffend die Zulassung als Syndikusrechtsanwalt an diese Rechtsschutzregelungen an. Durch dieses Rechtsschutzmodell wird ein Gleichlauf zwischen der Zulassung als Syndikusrechtsanwalt und der Beurteilung der berufsrechtlichen Voraussetzungen der Entscheidung nach § 6 SGB VI gewährleistet und an die bei den Anwaltsgerichtshöfen vorhandene Kompetenz bei der Beurteilung von Zulassungsfragen angeknüpft. Der Träger der Rentenversicherung ist nach dem Entwurf auf Grund dieser Bindungswirkung der Entscheidung klagebefugt.

Zu Nummer 2 (§ 46a Absatz 3 BRAO-E)

Da die Zulassung als Syndikusrechtsanwalt an die ausgeübte Tätigkeit anknüpft, sieht § 46a Absatz 3 Satz 1 BRAO-E vor, dass dem Antrag auf Zulassung eine Ausfertigung oder eine öffentlich beglaubigte Abschrift des Arbeitsvertrags beizufügen ist. Dies hindert den Antragsteller im Grundsatz nicht daran, für die Zulassung irrelevante personenbezogene Angaben aus Gründen des Datenschutzes stellenweise zu schwärzen, solange er seiner Nachweispflicht genügt. Der Arbeitsvertrag bildet die wesentliche Grundlage, anhand derer das Vorliegen einer anwaltlichen Tätigkeit geprüft wird. Erforderlichenfalls kann die Rechtsanwaltskammer nach Absatz 3 Satz 2 beim Antragsteller ergänzende Nachweise anfordern, beispielsweise eine ergänzende Tätigkeitsbeschreibung oder eine schriftliche Auskunft des Arbeitgebers.

Zu Nummer 2 (§ 46a Absatz 4 BRAO-E)

Das auf die Zulassung als Syndikusrechtsanwalt gerichtete Verfahren und die Folgen der Zulassung richten sich nach den für Rechtsanwälte geltenden allgemeinen Vorschriften der §§ 10 bis 12a BRAO. § 46a Absatz 4 Nummer 1 BRAO-E modifiziert die Regelung des § 12 Absatz 2 BRAO.

§ 12 Absatz 1 BRAO sieht vor, dass die Zulassung zur Rechtsanwaltschaft mit der Aushändigung einer von der Rechtsanwaltskammer ausgestellten Urkunde wirksam wird. Diese darf nach § 12 Absatz 2 BRAO erst ausgehändigt werden, wenn der Bewerber den Abschluss einer Berufshaftpflichtversicherung nach § 51 BRAO nachweist oder eine vorläufige Deckungszusage vorgelegt hat. Gemäß § 51 BRAO muss jeder Rechtsanwalt zur Deckung der sich aus seiner anwaltlichen Berufstätigkeit ergebenden Haftpflichtgefahren eine Vermögensschadenshaftpflichtversicherung aufrechterhalten, deren Mindestversicherungssumme 250 000 Euro für jeden Schadensfall beträgt. Durch diese Regelung in § 12 Absatz 2 BRAO soll das rechtsuchende Publikum geschützt werden und sichergestellt werden, dass jeder Rechtsanwalt im Haftungsfall erfolgreich in Anspruch genommen werden kann (Bundestagsdrucksache 12/4993, S. 25). Gleichermaßen wird der Rechtsanwalt selbst vor einem – unter Umständen sogar existenzgefährdenden – Vermögensverlust geschützt und damit auch die anwaltliche Unabhängigkeit gesichert. Zur Wahrung der Vermögensinteressen Dritter und der Unabhängigkeit des Syndikusrechtsanwalts ist der Abschluss und das Aufrechterhalten einer Berufshaftpflichtversicherung durch den Syndikusrechtsanwalt erforderlich. Der Syndikusrechtsanwalt kann nämlich – ungeachtet seiner beruflichen Stellung als Arbeitnehmer – auf Grund seiner eigenverantwortlichen Stellung und der Inanspruchnahme besonderen persönlichen Vertrauens sowohl Ansprüchen seines Arbeitgebers als auch Ansprüchen Dritter ausgesetzt sein. Ist der Syndikusrechtsanwalt zugleich als Rechtsanwalt nach § 4 BRAO zugelassen, müssen die sich aus der gesamten anwaltlichen Tätigkeit ergebenden Haftpflichtgefahren abgedeckt sein; eine Pflicht zum Abschluss mehrerer Versicherungsverträge ist damit nicht zwangsläufig verbunden, solange der bestehende Versicherungsvertrag sämtliche mit der anwaltlichen Tätigkeit verbunden Haftpflichtgefahren in dem gesetzlich vorgegebenen Umfang abdeckt.

§ 46a Absatz 4 Nummer 1 BRAO-E stellt klar, dass der Syndikusrechtsanwalt seiner Pflicht zum Abschluss einer Berufshaftpflichtversicherung auch dadurch genügt, dass die aus seiner anwaltlichen Berufstätigkeit resultierenden Haftungsgefahren gegenüber seinem Arbeitgeber und Dritten durch eine vom Arbeitgeber abgeschlossene und finanzierte Haftpflichtversicherung abgedeckt werden, in der Syndikusrechtsanwalt versicherte Person ist. Hierdurch erhalten der Arbeitgeber des Syndikusrechtsanwalts und Dritte, ebenso wie dies bei einem selbständigen Rechtsanwalt oder bei einem angestellten Rechtsanwalt nach § 46 Absatz 1 BRAO-E der Fall ist, einen weiteren Schuldner neben dem haftenden und verantwortlichen Syndikusrechtsanwalt.

§ 46a Absatz 4 Nummer 2 BRAO-E modifiziert die Regelung des § 12 Absatz 4 BRAO dahingehend, dass der Bewerber nach der Zulassung die Berufsbezeichnung „Rechtsanwalt (Syndikusrechtsanwalt)" oder „Rechtsanwältin (Syndikusrechtsanwältin)" im beruflichen Verkehr führt. Das Führen dieser Bezeichnung im beruflichen Verkehr dient dazu, den Beteiligten die berufliche Stellung der Syndikusrechtsanwältin oder des Syndikusrechtsanwalts deutlich zu machen. Die Bezeichnung selbst macht deutlich, dass es sich bei dem Syndikusrechtsanwalt um einen Rechtsanwalt handelt.

Zu Nummer 2 (§ 46b Absatz 1 BRAO-E)

Die Zulassung als Syndikusrechtsanwalt erlischt unter den gleichen Voraussetzungen wie diejenige selbständiger Rechtsanwälte.

171

Zu Nummer 2 (§ 46b Absatz 2 BRAO-E)

§ 46b Absatz 2 Satz 1 BRAO-E bestimmt, dass für die Rücknahme und den Widerruf der Zulassung die allgemeinen Vorschriften für Rechtsanwälte Anwendung finden.

Satz 2 trägt dem Umstand Rechnung, dass die Zulassung als Syndikusrechtsanwalt tätigkeitbezogen erfolgt und die Zulassung folglich zu widerrufen ist, wenn die von dem Syndikusrechtsanwalt im Rahmen seines Anstellungsverhältnisses ausgeübte Tätigkeit nicht mehr den Anforderungen des § 46 Absatz 2 bis 5 BRAO-E entspricht. Durch den Begriff „soweit" wird deutlich, dass bei einer Zulassung, die sich auf mehrere Anstellungsverhältnisse bezieht, auch ein teilweiser Widerruf der Zulassung erfolgen kann, wenn die Tätigkeit in einem der Beschäftigungsverhältnisse nicht mehr den Anforderungen des § 46 Absatz 2 bis 5 BRAO-E entspricht. Werden im Rahmen eines einheitlichen Anstellungsverhältnisses auch nichtanwaltliche Aufgaben in nur geringem Umfang wahrgenommen, erfolgt kein Widerruf der Zulassung, solange die anwaltliche Tätigkeit das Beschäftigungsverhältnis ganz eindeutig pragt.

Satz 3 stellt durch den Verweis auf § 46a Absatz 2 BRAO-E klar, dass die mit der Durchführung der Sozialversicherung betrauten Behörden auch bei der Entscheidung über die Rücknahme oder den Widerruf der Zulassung anzuhören sind und dass auch diese Entscheidung zu begründen und zuzustellen ist.

Zu Nummer 2 (§ 46b Absatz 3 BRAO-E)

Da die Zulassung als Syndikusrechtsanwalt tätigkeitsbezogen erfolgt, erfordern nach einer Zulassung gemäß § 46a BRAO-E eingetretene wesentliche Änderungen der Tätigkeit eine Anpassung der Zulassung. Ob eine Tätigkeitsänderung wesentlich ist und daher bei Vorliegen der Voraussetzungen des § 46a BRAO-E eine Erstreckung der Zulassung bzw. andernfalls deren Widerruf zu erfolgen hat, obliegt der Prüfung durch die zuständige Rechtsanwaltskammer. Eine wesentliche Tätigkeitsänderung kann etwa bei einem Wechsel von der Rechts in die Personalabteilung anzunehmen sein, nicht hingegen, wenn bei einer gleichbleibend unabhängig rechtsberatenden Tätigkeit innerhalb derselben Rechtsabteilung lediglich ein anderes Rechtsgebiet bearbeitet wird.

§ 46b Absatz 3 BRAO-E stellt klar, dass die Zulassung auf Antrag auf neue anwaltliche Tätigkeiten innerhalb eines bestehenden Anstellungsverhältnisses oder auf anwaltliche Tätigkeiten innerhalb weiterer nachträglich hinzutretender Anstellungsverhältnisse unter den genannten Voraussetzungen zu erstrecken ist. Durch den Verweis auf § 46a BRAO-E kommt zum Ausdruck, dass die in § 46a BRAO-E genannten Voraussetzungen und das dort beschriebene Verfahren auch bei der Entscheidung über die Erstreckung der Zulassung auf weitere Anstellungsverhältnisse oder die Tätigkeiten innerhalb weiterer Anstellungsverhältnisse zu beachten sind und der in § 46a Absatz 2 Satz 3 BRAO-E vorgesehene Rechtsweg zur gerichtlichen Überprüfung der Entscheidung der Kammern auch bei diesen Entscheidungen der Rechtsanwaltskammern eröffnet ist. Die mit der Durchführung der Sozialversicherung betrauten Behörden sind auch bei dieser Entscheidung anzuhören und die Entscheidung ist zu begründen und zuzustellen.

Zu Nummer 2 (§ 46b Absatz 4 BRAO-E)

§ 46b Absatz 4 Satz 1 BRAO-E verpflichtet den Syndikusrechtsanwalt, dem Vorstand oder einem beauftragten Mitglied des Vorstands der örtlich zuständigen Rechtsanwaltskammer ergänzend zu den in § 56 Absatz 3 BRAO genannten Mitteilungspflichten nach Satz 1 Nummer 1 jede Änderung des Anstellungsverhältnisses, sei es durch Beendigung des Arbeitsvertrags, dessen tätigkeitsbezogene Änderung oder die Begründung eines neuen Arbeitsvertrags, unverzüglich mitzuteilen. Auf die allein von der Rechtsanwaltskammer zu prüfende Frage, ob die Änderung wesentlich ist, kommt es dabei nicht an. Entscheidend ist allein, dass die Änderung tätigkeitsbezogen ist. Änderungen des Gehalts innerhalb eines bestehenden Arbeitsverhältnisses sind demnach nicht mitzuteilen, wenn hiermit nicht eine Änderung der Tätigkeit oder der arbeitsvertraglichen Gestaltung im Hinblick auf § 46 Absatz 2 bis 5 BRAO-E verbunden ist. Des Weiteren ist der Syndikusrechtsanwalt nach § 46b Absatz 4 Satz 1 Nummer 2 BRAO-E verpflichtet, jede wesentliche Änderung der Tätigkeit innerhalb des Anstellungsverhältnisses unverzüglich anzuzeigen.

Um einen Syndikusrechtsanwalt zur Erfüllung seiner Pflichten nach Satz 1 anzuhalten, kann der Vorstand gegen ihn gemäß § 46b Absatz 4 Satz 3 BRAO-E nach Maßgabe des § 57 BRAO ein Zwangsgeld festsetzen.

Die Mitteilungspflicht dient dazu, der Rechtsanwaltskammer die Erfüllung ihrer Aufgaben im Zusammenhang mit der tätigkeitsbezogenen Zulassung der Syndikusrechtsanwälte zu ermöglichen.

Zu Nummer 2 (§ 46c BRAO-E)

§ 46c BRAO-E gliedert sich in einen deklaratorischen und einen konstitutiven Regelungsteil. Der deklaratorische Absatz 1 stellt klar, dass die für Rechtsanwälte geltenden gesetzlichen Vorschriften im Grundsatz in gleicher Weise auf Syndikusrechtsanwälte Anwendung finden. In Ausnahme zu diesem Grundsatz enthalten die konstitutiven Absätze 2 bis 5 abweichende Sonderregelungen und Modifikationen. Absatz 2 enthält Regelungen zum Vertretungsverbot für Syndikusrechtsanwälte. Der Sache nach wird das bisher geltende Vertretungsverbot nach § 46 Absatz 1 BRAO praktisch weitgehend aufrechterhalten, wobei es auf Grund der Anerkennung des Syndikusrechtsanwalts als unabhängiger Rechtsanwalt einer neuen Begründung bedarf. Absatz 3 erklärt einzelne berufsrechtliche Vorschriften in Bezug auf die Tätigkeit eines Syndikusrechtsanwalts für nicht anwendbar und trägt damit dem Umstand Rechnung, dass Syndikusrechtsanwälte in ihrer Eigenschaft als Syndikusrechtsanwalt nicht für die Allgemeinheit anwaltlich tätig sind und sich insoweit von sonstigen Rechtsanwälten unterscheiden. Die Absätze 4 und 5 modifizieren die in den §§ 27 und 31 BRAO enthaltenen Regelungen zur Kanzlei und zum Rechtsanwaltsverzeichnis. Zu beachten ist, dass der in den Absätzen 2 bis 5 enthaltene Katalog an Sonderbestimmungen nicht abschließend ist; weitere abweichende Bestimmungen für Syndikusrechtsanwälte finden sich beispielsweise in § 1 Absatz 2 RVG-E.

Zu Nummer 2 (§ 46c Absatz 1 BRAO-E)

Syndikusrechtsanwälte sind Rechtsanwälte im Sinne des Gesetzes. Die gesetzlichen Vorschriften über Rechtsanwälte gelten daher – vorbehaltlich der abweichenden Sonderregelungen in den Absätzen 2 bis 5 sowie in § 1 Absatz 2 RVG-E und § 53 Absatz 1 Satz 1 Nummer 3 StPO-E in gleicher Weise auch für Syndikusrechtsanwälte. Absatz 1 hat insoweit nur klarstellende Funktion.

Die Tätigkeit des Syndikusrechtsanwalts unterliegt damit insbesondere dem anwaltlichen Berufsrecht, soweit nicht einzelne Regelungen durch § 46c Absatz 3 BRAO-E abbedungen sind. An Grundpflichten, denen auch Syndikusrechtsanwälte unterliegen, sind hier vor allem die Pflicht zur Unabhängigkeit und zur Verschwiegenheit zu nennen (§ 43a Absatz 1 und 2 BRAO), aber auch das Verbot erfolgsabhängiger Vergütung (§ 49b Absatz 2 Satz 1 BRAO).

Neben dem anwaltlichen Berufsrecht finden auch sonstige gesetzliche Regelungen, die für Rechtsanwälte gelten, auf Syndikusrechtsanwälte Anwendung. So steht dem Syndikusrechtsanwalt beispielsweise im Zivilprozess ein Zeugnisverweigerungsrecht und daraus abgeleitet das Recht zu, einer gerichtlichen Anordnung zur Urkundenvorlegung nicht nachzukommen (§ 383 Absatz 1 Nummer 6 ZPO, § 142 Absatz 2 ZPO). Dies kann auch im Zusammenhang mit vergleichbaren Regelungen im ausländischen Zivilverfahrensrecht Bedeutung erlangen, beispielsweise im Hinblick auf sogenannte „Pre-Trial Discovery-Verfahren" nach US-amerikanischem Recht.

Zu Nummer 2 (§ 46c Absatz 2 BRAO-E)

Absatz 2 sieht ein partielles Vertretungsverbot für Syndikusrechtsanwälte vor.

Nach Satz 1 soll ein Syndikusrechtsanwalt seinen Arbeitgeber als angestellter Rechtsanwalt in zivil- oder arbeitsgerichtlichen Verfahren sowie in Verfahren der freiwilligen Gerichtsbarkeit dann nicht vor staatlichen Gerichten vertreten können, wenn Anwaltszwang besteht oder wenn vorgesehen ist, dass ein Schriftsatz von einem Rechtsanwalt unterzeichnet sein muss. Satz 1 Nummer 2 Halbsatz 2 trägt dabei der Besonderheit Rechnung, dass Gewerkschaften, Arbeitgeberverbände sowie die Zusammenschlüsse solcher Verbände in arbeitsgerichtlichen Verfahren in allen Instanzen postulationsfähig sind und insoweit gerade keinem Anwaltszwang unterliegen.

Das Vertretungsverbot innerhalb des Anstellungsverhältnisses ist in zivil- und arbeitsgerichtlichen Verfahren sowie in Verfahren der freiwilligen Gerichtsbarkeit mit Anwaltszwang bzw. in Verfahren, in denen vorgesehen ist, dass ein Schriftsatz von einem Rechtsanwalt unterzeichnet sein muss, erforderlich, um ein Ungleichgewicht zwischen den Prozessparteien bzw. Verfahrensbeteiligten zu verhindern („Gebot der Waffengleichheit"): Ein solches träte ein, wenn eine Einzelperson oder kleine und mittlere Unternehmen ohne eigene Rechtsabteilung einen Rechtsanwalt bezahlen müssten, für den zudem noch die Mindestgebührenregelungen des RVG (Unterschreitungsverbot) gelten würden, während große Unternehmen sich durch den eigenen Syndikusrechtsanwalt vertreten lassen und so ihr Kostenrisiko verringern könnten. Aus verfassungsrechtlichen Gründen zulässig bleibt hingegen eine Vertretung außerhalb des Anstellungsverhältnisses, insbesondere im Rahmen einer Tätigkeit als niedergelassener Rechtsanwalt, die dann allerdings nach RVG abzurechnen wäre.

Dagegen soll sich die faktische Lage in zivil- und arbeitsrechtlichen Verfahren sowie in Verfahren der freiwilligen Gerichtsbarkeit ohne Anwaltszwang nicht ändern. Bereits heute können Unternehmensmitarbeiter ihren Arbeitgeber als sonstige Vertreter in diesen Verfahren vertreten. Künftig können sie diese Vertretung als Syndikusrechtsanwälte vornehmen.

Im Unterschied zur bisherigen Rechtslage (§ 46 Absatz 1 BRAO) sieht Satz 1 kein Vertretungsverbot für Syndikusrechtsanwälte in verwaltungs-, finanz- und sozialgerichtlichen Verfahren vor. Eine Vertretung des Arbeitgebers durch Syndikusrechtsanwälte soll insoweit künftig zulässig sein. Dies ist eine Konsequenz daraus, dass die Stellung des Syndikusanwalts künftig unabhängig gestaltet wird. Die in zivil- und arbeitsgerichtlichen Verfahren sowie in Verfahren der freiwilligen Gerichtsbarkeit im Hinblick auf das Gebot der Waffengleichheit vorgenommene Differenzierung zwischen Verfahren mit und ohne Anwaltszwang kann hier nicht vorgenommen werden. Denn auch in Verfahren, in denen Anwaltszwang besteht, können sich Behörden und juristische Personen des öffentlichen Rechts durch eigene Beschäftigte mit Befähigung zum Richteramt vertreten lassen, so dass regelmäßig kein Ungleichgewicht zwischen den Prozessparteien bzw. zwischen den Verfahrensbeteiligten entstehen kann.

Ein Vertretungsverbot in Verfahren vor Schiedsgerichten sieht diese Vorschrift ebenfalls nicht vor.

Nach Satz 2 soll für den Syndikusrechtsanwalt in Straf- und Bußgeldverfahren, die gegen den Arbeitgeber oder dessen Mitarbeiter geführt werden, das im generellen Vertretungsverbot des geltenden Rechts enthaltene Verbot der Übernahme der Verteidigung oder Vertretung fortgelten. Für einen Strafverteidiger müssen die in § 53 Absatz 1 Satz 1 Nummer 2 StPO sowie in den § 97 Absatz 1 bis 3, § 100c Absatz 6 und § 160a StPO geregelten Privilegien ausnahmslos und uneingeschränkt zur Anwendung gelangen. Auf Grund des besonders geschützten Vertrauensverhältnisses zwischen Beschuldigtem und Verteidiger wäre es hier – anders als bei den sonstigen anwaltlichen Tätigkeiten des Syndikusrechtsanwalts, für die künftig § 53 Absatz 1 Satz 1 Nummer 3 StPO-E entsprechende Ausnahmen vorsieht – nicht möglich, diese Anwaltsprivilegien einzuschränken. Deshalb bleibt, um dem Gebot der effektiven Strafverfolgung Rechnung zu tragen (vgl. hierzu auch die Begründung zu Artikel 2 Nummer 2), insoweit nur die Möglichkeit eines generellen Verbots der Übernahme von Verteidigungen durch den Syndikusrechtsanwalt.

Gleiches gilt in den Fällen der Vertretung eines Unternehmens, gegen das im Strafverfahren eine Geldbuße verhängt werden soll (§ 444 StPO), oder gegen das sich das Strafverfahren als Einziehungs- oder Verfallsbeteiligter richtet (§§ 431, 442 StPO). In diesen Fällen handelt es sich formal zwar nicht um eine Verteidigung, sondern um eine Vertretung; diese Vertretung ist aber der Verteidigung so ähnlich, dass für sie gemäß § 434 StPO nicht nur die allgemeinen Vorschriften über die Verteidigung gelten, sondern auch die besonderen Anwaltsprivilegien zur Anwendung gelangen müssen. Aus diesem Grund muss dem Syndikusrechtsanwalt, dem diese Privilegien aus übergeordneten Gründen vorenthalten bleiben sollen, die Vertretung auch in diesen Fällen versagt bleiben.

Dagegen soll es künftig – insoweit abweichend vom bisher geltenden allgemeinen Verbot der gerichtlichen Vertretung – zulässig sein, dass der Syndikusrechtsanwalt den Arbeitgeber auch in Straf- und Bußgeldverfahren vertritt, soweit dieser nicht als Beschuldigter oder Einziehungsbeteiligter, sondern namentlich als Geschädigter und Nebenkläger am Verfahren beteiligt ist. In diesen Fällen richtet sich das Verfahren nicht gegen den Arbeitgeber, und die besonderen Gefahren, die den Ausschluss des Syndikusrechtsanwalts von der Übernahme der Strafverteidigung rechtfertigen, bestehen nicht. Denn für den Syndikusrechtsanwalt, der im Strafverfahren nicht als Verteidiger des Beschuldigten, sondern lediglich als Vertreter eines Dritten tätig wird, gelangt der Ausschluss der Anwaltsprivilegien gemäß § 53 Absatz 1 Satz 1 Nummer 2 StPO-E uneingeschränkt zur Anwendung.

Das Verteidigungsverbot muss indes auch gelten, soweit der Syndikusrechtsanwalt von seinem Arbeitgeber oder einem Mitarbeiter zwar in einer unternehmensbezogenen Angelegenheit, aber außerhalb seiner Syndikustätigkeit in seiner Eigenschaft als niedergelassener Rechtsanwalt beauftragt werden soll. Wäre eine solche Mandatierung zulässig, könnte hierdurch das Verteidigungsverbot für Syndikusrechtsanwälte und letztlich auch der Ausschluss der Anwaltsprivilegien umgangen werden, weil der Rechtsanwalt sich dann als Verteidiger nach § 53 Absatz 1 Satz 1 Nummer 2 StPO auf ein umfassendes Zeugnisverweigerungsrecht berufen und die Beschlagnahmefreiheit für sich beanspruchen könnte. Dies wäre nach dem oben Ausgeführten mit dem Gebot der effektiven Strafverfolgung nicht vereinbar.

Allerdings ist das Verbot der Verteidigung des Arbeitgebers und der Mitarbeiter aus diesen Gründen nur gerechtfertigt, soweit das Straf- oder Bußgeldverfahren einen Unternehmensbezug aufweist und damit im Zusammenhang mit der Syndikusanwaltstätigkeit des Rechtsanwalts steht. § 46c Absatz 2 Satz 2 BRAO-E steht deshalb nicht der Übernahme einer Verteidigung des Arbeitgebers oder eines Mitarbeiters in einem Straf- oder Bußgeldverfahren entgegen, das keinen Zusammenhang mit dem Unternehmen aufweist, bei dem der Rechtsanwalt beschäftigt ist. So soll der Syndikusrechtsanwalt in seiner Eigenschaft als niedergelassener Rechtsanwalt künftig etwa den Arbeitgeber in einem Straf- oder Bußgeldverfahren wegen eines mit dem Privatfahrzeug begangenen Verkehrsdelikts oder wegen einer ausschließlich im privaten Umfeld zu verortenden Straftat verteidigen können.

Das Verbot der Verteidigung auch von Mitarbeitern des Unternehmens, namentlich Vorständen, Geschäftsführern, Gesellschaftern, Prokuristen und sonstigen Geschäftsleitern, in Unternehmensangelegenheiten ist im Hinblick auf die §§ 30, 130 des Gesetzes über Ordnungswidrigkeiten erforderlich, da hiernach von Mitarbeitern begangene unternehmensbezogene Straftaten oder Ordnungswidrigkeiten zugleich den Vorwurf einer Ordnungswidrigkeit gegen das Unternehmen bzw. dessen Inhaber begründen können.

Zu Nummer 2 (§ 46c Absatz 3 BRAO-E)

Absatz 3 schließt die Anwendung einzelner berufsrechtlicher Vorschriften auf die Tätigkeit von Syndikusrechtsanwälten aus. Hintergrund dieser Regelung ist, dass der Syndikusrechtsanwalt in dieser Eigenschaft allein für seinen jeweiligen Arbeitgeber auf Grundlage des mit diesem geschlossenen Dienstvertrags tätig wird. Als unpassend erweisen sich daher berufsrechtliche Vorschriften, die an das Bild eines am freien Markt tätigen Rechtsanwalts, der Dienstleistungen für die Allgemeinheit erbringt, anknüpfen.

Dies gilt namentlich für § 44 BRAO, der die Pflichten eines Rechtsanwalts im Vorfeld des Zustandekommens eines Anwaltsdienstvertrags regelt. Der Regelungszweck dieser Vorschrift kommt bei Syndikusrechtsanwälten nicht zum Tragen, da diese bereits vertraglich gebunden sind. Zwar kann der Syndikusrechtsanwalt auf Grund seiner fachlichen Unabhängigkeit und Weisungsfreiheit die Durchführung eines vom Arbeitgeber erteilten Auftrags im Einzelfall ablehnen. Hierüber muss er den Arbeitgeber auch rechtzeitig informieren. Diese Pflicht ergibt sich allerdings unabhängig von § 44 BRAO bereits als Nebenpflicht aus dem bestehenden arbeitsvertraglichen Schuldverhältnis.

Auf Syndikusrechtsanwälte, die ausschließlich als Syndikusrechtsanwalt zugelassen sind, sind ferner die §§ 48 bis 49a BRAO nicht anwendbar. Diese Vorschriften schränken die Vertragsfreiheit des Rechtsanwalts ein und verpflichten ihn unter bestimmten Voraussetzungen zur Übernahme einer Prozessvertretung, einer Pflichtverteidigung oder Beistandsleistung oder zur Beratungshilfe. Eine solche Übernahmepflicht verträgt sich mit der Tätigkeit eines ausschließlich nach § 46a BRAO-E zugelassenen Syndikusrechtsanwalts schon deshalb nicht, weil dessen anwaltliche Tätigkeit nach § 46 Absatz 5 BRAO-E auf die Beratung und Vertretung des Arbeitgebers beschränkt ist. Anwendbar bleiben die §§ 48 bis 49a BRAO hingegen auf Syndikusrechtsanwälte, die zugleich als Rechtsanwalt nach § 4 BRAO zugelassen sind, soweit es ihre Tätigkeit außerhalb des Anstellungsverhältnisses betrifft.

Die Einschränkung des § 52 BRAO in Bezug auf die Tätigkeit als Syndikusrechtsanwalt trägt dem Umstand Rechnung, dass das Interesse des Arbeitgebers an einem Schadensausgleich durch den Syndikusrechtsanwalt bzw. dessen Versicherung im Rahmen des bestehenden Anstellungsverhältnisses anders zu bewerten ist als das Interesse eines Mandanten im Rahmen eines Einzelauftrags; der Arbeitgeber ist daher nicht in gleicher Weise schutzwürdig. So besteht zwischen Arbeitgeber und Syndikusrechtsanwalt bei Abschluss des Anstellungsvertrags regelmäßig ein größeres Verhandlungsgleichgewicht als zwischen Syndikusrechtsanwalt und Mandant bei Begründung eines Einzelmandats. Zudem kann es für den Arbeitgeber, der den Syndikusrechtsanwalt nach § 46c Absatz 4 Nummer 1 BRAO-E mitversichern oder im Innenverhältnis dessen Versicherungsprämie übernehmen will, wirtschaftlich interessant sein, dem Syndikusrechtsanwalt Haftungserleichterungen einzuräumen, die sich vorteilhaft auf die Höhe der Versicherungsprämie auswirken. Vor diesem Hintergrund sollten im Verhältnis zum Arbeitgeber individualvertragliche Haftungsbegrenzungen im Rahmen der allgemeinen gesetzlichen Bestimmungen (z. B. § 276 Absatz 3 BGB) zulässig sein.

Zu Nummer 2 (§ 46c Absatz 4 BRAO-E)

§ 46c Absatz 4 BRAO-E modifiziert die in § 27 BRAO verankerte Kanzleipflicht in Bezug auf Syndikusrechtsanwälte und enthält zugleich Regelungen für Fälle, in denen die Zulassung als Syndikusrechtsanwalt nach § 46b Absatz 3 BRAO-E mehrere Anstellungsverhältnisse umfasst oder neben der Zulassung nach § 46a BRAO-E eine weitere Zulassung nach § 4 BRAO besteht. Die Regelung will in diesen Fällen eine räumliche Abgrenzung der jeweils unterschiedlichen Tätigkeitsbereiche sicherstellen, ohne jedoch das Prinzip aufzugeben, wonach eine Doppelmitgliedschaft in zwei unterschiedlichen Rechtsanwaltskammern nicht möglich ist (vgl. hierzu § 33 Absatz 3 BRAO-E in Verbindung mit § 60 Absatz 1 Satz 2 BRAO).

Satz 1 legt fest, dass die regelmäßige Arbeitsstätte in Bezug auf die Zulassung als Syndikusrechtsanwalt als Kanzlei gilt. Besondere Anforderungen an die räumliche und organisatorische Beschaffen-

175

heit der Arbeitsstätte sind damit auf gesetzlicher Ebene nicht verbunden. Auf Grund der in § 59b BRAO enthaltenen Satzungsermächtigung der Satzungsversammlung bei der Bundesrechtsanwaltskammer kann diese gegebenenfalls weitere Anforderungen festlegen. Im Übrigen ist die Befugnis des Syndikusrechtsanwalts zur Beratung und Vertretung auf die eigenen Rechtsangelegenheiten des Arbeitgebers beschränkt, so dass es in dessen ureigenem Interesse liegt, für die räumliche und organisatorische Beschaffenheit der Arbeitsstätte – auch zur Wahrung der Unabhängigkeit des Syndikusrechtsanwalts – Vorkehrungen zu treffen. Ein Syndikusrechtsanwalt, der neben seiner Tätigkeit als Syndikusrechtsanwalt rechtsberatend für die Allgemeinheit tätig werden will, bedarf hierfür einer gesonderten Zulassung nach § 4 BRAO sowie einer gesonderten Kanzlei nach § 27 BRAO. Satz 2 regelt dies sowohl in Bezug auf Rechtsanwälte mit Doppelzulassung nach § 4 BRAO und § 46a Absatz 1 BRAO-E, als auch in Bezug auf die in der Praxis wohl eher seltenen Fälle, in denen Syndikusrechtsanwälte auf Grundlage mehrerer Anstellungsverhältnisse für verschiedene Arbeitgeber tätig sind. Für die Fälle des Satz 2 legt der zweite Halbsatz fest, dass nur eine der Kanzleien im Bezirk der zuständigen Rechtsanwaltskammer belegen sein muss. Relevant wird dies beispielsweise in Fällen, in denen ein Rechtsanwalt bei einem Unternehmen in einem Ort als Syndikusrechtsanwalt tätig ist und nebenher als niedergelassener Rechtsanwalt an einem in einem anderen Kammerbezirk belegenen Ort eine Kanzlei unterhält. Er ist auch dann Mitglied nur einer regionalen Rechtsanwaltskammer, deren Vorstand die Aufsicht über die gesamte anwaltliche Tätigkeit führt (vgl. § 33 Absatz 3 BRAO-E, § 12 Absatz 3, § 60 Absatz 1 Satz 2, § 73 Absatz 2 Nummer 4 BRAO). Die Mitgliedschaft bestimmt sich, vorbehaltlich eines Wechsels nach Satz 3, zunächst nach dem Ort der ersten Zulassung (vgl. § 33 Absatz 3 Nummer 1 und 2 BRAO-E). Satz 3 eröffnet die Möglichkeit eines Kammerwechsels, der gleichzeitig mit einem Antrag auf Erteilung einer weiteren Zulassung verbunden werden kann. War etwa in dem genannten Beispiel der Rechtsanwalt zunächst ausschließlich als niedergelassener Rechtsanwalt mit Kanzlei in einem Ort tätig und demzufolge Mitglied der dortigen Rechtsanwaltskammer und nimmt er später eine hauptberufliche Tätigkeit als Syndikusrechtsanwalt in einem anderen Ort auf, der in einem anderen Kammerbezirk belegen ist, kann er bei der Rechtsanwaltskammer dieses Ortes zeitgleich mit dem Antrag auf Zulassung als Syndikusrechtsanwalt nach § 46a BRAO-E die Aufnahme in diese Kammer beantragen.

Zu Nummer 2 (§ 46c Absatz 5 BRAO-E)

§ 46c Absatz 5 BRAO-E enthält Sonderregelungen für die Eintragung von Syndikusrechtsanwälten in das elektronische Rechtsanwaltsverzeichnis. Da nach dem Entwurf die BRAO künftig zwei Arten von Anwaltszulassungen kennt, sieht Satz 1 vor, dass Syndikusrechtsanwälte im elektronischen Rechtsanwaltsverzeichnis explizit als solche geführt werden. Auf diese Weise ist für einen nach Rechtsrat suchenden Bürger erkennbar, welcher Rechtsanwalt ausschließlich als Syndikusrechtsanwalt zugelassen und damit nicht gegenüber jedermann zur Rechtsberatung befugt ist und demzufolge insbesondere auch keine Beratungshilfe leistet (§ 46 Absatz 5 Satz 1 BRAO-E, § 46c Absatz 3 BRAO-E). Satz 2 sieht ergänzend vor, dass bei mehreren Zulassungen oder mehreren Arbeitgebern jeweils eine gesonderte Eintragung zu erfolgen hat. Die Regelung ist im Zusammenhang mit der zum 1. Januar 2016 in Kraft tretenden Regelung zum besonderen elektronischen Anwaltspostfach zu sehen und bewirkt, dass bei mehreren Eintragungen nach Satz 2 jeweils ein gesondertes besonderes elektronisches Anwaltspostfach einzurichten ist. Damit soll sichergestellt werden, dass speziell auf den jeweiligen Tätigkeitsbereich zugeschnittene Zugangsberechtigungen vergeben werden können und die Vertraulichkeit innerhalb der jeweiligen Mandats- und Arbeitsverhältnisse gewährleistet ist.

Zu Artikel 2 (Änderung der Strafprozessordnung – StPO)

Die erste Änderung (im ersten Halbsatz) erfolgt aus redaktionellen Gründen und integriert den Regelungsgehalt des bisherigen letzten Halbsatzes in den vorangehenden Hauptsatz.

Es soll des Weiteren ein neuer Halbsatz angefügt werden, wonach sich das Zeugnisverweigerungsrecht bei Syndikusrechtsanwälten und Syndikuspatentanwälten nicht auf das bezieht, was ihnen in dieser Eigenschaft anvertraut oder bekannt geworden ist. Dabei stellt die Bezugnahme auf § 53a StPO klar, dass das abgeleitete Zeugnisverweigerungsrecht, das auch einem Syndikusrechtsanwalt zustehen kann, wenn er bei einer anderen selbst zur Zeugnisverweigerung berechtigten Person angestellt ist, hiervon unberührt bleibt.

Die Änderung in § 53 Absatz 1 Satz 1 Nummer 3 StPO-E bewirkt zugleich, dass sich Syndikusrechtsanwälte und Syndikuspatentanwälte auch nicht auf die übrigen in der StPO geregelten Anwaltsprivilegien berufen können (§ 97 Absatz 1 bis 3, § 100c Absatz 6 und § 160a StPO), da diese ihrerseits unmittelbar an § 53 StPO anknüpfen.

Grund und Rechtfertigung für die Einschränkung der Anwaltsprivilegien ist das Gebot einer effektiven Strafverfolgung. Das Bundesverfassungsgericht hat wiederholt das Interesse an einer möglichst vollständigen Wahrheitsermittlung im Strafverfahren betont und die wirksame Aufklärung gerade schwerer Straftaten als einen wesentlichen Auftrag eines rechtsstaatlichen Gemeinwesens bezeichnet. Die durch Strafverfolgungsmaßnahmen bezweckte Aufklärung von Straftaten und ihr Beitrag zur Durchsetzung der Strafgesetze können durch Zeugnisverweigerungsrechte oder vergleichbare verfahrensrechtliche Beschränkungen der Strafverfolgung empfindlich berührt werden (u. a. Bundesverfassungsgericht, Beschluss vom 12. Oktober 2011 – 2 BvR 236/08 u. a. – Rn. 249). Auch der Europäische Gerichtshof hat entschieden, dass die besondere berufliche Stellung des Syndikusanwalts es rechtfertigt, ihn von dem für niedergelassene Anwälte geltenden besonderen strafprozessualen Vertraulichkeitsschutz auszunehmen (C-550/07-P, „Akzo/Nobel", Slg 2010, I-8301 = NJW 2010, S. 3557).

Eine Einbeziehung der Syndikusrechtsanwälte und Syndikuspatentanwälte in den Anwendungsbereich der §§ 97 und 160a StPO würde die Gefahr hervorrufen, dass relevante Beweismittel den Strafverfolgungsbehörden nicht zur Verfügung stünden. Dabei ist zu berücksichtigen, dass die von den Ermittlungsbehörden vorzunehmende Bewertung des Vorliegens eines Beweiserhebungsverbots anhand äußerlich einfach feststellbarer Kriterien möglich sein muss. Dies wird durch die Einführung einer gesonderten Zulassung für die Syndikustätigkeit gewährleistet. Eine Unterscheidung innerhalb dieser Tätigkeit zwischen „Rechtsberatung" und „sonstiger geschäftliche Beratung" des Unternehmens würde hingegen kein Kriterium dieser Art darstellen.

Zu Artikel 3 (Änderung des Rechtsanwaltsvergütungsgesetzes – RVG)

Die vorgeschlagene Änderung sieht vor, dass das RVG wie bisher auf eine Tätigkeit als Syndikusrechtsanwalt keine Anwendung findet. Die Änderung ist auf Grund der Aufgabe der Doppelberufstheorie erforderlich. Die Tätigkeit des Syndikusrechtsanwalts stellt demnach zwar künftig eine anwaltliche Tätigkeit dar. Die Vergütung soll sich allerdings nicht nach den gesetzlichen Vergütungsvorschriften des RVG richten. Zum Schutz der anwaltlichen Unabhängigkeit bleiben die in § 49b BRAO verankerten berufsrechtlichen Beschränkungen hingegen anwendbar, soweit diese nicht unmittelbar an die Vergütungsvorschriften des RVG anknüpfen. Dies gilt insbesondere für das Verbot eines Erfolgshonorars (§ 49b Absatz 2 BRAO).

Zu Artikel 4 (Änderung der Patentanwaltsordnung – PAO)

Zu Nummer 1 (§§ 41a bis 41d PAO-E)

Die Vorschriften der §§ 41a bis 41d PAO-E werden analog zu den §§ 46 bis 46c BRAO-E gefasst.

Zu Nummer 1 (§ 41a Absatz 1 PAO-E)

Die Patentanwaltsordnung geht vom Leitbild des selbständigen Patentanwalts aus. Aus einzelnen Regelungen der Patentanwaltsordnung in ihrer bisherigen Fassung ergibt sich allerdings bereits jetzt, dass die Tätigkeit als Patentanwalt in arbeitsrechtlich abhängiger Stellung zulässig ist (§ 41a PAO). Die Regelung in § 41a PAO-E stellt dies nun ausdrücklich klar im Hinblick auf Arbeitgeber, die den gleichen Berufspflichten unterliegen wie der Patentanwalt selbst.

Zu Nummer 1 (§ 41a Absatz 2 bis 5 PAO-E)

Der Begriff des Syndikuspatentanwalts wird analog zu dem Begriff des Syndikusrechtsanwalts in der Bundesrechtsanwaltsordnung legaldefiniert und die Merkmale seiner Tätigkeit werden gesetzlich dargestellt.

§ 41a Absatz 2 bis 4 PAO-E knüpft bei der Legaldefinition des Syndikuspatentanwalts an dessen Stellung im Sinne der §§ 1, 3 Absatz 1 PAO und an den in § 3 Absatz 2 und Absatz 3 PAO dieses Gesetzes und § 4 des Steuerberatungsgesetz (StBerG) niedergelegten Wirkungskreis eines Patentanwalts an.

§ 3 Absatz 2 und 3 PAO umschreibt den Umfang des Beratungs- und Vertretungsrechts des Patentanwalts, wobei sich Absatz 2 auf den engeren Aufgabenkreis des Wirkungskreises des Patentanwalts bezieht und Absatz 3 weitere nahe verwandte Aufgabenbereiche benennt.

Nach § 3 Absatz 2 Nummer 1 PAO hat der Patentanwalt die berufliche Aufgabe, in Angelegenheiten zur Erlangung, Aufrechterhaltung, Verteidigung und Anfechtung gewerblicher Schutzrechte oder eines Sortenschutzrechts seinen Auftraggeber zu beraten und ihn natürlichen und juristischen Personen gegenüber zu vertreten. § 3 Absatz 3 Nummer 1 PAO erstreckt das in Absatz 2 Nummer 1 PAO geregelte Recht des Patentanwalts zur Beratung seines Auftraggebers gegenüber Dritten in Angelegenheiten, die mit dem in § 3 Absatz 2 Nummer 1 PAO umschriebenen Aufgabenbereich in einem untrennbaren rechtlichen oder tatsächlichen Zusammenhang stehen, bezieht sich jedoch nicht auf gerichtliche oder behördliche Verfahren (vgl. Feuerich in Feuerich/Weyland, BRAO, 8. Auflage 2012, § 3 PAO, Rn. 12). § 3 Absatz 3 Nummer 3 PAO ergänzt die Regelung des § 3 Absatz 3 Nummer 1 PAO, indem dem Patentanwalt in den in Nummer 1 genannten Fällen ein Vertretungsrecht vor Schiedsgerichten und Verwaltungsbehörden gewährt wird. Der Syndikuspatentanwalt soll in diesen zuvor genannten Angelegenheiten seinen Arbeitgeber beraten und vertreten können. Abweichend von der bisherigen gesetzlichen Regelung ist der Syndikuspatentanwalt befugt, seinen Arbeitgeber auch gegenüber Behörden zu vertreten.

Nach § 3 Absatz 2 Nummer 2 PAO hat der Patentanwalt die berufliche Aufgabe, in Angelegenheiten, die zum Geschäftskreis des Patentamts (§§ 26 ff. des Patentgesetzes, §§ 32 ff. des Markengesetzes, §§ 4 ff. des Gebrauchsmustergesetzes, §§ 11 ff. des Designgesetzes [DesignG], §§ 3 ff. des Halbleiterschutzgesetzes [HalblSchG]) und des Patentgerichts (§§ 65 ff., 73 ff., 97 PatG; §§ 66 ff., §§ 18 ff. MarkenG, 18 ff. GebrMG, § 23 DesignG; §§ 34, 36 des Sortenschutzgesetzes [SortSchG], § 4 Absatz 4 HalblSchG in Verbindung mit § 18 GebrMG) gehören, ein Vertretungsrecht wahrzunehmen. Er kann vor dem Patentgericht vortragen und alle Prozesshandlungen vornehmen. Dies umfasst auch die Vertretung Auswärtiger nach § 25 PatG, § 58 DesignG, § 28 GebrMG, § 11 Absatz 2 HalblSchG, § 15 Absatz 2 SortSchG und § 98 MarkenG. Der Syndikuspatentanwalt soll seinen Arbeitgeber in den zuvor beschriebenen Angelegenheiten vertreten dürfen, jedoch nicht andere Auswärtige im Sinne des § 25 PatG, des § 58 DesignG, des § 28 GebrMG, des § 11 Absatz 2 HalblSchG und des § 98 MarkenG.

Nach § 3 Absatz 2 Nummer 3 PAO hat der Patentanwalt die berufliche Aufgabe, in Verfahren wegen Erklärung der Nichtigkeit oder der Zurücknahme des Patents oder ergänzenden Schutzzertifikats oder wegen Erteilung einer Zwangslizenz andere vor dem Bundesgerichtshof zu vertreten. Diese Norm bezieht sich auf das dem Patentanwalt durch das in § 122 Absatz 4, § 113 PatG gewährte Recht, in den dort genannten Verfahren Mandanten vor dem Bundesgerichtshof zu vertreten. Dieses Recht soll auch dem Syndikuspatentanwalt zustehen.

Nach § 4 Nummer 2 StBerG sind Patentanwälte zur geschäftsmäßigen Hilfeleistung in Steuersachen „im Rahmen ihrer Befugnisse nach der PAO" befugt. Diese Befugnis steht auch dem Syndikuspatentanwalt zu.

Die fachliche Unabhängigkeit und Eigenverantwortlichkeit, die in § 41a Absatz 2 bis Absatz 4 PAO-E analog zu
§ 46 Absatz 2 bis Absatz 4 BRAO-E geregelt sind, unterscheiden den Syndikuspatentanwalt vom angestellten Patentassessor (§§ 11, 155, 156 PAO). Darüber hinaus sind beide in unterschiedlichem Maße befugt, ihren Arbeitgeber zu vertreten. Der Titel „Patentassessor" verleiht seinem Träger als solchem zunächst keine Beratungs- oder Vertretungsrechte. Auf Grund des Titels kann er die Zulassung zur Patentanwaltschaft nach den §§ 13 ff. PAO betreiben oder in einem Angestelltenverhältnis in der Patentabteilung eines Unternehmens tätig werden. Erst im Rahmen eines solchen Angestelltenverhältnisses stehen ihm nach den §§ 155, 156 PAO besondere Vertretungsbefugnisse zu (Feuerich in Feuerlich/Weyland, BRAO, 8. Auflage 2012, § 11 PAO, Rn. 1). Der Patentassessor ist berechtigt, seinen Arbeitgeber in dem in § 3 PAO genannten Wirkungskreis zu beraten und zu vertreten, ebenso wie dies ein Patentsachbearbeiter dürfte (siehe unten). Die §§ 155, 156 PAO erweitern die Befugnisse des angestellten Patentassessors gegenüber denjenigen eines Sachbearbeiters und erstrecken diese auf die Beratung und Vertretung von genauer definierten Dritten. Gemäß § 155 Absatz 1 PAO kann ein Patentassessor, der im Geltungsbereich der Patentanwaltsordnung eine Tätigkeit auf dem Gebiet des gewerblichen Rechtsschutzes auf Grund eines ständigen Dienstverhältnisses ausübt, im Rahmen dieses Dienstverhältnisses einen Dritten gemäß § 3 Absatz 2 und 3 PAO beraten und vertreten, wenn der Dritte und der Dienstherr des Patentassessors im Verhältnis zueinander Konzernunternehmen (§ 18 AktG) oder Vertragsteile eines Unternehmensvertrags (§§ 291, 292 AktG) sind (§ 155 Absatz 1 Nummer 1 PAO) oder der Dritte im Inland weder Wohnsitz noch Niederlassung hat und er dem Dienstherrn des Patentassessors vertraglich die Wahrnehmung seiner Interessen auf dem Gebiet des gewerblichen Rechtsschutzes übertragen hat (§ 155 Absatz 1 Nummer 2 PAO). Im Falle des § 155 Absatz 1 Nummer 2 PAO kann der Patentassessor von dem Dritten als Vertreter oder Zustellungsbevollmächtigter im Sinne des § 25 PatG, des § 28 GebrauchsMG, des § 11 Absatz 2 HalblSchG, des § 58 DesignG und des § 96 MarkenG bestellt werden. § 156 PAO sieht vor, dass einem Patentassessor, der im Geltungsbereich der PAO eine Tätigkeit auf dem Gebiet des gewerblichen Rechtsschutzes auf Grund eines ständigen Dienstverhältnisses ausübt, in den in § 4 bezeichneten Rechtsstreitigkeiten seines Dienstherrn oder des in § 155 Absatz 1 Nummer 1 oder Nummer 2 genannten Dritten auf Antrag der Partei das Wort zu gestatten ist.

Nach der bisherigen Regelung des § 155 Absatz 3 PAO galten die Regelungen des § 155 Absatz 1 und Absatz 2 PAO nicht für Patentanwälte in ständigen Dienst- oder ähnlichen Beschäftigungsverhältnissen. Nach der in diesem Entwurf vorgesehenen Regelung sind Syndikuspatentanwälte nunmehr befugt, ihren Arbeitgeber in dessen eigenen Rechtsangelegenheiten sowie verbundene Unternehmen im Sinne des § 15 des Aktiengesetzes (AktG) zu beraten und zu vertreten. Verbundene Unternehmen sind nach § 15 AktG rechtlich selbständige Unternehmen, die im Verhältnis zueinander in Mehrheitsbesitz stehende Unternehmen und mit Mehrheit beteiligte Unternehmen (§ 16 AktG), abhängige und herrschende Unternehmen (§ 17 AktG), Konzernunternehmen (§ 18 AktG), wechselseitig beteiligte Unternehmen (§ 19 AktG) oder Vertragsteile eines Unternehmensvertrags (§§ 291, 292 AktG). Die Beratungs- und Vertretungsbefugnisse des Syndikuspatentanwalts sind im Vergleich zu denen eines Patentassessors somit umfangreicher, soweit es die Vertretung verbundener Unternehmen betrifft. Soweit es die Beratung und Vertretung Dritter betrifft, sind die Beratungs- und Vertretungsbefugnisse des Syndikuspatentanwalts weniger umfangreich als diejenigen des Patentassessors (vgl. Begründung zu § 155 Absatz 3 PAO).

Im Übrigen wird auf die Begründung zu § 46 Absatz 2 bis 5 BRAO-E verwiesen.

Zu Nummer 1 (§ 41b PAO-E)

Die Regelung des § 41b Absatz 1 bis 4 PAO-E entspricht der des vorgeschlagenen § 46a BRAO-E und regelt die Voraussetzungen der Zulassung als Syndikuspatentanwalt. § 41b Absatz 2 Satz 4 PAO-E knüpft an das gerichtliche Verfahren in verwaltungsrechtlichen Patentanwaltssachen nach den §§ 94a ff. PAO an.

Zur weiteren Begründung wird auf diejenige zu § 46a BRAO-E verwiesen.

Zu Nummer 1 (§ 41c PAO-E)

Die Vorschrift des § 41c PAO-E wird analog zu § 46b BRAO-E gefasst. Die Norm regelt Änderungen und das Erlöschen der Zulassung als Syndikuspatentanwalt. Zur weiteren Begründung kann auf diejenige zu § 46b BRAO-E verwiesen werden.

Zu Nummer 1 (§ 41d PAO-E)

§ 41d PAO-E gliedert sich in einen deklaratorischen und einen konstitutiven Regelungsteil. Der deklaratorische Absatz 1 stellt klar, dass die für Patentanwälte geltenden gesetzlichen Vorschriften im Grundsatz in gleicher Weise auf Syndikuspatentanwälte Anwendung finden. In Ausnahme zu diesem Grundsatz enthalten die konstitutiven Absätze 2 bis 5 abweichende Sonderregelungen und Modifikationen. Absatz 2 regelt die Vertretungsbefugnis des Syndikuspatentanwalts. Absatz 3 erklärt einzelne berufsrechtliche Vorschriften in Bezug auf Syndikuspatentanwälte für nicht anwendbar und trägt damit dem Umstand Rechnung, dass Syndikuspatentanwälte in ihrer Eigenschaft als Syndikuspatentanwalt nicht für die Allgemeinheit tätig sind und sich insoweit von niedergelassenen Patentanwälten unterscheiden. Die Absätze 4 und 5 modifizieren die in den §§ 26 und 29 PAO enthaltenen Regelungen zur Kanzlei und zum Patentanwaltsverzeichnis. § 41d Absatz 6 PAO-E bezieht sich auf die Vergütung des Syndikuspatentanwalts.

Zu Nummer 1 (§ 41d Absatz 1 PAO-E)

Syndikuspatentanwälte sind Patentanwälte im Sinne des Gesetzes. Die gesetzlichen Vorschriften über Patentanwälte gelten daher – vorbehaltlich der abweichenden Sonderregelung in den Absätzen 2 bis 6 und § 53 Absatz 1 Satz 1 Nummer 3 StPO-E – in gleicher Weise auch für Syndikuspatentanwälte. Absatz 1 hat insoweit nur klarstellende Funktion.

Die Tätigkeit des Syndikuspatentanwalts unterliegt damit insbesondere dem patentanwaltlichen Berufsrecht, soweit nicht einzelne Regelungen durch § 41d PAO-E abgedungen sind. Für den Syndikuspatentanwalt gilt insbesondere die in § 3 Absatz 5 PAO enthaltene Regelung. Nach dieser Norm bleibt das Recht der Rechtsanwälte zur Beratung und Vertretung in allen Rechtsangelegenheiten (§ 3 BRAO) von der Beschränkung des Wirkungskreises des Patentanwalts nach § 3 Absatz 2 und Absatz 3 PAO unberührt. Ein Syndikuspatentanwalt, der neben seiner Zulassung als Syndikuspatentanwalt über eine Zulassung als Rechtsanwalt verfügt, ist mithin außerhalb seiner Tätigkeit als Syndikuspatentanwalt bei der Wahrnehmung des Berufs als Rechtsanwalt, sei es in Form des selbständigen Rechtsanwalts, des bei einem anwaltlichen Arbeitgeber angestellten Rechtsanwalts (§ 46 Absatz 1 PAO-E) oder des Syndikusrechtsanwalts (§ 46 Absatz 2 BRAO-E), in seinem Wirkungskreis nicht beschränkt.

Neben dem patentanwaltlichen Berufsrecht finden auch sonstige gesetzliche Regelungen, die für Patentanwälte gelten, auf Syndikuspatentanwälte Anwendung.

Dem Syndikuspatentanwalt steht beispielsweise im Zivilprozess ein Zeugnisverweigerungsrecht und daraus abgeleitet das Recht zu, einer gerichtlichen Anordnung zur Urkundenvorlegung nicht nachzukommen (§ 383 Absatz 1 Nummer 6 ZPO, § 142 Absatz 2 ZPO). Dies kann auch im Zusammenhang mit vergleichbaren Regelungen im ausländischen Zivilverfahrensrecht Bedeutung erlangen, beispielsweise im Hinblick auf sogenannte „Pre-Trial Discovery-Verfahren" nach US-amerikanischem Recht.

Zu Nummer 1 (§ 41d Absatz 2 PAO-E)

Absatz 2 sieht ein partielles Vertretungsverbot für Syndikuspatentanwälte vor.

§ 41d Absatz 2 Satz 1 PAO-E verdeutlicht, dass der Syndikuspatentanwalt abweichend von der bisherigen Rechtslage für seinen Arbeitgeber in dem gleichen Umfang vor den Gerichten auftreten darf wie der Patentanwalt. Das in der bisherigen gesetzlichen Regelung vorgesehene Vertretungsverbot vor Gerichten, Schiedsgerichten oder Behörden entfällt. Dies ergibt sich aus der Bezugnahme auf § 4 PAO und aus dem in § 41a Absatz 2 PAO-E benannten Wirkungskreis des Syndikuspatentanwalts.

Nach § 4 Absatz 1 PAO ist dem Patentanwalt auf Antrag seiner Partei in Rechtsstreitigkeiten, in denen ein Anspruch aus einem der im PatG, im GebrMG, im HalblSchG, im MarkenG, im Gesetz über Arbeitnehmererfindungen, im DesignG oder im SortSchG geregelten Rechtsverhältnisse geltend gemacht wird, das Wort zu gestatten. Ferner ist dem Patentanwalt auf Antrag seiner Partei in Rechtsbeschwerdeverfahren gegen Beschlüsse der Beschwerdesenate des Patentgerichts (§ 102 Absatz 5 Satz 2 PatG, § 23 Absatz 3 DesignG, §§ 83 ff. MarkenG, § 18 Absatz 2 GebrMG in Verbindung mit § 102 Absatz 5 Satz 2 PatG) das Wort zu gestatten. Gemäß § 4 Absatz 2 PAO gilt das Gleiche in sonstigen Rechtsstreitigkeiten, soweit für die Entscheidung eine Frage von Bedeutung ist, die ein gewerbliches Schutzrecht, ein Design, ein Datenverarbeitungsprogramm, eine nicht geschützte Erfindung oder eine sonstige die Technik bereichernde Leistung, ein Sortenschutzrecht oder eine nicht geschützte, den Pflanzenbau bereichernde Leistung auf dem Gebiet der Pflanzenzüchtung betrifft, oder soweit für die Entscheidung eine mit einer solchen Frage unmittelbar zusammenhängende Rechtsfrage von Bedeutung ist. § 4 Absatz 3 PAO sieht vor, dass der Patentanwalt in den Fällen der Absätze 1 und 2 als Bevollmächtigter vertretungsbefugt ist, soweit eine Vertretung durch Rechtsanwälte nicht geboten ist.

Satz 1 stellt klar, dass diese Regelungen auch für den Syndikuspatentanwalt gelten, dass er jedoch nur für seinen Arbeitgeber auftreten darf.

Nach Satz 2 soll für den Syndikuspatentanwalt das im generellen Vertretungsverbot des geltenden Rechts enthaltene Verbot der Übernahme der Verteidigung oder Vertretung in Straf- und Bußgeldverfahren, die gegen den Arbeitgeber oder dessen Mitarbeiter geführt werden, fortgelten. Das MarkenG (§ 143 ff. MarkenG), das GebrauchsMG (§ 25 GebrMG), das DesignG, das SortenSchG (§ 39 ff. SortenSchG) und das PatG (§§ 52, 142 PatG) enthalten jeweils Straf- und Bußgeldtatbestände, bei denen eine Verteidigung durch einen Patentanwalt nach § 138 Absatz 2 Satz 1 StPO grundsätzlich in Betracht kommen kann. Das Verbot der Übernahme der Verteidigung oder Vertretung durch einen Syndikuspatentanwalt entspricht der Regelung für Syndikusrechtsanwälte in § 46c Absatz 2 Satz 2 BRAO-E und rechtfertigt sich aus den dort aufgeführten Gründen (vgl. im Einzelnen die Begründung zu Artikel 1 Nummer 2). Aus diesen Gründen muss das Verteidigungsverbot auch gelten, soweit der Syndikuspatentanwalt außerhalb seiner Syndikustätigkeit als niedergelassener freiberuflicher Patentanwalt (§§ 5 ff. PAO) oder als Rechtsanwalt beauftragt werden soll und es sich um ein unternehmensbezogenes Verfahren handelt.

Zu Nummer 1 (§ 41d Absatz 3 PAO-E)

Absatz 3 schließt die Anwendung einzelner berufsrechtlicher Vorschriften auf Syndikuspatentanwälte aus. Hintergrund dieser Regelung ist, dass der Syndikuspatentanwalt seine Arbeitskraft nur seinem jeweiligen Arbeitgeber auf Grundlage eines mit diesem geschlossenen Dienstvertrags zur Verfügung stellt. Als unpassend erweist sich daher die Anwendung solcher berufsrechtlichen Vorschriften, die in erster Linie auf eine an die Allgemeinheit gerichtete patentanwaltliche Tätigkeit auf dem freien Markt abzielen.

Dies gilt namentlich für § 40 PAO, der die Pflichten eines Patentanwalts im Vorfeld des Zustandekommens eines Patentanwaltsdienstvertrags regelt. Der Regelungszweck dieser Vorschrift kommt bei Syndikuspatentanwälten nicht zum Tragen, da diese bereits vertraglich gebunden sind. Die Abbedingung des § 40 PAO schließt eine vergleichbare Pflicht des Syndikuspatentanwalts auf Grundlage des Arbeitsvertrags allerdings nicht aus.

Auf Syndikuspatentanwälte, die ausschließlich als Syndikuspatentanwalt zugelassen sind, findet ferner § 43 PAO keine Anwendung. Diese Vorschrift schränkt die Vertragsfreiheit des Patentanwalts ein und verpflichtet ihn unter bestimmten Voraussetzungen zur Übernahme einer Vertretung. Eine solche Übernahmepflicht verträgt sich mit der Tätigkeit eines ausschließlich nach § 41a PAO-E zugelassenen Syndikuspatentanwalts schon deshalb nicht, weil dessen anwaltliche Tätigkeit auf die Beratung und Vertretung des Arbeitgebers beschränkt ist. Anwendbar bleibt § 43 PAO hingegen auf Syndikuspatentanwälte, die zugleich als freiberuflicher Patentanwalt nach den §§ 5 ff. PAO zugelassen sind.

Die Einschränkung des § 45b PAO in Bezug auf die Tätigkeit als Syndikuspatentanwalt trägt dem Umstand Rechnung, dass das Interesse des Arbeitgebers an einem Schadensausgleich durch den Syndikuspatentanwalt bzw. dessen Versicherung im Rahmen des bestehenden Anstellungsverhältnisses anders zu bewerten ist als das Interesse eines Mandanten im Rahmen eines Einzelauftrags; der Arbeitgeber ist daher nicht in gleicher Weise schutzwürdig. So besteht zwischen Arbeitgeber und Syndikuspatentanwalt bei Abschluss des Anstellungsvertrags regelmäßig ein größeres Verhandlungsgleichgewicht als zwischen Patentanwalt und Mandant bei Begründung eines Einzelmandats. Zudem kann es für den Arbeitgeber, der den Syndikuspatentanwalt mitversichern oder im Innenverhältnis dessen Versicherungsprämie übernehmen will, wirtschaftlich interessant sein, dem Syndikuspatentanwalt Haftungserleichterungen einzuräumen, die sich vorteilhaft auf die Höhe der Versicherungsprämie auswirken. Vor diesem Hintergrund sollten im Verhältnis zum Arbeitgeber individualvertragliche Haftungsbegrenzungen im Rahmen der allgemeinen gesetzlichen Bestimmungen (z. B. § 276 Absatz 3 BGB) zulässig sein.

Zu Nummer 1 (§ 41d Absatz 4 PAO-E)

§ 41d Absatz 4 PAO-E modifiziert die in § 26 PAO verankerte Kanzleipflicht in Bezug auf Syndikuspatentanwälte und enthält zugleich Regelungen für Fälle, in denen die Zulassung als Syndikuspatentanwalt mehrere Anstellungsverhältnisse umfasst oder neben der Zulassung nach § 41a PAO-E eine weitere Zulassung nach § 5 PAO besteht. Die Regelung will in diesen Fällen eine räumliche Abgrenzung der jeweils unterschiedlichen Tätigkeitsbereiche sicherstellen.

Satz 1 legt fest, dass die regelmäßige Arbeitsstätte in Bezug auf die Zulassung als Syndikuspatentanwalt als Kanzlei gilt. Besondere Anforderungen an die räumliche und organisatorische Beschaffenheit der Arbeitsstätte sind damit auf gesetzlicher Ebene nicht verbunden. Grund hierfür ist, dass die Befugnis des Syndikuspatentanwalts zur Beratung und Vertretung auf die eigenen Rechtsangelegenheiten des Arbeitgebers beschränkt ist. Ein Syndikuspatentanwalt, der neben seiner Tätigkeit als Syndikuspatentanwalt rechtsberatend im Wirkungskreis des § 4 PAO für Dritte tätig werden will, bedarf hierfür einer gesonderten Zulassung nach § 5 PAO sowie einer gesonderten Kanzlei nach § 26 PAO. Satz 2 regelt dies sowohl in Bezug auf Patentanwälte mit Doppelzulassung nach § 5 PAO und § 41a PAO-E, als auch in Bezug auf die in der Praxis wohl eher seltenen Fälle, in denen Syndikuspatentanwälte auf Grundlage mehrerer Anstellungsverhältnisse für verschiedene Arbeitgeber tätig sind.

Zu Nummer 1 (§ 41d Absatz 5 PAO-E)

§ 41d Absatz 5 PAO-E enthält Sonderregelungen für die Eintragung von Syndikuspatentanwälten in das elektronische Patentanwaltsverzeichnis. Da die PAO künftig zwei Arten von Patentanwaltszulassungen kennen wird, sieht Satz 1 vor, dass Syndikuspatentanwälte im elektronischen Patentanwaltsverzeichnis explizit als solche geführt werden. Auf diese Weise ist für einen nach Rechtsrat suchenden Bürger erkennbar, welcher Patentanwalt ausschließlich als Syndikuspatentanwalt zugelassen und damit nicht gegenüber jedermann zur Rechtsberatung befugt ist. Satz 2 sieht ergänzend vor, dass bei mehreren Zulassungen oder mehreren Arbeitgebern jeweils eine gesonderte Eintragung zu erfolgen hat. Die Regelung entspricht derjenigen in § 46c Absatz 5 BRAO-E.

Zu Nummer 1 (§ 41d Absatz 6 PAO-E)

Die Vergütung der anwaltlichen Tätigkeit der Patentanwälte ist – im Gegensatz zu derjenigen der Rechtsanwälte – gesetzlich nicht geregelt und bestimmt sich in erster Linie nach der Vereinbarung mit dem Auftraggeber. Fehlt eine solche Vereinbarung, bemisst sich die Höhe der Vergütung gemäß § 612 Absatz 2 BGB nach der üblichen Vergütung. Zu deren Bestimmung können die von der Patentanwaltskammer herausgegebene nicht-amtliche Gebührenordnung für Patentanwälte und Gebührentatbestände des Vergütungsverzeichnisses zu § 2 Absatz 2 RVG herangezogen werden. Bei einem angestellten Patentanwalt ist das Entrichten von Gebühren seitens des Arbeitgebers gegenüber dem Patentanwalt nicht erforderlich, da der Patentanwalt, indem er seinen Arbeitgeber im Rahmen des Wirkungskreises des § 3 PAO berät, seine Pflichten aus dem Arbeitsverhältnis erfüllt und im Gegenzug hierfür von seinem Arbeitgeber ein Gehalt erhält. § 46d Absatz 6 PAO-E verdeutlicht, dass das im Rahmen des Arbeitsverhältnisses gezahlte Gehalt zur Abgeltung der Rechtsdienstleistungen, die der Syndikuspatentanwalt gegenüber seinem Arbeitgeber erbringt, ausreichend ist und daneben keine patentanwaltlichen Gebühren aus der Beratung und Vertretung des Arbeitgebers anfallen.

Der Syndikuspatentanwalt ist berufsrechtlich nicht berechtigt, von seinem Arbeitgeber die gemäß § 143 Absatz 3 PatG, § 140 Absatz 3 MarkenG, § 27 Absatz 3 GebrMG und § 38 Absatz 3 SortSchG erstattungsfähigen Gebühren zu verlangen. Sein Arbeitgeber soll diese, da sie seitens des Syndikuspatentanwalts nicht abgerechnet werden können, ebenfalls nicht erstattet verlangen können.

Zu Nummer 2 (§ 155 Absatz 3 PAO)

Die Regelung stellt klar, dass der Syndikuspatentanwalt nicht befugt ist, Vertragspartner seines Dienstherrn aus dem Ausland zu beraten und zu vertreten. Die Wahrnehmung anwaltlicher Aufgaben setzt nämlich für den Mandanten unverfügbar den unabhängigen, verschwiegenen und nur den Interessen des eigenen Mandanten verpflichteten Patentanwalt voraus. Hiermit stünde es nicht in Einklang, wenn der Syndikuspatentanwalt zugleich neben seinem Arbeitgeber Dritte beraten und vertreten würde, deren Interessen zu denen des Arbeitgebers gegenläufig sein könnten.

Zu Nummer 3 (§ 155a PAO-E)

Die Regelung greift die bisherige Regelung des § 41a PAO im Hinblick auf den freiberuflichen Patentanwalt, der im Nebenberuf als Patentassessor tätig ist auf, um die Unabhängigkeit des Patentanwalts als Organ der Rechtspflege zu schützen.

Nach § 155a Absatz 1 PAO-E darf ein Patentanwalt, der im Rahmen einer weiteren beruflichen Betätigung als Patentassessor tätig ist, vor Gerichten, Schiedsgerichten oder Behörden nicht in seiner Eigenschaft als Patentanwalt tätig werden.

Der Patentanwalt darf nach § 155a Absatz 2 Nummer 1 PAO-E weiterhin nicht tätig werden, wenn er als Patentassessor, der in einem ständigen Dienst- oder ähnlichen Beschäftigungsverhältnis eine Tätigkeit auf dem Gebiet des gewerblichen Rechtsschutzes ausübt, in derselben Angelegenheit bereits tätig geworden ist oder in einer solchen, die eine technische oder naturwissenschaftliche Verwertbarkeit für das Arbeitsgebiet ergibt, mit dem er als Patentassessor in einem ständigen Dienstoder Beschäftigungsverhältnis befasst ist; es sei denn, es besteht ein gemeinsames Interesse oder die berufliche Tätigkeit ist beendet. § 155 Absatz 2 Nummer 2 PAO-E regelt den umgekehrten Fall.

§ 155a Absatz 3 PAO-E entspricht dem bisherigen § 41a PAO für den Patentassessor. Danach gelten die in Absatz 2 PAO-E geregelten Verbote auch für die mit dem Patentanwalt in Sozietät oder in sonstiger Weise zur gemeinschaftlichen Berufsausübung verbundenen oder verbunden gewesenen Patentanwälte und Angehörige anderer Berufe und auch insoweit einer von diesen im Sinne der Absätze 1 und 2 befasst ist.

Mögliche Interessenkonflikte, die sich unter rechtlichen und technisch naturwissenschaftlichen Gesichtspunkten daraus ergeben könnten, dass neben der Tätigkeit als Syndikuspatentanwalt auch eine Tätigkeit als selbständiger oder angestellter Rechtsanwalt oder als selbständiger oder angestellter Patentanwalt ausgeübt wird, werden durch § 39a PAO erfasst.

Zu Artikel 5 (Änderung des Sechsten Buches Sozialgesetzbuch – SGB VI)

Zu Nummer 1 (Inhaltsübersicht)

Der neue § 286f SGB VI ist in die Inhaltsübersicht aufzunehmen.

Zu Nummer 2 (§ 231 Absatz 4a und 4b SGB VI-E)

Nach der überwiegend bis zur Rechtsprechung des Bundessozialgerichtes am 3. April 2014 geübten Rechtspraxis konnten Syndikusanwälte unter bestimmten Voraussetzungen von der Versicherungspflicht befreit werden. Diese Rechtspraxis wurde infolge der Rechtsprechung des Bundessozialgerichts beendet. Die mit diesem Gesetz verbundenen Änderungen der BRAO und der PAO (Artikel 1 Nummer 2 und Artikel 4) stellen für Zeiten ab Inkrafttreten der Neuregelung den Rechtszustand der Befreiungsfähigkeit von Syndikusrechtsanwälten und Syndikuspatentanwälten unter bestimmten Voraussetzungen wieder her.

Absatz 4a regelt vor diesem Hintergrund, dass die Erweiterung des Kreises der Pflichtmitglieder der Rechts- und Patentanwaltskammern durch die Änderungen der Bundesrechtsanwaltsordnung und der Patentanwaltsordnung, mit der die Rechtsstellung der Syndikusrechtsanwälte und Syndikuspatentanwälte geregelt wird, nicht als eine Erweiterung des Pflichtmitgliederkreises im Sinne von § 6 Absatz 1 Satz 3 SGB VI gilt.

Absatz 4b eröffnet für bestimmte Syndikusrechtsanwälte bzw. Syndikuspatentanwälte die Möglichkeit, auf zusätzlichen Antrag (neben dem Antrag auf Befreiung von der Versicherungspflicht nach § 6 Absatz 1 Satz 1 Nummer 1) eine über § 6 Absatz 4 SGB VI hinausgehende Rückwirkung der Befreiung herbeizuführen. Eine bis zur Erteilung der Befreiung erfolgte Beitragszahlung zur gesetzlichen Rentenversicherung wird längstens bis zum 1. April 2014 rückabgewickelt. Eine erfolgte Beitragszahlung zu den berufsständischen Versorgungseinrichtungen der Rechtsanwälte und Patentanwälte wird legalisiert. Dies trägt der Tatsache Rechnung, dass infolge der Rechtsprechung des Bundessozialgerichts die Möglichkeit zur Befreiung für Syndikusanwälte vorübergehend zeitweise nicht gegeben war und berücksichtigt angemessen ein durch die bisherige Rechtspraxis bei der Befreiung von Syndikusrechts- und Syndikuspatentanwälten geschaffenes schutzwürdiges Vertrauen. Die Regelung hat nur Bedeutung für diejenigen Personen, die für ihre zum Zeitpunkt der Urteile des Bundessozialgerichts vom 3. April 2014 ausgeübten Beschäftigungen keinen gültigen Befreiungsbescheid besaßen, stets Pflichtmitglieder einer berufsständischen Versorgungseinrichtung waren und nunmehr als Syndikusrechtsanwälte oder Syndikuspatentanwälte befreiungsfähig sind. Die Regelung hat keine Bedeutung für diejenigen, die für ihre Beschäftigung über einen wirksamen Befreiungsbescheid verfügen oder aus Gründen des Vertrauens- oder Bestandsschutzes auch nach den Urteilen des Bundessozialgerichts weiterhin von der Rentenversicherungspflicht befreit bleiben. Eine (neue) Zulassung oder auch Nichtzulassung als Syndikusanwalt oder Syndikuspatentanwalt berührt nicht eine für die aktuelle Beschäftigung bestehende gültige (frühere) Befreiung von der Rentenversicherungspflicht.

Die Sätze 1 bis 3 regeln, dass die Befreiung bis zum Beginn der Beschäftigung zurückwirkt, in der eine Befreiung von der Versicherungspflicht in der gesetzlichen Rentenversicherung auf der Grundlage der geänderten Bundesrechtsanwaltsordnung bzw. der geänderten Patentanwaltsordnung erfolgt (zum Begriff der für die Befreiung maßgeblichen Beschäftigung, siehe Bundessozialgericht, Urteil vom 31. Oktober 2012 – B 12 R 3/11 R). Sie wirkt darüber hinaus für zeitlich unmittelbar davor liegende Beschäftigungen in den Fällen eines Beschäftigungswechsels. § 6 Absatz 5 SGB VI bleibt im Übrigen unberührt. Voraussetzung ist in allen Fällen, dass während der Beschäftigungen zumindest eine Pflichtmitgliedschaft in einem berufsständischen Versorgungswerk (nicht unbedingt auch eine einkommensbezogene Beitragszahlung an das Versorgungswerk) bestand, mithin ein Bezug zur berufsständischen Versorgung (gegebenenfalls auch neben einer Pflichtbeitragszahlung zur gesetzlichen Rentenversicherung) gegeben war. Von einer Pflichtmitgliedschaft im Sinne dieser Vorschrift ist dabei auch dann auszugehen, wenn die in einem regional neu zuständigen Versorgungswerk an sich bestehende Pflichtmitgliedschaft durch eine formal freiwillig fortgeführte Mitgliedschaft in dem bisher zuständigen Versorgungswerk ersetzt wird. Da diese Rückwirkung nicht nur, aber insbesondere für die Fälle gilt, in denen Pflichtbeiträge zur gesetzlichen Rentenversicherung gezahlt wurden (insbesondere durch erfolgte Ummeldungen zur gesetzlichen Rentenversicherung im Zuge der Rechtsprechung des Bundessozialgerichts aus April 2014), wirkt die Rückwirkung der Befreiung bis längstens April 2014 (Zeitpunkt der Entscheidungen des Bundessozialgerichts) zurück. Hiermit wird im Interesse der Rechts- und Beitragssicherheit vermieden, dass in Sonderfällen, in denen eine Befreiung zwar nach neuem Berufsrecht, nicht aber nach alter Rechtspraxis möglich war oder angestrebt wurde, unter Umständen eine langjährige Beitragszahlung zur gesetzlichen Rentenversicherung rückabzuwickeln wäre.

Satz 4 regelt, dass die Begrenzung der Rückwirkung der Befreiung auf April 2014 nicht in den Fällen gilt, in denen insbesondere in der Annahme des Bestehens einer gültigen Befreiung seinerzeit nur einkommensbezogene Pflichtbeiträge zur berufsständischen Versorgung gezahlt wurden, nicht jedoch zur gesetzlichen Rentenversicherung. Eine Pflichtbeitragszahlung ist dabei auch in den bereits angesprochenen Fällen anzunehmen, in denen die in einem regional neu zuständigen Versorgungswerk an sich bestehende Pflichtmitgliedschaft durch eine formal freiwillig fortgeführte Mitgliedschaft in dem bisher zuständigen Versorgungswerk ersetzt wird. Hiermit wird umfassend eine Rückabwicklung der zur berufsständischen Versorgung entrichteten Beiträge vermieden und im Ergebnis die tatsächliche Beitragszahlung nachträglich legalisiert.

Satz 5 bestimmt, dass die Rückwirkung der Befreiung nicht Zeiten einer Beschäftigung erfasst, in denen eine Befreiung von der Versicherungspflicht (auch) auf der Grundlage der vor der Rechtsprechung des Bundessozialgerichts aus April 2014 geübten Rechtspraxis von der Verwaltung abgelehnt wurde und bestandskräftig geworden ist und in der Folge in der Regel Beiträge zur gesetzlichen Rentenversicherung gezahlt werden mussten. Daraus folgt im Umkehrschluss, dass die Rückwirkung unter den genannten Voraussetzungen Befreiungsanträge erfasst, die durch eine nach den Urteilen des Bundessozialgerichts vom 3. April 2014, aber noch vor Inkrafttreten dieses Gesetzes ergangene Entscheidung abgelehnt worden sind. Satz 6 setzt für den Antrag auf (zusätzliche) Rückwirkung der Befreiung eine Frist von drei Kalendermonaten nach Inkrafttreten dieser Bestimmung.

Zu Nummer 3 (§ 286f SGB VI-E)

§ 286f Satz 1 bestimmt, dass die auf Grund der rückwirkenden Befreiung von der Versicherungspflicht nach § 231 Absatz 4b zu Unrecht an die gesetzliche Rentenversicherung gezahlten Beiträge unmittelbar von den jeweils zuständigen Trägern der Rentenversicherung an die jeweils zuständigen berufsständischen Versorgungswerke ausgezahlt werden und nicht – wie nach § 211 SGB VI und § 26 Absatz 3 des SGB IV – über die Einzugsstellen an diejenigen, die die Beiträge getragen haben. Im Übrigen bleiben die Regelungen des § 26 SGB IV zur Beanstandung und Erstattung zu Unrecht entrichteter Beiträge unberührt.

Mit der rückwirkenden Befreiung von der Versicherungspflicht in der gesetzlichen Rentenversicherung geht eine Pflichtmitgliedschaft in einem berufsständischen Versorgungswerk mit der Zahlungspflicht einkommensbezogener Beiträge in derselben Höhe wie zur gesetzlichen Rentenversicherung einher. Würden die zu Unrecht geleisteten Beiträge an die Arbeitgeber und die Beschäftigten ausgezahlt, müssten diese die Beiträge in derselben Höhe wieder an das berufsständische Versorgungswerk zahlen.

Mit der unmittelbaren Auszahlung der zu Unrecht geleisteten Beiträge von der gesetzlichen Rentenversicherung an die berufsständischen Versorgungswerke wird somit ein verwaltungstechnisch einfaches Verfahren geschaffen, das den Umweg über die Arbeitgeber und Beschäftigten vermeidet.

Zuständiger Rentenversicherungsträger ist der aktuell kontoführende Träger. Die Beiträge sind an das Versorgungswerk zu leiten, bei dem zuletzt die Pflichtmitgliedschaft bestand.

Satz 2 der Vorschrift bestimmt, dass keine Zinsen auf die zu erstattenden Beiträge zu zahlen sind. Der zuständige Träger der Rentenversicherung wird zügig nach Durchführung des Befreiungsverfahrens die beanstandeten und erstattungsfähigen Pflichtbeiträge an das zuständige Versorgungswerk zahlen.

Zu Artikel 6 (Evaluierung)

Artikel 6 sieht vor, dass die Bundesregierung dem Deutschen Bundestag drei Jahre nach Inkrafttreten des Gesetzes über die Auswirkungen der tätigkeitsbezogenen Zulassung als Syndikusrechtsanwalt sowie der Zulassung als Syndikuspatentanwalt auf die Befreiungspraxis in der gesetzlichen Rentenversicherung berichtet. Bei der Erstellung des Berichts sind die Bundesrechtsanwaltskammer, die Patentanwaltskammer sowie der Träger der Rentenversicherung einzubeziehen. Der Bericht dient einerseits dazu, über die zahlenmäßige Entwicklung der Zulassungen als Syndikusrechtsanwalt und Syndikuspatentanwalt Aufschluss zu geben. Andererseits dient der Bericht dazu, das Verhältnis dieser Zulassungen zu den diesem Personenkreis erteilten Befreiungen von der gesetzlichen Rentenversicherungspflicht nach § 6 SGB VI nachvollziehen zu können. Schließlich stellt der Bericht die Grundlage dar, um zu überprüfen, ob es bei den Befreiungen für Syndikusrechtsanwälte und Syndikuspatentanwälte tatsächlich entsprechend dem Ziel dieses Gesetzes zu einer Aufrechterhaltung des Status quo kommt und nicht etwa zu einer Ausweitung der Befreiungen von der gesetzlichen Rentenversicherungspflicht für diesen Personenkreis

Zu Artikel 7 (Inkrafttreten, Außerkrafttreten)

Absatz 1 sieht vor, dass das Gesetz erst drei Monate nach Ablauf des Verkündungsmonats in Kraft tritt. Die Vorlaufzeit ist zum einen im Hinblick auf die erforderliche Zulassung nach § 46a BRAO-E erforderlich, um eine zeitnahe Verbescheidung der zu erwartenden Anträge durch die zuständigen Rechtsanwaltskammern zu ermöglichen. Zum anderen soll der Versicherungswirtschaft Gelegenheit gegeben werden, ihre Produkte erforderlichenfalls an die geringfügig modifizierten Regelungen zur Berufshaftpflichtversicherung anzupassen. Das zeitlich verzögerte Inkrafttreten wirkt sich auf Grund der in Artikel 5 Nummer 1 vorgesehenen Rückwirkung im Ergebnis nicht nachteilig auf den Zeitpunkt einer Befreiung der Versicherungspflicht aus.

Absatz 2 sieht aus Gründen der Rechtsbereinigung vor, dass die in Artikel 6 getroffene Regelung zu Evaluierung ein Jahr nach Ablauf der dreijährigen Evaluationsfrist außer Kraft tritt.

2. Beschlussempfehlung und Bericht des Ausschusses für Recht und Verbraucherschutz vom 2.12.2015

Drucksache 18/6915

a) zu dem Gesetzentwurf der Fraktionen der CDU/CSU und SPD
– Drucksache 18/5201 –
Entwurf eines Gesetzes zur Neuordnung des Rechts der Syndikusanwälte

b) zu dem Gesetzentwurf der Bundesregierung
– Drucksache 18/5563 –
Entwurf eines Gesetzes zur Neuordnung des Rechts der Syndikusanwälte

A. Problem

Zu Buchstabe a und b

Der Status des Syndikusanwalts als Rechtsanwalt im Sinne der Bundesrechtsanwaltsordnung ist bezogen auf seine Tätigkeit im Unternehmen bisher nicht eindeutig gesetzlich geregelt. Mit den Urteilen vom 3. April 2014 (B 5 RE 13/14 R, B 5 RE 9/14 R und B 5 RE 3/14 R) hat das Bundessozialgericht entschieden, dass für Syndikusanwälte eine Befreiung von der Versicherungspflicht in der gesetzlichen Rentenversicherung zugunsten einer Versorgung in den berufsständischen Versorgungswerken nicht möglich sei. Dies wurde mit der fehlenden Möglichkeit der anwaltlichen Berufsausübung in der äußeren Form der abhängigen Beschäftigung begründet. Ungeachtet der im Einzelfall arbeitsvertraglich eröffneten Möglichkeiten, auch gegenüber dem Arbeitgeber sachlich selbständig und eigenverantwortlich zu handeln, sei allein die Eingliederung in die von diesem vorgegebene Arbeitsorganisation mit dem Berufsbild des Rechtsanwalts unvereinbar. Für die geschätzt rund 40.000 betroffenen Syndizi haben die Entscheidungen des Bundessozialgerichts Folgen für die Alterssicherung. Eine Befreiung von der Versicherungspflicht in der gesetzlichen Rentenversicherung für die Tätigkeit als Syndikus ist entgegen langjähriger Praxis hiernach nicht länger möglich. Ziel des Gesetzentwurfs ist die Regelung der Stellung des Syndikusanwalts als Rechtsanwalt in einem Unternehmen mit bestimmten Einschränkungen bei der Vertretung des Arbeitgebers. Auch soll im Hinblick auf das Befreiungsrecht weitgehend der bisherige Status quo aufrechterhalten bleiben.

B. Lösung

Annahme des Gesetzentwurfs in geänderter Fassung. Mit den vorgeschlagenen Änderungen werden Übergangsregelungen hinsichtlich der Einführung des elektronischen Anwaltspostfachs für Syndikusanwälte geschaffen. Ferner wird die Rechtsstellung europäischer Rechtsanwälte geregelt, die als Syndikusanwalt in Deutschland zugelassen werden möchten. Auch wird klargestellt, dass das Vorliegen einer anwaltlichen Tätigkeit nicht die Erteilung einer Prokura oder Handlungsvollmacht voraussetzt. Schließlich wird auf das Erfordernis einer Berufshaftpflichtversicherung für die Tätigkeit als Syndikusanwalt verzichtet. Außerdem wird ein Problem bezüglich von Höchstaltersgrenzen für eine Pflichtmitgliedschaft in anwaltlichen Versorgungswerken geregelt. Zusätzlich zum ursprünglichen Gesetzentwurf wird die Befristung der Zuständigkeitsregelungen für Angelegenheiten des Familienleistungsausgleichs in der Finanzgerichtsordnung aufgehoben.

Zu Buchstabe a

Annahme des Gesetzentwurfs auf Drucksache 18/5201 in geänderter Fassung mit den Stimmen der Fraktionen der CDU/CSU und SPD gegen die Stimmen der Fraktionen DIE LINKE. und BÜNDNIS 90/DIE GRÜNEN.

Zu Buchstabe b

Einvernehmliche Erledigterklärung des Gesetzentwurfs auf Drucksache 18/5563.

C. Alternativen

Keine.

D. Weitere Kosten

Wurden im Ausschuss nicht erörtert.

Beschlussempfehlung

Der Bundestag wolle beschließen,

a) den Gesetzentwurf auf Drucksache 18/5201 mit folgenden Maßgaben, im Übrigen unverändert anzunehmen:

1. Die Überschrift wird wie folgt gefasst:

   „Entwurf eines Gesetzes zur Neuordnung des Rechts der Syndikusanwälte und zur Änderung der Finanzgerichtsordnung".

2. Artikel 1 wird wie folgt geändert:

   a) Der Nummer 1 wird folgende Nummer 1 vorangestellt:

   ,1. Die §§ 31 bis 31b werden durch die folgenden §§ 31 bis 31c ersetzt:

   „§ 31 Verzeichnisse der Rechtsanwaltskammern und Gesamtverzeichnis der Bundesrechtsanwaltskammer

   (1) Die Rechtsanwaltskammern führen elektronische Verzeichnisse der in ihren Bezirken zugelassenen Rechtsanwälte. Sie geben die in diesen Verzeichnissen gespeicherten Daten im automatisierten Verfahren in ein von der Bundesrechtsanwaltskammer geführtes Gesamtverzeichnis ein. Die Rechtsanwaltskammern nehmen Neueintragungen nur nach Durchführung eines Identifizierungsverfahrens vor. Sie tragen die datenschutzrechtliche Verantwortung für die eingegebenen Daten, insbesondere für ihre Richtigkeit und die Rechtmäßigkeit ihrer Erhebung.

   (2) Die Verzeichnisse der Rechtsanwaltskammern und das Gesamtverzeichnis dienen der Information der Behörden und Gerichte, der Rechtsuchenden sowie anderer am Rechtsverkehr Beteiligter. Die Einsicht in die Verzeichnisse und das Gesamtverzeichnis steht jedem unentgeltlich zu. Die Suche in den Verzeichnissen und dem Gesamtverzeichnis wird durch ein elektronisches Suchsystem ermöglicht.

   (3) In die Verzeichnisse der Rechtsanwaltskammern haben diese einzutragen:

   1. den Familiennamen und die Vornamen des Rechtsanwalts;

   2. den Namen der Kanzlei und deren Anschrift; wird keine Kanzlei geführt, eine zustellfähige Anschrift;

   3. den Namen und die Anschrift bestehender Zweigstellen;

   4. von dem Rechtsanwalt mitgeteilte Telekommunikationsdaten und Internetadressen der Kanzlei und bestehender Zweigstellen;

   5. die Berufsbezeichnung und Fachanwaltsbezeichnungen;

   6. den Zeitpunkt der Zulassung;

   7. bestehende Berufs-, Berufsausübungs- und Vertretungsverbote;

   8. die Bestellung eines Vertreters oder Abwicklers sowie die Benennung eines Zustellungsbevollmächtigten unter Angabe von Familienname, Vorname und Anschrift des Vertreters, Abwicklers oder Zustellungsbevollmächtigten;

   9. in den Fällen des § 29 Absatz 1 oder des § 29a Absatz 2 den Inhalt der Befreiung.

   (4) In das Gesamtverzeichnis hat die Bundesrechtsanwaltskammer zusätzlich einzutragen:

   1. die Bezeichnung des besonderen elektronischen Anwaltspostfachs;

   2. die Kammerzugehörigkeit;

   3. Sprachkenntnisse und Tätigkeitsschwerpunkte, soweit der Rechtsanwalt solche mitteilt.

   Die Bundesrechtsanwaltskammer trägt die datenschutzrechtliche Verantwortung für die von ihr in das Gesamtverzeichnis eingetragenen Daten.

   (5) Die Eintragungen zu einem Rechtsanwalt in den Verzeichnissen der Rechtsanwaltskammern und im Gesamtverzeichnis werden gesperrt, sobald dessen Mitgliedschaft in der das Verzeichnis führenden Rechtsanwaltskammer endet. Die Eintragungen werden

anschließend nach angemessener Zeit gelöscht. Endet die Mitgliedschaft durch Wechsel der Rechtsanwaltskammer, so ist im Gesamtverzeichnis statt der Sperrung und Löschung eine Berichtigung vorzunehmen. Wird ein Abwickler bestellt, erfolgt keine Sperrung; eine bereits erfolgte Sperrung ist aufzuheben. Eine Löschung erfolgt erst nach Beendigung der Abwicklung.

§ 31a Besonderes elektronisches Anwaltspostfach

(1) Die Bundesrechtsanwaltskammer richtet für jedes im Gesamtverzeichnis eingetragene Mitglied einer Rechtsanwaltskammer ein besonderes elektronisches Anwaltspostfach ein. Nach Einrichtung eines besonderen elektronischen Anwaltspostfachs übermittelt die Bundesrechtsanwaltskammer dessen Bezeichnung an die zuständige Rechtsanwaltskammer zur Speicherung in deren Verzeichnis.

(2) Zum Zweck der Einrichtung des besonderen elektronischen Anwaltspostfachs übermittelt die Rechtsanwaltskammer den Familiennamen und die Vornamen sowie eine zustellfähige Anschrift der Personen, die einen Antrag auf Aufnahme in die Rechtsanwaltskammer gestellt haben, an die Bundesrechtsanwaltskammer. Bei Syndikusrechtsanwälten ist zusätzlich mitzuteilen, ob die Tätigkeit im Rahmen mehrerer Arbeitsverhältnisse erfolgt. Die übermittelten Angaben sind zu löschen, wenn der Antrag zurückgenommen oder die Aufnahme in die Rechtsanwaltskammer unanfechtbar versagt wurde.

(3) Die Bundesrechtsanwaltskammer hat sicherzustellen, dass der Zugang zu dem besonderen elektronischen Anwaltspostfach nur durch ein sicheres Verfahren mit zwei voneinander unabhängigen Sicherungsmitteln möglich ist. Sie hat auch Vertretern, Abwicklern und Zustellungsbevollmächtigten die Nutzung des besonderen elektronischen Anwaltspostfachs zu ermöglichen; Absatz 2 gilt sinngemäß. Die Bundesrechtsanwaltskammer kann unterschiedlich ausgestaltete Zugangsberechtigungen für Kammermitglieder und andere Personen vorsehen. Sie ist berechtigt, die in dem besonderen elektronischen Anwaltspostfach gespeicherten Nachrichten nach angemessener Zeit zu löschen. Das besondere elektronische Anwaltspostfach soll barrierefrei ausgestaltet sein.

(4) Sobald die Mitgliedschaft in einer Rechtsanwaltskammer aus anderen Gründen als dem Wechsel der Rechtsanwaltskammer erlischt, hebt die Bundesrechtsanwaltskammer die Zugangsberechtigung zu dem besonderen elektronischen Anwaltspostfach auf. Sie löscht dieses, sobald es nicht mehr benötigt wird.

§ 31b Europäisches Rechtsanwaltsverzeichnis

Die Bundesrechtsanwaltskammer ermöglicht über die Suche nach § 31 Absatz 2 Satz 3 hinaus über das auf den Internetseiten der Europäischen Kommission bestehende elektronische Suchsystem (Europäisches Rechtsanwaltsverzeichnis) den Abruf derjenigen im Gesamtverzeichnis eingetragenen Angaben, die Gegenstand des Europäischen Rechtsanwaltsverzeichnisses sind.

§ 31c Verordnungsermächtigung

Das Bundesministerium der Justiz und für Verbraucherschutz regelt durch Rechtsverordnung mit Zustimmung des Bundesrates die Einzelheiten

1. der Datenerhebung für die elektronischen Verzeichnisse der Rechtsanwaltskammern, der Führung dieser Verzeichnisse und der Einsichtnahme in sie,

2. der Datenerhebung für das Gesamtverzeichnis, der Führung des Gesamtverzeichnisses und der Einsichtnahme in das Gesamtverzeichnis,

3. der besonderen elektronischen Anwaltspostfächer, insbesondere Einzelheiten

a) ihrer Einrichtung und der hierzu erforderlichen Datenübermittlung,

b) ihrer technischen Ausgestaltung einschließlich ihrer Barrierefreiheit,

c) ihrer Führung,

d) der Zugangsberechtigung und der Nutzung,

e) des Löschens von Nachrichten und

f) ihrer Löschung,

4. des Abrufs des Gesamtverzeichnisses über das Europäische Rechtsanwaltsverzeichnis."'

b) Die bisherige Nummer 1 wird Nummer 2.

c) Die bisherige Nummer 2 wird Nummer 3 und wie folgt geändert:

aa) § 46 wird wie folgt geändert:

aaa) In Absatz 2 wird das Wort „Anstellungsverhältnisses" durch das Wort „Arbeitsverhältnisses" ersetzt.

bbb) In Absatz 3 wird das Wort „Anstellungsverhältnis" durch das Wort „Arbeitsverhältnis" ersetzt und wird Nummer 4 wie folgt gefasst:

„4. die Befugnis, nach außen verantwortlich aufzutreten."

bb) § 46a wird wie folgt geändert:

aaa) In Absatz 1 Satz 2 wird das Wort „Anstellungsverhältnisse" durch das Wort „Arbeitsverhältnisse" ersetzt.

bbb) Absatz 4 Nummer 1 wird wie folgt gefasst:

„1. abweichend von § 12 Absatz 2 der Nachweis des Abschlusses einer Berufshaftpflichtversicherung oder die Vorlage einer vorläufigen Deckungszusage nicht erforderlich ist und".

cc) § 46b wird wie folgt geändert:

aaa) In Absatz 2 Satz 1 werden nach der Angabe „§§ 14 und 15" die Wörter „mit Ausnahme des § 14 Absatz 2 Nummer 9" eingefügt und wird in Satz 2 das Wort „Anstellungsverhältnisses" durch das Wort „Arbeitsverhältnisses" ersetzt.

bbb) In Absatz 3 wird jeweils das Wort „Anstellungsverhältnisse" durch das Wort „Arbeitsverhältnisse" ersetzt.

ccc) In Absatz 4 wird im Satzteil vor Nummer 1 und in Nummer 2 jeweils das Wort „Anstellungsverhältnisses" durch das Wort „Arbeitsverhältnisses" ersetzt.

dd) § 46c wird wie folgt geändert:

aaa) In Absatz 3 werden die Wörter „§§ 44, 48 bis 49a sowie im Verhältnis zum Arbeitgeber § 52" durch die Wörter „§§ 44, 48 bis 49a, 51 und 52" ersetzt.

bbb) In den Absätzen 4 und 5 wird jeweils das Wort „Anstellungsverhältnisse" durch das Wort „Arbeitsverhältnisse" ersetzt.

d) Folgende Nummer 4 wird angefügt:

,4. Dem § 215 wird folgender Absatz 4 angefügt:

„(4) Die Verpflichtung der Rechtsanwaltskammer nach § 31 Absatz 3 Nummer 2 und 3, den Namen der Kanzlei und der Zweigstellen einzutragen, besteht erst ab dem 1. Januar 2017. § 31a ist, soweit das Mitglied der Rechtsanwaltskammer als Syndikusrechtsanwalt nach § 46a eingetragen ist, erst ab dem 1. Oktober 2016 anzuwenden." '

3. Nach Artikel 1 werden die folgenden Artikel 2 und 3 eingefügt:

,Artikel 2 Änderung des Gesetzes über die Tätigkeit europäischer Rechtsanwälte in Deutschland

Das Gesetz über die Tätigkeit europäischer Rechtsanwälte in Deutschland in der Fassung der Bekanntmachung vom 9. März 2000 (BGBl. I S. 182, 1349), das zuletzt durch Artikel 141 der Verordnung vom 31. August 2015 (BGBl. I S. 1474) geändert worden ist, wird wie folgt geändert:

1. Dem § 4 Absatz 1 wird folgender Satz angefügt:

„Handelt es sich bei der Aufnahme um die eines Syndikusrechtsanwalts, gelten die §§ 46a bis 46c mit Ausnahme des § 46a Absatz 1 Satz 1 Nummer 1 und Absatz 4 Nummer 2 sowie mit Ausnahme des § 46c Absatz 2 der Bundesrechtsanwaltsordnung sinngemäß."

2. Dem § 5 Absatz 1 wird folgender Satz angefügt:

,Der niedergelassene europäische Rechtsanwalt, der nach § 4 Absatz 1 Satz 2 als Syndikusrechtsanwalt in die Rechtsanwaltskammer aufgenommen wurde, hat der Berufsbezeichnung nach den Sätzen 1 und 2 die Bezeichnung „(Syndikus)" nachzustellen.

3. In § 6 Absatz 1 werden nach den Wörtern „gelten die" die Wörter „§§ 31 bis 31c sowie die" eingefügt.

4. In § 11 Absatz 1 Satz 1 wird nach den Wörtern „den Vorschriften der §§ 6 bis 36" ein Komma und werden die Wörter „46a bis 46c Absatz 1, 4 und 5 mit Ausnahme des § 46a Absatz 1 Satz 1 Nummer 1" eingefügt.

5. In § 13 Absatz 1 wird nach den Wörtern „den Vorschriften der §§ 6 bis 36" ein Komma und werden die Wörter „46a bis 46c Absatz 1, 4 und 5 mit Ausnahme des § 46a Absatz 1 Satz 1 Nummer 1" eingefügt.

Artikel 3 Änderung der Finanzgerichtsordnung

§ 38 Absatz 2a Satz 3 der Finanzgerichtsordnung in der Fassung der Bekanntmachung vom 28. März 2001 (BGBl. I S. 442, 2262; 2002 I S. 679), die zuletzt durch Artikel 172 der Verordnung vom 31. August 2015 (BGBl. I S. 1474) geändert worden ist, wird aufgehoben.'

4. Die bisherigen Artikel 2 und 3 werden die Artikel 4 und 5.

5. Der bisherige Artikel 4 wird Artikel 6 und Nummer 1 wird wie folgt geändert:

a) § 41a wird wie folgt geändert:

aa) In Absatz 2 wird das Wort „Anstellungsverhältnisses" durch das Wort „Arbeitsverhältnisses" ersetzt.

bb) In Absatz 3 wird das Wort „Anstellungsverhältnis" durch das Wort „Arbeitsverhältnis" ersetzt und Nummer 4 wird wie folgt gefasst:

„4. die Befugnis, nach außen verantwortlich aufzutreten."

b) § 41b wird wie folgt geändert:

aa) In Absatz 1 Satz 2 wird das Wort „Anstellungsverhältnisse" durch das Wort „Arbeitsverhältnisse" ersetzt.

bb) Absatz 4 Nummer 1 wird wie folgt gefasst:

„1. abweichend von § 18 Absatz 2 der Nachweis des Abschlusses einer Berufshaftpflichtversicherung oder die Vorlage einer vorläufigen Deckungszusage nicht erforderlich ist und".

c) § 41c wird wie folgt geändert:

aa) In Absatz 2 Satz 1 werden nach der Angabe „§§ 21 und 22" die Wörter „mit Ausnahme des § 21 Absatz 2 Nummer 10" eingefügt und wird in Satz 2 das Wort „Anstellungsverhältnisses" durch das Wort „Arbeitsverhältnisses" ersetzt.

bb) In Absatz 3 wird jeweils das Wort „Anstellungsverhältnisse" durch das Wort „Arbeitsverhältnisse" ersetzt.

cc) In Absatz 4 wird im Satzteil vor Nummer 1 und in Nummer 2 jeweils das Wort „Anstellungsverhältnisses" durch das Wort „Arbeitsverhältnisses" ersetzt.

d) § 41d wird wie folgt geändert:

aa) In Absatz 3 werden die Wörter „§§ 40 und 43 sowie im Verhältnis zum Arbeitgeber § 45b" durch die Angabe „§§ 40, 43, 45 und 45b" ersetzt.

bb) In den Absätzen 4 und 5 wird jeweils das Wort „Anstellungsverhältnisse" durch das Wort „Arbeitsverhältnisse" ersetzt.

6. Der bisherige Artikel 5 wird Artikel 7 und wird wie folgt geändert:

a) Nummer 2 wird wie folgt gefasst:

,2. Nach § 231 Absatz 4 werden die folgenden Absätze 4a bis 4d eingefügt:

„(4a) Die Änderungen der Bundesrechtsanwaltsordnung und der Patentanwaltsordnung durch Artikel 1 Nummer 3 und Artikel 6 des Gesetzes zur Neuordnung des Rechts der Syndikusanwälte und zur Änderung der Finanzgerichtsordnung vom ... [einsetzen: Datum der Ausfertigung und Fundstelle] gelten nicht als Änderungen, mit denen der Kreis der Pflichtmitglieder einer berufsständischen Kammer im Sinne des § 6 Absatz 1 Satz 3 erweitert wird.

(4b) Eine Befreiung von der Versicherungspflicht als Syndikusrechtsanwalt oder Syndikuspatentanwalt nach § 6 Absatz 1 Satz 1 Nummer 1, die unter Berücksichtigung der Bundesrechtsanwaltsordnung in der ab dem … [einsetzen: Datum des Inkrafttretens nach Artikel 9 Absatz 1 dieses Gesetzes] geltenden Fassung oder der Patentanwaltsordnung in der ab dem … [einsetzen: Datum des Inkrafttretens nach Artikel 9 Absatz 1 dieses Gesetzes] geltenden Fassung erteilt wurde, wirkt auf Antrag vom Beginn derjenigen Beschäftigung an, für die die Befreiung von der Versicherungspflicht erteilt wird. Sie wirkt auch vom Beginn davor liegender Beschäftigungen an, wenn während dieser Beschäftigungen eine Pflichtmitgliedschaft in einem berufsständischen Versorgungswerk bestand. Die Befreiung nach den Sätzen 1 und 2 wirkt frühestens ab dem 1. April 2014. Die Befreiung wirkt jedoch auch für Zeiten vor dem 1. April 2014, wenn für diese Zeiten einkommensbezogene Pflichtbeiträge an ein berufsständisches Versorgungswerk gezahlt wurden. Die Sätze 1 bis 4 gelten nicht für Beschäftigungen, für die eine Befreiung von der Versicherungspflicht als Syndikusrechtsanwalt oder Syndikuspatentanwalt auf Grund einer vor dem 4. April 2014 ergangenen Entscheidung bestandskräftig abgelehnt wurde. Der Antrag auf rückwirkende Befreiung nach den Sätzen 1 und 2 kann nur bis zum Ablauf des … [einsetzen: Datum des ersten Tages des vierten auf die Verkündung folgenden Kalendermonats] gestellt werden.

(4c) Eine durch Gesetz angeordnete oder auf Gesetz beruhende Verpflichtung zur Mitgliedschaft in einer berufsständischen Versorgungseinrichtung im Sinne des § 6 Absatz 1 Satz 1 Nummer 1 gilt als gegeben für Personen, die

1. nach dem 3. April 2014 auf ihre Rechte aus der Zulassung zur Rechtsanwaltschaft oder Patentanwaltschaft verzichtet haben und

2. bis zum Ablauf des … [einsetzen: Datum des ersten Tages des vierten auf die Verkündung folgenden Kalendermonats] die Zulassung als Syndikusrechtsanwalt oder Syndikuspatentanwalt nach der Bundesrechtsanwaltsordnung in der ab dem … [einsetzen: Datum des Inkrafttretens nach Artikel 9 Absatz 1 dieses Gesetzes] geltenden Fassung oder der Patentanwaltsordnung in der ab dem … [einsetzen: Datum des Inkrafttretens nach Artikel 9 Absatz 1 dieses Gesetzes] geltenden Fassung beantragen.

Satz 1 gilt nur, solange die Personen als Syndikusrechtsanwalt oder Syndikuspatentanwalt zugelassen sind und als freiwilliges Mitglied in einem Versorgungswerk einkommensbezogene Beiträge zahlen. Satz 1 gilt nicht, wenn vor dem … [einsetzen: Datum des Inkrafttretens nach Artikel 9 Absatz 1 dieses Gesetzes] infolge eines Ortswechsels der anwaltlichen Tätigkeit eine Pflichtmitgliedschaft in dem neu zuständigen berufsständischen Versorgungswerk wegen Überschreitens einer Altersgrenze nicht mehr begründet werden konnte.

(4d) Tritt in einer berufsständischen Versorgungseinrichtung, in der am … [einsetzen: Datum des Inkrafttretens nach Artikel 9 Absatz 1 dieses Gesetzes] eine Altersgrenze für die Begründung einer Pflichtmitgliedschaft bestand, eine Aufhebung dieser Altersgrenze bis zum Ablauf des … [einsetzen: Datum des letzten Tages des 36. auf die Verkündung folgenden Kalendermonats] in Kraft, wirkt eine Befreiung von der Versicherungspflicht bei Personen, die infolge eines Ortswechsels eine Pflichtmitgliedschaft in einer solchen berufsständischen Versorgungseinrichtung bisher nicht begründen konnten und Beiträge als freiwillige Mitglieder entrichtet haben, auf Antrag vom Beginn des 36. Kalendermonats vor Inkrafttreten der Aufhebung der Altersgrenze in der jeweiligen berufsständischen Versorgungseinrichtung. Der Antrag kann nur bis zum Ablauf von drei Kalendermonaten nach Inkrafttreten der Aufhebung der Altersgrenze gestellt werden." '

b) In Nummer 3 wird in § 286f nach der Angabe „§ 231 Absatz 4b" die Angabe „und 4d" eingefügt.

7. Der bisherige Artikel 6 wird Artikel 8 und wie folgt gefasst:

„Artikel 8 Evaluierung

Die Bundesregierung untersucht bis zum … [einsetzen: Datum des letzten Tages des 36. auf die Verkündung folgenden Kalendermonats] unter Einbeziehung der Bundesrechtsanwaltskammer, der Patentanwaltskammer und des Trägers der Rentenversicherung die Auswirkungen des Artikels 1 Nummer 3 und des Artikels 6 auf die Zulassungspraxis der Rechtsanwaltskammern und der Patentanwaltskammer sowie auf die Befreiungspraxis in der gesetzlichen Rentenversicherung und berichtet nach Abschluss der Untersuchung dem Deutschen Bundestag über die Ergebnisse der Untersuchung."

8. Der bisherige Artikel 7 wird Artikel 9 und wie folgt gefasst:

„Artikel 9 Inkrafttreten, Außerkrafttreten

(1) Dieses Gesetz tritt vorbehaltlich des Absatzes 2 am ... [einsetzen: Datum des ersten Tages des auf die Verkündung folgenden Kalendermonats] in Kraft.

(2) Artikel 3 tritt am Tag nach der Verkündung in Kraft.

(3) Artikel 8 tritt am ... [einsetzen: Angabe des Tages und des Monats des Inkrafttretens nach Artikel 9 Absatz 1 dieses Gesetzes sowie der Jahreszahl des vierten auf das Inkrafttreten folgenden Jahres] außer Kraft.";

b) den Gesetzentwurf auf Drucksache 18/5563 für erledigt zu erklären.

Berlin, den 2. Dezember 2015

Der Ausschuss für Recht und Verbraucherschutz

Renate Künast
Vorsitzende

Dr. Jan-Marco Luczak   **Christian Flisek**   **Harald Petzold (Havelland)**
Berichterstatter   Berichterstatter   Berichterstatter

Katja Keul
Berichterstatterin

Bericht der Abgeordneten Dr. Jan-Marco Luczak, Christian Flisek, Harald Petzold (Havelland) und Katja Keul

I. Überweisung

Zu Buchstabe a

Der Deutsche Bundestag hat die Vorlage auf **Drucksache 18/5201** in seiner 113. Sitzung am 19. Juni 2015 beraten und an den Ausschuss für Recht und Verbraucherschutz zur federführenden Beratung sowie an den Ausschuss für Wirtschaft und Energie und den Ausschuss für Arbeit und Soziales zur Mitberatung überwiesen.

Zu Buchstabe b

Der Deutsche Bundestag hat die Vorlage auf **Drucksache 18/5563** in seiner 121. Sitzung am 10. September 2015 beraten und an den Ausschuss für Recht und Verbraucherschutz zur federführenden Beratung sowie an den Ausschuss für Wirtschaft und Energie und den Ausschuss für Arbeit und Soziales zur Mitberatung überwiesen.

II. Stellungnahmen der mitberatenden Ausschüsse

Zu Buchstabe a

Der **Ausschuss für Wirtschaft und Energie** hat die Vorlage auf Drucksache 18/5201 in seiner 59. Sitzung am 2. Dezember 2015 beraten und empfiehlt mit den Stimmen der Fraktionen der CDU/CSU und SPD gegen die Stimmen der Fraktionen DIE LINKE. und BÜNDNIS 90/DIE GRÜNEN die Annahme mit Änderungen.

Der **Ausschuss für Arbeit und Soziales** hat die Vorlage auf Drucksache 18/5201 in seiner 58. Sitzung am 2. Dezember 2015 beraten und empfiehlt mit den Stimmen der Fraktionen der CDU/CSU und SPD gegen die Stimmen der Fraktionen DIE LINKE. und BÜNDNIS 90/DIE GRÜNEN die Annahme mit Änderungen.

Zu Buchstabe b

Der **Ausschuss für Wirtschaft und Energie** hat die Vorlage auf Drucksache 18/5563 in seiner 59. Sitzung am 2. Dezember 2015 beraten und empfiehlt, den Gesetzentwurf für erledigt zu erklären.

Der **Ausschuss für Arbeit und Soziales** hat die Vorlage auf Drucksache 18/5563 in seiner 58. Sitzung am 2. Dezember 2015 beraten und empfiehlt mit den Stimmen der Fraktionen der CDU/CSU und SPD gegen die Stimmen der Fraktionen DIE LINKE. und BÜNDNIS 90/DIE GRÜNEN die Annahme mit Änderungen.

Der **Parlamentarische Beirat für nachhaltige Entwicklung** hat sich mit der Vorlage auf BR-Drucksache 278/15 (BT-Drucksache 18/5563) in seiner 29. Sitzung am 1. Juli 2015 befasst und eine Nachhaltigkeitsrelevanz aufgrund der Managementregel (9) „Sozialer Zusammenhalt: Armut und Ausgrenzung vorbeugen, Chancen ermöglichen, demografischen Wandel gestalten, Beteiligung aller am gesellschaftlichen Leben" festgestellt. Die Darstellung der Nachhaltigkeitsprüfung sei zwar nicht ganz plausibel. Aufgrund der relativ geringen Wirkung sei aber eine Prüfbitte nicht erforderlich.

III. Beratungsverlauf und Beratungsergebnisse im federführenden Ausschuss

Zu Buchstabe a

Der Ausschuss für Recht und Verbraucherschutz hat die Vorlage in seiner 57. Sitzung am 10. Juni 2015 anberaten und beschlossen, eine öffentliche Anhörung durchzuführen, die er in seiner 61. Sitzung am 1. Juli 2015 durchgeführt hat. An dieser Anhörung haben folgende Sachverständige teilgenommen:

Prof. Dr. Wolfgang Ewer	Deutscher Anwaltverein e. V., Berlin
Peter Hartmann	ABV – Arbeitsgemeinschaft berufsständischer Versorgungseinrichtungen e. V., Berlin
Prof. Dr. Cord Meyer	Deutsche Bahn AG, Berlin Rechtsanwalt, Syndikus Arbeitsrecht, Teamleiter Ausgliederungen

Ekkehart Schäfer	Bundesrechtsanwaltskammer, Ravensburg Rechtsanwalt
Prof. Dr. Reinhard Singer	Humboldt-Universität zu Berlin Juristische Fakultät Lehrstuhl für Bürgerliches Recht, Arbeitsrecht, Anwaltsrecht, Familienrecht und Rechtssoziologie Direktor des Instituts für Anwaltsrecht
Christoph Skipka	Deutsche Rentenversicherung Bund
Solms U. Wittig	Präsident des Bundesverbandes der Unternehmensjuristen (BUJ), Frankfurt am Main Rechtsanwalt
Prof. Dr. Christian Wolf	Leibniz Universität Hannover Juristische Fakultät Institut für Prozess- und Anwaltsrecht (IPA) Lehrstuhl für Bürgerliches Recht, Deutsches, Europäisches und Internationales Zivilprozessrecht.

Hinsichtlich des Ergebnisses der Anhörung wird auf das Protokoll der 61. Sitzung am 1. Juli 2015 mit den anliegenden Stellungnahmen der Sachverständigen verwiesen.

Zu dem Gesetzentwurf lag dem Ausschuss für Recht und Verbraucherschutz eine Petition vor.

Der Ausschuss hat die Vorlage in seiner 76. Sitzung am 2. Dezember 2015 abschließend beraten und empfiehlt mit den Stimmen der Fraktionen der CDU/CSU und SPD gegen die Stimmen der Fraktionen DIE LINKE. und BÜNDNIS 90/DIE GRÜNEN die Annahme des Gesetzentwurfs in der aus der Beschlussempfehlung ersichtlichen Fassung. Die Änderungen entsprechen einem Änderungsantrag, der im Ausschuss für Recht und Verbraucherschutz von der Fraktionen der CDU/CSU und SPD eingebracht und mit gleichem Abstimmungsergebnis angenommen wurde.

Im Rahmen der Ausschussberatungen wies die **Vorsitzende** darauf hin, dass über den ursprünglichen Gesetzentwurf hinaus auch die Finanzgerichtsordnung geändert werde.

Die **Fraktion der CDU/CSU** betonte, dass durch den Gesetzentwurf die Rechtsprechung des Bundessozialgerichts aus dem Jahr 2014 korrigiert und der Status quo ante wiederhergestellt werde. Hier bestehe Handlungsbedarf, da der personelle und damit auch fachliche Austausch zwischen Kanzleien und Unternehmen sichergestellt sein müsse. Es sei schon wegen der hohen Anforderungen, die der Gesetzgeber an Unternehmen und an Compliance stelle, von großer Bedeutung, dass anwaltliche Expertise bei der hausinternen Beratung vorhanden sei. Die Tätigkeit von Syndikusanwälten müsse daher weiter attraktiv bleiben und der Wechsel von Kanzleien dürfe nicht erschwert werden. Das sei für den Rechtsstandort Deutschland wichtig. Durch den Gesetzentwurf sei auch in Zukunft die Befreiung von Syndikusanwälten von der Versicherungspflicht in der gesetzlichen Rentenversicherung möglich. Die berufsständischen Alterssicherungssysteme würden gestärkt. Weiter werde der Status der Syndikusanwälte in der Bundesrechtsanwaltsordnung fixiert. Klargestellt werde ferner, dass die Haftung von Syndikusanwälten gegenüber ihren Arbeitgebern auf die allgemeinen Arbeitnehmerhaftungsregelungen beschränkt sei. Die Grundsätze der Arbeitnehmerhaftung gälten auch für Syndizi. Daher bedürfe es auch keiner Berufshaftpflichtversicherung gegenüber dem eigenen Arbeitgeber, das sei systemfremd. Eine Berufshaftpflichtversicherungspflicht würde im Übrigen eine Schlechterstellung gegenüber angestellten Rechtsanwälten in Kanzleien bedeuten, diese nicht benötigten. Ferner sei die Höhe der Versicherungsprämien hierfür nicht absehbar. Diese wären unter Umständen so hoch, dass sie wirtschaftlich nicht tragbar seien und damit sich niemand mehr als Syndikusanwalt zulassen würde. Künftig seien für die Zulassung von Syndikusanwälten die regionalen Rechtsanwaltskammern zuständig. Die in der Vergangenheit von der Deutschen Rentenversicherung Bund mitentwickelte Vier-Kriterien-Theorie für die Frage, was anwaltliche Tätigkeit voraussetzt, werde nun gesetzlich normiert. Eine inhaltliche Änderung sei ausdrücklich nicht beabsichtigt. Auch werde klargestellt, dass für die Tätigkeit als Syndikusanwalt keine Prokura erforderlich sei, sondern eine nach außen verantwortliche Tätigkeit ausreiche. Die Tatsache, dass eine für die Befreiung von der Rentenversicherungspflicht erforderliche Pflichtmitgliedschaft in manchen Rechtsanwaltsversorgungswerken nur bis 45. Lebensjahr möglich sei, stelle eine europarechtswidrige Altersdiskriminierung dar. Die künftige dreijährige Übergangsregelung stelle daher einen klaren Auftrag an die Versorgungswerke bzw. die Landesgesetzgeber dar, diese zu beseitigen.

Die **Fraktion DIE LINKE.** bemängelte den späten Eingang des Änderungsantrags und die Erweiterung des Gesetzgebungsverfahrens um eine Änderung der Finanzgerichtsordnung. Sie forderte eine grundsätzlich andere Regelung der Rentenversicherungsfrage. Auch finde die anwaltliche Unabhängigkeit keine wirksame Ausgestaltung. Die Regelungen zum Vertretungsverbot reichten nicht aus.

Die **Fraktion BÜNDNIS 90/DIE GRÜNEN** teilte mit, dass der Gesetzentwurf aufgrund der weggefallenen Berufshaftpflichtversicherungspflicht entgegen der ursprünglichen Fassung für sie nicht mehr zustimmungsfähig sei. Die Verpflichtung zum Abschluss einer Berufshaftpflichtversicherung stelle keine Benachteiligung der Syndikusanwälte und -anwältinnen dar, sondern vielmehr eine Gleichstellung. Durch die Aufgabe der Doppelberufstheorie sei es auch nicht so, dass nun bloß der frühere Zustand wiederhergestellt worden sei. Syndici seien nun Anwälte und Anwältinnen, genössen aber bei der Haftung die Vorzüge von Angestellten.

Die **Fraktion der SPD** war der Auffassung, dass eine schnelle berufsrechtliche Lösung bei einem derart komplexen Thema der richtige Weg sei. Die in Aussicht genommene Regelung geschehe zum Vertrauensschutz der Betroffenen. Ein Wechsel zwischen einer Tätigkeit in einer Kanzlei und einem Unternehmen dürfe nicht zu einer sozialversicherungsrechtlichen Katastrophe führen. Auch würde die Neuregelung von allen maßgeblichen Verbänden befürwortet. Durch eine Evaluierung würden die Auswirkungen der Regelung zu einem späteren Zeitpunkt überprüft werden. Die Vorgehensweise der Opposition sei unverständlich.

Die **Bundesregierung** betonte, dass die in Aussicht genommene „Kleine berufsrechtliche Lösung" den richtigen Weg darstelle, da so die frühere Rechtslage wiederhergestellt werde. Auch bleibe die Arbeitnehmerhaftung gegenüber dem Arbeitgeber unberührt. Sie hoffe, dass das Gesetz zum 1. Januar 2016 in Kraft treten werde.

Zu Buchstabe b

Der Ausschuss für Recht und Verbraucherschutz hat die Vorlage in seiner 76. Sitzung am 2. Dezember 2015 beraten und empfiehlt, den Gesetzentwurf einvernehmlich für erledigt zu erklären.

IV. Zur Begründung der Beschlussempfehlung

Im Folgenden werden lediglich die vom Ausschuss für Recht und Verbraucherschutz empfohlenen Änderungen gegenüber der ursprünglichen Fassung des Gesetzentwurfs erläutert. Soweit der Ausschuss die unveränderte Annahme des Gesetzentwurfs empfiehlt, wird auf die jeweilige Begründung in Drucksache 18/5201 verwiesen.

A. Allgemeiner Teil

I. Besonderes elektronisches Anwaltspostfach, Verzeichnisse der Rechtsanwaltskammern und Gesamtverzeichnis der Bundesrechtsanwaltskammer

Das Gesetz zur Förderung des elektronischen Rechtsverkehrs mit den Gerichten vom 10. Oktober 2013 (BGBl. I S. 3786) sieht in Artikel 7 Nummer 2 die Einfügung eines neuen § 31a der Bundesrechtsanwaltsordnung (BRAO) vor, der zum 1. Januar 2016 in Kraft getreten ist. Nach dieser Vorschrift ist die Bundesrechtsanwaltskammer (BRAK) verpflichtet, für jeden im Gesamtverzeichnis der BRAK nach § 31 BRAO eingetragenen Rechtsanwalt ein besonderes elektronisches Anwaltspostfach („beA") einzurichten. Durch § 31a BRAO sollen die rechtlichen Grundlagen für den mit besonderem Vertrauensschutz ausgestatteten elektronischen Rechtsverkehr mit den Gerichten sowie die Kommunikation von Anwalt zu Anwalt geschaffen werden (Drucksache 17/12634, S. 38 linke Spalte). Die besonderen elektronischen Anwaltspostfächer sollen auf der Grundlage der im Gesamtverzeichnis der BRAK enthaltenen Eintragungen eingerichtet werden. Das Gesamtverzeichnis beruht seinerseits auf den von den Rechtsanwaltskammern nach § 31 Absatz 1 Satz 1 BRAO im automatisierten Verfahren in dieses eingegebenen Daten.

Die technischen Grundlagen der besonderen elektronischen Anwaltspostfächer wurden im Hinblick auf die von § 31a Absatz 1 BRAO vorgesehene Einrichtung eines besonderen elektronischen Anwaltspostfachs für jede derzeit im Gesamtverzeichnis eingetragene Person entwickelt. Der Gesetzentwurf zur Neuordnung des Rechts der Syndikusanwälte (im Folgenden: Gesetzentwurf) sieht in § 46c Absatz 5 Satz 2 BRAO-E nunmehr vor, dass auch die bislang nicht in das Gesamtverzeichnis eingetragenen Syndikusrechtsanwälte dort als solche aufzunehmen sind, und zwar bei mehreren Arbeitsverhältnissen für jede Tätigkeit gesondert. Für jede dieser Eintragungen erhält der Syndikusrechtsanwalt ein eigenes besonderes elektronisches Anwaltspostfach. Dies konnte bei der Entwicklung der technischen Grundlagen der Einrichtung der besonderen elektronischen Anwaltspostfächer nicht berücksichtigt werden und erfordert zunächst zusätzlichen Programmieraufwand sowie sodann die Einrichtung der weiteren besonderen elektronischen Anwaltspostfächer nebst Ausstattung der Syndikusanwälte mit der erforderlichen Hard- und Software. Diese Maßnahmen können nicht vor dem 1. Oktober 2016 abgeschlossen werden. Deshalb ist eine Übergangsregelung erforderlich, wonach die zum 1. Januar 2016 in Kraft getretene allgemeine Verpflichtung zur Einrichtung des besonderen elektronischen Anwaltspostfachs durch die BRAK in Bezug auf Syndikusrechtsanwälte erst zu einem späteren Zeitpunkt wirksam wird. Für Syndikusrechtsanwälte ist demnach erst ab dem 1. Oktober 2016 ein besonderes elektronisches Anwaltspostfach einzurichten. Des Weiteren ist zu berücksichtigen, dass sich im Rahmen der Erarbeitung der nach § 31b BRAO zu den besonderen elektronischen Anwaltspostfächern zu erlassenden Rechtsverordnung nicht unbeträchtlicher Anpassungsbedarf hinsichtlich der gesetzlichen Vorgaben zu den Verzeichnissen der Rechtsanwaltskammern, zum Gesamtverzeichnis der BRAK, zu der Einsichtnahme über das Europäische Rechtsanwaltsverzeichnis und zu den besonderen elektronischen Anwaltspostfächern ergeben hat (§§ 31 ff. BRAO). Diese Anpassungen sollen zeitnah zur Einführung des besonderen elektronischen Anwaltspostfachs erfolgen.

II. Tätigkeit europäischer Rechtsanwälte als Syndikusrechtsanwalt in Deutschland

Als Folgeänderung der durch den Gesetzentwurf vorgesehenen tätigkeitsbezogenen Zulassung als Syndikusrechtsanwalt wird die Rechtsstellung der europäischen Rechtsanwälte geregelt, die entweder nach den §§ 2 ff. des Gesetzes über die Tätigkeit europäischer Rechtsanwälte in Deutschland (EuRAG) in ihrer Eigenschaft als europäischer Rechtsanwalt als Syndikusrechtsanwalt in Deutschland tätig sein möchten oder die nach den §§ 11 und 13 EuRAG nach einer dreijährigen Tätigkeit zur Rechtsanwaltschaft in Deutschland als Syndikusrechtsanwalt zugelassen werden möchten. Der Gesetzentwurf geht, wie sich aus dessen Begründung ergibt, bereits davon aus, dass europäische niedergelassene Rechtsanwälte auch als Syndikusrechtsanwälte tätig sein können. Es wird nämlich ausgeführt, dass auf Grund der neuen gesetzlichen Regelung, nach der Syndikusrechtsanwälte anwaltlich tätig sind, praktische Erfahrungen aus der Syndikusrechtsanwaltstätigkeit bei der Zulassung europäischer Rechtsanwälte berücksichtigt werden können (Drucksache 18/5201, S. 22). Nach der bisherigen Rechtslage ist es auch anerkannt, dass niedergelassene europäische Rechtsanwälte als Inhouse-Anwälte bzw. Syndikusanwälte tätig sein können (vgl. Eichele, in Gaier/Wolf/Göcken, Anwaltliches Berufsrecht, 2. Auflage 2014, § 6 EuRAG, Rn. 3).

III. Änderung der Finanzgerichtsordnung

Mit dieser Änderung soll die Befristung der Zuständigkeitsregelungen für Angelegenheiten des Familienleistungsausgleichs in § 38 Absatz 2a Satz 3 der Finanzgerichtsordnung aufgehoben werden.

IV. Merkmale anwaltlicher Tätigkeit

Durch eine sprachliche Umformulierung der Legaldefinition des Syndikusrechtsanwalts und Syndikuspatentanwalts wird klargestellt, dass das Vorliegen einer anwaltlichen Tätigkeit nicht die Erteilung einer Prokura oder Handlungsvollmacht im Sinne der §§ 48 ff. Handelsgesetzbuch voraussetzt.

V. Arbeitsverhältnis und Pflichtversicherung

Das Vertragsverhältnis des Syndikusanwalts zu seinem Arbeitgeber wird einheitlich als Arbeitsverhältnis bezeichnet. Des Weiteren wird in Anbetracht der Besonderheiten dieses Arbeitsverhältnisses auf das Erfordernis einer Berufshaftpflichtversicherung für die Tätigkeit als Syndikusanwalt verzichtet.

VI. Pflichtmitgliedschaft in einer berufsständischen Versorgungseinrichtung

Es wird zum einen ein Problem geregelt, welches vor dem Hintergrund der neuen Rechtsprechung des Bundessozialgerichts zur Befreiungsfähigkeit von Syndikusanwälten im Zusammenhang mit den in einzelnen Versorgungswerken noch bestehenden Höchstaltersgrenzen, bis zu denen eine Pflichtmitgliedschaft begründet werden kann, entstehen kann.

Zum anderen wird durch eine ergänzende, zeitlich begrenzte Rückwirkungsregelung ein Anreiz gesetzt, dass die in manchen Versorgungswerken noch bestehenden Altersgrenzen im Interesse der betroffenen Angehörigen der freien Berufe abgeschafft werden.

VII. Inkrafttreten

Als Zeitpunkt des Inkrafttretens wird der erste Tag des auf die Verkündung folgenden Kalendermonats bestimmt. Hiervon abweichend tritt die in Artikel 3 vorgesehene Änderung der Finanzgerichtsordnung bereits am Tag nach der Verkündung in Kraft.

B. Besonderer Teil

Zu Nummer 1 (Änderung der Überschrift)

Der neu eingefügte Artikel 3 sieht eine Änderung der Finanzgerichtsordnung vor, die mit der Neuordnung des Rechts der Syndikusanwälte nicht im Zusammenhang steht. Die Überschrift war daher anzupassen.

Zu Nummer 2 (Änderung der Bundesrechtsanwaltsordnung – BRAO)

Zu Buchstabe a (§§ 31 bis 31c BRAO-E)

Die Neufassung der gesetzlichen Vorgaben zu den Verzeichnissen der Rechtsanwaltskammern, dem Gesamtverzeichnis der BRAK, der Einsichtnahme über das Europäische Rechtsanwaltsverzeichnis und den besonderen elektronischen Anwaltspostfächern ordnet das Verhältnis der Verzeichnisse untereinander und die Beziehung der Verzeichnisse zur Einrichtung der besonderen elektronischen Anwaltspostfächer und überführt sie in eine in sich stimmige Gesamtkonzeption, die die technischen Gegebenheiten berücksichtigt. Die von den Rechtsanwaltskammern geführten Verzeichnisse werden um weitere erforderliche (im Wege des automatisierten Verfahrens auch in das Gesamtverzeichnis einzugebende) Angaben ergänzt und auch für das Gesamtverzeichnis wird die Aufnahme weiterer Angaben vorgesehen. Die Rechtsgrundlage für die Einrichtung besonderer elektronischer Anwaltspostfächer wird überdies bezüglich verschiedener Punkte erweitert.

Schließlich sollen die derzeitigen Ermächtigungen zum Erlass von Rechtsverordnungen zum Gesamtverzeichnis der BRAK und zur Übermittlung an das Europäische Rechtsanwaltsverzeichnis (§ 31 Absatz 6 BRAO) sowie zu den besonderen elektronischen Anwaltspostfächern (§ 31b BRAO) zukünftig besser aufeinander abgestimmt und übersichtlicher in § 31c BRAO-E zusammengefasst werden.

Zu § 31 BRAO-E

Zu § 31 Absatz 1 BRAO-E

§ 31 Absatz 1 BRAO-E übernimmt in den Sätzen 1 und 3 den bisherigen § 31 Absatz 1 Satz 1 und Satz 2 BRAO unter lediglich sprachlichen Anpassungen. Die in Satz 2 vorgesehene Durchführung eines Identifizierungsverfahrens für Neueintragungen entspricht der bestehenden Praxis der Rechtsanwaltskammern im Rahmen des Verfahrens auf Aufnahme in die Rechtsanwaltskammer. Für die Rechtsanwaltskammer muss hinreichende Gewissheit über die Identität der in ihr elektronisch geführtes Verzeichnis aufzunehmende Person bestehen. Dies ergibt sich schon aus der Verantwortung der das Verzeichnis führenden Rechtsanwaltskammer für die Richtigkeit der erhobenen Daten und der Rechtmäßigkeit ihrer Erhebung, § 31 Absatz 1 Satz 3 BRAO-E. Zudem ist andernfalls nicht gewährleistet, dass das besondere elektronische Anwaltspostfach die sichere elektronische Kommunikation mit der als Postfachinhaber eingetragenen Person ermöglicht. Denn die Einrichtung der besonderen elektronischen Anwaltspostfächer erfolgt für die durch die Rechtsanwaltskammern im automatisierten Verfahren in das Gesamtverzeichnis eingetragenen Personen und auf der Grundlage der insofern von den Rechtsanwaltskammern übermittelten Angaben. Soweit die Durchführung des Identifizierungsverfahrens im Rahmen des Verfahrens auf Aufnahme in die Rechtsanwaltskammer erfolgt ist, folgt aus Satz 2 keine darüber hinausgehende Verpflichtung. Die bisher durch § 31a Absatz 1 Satz 1 BRAO vorgesehene Durchführung eines Identifizierungsverfahrens vor Einrichtung des besonderen elektronischen Anwaltspostfachs ist bei Durchführung eines Identifizierungsverfahrens vor der Eintragung in die Verzeichnisse der Rechtsanwaltskammern nicht erforderlich. Die in den Verzeichnissen der Rechtsanwaltskammern gespeicherten Daten werden automatisiert und damit unverändert von den Rechtsanwaltskammern in das Gesamtverzeichnis eingetragen und für die Einrichtung des besonderen elektronischen Anwaltspostfachs zugrunde gelegt.

Wie sich die Rechtsanwaltskammer hinreichende Gewissheit über die Identität der einzutragenden Person verschafft, liegt in deren Ermessen. Die Prüfung der Identität wird aber im Regelfall die Einsichtnahme in ein mit Lichtbild versehenes amtliches Dokument erfordern, mit dem die Pass- und Ausweispflicht im Inland erfüllt wird (vgl. Siegmund, in Gaier/Wolf/Göcken, a.a.O., §§ 31a, 31b BRAO, Rn. 16 zur Identifizierung im Rahmen der Neuzulassung). Sofern zum Zweck der Identitätsprüfung bereits zu einem früheren Zeitpunkt Daten erhoben wurden, kann die Rechtsanwaltskammer mit Einverständnis der einzutragenden Person diese Daten zur Identitätsfeststellung nutzen, sofern diese die zuverlässige Identitätsfeststellung gewährleisten. Dies gilt insbesondere dann, wenn ein bereits in die Verzeichnisse eingetragener Rechts- oder Syndikusrechtsanwalt aufgrund einer weiteren Zulassung als Syndikusrechtsanwalt oder Rechtsanwalt oder auf Grund der Aufnahme weiterer

Arbeitsverhältnisse als Syndikusrechtsanwalt gesondert eingetragen werden muss (§ 46c Absatz 5 Satz 2 BRAO-E).

Zu § 31 Absatz 2 BRAO-E

In § 31 Absatz 2 Satz 1 und 2 BRAO-E werden die Sätze 3 und 4 des § 31 Absatz 1 BRAO inhaltlich unverändert übernommen. Das in Satz 3 vorgesehene elektronische Suchsystem für die von den Rechtsanwaltskammern geführten Verzeichnisse sowie das Gesamtverzeichnis der BRAK konkretisiert das nach Satz 2 jedem unentgeltlich zustehende Recht zur Einsichtnahme in diese Verzeichnisse. Die Einsichtnahme in die Verzeichnisse mittels elektronischen Suchsystems entspricht der derzeit bestehenden technischen Ausgestaltung. Eine Einsichtnahme, die über die Möglichkeit der Suche anhand der durch die Rechtsverordnung auf Grund § 31c BRAO-E im Einzelnen festzulegenden Suchbegriffe hinausgeht, ist nicht zu eröffnen. Dies betrifft insbesondere die Möglichkeit, die in den Verzeichnissen der Rechtsanwaltskammern und dem Gesamtverzeichnis gespeicherten Angaben in einer Gesamtdarstellung ohne Eingabe eines eingrenzenden Suchbegriffs einsehen zu können.

Einer dem bisherigen § 31 Absatz 2 BRAO entsprechenden Regelung bedarf es nicht mehr, ohne dass mit dieser Aufhebung eine inhaltliche Änderung verbunden ist. § 31 Absatz 2 BRAO diente der Klarstellung, dass die Eintragung in die Rechtsanwaltsverzeichnisse nach § 31 BRAO unabhängig davon erfolgt, ob der Rechtsanwalt bei Übergabe der Zulassungsurkunde seiner Kanzleipflicht genügt (Drucksache 16/11385, S. 35 rechte Spalte). Das folgt jedoch auch ohne ausdrückliche Regelung schon daraus, dass nach § 31 Absatz 1 Satz 1 BRAO-E alle zugelassenen Rechtsanwälte in die Verzeichnisse der Rechtsanwaltskammern und damit auch in das Gesamtverzeichnis aufzunehmen sind und die Erfüllung der Kanzleipflicht nach § 12 BRAO keine Voraussetzung der Zulassung ist.

Zu § 31 Absatz 3 BRAO-E

Die in § 31 Absatz 3 BRAO-E nunmehr in übersichtlicherer Form aufgeführten Angaben entsprechen im Wesentlichen inhaltlich denjenigen, die schon bisher in § 31 Absatz 3 BRAO enthalten waren. Neu geregelt werden lediglich die folgenden Punkte:

Zu § 31 Absatz 3 Nummer 2 und 3 BRAO-E

Nach der bisherigen Fassung des § 31 Absatz 4 Satz 2 erste Alternative BRAO wird der Name der Anwaltskanzlei nur zum Abruf über das auf den Internetseiten der Europäischen Kommission geführte Europäische Rechtsanwaltsverzeichnis zur Verfügung gestellt und dies auch nur dann, wenn der Rechtsanwalt der BRAK den Kanzleinamen zu diesem Zweck mitgeteilt hat. Die Aufnahme des Kanzleinamens in die Verzeichnisse der Rechtsanwaltskammern und in das Gesamtverzeichnis ist hingegen nicht vorgesehen. Als Bestandteil der Kanzleianschrift ist der Kanzleiname den Rechtsanwaltskammern aber in der Regel bekannt. Die Verzeichnisse einzelner Rechtsanwaltskammern enthalten daher bereits derzeit den Kanzleinamen, dessen Eintragung als Bestandteil der Kanzleianschrift auch schon nach geltendem Recht für zulässig gehalten wird (vgl. Siegmund, in Gaier/Wolf/Göcken, a. a. O., § 31 BRAO, Rn. 60). Aufgrund der durch den Wegfall des Verbots der Sternsozietät gewandelten Verhältnisse der anwaltlichen Berufsausübung und der zunehmend, auch vonseiten der rechtsuchenden Bevölkerung mit dem Kanzleinamen verbundenen Identifikations- und Unterscheidungskraft ist hingegen die generelle Eintragung des Kanzleinamens sowie der Namen von Zweigstellen in den Verzeichnissen aller Rechtsanwaltskammern und dem Gesamtverzeichnis geboten.

Ein Rechtsanwalt darf in einer eigenen Kanzlei und daneben in einem oder mehreren beruflichen Zusammenschlüssen bzw. Berufsausübungsgesellschaften tätig sein. Eine Zuordnung, in welchem Rahmen die Entfaltung der beruflichen Tätigkeit bei verschiedenartig tätigen Rechtsanwälten im jeweiligen Fall erfolgt, ermöglicht nur das Auftreten unter dem Kanzleinamen. Dem Kanzleinamen kommt damit eine Unterscheidungs- und Identifikationsfunktion zu, die dessen Aufnahme in die Verzeichnisse der Rechtsanwaltskammern und das Gesamtverzeichnis erfordert. Die zuverlässige Feststellung, in welchen Formen ein Rechtsanwalt seine berufliche Tätigkeit entfaltet, setzt zudem voraus, dass auch die Namen bestehender Zweigstellen in die Verzeichnisse eingetragen werden (vgl. dazu Siegmund, in Gaier/Wolf/Göcken, a. a. O., § 31 BRAO, Rn. 61, der im Rahmen der Zweigstellenanschrift die Eintragung einer von der Kanzleianschrift abweichenden Kurzbezeichnung für möglich hält). § 27 BRAO legt zugrunde, dass ein Rechtsanwalt in dem Bezirk der Rechtsanwaltskammer, deren Mitglied er ist, eine Kanzlei einrichtet und unterhält. Sämtliche weiteren, der Entfaltung beruflicher Tätigkeit dienenden Standorte können daher in den Verzeichnissen der Rechtsanwaltskammern und dem Gesamtverzeichnis nur als Zweigstellen erfasst werden. Dies gilt sowohl für die dem allgemeinen Wortsinn der Zweigstelle entsprechenden, von einer Hauptniederlassung abhängigen Standorte, als auch für solche Standorte, die einer eigenständigen Berufsausübung dienen (BGH NJW 2013, S. 314 Rz. 44). Die bereits nach geltendem Recht vorgesehene Eintragung der Adressen bestehender Zweigstellen gibt insofern keinen Aufschluss. Erst die zusätzliche Eintragung des Namens der Zweigstelle ermöglicht dem Rechtsverkehr und den Rechtsuchenden die Feststellung, ob die Zweigstelle der selbstständigen Berufsausübung dient und der Rechtsanwalt seine berufliche Tätigkeit in verschiedenen Formen entfaltet. Im Interesse des Verbraucherschutzes und der Transparenz des Rechtsverkehrs ist eine Information hierüber in den Verzeichnissen der Rechtsanwaltskammern und dem Gesamtverzeichnis geboten.

Unter dem Kanzleinamen sowie dem Namen einer Zweigstelle ist die Bezeichnung zu verstehen, unter der ein Rechtsanwalt an dem jeweiligen Standort beruflich auftritt. Bei nicht in einem beruflichen Zusammenschluss tätigen Rechtsanwälten wird der Kanzleiname häufig dem um die Berufsbezeichnung ergänzten Vor- und Familiennamen entsprechen. Im Rahmen der bestehenden gesetzlichen Vorgaben ist aber auch ein anderer Kanzleiname möglich, insbesondere unter Beibehaltung eines vor der Eheschließung geführten Namens (vgl. Siegmund, in Gaier/Wolf/Göcken, a. a. O., § 31 BRAO, Rn. 56, der unter Hinweis auf BVerfG NJW 2009, S. 1657 und NJW 1988, S. 1577, 1578 auf die Berechtigung des Rechtsanwalts zur Führung eines Berufsnamens im Berufsleben verweist). Bei gemeinschaftlicher Berufsausübung bzw. der Berufsausübung im Rahmen einer Berufsausübungsgesellschaft ist die verwendete Kurzbezeichnung einzutragen. Der Eintragung einer Kurzbezeichnung als Kanzleiname bzw. Name einer Zweigstelle in verschiedenen Schreibweisen bei mehreren eingetragenen Personen beugt die nach § 9 der Berufsordnung für Rechtsanwälte bestehende Pflicht zur einheitlichen Führung einer Kurzbezeichnung vor. Gleichwohl in den Verzeichnissen erfolgende unterschiedliche Bezeichnungen einer Kanzlei oder Zweigstelle lassen sich unter Heranziehung der ebenfalls einzutragenden Kanzleianschrift eindeutig zuordnen. Da der Name der Kanzlei und die Namen von Zweigstellen deren eindeutiger Bezeichnung dienen, ist deren erstmalige Mitteilung an die Rechtsanwaltskammer wie auch die Mitteilung späterer Änderungen als Ausfluss der bezüglich der Kanzlei und bestehender Zweigstellen bestehenden berufsrechtlichen Pflichten anzusehen.

Auch Rechtsanwälte, die keine Kanzlei führen, müssen für die Rechtsanwaltskammer erreichbar sein. Insbesondere muss die Möglichkeit bestehen, Zustellungen an sie zu bewirken. Hierzu bedarf es einer zustellfähigen Anschrift, für deren Erhebung und Speicherung § 31 Absatz 3 Nummer 2 zweiter Halbsatz BRAO-E nunmehr eine klarstellende Regelung enthält. Dem fehlenden Bedürfnis für eine Information des Rechtsverkehrs über die zustellfähige Wohnanschrift und der nach § 76 Absatz 1 Satz 1 BRAO bestehenden Verschwiegenheitspflicht der Rechtsanwaltskammer ist durch entsprechende Vorgaben zur Einsichtnahme Rechnung zu tragen, die durch die Rechtsverordnung nach § 31c BRAO-E erfolgen sollen.

Zu § 31 Absatz 3 Nummer 4 BRAO-E

Ebenso wie der Kanzleiname war bisher auch die Internetadresse der Anwaltskanzlei nur zum Abruf über das auf den Internetseiten der Europäischen Kommission geführte Europäische Rechtsanwaltsverzeichnis vorgesehen, soweit der Rechtsanwalt die Internetadresse der BRAK zu diesem Zweck mitgeteilt hatte. Die Internetseite einer Anwaltskanzlei bietet im Rahmen der bestehenden gesetzlichen Vorgaben die Möglichkeit, über die anwaltliche Berufsausübung zu informieren und eröffnet einen von der rechtsuchenden Bevölkerung in zunehmendem Maße genutzten Weg der Information. Dies rechtfertigt, die Internetadresse der Kanzlei künftig auch in die Verzeichnisse der Rechtsanwaltskammern und das Gesamtverzeichnis aufzunehmen, sofern der Rechtsanwalt dies wünscht und der Rechtsanwaltskammer die Internetadresse zum Zweck der Aufnahme in die Verzeichnisse mitteilt. Gleiches soll für die Internetadressen von Zweigstellen gelten. Da eine Zweigstelle keine Abhängigkeit von einem andere Standort voraussetzt und der eigenständigen Berufsausübung dienen kann, besteht auch für Zweigstellen ein der Kanzlei vergleichbares, anzuerkennendes Informationsinteresse. Dies rechtfertigt, dem Rechtsanwalt auch die Aufnahme der Internetadressen von Zweigstellen in die Verzeichnisse der Rechtsanwaltskammern und das Gesamtverzeichnis zu eröffnen. In einer Gesamtbetrachtung ergibt es zudem – wie auch beim Kanzleinamen – keinen Sinn, wenn bestimmte Angaben nur über das kaum genutzte Europäische Rechtsanwaltsverzeichnis einzusehen wären, nicht jedoch auch über die nationalen Verzeichnisse, auf deren Inhalten das Europäische Rechtsanwaltsverzeichnis basiert.

Zu § 31 Absatz 3 Nummer 7 BRAO-E

Die Verzeichnisse der Rechtsanwaltskammern und das Gesamtverzeichnis der BRAK dienen der Klärung der Frage, ob eine bestimmte Person als Rechtsanwalt zugelassen ist und ob sie zur Vertretung herangezogen werden kann (Prütting, in Henssler/Prütting, BRAO, 4. Auflage 2014, § 31 BRAO, Rn. 2). Die Vertretung durch einen eingetragenen Rechtsanwalt ist nicht möglich, soweit ein Berufsausübungsverbot nach § 47 BRAO besteht. Zur Information der Rechtsuchenden hierüber ist die Aufnahme des bestehenden Berufsausübungsverbotes in die Verzeichnisse nach § 31 BRAO-E geboten. Weggefallene Berufsausübungsverbote sind aus den Verzeichnissen zu löschen, da nur bestehende Berufsausübungsverbote einzutragen sind.

Zu § 31 Absatz 3 Nummer 8 BRAO-E

Bislang ist die Vertreterbestellung nur dann unter Angabe von Vor- und Familiennamen des Vertreters in die Verzeichnisse nach § 31 BRAO einzutragen, wenn ein Berufs- oder Vertretungsverbot besteht. Ein die Aufnahme der Vertreterbestellung in die Verzeichnisse der Rechtsanwaltskammern und das Gesamtverzeichnis rechtfertigendes Informationsinteresse besteht indes auch bei der Bestellung eines allgemeinen Vertreters nach § 53 BRAO oder eines auf Grund von § 47 Absatz 2 BRAO bestellten Vertreters, so dass jede Vertreterbestellung einzutragen ist. Aufgrund der bisher nicht vorgesehenen Eintragung der Anschrift des Vertreters kann dessen Anschrift momentan nur dann durch Einsichtnahme in die Verzeichnisse nach § 31 BRAO ermittelt werden, wenn auch für den Vertreter ein eigenständiger Verzeichniseintrag besteht. Bei nichtanwaltlichen Vertretern ist dies zumeist nicht der Fall, so dass die Anschrift des Vertreters in diesen Fällen nicht allein durch Einsichtnahme in die Verzeichnisse der Rechtsanwaltskammern und das Gesamtverzeichnis ermittelt werden kann (vgl. Siegmund, in Gaier/Wolf/Göcken, a. a. O., § 31 BRAO, Rn. 72). Dies wird durch die nun vorgesehene Eintragung auch der Anschrift des Vertreters vermieden. Ein vergleichbares, die Eintragung in die Verzeichnisse rechtfertigendes Informationsinteresse seitens des Rechtsverkehrs und der Rechtsuchenden besteht auch hinsichtlich bestellter Abwickler und benannter Zustellungsbevollmächtigter. Die Eintragung von Vertretern, Abwicklern und Zustellungsbevollmächtigten in die Verzeichnisse bildet zudem die Grundlage dafür, dass diese Personen unabhängig von einer daneben bestehenden Eintragung, etwa als Rechtsanwalt, Zugang zu einem besonderen elektronischen Anwaltspostfach erhalten.

Zu § 31 Absatz 4 BRAO-E

Die Einrichtung des besonderen elektronischen Anwaltspostfachs und die damit verbundene Vergabe von dessen Bezeichnung erfolgt nach § 31 BRAO-E durch die BRAK. Diese hat die vergebene Bezeichnung des besonderen elektronischen Anwaltspostfachs unverzüglich nach dessen Einrichtung in das Gesamtverzeichnis einzutragen und die Bezeichnung zudem nach § 31a Absatz 1 Satz 2 BRAO-E an die zuständige Rechtsanwaltskammer zur dortigen Speicherung zu übermitteln. Die in den Gesetzestext neu aufgenommene Kammerzugehörigkeit ermöglicht die Ermittlung der zuständigen Aufsichtsbehörde und ist faktisch bereits derzeit Inhalt des von der BRAK geführten Gesamtverzeichnisses. Um eine hinsichtlich der Erhebung und Speicherung der Daten eindeutige Zuordnung zu gewährleisten, werden die von den Rechtsanwalt selbst benannten Sprachkenntnisse und Tätigkeitsschwerpunkte ebenfalls zur Speicherung im Gesamtverzeichnis vorgesehen. Damit bestehen klare Vorgaben für die Erhebung der Daten durch die Rechtsanwaltskammern, die durch diese in deren Verzeichnissen gespeichert und verarbeitet sowie im automatisierten Verfahren in das Gesamtverzeichnis der BRAK eingegeben werden, und darüber hinaus für die nach § 31 Absatz 4 BRAO-E von der BRAK in das Gesamtverzeichnis einzutragenden Angaben. § 31 Absatz 3 und 4 BRAO-E regelt dagegen nicht die Einsichtnahme in die Verzeichnisse und das Gesamtverzeichnis. Die näheren Vorgaben hierzu, d. h. insbesondere die Beschränkungen der Einsichtnahme, sollen nach § 31c Nummer 1 und 2 BRAO-E durch Rechtsverordnung festgelegt werden. Hinsichtlich mitgeteilter Sprachkenntnisse und Tätigkeitsschwerpunkte ergibt sich aus deren vorgesehener Aufnahme in das Gesamtverzeichnis deshalb nicht, dass diese hierüber auch einsehbar sind. Vielmehr sollen selbst benannte Sprachkenntnisse und Tätigkeitsschwerpunkte auch künftig allein für den Abruf über das Europäische Rechtsanwaltsverzeichnis erhoben und gespeichert werden.

Zu § 31 Absatz 5 BRAO-E

Die Eintragung in das Verzeichnis einer Rechtsanwaltskammer beruht auf der Mitgliedschaft in dieser und ist deshalb von deren Fortbestand abhängig. Endet die Mitgliedschaft in der das Verzeichnis führenden Rechtsanwaltskammer, ist die Eintragung in deren Verzeichnis daher zu löschen. Die nunmehr mit Satz 1 vor der endgültigen Löschung zunächst vorgesehene Sperrung der Eintragung soll eine Überprüfung ermöglichen, ob die Löschung tatsächlich zu erfolgen hat, und insbesondere endgültige Löschungen von Eintragungen aufgrund von Namensverwechslungen oder bei nur kurzzeitigem Zulassungsverlust (etwa infolge vorübergehend nicht bestehenden Versicherungsschutzes) verhindern (vgl. dazu Siegmund in Gaier/Wolf/Göcken, a.a.O., §§ 31a, 31b BRAO, Rn. 28). Sperrungen und Löschungen einer Eintragung geben die Rechtsanwaltskammern im automatisierten Verfahren in das Gesamtverzeichnis ein, sofern sie nicht auf Grund eines Wechsels der Rechtsanwaltskammer erfolgen. In diesem Fall ist die Eintragung im Gesamtverzeichnis nach Satz 3 nicht zu sperren und zu löschen, sondern zu berichtigen.

Nach dem Erlöschen seiner Zulassung ist ein Rechtsanwalt nicht mehr im Gesamtverzeichnis eingetragen. Gleiches gilt für verstorbene Rechtsanwälte; ein verstorbener Rechtsanwalt ist nicht mehr in den Verzeichnissen zu führen. Die weitere Eintragung in den Verzeichnissen nach § 31 BRAO-E ist in diesen Fällen aber gerechtfertigt, wenn ein Abwickler bestellt wird. Dann ermöglicht die fortbestehende Eintragung des früheren Rechtsanwalts die Information des Rechtsverkehrs über den für seine Kanzlei bestellten Abwickler. Dies wird durch die Regelung in den Sätzen 4 und 5 zukünftig vorgesehen. Dabei ist, wie in der Rechtsverordnung nach § 31c BRAO-E noch näher auszuführen sein wird, in den Verzeichnissen kenntlich zu machen, dass der eingetragene Rechtsanwalt nicht mehr Mitglied der Rechtsanwaltskammer ist und nur noch auf Grund der Bestellung eines Abwicklers eingetragen ist.

Zu § 31a Absatz 1 BRAO-E

Die Einrichtung besonderer elektronischer Anwaltspostfächer erfolgt auf der Grundlage des Gesamtverzeichnisses für die dort eingetragenen Personen. Zugelassene Rechtsanwaltsgesellschaften werden nicht in das Gesamtverzeichnis eingetragen und erhalten kein besonderes elektronisches Anwaltspostfach. Jeder im Gesamtverzeichnis bestehenden Eintragung wird ein besonderes elektronisches Anwaltspostfach zugeordnet, so dass die gesonderten Eintragungen für einen Syndikusrechtsanwalt nach § 46c Absatz 5 Satz 2 BRAO-E die Einrichtung mehrerer besonderer elektronischer Anwaltspostfächer für diesen Syndikusrechtsanwalt zur Folge haben (Drucksache 18/5201, S. 40). Nach Satz 2 übermittelt die BRAK nach Einrichtung des besonderen elektronischen Anwaltspostfachs dessen Bezeichnung an die zuständige Rechtsanwaltskammer zum Zweck der Speicherung in deren Verzeichnis zusätzlich zu den nach § 31 Absatz 3 BRAO-E dort aufzunehmenden Angaben. Wie bei den in § 31 Absatz 3 BRAO-E genannten Angaben bleibt die Einsichtnahme in die Bezeichnung des besonderen elektronischen Anwaltspostfachs der Regelung durch die auf Grund von § 31c BRAO-E zu erlassende Rechtsverordnung vorbehalten.

Die bisher vorgesehene Überprüfung der Zulassung und Durchführung eines Identifizierungsverfahrens vor Einrichtung des besonderen elektronischen Anwaltspostfachs bedarf keiner ausdrücklichen gesetzlichen Erwähnung mehr, ohne dass damit eine wirkliche inhaltliche Änderung verbunden ist. § 31 Absatz 1 Satz 1 BRAO-E sieht vor, dass die Rechtsanwaltskammern ein Verzeichnis der in ihren Bezirken zugelassenen Rechtsanwälte führen, so dass die Eintragung die Zulassung voraussetzt. Da die Rechtsanwaltskammer die in ihren Verzeichnissen gespeicherten Daten im automatisierten Verfahren in das Gesamtverzeichnis eingeben, kann auch die Aufnahme in das Gesamtverzeichnis und die daran anknüpfende Einrichtung des besonderen elektronischen Anwaltspostfachs erst nach Zulassung erfolgen (vgl. Siegmund, in Gaier/Wolf/Göcken, a.a.O., §§ 31a, 31b BRAO, Rn. 17). Die Durchführung eines Identifizierungsverfahrens sieht § 31 Absatz 1 Satz 2 BRAO-E künftig als Voraussetzung der Eintragung in die Verzeichnisse der Rechtsanwaltskammern vor, da diese Prüfung in der Regel ohnehin im Rahmen des Zulassungsverfahrens erfolgt und zur Gewährleistung der Richtigkeit der Eintragung in das Verzeichnis der Rechtsanwaltskammer geboten ist (vgl. dazu auch Siegmund, in Gaier/Wolf/Göcken, a.a.O., §§ 31a, 31b BRAO, Rn. 15, wonach die Überprüfung der Zulassung und die Durchführung eines Identifizierungsverfahrens bereits nach den bisherigen gesetzlichen Vorgaben den regionalen Rechtsanwaltskammern obliegen soll). Die in den Verzeichnissen der Rechtsanwaltskammern enthaltenen Daten werden im Wege der automatisierten Eingabe in das Gesamtverzeichnis übernommen und für die Einrichtung des besonderen elektronischen Anwaltspostfachs zugrunde gelegt. Der Durchführung eines gesonderten Identifizierungsverfahrens vor Einrichtung des besonderen elektronischen Anwaltspostfachs bedarf es darüber hinaus nicht.

Zu § 31a Absatz 2 BRAO-E

Aufgrund seiner Bedeutung für den elektronischen Rechtsverkehr mit den Gerichten, aber auch für die sichere elektronische Kommunikation von Anwalt zu Anwalt, muss die Nutzung des besonderen elektronischen Anwaltspostfachs unverzüglich nach Eintragung in das Gesamtverzeichnis möglich sein. Dies kann die BRAK nur dann gewährleisten, wenn sie die Einrichtung des besonderen elektronischen Anwaltspostfachs bereits vor der Aufnahme in die Rechtsanwaltskammer und der damit verbundenen Eintragung in das Gesamtverzeichnis vorbereitet. Absatz 2 stellt klar, dass die Rechtsanwaltskammern die hierzu erforderlichen Daten an die BRAK zu übermitteln haben. Gleiches ergibt sich bereits aus der gesetzlichen Verpflichtung der BRAK zur Einrichtung besonderer elektronischer Anwaltspostfächer nach § 31a BRAO. Denn die fristgerechte Einrichtung der besonderen elektronischen Anwaltspostfächer ist nur möglich, wenn der BRAK vorab die hierzu erforderlichen Daten übermittelt werden. Übermittelt werden dürfen nur die zur Einrichtung erforderlichen Angaben. Die übermittelten Angaben sind unverzüglich zu löschen, wenn die angestrebte Aufnahme in die Rechtsanwaltskammer auf Grund deren unanfechtbarer Versagung oder Antragsrücknahme nicht erfolgen wird. Dann bedarf es keiner Einrichtung des besonderen elektronischen Anwaltspostfachs und der Grund für die Übermittlung der nach Satz 1 zu übermittelnden Angaben besteht nicht mehr. Syndikusrechtsanwälte, die im Rahmen mehrerer Arbeitsverhältnisse tätig sind, erhalten nach § 46c Absatz 5 Satz 2 BRAO-E für jedes Arbeitsverhältnis ein gesondertes Postfach. Dem trägt die Mitteilungspflicht nach § 31a Absatz 2 Satz 2 BRAO-E Rechnung.

Zu § 31a Absatz 3 BRAO-E

Die Vorschrift greift den bisherigen Absatz 2 des § 31a BRAO auf und ergänzt diesen um Regelungen zu Vertretern, Abwicklern und Zustellungsbevollmächtigten sowie zur Löschung von im besonderen elektronischen Anwaltspostfach gespeicherten Nachrichten durch die BRAK. Soweit bestellte Vertreter oder Abwickler und benannte Zustellungsbevollmächtigte als Rechtsanwalt oder in anderer Eigenschaft bereits in den Verzeichnissen nach § 31 BRAO-E eingetragen sind und über ein eigenes besonderes elektronisches Anwaltspostfach verfügen, können sie dieses auch in ihrer Funktion als Vertreter, Abwickler oder Zustellungsbevollmächtigte nutzen. Für sonstige Personen richtet die BRAK für die Dauer der Vertretung, Abwicklung oder Benennung als Zustellungsbevollmächtigtem ein besonderes elektronisches Anwaltspostfach ein. Auf die zu diesem Zweck erforderliche Datenübermittlung findet Absatz 2 sinngemäße Anwendung. Das besondere elektronische Anwaltspostfach dient der sicheren elektronischen Kommunikation mit den Gerichten und von Anwalt zu Anwalt. Für die Archivierung von Nachrichten hingegen ist das besondere elektronische Anwaltspostfach aufgrund der damit verbundenen Aufwendungen der BRAK für die Vorhaltung von Speicherplatz nicht vorgesehen. Zur Sicherstellung des Nutzungszwecks des besonderen elektronischen Anwaltspostfachs darf die BRAK in diesem gespeicherte Nachrichten löschen. Die näheren Vorgaben hierzu erfolgen durch die auf Grund § 31c BRAO-E zu erlassende Rechtsverordnung.

Zu § 31a Absatz 4 BRAO-E

Die besonderen elektronischen Anwaltspostfächer werden auf der Grundlage der Eintragungen im Gesamtverzeichnis der BRAK eingerichtet und ermöglichen den dort verzeichneten Personen eine sichere elektronische Kommunikation. Das besondere elektronische Anwaltspostfach kann deshalb nicht mehr genutzt werden, wenn keine Mitgliedschaft in einer Rechtsanwaltskammer und damit keine (bzw. nur noch eine gesperrte) Eintragung im Gesamtverzeichnis mehr besteht. Die BRAK hebt die Zugangsberechtigung zum besonderen elektronischen Anwaltspostfach auf, sobald die Sperrung einer Eintragung durch die Rechtsanwaltskammer im automatisierten Verfahren in das Gesamtverzeichnis eingegeben wird. Eine solche Eingabe in das Gesamtverzeichnis hat nur dann zu erfolgen, wenn die Mitgliedschaft in einer Rechtsanwaltskammer auf Grund des Erlöschens der Zulassung oder des Todes des Mitgliedes endet. Erlischt die Mitgliedschaft in einer Rechtsanwaltskammer wegen eines Kammerwechsels, bestehen die Eintragung im Gesamtverzeichnis und das besondere elektronische Anwaltspostfach hingegen fort. Die Löschung erst angemessene Zeit nach Aufhebung der Zugangsberechtigung verhindert die endgültige Löschung des besonderen elektronischen Anwaltspostfachs infolge irrtümlicher Sperreingaben in das Gesamtverzeichnis und ermöglicht die Wiedererteilung der Zugangsberechtigung bei nur kurzzeitigem Zulassungsverlust, etwa infolge fehlenden Versicherungsschutzes (vgl. Siegmund in Gaier/Wolf/Göcken, a.a.O., §§ 31a, 31b BRAO, Rn. 28). Die näheren Vorgaben zur Löschung erfolgen in der auf Grund des § 31c BRAO-E zu erlassenden Rechtsverordnung.

Zu § 31b BRAO-E

§ 31b BRAO-E greift die Regelung des bisherigen § 31 Absatz 4 BRAO auf und stellt ergänzend klar, dass der Abruf der im Gesamtverzeichnis eingetragenen Angaben über das Europäische Rechtsanwaltsverzeichnis neben die Möglichkeit der Einsichtnahme in das Gesamtverzeichnisses nach § 31

Absatz 2 Satz 3 BRAO-E tritt. Die zum Abruf über das Europäische Rechtsanwaltsverzeichnis bereitzustellenden Daten decken sich nicht vollständig mit denen des nationalen Gesamtverzeichnisses (Drucksache 17/13537, S. 273 linke Spalte). Satz 2 legt fest, dass der Abruf aus dem Gesamtverzeichnis nur für solche Angaben ermöglicht werden darf, deren Erfassung im Europäischen Rechtsanwaltsverzeichnis vorgesehen ist (vgl. dazu Drucksache 17/13537, S. 272 rechte Spalte und S. 273 linke Spalte). Die Festlegung der über das Europäische Rechtsanwaltsverzeichnis abrufbaren Angaben erfolgt nach § 31c Nummer 4 BRAO-E durch Rechtsverordnung. Die in § 31a Absatz 3 und 4 BRAO-E vorgesehene Aufnahme weiterer Angaben in die Verzeichnisse der Rechtsanwaltskammern und das Gesamtverzeichnis erweitert damit nicht die Möglichkeit des Abrufs von Angaben über das Europäische Rechtsanwaltsverzeichnis.

Die bisher in § 31 Absatz 4 Satz 4 BRAO vorgesehene datenschutzrechtliche Verantwortung der BRAK für die an das Europäische Rechtsanwaltsverzeichnis übermittelten Daten ist nicht mehr ausdrücklich geregelt. Eine Speicherung der Daten im Europäischen Rechtsanwaltsverzeichnis ist nicht vorgesehen, sondern der Abruf soll aus den bestehenden nationalen Rechtsanwaltsverzeichnissen über die Internetseite der Europäischen Kommission erfolgen (Drucksache 17/13537, S. 272 rechte Spalte). Insofern besteht auch bezüglich der zum Abruf über das Europäische Rechtsanwaltsverzeichnis bereitgestellten Daten die geteilte datenschutzrechtliche Verantwortung nach § 31 Absatz 1 Satz 3 und Absatz 4 Satz 2 BRAO-E: Die Rechtsanwaltskammern tragen für die von ihnen in das Gesamtverzeichnis eingegebenen Daten die datenschutzrechtliche Verantwortung, die BRAK für die von ihr nach § 31 Absatz 4 BRAO-E zusätzlich eingetragenen Angaben. Eine Verantwortlichkeit der BRAK für die Richtigkeit der von den Rechtsanwälten selbst benannten Sprachkenntnisse und Tätigkeitsschwerpunkte besteht nicht (Drucksache 17/13537, S. 272 rechte Spalte).

Zu § 31c BRAO-E

Die Vorschrift führt die bislang in § 31 Absatz 6 BRAO und § 31b BRAO enthaltenen Verordnungsermächtigungen zusammen. Die in den Verzeichnissen der Rechtsanwaltskammern enthaltenen Angaben werden nach § 31 Absatz 1 Satz 1 BRAO-E im automatisierten Verfahren in das Gesamtverzeichnis der BRAK eingegeben und bilden dessen Grundlage. Diese enge Verknüpfung der Verzeichnisse der Rechtsanwaltskammern mit dem Gesamtverzeichnis der BRAK und den auf dessen Grundlage einzurichtenden besonderen elektronischen Anwaltspostfächern erfordert, in der Rechtsverordnung auch Vorgaben zu den Verzeichnissen der Rechtsanwaltskammern vorsehen zu können. Dies lässt § 31 Absatz 6 BRAO bislang nicht zu. § 31c BRAO-E erstreckt deshalb die Verordnungsermächtigung auch auf die Verzeichnisse der Rechtsanwaltskammern und sieht für diese, das Gesamtverzeichnis der BRAK, die besonderen elektronischen Anwaltspostfächer und die Einsichtnahme in das Gesamtverzeichnis der BRAK über das Europäische Rechtsanwaltsverzeichnis eine Regelung durch eine gemeinsame Rechtsverordnung vor. Gegenüber der bisherigen äußerst missverständlichen Formulierung in § 31b BRAO, nach der die Rechtsverordnung die Einzelheiten u. a. der Errichtung eines „Verzeichnisdienstes" besonderer elektronischer Anwaltspostfächer regeln soll, wird nunmehr klargestellt, dass die Rechtsverordnung die Einzelheiten der Errichtung der besonderen elektronischen Anwaltspostfächer selbst regelt.

Zu Buchstabe b

Es handelt sich um eine redaktionelle Folgeänderung zur Einfügung der neuen Nummer 1 in Artikel 1.

Zu Buchstabe c

Zu Doppelbuchstabe aa (§ 46 BRAO-E)

Der zur Bezeichnung des Vertragsverhältnisses des Syndikusrechtsanwalts zu seinem Arbeitgeber verwendete Begriff „Anstellungsverhältnis" wird einheitlich durch den Begriff „Arbeitsverhältnis" ersetzt. Des Weiteren wird das ursprünglich in § 46 Absatz 3 Nummer 4 BRAO-E vorgesehene Merkmal der „Vertretungsbefugnis nach außen" dahingehend umformuliert, dass das Vorliegen einer anwaltlichen Tätigkeit neben den übrigen in § 46 Absatz 3 und 4 BRAO-E genannten Merkmalen die Befugnis voraussetzt, nach außen verantwortlich aufzutreten. Durch diese sprachliche Änderung wird klargestellt, dass das Vorliegen einer anwaltlichen Tätigkeit nicht die Erteilung einer Prokura oder Handlungsvollmacht im Sinne der §§ 48 ff. des Handelsgesetzbuches voraussetzt. Die Neuformulierung knüpft zugleich an die von der Deutschen Rentenversicherung Bund entwickelte „Vier-Kriterien-Theorie", insbesondere an das Kriterium der Rechtsentscheidung an, welches dem anwaltlichen Berufsrecht und der dortigen Regelung des § 3 BRAO angepasst wurde.

Das in § 46 Absatz 3 und 4 BRAO-E genannte Kriterium der Unabhängigkeit ist dabei nur im Sinne einer fachlichen Unabhängigkeit zu verstehen, wobei sich die Situation in Fällen, in denen der Arbeitgeber dem Rechtsrat des Syndikusrechtsanwalt nicht folgen will, ähnlich darstellt wie im Verhältnis eines niedergelassenen Rechtsanwalts zu seinem Mandanten. Das bedeutet, dass der Syndikusrechtsanwalt seine Rechtsmeinung gegen die Entscheidung seines Arbeitgebers nicht nach außen vertreten darf. Zur Wahrung seiner Unabhängigkeit ist es allerdings erforderlich, dass dem Syndikusrechtsanwalt keine arbeitsrechtlichen Konsequenzen drohen, sofern er der Meinung ist, die Entscheidung seines Arbeitgebers nicht vertreten zu können. In einem solchen Falle könnte er beispielsweise anregen, einen anderen Kollegen mit der Vertretung des Arbeitgebers nach außen zu beauftragen. Dies steht der Möglichkeit des niedergelassenen Rechtsanwalts gleich, seinem Mandanten in solchen Fällen eines unüberbrückbaren Dissenses einen Anwaltswechsel nahezulegen.

Zu Doppelbuchstabe bb (§ 46a BRAO-E)

Auf das Erfordernis einer Berufshaftpflichtversicherung für die Tätigkeit eines Syndikusrechtsanwalts wird verzichtet. Dies trägt dem Umstand Rechnung, dass Syndikusrechtsanwälte im Unterschied zu sonstigen Anwälten in der Regel nur ihren Arbeitgeber beraten. Auch ist zu berücksichtigen, dass der Gesetzentwurf nicht die Haftung als solche regelt. Die Haftung eines Syndikusrechtsanwalts bemisst sich daher nach den allgemeinen Regeln des Zivil- und Arbeitsrechts, wobei insbesondere die Grundsätze der Arbeitnehmerhaftung durch den Gesetzentwurf unberührt bleiben und für Syndikusrechtsanwälte davon auszugehen ist, dass diese unter denselben Voraussetzungen zur Anwendung gelangen wie für andere Arbeitnehmer in vergleichbarer Position. Letzteres soll auch durch die Änderung der Begrifflichkeit („Arbeitsverhältnis" statt „Anstellungsverhältnis") verdeutlicht werden. Hinsichtlich des Verzichts auf das Erfordernis einer Berufshaftpflichtversicherung ist ferner zu berücksichtigen, dass Syndikusrechtsanwälte in Bezug auf ihre Angestelltentätigkeit auch bislang keiner Versicherungspflicht unterlagen, so dass es insoweit beim Status quo verbleibt.

Zu Doppelbuchstabe cc (§ 46b BRAO-E)

Hinsichtlich der Änderung der Begrifflichkeit („Arbeitsverhältnis" statt „Anstellungsverhältnis") wird auf die Begründung zu den Doppelbuchstaben aa und bb verwiesen. Die Änderung in § 46b Absatz 1 Satz 1 BRAO-E trägt dem Umstand Rechnung, dass auf das Erfordernis einer Berufshaftpflichtversicherung verzichtet wird und § 14 Absatz 2 Nummer 9 BRAO daher insoweit keine Anwendung findet.

Zur Anzeigepflicht (§ 46 Absatz 4 BRAO-E) ist zudem darauf hinzuweisen, dass nur die wirklich wesentlichen Änderungen der Tätigkeit innerhalb des Arbeitsverhältnisses von der Mitteilungspflicht erfasst sind.

Zu Doppelbuchstabe dd (§ 46c BRAO-E)

Der Verzicht auf das Erfordernis einer Berufshaftpflichtversicherung bedingt eine Änderung der §§ 46a Absatz 4 Nummer 1 und 46c Absatz 3 BRAO-E. Durch die Neufassung von § 46a Absatz 4 Nummer 1 BRAO-E, der § 12 Absatz 2 BRAO modifiziert, wird klargestellt, dass die Aushändigung der Zulassungsurkunde nicht vom Abschluss einer Berufshaftpflichtversicherung bzw. dessen Nachweis abhängt. Die Neufassung des § 46c Absatz 3 BRAO-E sieht vor, dass die Regelungen zur Berufshaftpflichtversicherung (§§ 51 und 52 BRAO) auf Syndikusrechtsanwälte keine Anwendung finden.

Im Übrigen wird in Ansehung der Änderung der Begrifflichkeit („Arbeitsverhältnis" statt „Anstellungsverhältnis") auf die Begründung zu den Doppelbuchstaben aa und bb Bezug genommen.

Zu Buchstabe d (§ 215 Absatz 4 BRAO-E)

Nummer 4 enthält zwei Übergangsregelungen, da die technische Umsetzung der beabsichtigten Änderungen insofern nicht bis zum Inkrafttreten dieses Gesetzes bewerkstelligt werden kann.

Satz 1 betrifft die Vorgabe aus § 31 Absatz 3 Nummer 2 und 3 BRAO-E, nach der die Rechtsanwaltskammern die Namen von Kanzleien und Zweigstellen in ihre Verzeichnisse künftig nicht nur auf freiwilliger Basis, sondern verpflichtend eintragen sollen. Dazu müssen diese Daten jedoch erst erhoben und entsprechende Felder in den Verzeichnissen vorgesehen werden, weshalb die Verpflichtung erst ab dem 1. Januar 2017 wirksam werden soll.

Die Übergangsregelung in Satz 2 ist erforderlich, weil sich die Vorgabe des § 31a BRAO, wonach für jeden zugelassenen Rechtsanwalt ein besonderes elektronisches Anwaltspostfach eingerichtet werden soll, im Hinblick auf die nach § 46a zuzulassenden Syndikusrechtsanwälte nicht bis zum Inkrafttreten dieses Gesetzes erreichen lässt. Der Gesetzentwurf sieht in § 46c Absatz 5 Satz 2 BRAO-E vor, dass auch die bislang nicht in das Gesamtverzeichnis eingetragenen Syndikusrechtsanwälte dort als solche aufzunehmen sind, und zwar bei mehreren Arbeitsverhältnissen für jede Tätigkeit gesondert. Für jede dieser Eintragungen erhält der Syndikusrechtsanwalt ein eigenes besonderes elektronisches Anwaltspostfach. Dies konnte bei der Entwicklung der technischen Grundlagen der Einrichtung der besonderen elektronischen Anwaltspostfächer nicht berücksichtigt werden und erfordert zunächst zusätzlichen Programmieraufwand sowie sodann die Einrichtung der weiteren besonderen elektronischen Anwaltspostfächer nebst Ausstattung der Syndikusanwälte mit der erforderlichen Hard- und Software. Diese Maßnahmen können nicht vor dem 1. Oktober 2016 abgeschlossen werden. Deshalb ist eine Übergangsregelung erforderlich, wonach die zum 1. Januar 2016 in Kraft getretene Verpflichtung zur Einrichtung des besonderen elektronischen Anwaltspostfachs durch die BRAK in Bezug auf Syndikusrechtsanwälte erst zu einem späteren Zeitpunkt wirksam wird. Für Syndikusrechtsanwälte ist demnach erst ab dem 1. Oktober 2016 ein besonderes elektronisches Anwaltspostfach einzurichten.

Zu Nummer 3 (Neue Artikel 2 und 3)

Zu Artikel 2
(Änderung des Gesetzes über die Tätigkeit europäischer Rechtsanwälte in Deutschland – EuRAG)

Zu Artikel 2 Nummer 1 (§ 4 EuRAG-E)

Der neue Satz 2 modifiziert die in § 4 Absatz 1 Satz 1 EuRAG vorgesehenen Regelungen zur Aufnahme des niedergelassenen europäischen Rechtsanwalts in die Rechtsanwaltskammer (sowie deren Rücknahme und Widerruf) für den Fall, dass der Rechtsanwalt in einem Unternehmen oder bei einem anderen Arbeitgeber im Sinne des § 46 Absatz 2 BRAO-E die Tätigkeit eines Syndikusrechtsanwalts im Sinne des § 46 Absatz 2 bis 5 BRAO-E ausübt.

§ 4 Absatz 1 Satz 1 EuRAG verweist hinsichtlich der Entscheidung über den Antrag sowie die Rücknahme und den Widerruf der Aufnahme in die Rechtsanwaltskammer sinngemäß auf den Zweiten Teil der BRAO (§§ 4 bis 42 BRAO) mit Ausnahme der §§ 4, 5, 6 Absatz 1 und § 12 Absatz 4 BRAO. Da die Regelungen des Zweiten Teils der BRAO im Gesetzentwurf in den §§ 46a bis 46c BRAO-E modifiziert werden, soll mit dem neuen Satz 2 hinsichtlich der Aufnahme in die Rechtsanwaltskammer als Syndikusrechtsanwalt sowie deren Rücknahme und Widerruf abweichend von § 4 Absatz 1 EuRAG auf die §§ 46a bis 46c Absatz 1, 3, 4 und 5 BRAO-E verwiesen werden. Da § 46c Absatz 2 BRAO-E nicht die Zulassung als Syndikusrechtsanwalt beziehungsweise deren Widerruf oder Rücknahme betrifft, ist auf diese Norm in § 4 Absatz 1 Satz 2 EuRAG-E nicht zu verweisen. Hinsichtlich der Rechtsstellung des niedergelassenen europäischen Rechtsanwalts, der als Syndikusrechtsanwalt in Deutschland tätig ist, ist die Regelung des § 46c Absatz 2 BRAO-E jedoch über § 6 Absatz 1 EuRAG, der auf den Dritten Teil der BRAO und mithin auf die §§ 43 ff. BRAO verweist, anwendbar.

Durch die Verweisung in Satz 2 auf § 46a Absatz 1 Satz 1 Nummer 2 und 3 BRAO-E werden die Voraussetzungen für die Aufnahme in die Rechtsanwaltskammer als Syndikusrechtsanwalt für niedergelassene europäische Rechtsanwälte geregelt. Diese Aufnahme erfolgt ebenso wie bei inländischen Syndikusrechtsanwälten tätigkeitsbezogen. Sie knüpft an die Definition in § 46 Absatz 2 BRAO-E und die in § 46 Absatz 3 bis 5 BRAO-E genannten Tätigkeiten und Merkmale an. Von der Verweisung in Satz 2 ist jedoch § 46a Absatz 1 Satz 1 Nummer 1 BRAO-E auszunehmen, weil diese Vorschrift auf § 4 BRAO Bezug nimmt, der sich seinerseits nur auf Antragsteller bezieht, die über die nach der BRAO vorgesehenen Voraussetzungen für die Zulassung zum Rechtsanwaltsberuf verfügen.

Die Aufnahme in die Rechtsanwaltskammer als niedergelassener europäischer Rechtsanwalt, der als Syndikusrechtsanwalt tätig sein möchte, erfolgt, wie sich aus § 3 EuRAG in Verbindung mit § 4 Absatz 1 Satz 2 EuRAG-E und § 46a Absatz 1 Satz 1 BRAO-E ergibt, auf Antrag. Über den Antrag entscheidet die örtlich zuständige Rechtsanwaltskammer (§ 3 Absatz 1 EuRAG, § 4 Absatz 1 Satz 2 EuRAG-E in Verbindung mit § 46a Absatz 2 BRAO-E).

Das Verfahren zur Aufnahme in die Rechtsanwaltskammer als niedergelassener europäischer Rechtsanwalt, der als Syndikusrechtsanwalt tätig sein möchte, richtet sich gemäß Satz 2 nach § 46a Absatz 4 BRAO-E, der auf die §§ 10 bis 12a BRAO verweist und diese modifiziert. Insbesondere muss der niedergelassene europäische Syndikusrechtsanwalt nach § 46a Absatz 4 Nummer 1 BRAO-E keine Berufshaftpflichtversicherung nachweisen, weshalb für ihn die in § 7 EuRAG vorgesehenen Befreiungsmöglichkeiten von der Pflicht nach § 51 BRAO nicht relevant ist. § 46a Absatz 4 Nummer 2 BRAO-E ist von der Verweisung in § 4 Absatz 1 Satz 2 EuRAG-E auszunehmen, da dort bestimmt ist, dass die Tätigkeit als Syndikusrechtsanwalt unter der Berufsbezeichnung „Rechtsanwältin (Syndikusrechtsanwältin)" oder „Rechtsanwalt (Syndikusrechtsanwalt)" auszuüben ist. Diese Regelung ist für europäische niedergelassene Rechtsanwälte, die die Tätigkeit des Syndikusrechtsanwalts ausüben, nicht anwendbar, da ihre Berufsbezeichnung in § 5 Absatz 1 Satz 3 EuRAG-E speziell geregelt wird. Aus dem gleichen Grund sind sie auch nicht berechtigt, die Berufsbezeichnung nach § 12 Absatz 4 BRAO zu führen. § 12 Absatz 4 BRAO ist deshalb auch nicht über § 46c Absatz 1 BRAO-E anwendbar. Durch die Verweisung in Satz 2 auf § 46c Absatz 4 und 5 BRAO-E sind die dort für inländische Syndikusrechtsanwälte vorgesehenen Modifikationen der BRAO auch auf niedergelassene europäische Rechtsanwälte, die in Deutschland als Syndikusrechtsanwälte tätig sind, anwendbar.

Durch die Verweisung in Satz 2 auf § 46b BRAO-E werden das Erlöschen, die Rücknahme, der Widerruf und die Änderung der Aufnahme in die Rechtsanwaltskammer als niedergelassener europäischer Syndikusrechtsanwalt geregelt. Über die Verweisung in Satz 2 auf § 46c Absatz 1 BRAO-E, der seinerseits auf die Vorschriften über Rechtsanwälte in der BRAO verweist, sind die §§ 29 bis 36 BRAO anwendbar.

Der europäische Rechtsanwalt ist ebenso wie ein Rechtsanwalt nach den §§ 1 ff. BRAO berechtigt, neben seiner Tätigkeit als Syndikusrechtsanwalt eine weitere Tätigkeit als Rechtsanwalt auszuüben, sei es als Syndikusrechtsanwalt, als selbständiger oder als angestellter Rechtsanwalt im Sinne des § 46 Absatz 1 BRAO-E. In diesem Fall gilt für diese zuletzt genannte Tätigkeit weiterhin § 4 Absatz 1 Satz 1 EuRAG-E. Der niedergelassene europäische Rechtsanwalt ist, wie der inländische Rechtsanwalt, der neben seiner Zulassung zur Rechtsanwaltschaft in seiner Eigenschaft als Syndikusrechtsanwalt auch über eine weitere Zulassung als selbständiger Rechtsanwalt oder als angestellter Rechtsanwalt verfügen kann, in Deutschland nur Mitglied einer Rechtsanwaltskammer.

Zu Artikel 2 Nummer 2 (§ 5 EuRAG-E)

§ 5 Absatz 1 Satz 1 EuRAG sieht vor, dass der niedergelassene europäische Rechtsanwalt die Berufsbezeichnung zu verwenden hat, die er im Herkunftsstaat nach dem dort geltenden Recht zu führen berechtigt ist.

Der neue Satz 3 knüpft hieran an und sieht vor, dass der niedergelassene europäische Rechtsanwalt, der nach § 4 Absatz 1 Satz 2 EuRAG-E als Syndikusrechtsanwalt in die Rechtsanwaltskammer aufgenommen wurde, der Berufsbezeichnung nach § 5 Absatz 1 Satz 1 und 2 EuRAG die Bezeichnung „(Syndikus)" nachzustellen hat. Demnach würde beispielsweise die Bezeichnung eines niedergelassenen europäischen Syndikusrechtsanwalts, der in Luxemburg nach dem dortigen Recht berechtigt ist, die Berufsbezeichnung „Avocat" zu führen, „Avocat (Syndikus)" lauten. Ein österreichischer Rechtsanwalt aus dem Kammerbezirk Wien, der in Deutschland als niedergelassener europäischer Rechtsanwalt eine Tätigkeit als Syndikusrechtsanwalt ausübt, müsste danach in Deutschland unter der Berufsbezeichnung „Rechtsanwalt (Syndikus) – Mitglied der Rechtsanwaltskammer Wien" auftreten (vgl. zur Bezeichnung nach § 5 Absatz 1 Satz 2 EuRAG: Lach, NJW 2000, S. 1609, 1611; Feuerich in Feuerich/Weyland, Bundesrechtsanwaltsordnung, 8. Auflage 2012, § 5 EuRAG, Rn. 3).

Zu Artikel 2 Nummer 3 (§ 6 EuRAG-E)

Die Ergänzung der Verweisung sieht die Anwendung der §§ 31 bis 31c BRAO auf niedergelassene europäische Rechtsanwälte vor. Diese sind in die Verzeichnisse der Rechtsanwaltskammern sowie das Gesamtverzeichnis der BRAK aufzunehmen und die zu ihnen im Gesamtverzeichnis enthaltenen Angaben sind über das Europäische Rechtsanwaltsverzeichnis abrufbar. Für die niedergelassenen europäischen Rechtsanwälte ist auf der Grundlage der Eintragung im Gesamtverzeichnis zudem ein besonderes elektronisches Anwaltspostfach einzurichten.

Zu Artikel 2 Nummer 4 (§ 11 EuRAG-E)

Die gegenwärtige Fassung des § 11 Absatz 1 Satz 1 EuRAG regelt die Eingliederung von europäischen Rechtsanwälten, die nach den Bestimmungen des Teils 2 des EuRAG unter ihrer ursprünglichen Berufsbezeichnung als niedergelassene europäische Rechtsanwälte in Deutschland tätig waren, in die Rechtsanwaltschaft der Bundesrepublik Deutschland. Nach dieser Norm wird derjenige, der eine mindestens dreijährige Tätigkeit als niedergelassener europäischer Rechtsanwalt in Deutschland auf dem Gebiet des deutschen Rechts einschließlich des Gemeinschaftsrechts gemäß § 12 EuRAG nachweist, nach den §§ 6 bis 36 BRAO zur Rechtsanwaltschaft zugelassen. Anders als bei der Tätigkeit unter der ursprünglichen Berufsbezeichnung als niedergelassener europäischer Rechtsanwalt nach Teil 2 des EuRAG ist mit dieser Zulassung nach § 12 Absatz 4 BRAO die Befugnis verbunden, die

Berufsbezeichnung „Rechtsanwalt" oder „Rechtsanwältin" zu führen. Der Änderungsvorschlag ergänzt § 11 Absatz 1 Satz 1 EuRAG durch eine Verweisung auf die Regelung zur Zulassung als Syndikusrechtsanwalt nach den §§ 46a bis 46c Absatz 1, 4 und 5 BRAO-E.

Ein europäischer Rechtsanwalt, der eine mindestens dreijährige Tätigkeit als niedergelassener europäischer Rechtsanwalt in Deutschland gemäß § 12 EuRAG nachweist, hat nach dem Entwurf mithin die Möglichkeit, statt der Zulassung als niedergelassener Rechtsanwalt im Sinne der §§ 6ff. BRAO oder zusätzlich zu dieser eine tätigkeitbezogene Zulassung als Syndikusrechtsanwalt nach Maßgabe der §§ 46a ff. BRAO-E zu beantragen.

Ein Bewerber, der die Zulassungsvoraussetzungen nach § 46a Absatz 1 Satz 1 Nummer 2 und 3 BRAO-E sowie eine mindestens dreijährige Tätigkeit als niedergelassener europäischer Rechtsanwalt in Deutschland gemäß § 12 EuRAG nachweist, hat einen Anspruch auf Zulassung zur Rechtsanwaltschaft in Deutschland. Die Zulassung als Syndikusrechtsanwalt knüpft an die Definition in § 46 Absatz 2 BRAO-E und die in § 46 Absatz 3 bis 5 BRAO-E genannten Tätigkeiten und Merkmale an. Die Zulassung erfolgt tätigkeitsbezogen. Soweit nur eine Zulassung als Syndikusrechtsanwalt beantragt wird, gelten die §§ 46a bis 46c Absatz 1, 4 und 5 BRAO-E, die die §§ 6 bis 36 BRAO teilweise verdrängen. So wird beispielsweise das in § 6 Absatz 1 BRAO geregelte Antragserfordernis bereits in § 46a Absatz 1 BRAO-E geregelt. Die in § 7 BRAO vorgesehene Regelung über die Zulassungsversagung findet gemäß § 46a Absatz 1 Nummer 2 BRAO-E auch im Hinblick auf die Versagung der Zulassung als Syndikusrechtsanwalt Anwendung. Die §§ 10 bis 12a BRAO werden durch § 46a Absatz 4 BRAO-E und das EuRAG-E modifiziert. § 46b Absatz 1 BRAO-E verweist auf § 13 BRAO. Die §§ 14 und 15 BRAO gelten nach § 46b Absatz 2 Satz 1 BRAO-E auch für die Rücknahme und den Widerruf der Zulassung als Syndikusrechtsanwalt. § 46b Absatz 2 BRAO-E sieht jedoch weitere Gründe für den Widerruf der Zulassung als Syndikusrechtsanwalt vor. Zu § 27 BRAO enthält § 46c Absatz 4 BRAO-E eine speziellere Regelung. Zu § 31 BRAO enthält § 46c Absatz 5 BRAO-E eine modifizierende Regelung. Die §§ 29, 30 und 32 bis 36 BRAO sowie die §§ 31a bis 31c BRAO-E gelten über § 46c Absatz 1 BRAO-E entsprechend. Anders als bei der Tätigkeit unter der ursprünglichen Berufsbezeichnung als niedergelassener europäischer Rechtsanwalt nach Teil 2 des EuRAG ist mit einer Zulassung im Sinne des § 11 EuRAG die Befugnis verbunden, die Berufsbezeichnung nach § 46a Absatz 4 Nummer 2 BRAO-E zu führen, weshalb eine Verweisung auf diese Norm erfolgt.

Zu Artikel 2 Nummer 5 (§ 13 EuRAG-E)

Der Änderungsvorschlag ergänzt die gegenwärtige Fassung des § 13 Absatz 1 EuRAG durch eine Verweisung auf die Regelung zur Zulassung als Syndikusrechtsanwalt in den §§ 46a bis 46c Absatz 1, 4 und 5 BRAO-E. § 13 Absatz 1 EuRAG-E sieht vor, dass derjenige, der mindestens drei Jahre effektiv und regelmäßig als niedergelassener europäischer Rechtsanwalt in Deutschland tätig war, sich dabei im deutschen Recht jedoch nur für kürzere Zeit betätigt hat, nach den §§ 6 bis 36 BRAO zur Rechtsanwaltschaft zugelassen wird, wenn er seine Fähigkeiten, die Tätigkeit weiter auszuüben, gemäß den §§ 14 und 15 EuRAG nachweist. Durch die Verweisung auf die Regelungen zur Zulassung als Syndikusrechtsanwalt erhält der zuvor genannte Personenkreis die Möglichkeit, als Syndikusrechtsanwalt zugelassen zu werden.

Zu Artikel 3 (Änderung der Finanzgerichtsordnung)

Die durch das Gesetz zur Einführung von Kostenhilfe für Drittbetroffene in Verfahren vor dem Europäischen Gerichtshof für Menschenrechte sowie zur Änderung der Finanzgerichtsordnung vom 20. April 2013 (BGBl. I S. 829) eingeführte Zuständigkeitsregelung in § 38 Absatz 2a, deren Geltung zunächst bis zum 30. April 2016 befristet ist, hat sich in der Praxis bewährt. Die Befristung (§ 38 Absatz 2a Satz 3) wird deshalb aufgehoben.

Zu Nummer 4 (neue Artikel 4 und 5)

Es handelt sich um redaktionelle Folgeänderungen zur Einfügung der neuen Artikel 2 und 3.

Zu Nummer 5 (Neuer Artikel 6, §§ 41a bis 41d PAO-E)

Auf die Begründung zu Nummer 1 Buchstabe c wird verwiesen. Im Übrigen handelt es sich um eine redaktionelle Folgeänderung zur Einfügung der neuen Artikel 2 und 3.

Zu Nummer 6 (Neuer Artikel 7, § 231 SGB VI-E und § 286f SGB VI-E)

Als redaktionelle Folgeänderung zur Einfügung der neuen Artikel 2 und 3 wird aus dem bisherigen Artikel 5 Artikel 7.

Zu Buchstabe a (§ 231 SGB VI-E)

In Nummer 2 sollen in § 231 des Sechsten Buches Sozialgesetzbuch in der Entwurfsfassung (SGB VI-E) zusätzlich zu den bereits im Entwurf vorhandenen Absätzen 4a und 4b zwei neue Absätze 4c und 4d ergänzt werden. Ferner muss in den Absätzen 4a und 4b aufgrund der Einfügung der neuen Artikel 2 und 3 sowie der neugefassten Inkrafttretensvorschrift der Änderungsbefehl angepasst werden. Im Ergebnis ist es deshalb angezeigt, die ganze Nummer 2 neu zu fassen.

Zu den Absätzen 4a und 4b

Es handelt sich um redaktionelle Folgeänderungen zur Einfügung der neuen Artikel 2 und 3 und zur Neufassung der Inkrafttretensvorschrift.

Zu Absatz 4c

Zum Teil haben Personen, die als Syndikusanwälte im Sinne der früheren Verwaltungspraxis tätig waren, in Anbetracht der neuen Rechtsprechung des Bundessozialgerichts ihre Anwaltszulassung zurückgegeben (und damit ihre Pflichtmitgliedschaft im Versorgungswerk verloren), weil eine Anwaltszulassung im Hinblick auf eine Befreiung von der Rentenversicherungspflicht nicht mehr als sinnvoll erschien (da eine Befreiung ohnehin nicht mehr erfolgen konnte). Werden diese Personen nunmehr nach neuem Recht als Syndikusrechts- oder Syndikuspatentanwalt zugelassen und haben sie dann eine in dem für sie zuständigen berufsständischen Versorgungswerk geltende Altersgrenze für die Begründung einer Pflichtmitgliedschaft überschritten, würde eine Befreiung von der Rentenversicherungspflicht an der fehlenden Pflichtmitgliedschaft im Versorgungswerk scheitern. Da eine solche Situation letztlich auch durch die neue Rechtsprechung des Bundessozialgerichts zur Befreiungsfähigkeit von Syndikusanwälten verursacht worden ist, soll entsprechend der Zielsetzung des Gesetzes mit der vorgesehenen Fiktion als Übergangsregelung Abhilfe geschaffen werden. Für die Frage, ob eine Pflichtmitgliedschaft in einem Versorgungswerk im Sinne von § 6 Absatz 1 Satz 1 Nummer 1 SGB VI für eine Befreiung ab dem Inkrafttreten dieses Gesetzes vorliegt (und nur im Sinne dieser Vorschrift und nicht z. B. im Sinne von § 231 Absatz 4b Satz 2 SGB VI-E), wird auf den Zeitpunkt der Entscheidungen des Bundessozialgerichts am 3. April 2014 abgestellt. Auch hierbei gilt, dass eine Pflichtmitgliedschaft in einem Versorgungswerk nach der Auslegungspraxis auch dann vorliegt, wenn eine formal freiwillig fortgeführte Mitgliedschaft in einem bisher zuständigen Versorgungswerk eine an sich bestehende Pflichtmitgliedschaft in einem neu zuständigen Versorgungswerk ersetzt (hat). Dies betrifft insbesondere die Fälle des Wechsels zu einem regional anderen Versorgungswerk vor Erreichen einer Altersgrenze, wenn die fortgeführte freiwillige Mitgliedschaft im früheren Versorgungswerk eine „an sich" bestehende Pflichtmitgliedschaft im neuen Versorgungswerk ersetzt.

Die Vorschrift gilt als Übergangsvorschrift nur für Personen, die die Zulassung nach neuem Recht als Syndikusrechts- oder Syndikuspatentanwalt innerhalb von drei Monaten nach Inkrafttreten dieses Gesetzes beantragen.

Satz 2 stellt klar, dass die Syndikusrechts- oder Syndikuspatentanwälte freiwilliges Mitglied in einem Versorgungswerk sein müssen und die Befreiung nur für die Dauer dieser Mitgliedschaft und der Zahlung einkommensbezogener Beiträge gilt.

Satz 3 bestimmt, dass die Regelung nach Satz 1 nicht greift, wenn eine Pflichtmitgliedschaft in einem Versorgungswerk daran gescheitert ist oder gescheitert wäre, weil bei einem Ortswechsel in dem neu zuständigen Versorgungswerk eine Altersgrenze für die Begründung einer Pflichtmitgliedschaft bestand. Diese Problemlagen stellen sich ganz allgemein und auch für andere Berufsgruppen. Sie bestehen zudem unabhängig von der Rechtsprechung des Bundessozialgerichts zur Befreiungsfähigkeit von Syndikusanwälten und haben ihre Ursache alleine in den in bestimmten Versorgungswerken noch bestehenden Altersgrenzen.

Zu Absatz 4d

Mit der Regelung wird unter bestimmten Voraussetzungen ein rückwirkendes Befreiungsrecht eingeräumt, sofern für berufsständische Versorgungswerke, die bislang noch Höchstaltersgrenzen für die Begründung einer Pflichtmitgliedschaft kennen (dies sind insbesondere die berufsständischen Versorgungswerke der Rechtsanwälte), diese Altersgrenzen innerhalb von drei Jahren nach Inkrafttreten dieses Gesetzes aufgehoben werden.

Hiermit wird zugunsten der betroffenen Angehörigen der freien Berufe ein Anreiz gesetzt, dass diese Altersgrenzen, sofern sie in Versorgungswerken noch bestehen, abgeschafft werden. Die Altersgrenze von 45 Jahren stellt ein Problem für ältere Rechtsanwälte und Rechtsanwältinnen dar. Der Gesetzgeber hat zudem europarechtliche Bedenken hinsichtlich der Rechtfertigung dieser Ungleichbehandlung. Es liegt in der Verantwortung der Länder und Versorgungswerke, sich dieses Problems anzunehmen. Erfolgt dies, können diejenigen, die nunmehr Pflichtmitglieder werden können, auf Antrag rückwirkend für drei Jahre von der Versicherungspflicht zur gesetzlichen Rentenversicherung befreit werden. Hiermit werden in gewissem Umfang die Folgen des Bestehens von Altersgrenzen für die Betroffenen abgemildert. Diese rückwirkende Befreiung ist nur denjenigen eröffnet, die infolge eines Ortswechsels im neuen Versorgungswerk bisher keine Pflichtmitgliedschaft mehr begründen und Beiträge nur als freiwillige Mitglieder zahlen konnten; sie gilt nicht für diejenigen, die erst nach Überschreiten einer Altersgrenze erstmals in die berufsständische Versorgung eintreten (wollen), da diese Personen ihre bisherige Versicherungsbiographie ohnehin nicht in der berufsständischen Versorgung zurückgelegt haben.

Sofern bei Aufhebung der Altersgrenze in einem Versorgungswerk die Betreffenden freiwilliges Mitglied im früher zuständigen Versorgungswerk bleiben, würde diese (fortgeführte) freiwillige Mitgliedschaft – wie bisher schon – als Pflichtmitgliedschaft im Sinne des § 6 Absatz 1 Satz 1 SGB VI gelten, da sie dann eine im berufsständischen Versorgungswerk ansonsten geltende Pflichtmitgliedschaft (als Folge der Aufhebung der Altersgrenze) ersetzen würde.

Zu Buchstabe b (§ 286f SGB VI-E)

Es handelt sich um eine Folgeänderung zur Einfügung eines weiteren Absatzes 4d in § 231 SGB VI-E.

Zu Nummer 7 (Neuer Artikel 8)

Es handelt sich um redaktionelle Folgeänderungen zur Einfügung der neuen Nummer 1 in Artikel 1 und der neuen Artikel 2 und 3 sowie zur Neufassung der Inkrafttretensvorschrift.

Die in Artikel 8 vorgesehene Evaluierung des Gesetzes soll dabei auch die Frage in den Blick nehmen, welche Auswirkungen das Klagerecht des Trägers der Rentenversicherung im Zulassungsverfahren für die betroffenen Syndikusrechtsanwälte hat. Dazu gehört auch die Frage, wie sich die im Gesetzentwurf vorgesehene aufschiebende Wirkung eines Rechtsbehelfs des Trägers der Rentenversicherung gegen die Entscheidung der Rechtsanwaltskammer auf das Zulassungsverfahren als Syndikusanwalt auswirkt.

Zu Nummer 8 (neuer Artikel 9)

Um möglichst bald Rechtssicherheit für die betroffenen Syndikusrechtsanwälte und Syndikuspatentanwälte zu schaffen, sollen die diesbezüglichen Neuregelungen nach Absatz 1 am ersten Tag des auf die Verkündung folgenden Kalendermonats in Kraft treten. Zu diesem Zeitpunkt sollen auch die Änderungen der gesetzlichen Vorgaben zu den Verzeichnissen der Rechtsanwaltskammern, dem Gesamtverzeichnis der Bundesrechtsanwaltskammer und den besonderen elektronischen Anwaltspostfächern in Kraft treten.

Die in Artikel 3 vorgesehene Änderung der Finanzgerichtsordnung soll nach Absatz 2 am Tag nach der Verkündung in Kraft treten.

Mit Absatz 3 ist vorgesehen, Artikel 8 zu dem genannten Datum außer Kraft zu setzen, weil sich zu diesem Zeitpunkt der dortige Regelungsinhalt bereits erledigt hat.

Berlin, den 2. Dezember 2015

Dr. Jan-Marco Luczak   **Christian Flisek**   **Harald Petzold (Havelland)**
Berichterstatter   Berichterstatter   Berichterstatter

Katja Keul
Berichterstatterin

3. Gesetz zur Neuordnung des Rechts der Syndikusanwälte und zur Änderung der Finanzgerichtsordnung vom 21.12.2015

Der Bundestag hat das folgende Gesetz beschlossen:

Artikel 1
Änderung der Bundesrechtsanwaltsordnung

Die Bundesrechtsanwaltsordnung in der im Bundesgesetzblatt Teil III, Gliederungsnummer 303-8, veröffentlichten bereinigten Fassung, die zuletzt durch Artikel 139 der Verordnung vom 31. August 2015 (BGBl. I S. 1474) geändert worden ist, wird wie folgt geändert:

1. Die §§ 31 bis 31b werden durch die folgenden §§ 31 bis 31c ersetzt:

„§ 31 Verzeichnisse der Rechtsanwaltskammern und Gesamtverzeichnis der Bundesrechtsanwaltskammer

(1) Die Rechtsanwaltskammern führen elektronische Verzeichnisse der in ihren Bezirken zugelassenen Rechtsanwälte. Sie geben die in diesen Verzeichnissen gespeicherten Daten im automatisierten Verfahren in ein von der Bundesrechtsanwaltskammer geführtes Gesamtverzeichnis ein. Die Rechtsanwaltskammern nehmen Neueintragungen nur nach Durchführung eines Identifizierungsverfahrens vor. Sie tragen die datenschutzrechtliche Verantwortung für die eingegebenen Daten, insbesondere für ihre Richtigkeit und die Rechtmäßigkeit ihrer Erhebung.

(2) Die Verzeichnisse der Rechtsanwaltskammern und das Gesamtverzeichnis dienen der Information der Behörden und Gerichte, der Rechtsuchenden sowie anderer am Rechtsverkehr Beteiligter. Die Einsicht in die Verzeichnisse und das Gesamtverzeichnis steht jedem unentgeltlich zu. Die Suche in den Verzeichnissen und dem Gesamtverzeichnis wird durch ein elektronisches Suchsystem ermöglicht.

(3) In die Verzeichnisse der Rechtsanwaltskammern haben diese einzutragen:

1. den Familiennamen und die Vornamen des Rechtsanwalts;

2. den Namen der Kanzlei und deren Anschrift; wird keine Kanzlei geführt, eine zustellfähige Anschrift;

3. den Namen und die Anschrift bestehender Zweigstellen;

4. von dem Rechtsanwalt mitgeteilte Telekommunikationsdaten und Internetadressen der Kanzlei und bestehender Zweigstellen;

5. die Berufsbezeichnung und Fachanwaltsbezeichnungen;

6. den Zeitpunkt der Zulassung;

7. bestehende Berufs-, Berufsausübungs- und Vertretungsverbote;

8. die Bestellung eines Vertreters oder Abwicklers sowie die Benennung eines Zustellungsbevollmächtigten unter Angabe von Familienname, Vornamen und Anschrift des Vertreters, Abwicklers oder Zustellungsbevollmächtigten;

9. in den Fällen des § 29 Absatz 1 oder des § 29a Absatz 2 den Inhalt der Befreiung.

(4) In das Gesamtverzeichnis hat die Bundesrechtsanwaltskammer zusätzlich einzutragen:

1. die Bezeichnung des besonderen elektronischen Anwaltspostfachs;

2. die Kammerzugehörigkeit;

3. Sprachkenntnisse und Tätigkeitsschwerpunkte, soweit der Rechtsanwalt solche mitteilt.

Die Bundesrechtsanwaltskammer trägt die datenschutzrechtliche Verantwortung für die von ihr in das Gesamtverzeichnis eingetragenen Daten.

(5) Die Eintragungen zu einem Rechtsanwalt in den Verzeichnissen der Rechtsanwaltskammern und im Gesamtverzeichnis werden gesperrt, sobald dessen Mitgliedschaft in der das Verzeichnis führenden Rechtsanwaltskammer endet. Die Eintragungen werden anschließend nach angemessener Zeit gelöscht. Endet die Mitgliedschaft durch Wechsel der Rechtsanwaltskammer, so ist im Gesamtverzeichnis statt der Sperrung und Löschung eine Berichtigung vorzunehmen. Wird ein Abwickler bestellt, erfolgt keine Sperrung; eine bereits erfolgte Sperrung ist aufzuheben. Eine Löschung erfolgt erst nach Beendigung der Abwicklung.

§ 31a Besonderes elektronisches Anwaltspostfach

(1) Die Bundesrechtsanwaltskammer richtet für jedes im Gesamtverzeichnis eingetragene Mitglied einer Rechtsanwaltskammer ein besonderes elektronisches Anwaltspostfach ein. Nach Einrichtung eines besonderen elektronischen Anwaltspostfachs übermittelt die Bundesrechtsanwaltskammer dessen Bezeichnung an die zuständige Rechtsanwaltskammer zur Speicherung in deren Verzeichnis.

(2) Zum Zweck der Einrichtung des besonderen elektronischen Anwaltspostfachs übermittelt die Rechtsanwaltskammer den Familiennamen und die Vornamen sowie eine zustellfähige Anschrift der Personen, die einen Antrag auf Aufnahme in die Rechtsanwaltskammer gestellt haben, an die Bundesrechtsanwaltskammer. Bei Syndikusrechtsanwälten ist zusätzlich mitzuteilen, ob die Tätigkeit im Rahmen mehrerer Arbeitsverhältnisse erfolgt. Die übermittelten Angaben sind zu löschen, wenn der Antrag zurückgenommen oder die Aufnahme in die Rechtsanwaltskammer unanfechtbar versagt wurde.

(3) Die Bundesrechtsanwaltskammer hat sicherzustellen, dass der Zugang zu dem besonderen elektronischen Anwaltspostfach nur durch ein sicheres Verfahren mit zwei voneinander unabhängigen Sicherungsmitteln möglich ist. Sie hat auch Vertretern, Abwicklern und Zustellungsbevollmächtigten die Nutzung des besonderen elektronischen Anwaltspostfachs zu ermöglichen; Absatz 2 gilt sinngemäß. Die Bundesrechtsanwaltskammer kann unterschiedlich ausgestaltete Zugangsberechtigungen für Kammermitglieder und andere Personen vorsehen. Sie ist berechtigt, die in dem besonderen elektronischen Anwaltspostfach gespeicherten Nachrichten nach angemessener Zeit zu löschen. Das besondere elektronische Anwaltspostfach soll barrierefrei ausgestaltet sein.

(4) Sobald die Mitgliedschaft in einer Rechtsanwaltskammer aus anderen Gründen als dem Wechsel der Rechtsanwaltskammer erlischt, hebt die Bundesrechtsanwaltskammer die Zugangsberechtigung zu dem besonderen elektronischen Anwaltspostfach auf. Sie löscht dieses, sobald es nicht mehr benötigt wird.

§ 31b Europäisches Rechtsanwaltsverzeichnis

Die Bundesrechtsanwaltskammer ermöglicht über die Suche nach § 31 Absatz 2 Satz 3 hinaus über das auf den Internetseiten der Europäischen Kommission bestehende elektronische Suchsystem (Europäisches Rechtsanwaltsverzeichnis) den Abruf derjenigen im Gesamtverzeichnis eingetragenen Angaben, die Gegenstand des Europäischen Rechtsanwaltsverzeichnisses sind.

§ 31c Verordnungsermächtigung

Das Bundesministerium der Justiz und für Verbraucherschutz regelt durch Rechtsverordnung mit Zustimmung des Bundesrates die Einzelheiten

1. der Datenerhebung für die elektronischen Verzeichnisse der Rechtsanwaltskammern, der Führung dieser Verzeichnisse und der Einsichtnahme in sie,

2. der Datenerhebung für das Gesamtverzeichnis, der Führung des Gesamtverzeichnisses und der Einsichtnahme in das Gesamtverzeichnis,

3. der besonderen elektronischen Anwaltspostfächer, insbesondere Einzelheiten

   a) ihrer Einrichtung und der hierzu erforderlichen Datenübermittlung,

   b) ihrer technischen Ausgestaltung einschließlich ihrer Barrierefreiheit,

   c) ihrer Führung,

   d) der Zugangsberechtigung und der Nutzung,

   e) des Löschens von Nachrichten und

   f) ihrer Löschung,

4. des Abrufs des Gesamtverzeichnisses über das Europäische Rechtsanwaltsverzeichnis."

2. § 33 Absatz 3 wird wie folgt geändert:

   a) In Satz 1 Nummer 2 werden nach dem Wort „ist" ein Komma und die Wörter „sofern nicht eine Zuständigkeit einer anderen Rechtsanwaltskammer nach Nummer 1 gegeben ist," eingefügt.

   b) In Satz 2 werden nach der Angabe „§ 27 Abs. 3" ein Komma und die Wörter „§ 46c Absatz 4 Satz 3" eingefügt.

3. § 46 wird durch die folgenden §§ 46 bis 46c ersetzt:

„§ 46 Angestellte Rechtsanwälte; Syndikusrechtsanwälte

(1) Rechtsanwälte dürfen ihren Beruf als Angestellte solcher Arbeitgeber ausüben, die als Rechtsanwälte, Patentanwälte oder rechts- oder patentanwaltliche Berufsausübungsgesellschaften tätig sind.

(2) Angestellte anderer als der in Absatz 1 genannten Personen oder Gesellschaften üben ihren Beruf als Rechtsanwalt aus, sofern sie im Rahmen ihres Arbeitsverhältnisses für ihren Arbeitgeber anwaltlich tätig sind (Syndikusrechtsanwälte). Der Syndikusrechtsanwalt bedarf zur Ausübung seiner Tätigkeit nach Satz 1 der Zulassung zur Rechtsanwaltschaft nach § 46a.

(3) Eine anwaltliche Tätigkeit im Sinne des Absatzes 2 Satz 1 liegt vor, wenn das Arbeitsverhältnis durch folgende fachlich unabhängig und eigenverantwortlich auszuübende Tätigkeiten sowie durch folgende Merkmale geprägt ist:

1. die Prüfung von Rechtsfragen, einschließlich der Aufklärung des Sachverhalts, sowie das Erarbeiten und Bewerten von Lösungsmöglichkeiten,

2. die Erteilung von Rechtsrat,

3. die Ausrichtung der Tätigkeit auf die Gestaltung von Rechtsverhältnissen, insbesondere durch das selbständige Führen von Verhandlungen, oder auf die Verwirklichung von Rechten und

4. die Befugnis, nach außen verantwortlich aufzutreten.

(4) Eine fachlich unabhängige Tätigkeit im Sinne des Absatzes 3 übt nicht aus, wer sich an Weisungen zu halten hat, die eine eigenständige Analyse der Rechtslage und eine einzelfallorientierte Rechtsberatung ausschließen. Die fachliche Unabhängigkeit der Berufsausübung des Syndikusrechtsanwalts ist vertraglich und tatsächlich zu gewährleisten.

(5) Die Befugnis des Syndikusrechtsanwalts zur Beratung und Vertretung beschränkt sich auf die Rechtsangelegenheiten des Arbeitgebers. Diese umfassen auch

1. Rechtsangelegenheiten innerhalb verbundener Unternehmen im Sinne des § 15 des Aktiengesetzes,

2. erlaubte Rechtsdienstleistungen des Arbeitgebers gegenüber seinen Mitgliedern, sofern es sich bei dem Arbeitgeber um eine Vereinigung oder Gewerkschaft nach § 7 des Rechtsdienstleistungsgesetzes oder nach § 8 Absatz 1 Nummer 2 des Rechtsdienstleistungsgesetzes handelt, und

3. erlaubte Rechtsdienstleistungen des Arbeitgebers gegenüber Dritten, sofern es sich bei dem Arbeitgeber um einen Angehörigen der in § 59a genannten sozietätsfähigen Berufe oder um eine Berufsausübungsgesellschaft solcher Berufe handelt.

§ 46a Zulassung als Syndikusrechtsanwalt

(1) Die Zulassung zur Rechtsanwaltschaft als Syndikusrechtsanwalt ist auf Antrag zu erteilen, wenn

1. die allgemeinen Zulassungsvoraussetzungen zum Beruf des Rechtsanwalts gemäß § 4 erfüllt sind,

2. kein Zulassungsversagungsgrund nach § 7 vorliegt und

3. die Tätigkeit den Anforderungen des § 46 Absatz 2 bis 5 entspricht.

Die Zulassung nach Satz 1 kann für mehrere Arbeitsverhältnisse erteilt werden.

(2) Über die Zulassung als Syndikusrechtsanwalt entscheidet die örtlich zuständige Rechtsanwaltskammer nach Anhörung des Trägers der Rentenversicherung. Die Entscheidung ist zu begründen und dem Antragsteller sowie dem Träger der Rentenversicherung zuzustellen. Wie dem Antragsteller steht auch dem Träger der Rentenversicherung gegen die Entscheidung nach Satz 1 Rechtsschutz gemäß § 112a Absatz 1 und 2 zu. Der Träger der Rentenversicherung ist bei seiner Entscheidung über die Befreiung von der Versicherungspflicht in der gesetzlichen Rentenversicherung nach § 6 Absatz 1 Satz 1 Nummer 1 und Absatz 3 des Sechsten Buches Sozialgesetzbuch an die bestandskräftige Entscheidung der Rechtsanwaltskammer nach Satz 1 gebunden.

(3) Dem Antrag auf Zulassung ist eine Ausfertigung oder eine öffentlich beglaubigte Abschrift des Arbeitsvertrags oder der Arbeitsverträge beizufügen. Die Rechtsanwaltskammer kann die Vorlage weiterer Nachweise verlangen.

(4) Das Zulassungsverfahren richtet sich nach den §§ 10 bis 12a mit der Maßgabe, dass

1. abweichend von § 12 Absatz 2 der Nachweis des Abschlusses einer Berufshaftpflichtversicherung oder die Vorlage einer vorläufigen Deckungszusage nicht erforderlich ist und

2. die Tätigkeit abweichend von § 12 Absatz 4 unter der Berufsbezeichnung „Rechtsanwältin (Syndikusrechtsanwältin)" oder „Rechtsanwalt (Syndikusrechtsanwalt)" auszuüben ist.

§ 46b Erlöschen und Änderung der Zulassung als Syndikusrechtsanwalt

(1) Die Zulassung als Syndikusrechtsanwalt erlischt nach Maßgabe des § 13.

(2) Für die Rücknahme und den Widerruf der Zulassung als Syndikusrechtsanwalt gelten die §§ 14 und 15 mit Ausnahme des § 14 Absatz 2 Nummer 9. Die Zulassung als Syndikusrechtsanwalt ist ferner ganz oder teilweise zu widerrufen, soweit die arbeitsvertragliche Gestaltung eines Arbeitsverhältnisses oder die tatsächlich ausgeübte Tätigkeit nicht mehr den Anforderungen des § 46 Absatz 2 bis 5 entspricht. § 46a Absatz 2 gilt entsprechend.

(3) Werden nach einer Zulassung nach § 46a weitere Arbeitsverhältnisse als Syndikusrechtsanwalt aufgenommen oder tritt innerhalb bereits bestehender Arbeitsverhältnisse eine wesentliche Änderung der Tätigkeit ein, ist auf Antrag die Zulassung nach Maßgabe des § 46a unter den dort genannten Voraussetzungen auf die weiteren Arbeitsverhältnisse oder auf die geänderte Tätigkeit zu erstrecken.

(4) Der Syndikusrechtsanwalt hat der nach § 56 Absatz 3 zuständigen Stelle unbeschadet seiner Anzeige- und Vorlagepflichten nach § 56 Absatz 3 auch jede der folgenden tätigkeitsbezogenen Änderungen des Arbeitsverhältnisses unverzüglich anzuzeigen:

1. jede tätigkeitsbezogene Änderung des Arbeitsvertrags, dazu gehört auch die Aufnahme eines neuen Arbeitsverhältnisses,

2. jede wesentliche Änderung der Tätigkeit innerhalb des Arbeitsverhältnisses.

Im Fall des Satzes 1 Nummer 1 ist der Anzeige eine Ausfertigung oder eine öffentlich beglaubigte Abschrift des geänderten Arbeitsvertrags beizufügen. § 57 gilt entsprechend.

§ 46c Besondere Vorschriften für Syndikusrechtsanwälte

(1) Soweit gesetzlich nichts anderes bestimmt ist, gelten für Syndikusrechtsanwälte die Vorschriften über Rechtsanwälte.

(2) Syndikusrechtsanwälte dürfen ihren Arbeitgeber nicht vertreten

1. vor den Landgerichten, Oberlandesgerichten und dem Bundesgerichtshof in zivilrechtlichen Verfahren und Verfahren der freiwilligen Gerichtsbarkeit, sofern die Parteien oder die Beteiligten sich durch einen Rechtsanwalt vertreten lassen müssen oder vorgesehen ist, dass ein Schriftsatz von einem Rechtsanwalt unterzeichnet sein muss, und

2. vor den in § 11 Absatz 4 Satz 1 des Arbeitsgerichtsgesetzes genannten Gerichten, es sei denn, der Arbeitgeber ist ein vertretungsbefugter Bevollmächtigter im Sinne des § 11 Absatz 4 Satz 2 des Arbeitsgerichtsgesetzes.

In Straf- oder Bußgeldverfahren, die sich gegen den Arbeitgeber oder dessen Mitarbeiter richten, dürfen Syndikusrechtsanwälte nicht als deren Verteidiger oder Vertreter tätig werden; dies gilt, wenn Gegenstand des Straf- oder Bußgeldverfahrens ein unternehmensbezogener Tatvorwurf ist, auch in Bezug auf eine Tätigkeit als Rechtsanwalt im Sinne des § 4.

(3) Auf die Tätigkeit von Syndikusrechtsanwälten finden die §§ 44, 48 bis 49a, 51 und 52 keine Anwendung.

(4) § 27 findet auf Syndikusrechtsanwälte mit der Maßgabe Anwendung, dass die regelmäßige Arbeitsstätte als Kanzlei gilt. Ist der Syndikusrechtsanwalt zugleich als Rechtsanwalt gemäß § 4 zugelassen oder ist er im Rahmen mehrerer Arbeitsverhältnisse als Syndikusrechtsanwalt tätig, ist für jede Tätigkeit eine gesonderte Kanzlei zu errichten und zu unterhalten, wovon nur eine im Bezirk der Rechtsanwaltskammer belegen sein muss, deren Mitglied er ist. Will der Rechtsanwalt in den in Satz 2 genannten Fällen den Schwerpunkt seiner Tätigkeit in den Bezirk einer anderen Rechtsanwaltskammer verlegen, hat er nach Maßgabe des § 27 Absatz 3 die Aufnahme in diese Kammer zu beantragen; der Antrag kann mit einem Antrag auf Erteilung einer weiteren Zulassung oder auf Erstreckung der Zulassung gemäß § 46b Absatz 3 verbunden werden.

(5) In die Verzeichnisse nach § 31 ist ergänzend zu den in § 31 Absatz 3 genannten Angaben aufzunehmen, dass die Zulassung zur Rechtsanwaltschaft als Syndikusrechtsanwalt erfolgt ist. Ist

der Syndikusrechtsanwalt zugleich als Rechtsanwalt gemäß § 4 zugelassen oder ist er im Rahmen mehrerer Arbeitsverhältnisse als Syndikusrechtsanwalt tätig, hat eine gesonderte Eintragung für jede der Tätigkeiten zu erfolgen."

4. Dem § 215 wird folgender Absatz 4 angefügt:

„(4) Die Verpflichtung der Rechtsanwaltskammer nach § 31 Absatz 3 Nummer 2 und 3, den Namen der Kanzlei und der Zweigstellen einzutragen, besteht erst ab dem 1. Januar 2017. § 31a ist, soweit das Mitglied der Rechtsanwaltskammer als Syndikusrechtsanwalt nach § 46a eingetragen ist, erst ab dem 1. Oktober 2016 anzuwenden."

Artikel 2
Änderung des Gesetzes über die Tätigkeit europäischer Rechtsanwälte in Deutschland

Das Gesetz über die Tätigkeit europäischer Rechtsanwälte in Deutschland vom 9. März 2000 (BGBl. I S. 182, 1349), das zuletzt durch Artikel 141 der Verordnung vom 31. August 2015 (BGBl. I S. 1474) geändert worden ist, wird wie folgt geändert:

1. Dem § 4 Absatz 1 wird folgender Satz angefügt:

„Handelt es sich bei der Aufnahme um die eines Syndikusrechtsanwalts, gelten die §§ 46a bis 46c mit Ausnahme des § 46a Absatz 1 Satz 1 Nummer 1 und Absatz 4 Nummer 2 sowie mit Ausnahme des § 46c Absatz 2 der Bundesrechtsanwaltsordnung sinngemäß."

2. Dem § 5 Absatz 1 wird folgender Satz angefügt:

„Der niedergelassene europäische Rechtsanwalt, der nach § 4 Absatz 1 Satz 2 als Syndikusrechtsanwalt in die Rechtsanwaltskammer aufgenommen wurde, hat der Berufsbezeichnung nach den Sätzen 1 und 2 die Bezeichnung „(Syndikus)" nachzustellen."

3. In § 6 Absatz 1 werden nach den Wörtern „gelten die" die Wörter „§§ 31 bis 31c sowie die" eingefügt.

4. In § 11 Absatz 1 Satz 1 wird nach den Wörtern „den Vorschriften der §§6 bis 36" ein Komma und werden die Wörter „46a bis 46c Absatz 1, 4 und 5 mit Ausnahme des § 46a Absatz 1 Satz 1 Nummer 1" eingefügt.

5. In § 13 Absatz 1 wird nach den Wörtern „den Vorschriften der §§ 6 bis 36" ein Komma und werden die Wörter „46a bis 46c Absatz 1, 4 und 5 mit Ausnahme des § 46a Absatz 1 Satz 1 Nummer 1" eingefügt.

Artikel 3
Änderung der Finanzgerichtsordnung

§ 38 Absatz 2a Satz 3 der Finanzgerichtsordnung in der Fassung der Bekanntmachung vom 28. März 2001 (BGBl. I S. 442, 2262; 2002 I S. 679), die zuletzt durch Artikel 172 der Verordnung vom 31. August 2015 (BGBl. I S. 1474) geändert worden ist, wird aufgehoben.

Artikel 4
Änderung der Strafprozessordnung

In § 53 Absatz 1 Satz 1 Nummer 3 der Strafprozessordnung in der Fassung der Bekanntmachung vom 7. April 1987 (BGBl. I S. 1074, 1319), die zuletzt durch Artikel 1 des Gesetzes vom 10. Dezember 2015 (BGBl. I S. 2218) geändert worden ist, werden nach dem Wort „Rechtsanwälte" die Wörter „und sonstige Mitglieder einer Rechtsanwaltskammer" eingefügt und werden nach den Wörtern „bekanntgeworden ist" das Komma und die Wörter „Rechtsanwälten stehen dabei sonstige Mitglieder einer Rechtsanwaltskammer gleich" durch ein Semikolon und die Wörter „für Syndikusrechtsanwälte (§ 46 Absatz 2 der Bundesrechtsanwaltsordnung) und Syndikuspatentanwälte (§ 41a Absatz 2 der Patentanwaltsordnung) gilt dies vorbehaltlich des § 53a nicht hinsichtlich dessen, was ihnen in dieser Eigenschaft anvertraut worden oder bekanntgeworden ist" ersetzt.

Artikel 5
Änderung des Rechtsanwaltsvergütungsgesetzes

§ 1 Absatz 2 des Rechtsanwaltsvergütungsgesetzes vom 5. Mai 2004 (BGBl. I S. 718, 788), das zuletzt durch Artikel 8 des Gesetzes vom 20. November 2015 (BGBl. I S. 2018) geändert worden ist, wird wie folgt geändert:

1. Dem Wortlaut wird folgender Satz vorangestellt:

„Dieses Gesetz gilt nicht für eine Tätigkeit als Syndikusrechtsanwalt (§ 46 Absatz 2 der Bundesrechtsanwaltsordnung)."

2. In dem neuen Satz 2 werden die Wörter „Dieses Gesetz gilt" durch die Wörter „Es gilt ferner" ersetzt.

Artikel 6
Änderung der Patentanwaltsordnung

Die Patentanwaltsordnung vom 7. September 1966 (BGBl. I S. 557), die zuletzt durch Artikel 212 der Verordnung vom 31. August 2015 (BGBl. I S. 1474) geändert worden ist, wird wie folgt geändert:

1. § 41a wird durch die folgenden §§ 41a bis 41d ersetzt:

„§ 41a Angestellte Patentanwälte; Syndikuspatentanwälte

(1) Patentanwälte dürfen ihren Beruf als Angestellte solcher Arbeitgeber ausüben, die als Patentanwälte, Rechtsanwälte oder als rechts- oder patentanwaltliche Berufsausübungsgesellschaften tätig sind.

(2) Angestellte anderer als der in Absatz 1 genannten Personen oder Gesellschaften üben ihren Beruf als Patentanwälte aus, sofern sie im Rahmen ihres Arbeitsverhältnisses für ihren Arbeitgeber patentanwaltlich mit der Wahrnehmung von Aufgaben gemäß § 3 Absatz 2 und 3 dieses Gesetzes sowie § 4 des Steuerberatungsgesetzes betraut sind (Syndikuspatentanwälte). Der Syndikuspatentanwalt bedarf zur Ausübung seiner Tätigkeit nach Satz 1 der Zulassung zur Patentanwaltschaft nach § 41b.

(3) Eine patentanwaltliche Tätigkeit im Sinne des Absatzes 2 Satz 1 liegt vor, wenn das Arbeitsverhältnis durch folgende fachlich unabhängig und eigenverantwortlich auszuübende Tätigkeiten sowie durch folgende Merkmale geprägt ist:

1. die Prüfung von Rechtsfragen, einschließlich der Aufklärung des Sachverhalts, sowie das Erarbeiten und Bewerten von Lösungsmöglichkeiten,

2. die Erteilung von Rechtsrat,

3. die Ausrichtung der Tätigkeit auf die Gestaltung von Rechtsverhältnissen, insbesondere durch das selbständige Führen von Verhandlungen, oder auf die Verwirklichung von Rechten und

4. die Befugnis, nach außen verantwortlich aufzutreten.

(4) Eine fachlich unabhängige Tätigkeit im Sinne des Absatzes 3 übt nicht aus, wer sich an Weisungen zu halten hat, die eine eigenständige Analyse der Rechtslage und eine einzelfallorientierte Rechtsberatung ausschließen. Die fachliche Unabhängigkeit der Berufsausübung des Syndikuspatentanwalts ist vertraglich und tatsächlich zu gewährleisten.

(5) Die Befugnis des Syndikuspatentanwalts zur Beratung und Vertretung beschränkt sich auf die Rechtsangelegenheiten des Arbeitgebers. Diese umfassen auch

1. Rechtsangelegenheiten innerhalb verbundener Unternehmen im Sinne des § 15 des Aktiengesetzes,

2. erlaubte Rechtsdienstleistungen des Arbeitgebers gegenüber seinen Mitgliedern, sofern es sich bei dem Arbeitgeber um eine Vereinigung oder Gewerkschaft nach § 7 des Rechtsdienstleistungsgesetzes oder nach § 8 Absatz 1 Nummer 2 des Rechtsdienstleistungsgesetzes handelt, und

3. erlaubte Rechtsdienstleistungen des Arbeitgebers gegenüber Dritten, sofern es sich bei dem Arbeitgeber um einen Angehörigen der in § 52a genannten sozietätsfähigen Berufe oder um eine Berufsausübungsgesellschaft solcher Berufe handelt.

215

§ 41b Zulassung als Syndikuspatentanwalt

(1) Die Zulassung zur Patentanwaltschaft als Syndikuspatentanwalt ist auf Antrag zu erteilen, wenn

1. die allgemeinen Zulassungsvoraussetzungen zum Beruf des Patentanwalts gemäß den §§ 5 bis 8 erfüllt sind,

2. kein Zulassungsversagungsgrund nach § 14 vorliegt und

3. die Tätigkeit den Anforderungen des § 41a Absatz 2 bis 5 entspricht.

Die Zulassung nach Satz 1 kann für mehrere Arbeitsverhältnisse erteilt werden.

(2) Über die Zulassung als Syndikuspatentanwalt entscheidet die Patentanwaltskammer nach Anhörung des Trägers der Rentenversicherung. Die Entscheidung ist zu begründen und dem Antragsteller sowie dem Träger der Rentenversicherung zuzustellen. Wie dem Antragsteller steht auch dem Träger der Rentenversicherung gegen die Entscheidung nach Satz 1 Rechtsschutz gemäß § 94a Absatz 1 und 2 zu. Der Träger der Rentenversicherung ist bei seiner Entscheidung über die Befreiung von der Versicherungspflicht in der gesetzlichen Rentenversicherung nach § 6 Absatz 1 Satz 1 Nummer 1 und Absatz 3 des Sechsten Buches Sozialgesetzbuch an die bestandskräftige Entscheidung der Patentanwaltskammer nach Satz 1 gebunden.

(3) Dem Antrag auf Zulassung ist eine Ausfertigung oder eine öffentlich beglaubigte Abschrift des Arbeitsvertrags oder der Arbeitsverträge beizufügen. Die Patentanwaltskammer kann die Vorlage weiterer Nachweise verlangen.

(4) Das Zulassungsverfahren richtet sich nach den §§ 17 bis 19 mit der Maßgabe, dass

1. abweichend von § 18 Absatz 2 der Nachweis des Abschlusses einer Berufshaftpflichtversicherung oder die Vorlage einer vorläufigen Deckungszusage nicht erforderlich ist und

2. die Tätigkeit abweichend von § 18 Absatz 4 unter der Berufsbezeichnung „Patentanwältin (Syndikuspatentanwältin)" oder „Patentanwalt (Syndikuspatentanwalt)" auszuüben ist.

§ 41c Erlöschen und Änderung der Zulassung als Syndikuspatentanwalt

(1) Die Zulassung als Syndikuspatentanwalt erlischt nach Maßgabe des § 20.

(2) Für die Rücknahme und den Widerruf der Zulassung als Syndikuspatentanwalt gelten die §§ 21 und 22 mit Ausnahme des § 21 Absatz 2 Nummer 10. Die Zulassung als Syndikuspatentanwalt ist ferner ganz oder teilweise zu widerrufen, soweit die arbeitsvertragliche Gestaltung eines Arbeitsverhältnisses oder die tatsächlich ausgeübte Tätigkeit nicht mehr den Anforderungen des § 41a Absatz 2 bis 5 entspricht. § 41b Absatz 2 gilt entsprechend.

(3) Werden nach einer Zulassung nach § 41b weitere Arbeitsverhältnisse als Syndikuspatentanwalt aufgenommen oder tritt innerhalb bereits bestehender Arbeitsverhältnisse eine wesentliche Änderung der Tätigkeit ein, ist auf Antrag die Zulassung nach Maßgabe des § 41b unter den dort genannten Voraussetzungen auf die weiteren Arbeitsverhältnisse oder die geänderte Tätigkeit zu erstrecken.

(4) Der Syndikuspatentanwalt hat der nach § 49 Absatz 3 zuständigen Stelle unbeschadet seiner Anzeige- und Vorlagepflichten nach § 49 Absatz 3 auch jede der folgenden tätigkeitsbezogenen Änderungen des Arbeitsverhältnisses unverzüglich anzuzeigen:

1. jede tätigkeitsbezogene Änderung des Arbeitsvertrags, dazu gehört auch die Aufnahme eines neuen Arbeitsverhältnisses,

2. jede wesentliche Änderung der Tätigkeit innerhalb des Arbeitsverhältnisses.

Im Fall des Satzes 1 Nummer 1 ist der Anzeige eine Ausfertigung oder eine öffentlich beglaubigte Abschrift des geänderten Arbeitsvertrags beizufügen. § 50 gilt entsprechend.

§ 41d Besondere Vorschriften für Syndikuspatentanwälte

(1) Soweit gesetzlich nichts anderes bestimmt ist, gelten für Syndikuspatentanwälte die Vorschriften über Patentanwälte.

(2) § 4 dieses Gesetzes gilt entsprechend mit der Maßgabe, dass Syndikuspatentanwälte nur für ihren Arbeitgeber auftreten. In Straf- oder Bußgeldverfahren, die sich gegen den Arbeitgeber oder dessen Mitarbeiter richten, dürfen Syndikuspatentanwälte nicht als deren Verteidiger oder Vertreter tätig werden; dies gilt, wenn Gegenstand des Straf- oder Bußgeldverfahrens ein unternehmensbezogener Tatvorwurf ist, auch in Bezug auf eine Tätigkeit als Patentanwalt im Sinne des § 5 oder als Rechtsanwalt.

(3) Auf die Tätigkeit von Syndikuspatentanwälten finden die §§ 40, 43, 45 und 45b keine Anwendung.

(4) § 26 findet auf Syndikuspatentanwälte mit der Maßgabe Anwendung, dass die regelmäßige Arbeitsstätte als Kanzlei gilt. Ist der Syndikuspatentanwalt zugleich als Patentanwalt gemäß § 5 zugelassen oder ist er im Rahmen mehrerer Arbeitsverhältnisse als Syndikuspatentanwalt tätig, ist für jede Tätigkeit eine gesonderte Kanzlei zu errichten und zu unterhalten.

(5) In die Verzeichnisse nach § 29 ist ergänzend zu den in § 29 Absatz 3 genannten Angaben aufzunehmen, dass die Zulassung zur Patentanwaltschaft als Syndikuspatentanwalt erfolgt ist. Ist der Syndikuspatentanwalt zugleich als Patentanwalt gemäß § 5 zugelassen oder ist er im Rahmen mehrerer Arbeitsverhältnisse als Syndikuspatentanwalt tätig, hat eine gesonderte Eintragung für jede der Tätigkeiten zu erfolgen.

(6) Die Kosten und Auslagen für die Hinzuziehung eines Syndikuspatentanwalts sind durch das in dessen Anstellungsverhältnis gezahlte Gehalt abgegolten."

2. § 155 Absatz 3 wird wie folgt gefasst:

„(3) Die Absätze 1 und 2 gelten nicht für Syndikuspatentanwälte (§ 41a Absatz 2)."

3. Nach § 155 wird folgender § 155a eingefügt:

„§ 155a Tätigkeitsverbote bei weiterer Tätigkeit als Patentanwalt

(1) Der Patentanwalt darf für einen Auftraggeber, dem er auf Grund eines ständigen Dienst- oder ähnlichen Beschäftigungsverhältnisses seine Arbeitszeit und -kraft als Patentassessor zur Verfügung stellen muss, vor Gerichten, Schiedsgerichten oder Behörden nicht in seiner Eigenschaft als Patentanwalt tätig werden.

(2) Der Patentanwalt darf nicht tätig werden

1. wenn er als Patentassessor, der in einem ständigen Dienst- oder ähnlichen Beschäftigungsverhältnis eine Tätigkeit auf dem Gebiet des gewerblichen Rechtsschutzes ausübt, in derselben Angelegenheit bereits tätig geworden ist oder in einer Angelegenheit, die eine technische oder naturwissenschaftliche Verwertbarkeit für das Arbeitsgebiet ergibt, mit dem er als Patentassessor befasst ist; es sei denn, es besteht ein gemeinsames Interesse oder die berufliche Tätigkeit ist beendet;

2. als Patentassessor, der in einem ständigen Dienst- oder ähnlichen Beschäftigungsverhältnis eine Tätigkeit auf dem Gebiet des gewerblichen Rechtsschutzes ausübt, wenn er als Patentanwalt mit derselben Angelegenheit bereits befasst gewesen ist oder mit einer solchen, die eine technische oder naturwissenschaftliche Verwertbarkeit für das Arbeitsgebiet eines Auftraggebers ergibt, für den er als Patentanwalt tätig ist; es sei denn, es besteht ein gemeinsames Interesse.

(3) Die Verbote des Absatzes 2 gelten auch für die mit dem Patentanwalt in Sozietät oder in sonstiger Weise zur gemeinschaftlichen Berufsausübung verbundenen oder verbunden gewesenen Patentanwälte und Angehörige anderer Berufe und auch insoweit einer von diesen im Sinne der Absätze 1 und 2 befasst ist."

Artikel 7
Änderung des Sechsten Buches Sozialgesetzbuch

Das Sechste Buch Sozialgesetzbuch – Gesetzliche Rentenversicherung – in der Fassung der Bekanntmachung vom 19. Februar 2002 (BGBl. I S. 754, 1404, 3384), das zuletzt durch Artikel 5 des Gesetzes vom 21. Dezember 2015 (BGBl. I S. 2424) geändert worden ist, wird wie folgt geändert:

1. In der Inhaltsübersicht wird nach der Angabe zu § 286e folgende Angabe eingefügt:

„§ 286f Erstattung zu Unrecht gezahlter Pflichtbeiträge an die berufsständische Versorgungseinrichtung".

2. Nach § 231 Absatz 4 werden die folgenden Absätze 4a bis 4d eingefügt:

„(4a) Die Änderungen der Bundesrechtsanwaltsordnung und der Patentanwaltsordnung durch Artikel 1 Nummer 3 und Artikel 6 des Gesetzes zur Neuordnung des Rechts der Syndikusanwälte und zur Änderung der Finanzgerichtsordnung vom 21. Dezember 2015 (BGBl. I S. 2517) gelten nicht als Änderungen, mit denen der Kreis der Pflichtmitglieder einer berufsständischen Kammer im Sinne des § 6 Absatz 1 Satz 3 erweitert wird.

(4b) Eine Befreiung von der Versicherungspflicht als Syndikusrechtsanwalt oder Syndikuspatentanwalt nach § 6 Absatz 1 Satz 1 Nummer 1, die unter Berücksichtigung der Bundesrechtsanwaltsordnung in der ab dem 1. Januar 2016 geltenden Fassung oder der Patentanwaltsordnung in der ab dem 1. Januar 2016 geltenden Fassung erteilt wurde, wirkt auf Antrag vom Beginn derjenigen Beschäftigung an, für die die Befreiung von der Versicherungspflicht erteilt wird. Sie wirkt auch vom Beginn davor liegender Beschäftigungen an, wenn während dieser Beschäftigungen eine Pflichtmitgliedschaft in einem berufsständischen Versorgungswerk bestand. Die Befreiung nach den Sätzen 1 und 2 wirkt frühestens ab dem 1. April 2014. Die Befreiung wirkt jedoch auch für Zeiten vor dem 1. April 2014, wenn für diese Zeiten einkommensbezogene Pflichtbeiträge an ein berufsständisches Versorgungswerk gezahlt wurden. Die Sätze 1 bis 4 gelten nicht für Beschäftigungen, für die eine Befreiung von der Versicherungspflicht als Syndikusrechtsanwalt oder Syndikuspatentanwalt auf Grund einer vor dem 4. April 2014 ergangenen Entscheidung bestandskräftig abgelehnt wurde. Der Antrag auf rückwirkende Befreiung nach den Sätzen 1 und 2 kann nur bis zum Ablauf des 1. April 2016 gestellt werden.

(4c) Eine durch Gesetz angeordnete oder auf Gesetz beruhende Verpflichtung zur Mitgliedschaft in einer berufsständischen Versorgungseinrichtung im Sinne des § 6 Absatz 1 Satz 1 Nummer 1 gilt als gegeben für Personen, die

1. nach dem 3. April 2014 auf ihre Rechte aus der Zulassung zur Rechtsanwaltschaft oder Patentanwaltschaft verzichtet haben und

2. bis zum Ablauf des 1. April 2016 die Zulassung als Syndikusrechtsanwalt oder Syndikuspatentanwalt nach der Bundesrechtsanwaltsordnung in der ab dem 1. Januar 2016 geltenden Fassung oder der Patentanwaltsordnung in der ab dem 1. Januar 2016 geltenden Fassung beantragt.

Satz 1 gilt nur, solange die Personen als Syndikusrechtsanwalt oder Syndikuspatentanwalt zugelassen sind und als freiwilliges Mitglied in einem Versorgungswerk einkommensbezogene Beiträge zahlen. Satz 1 gilt nicht, wenn vor dem 1. Januar 2016 infolge eines Ortswechsels der anwaltlichen Tätigkeit eine Pflichtmitgliedschaft in dem neu zuständigen berufsständischen Versorgungswerk wegen Überschreitens einer Altersgrenze nicht mehr begründet werden konnte.

(4d) Tritt in einer berufsständischen Versorgungseinrichtung, in der am 1. Januar 2016 eine Altersgrenze für die Begründung einer Pflichtmitgliedschaft bestand, eine Aufhebung dieser Altersgrenze bis zum Ablauf des 31. Dezember 2018 in Kraft, wirkt eine Befreiung von der Versicherungspflicht bei Personen, die infolge eines Ortswechsels eine Pflichtmitgliedschaft in einer solchen berufsständischen Versorgungseinrichtung bisher nicht begründen konnten und Beiträge als freiwillige Mitglieder entrichtet haben, auf Antrag vom Beginn des 36. Kalendermonats vor Inkrafttreten der Aufhebung der Altersgrenze in der jeweiligen berufsständischen Versorgungseinrichtung. Der Antrag kann nur bis zum Ablauf von drei Kalendermonaten nach Inkrafttreten der Aufhebung der Altersgrenze gestellt werden."

3. Nach § 286e wird folgender § 286f eingefügt:

„§ 286f Erstattung zu Unrecht gezahlter Pflichtbeiträge an die berufsständische Versorgungseinrichtung

Pflichtbeiträge, die auf Grund einer Befreiung nach § 231 Absatz 4b und 4d zu Unrecht entrichtet wurden, werden abweichend von § 211 und abweichend von § 26 Absatz 3 des Vierten Buches von dem zuständigen Träger der Rentenversicherung beanstandet und unmittelbar an die zuständige berufsständische Versorgungseinrichtung erstattet. Zinsen nach § 27 Absatz 1 des Vierten Buches sind nicht zu zahlen."

Artikel 8
Evaluierung

Die Bundesregierung untersucht bis zum 31. Dezember 2018 unter Einbeziehung der Bundesrechtsanwaltskammer, der Patentanwaltskammer und des Trägers der Rentenversicherung die Auswirkungen des Artikels 1 Nummer 3 und des Artikels 6 auf die Zulassungspraxis der Rechtsanwaltskammern und der Patentanwaltskammer sowie auf die Befreiungspraxis in der gesetzlichen Rentenversicherung und berichtet nach Abschluss der Untersuchung dem Deutschen Bundestag über die Ergebnisse der Untersuchung.

Artikel 9
Inkrafttreten, Außerkrafttreten

(1) Dieses Gesetz tritt vorbehaltlich des Absatzes 2 am 1. Januar 2016 in Kraft.

(2) Artikel 3 tritt am Tag nach der Verkündung in Kraft.

(3) Artikel 8 tritt am 1. Januar 2020 außer Kraft.

Die verfassungsmäßigen Rechte des Bundesrates sind gewahrt.

Das vorstehende Gesetz wird hiermit ausgefertigt. Es ist im Bundesgesetzblatt zu verkünden.

Berlin, den 21. Dezember 2015

Der Bundespräsident
Joachim Gauck

Die Bundeskanzlerin
Dr. Angela Merkel

Der Bundesminister
der Justiz und Verbraucherschutz
Heiko Maas

Die Bundesministerin
für Arbeit und Soziales
Andrea Nahles

4. Antrag auf Zulassung als (Syndikus-)Rechtsanwalt[1]

Rechtsanwaltskammer
München

Antrag auf Zulassung
zur Anwaltschaft

An die
Rechtsanwaltskammer München
Postfach 260163
80058 München

⌞   ⌟

_____
Ort, Datum

Ich beantrage die Zulassung zur Anwaltschaft **1** *)

☐   als **Rechtsanwältin/Rechtsanwalt** [Kennzeichen: RAN].

     ☐   Ich bin bereits als Rechtsanwältin (Syndikusrechtsanwältin)/Rechtsanwalt (Syndikusrechtsan-
         walt) zugelassen [Kennzeichen: RAS].

☐   als Rechtsanwältin (**Syndikusrechtsanwältin**)/Rechtsanwalt (**Syndikusrechtsanwalt**) [Kennzeichen: SRN].

     ☐   Ich bin bereits als Rechtsanwältin/Rechtsanwalt zugelassen [Kennzeichen: SRR].

☐   gleichzeitig als **Rechtsanwältin/Rechtsanwalt** und als Rechtsanwältin (**Syndikusrechtsanwältin**)/
      Rechtsanwalt (**Syndikusrechtsanwalt**) [Kennzeichen: RSN].

1. Angaben zur Person

1	Name, Vorname, ggf. akad. Grad			
2	Geburtsname			
3	Geburtsdatum		4	Geburtsort
5	Staatsangehörigkeit		6	Sozialversicherungs- nummer (freiwillig) **2**
7	Wohnung **3**	Straße, Hausnummer		
		Postleitzahl, Ort		
		☐ ich beabsichtige demnächst umzuziehen; meine Anschrift ab lautet Straße, Hausnummer		
		Postleitzahl, Ort		
8	Kontaktdaten für Nachfragen (freiwillig)	Telefon E-Mail		

*) Die Ziffernsymbole - **1** - verweisen auf die zu beachtenden Erläuterungen, die diesem Antragsformular anliegen.

[1] Der Abdruck erfolgt mit freundlicher Genehmigung der Rechtsanwaltskammer München.

2. Angaben zur Kanzlei 4

	Meine Tätigkeit übe ich aus/werde ich ausüben in **Rechtsanwaltskanzlei** 5		Meine Tätigkeit übe ich aus/werde ich ausüben bei **Syndikusrechtsanwaltskanzlei** 6
A	Kanzleiname	B	Arbeitgeber (Firma/Name, ggf. Abteilungsbezeichnung o. ä.)
	Straße, Hausnummer		Straße, Hausnummer
	Postleitzahl, Ort		Postleitzahl, Ort
	Telefon Telefax		Telefon Telefax
	E-Mail		E-Mail

3. Verwaltungsgebühr

Wann haben Sie die Verwaltungsgebühr für den Zulassungsantrag entrichtet? 7	Die Verwaltungsgebühr für den Zulassungsantrag beträgt EUR 250,00. Sie ist fällig mit Antragstellung. ☐ Ich habe die Verwaltungsgebühr in Höhe von EUR 250,00 am durch Überweisung auf das Konto der Rechtsanwaltskammer München **IBAN: DE09 7002 0270 0002 7505 11** (SWIFT: HYVEDEMMXXX) entrichtet.

4. Weitere Angaben bei Neuzulassung 8
- nur auszufüllen, soweit noch keine Zulassung als Rechtsanwalt bzw. Syndikusrechtsanwalt besteht -

1	Wodurch erfüllen Sie die Zugangsvoraussetzungen zum Beruf der Rechtsanwältin/des Rechtsanwalts? 9	Die Zugangsvoraussetzung (fachlichen Grundvoraussetzungen) habe ich ☐ durch Bestehen der Zweiten Juristischen Staatsprüfung am in und der hiermit einhergehenden Befähigung zum Richteramt erlangt. ☐ erlangt durch Eignungsprüfung Datum, Ort, Behörde bzw. Angabe zur Erfüllung der Eingliederungsvoraussetzungen
2	Welche Behörden führen Personalakten über Sie? 10	Ich war vormals ☐ im Ausbildungs- oder Beamtenverhältnis im Vorbereitungsdienst (Referendariat) bei (Behörde/Gericht) ☐ bereits zur Anwaltschaft zugelassen bei der Rechtsanwaltskammer (Ort) ☐ in einem Angestellten-, Beamten- oder Richterverhältnis im öffentlichen Dienst bei (Behörde/Dienstherr) Mit der Beiziehung der Personalakten sowie der Anfertigung von Kopien und deren Aufbewahrung erkläre ich mich einverstanden: ☐ Ja ☐ Nein
3	Mit welchem Wortlaut soll Ihre Vereidigung erfolgen? 11	☐ Berufseid mit religiöser Beteuerung „Ich schwöre bei Gott dem Allmächtigen und Allwissenden, die verfassungsmäßige Ordnung zu wahren und die Pflichten einer Rechtsanwältin/eines Rechtsanwalts gewissenhaft zu erfüllen, so wahr mir Gott helfe." ☐ Berufseid ohne religiöse Beteuerung „Ich schwöre, die verfassungsmäßige Ordnung zu wahren und die Pflichten einer Rechtsanwältin/ eines Rechtsanwalts gewissenhaft zu erfüllen." ☐ Gelöbnis „Ich gelobe, die verfassungsmäßige Ordnung zu wahren und die Pflichten einer Rechtsanwältin/ eines Rechtsanwalts gewissenhaft zu erfüllen." ☐ Andere Beteuerungsformel gemäß § 12 a Abs. 3 BRAO (genauer Wortlaut und Rechtsgrundlage auf Beiblatt)
4	An welchem Ort soll Ihre Vereidigung stattfinden? 12	☐ München (Rechtsanwaltskammer) ☐ Augsburg ☐ Deggendorf ☐ Ingolstadt ☐ Kempten ☐ Landshut ☐ Memmingen ☐ Passau ☐ Traunstein

5. Kammermitteilungen

In welcher Form wünschen Sie die „Kammermitteilungen" zu beziehen? 13	Ich möchte die Kammermitteilungen beziehen ☐ in elektronischer Form an die E-Mail-Adresse: ☐ als Print-Ausgabe

221

6. Anlagen

Folgende Anlagen füge ich diesem Antrag bei:

Kennzeichen 14					
RAN	RAS	SRN	SRR	RSN	Anlage
☐		☐		☐	Original/Ausfertigung oder amtlich beglaubigte Ablichtung des Zeugnisses des Zweiten Juristischen Staatsexamens oder über das Bestehen der Eignungsprüfung
☐		☐		☐	aktueller, lückenloser unterschriebener Lebenslauf mit Lichtbild 15
☐		☐		☐	Original/Ausfertigung oder amtlich beglaubigte Ablichtung der Promotionsurkunde bzw. Urkunde über den Erwerb eines anderen akademischen Grades, falls relevant
☐	☐			☐	Nachweis der Berufshaftpflichtversicherung für die Tätigkeit als Rechtsanwältin/Rechtsanwalt 16
		☐	☐	☐	Original/Ausfertigung oder öffentlich beglaubigte Abschrift des Arbeitsvertrages nebst aller (etwaigen) Änderungs- und Ergänzungsvereinbarungen (§ 46a Abs. 3 BRAO)
		☐	☐	☐	Tätigkeitsbeschreibung zum ausgeübten Arbeitsverhältnis samt Organisationsbeschreibung (siehe Vordruck) von beiden Arbeitsvertragsparteien unterschrieben, soweit sich die erforderlichen Angaben nicht sämtlich aus dem Arbeitsvertrag ergeben
		☐	☐	☐	Ergänzung zum Arbeitsvertrag aus der sich das Vorliegen einer anwaltlichen Tätigkeit und die fachliche Unabhängigkeit der Berufsausübung ergibt (§ 46 Abs. 4 Satz 2 BRAO), soweit nicht bereits im (Haupt-) Arbeitsvertrag vereinbart 17
	☐		☐	☐	Unwiderrufliche Freistellungserklärung des Arbeitgebers, für die Tätigkeit als Rechtsanwältin/ Rechtsanwalt, soweit diese der Rechtsanwaltskammer München nicht bereits vorliegt
☐	☐	☐	☐	☐	Arbeitsvertrag und unwiderrufliche Freistellungserklärung, falls neben der Tätigkeit als Rechtsanwalt bzw. Syndikusrechtsanwalt eine nicht-anwaltliche Nebentätigkeit ausgeübt wird 18
☐	☐	☐	☐	☐	ausgefüllter und unterschriebener „Fragebogen zum Antrag auf Zulassung zur Anwaltschaft" (siehe Vordruck)

Mir ist bekannt, dass meine Daten bei der zuständigen Rechtsanwaltskammer gespeichert und teilweise in einem Regionalverzeichnis sowie nach Übermittlung an die Bundesrechtsanwaltskammer in einem bundeseinheitlichen Gesamtverzeichnis im Internet veröffentlicht werden (§ 31 BRAO).

Die Anlagen bilden einen integralen Bestandteil dieses Antrags. Alle Antworten und Angaben habe ich in Kenntnis des § 36 Abs. 1 und 2 BRAO vollständig und wahrheitsgemäß gegeben / gemacht.

_____

Unterschrift

Erläuterungen
zum Antrag auf Zulassung zur Anwaltschaft *)

1. Antragstellung

Der Antrag auf Zulassung zur Anwaltschaft nebst Anlagen ist an die Rechtsanwaltskammer zu richten, in deren Bezirk die Kanzlei eingerichtet werden soll, §§ 33 Abs. 3 Nr. 2, 27 Abs. 1 BRAO (beim Syndikusrechtsanwalt gilt gem. § 46c Abs. 4 BRAO die regelmäßige Arbeitsstätte als Kanzlei). Hinweise bei Doppelzulassungen als Rechtsanwalt und Syndikusrechtsanwalt entnehmen Sie dem „Merkblatt für die Zulassung als Syndikusrechtsanwalt".

Der Zulassungsantrag soll unter Verwendung des vorgesehenen Formblattes gestellt werden. Beantworten Sie alle gestellten Fragen nach bestem Wissen und Gewissen vollständig. Reicht der vorgesehene Platz in den Formularen nicht aus, ergänzen Sie Ihre Angaben auf einem Beiblatt. Alle Ausführungen, insbesondere die Antworten zu den Fragen, halten Sie bitte so genau, dass die erforderliche Prüfung im Hinblick auf §§ 4, 7, 46 ff. BRAO ohne weitere Rückfragen möglich ist.

Der Antrag nebst Anlagen ist vollständig ausgefüllt und eigenhändig unterschrieben an den Vorstand der Rechtsanwaltskammer München, Postfach 260163, 80058 München, zu senden.

Die Rechtsanwaltskammer erhebt für die Bearbeitung eines Zulassungsantrages einer natürlichen Person eine Gebühr i.H.v. EUR 250. Die Gebühr wird fällig mit Einreichung des Antrages bei der Rechtsanwaltskammer (Art. 2 Ziff. 2 der Gebührenordnung der Rechtsanwaltskammer München).

Die Gebühr bitten wir zu überweisen auf das Konto der Rechtsanwaltskammer München, UniCredit Bank AG IBAN: DE09 7002 0270 0002 7505 11 (SWIFT: HYVEDEMMXXX), Verwendungszweck: Name, Vorname, Betreff „Zulassungsgebühr".

2. Einzelerläuterungen

1   Das Antragsformular ist für alle Zulassungsanträge zur Anwaltschaft natürlicher Personen konzipiert. Geben Sie an, ob Sie die Zulassung

- als Rechtsanwalt,
- als Rechtsanwalt (Syndikusrechtsanwalt) oder
- gleichzeitig als Rechtsanwalt und Rechtsanwalt (Syndikusrechtsanwalt)

beantragen. Sind Sie bereits als Rechtsanwalt zugelassen und beantragen Sie ergänzend die Zulassung als Syndikusrechtsanwalt so kreuzen Sie an, dass Sie die Zulassung als Rechtsanwalt (Syndikusrechtsanwalt) beantragen und in der Zeile darunter, dass Sie bereits als Rechtsanwalt zugelassen sind. Entsprechendes gilt bei Beantragung der Zulassung als Rechtsanwalt bei bereits bestehender Zulassung als Syndikusrechtsanwalt.

Die Kennzeichen „RAN", „RAS", „SRN", „SRR" und „RSN" dienen der Zuordnung der je nach Antragstellung erforderlichen Anlagen am Ende des Antrags sowie internen Bearbeitungszwecken.

2   Die Angabe der Sozialversicherungsnummer ist zweckmäßig bei einem Antrag auf Zulassung als Syndikusrechtsanwalt. Die Angabe erleichtert in diesem Fall die Zuordnung Ihres Antrags bei der Deutschen Rentenversicherung Bund.

3   Im Zuge der Zulassung erfolgt häufig ein Wechsel des Wohnsitzes. Damit wir Sie im Rahmen des Zulassungsverfahrens und in der Folge kontaktieren können, geben Sie hier bitte Ihre künftige Wohnanschrift an, falls diese bereits bekannt ist.

4   Beantragen Sie nur die Zulassung als Rechtsanwalt und besteht auch keine Zulassung als Syndikusrechtsanwalt, geben Sie nur in der linken Spalte (A) die Daten Ihrer künftigen Rechtsanwaltskanzlei an.

Beantragen Sie nur die Zulassung als Syndikusrechtsanwalt und besteht auch keine Zulassung als Rechtsanwalt, geben Sie nur in der rechten Spalte (B) die Daten Ihrer künftigen Syndikus-Rechtsanwaltskanzlei an.

Beantragen Sie ergänzend zu Ihrer bereits bestehenden Zulassung als Rechtsanwalt bzw. Syndikusrechtsanwalt nunmehr auch die jeweils andere Zulassung als Syndikusrechtsanwalt bzw. Rechtsanwalt, füllen Sie beide Spalten (A und B) aus (eine der beiden Spalten enthält dann die Daten Ihrer bereits bestehenden Kanzlei).

Beantragen Sie die Zulassung gleichzeitig sowohl als Rechtsanwalt als auch als Syndikusrechtsanwalt, füllen Sie beide Spalten (A und B) aus.

---

*) Aus Gründen der besseren Lesbarkeit wird auf die gleichzeitige Verwendung männlicher und weiblicher Sprachformen verzichtet. Sämtliche Personenbezeichnungen gelten gleichwohl für beiderlei Geschlecht.

223

5 Gem. § 27 BRAO muss der Rechtsanwalt im Bezirk der Rechtsanwaltskammer, deren Mitglied er ist, eine Kanzlei einrichten und unterhalten. Geben Sie deshalb den Namen (bzw. Firma) Ihrer Kanzlei an, so wie Ihre Kanzlei im Verkehr auftritt (das kann auch Ihr Name sein) und deren Adresse. Soweit darüber hinaus eine Zweigstelle errichtet wird, besteht eine gesonderte (unverzügliche) Anzeigepflicht; wird die Zweigstelle im Bezirk einer anderen Rechtsanwaltskammer errichtet, ist die Errichtung auch dieser Rechtsanwaltskammer anzuzeigen (§ 27 Abs. 2 Satz 2 BRAO).

6 Die regelmäßige Arbeitsstätte des Syndikusrechtsanwalts gilt gem. § 46c Abs. 4 BRAO als Kanzlei i.S.v. § 27 BRAO. Geben Sie deshalb die Adresse Ihrer regelmäßigen Arbeitsstätte derart an, dass Postsendungen Sie unter dieser Adresse direkt und unmittelbar erreichen, also etwa die vom Unternehmenssitz abweichende Adresse Ihrer Abteilung mit einem die Abteilung kennzeichnenden Zusatz.

7 Die Verwaltungsgebühr beträgt – derzeit – für alle Zulassungsanträge (Rechtsanwalt, Syndikusrechtsanwalt sowie gleichzeitige Zulassung als Rechtsanwalt und Syndikusrechtsanwalt) EUR 250,00. Die Gebühr ist bei Antragstellung fällig, so dass unter Verfahrensvereinfachungsgründen um Zahlung vor Antragsübermittlung unter Angabe des Zahlungsdatums und um unbare Zahlung (Überweisung) gebeten wird.

8 Die Angaben unter diesem Abschnitt sind <u>nur</u> erforderlich, soweit Sie nicht bereits als Rechtsanwalt oder Syndikusrechtsanwalt zur Anwaltschaft zugelassen sind.

9 Gemäß § 4 Satz 1 BRAO kann zur Rechtsanwaltschaft nur zugelassen werden, wer die Befähigung zum Richteramt nach dem Deutschen Richtergesetz erlangt hat oder die Eingliederungsvoraussetzungen nach dem Gesetz über die Tätigkeit europäischer Rechtsanwälte in Deutschland vom 9. März 2000 (BGBl. I S. 182) erfüllt oder die Eignungsprüfung nach diesem Gesetz bestanden hat. Bitte geben Sie daher genau an, welche dieser Zulassungsvoraussetzungen bei Ihnen vorliegt und wann (Datum), in welchem Ort und – wenn nicht Befähigung zum Richteramt vorliegt – welche Behörde Ihnen die Zugangsvoraussetzung bestätigt.

10 In besonderen Fällen ist die Beiziehung der Referendar-Personalakte oder der Personalakte früherer öffentlich-rechtlicher Dienstverhältnisse zur Überprüfung der Zulassungsvoraussetzungen von entscheidender Bedeutung. Die Einwilligung zur Beiziehung der Personalakten ist gleichwohl freiwillig. Wird sie verweigert und kann der Sachverhalt nicht ausreichend aufgeklärt werden, kann dies zur Ablehnung des Zulassungsantrages führen.

11 Sind Sie noch nicht zur Rechtsanwaltschaft zugelassen, erfolgt Ihre Zulassung im Rahmen Ihrer Vereidigung nach § 12a BRAO. Demnach hat der Zulassungsbewerber den in § 12a Abs. 1 BRAO angeführten Eid vor der Rechtsanwaltskammer zu leisten, wobei der Eid nach § 12a Abs. 2 BRAO auch ohne religiöse Beteuerung geleistet werden kann. Wer aus Glaubens- oder Gewissensgründen keinen Eid leisten will, muss das in § 12a Abs. 4 angeführte Gelöbnis leisten. Gestattet ein Gesetz den Mitgliedern einer Religionsgemeinschaft, an Stelle des Eides eine andere Beteuerungsformel zu gebrauchen, so kann, wer Mitglied einer solchen Religionsgemeinschaft ist, gem. § 12 Abs. 3 BRAO diese Beteuerungsformel sprechen.

12 Es besteht für Antragsteller die Möglichkeit, den Eid nach § 12a BRAO nach entsprechender Terminabstimmung nicht in München, sondern bei dem für den jeweiligen Landgerichtsbezirk zuständigen Vorstandsmitglied zu leisten. Die Zulassungsurkunde wird dann vor Ort ausgehändigt. In München finden in den Räumen der Rechtsanwaltskammer im Tal 33 (nähe Isartor) wöchentlich Vereidigungstermine statt.

13 Die „Kammermitteilungen" der Rechtsanwaltskammer München erscheinen aktuell noch als Print-Ausgabe, die per Post an die Mitglieder versandt wird. Die Mitteilungen können zudem in digitaler Form auf der Website der Kammer abgerufen werden. Anstelle der Printausgabe bieten wir den Versand per E-Mail an, um Druck- und Portokosten zu sparen und gleichzeitig einen Beitrag zum Umweltschutz zu leisten. Selbstverständlich können Sie den Bezug bei Bedarf künftig auch auf die Print-Version umstellen, soweit und solange es noch eine Print-Ausgabe der Kammermitteilungen gibt. Bitte beachten Sie ungeachtet dessen, ob Sie sich für die Print-Ausgabe oder die Elektronische Übermittlung entscheiden, dass amtliche Bekanntmachungen der Kammer gemäß § 2 der Geschäftsordnung der Rechtsanwaltskammer München ausschließlich dadurch erfolgen können, dass sie in einem elektronisch zum Abruf über die Internetpräsenz bereitgestellten Mitteilungsblatt erfolgen.

14 Je nach Antragstellung fügen Sie Ihrem Antrag die erforderlichen Anlagen bei. Diese sind nach „Kennzeichen" sortiert. Welches Kennzeichen auf Ihren Antrag zutrifft, entnehmen Sie Ihrer auf Seite 1 oben gemachten Angabe; dort sind die „Kennzeichen" hinter Ihrer Antragsverifizierung aufgeschlüsselt.

- „RAN" steht für den Antrag auf Zulassung als Rechtsanwalt ohne bereits bestehender Zulassung als Syndikusrechtsanwalt,
- „RAS" steht für den Antrag auf Zulassung als Rechtsanwalt bei bereits bestehender Zulassung als Syndikusrechtsanwalt (das Kennzeichen „RAN" hat dann keine eigenständige Bedeutung),
- „SRN" steht für den Antrag auf Zulassung als Syndikusrechtsanwalt ohne bereits bestehender Zulassung als Rechtsanwalt,
- „SRR" steht für den Antrag auf Zulassung als Syndikusrechtsanwalt bei bereits bestehender Zulassung als Rechtsanwalt (das Kennzeichen „SRN" hat dann keine eigenständige Bedeutung) und
- „RSN" steht für die gleichzeitige Beantragung der Zulassungen als Rechtsanwalt und als Syndikusrechtsanwalt.

15 Der lückenlose Lebenslauf (bis zur Antragstellung), dem ein aktuelles Lichtbild beizufügen ist, soll maschinenschriftlich gefertigt sein und insbesondere enthalten:

- Berufliche Beschäftigungen seit der Erlangung der Befähigung zum Richteramt, deren Dauer und die jeweiligen Arbeitgeber,
- Angaben über andere Berufsberechtigungen (z.B. Steuerberater, Steuerbevollmächtigte, Wirtschaftsprüfer, Sachverständiger, Lehraufträge, Dolmetscher- oder Übersetzerdiplome und dgl.),
- Angaben über akademische Grade (auch solche ausländischer Universitäten).

16 Erforderlich ist ein Nachweis über den Abschluss einer Berufshaftpflichtversicherung gem. § 51 BRAO oder die Vorlage einer vorläufigen Deckungszusage.

17 Fügen Sie eine Ergänzung zum Arbeitsvertrag bei, aus dem sich das Vorliegen einer anwaltlichen Tätigkeit und die fachliche Unabhängigkeit der Berufsausübung des Syndikusrechtsanwalts ergibt (§ 46 Abs. 4 Satz 2 BRAO), soweit das nicht bereits im (Haupt-) Arbeitsvertrag geregelt ist (vgl. auch § 2 Abs. 1 Nr. 5 NachwG). Einen Formulierungsvorschlag finden Sie auf unserer Internetseite.

18 Haben Sie neben Ihrer Tätigkeit als Rechtsanwalt oder neben Ihrer Tätigkeit als Syndikusrechtsanwalt ein (weiteres) Arbeitsverhältnis, das nicht anwaltlich ist (auf das sich also Ihre etwaige Syndikusrechtsanwaltszulassung nicht erstreckt), so muss die Vereinbarkeit dieses Arbeitsverhältnisses mit Ihrem Anwaltsberuf geprüft werden. Hierzu ist die Vorlage des Arbeitsvertrags dieses Arbeitsverhältnisses erforderlich. Ferner ist Voraussetzung für die Zulassung zur Anwaltschaft, dass Ihnen dieser Arbeitgeber eine unwiderruflich die Freistellung für Ihre Anwaltstätigkeit erklärt. (Formulierungsvorschlag: „Frau/Herr ... wird unwiderruflich die Ausübung des Anwaltsberufs gestattet. Für eilbedürftige und fristgebundene anwaltliche Tätigkeiten wird Frau/Herr ... auch während der Arbeitszeit freigestellt".)

3. Mitwirkungsgebot

Nach § 26 Abs. 2 VwVfG i.V.m. § 32 BRAO soll der am Verfahren beteiligte Zulassungsbewerber bei der Ermittlung des Sachverhalts mitwirken und, soweit es dessen bedarf, sein Einverständnis mit der Verwendung von Beweismitteln erklären. Ein Antrag auf Gewährung von Rechtsvorteilen kann zurückgewiesen werden, wenn der Vorstand der Rechtsanwaltskammer infolge einer Verweigerung der Mitwirkung den Sachverhalt nicht hinreichend klären kann. Rechtsgrundlage der Fragen im Antragsformular sind die §§ 7, 27, 46 ff. BRAO.

4. Befreiung von der Rentenversicherungspflicht

Eine Befreiung von der gesetzlichen Rentenversicherungspflicht nach § 6 Abs. 1 Nr. 1 SGB VI erfolgt tätigkeitsbezogen durch den Träger der gesetzlichen Rentenversicherung. Einen Befreiungsantrag müssen Sie daher bei der Deutschen Rentenversicherung Bund, 10704 Berlin, stellen. Die Zulassung als Rechtsanwalt bzw. Syndikusrechtsanwalt ist notwendige Voraussetzung für eine Befreiung, soweit Sie in einem Arbeitsverhältnis stehen; Zulassung und Zulassungsantrag **ersetzen** aber **den Befreiungsantrag nicht**! Eine Befreiung kann nach § 6 Abs. 4 SGB VI bis drei Monate nach Beschäftigungsbeginn rückwirkend erfolgen, wenn binnen dieser drei Monate der Antrag auf Befreiung und ein Antrag auf rückwirkende Befreiung bei der Deutschen Rentenversicherung Bund gestellt werden. Alle Ihre Sozialversicherungspflichten betreffenden Anträge sind daher bei der Deutschen Rentenversicherung Bund zu stellen.

5. Merkblatt zum Zulassungsantrag[1]

Rechtsanwaltskammer
München

Merkblatt für die Zulassung
als Syndikusrechtsanwalt *)

Die Zulassung als Syndikusrechtsanwalt beantragen Sie bitte mit dem auf der Internetseite der Kammer verfügbaren Antragsformular und der ebenfalls dort verfügbaren Tätigkeitsbeschreibung.

Bitte fügen Sie alle dort angegebenen Unterlagen bei und beantworten Sie alle gestellten Fragen nach bestem Wissen und Gewissen vollständig. Wenn Sie im Zweifel sind, ob eine bestimmte Information erforderlich ist, bedenken Sie bitte, dass es der Beschleunigung des Antragsverfahrens dient, wenn Rückfragen seitens der Kammer entbehrlich sind.

Nachstehend finden Sie wichtige Informationen für die Zulassung als Syndikusrechtsanwalt. Bitte beachten Sie beim Ausfüllen des Antragsformulars und der Tätigkeitsbeschreibung die konkreten *Erläuterungen* zu diesen Formularen.

1. Der Antrag auf Zulassung als Syndikusrechtsanwalt ersetzt nicht den Antrag auf Befreiung von der gesetzlichen Rentenversicherungspflicht. Diesen Antrag stellen Sie bitte unter Angabe Ihrer Versicherungsnummer direkt bei der Deutschen Rentenversicherung Bund, 10704 Berlin. Im Hinblick auf eventuell dort laufende Fristen hat der Zulassungsantrag bei der Rechtsanwaltskammer keine fristwahrende Wirkung.

    Die Kammer kann keine Aussagen zu sozialrechtlichen (insbesondere rentenversicherungsrechtlichen) Fragestellungen machen und diesbezüglich nicht beraten. Insoweit ist allein die Deutsche Rentenversicherung Bund zuständig. Allgemeine Informationen enthalten die Internetseiten der Deutschen Rentenversicherung Bund (www.deutsche-rentenversicherung.de) und deren dortige Verlautbarungen. Auf unserer Internetseite (►Rechtsanwälte ►Syndikusrechtsanwälte) finden Sie einen direkten Link auf die Informationen der Deutschen Rentenversicherung Bund zu Syndikusrechtsanwälten.

2. Als Anlage zum Zulassungsantrag benötigt die Rechtsanwaltskammer ein vollständiges Exemplar des Arbeitsvertrages einschließlich eventueller Nachträge und Anlagen. Das Gesetz (§ 46a Abs.3 BRAO) verlangt die Vorlage einer „Ausfertigung" oder einer „öffentlich beglaubigten Abschrift" (§ 129 BGB). Wenn Sie die mit der Herstellung dieser Urkunde verbundenen Umstände vermeiden wollen, legen Sie bitte ein Original (also ein von beiden Seiten unterschriebenes Exemplar) vor. Dies wird bei uns abgelichtet und anschließend unverzüglich an Sie zurückgereicht.

3. Der Arbeitsvertrag soll die vollständige Berufsbezeichnung „Rechtsanwalt (Syndikusrechtsanwalt)" bzw. „Rechtsanwältin (Syndikusrechtsanwältin)" enthalten. Dies erleichtert die Bearbeitung und kann bei Zweifeln ein wichtiges Indiz sein, wenn Ihre Tätigkeit ausdrücklich so bezeichnet wird (vgl. auch § 2 Abs. 1 Nr. 5 NachwG).

    Der Arbeitsvertrag bildet die wesentliche Grundlage, anhand derer das Vorliegen anwaltlicher Tätigkeit geprüft wird (Begr. zu § 46a Abs. 3 BRAO, BT-Drs. 18/5201, S. 34). Entsprechende Kriterien müssen sich daher aus dem Arbeitsvertrag ergeben. Je konkreter und umfassender die diesbezüglichen Regelungen im Arbeitsvertrag sind, desto weniger bedarf es anderweitiger Nachweise.

    Die fachliche Unabhängigkeit der Berufsausübung ist gemäß § 46 Abs. 4 BRAO „vertraglich und tatsächlich zu gewährleisten". Das bedeutet in vertraglicher Hinsicht, dass jedenfalls Ihre fachliche Unabhängigkeit ausdrücklicher Vertragsgegenstand sein muss. Das genannte Kriterium der

---

---

[1] Der Abdruck erfolgt mit freundlicher Genehmigung der Rechtsanwaltskammer München.

Unabhängigkeit ist dabei nur im Sinne einer fachlichen Unabhängigkeit zu verstehen, wobei sich die Situation in Fällen, in denen der Arbeitgeber dem Rechtsrat des Syndikusrechtsanwalt nicht folgen will, ähnlich darstellt wie im Verhältnis eines niedergelassenen Rechtsanwalts zu seinem Mandanten. Das bedeutet, dass der Syndikusrechtsanwalt seine Rechtsmeinung gegen die Entscheidung seines Arbeitgebers nicht nach außen vertreten darf. Zur Wahrung seiner Unabhängigkeit ist es allerdings erforderlich, dass dem Syndikusrechtsanwalt keine arbeitsrechtlichen Konsequenzen drohen, sofern er der Meinung ist, die Entscheidung seines Arbeitgebers nicht vertreten zu können.

4. Für die Prüfung Ihres Zulassungsantrages ist Ihre Tätigkeitsbeschreibung (einschließlich Organisationsbeschreibung) von zentraler Bedeutung. Die Tätigkeitsbeschreibung muss Ihre – konkrete – tatsächliche Tätigkeit in den Einzelheiten greifbar, individualisiert und in den einzelnen Aufgaben und Tätigkeitsfeldern so umfassend beschreiben, dass sowohl wir uns als Kammer, als auch die Deutsche Rentenversicherung Bund sich ein präzises Bild von Ihrer tatsächlich ausgeübten Tätigkeit verschaffen können. Dazu muss Ihre Tätigkeitsbeschreibung von Ihnen und Ihrem Arbeitgeber unterschrieben werden.

    Eine eher pauschale oder allgemeine, am Gesetzeswortlaut von § 46 Abs.3 und 4 BRAO orientierte Tätigkeitsbeschreibung reicht nicht aus. Zu pauschale Angaben führen zwangsläufig zu Nachfragen und damit zu einer (vermeidbaren) Verzögerung des Verfahrens. Reicht der vorgesehene Platz in dem Antragsformular nicht aus, nehmen Sie bitte ein Beiblatt zu Hilfe.

    Ein konstitutives Merkmal der Tätigkeit eines Syndikusrechtsanwaltes ist die Befugnis, „nach außen verantwortlich aufzutreten" (§ 46 Abs. 3 Nr. 4 BRAO). Bitte schildern Sie, auf welche Vereinbarungen sich Ihre Vertretungsbefugnis nach außen gründet und wie diese auch intern ausgestaltet ist. Die Erteilung von Prokura oder Handlungsvollmacht ist nicht erforderlich.

5. Um eine anwaltliche Tätigkeit bejahen zu können, muss das Arbeitsverhältnis durch die fachlich unabhängig und eigenverantwortlich auszuübenden Tätigkeiten sowie durch die Merkmale gem. § 46 Abs. 3 BRAO geprägt sein. Für die Beschreibung dieser Kriterien, die kumulativ gegeben sein müssen, sieht das Formular ‚Tätigkeitsbeschreibung' gesonderte Felder vor. Ausreichend ist auch eine Darstellung im Fließtext; das Formular muss nicht verwendet werden. Sie erleichtern uns aber die Prüfung, wenn Sie sich am Formularaufbau orientieren.

6. Für die Beurteilung der „Prägung" des Arbeitsverhältnisses durch die Tätigkeiten und Merkmale nach § 46 Abs. 3 und 4 BRAO wird es regelmäßig auf die tatsächlich aufgewendete Arbeitszeit ankommen (und nicht etwa auf Wertgrenzen o.ä.). Bitte beachten Sie, dass die Tätigkeitsbeschreibung ein vollständiges Bild Ihrer Tätigkeit zeichnet, Sie also auch etwaige Aufgaben dokumentieren, die nicht anwaltlich (z.B. allgemein organisatorisch) sind. Machen Sie im Zweifel Angaben dazu, wie sich Ihre aufgewendete Arbeitszeit in der Regel auf die verschiedenen Tätigkeiten prozentual verteilt.

    Bei einer „wesentlichen" Änderung der Tätigkeit kann es zu einem Widerruf der Zulassung als Syndikusrechtsanwalt kommen (§ 46b Abs. 3 BRAO).

7. Will sich ein Syndikusrechtsanwalt neben seiner Tätigkeit im Unternehmen die Möglichkeit sichern, als niedergelassener Rechtsanwalt zu praktizieren, so bedarf es einer dahingehenden „Freistellungserklärung" des Arbeitgebers. Diese muss beinhalten, dass der Arbeitgeber seinen Angestellten zur Wahrnehmung von Aufgaben als niedergelassener Rechtsanwalt jederzeit unbefristet, unbedingt und unwiderruflich freistellt, so dass der Rechtsanwalt seiner Tätigkeit als niedergelassener Rechtsanwalt auch während der Arbeitszeit nachkommen kann. Sind Sie bereits als Rechtsanwalt zugelassen und liegt uns eine Freistellungserklärung Ihres aktuellen Arbeitgebers vor, so ist diese ausreichend.

8. Sobald Ihr Antrag vollständig ist, wird er gemäß § 46a Abs. 2 BRAO von der Rechtsanwaltskammer geprüft. Im Falle eines positiven Votums der Rechtsanwaltskammer wird Ihr Antrag (ohne den die Zulassungsvoraussetzungen nach § 7 BRAO betreffenden Fragebogen) der Deutschen Rentenversicherung Bund als Träger der Rentenversicherung zur Stellungnahme zugeleitet. Diese wird Ihren Antrag prüfen. Die Deutsche Rentenversicherung Bund begnügt sich ihrerseits nicht mit pauschalen Angaben zur ausgeübten Tätigkeit. Ausführliche Angaben schon bei Antragstellung liegen also in Ihrem Interesse. Nach der Anhörung entscheidet die Rechtsanwaltskammer durch Zulassungsbescheid, der Ihnen und dem Träger der Rentenversicherung zuzustellen ist. Gegen den Bescheid der Rechtsanwaltskammer können sowohl der Antragsteller, als auch die

Deutsche Rentenversicherung Bund Klage erheben. Eine Klage der Deutschen Rentenversicherung Bund hat aufschiebende Wirkung. Erst nach Bestandskraft des Zulassungsbescheides kann die Zulassung als Syndikusrechtsanwalt erfolgen. Sie wird erst mit der Aushändigung der Zulassungsurkunde wirksam. Nach § 46a Abs. 4 Nr. 2 BRAO darf sodann die Tätigkeit unter der Berufsbezeichnung „Rechtsanwältin (Syndikusrechtsanwältin)" bzw. „Rechtsanwalt (Syndikusrechtsanwalt)" ausgeübt werden. Soweit Sie daneben als Rechtsanwältin / Rechtsanwalt zugelassen sind, dürfen Sie diesen Beruf unter der Berufsbezeichnung „Rechtsanwältin" / „Rechtsanwalt" ausüben. Die Aushändigung der Zulassungsurkunde erfolgt nach Ihrer Vereidigung, zu der Sie gesondert eingeladen werden. Sind Sie bereits als Rechtsanwalt zugelassen, ist eine nochmalige Vereidigung nicht notwendig.

9. Ist der Rechtsanwalt bereits Mitglied einer Rechtsanwaltskammer und nimmt er später eine hauptberufliche Tätigkeit als Syndikusrechtsanwalt in einem anderen Ort auf, der in einem anderen Kammerbezirk belegen ist, hat er bei der Rechtsanwaltskammer, deren Mitglied er ist, den Antrag auf Zulassung als Syndikusrechtsanwalt nach § 46a BRAO zu stellen (§ 33 Abs. 3 Nr. 2 BRAO).

Liegt bei einer Doppelzulassung die Kanzlei des niedergelassenen Rechtsanwaltes in einem anderen Kammerbezirk als die Kanzlei des Syndikusrechtsanwaltes beim Arbeitgeber, muss nur eine Kanzlei im Bezirk der Rechtsanwaltskammer belegen sein, deren Mitglied er ist (46c Abs. 4 Satz 2 BRAO). Eine Doppelmitgliedschaft in zwei unterschiedlichen Rechtsanwaltskammern ist nicht möglich.

Will der Rechtsanwalt in einem solchen Fall den Schwerpunkt seiner anwaltlichen Tätigkeit in den Bezirk einer anderen Rechtsanwaltskammer verlegen, hat er nach Maßgabe des § 27 Abs. 3 BRAO die Aufnahme in diese Kammer zu beantragen (§ 46c Abs. 4 Satz 3 BRAO).

10. Auch Syndikusrechtsanwälte können zur Rechtsanwaltschaft nur zugelassen werden, wenn die allgemeinen Zulassungsvoraussetzungen zum Beruf des Rechtsanwalts gemäß § 4 BRAO erfüllt sind und kein Zulassungsversagungsgrund nach § 7 BRAO vorliegt (§ 46a Abs. 1 BRAO). Dies gilt namentlich insbesondere für den Versagungsgrund der unvereinbaren Tätigkeit (§ 7 Nr. 8 BRAO).

RAK München (02/2016, 3.0.2)

Rechtsanwaltskammer
München

Fragebogen
zum Antrag auf Zulassung zur Anwaltschaft

1. Antragsteller

Name, Vorname	

2. Allgemeine Fragen

		Anlagen-Kennzeichen	
1	Sind gegen Sie Strafen, beamtenrechtliche oder richterliche Disziplinarmaßnahmen oder anwaltsgerichtliche Maßnahmen verhängt worden oder sind gegen Sie Entscheidungen von Verwaltungsbehörden oder Gerichten gemäß § 10 BZRG ergangen (§ 7 Nr. 5 BRAO)? **1** *)	☐ Ja (A)	☐ Nein
2	Sind oder waren gegen Sie Strafverfahren, Disziplinarverfahren oder anwaltsgerichtliche Verfahren oder Ermittlungsverfahren zu diesen Verfahrensarten anhängig (§ 7 Nr. 5 BRAO)? **2**	☐ Ja (A)	☐ Nein
3	Bekämpfen Sie die freiheitliche demokratische Grundordnung in strafbarer Weise (§ 7 Nr. 6 BRAO)?	☐ Ja	☐ Nein
4	Leiden Sie an einer Sucht oder bestehen sonstige gesundheitliche Beeinträchtigungen, die Sie nicht nur vorübergehend an der ordnungsgemäßen Ausübung Ihres Anwaltsberufes hindern könnten (§ 7 Nr. 7 BRAO)?	☐ Ja	☐ Nein
5	Befinden Sie sich in Vermögensverfall? Ist gegen Sie ein Insolvenzverfahren eröffnet worden oder sind Sie in das vom Vollstreckungsgericht zu führende Verzeichnis (§ 26 Abs. 2 InsO, § 882b ZPO) eingetragen (§ 7 Nr. 9 BRAO)? **3**	☐ Ja (B)	☐ Nein
6	Wollen Sie neben Ihrer Zulassung als Rechtsanwältin/Rechtsanwalt und/oder als Syndikusrechtsanwältin/Syndikusrechtsanwalt noch eine sonstige Tätigkeit ausüben (§ 7 Nr. 8 BRAO)? **4**	☐ Ja (C)	☐ Nein

3. Fragen bei Neuzulassung
- nur auszufüllen, soweit noch keine Zulassung als Rechtsanwalt bzw. Syndikusrechtsanwalt besteht -

		Anlagen-Kennzeichen	
1	Ist Ihre Zulassung zur Anwaltschaft bereits einmal versagt, widerrufen oder zurückgenommen worden (§§ 7, 14 BRAO)?	☐ Ja (D)	☐ Nein
2	Haben Sie nach einer Entscheidung des BVerfG ein Grundrecht verwirkt (§ 7 Nr. 1 BRAO)?	☐ Ja	☐ Nein
3	Fehlt Ihnen infolge strafrechtlicher Verurteilung die Fähigkeit zur Bekleidung öffentlicher Ämter (§ 7 Nr. 2 BRAO)? **5**	☐ Ja	☐ Nein
4	Wurden Sie durch rechtskräftiges Urteil aus der Anwaltschaft ausgeschlossen und sind seit Rechtskraft des Urteils noch nicht acht Jahre verstrichen (§ 7 Nr. 3 BRAO)?	☐ Ja	☐ Nein
5	Sind Sie im Verfahren über die Richteranklage aus dem Richteramt entlassen worden oder ist gegen Sie im Disziplinarverfahren rechtskräftig auf Entlassung aus dem Dienst in der Rechtspflege erkannt worden (§ 7 Nr. 4 BRAO)?	☐ Ja	☐ Nein

4. Anlagen

Wenn Sie vorstehend Fragen mit „Ja" beantwortet haben, fügen Sie diesem Fragebogen folgende Unterlagen bei:

Anlagen-Kennzeichen		
A	☐	Beiblatt mit Angabe der erkennenden Stelle (Gericht, Staatsanwaltschaft, sonstige Behörde) und des Aktenzeichens sowie Ablichtung der betreffenden Entscheidung
B	☐	Beiblatt mit näheren Angaben, insbesondere Gericht und Aktenzeichen in Bezug auf ein etwaiges Insolvenzverfahren, gegen Sie gerichtete Zwangsvollstreckungsmaßnahmen und Eintragungen im Schuldnerverzeichnis
C	☐	☐ Tätigkeitsbeschreibung, aus der sich der Inhalt der Tätigkeit und deren zeitlicher Umfang konkret ergibt ☐ Anstellungsvertrag in Kopie (persönliche Daten können geschwärzt werden) ☐ Freistellungserklärung („Frau/Herr ... wird unwiderruflich die Ausübung des Anwaltsberufs gestattet. Für eilbedürftige und fristgebundene anwaltliche Tätigkeiten wird Frau/Herr ... auch während der Arbeitszeit freigestellt."
D	☐	Beiblatt mit Angabe des Datums der Entscheidung bzw. der Antragsrücknahme sowie Rechtsanwaltskammer bei der die Zulassung beantragt wurde bzw. bestand; Grund der Versagung oder des Widerrufs

_____   _____
Ort, Datum   Unterschrift

RAK München (02/2016, 3.0.2)

_____

*) Die Ziffernsymbole - **1** - verweisen auf die zu beachtenden Erläuterungen, die diesem Fragebogen anliegen.

[1] Der Abdruck erfolgt mit freundlicher Genehmigung der Rechtsanwaltskammer München.

Einzelerläuterungen
zum Fragebogen zum Antrag auf Zulassung zur Anwaltschaft *)

1   Die Zulassung zur Anwaltschaft ist zu versagen, wenn sich der Bewerber eines Verhaltens schuldig gemacht hat, das ihn unwürdig erscheinen lässt, den Beruf des Rechtsanwalts auszuüben (§ 7 Nr. 5 BRAO). Anzugeben sind alle strafgerichtlichen Verurteilungen (auch soweit man sich als unbestraft bezeichnen darf), beamtenrechtliche oder richterliche oder anwaltsgerichtliche Maßnahmen. Ebenso sind Entscheidungen von Verwaltungsbehörden oder Gerichten gemäß § 10 BZRG (z.B. Berufs- oder Gewerbeuntersagung, Verbot des Umgangs mit Kindern, Entziehung der Befugnis zur Einstellung oder Ausbildung von Auszubildenden) anzugeben. Tilgungsreife Entscheidungen müssen nicht angegeben werden. Falsche bzw. unterlassene Angaben können unabhängig von der Schwere der nicht angegebenen Tat bzw. des Tatvorwurfes zu einer Versagung der Zulassung wegen Unwürdigkeit führen. Es wird darauf hingewiesen, dass die Kammer im Rahmen einer Regelanfrage nach § 36 Abs. 1 BRAO eine unbeschränkte Auskunft aus dem Bundeszentralregisters einholt.

2   In Abweichung zur Frage 1 sind hier nicht abschließende Entscheidungen der Gerichte oder Behörden anzuführen, sondern laufende Straf-, Disziplinar- oder anwaltsgerichtliche Verfahren sowie die diesen Verfahren vorgeschalteten Ermittlungsverfahren. Eingestellte Verfahren sind ebenfalls anzugeben, soweit sie gemäß § 170 Abs. 2 StPO wegen Schuldunfähigkeit oder Vorliegen eines Verfahrenshindernisses oder gemäß §§ 153, 153a bis 153f, 154a bis 154f, 205 StPO vorläufig oder endgültig eingestellt wurden. Eingestellte Straf-, Disziplinar- oder anwaltsgerichtliche Verfahren, deren Einstellungsverfügung länger als fünf Jahre zurück liegen, sind nicht mehr anzugeben.

3   Die Zulassung zur Anwaltschaft ist gemäß § 7 Nr. 9 BRAO zu versagen, wenn der Bewerber sich im Vermögensverfall befindet; ein Vermögensverfall wird vermutet, wenn ein Insolvenzverfahren über das Vermögen des Bewerbers eröffnet oder der Bewerber in das vom Vollstreckungsgericht zu führende Verzeichnis (§ 882b ZPO) eingetragen ist. Dazu gehören die Eintragungen der Vollstreckungsbehörden nach § 284 Abs. 9 AO, die Abweisung eines Insolvenzantrags mangels Masse nach § 26 Abs. 2 InsO, die Versagung oder der Widerruf der Restschuldbefreiung nach § 303a InsO, die Nichterfüllung der Pflicht zur Abgabe der Vermögensauskunft nach § 882c Abs. 1 ZPO und in den Fällen des § 882c Abs. 1 Nrn. 2 und 3 ZPO nach Abgabe der Vermögensauskunft.

4   Das anwaltliche Berufsrecht lässt es grundsätzlich zu, neben der Zulassung zur Anwaltschaft als Rechtsanwalt oder Syndikusrechtsanwalt weitere berufliche (nicht-anwaltliche) Tätigkeiten auszuüben. Die Zulassung ist aber dann nach § 7 Nr. 8 BRAO zu versagen, wenn es sich bei der nicht-anwaltlichen Tätigkeit um eine solche handelt, die mit dem Beruf des Rechtsanwalts, insbesondere seiner Stellung als unabhängiges Organ der Rechtspflege, nicht vereinbar ist oder das Vertrauen in seine Unabhängigkeit gefährden kann. Daher muss die Kammer die Nebentätigkeit auf deren Vereinbarkeit mit dem Anwaltsberuf hin überprüfen. Hierzu legen Sie die unter Ziff. 4, Anlagekennzeichen **C**, im Fragebogen genannten Unterlagen vor.

     Nach der Rechtsprechung zur Vereinbarkeit nach §§ 7 Nr. 8 und 14 Abs. 2 Nr. 8 BRAO muss die Tätigkeit inhaltlich mit dem Anwaltsberuf vereinbar und die Ausübung des Anwaltsberufes rechtlich und tatsächlich möglich sein:

     Als inhaltlich unvereinbar gelten regelmäßig Tätigkeiten im öffentlichen Dienst, die mit der Wahrnehmung hoheitlicher Aufgaben und einer Tätigkeit nach außen verbunden sind oder erwerbswirtschaftliche Tätigkeiten, bei denen sich die Gefahr einer Interessenkollision deutlich abzeichnet – meist bei akquisitorischen Tätigkeiten – und dieser Gefahr nicht durch Berufsausübungsregeln begegnet werden kann, so in ständiger Rechtsprechung entschieden z.B. für den Beruf des Versicherungsmaklers.

     Die tatsächliche Möglichkeit zur Ausübung des Anwaltsberufes wird in der Regel bejaht, wenn über die Dienstzeit hinreichend frei verfügt werden kann und sich nicht erhebliche Einschränkungen aus einer etwaigen Entfernung zwischen Dienstort und Kanzleisitz ergeben.

     Rechtlich muss die Möglichkeit den Anwaltsberuf ausüben zu können, im Anstellungsvertrag oder einer Zusatzvereinbarung dazu abgesichert sein. Hierzu bedarf es einer unwiderruflichen Erklärung des Arbeitgebers, in der dieser die anwaltliche Tätigkeit des Bewerbers unbefristet und unbeschränkt gestattet und ihn für jede anwaltliche Tätigkeit von Dienstpflichten freistellt, ohne dass er eine Erlaubnis für den Einzelfall einholen muss.

     Das Eingehen eines Beschäftigungsverhältnisses oder die wesentliche Änderung eines bestehenden Beschäftigungsverhältnisses ist nach § 56 Abs. 3 Nr. 1 BRAO auch nach erfolgter Zulassung unverzüglich anzuzeigen.

5   Wer wegen eines Verbrechens (§ 12 Abs. 1 StGB) zu einer Freiheitsstrafe von mindestens einem Jahr verurteilt wurde, verliert für die Dauer von fünf Jahren die Fähigkeit, öffentliche Ämter zu bekleiden (§ 45 Abs. 1 StGB).

RAK München (02/2016, 3.0.2)

---

*) Aus Gründen der besseren Lesbarkeit wird auf die gleichzeitige Verwendung männlicher und weiblicher Sprachformen verzichtet. Sämtliche Personenbezeichnungen gelten gleichwohl für beiderlei Geschlecht.

Rechtsanwaltskammer
München

Tätigkeitsbeschreibung
für die Zulassung als Syndikusrechtsanwältin / Syndikusrechtsanwalt

1. Angaben zum Arbeitsverhältnis

1	Name, Vorname (Arbeitnehmer/in)	
2	Beginn des Arbeitsver-hältnisses **1** *)	
3	Arbeitgeber **2**	
4	Adresse (zugleich Kanzleisitz) **3**	Straße, Hausnummer Postleitzahl, Ort
5	Unternehmensgegen-stand o.ä. **4**	
6	Registergericht und Registernummer **5**	
7	Organisationseinheit **6**	
8	Funktion **7**	

2. Ausgestaltung des Arbeitsverhältnisses

1	Organisations-beschreibung **8**	
2	Tätigkeits-beschreibung **9**	

*) Die Ziffernsymbole - **1** - verweisen auf die Einzelerläuterungen, die diesem Formular anliegen.

---

[1] Der Abdruck erfolgt mit freundlicher Genehmigung der Rechtsanwaltskammer München.

3. Kriterien der anwaltlichen Tätigkeit

	Das Arbeitsverhältnis beinhaltet: (Die Tätigkeiten und Merkmale müssen kumulativ vorliegen)	
1	Die fachlich unabhängige und eigenverantwortliche Prüfung von Rechtsfragen, einschließlich der Aufklärung des Sachverhalts sowie das fachlich unabhängige und eigenverantwortliche Erarbeiten und Bewerten von Lösungsmöglichkeiten (§ 46 Abs. 3 Nr. 1 BRAO)	
2	Die fachlich unabhängige und eigenverantwortliche Erteilung von Rechtsrat (§ 46 Abs. 3 Nr. 2 BRAO)	
3	Die Ausrichtung der Tätigkeit auf die Gestaltung von Rechtsverhältnissen, insbesondere durch das fachlich unabhängige und selbständige Führen von Verhandlungen, oder auf die Verwirklichung von Rechten (§ 46 Abs. 3 Nr. 3 BRAO)	
4	Die Befugnis zu verantwortlichem Auftreten nach außen (§ 46 Abs. 3 Nr. 4 BRAO) **13**	

4. Erklärung des Arbeitgebers 14

Dem/Der Arbeitnehmer/in wird bestätigt, dass er/sie bei uns als Syndikusrechtsanwalt/ Syndikusrechtsanwältin tätig ist. Die unter Ziffern 1. bis 3. gemachten Angaben sind zutreffend.

Uns ist bekannt, dass der/die Arbeitnehmer/in die Zulassung als Syndikusrechtsanwalt/ Syndikusrechtsanwältin beantragt. Uns ist weiter bekannt, dass von der Entscheidung über die Zulassung als Syndikusrechtsanwalt/ Syndikusrechtsanwältin die Befreiung von der Versicherungspflicht in der gesetzlichen Rentenversicherung abhängt. Wir verzichten hiermit vorsorglich auf eine Hinzuziehung als Beteiligter in dem Zulassungsverfahren gemäß § 13 Abs. 2 Satz 2 VwVfG.

15

_____   _____
Ort, Datum   Unterschrift/Stempel Arbeitgeber

                                        _____
                                        Name des/der für den Arbeitgeber Zeichnenden und Funktion

_____   _____
Ort, Datum   Unterschrift

Einzelerläuterungen
zur Tätigkeitsbeschreibung *)

1 Datum des Beginns des Arbeitsverhältnisses bei Ihrem Arbeitgeber

2 Geben Sie die vollständige Firma – wie etwa im Register eingetragen oder im Gesellschaftsvertrag bezeichnet – bzw. den vollständigen Namen Ihres Arbeitgebers exakt an.

3 Die regelmäßige Arbeitsstätte des Syndikusrechtsanwalts gilt gem. § 46c Abs. 4 BRAO als Kanzlei i.S.v. § 27 BRAO. Geben Sie deshalb die Adresse Ihrer regelmäßigen Arbeitsstätte derart an, dass Sendungen Sie unter dieser Adresse direkt und unmittelbar erreichen, also etwa die vom Unternehmenssitz abweichende Adresse Ihrer Abteilung mit einem die Abteilung kennzeichnenden Zusatz. Die Angabe einer Postfach- oder Postlageradresse ist nicht zulässig.

4 Ausreichend ist eine kurze Typisierung des Unternehmensgegenstands oder Gesellschaftszwecks Ihres Arbeitgebers (z.B. „Geldinstitut", „Versicherung"). Die Wiedergabe des vollständigen Unternehmensgegenstands laut Satzung ist nicht erforderlich.

5 Geben Sie den Ort des Registergerichts und die Registernummer Ihres Arbeitgebers an, soweit im Handelsregister eingetragen. Bei ausländischen Gesellschaften benennen Sie zusätzlich das Land in dem die Gesellschaft ihren Sitz hat sowie die Registerdaten (Ort des Registergerichts und Registernummer) einer etwaigen deutschen Niederlassung.

6 Geben Sie die Organisationseinheit, in der Sie tätig sind so an, wie sie in Ihrem Unternehmen definiert ist. Gibt diese Bezeichnung keinen Aufschluss für Außenstehende (z.B. weil es sich um eine reine Zahlenkombination handelt) oder handelt es sich um eine Bezeichnung in einer Fremdsprache, geben Sie bitte zusätzlich im Klartext eine zutreffend charakterisierende Bezeichnung (z.B. „Rechtsabteilung", „Revision", „Abwicklung Großschadensfälle") an.

7 Geben Sie Ihre Funktion so an, wie sie laut Stellenbeschreibung definiert ist (z.B. „Leiter Rechtsabteilung", „Mitarbeiter Revision"). Lautet die Bezeichnung in einer Fremdsprache, geben Sie bitte zusätzlich deren deutsche Übersetzung an. Liegt für Ihre Arbeitsstelle keine Stellenbeschreibung vor oder definiert diese keine Funktion, so geben Sie bitte eine zutreffende charakterisierende Bezeichnung an.

8 In der Organisationsbeschreibung beschreiben Sie die Organisationseinheit (z.B. Abteilung, Referat), in der Sie tätig sind im Hinblick auf deren Aufgaben, Struktur samt Überblick über Berichts- und Weisungswege, Eingliederung im Unternehmen und Personalausstattung samt -qualifikation. Zweckmäßig ist die Beifügung eines Unternehmensorganigramms.

> *Beispiel: Die Rechtsabteilung berät den Vorstand, die Geschäftsbereiche und alle Tochterunternehmen in allen Rechtsangelegenheiten, sie ist zwingend einzubeziehen in allen Vertragsangelegenheiten von genereller Bedeutung für den Konzern sowie bei Vertragsschlüssen und Streitigkeiten mit einem Gegenstandswert ab EUR 500.000. Sie gliedert sich in fünf Referate, namentlich Grundsatzfragen, Gesellschaftsrecht, Arbeitsrecht, Internationales Recht und Gewerblicher Rechtsschutz. Die Rechtsabteilung wird von einem Abteilungsleiter geleitet, der direkt dem zuständigen Vorstandsmitglied berichtet. Der Abteilungsleiter wird vom Leiter des Referats Grundsatzfragen vertreten. Die Referatsleiter stehen den Mitarbeitern ihres Referats vor und berichten dem Abteilungsleiter; sie haben jeweils einen Stellvertreter aus ihrem Referat. Die Rechtsabteilung ist neben der Personalabteilung und der Revision eine von drei Stabsabteilungen im Konzern, die organisatorisch direkt unter dem Vorstand angesiedelt ist. Sie hat drei Standorte, namentlich in München, in Berlin und in Zürich/Schweiz. Die Abteilung besteht aktuell aus 24 Volljuristen – vier bis fünf Volljuristen je Referat – sowie sechs Sekretariatsmitarbeitern und Schreibkräften sowie einem Kaufmann.*

9 Die Tätigkeitsbeschreibung muss Ihre – konkrete – tatsächliche Tätigkeit in den Einzelheiten greifbar, individualisiert und in den einzelnen Aufgaben und Tätigkeitsfeldern so umfassend beschreiben, dass ein präzises Bild von Ihrer tatsächlich ausgeübten Tätigkeit im Rahmen Ihres Arbeitsverhältnisses vermittelt wird. Gleichwohl müssen die Tätigkeiten an dieser Stelle noch nicht derart detailliert beschrieben werden, dass hier bereits das Vorliegen aller Kriterien nach § 46 Abs. 3 BRAO im Einzelnen abgeprüft werden kann. Die Darstellung hier dient dazu, einen konkreten Überblick über alle Ihre Aufgaben zu erlangen, insbesondere um beurteilen zu können, wodurch das Arbeitsverhältnis geprägt wird. Beschreiben Sie daher Ihre gesamten konkret anfallenden Haupt- und Unteraufgaben, auch solche nicht-anwaltlicher Art (z.B. allgemein organisatorisch). Wenn Tätigkeiten nicht-anwaltlicher Art nicht völlig untergeordnet sind, machen Sie Angaben dazu, wie sich Ihre aufgewendete Arbeitszeit in der Regel auf die verschiedenen Tätigkeiten verteilt.

> *Beispiel: Als Mitarbeiter des Referats ‚Arbeitsrecht' der Rechtsabteilung bin ich schwerpunktmäßig mit dem Kollektivarbeitsrecht betraut. Hauptaufgaben sind die Verhandlung von Betriebsvereinbarungen mit dem Betriebsrat und Vertretern der Gewerkschaft sowie anwaltlichen Vertretern des Betriebsrats, dabei die Beratung*

---

der jeweils involvierten Geschäftsbereichsleiter und schließlich Ausformulierung, Abschluss und Umsetzung der Betriebsvereinbarung, die Verhandlung über Interessenausgleich und Sozialpläne, deren Ausformulie-rung und Abschluss und die Beratung und Schulung von Führungskräften bei Strukturmaßnahmen im Hin-blick auf die Beteiligungsrechte des Betriebsrats. Weitere Aufgabe im Individualarbeitsrecht ist die Überprü-fung und Anpassung sämtlicher Arbeitsvertragsunterlagen auf der Grundlage der Rechtsprechung, so u.a. von Muster-Arbeitsverträgen, Muster-Stellenausschreibungen, diversen Zusatzvereinbarungen zum Arbeits-vertrag. Schließlich betreue ich als Sonderaufgabe die IT in der Rechtsabteilung. Das bedeutet, dass ich ers-ter Ansprechpartner bei allen EDV-Angelegenheiten für Kollegen und Vorgesetzte bin, angefangen bei IT-Bestellungen, über Probleme mit der EDV und deren Behebung bis hin zur Betreuung des Auftritts des Rechtsabteilung im Intranet. Die Aufgabe der IT-Betreuung nimmt regelmäßig etwa 10%-15% meiner Ar-beitszeit in Anspruch.

10   Die „fachlich unabhängige und eigenverantwortliche Prüfung von Rechtsfragen, einschließlich der Aufklärung des Sachverhalts sowie das fachlich unabhängige und eigenverantwortliche Erarbeiten und Bewerten von Lö-sungsmöglichkeiten" (§ 46 Abs. 3 Nr. 1 BRAO) bezieht sich auf die Pflicht des Rechtsanwalts, den Sachverhalt zu dem er beratend tätig werden soll, möglichst genau zu klären, die Rechtslage zu prüfen und Handlungsopti-onen aufzuzeigen sowie zu bewerten. Die Pflicht des Rechtsanwalts zur vollständigen Beratung setzt zunächst voraus, dass er durch Befragen seines Auftraggebers die Punkte klärt, auf die es für die rechtliche Beurteilung ankommen kann. Der Rechtsanwalt darf sich nicht mit der rechtlichen Würdigung des ihm vorgetragenen Sach-verhalts begnügen, sondern muss sich bemühen, durch Befragung des Rechtsuchenden ein möglichst vollstän-diges und objektives Bild der Sachlage zu gewinnen. Die Prüfung von Rechtsfragen umfasst die Analyse der Gesetzeslage, der Verwaltungspraxis und der höchstrichterlichen Rechtsprechung und ihrer Bedeutung für den Sachverhalt, auf den sich die rechtliche Beratung beziehen soll. Das Aufzeigen verschiedener Lösungsalterna-tiven und deren Bewertung in rechtlicher, tatsächlicher und wirtschaftlicher Hinsicht dienen dazu, dem Mandan-ten (Arbeitgeber) eine Entscheidung zu ermöglichen. Es handelt sich hierbei um die Vorbereitungshandlung zur Erteilung eines Rechtsrats.

11   „Die fachlich unabhängige und eigenverantwortliche Erteilung von Rechtsrat" (§ 46 Abs. 3 Nr. 2 BRAO) bezieht sich auf den dem Mandanten (Arbeitgeber) erteilten beziehungsweise zu erteilenden Rechtsrat.

12   „Die Ausrichtung der Tätigkeit auf die Gestaltung von Rechtsverhältnissen, insbesondere durch das fachlich unabhängige und selbständige Führen von Verhandlungen, oder auf die Verwirklichung von Rechten" (§ 46 Abs. 3 Nr. 3 BRAO) nimmt Fälle in Bezug, in denen es durch anwaltlich geführte individuelle Vertragsverhand-lungen zur Gestaltung von Rechtsverhältnisse, z.B. Verträgen kommt oder Rechte durch deren Durchsetzung, z.B. Inanspruchnahmen Dritter verwirklicht werden. Die Regelung berücksichtigt auch den Fall, dass auch Per-sonen, die in ihrer Funktion als Syndikusrechtsanwalt nicht in Kontakt zu externen Dritten treten, anwaltlich tätig sind, wenn ihre Tätigkeit auf die Verwirklichung von Rechten oder die Gestaltung von Rechtsverhältnissen ge-richtet ist. Auch die Mitgestaltung abstrakter rechtlicher Regelung kann eine auf die Gestaltung von Rechtsver-hältnissen ausgerichtete Tätigkeit darstellen.

13   „Die Befugnis zu verantwortlichem Auftreten nach außen" (§ 46 Abs. 3 Nr. 4 BRAO) stellt klar, dass die anwaltli-che Tätigkeit (gegebenenfalls im Innenverhältnis beschränkte) Befugnis beinhalten muss, für den Mandan-ten (Arbeitgeber) nach außen verantwortlich aufzutreten. Erklärungen des Syndikusrechtsanwalt müssen den Mandanten im Außenverhältnis verpflichten, selbst dann wenn im Innenverhältnis vereinbart wurde, dass der Syndikusrechtsanwalt keine Erklärung abgibt. Ob der Syndikusrechtsanwalt von der Befugnis tatsächlich Ge-brauch macht, etwa weil er ausschließlich im Bereich der Vertragsgestaltung oder der Beratung der Unterneh-mensleitung tätig ist, ist hingegen nicht entscheidend. Das Kriterium setzt auch nicht voraus, dass der Syndikus-rechtsanwalt eigene unternehmerische Entscheidungen trifft.

14   Die Zulassung als Syndikusrechtsanwalt erfolgt tätigkeitsbezogen. In der Folge ist der Träger der Rentenversi-cherung bei seiner Entscheidung über die Befreiung von der Versicherungspflicht in der gesetzlichen Renten-versicherung an die bestandskräftige Entscheidung der Rechtsanwaltskammer gebunden. D.h. die Befreiung von der Rentenversicherungspflicht beruht auf der Tätigkeit, so wie sie hier beschrieben wird. Unabhängig von berufsrechtlichen Folgen können unzutreffende Angaben oder Erklärungen – etwa im Rahmen einer Betriebs-prüfung durch den Rentenversicherungsträger – auch zur (rückwirkenden) Aufhebung der Befreiung von der Rentenversicherungspflicht und zu Nachzahlungspflichten sowie ggf. zur Überprüfung wegen Nichtabführung von Sozialversicherungsbeiträgen führen.

15   Die Erklärung des Arbeitgebers muss vom Arbeitgeber persönlich bzw. – soweit es sich um eine juristische Person oder eine Gesellschaft ohne Rechtspersönlichkeit handelt – von deren gesetzlichen Vertreter oder von einer sonst zur Vertretung in Personalsachen befugten Person unterzeichnet werden. Unterzeichnet nicht der Arbeitgeber persönlich bzw. dessen gesetzlicher Vertreter, ist die entsprechende Vollmacht des Vertreters vor-zulegen.

8. Formulierungsvorschlag zur fachlichen Unabhängigkeit[1]

Formulierungsvorschlag
für eine Ergänzungsabrede zum Arbeitsvertrag betreffend
die fachliche Unabhängigkeit der Berufsausübung als Syndikusrechtsanwalt

Die fachliche Unabhängigkeit der Berufsausübung der Syndikusrechtsanwältin/ des Syndikusrechtsanwalts ist gemäß § 46 Abs. 4 BRAO „vertraglich und tatsächlich zu gewährleisten". Das bedeutet in vertraglicher Hinsicht, dass die fachliche Unabhängigkeit ausdrücklicher Vertragsgegenstand sein muss.

Zwischen [Name/Firma Arbeitgeber] als Arbeitgeber

und

Frau/Herrn [Name, Vorname] als Arbeitnehmer/in

wird folgende Ergänzung zum Arbeitsvertrag vom [Datum] mit Wirkung zum [Datum] getroffen:

§ 1 Tätigkeit [1])

(1) Die/Der Arbeitnehmer/in ist anwaltlich beim Arbeitgeber tätig. Mit entsprechender Zulassung durch die zuständige Rechtsanwaltskammer wird sie/er als Rechtsanwältin (Syndikusrechtsanwältin)/ Rechtsanwalt (Syndikusrechtsanwalt) vom Arbeitgeber beschäftigt.

(2) Das Arbeitsverhältnis ist geprägt durch folgende fachlich unabhängig und eigenverantwortlich auszuübende Tätigkeiten sowie durch folgende Merkmale:

- die Prüfung von Rechtsfragen, einschließlich der Aufklärung des Sachverhalts, sowie das Erarbeiten und Bewerten von Lösungsmöglichkeiten,
- die Erteilung von Rechtsrat,
- die Ausrichtung der Tätigkeit auf die Gestaltung von Rechtsverhältnissen, insbesondere durch das selbständige Führen von Verhandlungen, oder auf die Verwirklichung von Rechten und
- die Befugnis, nach außen verantwortlich aufzutreten.

§ 2 Fachliche Unabhängigkeit

(1) Die Arbeitnehmerin/der Arbeitnehmer arbeitet im Rahmen der Berufsausübung als Syndikusrechtsanwältin/ Syndikusrechtsanwalt fachlich unabhängig (§ 46 Abs. 3 und 4 BRAO). Sie/ Er unterliegt keinen allgemeinen oder konkreten Weisungen die eine eigenständige Analyse der Rechtslage und eine einzelfallorientierte Rechtsberatung ausschließen.

(2) Das Direktionsrecht des Arbeitgebers im Übrigen bleibt davon unberührt.

§ 3 Zeichnungsbefugnis [2])

Die Arbeitnehmerin/ der Arbeitnehmer ist befugt, nach außen verantwortlich aufzutreten. Sie/ Er ist zeichnungsberechtigt für alle intern wie extern ausgehenden Schreiben und Schriftsätze, die sie/ er im Rahmen ihrer/ seiner Berufsausübung als Syndikusrechtsanwältin/ Syndikusrechtsanwalt fertigt.

Ort, Datum

....
Unterschrift/Arbeitgeber   Unterschrift/Arbeitnehmer/in

Stand 20.01.2016

---

[1] Die Aufnahme von Regelungen im Sinne von § 1 des Vorschlags sieht das Gesetz nicht ausdrücklich vor. Der Arbeitsvertrag bildet jedoch die wesentliche Grundlage, anhand derer das Vorliegen einer anwaltlichen Tätigkeit geprüft wird (BT-Drs. 18/5201, S. 34). Entsprechende Kriterien müssen sich daher aus dem Arbeitsvertrag ergeben.

[2] Das Gesetz verlangt in § 46 Abs. 3 Nr. 4 BRAO zur Bejahung einer anwaltlichen Tätigkeit, dass der Arbeitnehmer befugt ist, „nach außen verantwortlich aufzutreten". Es bietet sich an, diese Befugnis im Arbeitsvertrag zumindest in Form einer Zeichnungsbefugnis zu regeln. Entsprechende Befugnisse können jedoch auch anderweitig eingeräumt werden.

---

[1] Der Abdruck erfolgt mit freundlicher Genehmigung der Rechtsanwaltskammer München.

9. Antrag auf Befreiung von der gesetzlichen Rentenversicherungspflicht

Anschrift des Versorgungswerks

Versicherungsnummer

**Antrag auf Befreiung von der Versicherungspflicht
in der gesetzlichen Rentenversicherung**
(§ 6 Abs. 1 Satz 1 Nr. 1 des Sechsten Buches des
Sozialgesetzbuches - SGB VI)
für Rechtsanwälte und Syndikusrechtsanwälte

Eingangsstempel (Rentenversicherungsträger)

Mitgliedsnummer des Versorgungswerks

Eingangsstempel des Versorgungswerks

Weitergabe
an ——→ Deutsche Rentenversicherung Bund
10704 Berlin

1	Angaben zur Person

Name | Vorname (Rufname)

Geburtsname | frühere Namen

Geburtsdatum | Geschlecht ☐ männlich ☐ weiblich | Staatsangehörigkeit (ggf. frühere Staatsangehörigkeit bis)

Geburtsort (Kreis, Land)

Straße, Hausnummer | telefonisch tagsüber zu erreichen (Angabe freiwillig)

Postleitzahl | Wohnort | Telefax, E-Mail (Angabe freiwillig)

2	Angaben zur Berufsgruppe

Bitte geben Sie Ihre Berufsgruppe an.

☐ Rechtsanwalt, weiter bei Ziffer 3

Kennzeichen **5 0 1 1**

☐ Syndikusrechtsanwalt, weiter bei Ziffer 5

Kennzeichen **5 1 1 1**

3	Angaben zur ausgeübten Erwerbstätigkeit

3.1 Bitte machen Sie Angaben zur ausgeübten Erwerbstätigkeit.

☐ Ich bin in der zu befreienden Tätigkeit abhängig beschäftigt.

Beginn der abhängigen Beschäftigung

genaue Bezeichnung der Tätigkeit laut Arbeitsvertrag

Arbeitgeber (Name, Anschrift)

☐ Ich bin in der zu befreienden Tätigkeit selbständig tätig.

Beginn der selbständigen Tätigkeit

genaue Beschreibung der Tätigkeit

Auftraggeber (Name, Anschrift)

Bitte den Bescheid über die Versicherungspflicht in der gesetzlichen Rentenversicherung beifügen, weiter bei Ziffer 4

Versicherungsnummer

Mitgliedsnummer des Versorgungswerks

3.2 Sind Sie als Rechtsanwältin / Rechtsanwalt bei einem Rechtsanwalt oder einer rechtsanwaltlichen Berufsausübungsgesellschaft beschäftigt?

☐ nein, weiter bei Ziffer 6

☐ ja

4 Angaben zur Pflichtmitgliedschaft in einer Rechtsanwaltskammer

Ich bin aufgrund gesetzlicher Verpflichtung Mitglied einer Rechtsanwaltskammer.

Name der Rechtsanwaltskammer

Beginn der Pflichtmitgliedschaft

weiter bei Ziffer 7

5 Angaben zur ausgeübten Beschäftigung bei einem nichtanwaltlichen Arbeitgeber

Bitte machen Sie Angaben zur ausgeübten Beschäftigung bei einem nichtanwaltlichen Arbeitgeber.

Beginn der Beschäftigung

Genaue Bezeichnung der Tätigkeit laut Arbeitsvertrag

Arbeitgeber (Name, Anschrift)

6 Angaben zur Zulassung als Syndikusrechtsanwältin / Syndikusrechtsanwalt

6.1 Sind Sie für die zu befreiende Beschäftigung zur Rechtsanwaltschaft als Syndikusrechtsanwältin / Syndikusrechtsanwalt zugelassen?

Name der Rechtsanwaltskammer

☐ nein ☐ ja

Datum der Zulassung

weiter bei Ziffer 7

6.2 Haben Sie für die zu befreiende Beschäftigung die Zulassung zur Rechtsanwaltschaft als Syndikusrechtsanwältin / Syndikusrechtsanwalt beantragt?

Name der Rechtsanwaltskammer

☐ nein ☐ ja

Datum der Antragstellung

7 Angaben zum Beginn der Befreiung

Beantragen Sie den Beginn der Befreiung zu einem späteren als den frühestmöglichen Zeitpunkt?

gewünschter Beginn der Befreiung

☐ nein ☐ ja

8 Erklärung der Antragstellerin / des Antragstellers

Ich versichere, dass ich sämtliche Angaben in diesem Antrag nach bestem Wissen gemacht habe. Mir ist bekannt, dass wissentlich falsche Angaben zu einer strafrechtlichen Verfolgung führen können.

Ort, Datum

Unterschrift der Antragstellerin / des Antragstellers

V6355 SB - Bl. 1 Rs.
Forms V63552 - V001 - 01/16 - 1

238

Versicherungsnummer

Mitgliedsnummer des Versorgungswerks

---

9   **Erklärung des Versorgungswerks**

Bestätigung der Kammerpflichtmitgliedschaft
(nicht erforderlich bei Befreiungsanträgen von Syndikusrechtsanwälten)

Name der Rechtsanwaltskammer

Der Antragsteller ist aufgrund gesetzlicher Verpflichtung Mitglied der

Bestätigung der Pflichtmitgliedschaft im Versorgungswerk

Für den Antragsteller besteht in unserem Versorgungswerk eine

Datum

Pflichtmitgliedschaft kraft Gesetzes seit

Datum

auf Antrag fortgesetzte Mitgliedschaft seit

Bestätigung der Beitragszahlung

Es wird bestätigt, dass ab Beginn der Befreiung nach § 6 Abs. 1 Satz 1 Nr. 1 SGB VI für Zeiten, für die ohne diese Befreiung Beiträge an die gesetzliche Rentenversicherung zu zahlen wären, einkommensbezogene Pflichtbeiträge analog §§ 157 ff. SGB VI zu zahlen sind.

Ort, Datum

Unterschrift und Stempel des Versorgungswerks

Auszugsweiser Wortlaut der Gesetzestexte

§ 6 SGB VI
Befreiung von der Versicherungspflicht

(1) Von der Versicherungspflicht werden befreit

1. Beschäftigte und selbständig Tätige für die Beschäftigung oder selbständige Tätigkeit, wegen der sie aufgrund einer durch Gesetz angeordneten oder auf Gesetz beruhenden Verpflichtung Mitglied einer öffentlich-rechtlichen Versicherungseinrichtung oder Versorgungseinrichtung ihrer Berufsgruppe (berufsständische Versorgungseinrichtung) und zugleich kraft gesetzlicher Verpflichtung Mitglied einer berufsständischen Kammer sind, wenn

   a) am jeweiligen Ort der Beschäftigung oder selbständigen Tätigkeit für ihre Berufsgruppe bereits vor dem 1. Januar 1995 eine gesetzliche Verpflichtung zur Mitgliedschaft in der berufsständischen Kammer bestanden hat,

   b) für sie nach näherer Maßgabe der Satzung einkommensbezogene Beiträge unter Berücksichtigung der Beitragsbemessungsgrenze zur berufsständischen Versorgungseinrichtung zu zahlen sind und

   c) aufgrund dieser Beiträge Leistungen für den Fall verminderter Erwerbsfähigkeit und des Alters sowie für Hinterbliebene erbracht und angepasst werden, wobei auch die finanzielle Lage der berufsständischen Versorgungseinrichtung zu berücksichtigen ist,

2. - 4. ...

(1a - 1b) ...

(2) Die Befreiung erfolgt auf Antrag des Versicherten, in den Fällen des Absatzes 1 Nr. 2 und 3 auf Antrag des Arbeitgebers.

(3) Über die Befreiung entscheidet der Träger der Rentenversicherung, nachdem in den Fällen

1. des Absatzes 1 Nr. 1 die für die berufsständische Versorgungseinrichtung zuständige oberste Verwaltungsbehörde,

2. ...

das Vorliegen der Voraussetzungen bestätigt hat. ...

(4) Die Befreiung wirkt vom Vorliegen der Befreiungsvoraussetzungen an, wenn sie innerhalb von drei Monaten beantragt wird, sonst vom Eingang des Antrags an. ...

(5) Die Befreiung ist auf die jeweilige Beschäftigung oder selbständige Tätigkeit beschränkt. Sie erstreckt sich in den Fällen des Absatzes 1 Nr. 1 und 2 auch auf eine andere versicherungspflichtige Tätigkeit, wenn diese infolge ihrer Eigenart oder vertraglich im Voraus zeitlich begrenzt ist und der Versorgungsträger für die Zeit der Tätigkeit den Erwerb einkommensbezogener Versorgungsanwartschaften gewährleistet.

§ 172a SGB VI
Beitragszuschüsse des Arbeitgebers für Mitglieder berufsständischer Versorgungseinrichtungen

Für Beschäftigte, die nach § 6 Absatz 1 Satz 1 Nummer 1 von der Versicherungspflicht befreit sind, zahlen die Arbeitgeber einen Zuschuss in Höhe der Hälfte des Beitrags zu einer berufsständischen Versorgungseinrichtung, höchstens aber die Hälfte des Beitrags, der zu zahlen wäre, wenn die Beschäftigten nicht von der Versicherungspflicht in der gesetzlichen Rentenversicherung befreit worden wären.

Anmerkungen zu Formular V6355 SB der Deutschen Rentenversicherung Bund – Antrag auf Befreiung von der Versicherungspflicht in der gesetzlichen Rentenversicherung (§ 6 Abs. 1 Satz 1 Nr. 1 des Sechsten Buches des Sozialgesetzbuches – SGB VI) für Rechtsanwälte und Syndikusrechtsanwälte

Die Deutsche Rentenversicherung Bund hält für Rechtsanwälte und Rechtsanwälte (Syndikusrechtsanwälte) ein Formular vor, mit dem der Antrag auf Befreiung von der Versicherungspflicht in der gesetzlichen Rentenversicherung beantragt werden kann. Das Formular V 6355 SB berücksichtigt die „zulassungsrechtlichen Besonderheiten", die nach dem Neuordnungsgesetz zu berücksichtigen sind.

❶ Auf dem Antrag sollte die (Renten-)Versicherungsnummer des Antragstellers/der Antragstellerin angegeben werden, die auch schon auf dem Formular angegeben werden kann, mit dem die Zulassung als Rechtsanwalt (Syndikusrechtsanwalt/Rechtsanwältin (Syndikusrechtsanwältin) beantragt wird. Über die Versicherungsnummer ist es der Rentenversicherung einfacher, den Antrag zuzuordnen. Die Versicherungsnummer soll auf jeder Seite des Antrags wiederholt werden.

❷ Nach wie vor ermöglicht die Deutsche Rentenversicherung Bund, dass die Befreiungsanträge fristwahrend über das zuständige Versorgungswerk gestellt werden können. Geht also der Befreiungsantrag innerhalb der Dreimonatsfrist des § 6 Abs. 4 Satz 1 SGB VI bei dem Versorgungswerk ein, wirkt die Befreiung vom Vorliegen der Befreiungsvoraussetzungen an. Geht der Befreiungsantrag bei der Versorgungseinrichtung (oder der Deutschen Rentenversicherung Bund) nicht innerhalb dieser Frist ein, wirkt die Befreiung vom Zeitpunkt des Antrags an.

❸ Wird die Befreiung von der Rentenversicherungspflicht als Syndikusrechtsanwalt beantragt, sind die Ziffern 1 und 2 sowie 5 bis 8 von dem Antragsteller auszufüllen sowie unter Ziffer 9 die Erklärung des Versorgungswerks dadurch einzuholen, dass der Antrag über die Versorgungseinrichtung gestellt wird.

❹ In den Übergangsfällen, in denen auch die rückwirkende Befreiung nach § 231 Abs. 4b SGB VI beantragt wird, wird die Befreiung regelmäßig zeitgleich mit dem Zulassungsantrag gestellt werden, sodass Angaben zur Zulassung als Syndikusrechtsanwältin/Syndikusrechtsanwalt unter Ziffer 6 Pkt. 2 des Formulars gemacht werden müssen. Gleiches gilt, wenn erstmalig (oder nach einer Unterbrechung erneut) die Befreiung von der Rentenversicherungspflicht bei Aufnahme einer Tätigkeit als Rechtsanwalt (Syndikusrechtsanwalt) beantragt wird.

❺ Der Befreiungsantrag wird regelmäßig ab dem Zeitpunkt der Aufnahme der Tätigkeit als Rechtsanwalt (Syndikusrechtsanwalt) wirken. Abweichend von diesem frühestmöglichen Zeitpunkt kann es etwa dann von Bedeutung sein, zunächst nicht von der Rentenversicherungspflicht befreit zu sein, wenn durch Beitragszahlungen in die gesetzliche Rentenversicherung Wartezeiten oder sonstige versicherungsrechtliche Voraussetzungen für den Bezug einer Rente aus der gesetzlichen Rentenversicherung erlangt werden können.

10. Antrag auf rückwirkende Befreiung von der gesetzlichen Rentenversicherungspflicht

Versicherungsnummer		Kennzeichen	Eingangsstempel (Rentenversicherungsträger)
		5 1 1 1	

Mitgliedsnummer des Versorgungswerks

Deutsche Rentenversicherung Bund
Dezernat 5010 - BKZ 5111
10704 Berlin

Antrag auf rückwirkende Befreiung von der Versicherungspflicht in der gesetzlichen Rentenversicherung
(§ 231 Abs. 4b des Sechsten Buches des Sozialgesetzbuches - SGB VI)
und
Antrag auf Erstattung zu Unrecht gezahlter Pflichtbeiträge an die berufsständische Versorgungseinrichtung
(§ 286f des Sechsten Buches des Sozialgesetzbuches - SGB VI)
für Syndikusrechtsanwälte

1	Angaben zur Person

Name	Vorname (Rufname)
Geburtsname	frühere Namen

Geburtsdatum	Geschlecht	Staatsangehörigkeit (ggf. frühere Staatsangehörigkeit bis)
	☐ männlich ☐ weiblich	

Geburtsort (Kreis, Land)

Straße, Hausnummer	telefonisch tagsüber zu erreichen (Angabe freiwillig)
Postleitzahl Wohnort	Telefax, E-Mail (Angabe freiwillig)

2	Angaben zur Befreiung von der Versicherungspflicht als Syndikusrechtsanwältin / Syndikusrechtsanwalt

Haben Sie eine Befreiung von der Versicherungspflicht in der gesetzlichen Rentenversicherung nach
§ 6 Abs. 1 Satz 1 Nr.1 SGB VI als Syndikusrechtsanwältin / Syndikusrechtsanwalt beantragt?

☐ nein, bitte den vollständig ausgefüllten Antrag auf Befreiung von der Versicherungspflicht in der
gesetzlichen Rentenversicherung für Syndikusrechtsanwälte (V6355) beifügen.

Datum des Befreiungsantrags

☐ ja

Versicherungsnummer

Kennzeichen

5 1 1 1

| 3 | Angaben zur rückwirkenden Befreiung von der Versicherungspflicht |

Für welche Beschäftigungen beantragen Sie die rückwirkende Befreiung von der Versicherungspflicht?

Beschäftigung als

Beschäftigung bei

vom   bis

Beschäftigung als

Beschäftigung bei

vom   bis

Beschäftigung als

Beschäftigung bei

vom   bis

Beschäftigung als

Beschäftigung bei

vom   bis

| 4 | Angaben zur Pflichtmitgliedschaft in einer Rechtsanwaltskammer |

Bitte machen Sie Angaben zur Pflichtmitgliedschaft in einer Rechtsanwaltskammer.

☐ Ich war in den Zeiten der zu befreienden Beschäftigungen aufgrund gesetzlicher Verpflichtung Mitglied einer Rechtsanwaltskammer.

Name der Rechtsanwaltskammer

Beginn der Pflichtmitgliedschaft

☐ Ich hatte für Zeiten der zu befreienden Beschäftigungen auf meine Rechte aus der Zulassung zur Rechtsanwaltschaft verzichtet.

Datum des Verzichts auf die Rechte aus der Zulassung zur Rechtsanwaltschaft   Datum

Datum der erneuten Zulassung zur Rechtsanwaltschaft   Datum

V6320 SB - Bl. 1 Rs.
Forms V63202 - V001 - 01/16 - 1

Versicherungsnummer											Kennzeichen
											5 1 1 1

---

5 | **Erstattung zu Unrecht gezahlter Pflichtbeiträge an die berufsständische Versorgungseinrichtung**

5.1 Mir ist bekannt, dass auf Grund der beantragten rückwirkenden Befreiung von der Versicherungspflicht zu Unrecht gezahlte Pflichtbeiträge zur Rentenversicherung - längstens bis zum 01.04.2014 zurück - beanstandet und in meinem Versicherungskonto gelöscht werden und ein eventuell bestehender Erstattungsanspruch direkt an mein berufsständisches Versorgungswerk überwiesen wird. Ein Erstattungsanspruch besteht nicht, soweit aus den Beiträgen bereits eine Leistung erbracht wurde.

Beantragen Sie die Erstattung zu Unrecht gezahlter Beiträge an die berufsständische Versorgungseinrichtung ?

☐ nein,   weiter bei Ziffer 6

☐ ja,

5.2 Wurden nach Beginn der zu Unrecht erfolgten Beitragszahlung Leistungen (z. B. Leistungen zur Rehabilitation für mich oder meine Familienangehörigen) erbracht oder haben Sie diese beantragt?

☐ nein

☐ ja   Leistung durchgeführt   vom   bis

             Datum

             Leistung beantragt am

5.3 Name des Versorgungswerks, dem die zu erstattenden Rentenversicherungsbeiträge überwiesen werden sollen

---

6 | **Erklärung der Antragstellerin / des Antragstellers**

Ich versichere, dass ich sämtliche Angaben in diesem Antrag nach bestem Wissen gemacht habe. Mir ist bekannt, dass wissentlich falsche Angaben zu einer strafrechtlichen Verfolgung führen können.

Ort, Datum   Unterschrift der Antragstellerin / des Antragstellers

Versicherungsnummer							Kennzeichen
							5 1 1 1

---

7 | **Erklärung des Versorgungswerks**

☐ **Bestätigung der Kammerpflichtmitgliedschaft**

Der Antragsteller war in den Zeiten der zu befreienden Beschäftigungen aufgrund gesetzlicher Verpflichtung Mitglied der

Name der Rechtsanwaltskammer

☐ **Bestätigung der Pflichtmitgliedschaft im Versorgungswerk**

Für den Antragsteller bestand in den Zeiten der zu befreienden Beschäftigungen in unserem Versorgungswerk eine

☐ Pflichtmitgliedschaft kraft Gesetzes   Beginn [_____] und ggf.   Ende [_____]

☐ auf Antrag fortgesetzte Mitgliedschaft   Beginn [_____] und ggf.   Ende [_____]

☐ **Bestätigung der Beitragszahlung für Beschäftigungszeiten bis 31.03.2014**

Es wird bestätigt, dass für die zu befreienden Beschäftigungen einkommensbezogene Pflichtbeiträge analog §§ 157 ff. SGB VI gezahlt wurden.

Beginn [_____] und   Ende [_____] der einkommensgerechten Pflichtbeitragszahlung

---

☐ **Angaben zum Überweisungsweg der zu erstattenden Rentenversicherungsbeiträge**

Geldinstitut (Name, Ort)

IBAN (International Bank Account Number)

D E [_____]

Mitgliedsnummer / Aktenzeichen

Ort, Datum   Unterschrift und Stempel des Versorgungswerks

V6320 SB - Bl. 2 Rs.
Forms V63204 - V001 - 01/16 - 1

Auszugsweiser Wortlaut der Gesetzestexte

§ 231 Absatz 4b SGB VI

Eine Befreiung von der Versicherungspflicht als Syndikusrechtsanwalt oder Syndikuspatentanwalt nach § 6 Absatz 1 Satz 1 Nummer 1, die unter Berücksichtigung der Bundesrechtsanwaltsordnung in der Fassung vom 1. Januar 2016 oder der Patentanwaltsordnung in der Fassung vom 1.Januar 2016 erteilt wurde, wirkt auf Antrag vom Beginn derjenigen Beschäftigung an, für die die Befreiung von der Versicherungspflicht erteilt wird. Sie wirkt auch vom Beginn davor liegender Beschäftigungen an, wenn während dieser Beschäftigungen eine Pflichtmitgliedschaft in einem berufsständischen Versorgungswerk bestand. Die Befreiung nach den Sätzen 1 und 2 wirkt frühestens ab dem 1. April 2014. Die Befreiung wirkt jedoch auch für Zeiten vor dem 1. April 2014, wenn für diese Zeiten einkommensbezogene Pflichtbeiträge an ein berufsständisches Versorgungswerk gezahlt wurden. Die Sätze 1 bis 4 gelten nicht für Beschäftigungen, für die eine Befreiung von der Versicherungspflicht als Syndikusrechtsanwalt oder Syndikuspatentanwalt auf Grund einer vor dem 4. April 2014 ergangenen Entscheidung bestandskräftig abgelehnt wurde. Der Antrag auf rückwirkende Befreiung nach den Sätzen 1 und 2 kann nur bis zum 1. April 2016 gestellt werden.

§ 286f SGB VI

Erstattung zu Unrecht gezahlter Pflichtbeiträge an die berufsständische Versorgungseinrichtung Pflichtbeiträge, die auf Grund einer Befreiung nach § 231 Absatz 4b zu Unrecht entrichtet wurden, werden abweichend von § 211 und abweichend von § 26 Absatz 3 des Vierten Buches von dem zuständigen Träger der Rentenversicherung beanstandet und unmittelbar an die zuständige berufsständische Versorgungseinrichtung erstattet. Zinsen nach § 27 Absatz 1 des Vierten Buches sind nicht zu zahlen.

Anmerkungen zu Formular V6320 SB der Deutschen Rentenversicherung Bund – Antrag auf rückwirkende Befreiung von der Versicherungspflicht in der gesetzlichen Rentenversicherung (§ 231 Abs. 4b des Sechsten Buches des Sozialgesetzbuches – SGB VI) und Antrag auf Erstattung zu Unrecht gezahlter Pflichtbeiträge an die berufsständische Versorgungseinrichtung (§ 286f des Sechsten Buches des Sozialgesetzbuches – SGB VI) für Syndikusanwälte

Mit diesem Formular, das auch im Internetangebot der Deutschen Rentenversicherung zu Verfügung gestellt wird,[1] fasst die Deutsche Rentenversicherung Bund den Antrag auf rückwirkende Befreiung nach § 231 Abs. 4b SGB VI und den Antrag auf Erstattung zu Unrecht gezahlter Pflichtbeiträge an die berufsständische Versorgungseinrichtungen nach § 286f SGB VI zusammen. Diese Anträge müssen wegen § 231 Abs. 4b S. 6 SGB VI bis zum 1. April 2016 gestellt werden.

Es empfiehlt sich dringend, diese Anträge direkt bei der Deutschen Rentenversicherung Bund zu stellen, auch wenn die Auffassung der Deutschen Rentenversicherung Bund, dass der Antrag nur dort gestellt werden könne, nicht überzeugend ist.[2]

Der Antrag muss vor allem aber auch zusammen mit dem Befreiungsantrag nach § 6 SGB VI gestellt werden. Für diesen Antrag stellt die Deutsche Rentenversicherung das Formular V6355 zu Verfügung.

❶ Auf dem Antrag sollte die (Renten-) Versicherungsnummer des Antragsteller/der Antragstellerin angegeben werden, die auch schon auf dem Formular angegeben werden kann, mit dem die Zulassung als Rechtsanwalt (Syndikusrechtsanwalt/Rechtsanwältin (Syndikusrechtsanwältin) beantragt wird. Über die Versicherungsnummer ist es der Rentenversicherung einfacher, den Antrag zuzuordnen. Die Versicherungsnummer soll auf jeder Seite des Antrags wiederholt werden.

❷ Bei den Angaben zur rückwirkenden Befreiung müssen Angaben zu allen Beschäftigungsverhältnissen gemacht werden, auf die sich die rückwirkende Befreiung erstrecken soll. Wegen § 231 Abs. 4b S. 4 SGB VI ist die Erstreckung dabei nicht beschränkt auf den Zeitraum ab 1. April 2014, vielmehr wirkt auch in „Altfällen" die rückwirkende Befreiung, wenn eine Pflichtmitgliedschaft in einer berufsständischen Versorgungseinrichtung bestand und Pflichtbeiträge gezahlt wurden. Es kann im Einzelfall sinnvoll sein, keinen oder nur einen zeitlich beschränkten Rückwirkungsantrag zu stellen. Dies gilt etwa dann, wenn durch solche zurückliegenden Beitragszeiten Wartezeiten erfüllt werden.

❸ Zusätzlich zu den Angaben zu Pflichtmitgliedschaft in einer Rechtsanwaltskammer können zum Nachweis der Pflichtmitgliedschaft in der anwaltlichen Versorgungseinrichtung die Beitragsbescheide des Versorgungswerks vorgelegt werden, die sich auf den Zeitraum beziehen, für den die rückwirkende Befreiung beantragt wird. Entsprechende Angaben sind aber auch von der Versorgungseinrichtung unter Nr. 7 des Formulars zu bestätigen.

❹ Die Deutsche Rentenversicherung Bund möchte die Beanstandungs- und Erstattungsregelung des § 286f SGB VI auf solche Rentenversicherungsbeiträge beschränken, die ab dem 1. April 2014 gezahlt worden sind. Diese Auffassung überzeugt nicht. Um den Erstattungsanspruch nicht durch die Verwendung dieses Formulars auf diesen Zeitraum zu beschränken, empfiehlt es sich, den Zusatz „– längstens bis zum 1.4.2014 –" zu streichen und darüber hinaus ausdrücklich einen Erstattungsantrag „aus allen Rechtsgründen, insbesondere nach § 286f SGB VI, §§ 26 SGB IV, 211 SGB VI" zu stellen.[3]

❺ Es vereinfacht die Bearbeitung des Rückwirkungs- und Befreiungsantrags, wenn bei der Antragstellung schon die Erklärung des Versorgungswerks vorliegt, Wirksamkeitsvoraussetzung ist die Bestätigung des Versorgungswerks aber nicht. Der Antrag kann bei der Deutschen Rentenversicherung Bund gestellt worden, ohne dass das Versorgungswerk die Mitgliedschaft in Kammer, Versorgungswerk und die Zahlung von Pflichtbeiträgen bestätigt hat. Gleichzeitig kann dann das Versorgungswerk um die Abgabe der Erklärung mit einer Ab- oder Zweitschrift gebeten werden.

---

[1] https://www.deutsche-rentenversicheung.de/Allgemein/de/Inhalt/0_Home/meldungen/syndikus anwaelte_beitragserstattung.pdf?__blob=publicationFile&v=2.

[2] → § 3 Rn 50; *Schafhausen* AnwBl. 2016, Heft 3.

[3] → § 3 Rn 80 ff.

Schafhausen

11. Gesetzestexte

Bundesrechtsanwaltsordnung

Vom 1. August 1959

(BGBl. I S. 565)

BGBl. III/FNA 303-8

Zuletzt geändert durch Art. 1 G zur Neuordnung des Rechts der Syndikusanwälte und zur Änd. der FinanzgerichtsO vom 21.12.2015 (BGBl. I S. 2517)

(Auszug)

§ 46[1] Angestellte Rechtsanwälte; Syndikusrechtsanwälte

(1) Rechtsanwälte dürfen ihren Beruf als Angestellte solcher Arbeitgeber ausüben, die als Rechtsanwälte, Patentanwälte oder rechts- oder patentanwaltliche Berufsausübungsgesellschaften tätig sind.

(2) [1]Angestellte anderer als der in Absatz 1 genannten Personen oder Gesellschaften üben ihren Beruf als Rechtsanwalt aus, sofern sie im Rahmen ihres Arbeitsverhältnisses für ihren Arbeitgeber anwaltlich tätig sind (Syndikusrechtsanwälte). [2]Der Syndikusrechtsanwalt bedarf zur Ausübung seiner Tätigkeit nach Satz 1 der Zulassung zur Rechtsanwaltschaft nach § 46a.

(3) Eine anwaltliche Tätigkeit im Sinne des Absatzes 2 Satz 1 liegt vor, wenn das Arbeitsverhältnis durch folgende fachlich unabhängig und eigenverantwortlich auszuübende Tätigkeiten sowie durch folgende Merkmale geprägt ist:

1. die Prüfung von Rechtsfragen, einschließlich der Aufklärung des Sachverhalts, sowie das Erarbeiten und Bewerten von Lösungsmöglichkeiten,

2. die Erteilung von Rechtsrat,

3. die Ausrichtung der Tätigkeit auf die Gestaltung von Rechtsverhältnissen, insbesondere durch das selbständige Führen von Verhandlungen, oder auf die Verwirklichung von Rechten und

4. die Befugnis, nach außen verantwortlich aufzutreten.

(4) [1]Eine fachlich unabhängige Tätigkeit im Sinne des Absatzes 3 übt nicht aus, wer sich an Weisungen zu halten hat, die eine eigenständige Analyse der Rechtslage und eine einzelfallorientierte Rechtsberatung ausschließen. [2]Die fachliche Unabhängigkeit der Berufsausübung des Syndikusrechtsanwalts ist vertraglich und tatsächlich zu gewährleisten.

(5) [1]Die Befugnis des Syndikusrechtsanwalts zur Beratung und Vertretung beschränkt sich auf die Rechtsangelegenheiten des Arbeitgebers. [2]Diese umfassen auch

1. Rechtsangelegenheiten innerhalb verbundener Unternehmen im Sinne des § 15 des Aktiengesetzes,

2. erlaubte Rechtsdienstleistungen des Arbeitgebers gegenüber seinen Mitgliedern, sofern es sich bei dem Arbeitgeber um eine Vereinigung oder Gewerkschaft nach § 7 des Rechtsdienstleistungsgesetzes oder nach § 8 Absatz 1 Nummer 2 des Rechtsdienstleistungsgesetzes handelt, und

3. erlaubte Rechtsdienstleistungen des Arbeitgebers gegenüber Dritten, sofern es sich bei dem Arbeitgeber um einen Angehörigen der in § 59a genannten sozietätsfähigen Berufe oder um eine Berufsausübungsgesellschaft solcher Berufe handelt.

§ 46a[2] Zulassung als Syndikusrechtsanwalt

(1) [1]Die Zulassung zur Rechtsanwaltschaft als Syndikusrechtsanwalt ist auf Antrag zu erteilen, wenn

---

[1] § 46 neu gef. mWv 1.1.2016 durch G v. 21.12.2015 (BGBl. I S. 2517).

[2] § 46a eingef. mWv 1.1.2016 durch G v. 21.12.2015 (BGBl. I S. 2517).

1. die allgemeinen Zulassungsvoraussetzungen zum Beruf des Rechtsanwalts gemäß § 4 erfüllt sind,

2. kein Zulassungsversagungsgrund nach § 7 vorliegt und

3. die Tätigkeit den Anforderungen des § 46 Absatz 2 bis 5 entspricht.

²Die Zulassung nach Satz 1 kann für mehrere Arbeitsverhältnisse erteilt werden.

(2) ¹Über die Zulassung als Syndikusrechtsanwalt entscheidet die örtlich zuständige Rechtsanwaltskammer nach Anhörung des Trägers der Rentenversicherung. ²Die Entscheidung ist zu begründen und dem Antragsteller sowie dem Träger der Rentenversicherung zuzustellen. ³Wie dem Antragsteller steht auch dem Träger der Rentenversicherung gegen die Entscheidung nach Satz 1 Rechtsschutz gemäß § 112a Absatz 1 und 2 zu. ⁴Der Träger der Rentenversicherung ist bei seiner Entscheidung über die Befreiung von der Versicherungspflicht in der gesetzlichen Rentenversicherung nach § 6 Absatz 1 Satz 1 Nummer 1 und Absatz 3 des Sechsten Buches Sozialgesetzbuch an die bestandskräftige Entscheidung der Rechtsanwaltskammer nach Satz 1 gebunden.

(3) ¹Dem Antrag auf Zulassung ist eine Ausfertigung oder eine öffentlich beglaubigte Abschrift des Arbeitsvertrags oder der Arbeitsverträge beizufügen. ²Die Rechtsanwaltskammer kann die Vorlage weiterer Nachweise verlangen.

(4) Das Zulassungsverfahren richtet sich nach den §§ 10 bis 12a mit der Maßgabe, dass

1. abweichend von § 12 Absatz 2 der Nachweis des Abschlusses einer Berufshaftpflichtversicherung oder die Vorlage einer vorläufigen Deckungszusage nicht erforderlich ist und

2. die Tätigkeit abweichend von § 12 Absatz 4 unter der Berufsbezeichnung „Rechtsanwältin (Syndikusrechtsanwältin)" oder „Rechtsanwalt (Syndikusrechtsanwalt)" auszuüben ist.

§ 46b³ Erlöschen und Änderung der Zulassung als Syndikusrechtsanwalt

(1) Die Zulassung als Syndikusrechtsanwalt erlischt nach Maßgabe des § 13.

(2) ¹Für die Rücknahme und den Widerruf der Zulassung als Syndikusrechtsanwalt gelten die §§ 14 und 15 mit Ausnahme des § 14 Absatz 2 Nummer 9. ²Die Zulassung als Syndikusrechtsanwalt ist ferner ganz oder teilweise zu widerrufen, soweit die arbeitsvertragliche Gestaltung eines Arbeitsverhältnisses oder die tatsächlich ausgeübte Tätigkeit nicht mehr den Anforderungen des § 46 Absatz 2 bis 5 entspricht. ³§ 46a Absatz 2 gilt entsprechend.

(3) Werden nach einer Zulassung nach § 46a weitere Arbeitsverhältnisse als Syndikusrechtsanwalt aufgenommen oder tritt innerhalb bereits bestehender Arbeitsverhältnisse eine wesentliche Änderung der Tätigkeit ein, ist auf Antrag die Zulassung nach Maßgabe des § 46a unter den dort genannten Voraussetzungen auf die weiteren Arbeitsverhältnisse oder auf die geänderte Tätigkeit zu erstrecken.

(4) ¹Der Syndikusrechtsanwalt hat der nach § 56 Absatz 3 zuständigen Stelle unbeschadet seiner Anzeige- und Vorlagepflichten nach § 56 Absatz 3 auch jede der folgenden tätigkeitsbezogenen Änderungen des Arbeitsverhältnisses unverzüglich anzuzeigen:

1. jede tätigkeitsbezogene Änderung des Arbeitsvertrags, dazu gehört auch die Aufnahme eines neuen Arbeitsverhältnisses,

2. jede wesentliche Änderung der Tätigkeit innerhalb des Arbeitsverhältnisses.

²Im Fall des Satzes 1 Nummer 1 ist der Anzeige eine Ausfertigung oder eine öffentlich beglaubigte Abschrift des geänderten Arbeitsvertrags beizufügen. ³§ 57 gilt entsprechend.

§ 46c⁴ Besondere Vorschriften für Syndikusrechtsanwälte

(1) Soweit gesetzlich nichts anderes bestimmt ist, gelten für Syndikusrechtsanwälte die Vorschriften über Rechtsanwälte.

(2) ¹Syndikusrechtsanwälte dürfen ihren Arbeitgeber nicht vertreten

1. vor den Landgerichten, Oberlandesgerichten und dem Bundesgerichtshof in zivilrechtlichen Verfahren und Verfahren der freiwilligen Gerichtsbarkeit, sofern die Parteien oder die Beteiligten sich durch einen Rechtsanwalt vertreten lassen müssen oder vorgesehen ist, dass ein Schriftsatz von einem Rechtsanwalt unterzeichnet sein muss, und

---

³ § 46b eingef. mWv 1.1.2016 durch G v. 21.12.2015 (BGBl. I S. 2517).

⁴ § 46c eingef. mWv 1.1.2016 durch G v. 21.12.2015 (BGBl. I S. 2517).

2. vor den in § 11 Absatz 4 Satz 1 des Arbeitsgerichtsgesetzes genannten Gerichten, es sei denn, der Arbeitgeber ist ein vertretungsbefugter Bevollmächtigter im Sinne des § 11 Absatz 4 Satz 2 des Arbeitsgerichtsgesetzes.

[2] In Straf- oder Bußgeldverfahren, die sich gegen den Arbeitgeber oder dessen Mitarbeiter richten, dürfen Syndikusrechtsanwälte nicht als deren Verteidiger oder Vertreter tätig werden; dies gilt, wenn Gegenstand des Straf- oder Bußgeldverfahrens ein unternehmensbezogener Tatvorwurf ist, auch in Bezug auf eine Tätigkeit als Rechtsanwalt im Sinne des § 4.

(3) Auf die Tätigkeit von Syndikusrechtsanwälten finden die §§ 44, 48 bis 49a, 51 und 52 keine Anwendung.

(4) [1] § 27 findet auf Syndikusrechtsanwälte mit der Maßgabe Anwendung, dass die regelmäßige Arbeitsstätte als Kanzlei gilt. [2] Ist der Syndikusrechtsanwalt zugleich als Rechtsanwalt gemäß § 4 zugelassen oder ist er im Rahmen mehrerer Arbeitsverhältnisse als Syndikusrechtsanwalt tätig, ist für jede Tätigkeit eine gesonderte Kanzlei zu errichten und zu unterhalten, wovon nur eine im Bezirk der Rechtsanwaltskammer belegen sein muss, deren Mitglied er ist. [3] Will der Rechtsanwalt in den in Satz 2 genannten Fällen den Schwerpunkt seiner Tätigkeit in den Bezirk einer anderen Rechtsanwaltskammer verlegen, hat er nach Maßgabe des § 27 Absatz 3 die Aufnahme in diese Kammer zu beantragen; der Antrag kann mit einem Antrag auf Erteilung einer weiteren Zulassung oder auf Erstreckung der Zulassung gemäß § 46b Absatz 3 verbunden werden.

(5) [1] In die Verzeichnisse nach § 31 ist ergänzend zu den in § 31 Absatz 3 genannten Angaben aufzunehmen, dass die Zulassung zur Rechtsanwaltschaft als Syndikusrechtsanwalt erfolgt ist. [2] Ist der Syndikusrechtsanwalt zugleich als Rechtsanwalt gemäß § 4 zugelassen oder ist er im Rahmen mehrerer Arbeitsverhältnisse als Syndikusrechtsanwalt tätig, hat eine gesonderte Eintragung für jede der Tätigkeiten zu erfolgen.

Sozialgesetzbuch (SGB) Sechstes Buch (VI)
– Gesetzliche Rentenversicherung –

In der Fassung der Bekanntmachung vom 19. Februar 2002

(BGBl. I S. 754, ber. S. 1404, 3384)

FNA 860-6

Zuletzt geändert durch Art. 7 G zur Neuordnung des Rechts der Syndikusanwälte und zur Änd. der Finanzgerichtsordnung vom 21.12.2015 (BGBl. I S. 2517)

(Auszug)

§ 6[1] Befreiung von der Versicherungspflicht

(1) [1] Von der Versicherungspflicht werden befreit

1. Beschäftigte und selbständig Tätige für die Beschäftigung oder selbständige Tätigkeit, wegen der sie aufgrund einer durch Gesetz angeordneten oder auf Gesetz beruhenden Verpflichtung Mitglied einer öffentlich-rechtlichen Versicherungseinrichtung oder Versorgungseinrichtung ihrer Be-

---

[1] § 6 Abs. 1a Satz 3 eingef., bish. Satz 3 wird Satz 4 mWv 1.1.2003 durch G v. 23.12.2002 (BGBl. I S. 4621); Abs. 1b eingef. mWv 1.1.2005 durch G v. 24.12.2003 (BGBl. I S. 2954); Abs. 1 Satz 1 Nr. 4 geänd. mWv 1.1.2004 durch G v. 4.12.2004 (BGBl. I S. 3183); Abs. 1 Satz 1 Nr. 1 geänd. mWv 1.1.2005 durch G v. 9.12.2004 (BGBl. I S. 3242); Abs. 1b Nrn. 1 und 2 geänd., Nr. 3 angef. mWv 1.5.2007 durch G v. 20.4.2007 (BGBl. I S. 554); Abs. 1 Satz 1 Nr. 4 geänd. mWv 29.11.2008 durch G v. 26.11.2008 (BGBl. I S. 2242); Abs. 1 Satz 1 Nr. 2 geänd. mWv 1.1.2009 durch G v. 21.12.2008 (BGBl. I S. 2933); Abs. 1b aufgeh. mWv 1.1.2011 durch G v. 9.12.2010 (BGBl. I S. 1885); Abs. 1 Satz 1 Nr. 3 geänd. mWv 29.6.2011 durch G v. 22.6.2011 (BGBl. I S. 1202); Abs. 1 Satz 1 Nr. 4 geänd. mWv 1.1.2013 durch G v. 5.12.2012 (BGBl. I S. 2467); Abs. 1b eingef., Abs. 3 Sätze 2 und 3, Abs. 4 Sätze 2–4 angef. mWv 1.1.2013 durch G v. 5.12.2012 (BGBl. I S. 2474).

rufsgruppe (berufsständische Versorgungseinrichtung) und zugleich kraft gesetzlicher Verpflichtung Mitglied einer berufsständischen Kammer sind, wenn

a) am jeweiligen Ort der Beschäftigung oder selbständigen Tätigkeit für ihre Berufsgruppe bereits vor dem 1. Januar 1995 eine gesetzliche Verpflichtung zur Mitgliedschaft in der berufsständischen Kammer bestanden hat,

b) für sie nach näherer Maßgabe der Satzung einkommensbezogene Beiträge unter Berücksichtigung der Beitragsbemessungsgrenze zur berufsständischen Versorgungseinrichtung zu zahlen sind und

c) aufgrund dieser Beiträge Leistungen für den Fall verminderter Erwerbsfähigkeit und des Alters sowie für Hinterbliebene erbracht und angepasst werden, wobei auch die finanzielle Lage der berufsständischen Versorgungseinrichtung zu berücksichtigen ist,

2. Lehrer oder Erzieher, die an nichtöffentlichen Schulen beschäftigt sind, wenn ihnen nach beamtenrechtlichen Grundsätzen oder entsprechenden kirchenrechtlichen Regelungen Anwartschaft auf Versorgung bei verminderter Erwerbsfähigkeit und im Alter sowie auf Hinterbliebenenversorgung gewährleistet und die Erfüllung der Gewährleistung gesichert ist und wenn diese Personen die Voraussetzungen nach § 5 Abs. 1 Satz 2 Nr. 1 und 2 erfüllen,

3. nichtdeutsche Besatzungsmitglieder deutscher Seeschiffe, die ihren Wohnsitz oder gewöhnlichen Aufenthalt nicht in einem Mitgliedstaat der Europäischen Union, einem Vertragsstaat des Abkommens über den Europäischen Wirtschaftsraum oder der Schweiz haben,

4. Gewerbetreibende in Handwerksbetrieben, wenn für sie mindestens 18 Jahre lang Pflichtbeiträge gezahlt worden sind.

^{2}Die gesetzliche Verpflichtung für eine Berufsgruppe zur Mitgliedschaft in einer berufsständischen Kammer im Sinne des Satzes 1 Nr. 1 gilt mit dem Tag als entstanden, an dem das die jeweilige Kammerzugehörigkeit begründende Gesetz verkündet worden ist. ^{3}Wird der Kreis der Pflichtmitglieder einer berufsständischen Kammer nach dem 31. Dezember 1994 erweitert, werden diejenigen Pflichtmitglieder des berufsständischen Versorgungswerks nicht nach Satz 1 Nr. 1 befreit, die nur wegen dieser Erweiterung Pflichtmitglieder ihrer Berufskammer geworden sind. ^{4}Für die Bestimmung des Tages, an dem die Erweiterung des Kreises der Pflichtmitglieder erfolgt ist, ist Satz 2 entsprechend anzuwenden. ^{5}Personen, die nach bereits am 1. Januar 1995 geltenden versorgungsrechtlichen Regelungen verpflichtet sind, für die Zeit der Ableistung eines gesetzlich vorgeschriebenen Vorbereitungs- oder Anwärterdienstes Mitglied einer berufsständischen Versorgungseinrichtung zu sein, werden auch dann nach Satz 1 Nr. 1 von der Versicherungspflicht befreit, wenn eine gesetzliche Verpflichtung zur Mitgliedschaft in einer berufsständischen Kammer für die Zeit der Ableistung des Vorbereitungs- oder Anwärterdienstes nicht besteht. ^{6}Satz 1 Nr. 1 gilt nicht für die in Satz 1 Nr. 4 genannten Personen.

(1a) ^{1}Personen, die nach § 2 Satz 1 Nr. 9 versicherungspflichtig sind, werden von der Versicherungspflicht befreit

1. für einen Zeitraum von drei Jahren nach erstmaliger Aufnahme einer selbständigen Tätigkeit, die die Merkmale des § 2 Satz 1 Nr. 9 erfüllt,

2. nach Vollendung des 58. Lebensjahres, wenn sie nach einer zuvor ausgeübten selbständigen Tätigkeit erstmals nach § 2 Satz 1 Nr. 9 versicherungspflichtig werden.

^{2}Satz 1 Nr. 1 gilt entsprechend für die Aufnahme einer zweiten selbständigen Tätigkeit, die die Merkmale des § 2 Satz 1 Nr. 9 erfüllt. ^{3}Tritt nach Ende einer Versicherungspflicht nach § 2 Satz 1 Nr. 10 Versicherungspflicht nach § 2 Satz 1 Nr. 9 ein, wird die Zeit, in der die dort genannten Merkmale bereits vor dem Eintritt der Versicherungspflicht nach dieser Vorschrift vorgelegen haben, auf den in Satz 1 Nr. 1 genannten Zeitraum nicht angerechnet. ^{4}Eine Aufnahme einer selbständigen Tätigkeit liegt nicht vor, wenn eine bestehende selbständige Existenz lediglich umbenannt oder deren Geschäftszweck gegenüber der vorangegangenen nicht wesentlich verändert worden ist.

(1b) ^{1}Personen, die eine geringfügige Beschäftigung nach § 8 Absatz 1 Nummer 1 oder § 8a in Verbindung mit § 8 Absatz 1 Nummer 1 des Vierten Buches ausüben, werden auf Antrag von der Versicherungspflicht befreit. ^{2}Der schriftliche Befreiungsantrag ist dem Arbeitgeber zu übergeben. ^{3}§ 8 Absatz 2 des Vierten Buches ist mit der Maßgabe anzuwenden, dass eine Zusammenrechnung mit einer nicht geringfügigen Beschäftigung nur erfolgt, wenn diese versicherungspflichtig ist. ^{4}Der Antrag kann bei mehreren geringfügigen Beschäftigungen nur einheitlich gestellt werden und ist für die Dauer der Beschäftigungen bindend. ^{5}Satz 1 gilt nicht für Personen, die im Rahmen betrieblicher Berufsbildung, nach dem Jugendfreiwilligendienstegesetz, nach dem Bundesfreiwilligendienstgesetz oder nach § 1 Satz 1 Nummer 2 bis 4 beschäftigt sind oder von der Möglichkeit einer stufenweisen Wiederaufnahme einer nicht geringfügigen Tätigkeit (§ 74 des Fünften Buches) Gebrauch machen.

(2) Die Befreiung erfolgt auf Antrag des Versicherten, in den Fällen des Absatzes 1 Nr. 2 und 3 auf Antrag des Arbeitgebers.

(3) [1] Über die Befreiung entscheidet der Träger der Rentenversicherung, nachdem in den Fällen

1. des Absatzes 1 Nr. 1 die für die berufsständische Versorgungseinrichtung zuständige oberste Verwaltungsbehörde,

2. des Absatzes 1 Nr. 2 die oberste Verwaltungsbehörde des Landes, in dem der Arbeitgeber seinen Sitz hat,

das Vorliegen der Voraussetzungen bestätigt hat. [2] In den Fällen des Absatzes 1b gilt die Befreiung als erteilt, wenn die nach § 28i Satz 5 des Vierten Buches zuständige Einzugsstelle nicht innerhalb eines Monats nach Eingang der Meldung des Arbeitgebers nach § 28a des Vierten Buches dem Befreiungsantrag des Beschäftigten widerspricht. [3] Die Vorschriften des Zehnten Buches über die Bestandskraft von Verwaltungsakten und über das Rechtsbehelfsverfahren gelten entsprechend.

(4) [1] Die Befreiung wirkt vom Vorliegen der Befreiungsvoraussetzungen an, wenn sie innerhalb von drei Monaten beantragt wird, sonst vom Eingang des Antrags an. [2] In den Fällen des Absatzes 1b wirkt die Befreiung bei Vorliegen der Befreiungsvoraussetzungen nach Eingang der Meldung des Arbeitgebers nach § 28a des Vierten Buches bei der zuständigen Einzugsstelle rückwirkend vom Beginn des Monats, in dem der Antrag des Beschäftigten dem Arbeitgeber zugegangen ist, wenn der Arbeitgeber den Befreiungsantrag der Einzugsstelle mit der ersten folgenden Entgeltabrechnung, spätestens aber innerhalb von sechs Wochen nach Zugang, gemeldet und die Einzugsstelle innerhalb eines Monats nach Eingang der Meldung des Arbeitgebers nicht widersprochen hat. [3] Erfolgt die Meldung des Arbeitgebers später, wirkt die Befreiung vom Beginn des auf den Ablauf der Widerspruchsfrist nach Absatz 3 folgenden Monats. [4] In den Fällen, in denen bei einer Mehrfachbeschäftigung die Befreiungsvoraussetzungen vorliegen, hat die Einzugsstelle die weiteren Arbeitgeber über den Zeitpunkt der Wirkung der Befreiung unverzüglich durch eine Meldung zu unterrichten.

(5) [1] Die Befreiung ist auf die jeweilige Beschäftigung oder selbständige Tätigkeit beschränkt. [2] Sie erstreckt sich in den Fällen des Absatzes 1 Nr. 1 und 2 auch auf eine andere versicherungspflichtige Tätigkeit, wenn diese infolge ihrer Eigenart oder vertraglich im Voraus zeitlich begrenzt ist und der Versorgungsträger für die Zeit der Tätigkeit den Erwerb einkommensbezogener Versorgungsanwartschaften gewährleistet.

§ 231[2] Befreiung von der Versicherungspflicht

(1) [1] Personen, die am 31. Dezember 1991 von der Versicherungspflicht befreit waren, bleiben in derselben Beschäftigung oder selbständigen Tätigkeit von der Versicherungspflicht befreit. [2] Personen, die am 31. Dezember 1991 als

1. Angestellte im Zusammenhang mit der Erhöhung oder dem Wegfall der Jahresarbeitsverdienstgrenze,

2. Handwerker oder

3. Empfänger von Versorgungsbezügen

von der Versicherungspflicht befreit waren, bleiben in jeder Beschäftigung oder selbständigen Tätigkeit und bei Wehrdienstleistungen von der Versicherungspflicht befreit.

(2) Personen, die aufgrund eines bis zum 31. Dezember 1995 gestellten Antrags spätestens mit Wirkung von diesem Zeitpunkt an nach § 6 Abs. 1 Nr. 1 in der zu diesem Zeitpunkt geltenden Fassung von der Versicherungspflicht befreit sind, bleiben in der jeweiligen Beschäftigung oder selbständigen Tätigkeit befreit.

(3) Mitglieder von berufsständischen Versorgungseinrichtungen, die nur deshalb Pflichtmitglied ihrer berufsständischen Kammer sind, weil die am 31. Dezember 1994 für bestimmte Angehörige ihrer Berufsgruppe bestehende Verpflichtung zur Mitgliedschaft in einer berufsständischen Kammer nach

---

[2] § 231 Abs. 3 Satz 2 und Abs. 4 Satz 2 aufgeh. mWv 1.8.2004 durch G v. 21.7.2004 (BGBl. I S. 1791); Abs. 7 aufgeh. mWv 1.1.2009 durch G v. 30.10.2008 (BGBl. I S. 2130); Abs. 7 und 8 angef. mWv 1.1.2009 durch G v. 21.12.2008 (BGBl. I S. 2933); Abs. 9 angef. mWv 1.1.2013 durch G v. 5.12.2012 (BGBl. I S. 2474); Abs. 4a–4d eingef. mWv 1.1.2016 durch G v. 21.12.2015 (BGBl. I S. 2517).

dem 31. Dezember 1994 auf weitere Angehörige der jeweiligen Berufsgruppe erstreckt worden ist, werden bei Vorliegen der übrigen Voraussetzungen nach § 6 Abs. 1 von der Versicherungspflicht befreit, wenn

1. die Verkündung des Gesetzes, mit dem die Verpflichtung zur Mitgliedschaft in einer berufsständischen Kammer auf weitere Angehörige der Berufsgruppe erstreckt worden ist, vor dem 1. Juli 1996 erfolgt und

2. mit der Erstreckung der Verpflichtung zur Mitgliedschaft in einer berufsständischen Kammer auf weitere Angehörige der Berufsgruppe hinsichtlich des Kreises der Personen, die der berufsständischen Kammer als Pflichtmitglieder angehören, eine Rechtslage geschaffen worden ist, die am 31. Dezember 1994 bereits in mindestens der Hälfte aller Bundesländer bestanden hat.

(4) Mitglieder von berufsständischen Versorgungseinrichtungen, die nur deshalb Pflichtmitglied einer berufsständischen Versorgungseinrichtung sind, weil eine für ihre Berufsgruppe am 31. Dezember 1994 bestehende Verpflichtung zur Mitgliedschaft in der berufsständischen Versorgungseinrichtung nach dem 31. Dezember 1994 auf diejenigen Angehörigen der Berufsgruppe erstreckt worden ist, die einen gesetzlich vorgeschriebenen Vorbereitungs- oder Anwärterdienst ableisten, werden bei Vorliegen der übrigen Voraussetzungen nach § 6 Abs. 1 von der Versicherungspflicht befreit, wenn

1. die Änderung der versorgungsrechtlichen Regelungen, mit der die Verpflichtung zur Mitgliedschaft in der berufsständischen Versorgungseinrichtung auf Personen erstreckt worden ist, die einen gesetzlich vorgeschriebenen Vorbereitungs- oder Anwärterdienst ableisten, vor dem 1. Juli 1996 erfolgt und

2. mit der Erstreckung der Verpflichtung zur Mitgliedschaft in der berufsständischen Versorgungseinrichtung auf Personen, die einen gesetzlich vorgeschriebenen Vorbereitungs- oder Anwärterdienst ableisten, hinsichtlich des Kreises der Personen, die der berufsständischen Versorgungseinrichtung als Pflichtmitglieder angehören, eine Rechtslage geschaffen worden ist, die für die jeweilige Berufsgruppe bereits am 31. Dezember 1994 in mindestens einem Bundesland bestanden hat.

(4a) Die Änderungen der Bundesrechtsanwaltsordnung und der Patentanwaltsordnung durch Artikel 1 Nummer 3 und Artikel 6 des Gesetzes zur Neuordnung des Rechts der Syndikusanwälte und zur Änderung der Finanzgerichtsordnung vom 21. Dezember 2015 (BGBl. I S. 2517) gelten nicht als Änderungen, mit denen der Kreis der Pflichtmitglieder einer berufsständischen Kammer im Sinne des § 6 Absatz 1 Satz 3 erweitert wird.

(4b) [1] Eine Befreiung von der Versicherungspflicht als Syndikusrechtsanwalt oder Syndikuspatentanwalt nach § 6 Absatz 1 Satz 1 Nummer 1, die unter Berücksichtigung der Bundesrechtsanwaltsordnung in der ab dem 1. Januar 2016 geltenden Fassung oder der Patentanwaltsordnung in der ab dem 1. Januar 2016 geltenden Fassung erteilt wurde, wirkt auf Antrag vom Beginn derjenigen Beschäftigung an, für die die Befreiung von der Versicherungspflicht erteilt wird. [2] Sie wirkt auch vom Beginn davor liegender Beschäftigungen an, wenn während dieser Beschäftigungen eine Pflichtmitgliedschaft in einem berufsständischen Versorgungswerk bestand. [3] Die Befreiung nach den Sätzen 1 und 2 wirkt frühestens ab dem 1. April 2014. [4] Die Befreiung wirkt jedoch auch für Zeiten vor dem 1. April 2014, wenn für diese Zeiten einkommensbezogene Pflichtbeiträge an ein berufsständisches Versorgungswerk gezahlt wurden. [5] Die Sätze 1 bis 4 gelten nicht für Beschäftigungen, für die eine Befreiung von der Versicherungspflicht als Syndikusrechtsanwalt oder Syndikuspatentanwalt auf Grund einer vor dem 4. April 2014 ergangenen Entscheidung bestandskräftig abgelehnt wurde. [6] Der Antrag auf rückwirkende Befreiung nach den Sätzen 1 und 2 kann nur bis zum Ablauf des 1. April 2016 gestellt werden.

(4c) [1] Eine durch Gesetz angeordnete oder auf Gesetz beruhende Verpflichtung zur Mitgliedschaft in einer berufsständischen Versorgungseinrichtung im Sinne des § 6 Absatz 1 Satz 1 Nummer 1 gilt als gegeben für Personen, die

1. nach dem 3. April 2014 auf ihre Rechte aus der Zulassung zur Rechtsanwaltschaft oder Patentanwaltschaft verzichtet haben und

2. bis zum Ablauf des 1. April 2016 die Zulassung als Syndikusrechtsanwalt oder Syndikuspatentanwalt nach der Bundesrechtsanwaltsordnung in der ab dem 1. Januar 2016 geltenden Fassung oder der Patentanwaltsordnung in der ab dem 1. Januar 2016 geltenden Fassung beantragen.

[2] Satz 1 gilt nur, solange die Personen als Syndikusrechtsanwalt oder Syndikuspatentanwalt zugelassen sind und als freiwilliges Mitglied in einem Versorgungswerk einkommensbezogene Beiträge zahlen. [3] Satz 1 gilt nicht, wenn vor dem 1. Januar 2016 infolge eines Ortswechsels der anwaltlichen Tä-

tigkeit eine Pflichtmitgliedschaft in dem neu zuständigen berufsständischen Versorgungswerk wegen Überschreitens einer Altersgrenze nicht mehr begründet werden konnte.

(4d) [1] Tritt in einer berufsständischen Versorgungseinrichtung, in der am 1. Januar 2016 eine Altersgrenze für die Begründung einer Pflichtmitgliedschaft bestand, eine Aufhebung dieser Altersgrenze bis zum Ablauf des 31. Dezember 2018 in Kraft, wirkt eine Befreiung von der Versicherungspflicht bei Personen, die infolge eines Ortswechsels eine Pflichtmitgliedschaft in einer solchen berufsständischen Versorgungseinrichtung bisher nicht begründen konnten und Beiträge als freiwillige Mitglieder entrichtet haben, auf Antrag vom Beginn des 36. Kalendermonats vor Inkrafttreten der Aufhebung der Altersgrenze in der jeweiligen berufsständischen Versorgungseinrichtung. [2] Der Antrag kann nur bis zum Ablauf von drei Kalendermonaten nach Inkrafttreten der Aufhebung der Altersgrenze gestellt werden.

(5) [1] Personen, die am 31. Dezember 1998 eine selbständige Tätigkeit ausgeübt haben, in der sie nicht versicherungspflichtig waren, und danach gemäß § 2 Satz 1 Nr. 9 versicherungspflichtig werden, werden auf Antrag von dieser Versicherungspflicht befreit, wenn sie

1. vor dem 2. Januar 1949 geboren sind oder

2. vor dem 10. Dezember 1998 mit einem öffentlichen oder privaten Versicherungsunternehmen einen Lebens- oder Rentenversicherungsvertrag abgeschlossen haben, der so ausgestaltet ist oder bis zum 30. Juni 2000 oder binnen eines Jahres nach Eintritt der Versicherungspflicht so ausgestaltet wird, dass

a) Leistungen für den Fall der Invalidität und des Erlebens des 60. oder eines höheren Lebensjahres sowie im Todesfall Leistungen an Hinterbliebene erbracht werden und

b) für die Versicherung mindestens ebensoviel Beiträge aufzuwenden sind, wie Beiträge zur Rentenversicherung zu zahlen wären, oder

3. vor dem 10. Dezember 1998 eine vergleichbare Form der Vorsorge betrieben haben oder nach diesem Zeitpunkt bis zum 30. Juni 2000 oder binnen eines Jahres nach Eintritt der Versicherungspflicht entsprechend ausgestalten; eine vergleichbare Vorsorge liegt vor, wenn

a) vorhandenes Vermögen oder

b) Vermögen, das aufgrund einer auf Dauer angelegten vertraglichen Verpflichtung angespart wird,

insgesamt gewährleisten, dass eine Sicherung für den Fall der Invalidität und des Erlebens des 60. oder eines höheren Lebensjahres sowie im Todesfall für Hinterbliebene vorhanden ist, deren wirtschaftlicher Wert nicht hinter dem einer Lebens- oder Rentenversicherung nach Nummer 2 zurückbleibt. [2] Satz 1 Nr. 2 gilt entsprechend für eine Zusage auf eine betriebliche Altersversorgung, durch die die leistungsbezogenen und aufwandsbezogenen Voraussetzungen des Satzes 1 Nr. 2 erfüllt werden. [3] Die Befreiung ist binnen eines Jahres nach Eintritt der Versicherungspflicht zu beantragen; die Frist läuft nicht vor dem 30. Juni 2000 ab. [4] Die Befreiung wirkt vom Eintritt der Versicherungspflicht an.

(6) [1] Personen, die am 31. Dezember 1998 eine nach § 2 Satz 1 Nr. 1 bis 3 oder § 229a Abs. 1 versicherungspflichtige selbständige Tätigkeit ausgeübt haben, werden auf Antrag von dieser Versicherungspflicht befreit, wenn sie

1. glaubhaft machen, dass sie bis zu diesem Zeitpunkt von der Versicherungspflicht keine Kenntnis hatten, und

2. vor dem 2. Januar 1949 geboren sind oder

3. vor dem 10. Dezember 1998 eine anderweitige Vorsorge im Sinne des Absatzes 5 Satz 1 Nr. 2 oder Nr. 3 oder Satz 2 für den Fall der Invalidität und des Erlebens des 60. oder eines höheren Lebensjahres sowie im Todesfall für Hinterbliebene getroffen haben; Absatz 5 Satz 1 Nr. 2 und 3 und Satz 2 sind mit der Maßgabe anzuwenden, dass an die Stelle des Datums 30. Juni 2000 jeweils das Datum 30. September 2001 tritt.

[2] Die Befreiung ist bis zum 30. September 2001 zu beantragen; sie wirkt vom Eintritt der Versicherungspflicht an.

(7) Personen, die nach § 6 Abs. 1 Satz 1 Nr. 2 in der bis zum 31. Dezember 2008 geltenden Fassung von der Versicherungspflicht befreit waren, bleiben in dieser Beschäftigung von der Versicherungspflicht befreit.

(8) Personen, die die Voraussetzungen für eine Befreiung von der Versicherungspflicht nach § 6 Abs. 1 Satz 1 Nr. 2 in der bis zum 31. Dezember 2008 geltenden Fassung erfüllen, nicht aber die

Voraussetzungen nach § 6 Abs. 1 Satz 1 Nr. 2 in der ab 1. Januar 2009 geltenden Fassung, werden von der Versicherungspflicht befreit, wenn ihnen nach beamtenrechtlichen Grundsätzen oder entsprechenden kirchenrechtlichen Regelungen Anwartschaft auf Versorgung bei verminderter Erwerbsfähigkeit und im Alter sowie auf Hinterbliebenenversorgung durch eine für einen bestimmten Personenkreis geschaffene Versorgungseinrichtung gewährleistet ist und sie an einer nichtöffentlichen Schule beschäftigt sind, die vor dem 13. November 2008 Mitglied der Versorgungseinrichtung geworden ist.

(9) § 6 Absatz 1b gilt bis zum 31. Dezember 2014 nicht für Personen, die am 31. Dezember 2012 in einer mehr als geringfügigen Beschäftigung nach § 8 Absatz 1 Nummer 1 oder § 8a in Verbindung mit § 8 Absatz 1 Nummer 1 des Vierten Buches versicherungspflichtig waren, die die Merkmale einer geringfügigen Beschäftigung nach diesen Vorschriften in der ab dem 1. Januar 2013 geltenden Fassung erfüllt, solange das Arbeitsentgelt aus dieser Beschäftigung 400 Euro monatlich übersteigt.

§ 286f[3] Erstattung zu Unrecht gezahlter Pflichtbeiträge an die berufsständische Versorgungseinrichtung

[1] Pflichtbeiträge, die auf Grund einer Befreiung nach § 231 Absatz 4b und 4d zu Unrecht entrichtet wurden, werden abweichend von § 211 und abweichend von § 26 Absatz 3 des Vierten Buches von dem zuständigen Träger der Rentenversicherung beanstandet und unmittelbar an die zuständige berufsständische Versorgungseinrichtung erstattet. [2] Zinsen nach § 27 Absatz 1 des Vierten Buches sind nicht zu zahlen.

---

[3] § 286f eingef. mWv 1.1.2016 durch G v. 21.12.2015 (BGBl. I S. 2517).

Sachverzeichnis

Die fetten Zahlen bezeichnen die Paragraphen, die mageren die Randnummern.

257

Sachverzeichnis

Sachverzeichnis